Mängelexemplar

Kulturanalysen
Band 4

**Institut für Ethnologie
der Universität Hamburg**

Bettina Beer

Körperkonzepte, interethnische Beziehungen und Rassismustheorien

Eine kulturvergleichende Untersuchung

Dietrich Reimer Verlag Berlin

Als Habilitationsschrift auf Empfehlung des Fachbereichs Kulturgeschichte und Kulturkunde der Universität Hamburg gedruckt mit Unterstützung der Deutschen Forschungsgemeinschaft

Die Deutsche Bibliothek – CIP-Einheitsaufnahme
Ein Titeldatensatz für diese Publikation ist bei
Der Deutschen Bibliothek erhältlich

© 2002 by Dietrich Reimer Verlag GmbH
  Zimmerstraße 26–27
  10969 Berlin

ISBN 3-496-02735-5

Inhalt

Teil I: Einleitung – Probleme, Ziele, Begriffsklärungen   1

1. Bedeutungen körperlicher Unterschiede in
   der Ethnologie   4
   1.1 Körper und Kultur   4
   1.2 Erfahrungen körperlicher Unterschiede in
        ethnologischen Feldforschungen   6
   1.3 Ethnologische Rassismusforschung   14
   1.4 Gibt es nicht-rassistische Gesellschaften?   20
   1.5 Die Untersuchung von „whiteness"   24
   1.6 Zielsetzung der Untersuchung   27

2. Begriffsklärungen   30
   2.1 Begriffe und Definitionen   30
   2.2 Körper und Körperbilder   31
   2.3 Ethnozentrismus   37
   2.4 Stereotyp, Vorurteil und Fremdenfeindlichkeit   41
   2.5 Rasse   44
   2.6 Rassismus   51
   2.7 Zusammenfassung   59

Teil II: Fallbeispiele   61

3. Methodik der Untersuchung   61
   3.1 Kulturvergleich   61
   3.2 Auswahl der Fallbeispiele   63
   3.3 Feldforschungsmethoden   65

4. Philippinische Ati   69
   4.1 Einführung   69
   4.2 Datenerhebung   72
   4.3 Literaturlage   83
   4.4 Bevölkerungsgruppen und ihre Bezeichnungen   85

4.5   Körperliche Unterschiede, ihre Bewertung und Nutzung   97
4.6   Interethnische Ehen, sexuelle Beziehungen
      und Mischlinge   113
4.7   Fazit: situative Bewertungen körperlicher Unterschiede   119

5.   Die Wampar in Papua-Neuguinea   121
5.1   Einführung   121
5.2   Datenerhebung   123
5.3   Literaturlage und historische Phasen   126
5.4   Ethnische Kategorien und Bezeichnungen Fremder   133
5.5   Bewertung körperlicher Unterschiede   138
5.6   Interethnische Ehen, sexuelle Beziehungen
      und Mischlinge   155
5.7   Konsequenzen und Nutzung körperlicher Unterschiede   162
5.8   Fazit: Fremdenfeindlichkeit mit rassistischen Tendenzen   171

6.   The Nation of Islam   174
6.1   Einführung   174
6.2   Historische Phasen   175
6.3   Schöpfungsmythen   180
6.4   Körperliche Unterschiede und Rassenkonzepte   185
6.5   „Interrassische" Ehen, sexuelle Beziehungen
      und Mischlinge   190
6.6   Organisation, Geschlechterbeziehungen
      und Körperlichkeit   194
6.7   Fazit: Rassismus, umgekehrter Rassismus und
      Anti-Rassismus   201

7.   China   205
7.1   Einführung   205
7.2   Historische Phasen   205
7.3   Klassifikation von Lebewesen   208
7.4   Körpervorstellungen   219
7.5   Interethnische Ehen, sexuelle Beziehungen
      und Mischlinge   236
7.6   Fazit: Verwestlichung und indigene Traditionen   241

8.   Vergleich der untersuchten Fallbeispiele   244

Teil III: Rassismustheorien 249

9. Entdeckungsreisen und Kolonialismus 255
9.1 Grundlagen 255
9.2 Entdeckungsreisen und Kulturkontakt 259
9.3 Kolonialismus und Rassismus 263
9.4 Diskussion 272

10. Marxistische und neo-marxistische Rassismustheorien 276
10.1 Grundlagen 276
10.2 Neo-marxistische Ansätze 281
10.3 Diskussion 292

11. Postmoderne Erklärungsansätze und Diskurstheorie 297
11.1 Grundlagen 297
11.2 Postmoderne Theorien und Rassismus 301
11.3 Diskursanalysen 310
11.4 Diskussion 315

12. Soziobiologische Rassismustheorien 319
12.1 Grundlagen 319
12.2 Anwendung auf Rassismus 322
12.3 Diskussion 327

13. Theorien rationalen Handelns 330
13.1 Grundlagen 330
13.2 Rassismus und Theorien rationalen Handelns 334
13.3 Diskussion 338

14. Zusammenfassung und Fazit 344
14.1 Probleme von Vergleich und Verallgemeinerung 345
14.2 Körperliche Unterschiede in interethnischen Beziehungen 348
14.3 Konsequenzen für Rassismustheorien 369

Bibliographie 379

Abbildungen

Abbildung 1:   Zeichnung Visaya-Frau und Ati-Mann von Joe Pineda.   78
Abbildung 2:   Zeichnung Ati-Frau und Visaya-Frau von Adela Pineda.   78
Abbildung 3:   Die Welt der Geister, Menschen und Tiere.   88
Abbildung 4:   Haarbeschaffenheit und Hautfarbe im Schulunterricht.   95
Abbildung 5:   Wir sind Filipinos.   96
Abbildung 6:   Zeichnung eines Ati von Eme Pineda.   103
Abbildung 7:   Ati-Mädchen mit „typischen" Gesichtern.   105
Abbildung 8:   Ein nach einheimischer Auffassung gutaussehender Ati.   105
Abbildung 9:   Zeichnung eines Visaya-Mannes und eines Ati-Mannes
                 von Judy Pineda.   107
Abbildung 10:   Zeichnung einer Visaya-Frau und eines Ati-Mannes von
                 Antonette Sudaria.   107
Abbildung 11:   Kategorien von Menschen verschiedener Herkunft.   135
Abbildung 12-15: Nach einheimischer Auffassung gutaussehende Wampar.   140
Abbildung 16:   Zeichnung eines Wampar-Mannes und einer Wampar-Frau
                 von Dzobwaro Giring.   147
Abbildung 17:   Zeichnung eines Hochland-Mannes von Giame Skirri Yaem.   147
Abbildung 18:   Kosmographie im *Tribute of Yu* der Chou-Zeit.   210
Abbildung 19:   „Barbaren" und ihre Farben sowie die Einteilung nach den
                 Himmelsrichtungen.   211
Abbildung 20:   Ein Junge mit Schwanz.   232
Abbildung 21:   Was ist der Diskurs?   304
Abbildung 22:   Links Grundschema der politischen Kollektivsymbolik
                 der Bundesrepublik.   313
Abbildung 23:   Körperliche Unterschiede in interethnischen Beziehungen:
                 Rahmenbedingungen und Handlungsoptionen.   372

Tabellen

Tabelle 1:   Auswahl der Fallbeispiele.   64
Tabelle 2:   Anzahl interethnischer Ehen in Gabsongkeg.   156
Tabelle 3:   Vergleich der Fallbeispiele.   245
Tabelle 4:   Ansätze zur Untersuchung von *race relations* und *racism*.   250
Tabelle 5:   Historische Erklärungen: Entstehung des Rassismus,
               Zeiträume und Ereignisse.   256
Tabelle 6:   Phasen-Modell des Rassismus nach Kinloch 1974.   266
Tabelle 7:   Merkmale des Kapitalismus und Funktionen
               von Rassismus.   277

Karten

Karte 1:	Die Philippinen und die Lage der Visaya-Region.	68
Karte 2:	Die Visaya-Region.	70
Karte 3:	Papua-Neuguinea und das Siedlungsgebiet der Wampar.	122
Karte 4:	Lage der Wampar-Dörfer.	123
Karte 5:	Die Markhamsprachen.	133
Karte 6:	China. Im Text erwähnte Orte, Regionen und Ethnien.	206

Vorwort

Wie jede Arbeit ist auch diese nicht ohne Anregungen und Hilfe von anderen entstanden. Prof. Jürgen Jensen und Prof. Roland Mischung bestärkten mich immer wieder darin, mich mit den in dieser Untersuchung behandelten, kontrovers diskutierten Fragestellungen auseinanderzusetzen – ihnen gilt mein besonderer Dank. Sie gaben nicht nur nützliche Tips und Hinweise, sondern unterstützen mich vor allem auch bei Anträgen zur Finanzierung meiner Forschungen. Prof. Hartmut Lang danke ich für kritische Anmerkungen und Verbesserungsvorschläge zum Manuskript. Die Deutsche Forschungsgemeinschaft förderte die vorliegende Untersuchung mit einem Habilitandenstipendium und einer Sachbeihilfe.

Bedanken möchte ich mich auch bei Dr. Susanne Knödel, die das Kapitel über China kritisch gelesen hat, und bei Dr. Christiana Lütkes, die mit mir Ergebnisse meiner Feldforschungen in Neuguinea diskutierte. Der Vergleich mit Ergebnissen und Eindrücken ihrer Forschungen in einem anderen Wampar-Dorf war für mich einerseits bestätigend, andererseits machte er unterschiedliche Bedingungen und Entwicklungen in den verschiedenen Dörfern deutlich. Auch Moon McNeill, Renate Westner, Christina Kayales und Renate Beer haben mir durch Korrekturlesen, Fragen und Bemerkungen zum Manuskript weitergeholfen. Danke!

Häufig kontroverse, aber immer faire und sehr anregende Diskussionen mit Liselotte Hermes da Fonseca und Hans Fischer haben den gesamten Entstehungsprozeß dieser Arbeit begleitet. Diskussionspartner, wohlmeinende Kritiker und gleichzeitige Freunde, die andere Standpunkte als die eigenen vertreten, sind selten und deshalb möchte ich den oben genannten an dieser Stelle ganz besonders danken.

Mein besonderer Dank gilt aber auch allen Familien und Einzelpersonen auf den Philippinen und in Papua-Neuguinea, die mittlerweile seit mehreren Jahren meine Forschungen mit ihrer Zeit und Bereitschaft zur Zusammenarbeit und Gastfreundschaft unterstützen:

Sa kay Alma ug Joe Pineda ug sa mga bata, Tata Romero ug pamilya, Judge Bernaldez, Adela ug Eme Pineda, sa tanang maestra ug madre sa HTA, salamat kaayo sa inyong pagtabang sa akong pagresearch sa Ubay. Sa tanan nga mga Ati ug uba pang pumulopyo sa Ubay: Daghang salamat!

Mi laik tok bikpela tenkyu long lain bilong Dare Hiob tufela Tseats, Emog na Monika na olgeta pikinini bilong ol, long wonem ol i bin gibim gutfela haus na kaikai na planti halp long mi long Gabsongkeg. Na mi gat lain bilong mi yet long Gabsongkeg tu: em i lain bilong Gari na Jagobi na ologeta pikinini bilongen long Gabagog. Ol tu i bin gibim bikfela halp na gutfela sindaun wantaim ol long taim mi stap long PNG. Bikfela tenkyu tru i go long ologeta ngaeng Wampar bilong Gabsongkeg!

Teil I: Einleitung – Probleme, Ziele, Begriffsklärungen

Feldforschungen zu interethnischen Beziehungen, Körperkonzepten und Schönheitsidealen auf den Philippinen führten zur Auseinandersetzung mit dem Thema Rassismus. Eine Durchsicht der ethnologischen Literatur ergab, daß die Nutzung von Rassenkategorien und das Vorkommen von Rassismus außerhalb Europas und den USA bisher vernachlässigt worden ist. Die wissenschaftliche Diskussion um Rassismus hat die Ethnologie anderen Disziplinen überlassen. Ethnologen haben einerseits in Hinsicht auf problematische interkulturelle Kontakte und Konflikte den Anspruch, Lösungen zu entwickeln, andererseits sind Themen wie Rassismus, Vorurteile und Stereotypenbildung in empirischen Untersuchungen außereuropäischer Kulturen wenig beachtet worden. Wenn sie Gegenstand der Ethnologie sind, dann meist im Rahmen allgemeiner theoretischer Überlegungen zu „dem Fremden" oder – selbst in der Ethnologie – vor allem dann, wenn sie sich auf die eigene Gesellschaft beziehen.

Die Aufklärung von Nichtethnologen wird immer wieder als Anwendungsbereich ethnologischer Kenntnisse und als eine der Hauptaufgaben der Ethnologie genannt. Mehr Verständnis für andere Kulturen zu wecken, Abbau von Vorurteilen und Ausländerfeindlichkeit sind häufige Antworten auf die Frage, was Ethnologen erreichen wollen. Ob es Museumsbesucher, Touristen, Schüler, Studierende oder Zeitungsleser sind, Ethnologen wollen ihnen eine neue bzw. bessere „interkulturelle Kompetenz" vermitteln. Ob der Abbau von Vorurteilen je möglich ist, ob womöglich das eine durch das nächste Vorurteil ersetzt wird, ob Menschen ohne Vorurteile auskommen und ob Ethnologen selbst je davon frei sein können, wird in der Forschung weder gefragt noch beantwortet.

In der Ethnologie wird von der grundsätzlichen biologischen und psychischen Einheit und Gleichheit der Menschheit ausgegangen. Ethnologen untersuchen jedoch sowohl Universalien und Gemeinsamkeiten als auch Vielfalt und Verschiedenheit kultureller Phänomene. Im Spannungsfeld dieser Grundpositionen ist es zu blinden Flecken gekommen: Zum einen nahm man vorschnell an, auch die Untersuchten selbst gingen von Einheit und Gleichheit der Menschheit aus, zum anderen wurde vernachlässigt, daß auch sie differenzierte Konzepte zur Erklärung menschlicher Unterschiede haben, die von ethnologischen abweichen können. Eine Tabuisierung von Gedanken, und infolgedessen sogar der Wahrnehmung, kann sich eine

Wissenschaft nicht leisten. Die Aufgabe der Ethnologie – einer Wissenschaft vom Fremden – muß gerade darin liegen, mit diesen Tabus zu brechen. Aufgabe sollte es sein, Wirklichkeit so vollständig wie möglich zu beschreiben und sie nicht zuerst mit moralischen Maßstäben zu bewerten. Diese Wirklichkeit sollte auch dann beschrieben werden, wenn sie keine erhoffte Vorbildfunktion hat oder die Untersuchten in einem nicht nur günstigen Licht erscheinen läßt. Ziel der vorliegenden Arbeit ist es, Bedeutungen, die (tatsächlichen oder angenommenen) körperlichen Unterschieden in interethnischen Beziehungen zugeschrieben werden, ihre Beziehungen zu kulturellen Unterschieden und beider Konsequenzen in ausgewählten, sehr unterschiedlichen Kulturen vergleichend zu untersuchen.

Die folgende Darstellung ist in drei große Teile gegliedert: Teil I führt auf das Thema hin, indem ein Überblick über den gegenwärtigen Stand der Diskussion gegeben und die begrifflichen Grundlagen erläutert werden. Der zweite Teil legt die Ergebnisse eigener empirischer Untersuchungen sowie Analysen von Beispielen aus der Literatur vor. Teil III faßt unterschiedliche Rassismustheorien zusammen und diskutiert jeweils ihren Beitrag zum Verständnis der Bedeutung körperlicher Unterschiede in interethnischen Beziehungen. In der Zusammenfassung wird eine Synthese versucht, in der die wichtigsten Probleme im Zusammenhang mit der Bedeutung körperlicher Unterschiede abschließend dargestellt werden. Die Reihenfolge der drei Teile entspricht nicht dem Forschungsablauf, sondern ist aus pragmatischen Gründen der Darstellung so gewählt. Bei der Kritik gängiger Rassismustheorien muß auf eigenes Material zurückgegriffen werden, das deshalb in Teil II im jeweiligen Kontext dargestellt wird. Die theoretischen Überlegungen den Fallbeispielen voranzustellen hätte unnötige Wiederholungen zur Folge gehabt. Tatsächlich haben theoretische Überlegungen in allen Phasen des Forschungsprozesses eine Rolle gespielt, Theorie und Empirie haben sich gegenseitig beeinflußt. Ausführlicher gehe ich auf diese Zusammenhänge in Kapitel 14, „Zusammenfassung und Fazit", ein.

An dieser Stelle soll grundsätzlich noch etwas zur Schreibweise geklärt werden, um eventuellen Mißverständnissen und den üblichen Vorwürfen vorzubeugen. Ob und zu welchen Zwecken es eine sinnvolle biologische Einteilung von Menschenrassen geben kann oder sollte, ist nicht Gegenstand dieser Untersuchung. „Rasse" wird jeweils – auch wenn es nicht in Anführungsstrichen steht – gemäß meiner Definition als kulturelles Konstrukt innerhalb eines bestimmten sozialen, historischen und kulturellen Kontextes verstanden. Das Wort „Rasse" setze ich jeweils dann in Anführungsstriche, wenn ganz besonders deutlich gemacht werden soll, daß ein von anderen geprägtes Konzept dahinter steht, das so nicht übernommen

2

wird. „Rasse" kommt auch in zahlreichen Zusammensetzungen vor: Rassenkonflikt, Rassenkategorie, Rassenbeziehungen, etc. Aus pragmatischen Gründen lasse ich in diesen Fällen die Anführungsstriche weg. Ebenso werden Bezeichnungen wie „Barbaren", „Mischlinge", „Weiße", „Aborigines", „Schwarze", etc. als Bezeichnungen von Menschengruppen nur dann, wenn deren Konstruiertheit besonders betont werden soll, in Anführungsstriche gesetzt. Werden sie aus fremdsprachlichen Kontexten zitiert, wenn etwa auf den Philippinen von „Schwarzen" die Rede ist (dort als *Negro* bezeichnet), wird die Bezeichnung kursiv gesetzt. Das grammatisch männliche Geschlecht bezeichnet im folgenden Männer und auch Frauen. Wird die weibliche Form verwendet, sind ausschließlich Frauen gemeint.

1. Bedeutungen körperlicher Unterschiede in der Ethnologie

1.1 Körper und Kultur

Die Frage nach Aspekten und Auffassungen, Ideologien und Nutzungen von Körperlichkeit und körperlichen Unterschieden in den von der Ethnologie überwiegend untersuchten außereuropäischen Gesellschaften ist bislang vernachlässigt worden. Die kulturvergleichende Frage nach Rassismus außerhalb Europas, in vorstaatlichen Gesellschaften und interethnischen Situationen, wurde bisher kaum gestellt. Mehr noch: Nichteuropäische, „egalitäre" Gesellschaften wurden als von Rassismus nicht betroffen verstanden und als Gegenbeispiele Europa gegenübergestellt.[1] Untersuchungen, denen kein klares Täter-Opfer-Schema zugrunde liegt, sind in der Rassismus-Forschung ausgesprochen selten. Etwas von dem alten Mythos der „edlen Wilden" kommt hier zum Vorschein. Tatsächlich liegt aber eine Forschungslücke vor. Erst mit dem vergleichenden und kulturrelativistischen Aspekt der Ethnologie kann man sich den Ursachen und damit einer Erklärung von Rassismus sinnvoll nähern. Die wissenschaftliche Diskussion um Rassismus wurde in den verschiedenen Sozial- und anderen Wissenschaften geführt. Gewöhnlich wurde sie in den Zusammenhang von Kolonialismus und Machtbeziehungen innerhalb Europas sowie zwischen Europa und außereuropäischen Gesellschaften gestellt. Die Ethnologie hat bisher keinen eigenen Ansatz in dieser Diskussion gefunden.

An dieser Stelle setzte das hier dargestellte Forschungsvorhaben an: Ausgehend von eigenen Untersuchungen in den Philippinen über die Beziehungen zwischen philippinischer Mehrheitsbevölkerung und der Minderheit der (als „rassisch" anders aufgefaßten) Ati wurden als ein zweites Beispiel die Wampar in Papua-Neuguinea untersucht. Anschließend wurde

---

[1] Auf eine Reihe von Beispielen gehe ich im Verlauf der vorliegenden Untersuchung ausführlicher ein. Selbstverständlich gibt es auch Ausnahmen: So beschreibt Klaus E. Müller etwa in seinem Buch „Der Krüppel" (1996) eine Vielzahl von Beispielen für den intra- und interethnischen Umgang mit Abweichungen von körperlichen Normen. Neben der Abwertung von Behinderten, Wahnsinnigen und Unfruchtbaren beschreibt er auch den Umgang mit Fremden, deren Körperlichkeit häufig ebenfalls als mangelhaft und „mißgestaltet" aufgefaßt wird.

vergleichend ethnologische Literatur mit weiteren Beispielen zu diesem Thema herangezogen.

Im Rahmen eines mit einem Postdoktoranden-Stipendium der DFG geförderten Projektes zu dem Thema „Philippinische Ati. Interethnische Beziehungen und Überlebensstrategien einer ethnischen Minderheit auf Bohol (Zentral-Visayas)" wurden zunächst interethnische Beziehungen untersucht, und zwar unter anderem mit dem Ziel, so gewonnene Kenntnisse für die Anwendung in Entwicklungshilfe-Projekten oder für kirchliche Sozialarbeit zur Verfügung zu stellen. Während eigener Feldforschungen verdeutlichte die Situation vor Ort jedoch, daß über die Lebensweise der Ati so gut wie nichts bekannt ist[2] und die genannten Hilfsprojekte in ihrer Problematik unlösbar mit den vorgefundenen (konflikthaften) interethnischen Beziehungen verbunden sind.[3] So ergab sich die Umorientierung von einem stark anwendungsbezogenen Thema, das in praktische Tätigkeit münden sollte, hin zur Grundlagenforschung.

Auf den Philippinen, vor allem in der Visaya-Region, ist auch die wissenschaftliche Forschung durch Stereotypen, Vorurteile und die interethnische Problematik vor Ort geprägt. Philippinische Wissenschaftler und Wissenschaftlerinnen[4] bestätigten, daß die Ati bislang nicht untersucht wurden, weil Widerstände, Barrieren und kulturelle Vorbehalte selbst unter ausgebildeten Ethnologen zu groß seien. Sowohl in der Forschung als auch in der Frage der Anwendung von Ergebnissen scheint gerade hier der „ethnologische Blick" von außen nützlich zu sein. Der Umgang mit Ati sowohl durch *Non Government Organizations* (NGOs) als auch durch philippinische Wissenschaftler und Wissenschaftlerinnen ist bestimmt von der Annahme der biologischen und kulturellen Andersartigkeit dieser Minderheit. Ich war zunächst von „ethnischen Unterschieden" ausgegangen, die zu untersuchen seien. Im Verlauf der Forschungen wurde jedoch deutlich, daß dies ohne die stärkere Einbeziehung vorhandener Körperkonzepte nicht sinnvoll ist.

Bei Reaktionen auf körperliche Unterschiede in interethnischen Beziehungen spielen physische Tatsachen u n d deren kulturelle Bewertungen eine Rolle. Es gibt verschiedene Kopfformen, Hautfarben, Proportionen, Körpergrößen etc., die zur Kategorisierung von Menschen genutzt werden können, jedoch nicht genutzt werden müssen. Es kann auch sehr unterschiedlich sein, w e l c h e sichtbaren (Haar-, Hautfarbe) oder unsichtbaren

---

[2] Auf die Literaturlage gehe ich ausführlicher in Kapitel 4, Abschnitt 3 ein.

[3] Zu den Ergebnissen, siehe auch Beer 1998, 1999.

[4] Gespräche mit Dr. Alicia Magos in Iloilo City und Fred V. Cadeliña an der Universität von Dumaguete in Negros Oriental 1996.

(bei den Ati etwa „Blut", in der Biologie „Gene") Merkmale zur Unterscheidung ausgewählt werden.

Bei der weiteren Beschäftigung mit der Literatur fiel auf, daß es über g e g e n s e i t i g e Kategorisierungen nach körperlichen Merkmalen und rassistische Hierarchisierungen erstaunlicherweise kein Material gibt. Nur sehr selten wird die Frage diskutiert, ob „Schwarze" Rassisten sein könnten,[5] und meist wird sie negativ beantwortet. Frank Dikötter schrieb:

„It is less well known, however, that racial discourse also thrived in societies outside Europe and North America. It is generally assumed that racial prejudice can only be a ‘white' phenomenon under which other people, lumped together under the heading ‘coloured', have to suffer. The narrow focus of such historical research, which may partly be explained by a sense of guilt in postcolonial Western societies and by a still dominant feeling of eurocentrism, has distorted our comprehension of racial problems in non-Western countries." (Dikötter 1992: vii)

Daraus ergibt sich auch, daß, wenn von „Rassen" die Rede ist, meist die in den postkolonialen westlichen Gesellschaften tradierten Vorstellungen zugrunde gelegt werden. Nach welchen körperlichen Merkmalen und Eigenheiten fremde Menschen durch andere Kulturen kategorisiert werden, ist weitgehend unbekannt oder wurde durch die eurozentrische Auffassung von Rassismus übersehen. Die vorliegende Untersuchung versucht, die auch von Dikötter angesprochenen blinden Flecken in den Mittelpunkt zu stellen und so eine empirische und theoretische Forschungslücke zu schließen.

Im folgenden Abschnitt geht es um Erfahrungen körperlicher Unterschiede in ethnologischen Feldforschungen. In meinem Fall waren sie einer der Anlässe, mich mit dem Thema der körperlichen Merkmale, sowohl den eigenen als auch denen der Untersuchten, eingehender zu beschäftigen, und führten dazu, physische Merkmale und darauf gründende Kategorien weniger eurozentrisch zu sehen.

1.2 Erfahrungen körperlicher Unterschiede in ethnologischen Feldforschungen

In Ethnographien wurde, wie Judith Schlehe (1996) feststellt, über Körpervorstellungen und subjektive Empfindungen von Leiblichkeit während der Feldforschung recht wenig und häufig nur am Rande berichtet. Die körperliche Präsenz des Ethnographen kann jedoch in vielfältiger Hinsicht Thema

---

[5] Es gibt wenige Ausnahmen: Van den Berghe schrieb etwa bezogen auf Afrika, Rassismus sei kein europäisches Monopol und forderte die Untersuchung der Bedeutung von Rassenkategorien in interethnischen Beziehungen (1975: xii ff.).

und Verlauf der Feldforschung beeinflussen. Sie spielt sowohl aus dem Blickwinkel der Einheimischen als auch aus dem des Ethnologen eine Rolle.

Bronislaw Malinowski schreibt über seine Erfahrungen bei den Trobriandern in Nordwest-Melanesien Anfang dieses Jahrhunderts:

„Europäer sind nach dem offenen Geständnis der Eingeborenen nicht schön. Das schlichte Haar, ,das den Frauen am Kopf klebt wie Fäden von *im'* (grobe Pandanusfasern, die zur Herstellung von Bindfaden verwendet werden); die Nase ,scharf wie eine Axtklinge'; die dünnen Lippen; die großen Augen ,wie Wasserpfützen'; die weiße Haut mit Flecken darauf wie bei einem Albino – all das ist nach Aussage (und gewiß auch nach dem Gefühl) der Eingeborenen häßlich. Ich will jedoch ihren guten Manieren und ihrer persönlichen Höflichkeit Gerechtigkeit widerfahren lassen und nicht verschweigen, daß sie stets eifrig behaupteten, ich bilde eine verdienstvolle Ausnahme von der Regel. Sie versicherten mir immer wieder, ich sähe viel mehr wie ein Melanesier als wie ein gewöhnlicher Weißer aus." (Malinowski 1983: 262)

Mit körperlicher Verschiedenheit sind nicht nur für Europäer meist offensichtliche Unterschiede wie Haut- und Haarfarbe, Beschaffenheit des Haares und Körpergröße gemeint, sondern auch außerhalb Europas wichtig genommene Merkmale, die sich neben dem Aussehen zum Beispiel auf Körpergerüche, auf Annahmen über das Heiß- und Kalt-Gleichgewicht des Körpers oder auf verunreinigende körperliche Eigenschaften beziehen können. Unter körperlichen Merkmalen fasse ich alle, deren Ursache man nicht in kulturellen Unterschieden, sondern in der Biologie des Menschen vermutet. Körperliche Merkmale können außerhalb Europas ganz anders bewertet werden als im europäischen Kontext, wie im eingangs zitierten Beispiel die „Augen so groß wie Wasserpfützen", die auch in anderen Gebieten Neuguineas als häßlich gelten, in Europa dagegen eindeutig positiv bewertet werden.

Teilnahme am Alltagsleben einer untersuchten Gesellschaft steht im Mittelpunkt jeder ethnologischen Feldforschung. Meist geschieht das nach wie vor bei Menschen, die sich in ihrem Aussehen von den Ethnologen unterscheiden: in der Südsee, Asien, Afrika oder Südamerika. Im engen Zusammenleben mit den Untersuchten werden Unterschiede und Gemeinsamkeiten auch von den Einheimischen immer wieder thematisiert. Alle Beteiligten fragen sich, was erlernt und was angeboren ist, und wie man mit Unterschieden umgehen kann. Vorstellungen von „Rassenzugehörigkeiten" in der eigenen und in der untersuchten Gesellschaft, die auf Annahmen körperlicher Unterschiede basieren, spielen dabei häufig eine Rolle. Sie können, wie auch andere Merkmale (Geschlecht oder Alter), die empirische Arbeit beeinflussen oder sogar einschränken. Hortense Powdermaker beschreibt, mit welchen Problemen sie bei ihren Befragungen konfrontiert war. In Mississippi konnte sie zu jener Zeit nicht mit einem

Afroamerikaner allein sein, da er Angst haben mußte, der Belästigung einer weißen Frau beschuldigt zu werden.[6]

Gerade die Situation in der Feldforschung mit der teilnehmenden Beobachtung, dem Mitleben in einer anderen Kultur, ethnischen Gruppe und/oder Familie macht die Gegenseitigkeit jeder Zuschreibung und Bestimmung dessen deutlich, wer oder was der andere ist, was überhaupt menschlich ist. Diskutiert wurde einseitig immer wieder der Rassismus der Ethnologen. Beliebte Fundgrube für solche Äußerungen bot das Tagebuch Malinowskis, der etwa notierte: „Gestern abend und heute morgen vergeblich nach Burschen für mein Boot gesucht. Dies treibt mich in einen Zustand von Weißglut und Haß auf bronzefarbene Haut, kombiniert mit Depression, dem Wunsch, ‚mich hinzusetzen und heulen‘, und einem wilden Verlangen, ‚hier herauszukommen‘." Die „*Boys*" bezeichnete er in zahlreichen Passagen als „Nigger", was er offensichtlich nicht selten abfällig meinte. Noch übler nahm man Malinowski Textstellen, die sich auf Frauen bezogen:

„Ein hübsches, gut gebautes Mädchen ging vor mir her. Ich betrachtete die Muskeln ihres Rückens, ihre Figur, ihre Beine, und die Schönheit des uns Weißen so verborgenen Körpers faszinierte mich. Selbst bei meiner eigenen Frau werde ich wahrscheinlich nie die Möglichkeit haben, das Spiel der Rückenmuskeln so lange zu beobachten wie bei diesem Tierchen. Momentan bedauerte ich, daß ich kein Wilder war und dieses hübsche Mädchen nicht besitzen konnte." (Malinowski 1985: 224)

Das Führen eines Tagebuchs kann eine entlastende Funktion haben. Es bringt den Ethnologen dazu, sich mit seinen Gefühlen auseinanderzusetzen. Insofern ist auch das wiederholte Anprangern und Verurteilen des zitierten Textes fragwürdig. Die Informanten des Ethnologen führten damals normalerweise kein Tagebuch, in dem sie ihrer Wut über Mißverständnisse, unerfüllte Erwartungen, Unterschiede und Konflikte Luft machen konnten.

Eine sehr beunruhigende Erfahrung muß der Kontakt zu Weißen für indigene Bevölkerungen Neuguineas gewesen sein. Vor allem bei ersten Kontakten rief der Anblick der Körper der Weißen Entsetzen hervor. Den Notizen des russischen Forschers Mikloucho-Maclay, der die Astrolabebai an der Nordostküste Neuguineas zwischen 1871 und 1872 besuchte, ist Folgendes zu entnehmen:

„Ich stellte auch fest, daß meine Hütte und ihr Hausherr, also ich selbst, offenbar irgendeinen ganz besonderen Eindruck auf die Eingeborenen machte: Sie können in meiner Gegenwart nicht stillsitzen und guckten sich fortwährend um, als erwarteten sie irgend etwas Ungewöhnliches. Nur sehr wenige bringen es fertig, einem in die Augen zu schauen; die meisten wenden sich ab oder beugen sich vor, wenn ich sie ansehe." (Tagebucheintragung von Mikloucho-Maclay 1871, in: Fischer 1956: 69)

---

[6] Powdermaker 1966: 114, 156.

Vor allem unter den Frauen rief sein Erscheinen Angst und Schrecken hervor. Der Forscher gewöhnte sich deshalb an, sein Kommen in den Dörfern durch lautes Pfeifen anzukündigen, damit die Frauen sich in Sicherheit bringen konnten. Nur einmal erlaubten sich seine Begleiter einen Spaß mit einer jungen Frau:

„Sie bauten sich vor mir auf und riefen etwas in die Plantage hinüber; eine weibliche Stimme antwortete, und bald darauf erschien zwischen dem Zuckerrohr, das als Zaun diente, eine junge Frau. Als sie dicht vor uns stand, traten meine Leute beiseite. Entsetzen malte sich auf den Zügen der Frau, die noch nie einen Weißen gesehen hatte. Sie riß Mund und Augen auf, begann hastig und krampfartig zu blinzeln, klammerte sich am Rohr fest, da die Beine den Dienst versagten." (Tagebucheintragung von Mikloucho-Maclay 1872, in: Fischer 1956: 143)

Diese Schilderungen deuten darauf hin, daß die Einheimischen den fremden Besucher nicht in ihre gewohnte Welt einordnen konnten, und sie illustrieren deren emotionale Reaktionen auf sein Erscheinen. Vermutlich hielten sie den Weißen für einen Totengeist und fürchteten deshalb seinen Blick.

Am Beispiel der Bevölkerungen Neuguineas zeigt sich, daß Gerüche als Zeichen der Differenz, aber auch als Beweis für G l e i c h a r t i g k e i t aufgefaßt werden können. Bei ersten Kontakten von Reisenden zu Einheimischen im Hochland von Neuguinea hielt man die Fremden zunächst für Totengeister. Man versuchte herauszufinden, ob sie schlafen, ob und was sie essen, wie ihre Körper unter ihrer Kleidung aussehen, außerdem wie und ob sie ihre Notdurft verrichten müssen. Da die Weißen versuchten, dies verborgen vor den Blicken der Einheimischen zu tun, untersuchten diese später deren Toiletten, um ihre Neugier zu befriedigen. Ein Mann aus dem Hochland erzählte, daß man unter anderem an dem Geruch der Exkremente festgestellt habe, daß die Weißen echte Menschen waren.[7]

Nigel Barley erging es in Afrika dagegen umgekehrt, sein Körpergeruch wurde als eindeutig andersartig wahrgenommen. Anläßlich einer Jagd diskutierte man seinen Geruch ausführlich, da man befürchtete, er könne das Wild vertreiben. Barley schreibt:

„Es sei zu hoffen, bemerkte einer der alten Männer, daß der Geruch des Weißen Mannes das Wild nicht vergraule. Geruch, was sollte das heißen? Ich wusch mich jeden Tag. War ihnen das entgangen? Gerade das sei ja wahrscheinlich teilweise das Problem. Seife gehöre möglicherweise zu dem Geruch. Die Weißen Männer röchen alle. Was für ein Geruch denn das wäre? Die Dowayos verfügen zur Beschreibung von Gerüchen über eine breite Palette von merkwürdigen Lauten, die zwar durch Konvention feststehen, aber, strenggenommen, kein Bestandteil der Sprache sind, etwa so wie unser ‚autsch‘ oder ‚peng‘. Unter lebhafter Beteiligung aller entbrannte eine heiße Diskussion

---

[7] Connolly und Anderson 1987: 43, 44.

darüber, ob ich eher wie *sok, sok, sok* (wie faules Fleisch, erläuterte Matthieu hilfsbereit) oder *virrr* (verdorbene Milch) röche. Da für den europäischen Geruchssinn viele Dowayos so übelriechend wie Ziegen sind, hatte diese Unterhaltung für mich den Charakter einer Offenbarung. Ich versprach, dem Wild nicht unter die Nase zu kommen." (1989: 138-139)

Aus alltäglichen Erfahrungen mit rassistischen Vorstellungen (eigenen und denen der anderen) während der Feldforschung lassen sich häufig bereits viele Informationen gewinnen. Dazu muß man nicht eine sexuelle Beziehung mit einem Angehörigen der untersuchten Gruppe beginnen, um, wie Willson schreibt, tiefere Einsichten in Rassenbeziehungen und -konflikte zu bekommen.[8] Freundschaften, das Mitleben in einer Familie, der alltägliche Umgang reichen völlig. Im Alltag der Feldforschung gibt es eigenen Beobachtungen nach viele Situationen, in denen deutlich wird, daß sich die Untersuchten fragen, ob der Ethnologe eigentlich ein Mensch sei, worin er sich von ihnen unterscheide, ob es grundsätzliche unveränderliche Eigenschaften seien und wie man ihn am besten behandeln solle.

So erging es auch mir. Ich lebte auf den Philippinen mehrfach für mehrere Monate in einem ländlichen Gebiet bei Alma und Joe Pineda, einem Ehepaar und ihren sechs Kindern. Während meiner Feldforschung waren körperliche Unterschiede immer wieder Gesprächsgegenstand. Im Alltag ergaben sich dazu zahlreiche Anlässe: Beim gemeinsamen Kochen etwa raspelte ich unreife Papaya auf einer Reibe und dabei traten die Adern an meinem Unterarm hervor. Die Sichtbarkeit der Adern und des Blutes darin war den anwesenden Familienmitgliedern unheimlich, und sie fanden den Anblick ziemlich abstoßend. Daran schloß sich ein Gespräch über Hautfarbe und Blut. Deutlich wurde zum Beispiel, daß man „weiße" Haut eher als durchscheinend auffaßt und nicht sehr schön findet. Auch Fragen nach Farbe und Eigenschaften des Blutes wurden diskutiert.

An anderer Stelle[9] habe ich bereits geschildert, daß Joe während meines ersten Aufenthaltes in Ubay (Bohol)[10] eines nachmittags nach Hause kam und berichtete, in seinem Haus lebe ein *ingkanto*. Erst bei der Auseinandersetzung mit Joes Texten wurde mir die Bedeutung von „*ingkanto*" und der Zusammenhang mit meinem Aufenthalt in seinem Haushalt klar. Man verglich mich mit Naturgeistern, die man sich als weiße Wesen vorstellte. Es

---

[8] Willson 1997. Einhergehend mit der Mode, über jede sexuelle Erfahrung zu sprechen, mit Bekenntnis- und Enthüllungszwängen, wurde auch in der Ethnologie nun das „Tabu" gebrochen und intime Beziehungen zu Angehörigen der untersuchten Gesellschaft diskutiert und ihr Wert für die Datenerhebung verhandelt (siehe auch Kulick und Willson [Hg.] 1995). Sexualität scheint plötzlich für alles geeignet, sogar zur Gewinnung besonders „wahrer Erkenntnisse". Parallel zur Kenntnisnahme der Einsichten Foucaults (1989 a, b, c) über Machtstrategien, denen Sexualitätsdiskurse folgen, wird gleichzeitig in der postmodernen reflexiven Ethnologie paradoxerweise eben diese sich selbst darstellende identitätsstiftende Rede praktiziert und gleichzeitig kritisiert.

[9] Beer 1999 c.

[10] Namen einiger Orte und Personen wurden anonymisiert.

ging also um die Kategorisierung fremder Wesen aufgrund wahrnehmbarer körperlicher Unterschiede. Anhand von Joes und Almas Geschichten[11] wurden mir die vielfältigen, teilweise widersprüchlichen und schillernden Bedeutungen der Erzählungen von *ingkanto* in der Visaya-Region verständlich. Sowohl in den Bildern von weißen als auch in denen von schwarzen *ingkanto* spiegeln sich Reaktionen wie Angst, Neid und Neugier. Diese spielen auch bei der Begegnung mit Fremden eine Rolle und regen offensichtlich die Phantasie der Menschen an (siehe ausführlicher dazu: Kapitel 4).

Nachdem man während meiner Feldforschung die Fragen geklärt hatte, wie eine Weiße riecht, was sie ißt und verträgt, wie man sie unterbringt, kam es zu weiteren Schwierigkeiten. Denn körperliche Andersartigkeit wirft auch die Frage nach den Konsequenzen auf: Gelten für Fremde die Regeln der eigenen Kultur oder nicht? Muß man sie wie Gleiche behandeln oder Sonderregeln schaffen? So bat Joe eines Tages seine Frau Alma, mich darauf hinzuweisen, ich solle nicht während meiner Menstruation aufs Feld gehen, da das die Ernte zerstören könne. Daran schloß sich innerhalb der Familie eine Diskussion, ob diese Regel überhaupt auch auf weiße Frauen zutreffe. Ich beendete den Disput damit, daß ich versprach, mich auf jeden Fall an das Verbot zu halten. Das Risiko, die Ernte zu gefährden, wäre für ein Experiment zu groß gewesen. Dieselbe Frage spielte auch für Gefahren, die von Geistern oder Ungleichgewichten im Körperhaushalt ausgehen, eine Rolle. Bestimmte Krankheiten, meinte man, könnten nur durch ein vorsichtiges Ausbalancieren des Heiß-Kalt-Systems vermieden werden. So sollte ich mich etwa nach einer längeren Reise oder Busfahrt nicht waschen, da mich sonst *bughat* ereile.[12] Ich wusch mich dennoch, da ich Staub und Schweiß nicht länger ertragen wollte, und *bughat* letztlich nur mich selbst gefährdet hätte. Da infolge meines Verhaltens nichts geschah, kam man überein, daß ich eben doch so anders sei, daß mir die üblichen Krankheiten nichts anhaben könnten.

Körperlichkeit und körperliche Unterschiede hängen auf den Philippinen eng mit Konzepten von „Scham" zusammen. Während meiner Feldfor-

---

[11] Die meisten Geschichten sprach Joe während meiner Feldforschungen auf Kassette, mit Hilfe einer Filipina transkribierte ich sie in Deutschland und übersetzte sie später. Alma schrieb mir einige Texte auch in Briefen. Insgesamt nahm ich 137 verschiedene Erzählungen auf, zum Teil in mehreren Versionen (siehe Beer 1999 a). Dort finden sich auch genaue Angaben zu Erzählsituation, Kontext der Erzählungen, Transkription und Übersetzung der Texte.

[12] *Bughat* wird häufig als „Rückfall" übersetzt (siehe Gaabucayan 1969: 69; Lieban 1979: 109; Tan 1987: 71). Dahinter steht das Konzept, daß eine ohnehin schon geschwächte oder erschöpfte Person (etwa nach anstrengender Arbeit, längerer Zeit ohne Essen, einer Reise oder einer Krankheit) vorsichtig sein müsse. Durch die genannten Zustände geriete das Gleichgewicht des Körpers durcheinander. Auch nach einer größeren Anstrengung solle man sich deshalb nicht (kalt) waschen. Das Krankheitsbild ist nicht sehr klar: Müdigkeit, Erschöpfung, Kopfschmerzen und Fieber können als *bughat* bezeichnet werden.

schung bei den Ati gab es beispielsweise eine sogenannte „witzige Geschichte" (*katawanan nga istoriya*), die Ati-Frauen mir und untereinander immer wieder erzählten, ausschmückten und ausmalten. In dieser Geschichte ging es um meine Abreise nach Deutschland nach Beendigung meiner Feldforschung. Sie handelte davon, daß die Ati mit mir nach Deutschland kämen. Da sie kein Geld für ein Ticket hatten, wollten sie sich außen an das Flugzeug hängen. Durch den Fahrtwind, so stellte man sich vor, würde ihnen die Kleidung vom Leib gerissen und sie kämen nackt in Deutschland auf dem Flughafen an. Man meinte, die Deutschen würden sie sicher auslachen, wenn sie so nackt auf dem Flughafen vor ihnen stünden. Über diese Vorstellung amüsierte man sich. Aber es ging nicht nur um ihre Nacktheit, man stellte sich auch vor, wie erstaunt die Deutschen über ihr Erscheinungsbild wären: über Körpergröße, Hautfarbe und über ihre schwarzen Locken. In Geschichten des Typus „wie wäre es, wenn wir mit nach Deutschland kämen" spielten körperliche Unterschiede immer wieder eine große Rolle.

Die Anwesenheit der Ethnologin konfrontiert auch die Menschen, bei denen sie arbeitet, mit einer bewußteren Wahrnehmung ihrer eigenen Körperlichkeit. So entstanden die hier nacherzählte sowie ähnliche Geschichten und Witze. Für die Erzählerinnen schienen sie durch ihre Komik und das gemeinsame Lachen entlastend zu sein. Unterlegenheitsgefühle und Unsicherheiten konnten thematisiert und, so schien es mir, teils auch überwunden werden. Die Geschichten und Witze drehten auch meine eigene Situation um und spiegelten sie: als hellhäutiger, sonnenempfindlicher und für „normale" Tische, Stühle und Hütten etwas zu großer Mensch kam ich mir häufig komisch oder deplaziert vor und wurde vermutlich auch so wahrgenommen. In ihren Geschichten stellten sich die Frauen auch vor, wie es wäre, wenn es ihnen so erginge wie mir.

Allerdings gibt es nicht nur die Annahme, daß jemand, der anders aussieht, sich auch in anderen Aspekten seines Daseins unterscheide. Es gibt auch einen umgekehrten Effekt: Durch Gewöhnung an einen bestimmten Menschen werden körperliche Unterschiede immer unwichtiger und gewissermaßen „unsichtbar". Sowohl auf den Philippinen als auch in Papua-Neuguinea bemerkte man nach längeren Feldaufenthalten jeweils, ich hätte mich in der vergangenen Zeit sehr verändert. Diese äußeren Veränderungen wurden immer wieder beschrieben: meine Hautfarbe sei nicht mehr wie die einer Weißen, die philippinischen Ati behaupteten, daß mein Haar lockiger geworden sei, und in Neuguinea stellte man fest, ich sei so kräftig wie eine Wampar-Frau geworden. Dabei hatte sich wohl eher die Wahrnehmung meiner Gesprächspartnerinnen und weniger mein Körper verändert. Dieses Beispiel zeigt jedoch, daß Diskurse über körperliche Unterschiede und Ähnlichkeiten sowohl aus- als auch einschließend verwendet werden können. Deutlich wurde mir jedoch, daß Gewöhnung und Vertrautheit sich in beiden sonst sehr unterschiedlichen Feldforschungssituationen stark auf die Wahrnehmung des Körpers bezogen. Allerdings setzen diese einschließenden Diskurse über den Körper natürlich die Bereitschaft zur Integration voraus, die bei mir in beiden Fällen sehr hoch war. Bei einer einzelnen Frau, die versucht, sich anzupassen und möglichst viele Aspekte der Kultur inklusive der Sprache zu erlernen, ist die Integrationsbereitschaft der aufnehmenden Gruppe nicht erstaunlich. Wenn sie außerdem Abwechslung ins Alltagsleben bringt und von hohem Prestigewert ist, wird das noch verständlicher. Bei einer Gruppe von Fremden, die womöglich als Konkurrenten gesehen werden, kann man sich vorstellen, daß sich ähnliche Wahrnehmungen nicht oder nur abgeschwächt und in wenigen Einzelfällen einstellen.

Erst später wurden mir die Gemeinsamkeiten aller geschilderten Fälle deutlich. Hinter dem Interesse an sich physisch unterscheidenden Menschen, das zwischen Abscheu und Anziehung, Ekel und Faszination schwankte, und dem Bemühen „meiner" Familie, mehr über unsere Unterschiede und Gemeinsamkeiten zu erfahren, stecken ähnliche Reaktionen auf das offensichtlich Fremde, wie sie auch in vielen anderen Gesellschaften zu beobachten sind:

1. Äußere körperliche Unterschiede (aber auch Kleidung) werden bei ersten Begegnungen lange vor anderen, kulturellen Verschiedenheiten wie Sprache, Glaube, Sozialordnung etc. wahrgenommen. Es sei denn, diese werden durch Symbole am Körper oder Körperverformungen betont. Aber auch dann erschließt sich deren Bedeutung erst nach genauerer Kenntnis der fremden Gesellschaft. Nicht sichtbare, vermutete körperliche Unterschiede werden häufig sekundär aufgrund des anderen Aussehens angenommen: etwa anderes Blut, Unreinheit, überzählige oder fehlende Körperteile, sich unterscheidende Gerüche etc.

2. Zunächst wird – vor allem bei Erstkontakten mit sich körperlich unterscheidenden Fremden – entschieden, ob deren Abweichung überhaupt im Rahmen dessen liegt, was in der jeweiligen Kultur als „menschlich" aufgefaßt wird. Gegebenenfalls wird die Kategorie „Mensch" erweitert, so daß sie auch auf die neu zu bezeichnenden Lebewesen zutrifft.

3. Werden Lebewesen der Kategorie „Mensch" zugeordnet, sind körperliche, im Organischen verwurzelte Unterschiede eine Herausforderung für die weitere Klassifikation. Gibt es sich unterscheidende Untergruppen von Menschen? Korrespondieren mit dem äußeren, körperlichen Erscheinungsbild auch geistige, psychische oder kulturelle Eigenschaften? Was ist allen Menschen gemeinsam?

4. Bewertungen körperlicher Unterschiede werden, wie auch im kulturellen Bereich, nach ethnozentrischen Maßstäben vorgenommen. Das ei-

gene ist schöner und besser. Dabei bedeutet inter- wie intrakulturell „schön" meist auch „gut" – „häßlich" dagegen gefährlich, böse oder bedrohlich. Erst nach längerer Kontaktzeit zwischen Gruppen kann das Fremde gerade das Exotische und Anziehende sein.

5. Annahmen über Gleichheit oder Unterschiede haben Konsequenzen für das Verhalten gegenüber Fremden. Kann, darf oder muß man den anderen mit eigenen Maßstäben messen? Gelten für ihn dieselben Regeln? Was kann man erwarten, verlangen oder dem Fremden zumuten?

6. Je länger der Kontakt besteht, desto deutlicher werden einerseits Unterschiede. Andererseits können durch Gewöhnung zunächst überdeutlich sichtbare Unterschiede völlig unwichtig und so selbstverständlich werden, daß man sie kaum noch wahrnimmt.

In der Feldforschungssituation weckt der fremde Körper also Neugier, Angst, Unsicherheit, Begehren oder Abscheu. Nach Monaten der gegenseitigen Beobachtung, nach Gesprächen, Diskussionen und gemeinsamem Ärger, Staunen und Lachen über Unterschiede und Unvereinbarkeiten beginnen diese jedoch zu verschwinden. Die Fremde – „die Weiße" – wird zum Individuum, dem es dann ebenfalls schwerfällt, über „die Ati" zu sprechen oder zu schreiben, denn gemeint sind eigentlich Individuen mit allen ihren Eigenheiten, guten wie schlechten Eigenschaften und den persönlichen Beziehungen, die miteinander verbinden.

In einer Zeit, in der Rassismus ein zentrales Thema ist, sollte man versuchen, aus Erfahrungen bei der Feldforschung zu lernen. Die Feldforschung kann als Experiment des Zusammenlebens und „Labor" für Lösungsmöglichkeiten im Austragen und Aushalten von Konflikten und Differenzen in Aussehen, Lebensweise und Kultur angesehen werden. Und sie sollte jeden davor warnen, andere Menschen vorschnell des Rassismus zu bezichtigen und nur sich selbst als gegen dieses Übel gefeit zu betrachten.

1.3 Ethnologische Rassismusforschung

In der vorliegenden Untersuchung soll nicht geprüft werden, ob der Begriff „Rasse" wissenschaftlich haltbar ist und ob es eine r i c h t i g e Rasseneinteilung tatsächlich gibt. Das dieser Arbeit zugrunde liegende Konzept geht davon aus, daß viele Gesellschaften Kategorien haben, um Menschen nach vermuteten oder tatsächlichen biologischen Unterschieden zu klassifizieren und eventuell daraufhin (auch negativ) zu beurteilen und unterschiedlich zu behandeln. Annahmen der physischen Anthropologie, der Medizin, Alltagswissen und andere kulturelle Vorstellungen und Körperkonzepte vermischen sich in diesen Kategorisierungen. Das unterscheidet die Untersuchung von Rassenvorstellungen nicht von anderen Phänomenen, die Ethnologen untersuchen. Deren tatsächliche Verankerung in der Realität muß nicht zur Debatte stehen, wie etwa bei der Untersuchung von Klatsch, Hexerei oder Tötung durch Zauberei. Die Macht einer Vorstellung hängt nicht von ihrem Wahrheitsgehalt ab.

Daraus ergaben sich entscheidende Fragen für das durchgeführte Forschungsprojekt: Welche körperlichen Unterschiede zwischen Menschen werden warhgenommen oder angenommen, welche sind für Kategorisierungen wichtig? Welche weiteren Eigenschaften werden der Körperlichkeit zugeordnet? In welcher Beziehung steht in der jeweiligen Kultur das Konzept der physischen Verschiedenheit zu kulturellen Unterschieden? Wann und warum werden Körperkonzepte zur Abwertung und Benachteiligung von Fremden bzw. zum eigenen Vorteil eingesetzt?

Berücksichtigt werden soll die Frage, warum emische Vorstellungen von Menschentypen in der Ethnologie bisher vernachlässigt wurden, obwohl an Ethnographien und bildlichen Darstellungen deutlich wird, daß körperliche Unterschiede immer wieder als wichtige Kennzeichen der Zugehörigkeit hervorgehoben wurden. Seit der Trennung der Konzepte „Kultur" und „Rasse", die in der Ethnologie vor allem auf Franz Boas zurückgeht,[13] ist dieser Fragenkomplex in der Ethnologie zunächst noch diskutiert und später dann weitgehend der Politologie, Soziologie und Anthropologie überlassen worden, die jeweils mit ihren eigenen Fragestellungen und Methoden an das Thema herangehen.[14] Die Dekonstruktion des alten biologischen Rassenbegriffs wurde in den sechziger Jahren erfolgreich betrieben, über den nach wie vor vorhandenen Rassismus hatten Ethnologen jedoch wenig zu sagen.[15] Ziel ist es also, ergänzend aus ethnologischer Sicht eine empirische und vergleichende Darstellung vorzulegen.

In der Ethnologie hat sich eine paradoxe Situation ergeben: Die Beschäftigung mit Rassismus ist auf der einen Seite „in", auf der anderen Seite seit längerer Zeit aus noch ausführlich zu beschreibenden Gründen verpönt. Erwünscht und betrieben werden Untersuchungen, wenn sie als Ausgangspunkt und Ziel eine deutliche Kritik an der e i g e n e n Gesell-

---

[13] Boas 1963, 1966, 1969 siehe auch Benedict 1983. Über Boas und seinen grundlegenden Einfluß auf die Auffassung von „Rasse" und „Kultur" auch Mukhopadhyay und Moses (1997: 518, 519) und Wolf 1994 sowie Sanjek 1994a: 5 ff., der schreibt, durch Boas' Arbeiten habe es einen radikalen Bruch mit der Annahme einer rassischen Kategorisierung und Hierarchisierung gegeben.

[14] Zur Soziologie: Baker 1983, Banton 1992, Bowker und Carrier 1976. Vergleichend arbeiteten van den Berghe 1978 a und Kinloch 1981, siehe auch den Sammelband: „Comparative Perspectives on Racism" (ter Wal und Verkuyten [Hg.] 2000). Zur Diskussion in der Anthropologie: L. Cavalli-Sforza und F. Cavalli-Sforza 1994; Knußmann 1996.

[15] Zur Geschichte der Erforschung von Rassismus durch US-amerikanische Ethnologen siehe auch: Mukhopadhyay und Moses 1997; Sanjek 1994a und als Einführung für Studenten Shanklin 1994.

schaft haben.[16] Steht jedoch die Auseinandersetzung mit Rassenkonzepten und Ethnozentrismus als kulturellen Universalien und die Durchführung ethnologischer Untersuchungen über Rassenbeziehungen in traditionellen ethnologischen Untersuchungsgebieten im Mittelpunkt, dann scheint der historisch gewachsene Widerstand zu groß zu sein.[17] In einem in Lehre und Ausbildung verwendeten Wörterbuch findet sich unter „Rasse" etwa der folgende Eintrag:

„Ethnologisch gesehen hat der Begriff der Rasse wenig Sinn, da es keine offenkundige Beziehung zwischen den physischen Merkmalen, die einzig den Gegenstand der Rassenkunde bilden, und den verschiedenen Kulturen zu geben scheint. Man muß daraus den Schluß ableiten, daß der Faktor der Rasse angesichts der kulturellen Phänomene zu vernachlässigen ist. Darüber hinaus gibt es eine unvergleichlich größere Anzahl von Kulturen (mehrere tausend) als von Rassen, und bestimmte Kulturen, die von verschiedenen Rassen getragen werden, können einander weit näher stehen als andere derselben Rasse." (Panoff und Perrin 1982: 257, 258)

Rasseneinteilungen als „emische" Kategorien werden hier nicht zur Kenntnis genommen: daß viele der von Ethnologen untersuchten Gesellschaften körperlichen Unterschieden Bedeutung beimessen, erwähnen die Autoren nicht.[18] Gleichzeitig wird häufig beklagt, Ethnologen würden eine Auseinandersetzung mit Rasse und Rassismus vermeiden, wenn es um ihre eigene Gesellschaft gehe.[19]

Rassismus solle demnach in der eigenen Gesellschaft, beim eigenen Geschlecht, bis hin zum eigenen sozialen Umfeld untersucht werden. Dominguez etwa beschreibt die Bevorzugung von Akademikern aus ethnischen Minderheiten im amerikanischen Universitätssystem als rassistische Strategie des „*othering*" und „*diversity talks*". Als Beispiele führt sie ihre eigenen Erfahrungen als „Cuban born U.S. citizen" an.[20] Muhkopadhyay und Moses vermuten, daß diese Entwicklung auch auf die postmoderne Betonung der „Selbstuntersuchung" zurückginge. So seien vor allem „Insider-

---

[16] Etwa: Morgen 1988.

[17] Explizit etwa bei Sanjek 1994a: 3 ff. Einen Überblick über das gegenwärtige Forschungsinteresse in den europäischen Sozialwissenschaften gibt die Durchsicht der Zeitschrift „Ethnic and Racial Studies", herausgegeben von der London School of Economics.

[18] Anders C. Seymour-Smith, die gerade die Bedeutung der Rassenkonzepte als Untersuchungsgegenstand betont: „However as a folk concept in Western and non-Western societies the concept of race is a powerful and important one, which is employed in order to classify and systematically exclude members of given groups from full participation in the social system controlled by the dominant group. As a folk concept, race is employed to attribute not only physical characteristics but also psychological and moral ones, to members of given categories, thus justifying or naturalizing a discriminatory socal [sic] system." (Seymour-Smith 1986: 238).

[19] Etwa Siebert 1994: 52.

[20] Domínguez 1994; siehe zu Klagen über die bevorzugte Rekrutierung von „Minderheiten"-Ethnologen in den USA auch Alvarez 1994.

Forschungen" von African Americans entstanden, und die Themen Rasse und Rassismus seien dadurch noch stärker marginalisiert worden.[21]

Einige Ethnologen und Ethnologinnen schlossen sich den Auseinandersetzungen über Rassismus innerhalb der Sozialwissenschaften an,[22] die im Rahmen der Untersuchung von Migration,[23] den Medien[24] oder in der Kolonialismus-Debatte stattfinden, ohne diesen jedoch eine spezifisch ethnologische Sichtweise, Ergebnisse oder theoretische Ansätze hinzuzufügen. Zu interethnischen Ehen etwa, von denen einige in der jeweiligen Kultur als „interrassische Ehen"[25] betrachtet werden, liegen bislang vor allem Untersuchungen von Nicht-Ethnologen zu Industriegesellschaften vor. In diesen Untersuchungen wird von Seiten der Wissenschaftler eine „Rasseneinteilung" als grundlegend für die emische Zuordnung der Ehepartner vorausgesetzt, ohne daß Rassenkonzepte der Untersuchten je genauer dargestellt würden. Ethnologen arbeiteten meines Wissens bisher nicht zum Thema der „interrassischen" Ehen.[26]

Wenn überhaupt, wird die Untersuchung von Rassismus in der eigenen Gesellschaft gefordert und betrieben.[27] Vorangetrieben wurde diese Entwicklung unter anderem in der Frauenforschung und feministischen Ethnologie, meist im Zuge ihrer Selbstkritik am *female othering*.[28] Hier wird amerikanischen Wissenschaftlerinnen in ihrer Ablehnung des „Rassenkonzeptes" im Vergleich mit ihren männlichen Kollegen eine Rolle als Wegbereiterinnen zugeschrieben.[29] Auch die berechtigte Kritik an der ungenauen bzw. unzutreffenden Verwendung des Rassenbegriffs in der Wissenschaft und an deren rassistischen Tendenzen hat die beschriebene Entwicklung vermutlich verstärkt.[30]

---

[21] Mukhopadhyay und Moses 1997: 521.

[22] Etwa: Wimmer 1996, Wolf 1994. Zur Kritik an der mangelnden Auseinandersetzung von Ethnologen mit dem Thema „Rassismus" siehe auch die Einführung von Shanklin 1994, Kapitel 5.

[23] Castles 1987; Cropley, Ruddat, Dehn und Lucassen (Hg.) 1995; Institut für Migrations- und Rassismusforschung (Hg.) 1992; Rath 1993; Rauchfleisch 1994; Stoler 1991; Weiner 1994.

[24] Ferguson 1998; Gandy 1998; Jäger und Link (Hg.); Koch 1996; McLean 1995; VanDijk 1991.

[25] Zusammenfassen und kritisch äußert sich zu diesem Punkt Thode-Arora 1999: 29-31.

[26] Zu Rassismus, Vorurteilen und Kommunikation siehe Dettmar (1989). Einen Anstoß zur Wahrnehmung von physischen Unterschieden in indigenen Rassentheorien und ihrer Bedeutung für die Partnerwahl gab Gilliam (1988).

[27] Siehe etwa die Einleitung der Herausgeber in Cowlishaw und Morris (Hg.) 1997. Zu Rassismus in westlichen Industrienationen gibt es eine Menge an Publikationen aus den Sozial- und Kulturwissenschaften. Einen Eindruck vermittelt die Bibliographie, deshalb sollen die Titel hier nicht erneut aufgeführt werden.

[28] Zum *female othering* Mohanty 1988; Morgen 1988; Siebert 1994; Ausführlicher zur Beziehung zwischen Rassismus und Feminismus: Frankenberg 1993; Frankenberg und Mani 1996; Kalpaka und Räthzel (Hg.) 1990; Moore 1988; Sacks 1989; Ware 1992, Zavella 1994.

[29] Lieberman (1997: 549), ausführlicher zum Begriff „Rasse" siehe Kapitel 2, Abschnitt 5.

[30] Billig 1981; L Cavalli-Sforza und F. Cavalli-Sforza 1994; Gould 1983; Hildebrandt 1996; Kaupen-Haas und Saller (Hg.) 1999; Kuper (Hg.) 1975; Montagu 1963, 1974; Schütz 1994. Für die Ethnologie siehe Dominguez 1994; Wolf 1994.

Rassismustheorien[31] wurden vor allem in und am Beispiel von Industrie-gesellschaften entwickelt, etwa in der amerikanischen Inter-Gruppen-So-ziologie. Auch in der europäischen Soziologie entstand eine Tradition der Rassismusforschung. Mit der Bezeichnung „race relations approach", die vor allem auf die Arbeiten von Michael Banton (ursprünglich *social anthropologist*) zurückgeht,[32] ist eine Richtung verbunden, die „*race rela-tions*" als eigenes Forschungsfeld innerhalb der Soziologie etabliert hat. Zur Beschreibung und Erklärung von *race relations* wurden zahlreiche Theorien und Konzepte aus den Sozialwissenschaften herangezogen (siehe auch Teil III der vorliegenden Arbeit). In Bantons Nachfolge entstand eine ganze Reihe empirischer Arbeiten, die sich mit Migranten und Minderhei-ten in den USA und Großbritannien auseinandersetzten.

In ethnologischen Forschungen spielte die Wahrnehmung der Körper von Fremden in den letzten Jahrzehnten eine untergeordnete Rolle. Zu Be-ginn der Etablierung des Faches gehörten jedoch physische Anthropologie und die heutige Ethnologie noch eng zusammen. In den USA ist das an manchen Instituten heute noch der Fall. Auch die Zusammenarbeit von physischen Anthropologen und Ethnologen war bei mehreren der großen Forschungsreisen Normalität. Mit der Trennung von physischer Anthro-pologie und Ethnologie um 1930 in Deutschland sowie der Abkehr von ei-ner Beschäftigung mit dem Körper als biologischer Einheit geriet das Thema eher an den Rand des Faches. Es gab jedoch Ausnahmen: 1939 etwa erschien der Aufsatz von Marcel Mauss „Die Techniken des Kör-pers", darunter verstand er: „die Weisen, in der sich Menschen in der einen wie der anderen Gesellschaft traditionsgemäß ihres Körpers bedienen."[33] Mauss schrieb, sich auf Durkheim beziehend, von den Techniken des Kör-pers als sozialer Tatsache und der kulturellen Verschiedenheit dieser Tech-niken.

Danach folgten erst Ende der sechziger und in den siebziger Jahren wie-der Arbeiten, die sich explizit mit dem Körper auseinandersetzten, etwa „*Purity and Danger*" von Mary Douglas.[34] Anthony Synnott und David Howes geben die Entwicklung des ethnologischen Blicks auf den Körper sehr komprimiert wieder.[35] Daß Körper und Körperwahrnehmungen in Be-zug auf „Rassenkonzepte" und Ethnizität in der Ethnologie nicht stärker in

---

[31] Ich verstehe „Theorie" hier nicht im Sinne eines strengen erklärungsbezogenen Theoriebegriffs, der in den analytischen Sozialwissenschaften vertreten wird (Lang 1994, Kap. 9). Hier wird „Theorie" zu-nächst recht allgemein verwendet, da die Frage, inwieweit es sich bei den dargestellten Ansätzen überhaupt um Theorien handelt, in Teil III genauer beleuchtet werden soll.

[32] Banton 1955, 1967, 1977, 1983, 1986 und 1996.

[33] Mauss 1978: 199.

[34] Douglas 1969.

[35] Synnott und Howes 1992; Siehe auch Turner 1991.

den Mittelpunkt rückten, verwundert deshalb, weil die meisten Ethnologen mit dem Thema „Körper und Differenz" während ihrer Feldforschungen konfrontiert werden. Die Feldforschungserfahrung hat eine grundlegende Bedeutung für die Bewertung der Wichtigkeit physischer Unterschiede. Sie verdeutlicht Ethnologen den Umgang mit dem eigenen Körper, zeigt aber auch Blickwinkel anderer Menschen (der Untersuchten) auf fremde Körper. Körperliche Differenz wird nach langer Zeit des Kontaktes zunehmend unwichtiger, vermutlich einfach durch Gewöhnung. Im Kontakt mit Fremden spielt sie meines Erachtens jedoch zunächst eine große Rolle. Wie sich das auswirkt, ob Menschen fremde Körper zum Beispiel anstarren oder den Blick schnell abwenden, kann kulturell sehr unterschiedlich sein. Doch übersehen werden körperliche Differenzen zunächst kaum. Unterschiede im Aussehen von Menschen werden sofort festgestellt und bewertet, ohne daß ein engerer Kontakt zu ihnen hergestellt werden muß. Insofern liegt es nahe, daß sie für soziale Zuordnungen genutzt werden.

Eine Einbettung der Erfahrung körperlicher Differenz in ethnologische Theorien vom Fremden, von Ethnozentrismus, Kulturkontakt und -wandel ist längst überfällig. Die Vernachlässigung des Körpers in der Untersuchung interethnischer Beziehungen mag darauf zurückgehen, daß Ethnologen sich in Abgrenzung zur physischen Anthropologie für „das Kulturelle" zuständig fühlen und den Körper allzu oft aus diesem Bereich ausschließen. Der Körper, als „biologisch vorgegebene Grundausstattung" des Menschen, wird jedoch viel stärker kulturell geprägt als den meisten Menschen bewußt ist. Der Körper liefert auch umgekehrt die Vorlage für kulturelle Vorstellungen: Er dient als Metapher für Gesellschaftsformen (etwa das indische Kastensystem) und Weltanschauungen (etwa der „Volkskörper" im nationalsozialistischen Diskurs). Häufig gilt der Körper auch als Mikrokosmos des Universums, eine vor allem für Gesellschaften, die Schamanismus kennen, und für Wildbeuter-Kulturen typische Vorstellung. Innerhalb dieses Rahmens gibt es eine Vielzahl von Themen, die aus einem ethnologischen Blickwinkel von Interesse sind und mit denen sich Ethnologen bereits beschäftigen. Nur der Bereich der sogenannten „Rassenbeziehungen" oder interethnischen Beziehungen wird in seiner deutlichen Verbindung zum eigenen und fremden Körper in der Ethnologie weitgehend ausgespart. Im zwanzigsten Jahrhundert wurde eine immer deutlichere Trennung zwischen kulturellen und biologischen Phänomenen vollzogen. Das hat teilweise zur erstaunlichen Vernachlässigung kultureller Bereiche der menschlichen Existenz geführt, die sich auf biologische Grundlagen beziehen. Eine Ausnahme ist die Diskussion um Sex und Gender. Neuerdings werden Stimmen laut, wieder eine Verbindung zwischen beiden Bereichen, allerdings unter radikal anderen Voraussetzungen, herzustellen: „This paradigm would situate human biodiversity *within* a sociocultural framework, in effect reuniting culture and biology by embedding biology in society and culture."[36]

Ethnologen selbst müssen sich in ihrer Arbeit in vielen Fällen deshalb mit sogenannten „*race relations*" auseinandersetzen, weil sie unter Menschen forschen und leben, die von der Wissenschaft als „andere Rasse" aufgefaßt wurden bzw. immer noch werden. Das gilt aber auch umgekehrt: Die Untersuchten können in der Person des Ethnologen in erster Linie einen Angehörigen der „weißen Rasse" sehen. Das Problem der Rassenkategorien ist also schon zu Beginn vieler ethnologischer Untersuchungen enthalten. Um so erstaunlicher ist es, daß selten und nur einseitig der Rassismus der „Weißen" Gegenstand der empirischen Untersuchung geworden ist.

1.4 Gibt es nicht-rassistische Gesellschaften?

Nur Menschen ohne jeden Kontakt zu sich kulturell und körperlich unterscheidenden anderen Gruppen können mit Sicherheit keinen Rassismus entwickeln. Gerade die Annahme, solche isolierten Gesellschaften hätten existiert, wurde jedoch in den letzten zwanzig Jahren in der Ethnologie hinreichend kritisiert. Entscheidend ist in diesem Zusammenhang, daß im Fach gar nicht erst der Versuch unternommen wurde, Wahrnehmung und Reaktionen auf körperliche Unterschiede in bzw. zwischen vorindustriellen Gesellschaften zu untersuchen. Wenn überhaupt erwähnt, wurden diese Ethnien als Beispiel für „nicht-rassistische Gesellschaften" angeführt. Eric Wolf stellt beispielsweise, sich auf einen Film von Chagnon und Asch und einen Artikel von Albert[37] beziehend, den „dominanten Zivilisationsschemata" das der Yanomami gegenüber: „In this scheme all people are seen as equally benevolent and malevolent and similar in comportment and bodily form, it is their differential location on a spatial continuum that identifies them as friends or hostiles." (Wolf 1994: 3) Wurde überhaupt nach Kontakt mit Nicht-Yanomami, nach Vorstellung von, Überlieferungen über „Weiße" oder Nicht-Yanomami gefragt?[38] Gilt dieses Schema für alle Ya-

---

[36] Mukhopadhyay und Moses 1997: 526.

[37] Albert 1988.

[38] Leider gibt auch der Bericht von Helen Valero über die Zeit, die sie als „weißes" Mädchen bei Yanomami-Gruppen verbrachte, keine wesentlichen Hinweise auf Einstellungen zu und Vorstellungen über Weiße und körperliche Unterschiede zwischen Yanomami und Weißen (Biocca 1972). Ethnographien der Yanomami sind seit dem „Skandal", den der Journalist Patrick Tierney zu enthüllen behauptet hat, noch heftiger umstritten als früher. Auf diese gegenwärtige Auseinandersetzungen einzugehen, ist hier weder möglich noch sinnvoll. Die Debatte sagt mehr über den Zustand der US-amerikanischen *anthropology* als über die Yanomami aus. Die Diskussion ist in Archiven der gängigen ethnologischen *email-listen* nachzulesen.

nomami? Was ist bzw. war mit Yanomami in Kontakt- und Grenzgebieten? Auch diese Fragen sollten an Ethnographien von Ethnien gestellt werden, die Wolf als „more egalitarian tribal people"[39] bezeichnet. Ist der Umgang egalitärer Ethnien auch nach außen egalitär? Auch darüber ist zu wenig bekannt. Pierre van den Berghe schreibt – obwohl er selbst früher Forschungslücken in der Rassismusforschung bemängelte[40] – ohne jeden Beleg: „It is also important to note that not all societies recognize social races. In fact, *the great majority of human societies* have not used physical phenotypes as the basis of group distinctions."[41] Man meint also, was man sich wünscht, müsse auch in der Realität existieren. Belege und empirische Untersuchungen fehlen jedoch. Die vorliegende Studie versucht, diese Lücken zu schließen, sowohl durch eigene empirische Untersuchungen als auch durch die vergleichende und quellenkritische Darstellung ethnographischen Materials.

Rassismus wurde, wie aus den bisherigen Ausführungen deutlich wurde, in Medien, Wissenschaft, Politik und Literatur vor allem im Elite-Diskurs untersucht. Empirische Arbeiten, die sich nicht auf schriftliche Äußerungen, auf Ansichten öffentlicher Meinungsmacher beziehen, sind seltener. Meist meint Rassismus in vorhandenen Studien den wissenschaftlichen Rassismus westlicher Prägung. Auch die Wechselwirkungen zwischen Elite-Diskursen und populären Konzepten bzw. Vorstellungen sind weitgehend unerforscht.[42] In manchen Fällen geht es auch gar nicht anders, wie etwa in historischen Untersuchungen, denen nur schriftliche Quellen zur Verfügung stehen. Um so mehr wäre es Aufgabe der Ethnologie, in empirischen Untersuchungen rezenter Gesellschaften diese Lücke zu schließen. Vor allem, da nach wie vor von der Hoffnung ausgegangen wird, es gebe Gesellschaften, die keine Abwertung durch Hierarchisierung körperlicher Unterschiede kennen würden.

Die bereits angeführte Arbeit von Dikötter sowie Untersuchungen einiger weniger anderer Autoren sind Ausnahmen.[43] Es mag sein, daß Vorstellungen von sogenannten „egalitären Gesellschaften" auch auf deren Außenbeziehungen übertragen wurden und ethnozentrische Annahmen oder mögliche Rassenkategorien dabei in Untersuchungen zu kurz gekommen sind. Aber auch innerhalb von egalitären Gesellschaften gibt es Differenzen, die zeigen, daß Kategorien vom gesunden, vollwertigen Menschen und Mitgliedern der Gesellschaft existieren, zu der beispielsweise Fremde

---

[39] Wolf 1994: 3.
[40] Siehe Anmerkung 6.
[41] Van den Berghe 1996 b: 298, Hervorhebung B.B.
[42] Dikötter 1992: 35.
[43] Blackburn 1979, Jahoda 1961, Sautman 1994, Sullivan 1994, Weiner 1994 und 1997.

oder Behinderte nicht zählen. Klaus E. Müller zeigt etwa in „Der Krüppel" (1996), wie Behinderungen, aber auch Unfruchtbarkeit bei Frauen (und seltener bei Männern), ein unüberwindliches soziales Stigma darstellen können. Der Wunsch nach einem besseren Leben, nach Gleichheit, Gerechtigkeit, Frieden und etwa auch nach einer umweltverträglichen Lebensweise lassen uns heute häufig enttäuscht reagieren, wenn es solche Paradiese nicht – oder nur eingeschränkt – gibt. Voller Überzeugung, jedoch ohne sich auf Quellen oder eine ausführlichere Argumentation zu stützen, schreibt etwa Annette Jaimes: „Prior to the European conquest, there is no evidence that indigenous peoples of the Americas had in their societies any concept of ‚race' to make differentiations within the human species. Instead, cultural distinctions were made among peoples."[44]

Eine Möglichkeit nicht-rassistischer Gesellschaften scheint sich in Quellen des alten Chinas und Japans anzudeuten. Statt einer Einteilung der Menschheit in „Rassen" wurden bestimmte ethnische und soziale Gruppen als nicht der Menschheit zugehörig klassifiziert. Vor dem „Act of Emancipation" 1871 gab es in der japanischen Geschichte beispielsweise die anerkannten Statusbezeichnungen Eta und Hinin (später: Burakumin). Eta wurden auch als „Yotsu" („Vierbeiner") bezeichnet, was auf deren angenommenen nicht-menschlichen Status und den verunreinigenden Charakter dieser Randgruppen hindeutete.[45] Der Ausdruck „Vierbeiner" wie auch die Bezeichnung Hinin („non-people") weisen auf Lebewesen außerhalb der menschlichen Gesellschaft hin, die als eine Gruppe von „Kastenlosen", Unberührbaren oder Parias einen besonderen Status hatten.[46] So wurden Kastenlose in Zensuserhebungen der Regierung vor 1871 entweder gar nicht berücksichtigt oder nicht unter „people" eingeordnet.[47] Die Eta oder Hinin faßte man auch häufig mit den Ainu zusammen. Beide Gruppen wurden zahlreichen Verboten und Reglementierungen unterworfen, sie standen außerhalb des menschlichen Statussystems. Einige Autoren des 18. Jahrhunderts vermuteten, die Unberührbaren seien Nachkommen der Emishi (Barbaren), da beide Fleisch essen würden und dadurch nach buddhistischen Vorstellungen unrein seien.[48]

In den frühesten japanischen Quellen werden die Bewohner der Regionen nordöstlich der Grenzen des Yamato-Königreichs als „Barbaren", als Emishi oder Ebisu bezeichnet. In dieser Bezeichnung ist das Chinesische Ideograph für „östliche Barbaren" enthalten. Zwischen dem 6. und 7.

---

[44] Jaimes 1994: 41.
[45] Ebd.: 4.
[46] Price 1967: 10, Siddle 1996: 11, für China siehe auch Hansson 1996.
[47] Price 1967: 10.
[48] Siddle 1996: 43.

22

Jahrhundert wurden viele Aspekte der chinesischen Kultur von Japan importiert, unter anderem Vorstellungen von Barbaren. Unter Barbaren wurden im klassischen chinesischen Gedankengut haarige, halb- bzw. nicht-menschliche Wesen verstanden, fleischessende Wilde, die in Höhlen lebten.[49] Diese Barbarenvorstellungen paßten scheinbar hervorragend auf die Ainu und hielten sich bis in Texte des 18. Jahrhunderts. Meist wurde vor allem die haarige und schmutzige Erscheinung der Ainu betont, außerdem sollen sie so sehr gestunken haben, daß man sich die Nase zuhalten mußte, wenn man ihnen begegnete.[50] Menschen (*Ningen*) wurden den Barbaren (*Ezo*, *Ijin*) gegenübergestellt. Die japanische Sprache wurde als menschliche Sprache (*Ningen no mane*) bezeichnet. Eine lange Tradition hat auch die Vermutung, daß die Ainu von Hunden abstammten.[51]

1356 wurden in einem Bildbericht der Großen Gottheit von Suwa die Einwohner von Ezogashima in Gruppen aufgeteilt: Neben Menschen sind es erstens dämonenartige, die Fleisch essen, kein Getreide kennen und keine verständlichen Sprachen sprechen. Die zweite Gruppe sind Wesen, die über und über behaart sind, halbverständliche Sprachen sprechen und bereits menschenähnliche Züge haben. Das Stereotyp der Darstellung Fremder als Dämonen zieht sich weiter durch die japanische Bilderwelt.[52] Im 18. und 19. Jahrhundert wurden Fremdheit und Barbarentum nicht nur in Darstellungen der wilden behaarten Ainu übertrieben, sondern auch in der Darstellung anderer Nicht-Japaner:

„This tendency to exaggerate the barbarian Otherness of non-Japanese is also evident in pictures of Westerners from the same period in which long noses, red hair and hairiness are emphasised. The few Africans or Javanese who worked as sailors on foreign ships are usually portrayed as devils. While not evident in art of the period, it was widely believed that the Dutch and the Russians had misshaped limbs and penisses, and urinated like dogs." (Siddle 1996: 49)

Japanische Darstellungen der Weißen als Tiere (Affen) oder Dämonen ziehen sich durch die Jahrhunderte seit den ersten Kontakten bis in die Propaganda im Zweiten Weltkrieg, wo diese Stereotypen gezielt aktiviert wurden.[53] In Japan gab es jeweils verschiedene Kategorien für Dämonen und Tiere, es handelte sich dabei jedoch nicht um die Vorstellung von M e n s c h e n rassen. Die fremden Wesen wurden außerhalb der menschlichen Spezies angesiedelt. Wie zu sehen sein wird, haben Fremde auch bei den philippinischen Ati Vorstellungen von guten und bösen Geistern ge-

---

[49] Ebd.: 27, siehe dazu wesentlich ausführlicher Kapitel 7.
[50] Ebd.: 42.
[51] Ebd.: 43, 44.
[52] Ebd.: 30.
[53] Dower 1986.

prägt. Eine Wechselwirkung zwischen Bildern von abweichenden menschlichen Wesen und menschlich wirkenden Geistern ist in vielen Kulturen festzustellen.

Ein weiterer Irrtum auf der Suche nach nicht-rassistischen Gesellschaften ist der, daß manche Autoren meinen, wenn eine Gesellschaft keine Wörter für „Rassismus" oder „Rasse" habe, gebe es auch das Phänomen nicht. Kognitive Kategorien als Grundlage für Verhalten können auch ohne eine solche Bezeichnung existieren. Der empirischen Untersuchung sind sie durch die Beobachtung des Verhaltens zugänglich, aber auch durch Befragungen, deren Ergebnisse die Umschreibungen in emischen Konzepten zur Verfügung stellen.[54]

Eindeutig nicht-rassistisch scheint vor allem auch eine Gruppe zu sein, nämlich die der Kultur- und Sozialwissenschaftler und -wissenschaftlerinnen selbst. In der Literatur finden sich keine Angaben dazu, wie jemand sich eigentlich von eigenen rassistischen Vorstellungen „befreit" hat oder die Frage, ob man je davon frei sein könne. Wissenschaftler und Wissenschaftlerinnen scheinen schon von Geburt an außerhalb ihrer Kultur zu stehen und haben Unsicherheit und Staunen über menschliche Unterschiede und die vielen Fragen, die sie aufwirft, gegen eine große Sicherheit im politisch korrekten Verhalten eingetauscht. Selbstkritik ist selten. Weil die Ethnologie zur Völkerverständigung beitragen s o l l, zum Abbau von Vorurteilen, zur Beseitigung von Fremdvolk-Stereotypen, scheinen wir selbst häufig anzunehmen, daß uns das schon gelungen sei. Häufig wird über Ethnozentrismus gesprochen und dabei vergessen, das Ethnozentrismus gar nichts Unnatürliches, Krankhaftes, zu Beseitigendes ist, wie das vielfach anklingt, sondern etwas, das eventuell nicht überwunden werden kann.

Im folgenden Abschnitt stelle ich neuere Untersuchungen von „*whiteness*" ausführlicher dar. Sie illustrieren sowohl die Vernachlässigung vergleichender Untersuchungen zu Rassismus, die nicht-euroamerikanische Beispiele einbeziehen, als auch die zunehmende Ausrichtung kultur- und sozialwissenschaftlicher Forschungen auf die eigene Gesellschaft.

1.5 Die Untersuchung von „whiteness"

In den USA entstand in den Kultur- und Sozialwissenschaften eine neue Richtung der Untersuchung von „Rasse" und „Rassismus". Zentrales Anliegen dieser Forschungen war es, nicht mehr „schwarze Identität" zu

---

[54] Siehe kritisch zu dieser Argumentation auch Dikötter 1997 a: 3.

problematisieren, sondern die Entstehung, Festigung und Auswirkungen der Konstruktion einer „weißen Identität" zu untersuchen. Diese Auseinandersetzung begann mit den Arbeiten von Ruth Frankenberg und wurde von anderen weitergeführt.[55] Die Konstruktion von *whiteness* wurde in den USA zum Thema der neunziger Jahre des zwanzigsten Jahrhunderts.

„There is, however, one racial subject where an upsurge of interest by academics may precede and effectively recast public formulations of race problems: that is the matter of whiteness. Through the efforts of literary and film critics, historians, sociologists, and gradually, anthropologists, whiteness, as an analytical object, is being established as a powerful means of critiquing the reproduction and maintenance of systems of racial inequality, within the United States and *around the globe*." (Hartigan 1997: 495, 496; Hervorhebung B.B.)

Deutlich wird, daß es in amerikanischen Untersuchungen vor allem darum geht, den aktuellen Entwicklungen und der fortbestehenden Ungleichheit etwas entgegenzuhalten. Dabei werden große Hoffnungen darauf gesetzt, sich mit dem Eigenen und mit sich selbst zu beschäftigen. Der Umweg über andere Kulturen, wie ihn die Ethnologie immer wieder vorgeschlagen hat, scheint in diesem Kontext bereits die Selbstverständlichkeit der eigenen Kategorien in Frage gestellt und damit ausgedient zu haben. Daß durch die Selbstanalyse einiger „weißer" Amerikaner und Amerikanerinnen dann aber Systeme „*around the globe*" kritisiert und verändert werden könnten, scheint etwas gewagt.

Hartigan kritisiert Frankenberg, die „weiß" in ihren Forschungen noch als gegebene Kategorie annahm, während etwa Douglass[56] in ihrer Untersuchung der jamaikanischen Elite *whiteness* als Konstrukt schon viel weitgehender in Frage gestellt habe. Konsequenterweise lehnt Hartigan auch die zu starke Verallgemeinerung und Vereinheitlichung ab, die das Konzept *whiteness* mit sich bringt:

„If whiteness stands, definitionally, as equivalent with homogenizing processes in the workplace, at home, in neighborhoods, and in public debates, then we should additionally have a means of designating the heterogeneous aspects of white racial identity that are not effortlessly processed into whiteness, that, through ruptures of class decorums or other forms of social etiquette, undermine the unmarked status of some whites."

Solche Abweichungen, die ein statisches und homogenes Konzept von *whiteness* in Frage stellen, schildert auch Patricia Sunderland in ihrem Artikel: *‚You May Not Know It, But I'm Black': White Women's Self-Identification as Black*.[57] Sie macht deutlich, daß nicht eindeutig bestimmbar ist,

---

[55] Frankenberg 1993 und 1994. Siehe auch: Bonnett 1997, Douglass 1992, Dyer 1997, Ferber 1998, Hartigan 1997, Roediger 1994, Sunderland 1997 und Ware 1992.

[56] Douglass 1992; siehe zu „weißen" Ägyptern in den USA auch Morsy 1994.

[57] Sunderland 1997.

wer überhaupt weiß ist, wenn man die Kritik an Rassenkategorien ernst nimmt. Damit hat auch niemand mehr die Möglichkeit, einen natürlichen „Rassenstatus" für sich in Anspruch zu nehmen. Für Brasilien stellten bereits Harris, Consorte, Lang und Byrne diese Frage ganz explizit: Wer sind überhaupt „die Weißen"?[58] Richard Dyer greift die Frage nach der Repräsentation von *whiteness* auf und untersucht sie in der westlichen visuellen Kultur, in Massenmedien, Photographien, Werbung, Kinofilmen und Fernsehen. Allerdings in der von Hartigan kritisierten Zeitlosigkeit und Homogenität.[59] Seine Analyse zielt vor allem darauf ab, wie es dazu kommen konnte, daß „weiß" als Normalzustand betrachtet wurde und „schwarz" nur zur Abweichung von „weiß" deklariert wurde. Nimmt man Untersuchungen ernst, nach denen Ethnozentrismus ein weit verbreitetes Phänomen ist, liegt die Antwort auf Dyens Frage auf der Hand: Die e i g e n e Farbe ist immer die n o r m a l e , menschliche und richtige. Doch die Frage, wie „Nicht-Weiße" die „Weißen" sehen, wie sie ihre Zugehörigkeit im Gegensatz zwischen Nicht-Weiß und Weiß konstruieren, wurde bislang in der Diskussion weitgehend ausgespart. Die Auffassung, daß Gruppenidentitäten sich immer von beiden Seiten konstruierter Grenzen ausgehend entwickeln,[60] scheint hier in Vergessenheit geraten zu sein.

Wehrt man sich gegen eine wissenschaftliche Einteilung in Menschenrassen, die tatsächlich problematisch ist, kann man konsequenterweise nur das Wechselspiel von emischen und etischen Zuordnungen zu Rassenkategorien untersuchen. Am Anfang einer solchen Untersuchung müßte dann die Frage stehen, ob jemand sich selbst als „Weißer" sehen oder bezeichnen würde, oder wann andere ihn so bezeichnen. Den Erfahrungen mit ethnischen Zuordnungen folgend müßte außerdem nach den entsprechenden Situationen gefragt werden, in denen sich Selbst- und Fremdbeschreibungen ändern. Während eigener Feldforschungen auf den Philippinen war ich in der Stadt etwa „eine Weiße", während mir das weder „in meinem Ort" noch in Deutschland bewußt war, ich nicht so bezeichnet wurde und mich selbst auch nicht so bezeichnet hätte. Demnach war ich nur situativ „weiß". Ein weiteres Problem, das auch die Untersuchung der Konstruktionen von *whiteness* nicht hat lösen können, ist die Tatsache, daß häufig mehrere Auffassungen nebeneinander bestehen. Vorstellungen können situativ sein, Zuschreibungen und Zuordnungen von allen Beteiligten konstruiert werden (also auch von „Schwarzen") und ethnische Gruppen sind weniger homogen als häufig angenommen. Das sind kritische Fragen, die in der Ethnolo-

---

58 Harris, Consorte, Land und Byrne 1993.
59 Dyer 1997.
60 Barth (Hg.) 1970.

gie schon viel früher gestellt worden sind[61] und bei der Untersuchung der Konstruktionen von *whiteness* bislang vernachlässigt wurden.

Auch die US-amerikanische Konzentration auf die Dichotomie Schwarz/ Weiß wurde in die wissenschaftliche Literatur übernommen: Hier scheint es kaum Raum für komplexere Systeme von Hierarchien körperlicher Merkmale zu geben. Als positiven Denkanstoß kann man aus diesen Studien die Forderung entnehmen, „Rassen" nicht nur auf ihre Festlegung von außen, sondern außerdem auf die eigene Konstruktion einer auf Konzepten der Körperlichkeit beruhenden Identität hin zu untersuchen. Da das meist nur im Wechselspiel mit Zuschreibungen von außen geschieht, historischen Veränderungen unterliegt und nie nur e i n e homogene Ausrichtung hat, wird die Situation immer komplizierter und komplexer sein als es Rassenideologien glauben machen, die meist auf Einfachheit und Homogenität hin angelegt sind.

1.6 Zielsetzung der Untersuchung

Deutlich wurde bei der Durchsicht der Literatur zum Thema Rassismus, daß dessen Untersuchung in neuerer Zeit immer dann gefordert wird, wenn es eine eindeutige Täter-Opfer-Zuordnung gibt. Sind die Untersuchten Opfer von („weißem") Rassismus erscheint das Phänomen untersuchenswert. Sind lokale Machtstrukturen sehr viel komplexer, versucht man, sie auf wenige Faktoren zu reduzieren, die eine deutliche Rollenverteilung ermöglichen. Offensichtlich ist, daß sich die meisten Arbeiten sehr abstrakt des Themas annehmen und sich empirische Untersuchungen nur auf wenige klassische Fälle beschränken.

Die schon erwähnten bislang vorliegende Untersuchungen über Rassismus haben einige Charakteristika gemeinsam:

- Sie sind regional auf Industriegesellschaften beschränkt, auch in der Ethnologie sind Untersuchungen immer näher an die eigene Gesellschaft herangerückt,
- meist wird angenommen, vorindustrielle Gesellschaften seien nicht-rassistisch,
- man vermutet, Rassismus sei durch Kolonialismus entstanden,
- nur selten wird über Rassismus kulturvergleichend gearbeitet,
- „positiver" oder „Gegen"-Rassismus wurden bislang nicht untersucht,
- untersucht wird die Haltung der dominierenden Gruppe zur unterlegenen (von der überlegenen konstruierten) „Rasse". Alle Untersuchungen

---

[61] Etwa von Franz Boas 1961 (zuerst 1911), Owen 1965. Mühlmann 1964: 58-61 betonte, daß es immer um interethnische *Systeme* und Abgrenzungs*prozesse* gehe.

bewegen sich in den Gegensätzen von Opfern und Tätern sowie Rassisten und Nicht- oder Antirassisten. Daß beide Positionen zusammenfallen können, daß auch Opfer Rassisten sein können, wird ausgeklammert.

Vielleicht ist es eine besonders raffinierte Form der Überheblichkeit ethnischen Minderheiten, vorindustriellen Gesellschaften oder Randgruppen gegenüber ihnen keine Überheblichkeitsgefühle ihrerseits zuzugestehen. Es scheint undenkbar, daß Menschen meinen, weiße Haut stehe für Verweichlichung, Schwäche und Häßlichkeit, daß die Mängel dieser „Sorte von Menschen" in ihrer biologischen Ausstattung vermutet werden und man darüber hinaus charakterliche oder psychische Mängel auf diese zurückführen könnte.

Ethnozentrismus gilt als weit verbreitet, in der Kombination mit Vorstellungen von körperlichen Unterschieden wird er jedoch nicht beschrieben. Wenn überhaupt solche Phänomene dargestellt werden, dann immer nur als „Gegenbewegung", als „Reaktion" auf weißen Rassismus. Doch wo liegt der Anfang? Was ist Aktion und was Reaktion? Dies ist im Nachhinein wohl kaum mehr herauszufinden. Es sollte bei der Untersuchung dieser Fragen nicht um Schuldzuweisungen und die Suche nach den wahren Anfängen gehen, sondern darum, Denk- und Wahrnehmungsweisen von Menschen möglichst genau zu beschreiben. Dabei muß man sich über Beschränkungen der eigenen Wahrnehmung des Fremden durch Überzeugungen und Wünsche bewußt sein. – Ziel dieser Untersuchung ist es, den folgenden Fragen nachzugehen:

- An vier sehr unterschiedlichen Beispielen sollen die in der Ethnologie bislang vernachlässigten Körperkonzepte vergleichend untersucht werden. Welche Bedeutungen haben sie in interethnischen Beziehungen? Welche Gemeinsamkeiten bestehen in unterschiedlichen Gesellschaften?
- Inwieweit sind körperliche Unterschiede Grundlage weitergehender kultureller Vorstellungen? In welchem Verhältnis stehen in emischen Konzepten Körper und Kultur zueinander, die in der Ethnologie analytisch unterschieden werden?
- Welche Beziehungen bestehen zwischen Ethnozentrismus und rassistischen Vorstellungen? Welche Rolle spielen Verwandtschaft und Vorstellungen einer biologischen Einheit der Wir-Gruppe in interethnischen Beziehungen?
- Es ist die Frage zu beantworten, ob Rassismus ein rein euroamerikanisches Phänomen ist.
- Die Fragestellungen sollen nicht nur an Elite-Diskursen und schriftlichen Quellen untersucht werden. Die bisherige methodische Orientierung der

Forschung stellte bislang euroamerikanische Vorstellungen in den Mittelpunkt. Die vorliegende Untersuchung stellt die Ergebnisse eigener empirischer Arbeiten auf den Philippinen und in Papua-Neuguinea dar, die sich vor allem auf Beobachtungen alltäglicher Situationen beziehen. Bei den Literaturbeispielen (China, Nation of Islam) war allerdings die Quellenlage ebenfalls begrenzt, und es war somit unvermeidlich, auf Elite-Diskurse zurückzugreifen.

- Auch das gängige Kolonialismus-Paradigma, das Rassismus in erster Linie als Ergebnis der Rechtfertigung kolonialer Interessen beschreibt, soll überprüft werden. In diesem Zusammenhang stellt sich auch die Frage, ob häufig angegebene Jahreszahlen für die Entstehung von Rassismus berechtigt sind.

- Wenn ein Export des euroamerikanischen Rassismus im Zuge von Kolonialismus und Imperialismus nicht als alleinige Ursache angenommen werden kann, muß die Frage beantwortet werden, unter welchen Bedingungen Rassismus entsteht.

- Es soll untersucht werden, welchen Beitrag bisherige Rassismustheorien zur Erklärung der Entstehung und Funktion von Rassismus geleistet haben.

2. Begriffsklärungen

2.1 Begriffe und Definitionen

In diesem Kapitel werde ich mich in erster Linie auf die Verwendung der Begriffe in der Ethnologie und hier in der neueren Literatur konzentrieren, die für die vorliegende Untersuchung zentral sind. Ziel ist es, ein möglichst hohes Maß an Klarheit und Eindeutigkeit der verwendeten Begriffe zu erreichen. Um Theorien zur Erklärung von Rassismus entwickeln zu können, wäre es unabdingbar, mit klaren Begriffen zu arbeiten. Mukhopadhyay und Moses schreiben zu der bisherigen Situation, daß unter anderem das terminologische und konzeptuelle Durcheinander innerhalb der Wissenschaft dazu geführt habe, daß die amerikanische Ethnologie in den letzten Jahren das Feld der Rassismusforschung anderen Disziplinen überlassen habe.[62]

Die Zweckmäßigkeit von Definitionen wird erstens durch Gegenstand sowie Ziele der Ethnologie bestimmt, und zweitens sind Ziel und Fragestellung der Untersuchung ausschlaggebend. Die Ethnologie ist eine Wissenschaft, die vergleichend Ethnien und verschiedene Gesellschaften untersucht, und deren Ziel das Verstehen sowie die Erklärung menschlicher Verhaltensweisen ist. Dementsprechend sollen die Begriffe:

- sich auf k u l t u r e l l e P h ä n o m e n e („Körper" und „Rasse" als kulturelle Konzepte) und nicht auf biologische Voraussetzungen oder die „materielle Realität" der Phänomene beziehen,
- k u l t u r v e r g l e i c h e n d brauchbar sein,
- der w i s s e n s c h a f t l i c h e n Auseinandersetzung und nicht ideologischen Zwecken dienen.

Im vorigen Kapitel wurde deutlich, daß „Rasse"- und „Rassismus"-Konzepte mit Traditionen sehr kontroverser und teilweise ideologischer Diskussionen belastet sind. So ist es besonders notwendig, auf diese Begriffe ausführlicher einzugehen. Allerdings geschieht das ohne den Anspruch, einen wissenschaftsgeschichtlichen Abriß zu geben. Ein solches Unternehmen wäre ein eigener Untersuchungsgegenstand.[63] Ziel des vorliegenden Kapitels ist also keine historische Darstellung, sondern eine Klärung

---

[62] Mukhopadhyay und Moses 1997: 521.

[63] Michael Banton (1977, 1992 b) stellt beispielsweise die Verwendung des Rassenbegriffs in der europäischen Wissenschaftsgeschichte ausführlich dar.

und kritische Diskussion von Begriffen für den Zusammenhang dieser Arbeit.

Im zweiten Abschnitt dieses Kapitels werde ich zunächst auf Körper und Körperbilder eingehen, um anschließend „Ethnozentrismus" zu definieren. Im darauf folgenden Abschnitt werden die Begriffe „Stereotyp", „Vorurteil" und „Fremdenfeindlichkeit" diskutiert. Abschließend werde ich aufeinander aufbauend die Begriffe „Rasse" und „Rassismus" klären und definieren.

Beginnen werde ich jeweils mit einem Blick in die neuesten ethnologischen Wörterbücher, Enzyklopädien, Lexika und Einführungen. Im Anschluß daran wird jeweils eine eigene Definition vorgestellt und deren Komponenten werden als Grundlage für die vorliegende Untersuchung erläutert. Dabei geht es um die Bestimmung der in dieser Untersuchung verwendeten Begriffe – inwieweit die Definitionen auch in anderen Kontexten brauchbar sind, kann nicht Gegenstand der Auseinandersetzung sein.

2.2 Körper und Körperbilder

Seit Ende der siebziger Jahre des zwanzigsten Jahrhunderts beschäftigen sich Soziologen und Ethnologen vermehrt mit dem Thema „Körper". Allerdings verzichten sie auf eine Definition des Begriffs.[64] Vermutlich liegt das zum einen daran, daß umgangssprachlich eindeutig scheint, was unter „Körper" zu verstehen ist. Zum anderen mag eine wachsende Skepsis gegenüber interkulturell zu verwendenden Begriffen und der Vorwurf des Ethnozentrismus dazu beigetragen haben. Auch die Tendenz postmoderner relativistischer Ansätze, kulturübergreifend verwendbare Begriffe *per se* abzulehnen, spielt eine Rolle.[65] Gerade zum Thema Körper äußerten sich, bezugnehmend auf die Schriften Foucaults, vor allem Vertreter dieser Richtung.[66] Im folgenden werden auch postmoderne Ansätze berücksichtigt und daraufhin überprüft, welches Konzept von Körper – obwohl nicht

---

[64] Siehe zum Forschungsstand Synnott und Howes 1992: „*From Measurement to Meaning. Anthropologies of the Body*", außerdem: Burroughs und Ehrenreich (Hg.) 1993, Frank 1991, Lock 1993, Turner 1984, 1991. Eine sehr frühe Arbeit, die Sinne in Verbindung zu Körperlichkeit und dem Konzept der „Person" darstellt, ist die Publikation des Missionars Maurice Leenhardt 1984. Die Bedeutung von Körperlichkeit, Körper und Körperbildern in verschiedenen Kulturen hat seit den vereinzelten frühen Arbeiten von Marcel Mauss 1978 und Mary Douglas 1969 in den letzten dreißig Jahren auch in der Ethnologie zunehmend Beachtung gefunden (siehe auch: Birdswhistell 1970; Blacking [Hg.] 1977; Csordas 1999; Farnell 1999; Featherstone, M; M. Hepworth und B. Turner [Hg.] 1991; Jackson 1981; Lambek und Strathern [Hg.] 1998; López Austin 1988; Martin 1987; Mehringer und Dieckert 1991; Murphy 1987; Samuel 1990; Synnott 1993; Turner 1984; Woodward 1997).

[65] Siehe dazu Jensen 1999: 56.

[66] Siehe dazu Csordas 1999: 178-179 und Lock 1993: 141 ff. Eine Ausnahme ist der von Blacking 1977 herausgegebene Sammelband.

explizit definiert – ihnen zugrunde liegt. Im übrigen verfolge ich das Ziel, zunächst die bisherige Verwendung zu erläutern, um dann einen Körperbegriff zu definieren, der in der vorliegenden Untersuchung brauchbar und dem Thema angemessen ist.

Ein Blick in ethnologische Wörterbücher macht bisherige Schwerpunkte und Entwicklungen ethnologischer Beschäftigung mit dem Thema „Körper" deutlich. In der deutschen Übersetzung des französischen „Taschenwörterbuch der Ethnologie" findet sich statt „Körper" der Eintrag „Körpertechniken",[67] der auf einen Aufsatz von Marcel Mauss zurückgeht.[68] Darin beschäftigt sich Mauss als einer der ersten damit, wie Kultur die Art und Weise beeinflußt, den eigenen Körper zu nutzen. Er schreibt: „Der Körper ist das erste und natürlichste Instrument des Menschen".[69] Mauss' Ziel ist es, die Arten zu beschreiben, wie Menschen sich ihres Körpers bedienen. Insofern liegt die Definition des Körpers als Instrument nahe. Problematisch ist jedoch die Formulierung „natürlichstes Instrument". Was „natürlich" und was „kulturell" ist, oder in der jeweiligen Gesellschaft als solches gilt, muß erst festgestellt werden.

In der Ausgabe des deutschsprachigen „Wörterbuchs der Völkerkunde" von 1965 gibt es keinen Eintrag zu „Körper", und es fehlen auch Hinweise auf Körperbemalung oder -dekoration.[70] Im neuen „Wörterbuch der Völkerkunde" von 1988 ist nur ein Eintrag zu „Körperbemalung" enthalten.[71] In die überarbeitet Ausgabe von 1999 ist „Körper" aufgenommen worden. Darin wird vor allem auf Körperveränderungen und Kleidung hingewiesen.[72] Heide Nixdorff faßt zusammen, daß es sehr unterschiedliche emische Körperkonzepte gibt: Manche Gesellschaften unterscheiden in mehrere Körper, etwa in einen inneren und einen äußeren. Unterschiedliche philosophische Theorien und religiöse Konzepte liegen diesen jeweiligen Körpervorstellungen zugrunde.[73] Nicht nur in der europäischen Philosophiegeschichte stellt „das Leib-Seele-Problem" ein viel diskutiertes und ungelöstes Problem dar.[74] Trotz aller Unterschiede in Ausformungen von Theorien und Vorstellungen, die Menschen über den Körper entwickelten, kann man mit einem kulturvergleichend verwendbaren Körperbegriff ar-

---

[67] Panoff und Perrin 1982.

[68] Mauss 1978 (zuerst 1935).

[69] Ebd.: 206.

[70] Hirschberg (Hg.) 1965.

[71] Hirschberg (Hg.) 1988.

[72] Wörterbuch der Völkerkunde 1999.

[73] „Körper", in: Wörterbuch der Völkerkunde 1999.

[74] Zum viel diskutierten Problem wurde die Frage nach dem Zusammenhang zwischen Leib und Seele, Körper und Geist in der Neuzeit durch Descartes Ausführungen (Willaschek 1996: 291-292). Hier soll es jedoch nicht darum gehen, die neueren Ansätze der europäischen Philosophie oder auch europäischer *folk models* nachzuzeichnen.

beiten. Das mag an der empirisch wahrnehmbaren Existenz des materiellen Körpers liegen, die letztlich im Zentrum der meisten Körperkonzepte steht. Kulturelle Konzepte können viele Formen annehmen, völlig losgelöst von der empirischen Realität sind sie jedoch nicht. Emische Körperkonzepte reichen von solchen, die der Körper-Geist-Dichotomie europäischer Philosophen entsprechen, etwa bei den Trobriandern,[75] bis zu solchen, die den Körper als Einheit sprachlich nur vage fassen (etwa bei den Wampar, siehe Kapitel 5). Eindrucksvoll ist die weltweite Ähnlichkeit von Körpermetaphern, die jedoch durch kulturspezifische und sehr spezielle Theorien ergänzt werden können.[76] Auch Charlotte Seymour-Smith schreibt, in Hinblick auf Körperdekorationen sei die Ethnologie des Körpers am weitesten entwickelt. Thomas Barfield verweist in „*The Dictionary of Anthropology*" unter „*Body*" ebenfalls nur auf andere Einträge, unter anderem auf „*Body Decoration*".[77] Sowohl permanente als auch vorübergehende Körperveränderungen wurden von Ethnologen analysiert: „Structural analyses of the use of the human body in social symbolism have shown how natural differences are accentuated and used as a language to talk about sociocultural differences and processes."[78] Der Schwerpunkt lag zunächst also auf kulturspezifischer Nutzung, Dekoration und Veränderung des Körpers.

Viel diskutiert wurden Körperkonzepte vor allem in der Auseinandersetzung mit den Begriffen *sex* und *gender*,[79] die jeweils biologische und kulturelle Anteile der Geschlechtszugehörigkeit sowie deren enge Verbindung beschreiben:

„It follows that the human body cannot play the part of fundamental cause or ultimate authority in an analysis of cultural social beings."...„Our embodiment is a nontrivial and universal human attribute, but it does not form a bedrock of ahistorical, acultural 'nature' on which culture is draped by history as an afterthought, like a collection of variegated clothing of many lands drying on the rocks." (Errington 1990: 13)

Hier soll es darum gehen, eine Definition von Körper so zu wählen, daß sie auch kulturvergleichend anwendbar ist. Der Zweiteilung in sozialen und physischen Körper, wie Mary Douglas sie beschreibt, soll nicht in die De-

---

[75] Senft 1998.

[76] So Senfts Fazit in Bezug auf die Trobriander (1998: 90). Ihm standen außerdem unpublizierte Manuskripte von Roger Keesing und John Haviland zu Körpermetaphern und physischen sowie psychischen Befindlichkeiten zur Verfügung, deren Ergebnisse hier nur indirekt zur Kenntnis genommen werden können.

[77] Barfield (Hg.) 1997.

[78] Seymour-Smith 1986: 26-27.

[79] Etwa Guillaumin 1993. Einen groben Überblick über verschiedene Paradigmen der Beschäftigung mit Körper und Körperlichkeit in der Ethnologie geben Anthony Synnott und David Howes (1992). Körperlichkeit stellen sie als zentrales Thema der Ethnologie dar, das in ausgesprochen unterschiedlicher Weise aufgefaßt wurde und sich ständig wandelte: ..., „with each paradigm shift, new dimensions of corporeality have come to be revealed." (Synnott und Howes 1992: 147)

finition einfließen. Angelehnt an ihre Arbeiten, soll gerade die Verbindung von Physischem und Sozialem[80] (bzw. Kulturellem) durch „den Körper" als zentralem Element des Konzeptes „Körper" im Mittelpunkt stehen.

Im folgenden werde ich bei dem Begriff „Körper" bleiben, um damit sowohl leibliche Selbsterfahrung als auch Außenwahrnehmung, auf der hier der Schwerpunkt liegt, zu beschreiben. In der kultur- und sozialwissenschaftlichen Literatur wird von manchen Autoren und Autorinnen in „Körper" und „Leib" unterschieden. Einige Autorinnen bevorzugen die Bezeichnung „Leib", um sie deutlich von „szientistisch-instrumentellem Wissen" vom Körper abzuheben, für bestimmte Fragestellungen mag das durchaus sinnvoll sein.[81] Mir geht es jedoch gerade um die Einheit von Innen- und Außenwahrnehmung und um die Bedeutung des Körpers für Selbst- und Fremderfahrung. Leib bezeichnet eher die subjektive Wahrnehmung des Individuums, während Körper sich auf den „objektiven", von außen wahrnehmbaren Körper bezieht. Für die Frage nach körperlichen Unterschieden in interethnischen Beziehungen ist diese Unterscheidung weniger wichtig, da es nicht um subjektive Empfindungen, sondern um objektivierte, von mehreren Menschen geteilte Wahrnehmungen und Einschätzungen von Außen geht. Deshalb wird im folgenden der Begriff „Körper" n i c h t durch „Leib" ersetzt.[82]

Auch eine dekonstruktivistische-diskurstheoretische Perspektive, wie sie etwa Judith Butler für die Frauen- und Geschlechterforschung formuliert, kommt nicht in Frage: Danach sei der Körper nur noch als Text und diskursiver Gegenstand zu verstehen.[83] Körper sind nach wie vor auch biologische Organismen und können ganz realen Schmerz oder Lust über die Sinne erfahren, deren Wahrnehmung und Konsequenzen allerdings kulturell vermittelt sind. Der Körper ist gerade der Ort, in und an dem kulturelle Vorstellungen und Praktiken sowie organische Grundlagen verbunden sind und sich gegenseitig beeinflussen.

---

[80] Mary Douglas 1986: 99 ff.

[81] Siehe etwa Schlehe 1996: 452. Den Leib als „Körper subjektiver Selbsterfahrung" verstehen auch die Autorinnen des Bandes „Von der Auffälligkeit des Leibes" (Akashe-Böme [Hg.] 1995).

[82] Bei der Beschreibung von Feldforschungserfahrungen „am eigenen Leibe" mag das anders sein, insofern auch die Wortwahl bei Judith Schlehe in ihrem Aufsatz: „Die Leibhaftigkeit in der ethnologischen Feldforschung" (1996).

[83] Butler 1991. Sich von Foucault abgrenzend schreibt Butler, daß dieser eine dem Körper vorgängige Form und Bedeutung voraussetze, indem er „einen Körper unterstellt, der seinen kulturellen Einschreibungen vorgängig" sei (193). Sie dagegen gehe von anderen Voraussetzungen aus: „Wenn der Körper kein ‚Seiendes' ist, sondern eine variable Begrenzung, eine Oberfläche, deren Durchlässigkeit politisch reguliert ist, eine Bezeichnungspraxis in einem kulturellen Feld der Geschlechter-Hierarchie und der Zwangsheterosexualität – welche Sprache bleibt dann noch, um diese leibliche Inszenierung – die Geschlechtsidentität, die ihre ‚innere' Bedeutung auf ihrer Oberfläche darstellt – zu verstehen" (ebd.: 204). In einer späteren Arbeit (Butler 1997) revidiert sie diese Auffassung, gibt allerdings ebenfalls keine nachvollziehbare Definition dessen, was unter Körper zu verstehen sei.

Jeffrey Clark, der sich mit Verkörperung von Machtbeziehungen in Papua-Neuguinea beschäftigte, verwendet „Körper" sehr unspezifisch: „The term 'body' is not used in any specifically biological sense. Following Foucault, body always refers to an entity which is historically located and culturally constructed."[84] Clark gibt allerdings nicht an, auf welche Publikation Foucaults er sich bezieht. Es gibt ungeheuer viele Phänomene, die „historically located and culturally constructed" sind. Hier wird keine spezifische Eigenschaft des Körpers angesprochen. Der Körper ist für Foucaults Beschreibungen von Überwachen und Strafen, Sexualität und Wahnsinn zentral gewesen.[85] Macht wirke sich in ihrem Zugriff auf „Körper" aus. Allerdings bleibt Foucault – anders als Merleau-Ponty, der ihn beeinflußt hat – in der Frage ausgesprochen vage, was der menschliche Körper außer einer Zielscheibe von Wissenschaft, Macht und Politik eigentlich ist.[86]

Eine Verbindung von Wahrnehmung und Körperlichkeit hat Maurice Merleau-Ponty bereits 1945 in einer grundlegenden und bis heute bedeutsamen Weise formuliert. Er führte die Theorie des Körperschemas ein und erweitert diese zu einer allgemeinen Theorie der Wahrnehmung.[87] Danach ist der Körper zentral für unser Weltverständnis. Wahrnehmung an sich ist eine Verbindung aus kulturellen und biologischen Vorgängen. Die Verbindung beider Bereiche sollte nicht – wie es in postmodernen Ansätzen häufig geschieht – zu Gunsten einer dem Kulturrelativismus verhafteten Beliebigkeit und Unvergleichbarkeit von Körperkonzepten aufgegeben werden. Zu den Sinnen, die den Körper überhaupt erfahrbar machen, gehören sowohl diejenigen, mit denen man fremde Körper wahrnimmt, als auch der Gleichgewichtssinn sowie ein Sinn, mit dem man den eigenen Körper und seine Position im Raum wahrnimmt. Das Körperbild entsteht also durch eigene Sinneswahrnehmungen sowie durch die Reaktionen anderer Menschen auf den eigenen Körper. Menschen erfahren sich selbst u n d spiegeln sich in den Wahrnehmungen ihrer Umwelt. Der Körper ist demnach kulturell, sozial und biologisch determiniert. Für Auffassungen von Person, Subjekt, Normalität und Fremdheit ist er zentral. Durch und mit dem Körper erleben wir Alltag, uns selbst und unsere soziale Umwelt.

Der „Körper" soll hier als Schnittpunkt kultureller Wahrnehmung und physischer Realität verstanden werden: *Der „Körper", der als biologisch von einem oder beiden Elternteilen vermittelt betrachtet wird, ist der sinnlich wahrnehmbare Anteil des Individuums.*

---

[84] Clark 1992: 26, Anmerkung 2.
[85] Foucault 1973; 1976; 1989 a, b, c, d; 1990 a, b.
[86] Siehe dazu auch Dreyfus und Rabinow 1987: 140.
[87] Merleau-Ponty 1966 (zuerst 1945): 242.

Sinnlich wahrnehmbar soll hier nicht nur auf das „Sehen" also den Phänotypus beschränkt bleiben. Auch nicht- bzw. nicht immer sichtbare Anteile wie etwa Gene oder Knochen gehören zum Körper. Im Fall von Genen gilt, daß sie als materiell vorgestellt werden, wenn sie auch nicht für jedermann sichtbar sind. Sie sollten jedoch aus dem Konzept von „Körper" nicht ausgeschlossen werden, denn sie können als erblich, unveränderlich und untrennbar mit dem Körper verbunden gelten. Körpergerüche, „Unreinheit" oder magische Fähigkeiten werden unterschiedlich aufgefaßt: man hält sie je nach Kultur und Kontext sowohl für erworben als auch für angeboren. Im alltäglichen Diskurs wird häufig von „körperlichen" Eigenschaften gesprochen, auch wenn diese selbst nicht materiell sind. Genaugenommen ist damit der Körper als Ursprung gemeint.

Mit der hier vorgelegten Definition von Körper stimme ich tendenziell der von Brigitta Hauser-Schäublin vertretenen Auffassung von „biologischen Fakten" zu, räume allerdings kulturellen Einflüssen im Bereich der Wahrnehmung eine zentrale Bedeutung ein:

„I assert that biological facts remain unaltered no matter what cultural interpretations try to make out of them. Because each generation and each individual is able to observe and to experience them alike, the cultural interpretation of them has to readapt to them. The culturally constructed knowledge and interpretations of these basic experiences have to some extent to be congruent with the facts themselves. Because they are omnipresent at any time and can be reexperienced ('verified'), their interpretation cannot become disguised or projected back into a mythical past and there become mystified." (Hauser-Schäublin 1993: 83)

Der Körper ist trotz aller Dekorations- und Formungsmöglichkeiten, trotz der Veränderungen, die sich von einer Generation zur nächsten, etwa durch eine veränderte Ernährung oder Mischehen einstellen, konstanter als andere – kulturelle – Bereiche menschlicher Existenz.[88] Allerdings ist diese Unveränderlichkeit bislang meines Erachtens überbetont worden und in einer Definition von „Körper" überflüssig. Entscheidender ist, ob Menschen körperliche Eigenschaften für unveränderlich halten oder nicht.

In der hier verwendeten Definition steht Körper als sinnlich wahrnehmbarer Anteil des Individuums im Mittelpunkt. Rhetorisch wird der Körper allerdings auch, wie eingangs erwähnt, häufig als Metapher für kollektive gesellschaftliche Phänomene verwendet. Der Körper symbolisiert Verhältnisse der Über- und Unterordnung: „Der Körper ist somit einerseits Projektionsfläche der sozialen, wirtschaftlichen und politischen Beziehungen, während er andererseits in seiner symbolischen Bedeutung zur Begründung für die Art dieser Beziehungen herangezogen wird."[89] Der Körper spiegelt

---

[88] Siehe etwa Isaacs 1989: 46-47.
[89] Luig 1995: 277.

nicht nur Verhältnisse zwischen den Menschen einer Gesellschaftsordnung, sondern auch das Verhältnis von Mensch zu Natur, wie E. Faithorn am Beispiel der Kafe Papua-Neuguineas zeigt.[90]

Viele von Menschen vorgenommene Körperveränderungen dienen vor allem der Betonung der Gruppenzugehörigkeit, bzw. der Unterscheidung gegenüber Mitgliedern einer anderen Gruppe:

„Indeed, distinctive physical features have been so useful for these various purposes that some groups without features to mark them apart from other groups have deliberately created them. Thus circumcision, scarifying, tattooing, filing teeth, piercing or otherwise changing the shape of nose, ears, tongue, lips, all creating signs by which to identify those who belong and those who do not, sometimes with highly complicated effect." (Isaacs 1989: 49)

Aber auch ohne Körper-Dekorationen oder -Veränderungen basieren unter anderem auf Körperkonzepten *„basic bodily images of self and other"*,[91] die für Gruppengrenzen, für ethnozentrische Vorstellungen, Ethnizität und die Bewertung Fremder eine Rolle spielen. Um die Bedeutung körperlicher Unterschiede festzustellen, ist es also wichtig, zunächst das ideale Körperbild der untersuchten Kultur herauszufinden. Körperbilder entstehen aufgrund der Wahrnehmung des eigenen Körpers und der Grenze zwischen eigenem Körper und Umwelt.[92] Ist im folgenden von körperlichen Unterschieden oder Merkmalen die Rede, sind solche gemeint, die sich in der jeweiligen Kultur auf das vorherrschende Körperkonzept beziehen.

2.3 Ethnozentrismus

Der Begriff „Ethnozentrismus" geht auf William G. Sumners Veröffentlichung von 1906 zurück, in der es heißt: „Ethnocentrism is the technical name for this view of things in which one's own group is the centre of everything, and all others are scaled and rated with reference to it."[93] Uneindeutig sind an dieser Definition etwa die Formulierungen *„one's own group"* sowie *„scaled and rated"* und sie bedürfen einer weiteren Bestimmung. In Sumners Theorie der Menschheitsentwicklung ist die Vorstellung enthalten, daß sich gegenüber der Eigengruppe Gefühle wie Achtung, Loy-

---

[90] Faithorn 1975.

[91] Antweiler 1998.

[92] In der Neuropsychologie wird unter *body image* (Körperschema) die „Orientierung am eigenen Körper; Repräsentation des eigenen Körpers, die durch kinästhetische, taktile und optische Reize vermittelt ist" verstanden (Pschyrembel 1993: 796).

[93] Sumner 1960: 27.

alität und Opferbereitschaft herausgebildet hätten, während gegenüber
fremden Gruppen, mit denen um knappe Ressourcen konkurriert werde,
Gefühle von Haß, Verachtung und Kriegsbereitschaft bestünden.[94] Je größer die Konkurrenz zwischen Gruppen, also je schlechter das Verhältnis
von Bevölkerungszahl zu verfügbarem Land und wirtschaftlichen Ressourcen, desto stärker sei die Polarisierung dieser Gefühle. Sumners evolutio-
nistisches Entwicklungsmodell menschlicher Gesellschaften ist in vielem
überholt. Auch die einfachen kausalen Zusammenhänge sollten nicht un-
kritisch übernommen werden. Die von ihm beschriebenen „Gefühle" sind
für Ethnologen nicht untersuchbar, untersucht werden können nur Aussagen und Verhaltensweisen, ohne daß man ihnen entnehmen kann, wodurch
sie motiviert sind. Deutlich wird jedoch der allgemeine Zusammenhang
von Emotionalität, Gruppengrenzen sowie Weltbild bzw. Haltung und einer
polarisierenden Wahrnehmung des eigenen und des Fremden. Diese ethnozentrische Haltung stärke nach Sumner unter anderem den Zusammenhalt
der Gruppe – ihre „*folkways*" – hier vielleicht am besten zu übersetzen mit
„kultureller Identität".[95]

Körperliche Merkmale und Körperbilder sind ein Teilbereich in Gegensätze konstruierenden Weltbildern von Ethnien. Was schön und häßlich,
gut und schlecht, anziehend und abstoßend ist, kann in körperlicher Hinsicht ethnozentrisch wahrgenommen werden. Auch die Koppelung mit
kulturellen oder geistigen Eigenschaften und deren Niedrig- bzw. Höherbewertung kann hier schon angelegt sein. Auch wenn Rassenkategorien,
wie in Abschnitt 2.5 noch dargestellt wird, *per se* kein „*ranking*" oder
Hierarchien enthalten müssen, so werden diese spätestens durch ethnozentrische Vorstellungen geschaffen.

Wie Justin Stagl schreibt,[96] finden sich Zentrismen bei vielen Arten von
Wir-Gruppen: bei Berufsgruppen, Altersstufen, Schichten, Cliquen etc.
„*One's own group*" in Sumners Definition sollte also präzisiert werden: Es
geht im folgenden um die Zentrismen von Ethnien. Ethnozentrismus bezieht sich sowohl auf Eigenstereotypen als auch auf Stereotypen gegenüber
der fremden Gruppe. Es finden sich bei Sumner allerdings keine Hinweise
oder Vergleiche, die auf ein unterschiedliches Ausmaß an ethnozentrischer
Ablehnung hindeuten oder die Möglichkeit in Betracht ziehen, daß Fremdes auch durch positive Gefühle wie Exotismus, Neugier, Toleranz oder
Respekt bestimmt werden könnte. Ethnozentrismus ist bei ihm als Eigen-

---

94 Ebd.: 27.
95 Ebd.: 28. Im engeren Sinne ließen sich nach Sumner *folkways* mit „Bräuchen" übersetzen, die neben
    den Sitten (*mores*) innerhalb einer Gruppe zur Auslese der Besten führen würden. *Folkways* würden
    dann zu Merkmalen einzelner Gruppen, die ebenfalls in Konkurrenz miteinander stünden, und deren
    Auseinandersetzung sozialen Wandel hervorriefe.
96 „Ethnozentrismus", in: Wörterbuch der Völkerkunde 1999: 112.

schaft von Gruppen oder Gesellschaften angelegt, die in allen Kulturen vorkommt. Ethnozentrismus fände sich sowohl in „primitiven" als auch in „zivilisierten" Gesellschaften. Letzteres deckt sich mit den Ergebnissen neuerer historisch-kulturvergleichender Untersuchungen. Allerdings ist Ethnozentrismus nicht im strengen Sinn „universal", sondern nur weltweit sehr verbreitet.[97] Hier soll „*Ethnozentrismus*" in Anlehnung an Sumner definiert werden, als: *Weltanschauung und Wahrnehmungsweise, nach der die eigene ethnische Gruppe Zentrum und Maßstab für alles ist und alle anderen Gruppen in Hinblick auf sie bewertet werden.*

Nicht zu verwechseln ist der hier verwendete Begriff des Ethnozentrismus mit einem abweichenden, in den Kultur- und Sozialwissenschaften häufiger werdenden Bedeutungszusammenhang. Manfred Brocker und Heino Nau verstehen beispielsweise unter „Ethnozentrismus" wissenschattliche und politische Positionen, die eine Allgemeingültigkeit von Menschenrechten, Religionsfreiheit oder weltanschaulicher Toleranz bestreiten und stattdessen die Kulturgebundenheit bzw. Relativität von Wertvorstellungen und sozialen Praktiken in den Mittelpunkt stellen. In der Ethnologie wurden solche Positionen bislang als Kulturrelativismus bezeichnet. Die besondere Bedeutung dieses Standpunkts leiten Brocker und Nau aus der Globalisierung ab bei gleichzeitigem weltanschaulichen Auseinanderdriften von Kulturen.[98]

Warum schränke ich den Begriff Ethnozentrismus auf ethnische Gruppen ein? Menschen, die kein ethnisches Zugehörigkeitsgefühl haben, beziehen sich auf größere Verwandtschaftsgruppen oder -verbände. Diese unterliegen ebenfalls bestimmten Zentrismen, die jedoch aus der jeweiligen Verwandtschaftsideologie hervorgehen und sich von ethnischen Zentrismen unterscheiden. Höhere, mehrere Ethnien integrierende Einheiten wie Nationalstaaten haben ebenfalls ihre Zentrismen, die jedoch zutreffender unter dem Begriff des Nationalismus zu fassen sind. Den Begriff Ethnozentrismus möchte ich hier, damit er nicht an Genauigkeit verliert, einer ganz bestimmten Organisationsform menschlicher Gesellschaften, Ethnien, vorbehalten.

Bleibt also noch der Begriff der „*Ethnie*" zu definieren: *Eine überwiegend endogame Gruppe, deren Mitglieder in wechselseitiger Abgrenzung von anderen Menschen ein „Wir-Gefühl" entwickelt haben, einen gemeinsamen, sie von anderen unterscheidenden Ursprung annehmen, eine gemeinsame Geschichte haben und einen Kanon an Werten und Normen teilen.*

---

[97] Antweiler 1998; LeVine und Campbell 1972.
[98] Brocker und Nau 1997.

Zentral für die Definition einer ethnischen Gruppe ist das Wir-Gefühl und ein Bewußtsein der Zugehörigkeit, aber auch die Abgrenzung von außen durch andere Gruppen.

„An ethnic group only exists where members consider themselves to belong to such a group; a conscious sense of belonging is critical. It implies, on the one hand, that where all other criteria are met except this sense of belonging, the ethnic condition is not met – even where other members of the society may regard a given group of individuals as constituting an ethnic group. And it implies, on the other hand, that where, in objective sociological terms, the assumed bases of a group allegiance do not exist, should members subjectively assume the existence of such 'mythical' bases, the salient condition of ethnicity is met." (Patterson 1975: 309)

Das Wir-Bewußtsein kann auch durch eine Kategorisierung durch andere Gruppen entstehen. Meist handelt es sich um einen gleichzeitigen Prozeß der Kategorisierung von außen und der Identifikation innerhalb der ethnischen Gruppe. Über verschiedene Definitionsmerkmale ist in den letzten zwanzig Jahren in der Ethnologie ausgiebig diskutiert worden. Für den vorliegenden Kontext sind die oben genannten Kriterien jedoch ausreichend. Sie machen deutlich, daß ethnische Gruppen historisch entstanden sind und sich auch auf ihre gemeinsame (eventuell auch erfundene) Geschichte beziehen, und daß sie Kommunikationsgemeinschaften sind. Das muß nicht in jedem Fall bedeuten, daß auch eine gemeinsame Sprache gesprochen wird, sondern daß man sich auf ein Werte- und Normensystem bezieht, im weitesten Sinne auf gemeinsame „Muster von und für Verhalten".[99]

Körperliche Unterschiede sind in wissenschaftlichen Definitionen von „Ethnie" kein entscheidendes Merkmal, da sie nicht überall, wo ethnische Unterschiede gemacht werden, vorhanden sind oder auch nur angenommen werden. Aber in sehr vielen interethnischen Situationen und den Auffassungen der Angehörigen bestimmter Ethnien spielen sie eine Rolle. In Verbindung mit Ethnozentrismus wird deutlich, daß Körperbilder der Eigen- und Fremdgruppe schon auf dieser Ebene der sozialen Organisation und interethnischer Beziehungen zu Kategorien und Bewertungen führen, die „Vorläufer" rassistischer Annahmen sein könnten. Auch die Überzeugung von einer gemeinsamen Abstammung, die nicht in allen Ethnien, aber in vielen, eine Rolle spielt, kann zur Überzeugung biologisch weitergegebener körperlicher Unterschiede beitragen. Diese und die Frage, ob Rassismus eine Sonderform der Ethnizität oder etwas prinzipiell anderes ist, werde ich in Teil III noch ausführlicher diskutieren. Hier ging es zunächst darum, dafür die begrifflichen Voraussetzungen zu schaffen.

---

[99] In Anlehnung an die Kulturdefinition von Kroeber und Kluckhohn o. J.: 357.

2.4 Stereotyp, Vorurteil und Fremdenfeindlichkeit

Im Wörterbuch der Völkerkunde von 1999 finden sich keine Einträge zu den Begriffen „Vorurteil" und „Fremdenfeindlichkeit", allerdings ein längerer Beitrag zum Begriff des „Fremdvolk-Stereotyps". In den englischsprachigen Nachschlagewerken sieht das nicht anders aus. Stereotypen, Vorurteile und Fremdenfeindlichkeit sind nach wie vor Domäne der Sozialpsychologie. Gerade bei diesen Themen wäre die Entwicklung interdisziplinärer Ansätze hilfreich und steht noch aus.

Nach Karl-Heinz Kohl umfaßt das Fremdvolk-Stereotyp einen festgefügten Komplex von Vorurteilen.[100] Seymour-Smith dagegen schreibt unter *prejudice*: „A preconceived negative judgement of persons or groups, based not on knowledge of their actual behaviour but on stereotyped images." Teils wird also das Stereotyp dem Vorurteil untergeordnet, teils das Vorurteil dem Stereotyp. Dem kann man zumindest entnehmen, daß beide eng miteinander zusammenhängen. Kohl schreibt weiter, daß beim Prozeß der Sterotypenbildung Einzelheiten herausgegriffen werden, die von der Norm der Eigengruppe abweichen, und als für Fremdgruppen charakteristisch dargestellt werden. Diese Unterschiede können sich auf Wirtschaftsweise, Sozialorganisation oder Religion beziehen. Am Beispiel von Ernährungsgewohnheiten zeigt er, daß Stereotypen häufig zur Bildung von Ethnonymen geführt haben, etwa in den Bezeichnung *Krauts* für die Deutschen, *frogs* für Franzosen oder in der Bezeichnung „Präriekümmelesser" der Shoshone für die benachbarten Comanche.

Im sozial-kognitiven Ansatz innerhalb der Psychologie werden Stereotypen als mentale Repräsentationen sozialer Kategorien gesehen.[101] Sie können auch positiv sein, wie etwa der in manchen Ländern verbreitete Glaube, Deutsche seien ganz besonders fleißig und pünktlich. Verallgemeinerungen (Stereotypen) und deren Bewertungen (Vorurteile) sind sowohl positiv als auch negativ denkbar. Sie können sich bezüglich e i n e r Fremdgruppe auf verschiedene Eigenschaften positiv bzw. negativ auswirken. Etwa in der hier vereinfacht wiedergegebenen Einschätzung „der Südeuropäer" sei weniger betriebsam und hektisch – was im Urlaub als positiv vermerkt, im Geschäftsleben jedoch eher mit Unpünktlichkeit, bzw. Unzuverlässigkeit beschrieben wird. Ein Stereotyp kann im Extremfall von einer Person in verschiedenen Kontexten in einer Situation als positives, in einer anderen als negatives Vorurteil genannt werden. Die Wertung der jeweili-

---

[100] In: Wörterbuch der Völkerkunde 1999.
[101] Locke und Walker 1999: 164; Kunda 1999: 315.

gen ausgewählten Eigenschaften sollte deshalb in eine Definition nicht eingehen, um die Komplexität von Stereotypen und Vorurteilen nicht zu sehr zu vereinfachen. In Anlehnung an die sozial-kognitiven Ansätze sollen *„Stereotypen"* hier definiert werden als: ***Verallgemeinernde Charakterisierungen sozialer Gruppen, die sich auf wenige einzelne Eigenschaften beziehen***.

Ein Problem der Beziehung zwischen Stereotyp und Vorurteil ist ähnlich der Beziehung zwischen Rasse und Rassismus. Vorurteile können Stereotypen hervorbringen, während Stereotypen wiederum die Basis für Vorurteile bilden. Stereotypen sind jedoch, als starke Vereinfachungen, auch ohne ausgeprägte Vorurteile vorstellbar, während Vorurteile ohne Stereotypen nicht denkbar sind. Deshalb ist es sinnvoll, beides analytisch voneinander zu trennen, auch wenn in der Wirklichkeit Vorurteil und Stereotypen in den allermeisten Fällen gleichzeitig beobachtbar sind. Auf den Begriff „Stereotyp" aufbauend verstehe ich unter *„Vorurteil"*: ***Auf Stereotypen basierende, im allgemeinen negative und ungeprüfte Bewertung sozialer Gruppen***.

Bei der hier zugrunde gelegten Definition von „Stereotyp" spielt allerdings das Problem eine Rolle, wie der Begriff „Stereotyp" von dem der „Kategorie" unterschieden werden kann. Vor allem dann, wenn man unter Stereotypen Annahmen und Attribute versteht, die eine Gruppe von der anderen unterscheiden.[102] Sind Wahrnehmung und Zuordnung zu Kategorien untrennbar miteinander verbunden, dann wäre Stereotypenbildung unvermeidbar; in letzter Konsequenz auch das Vorhandensein von Vorurteilen. Vorurteile werden als auf Stereotypen aufbauend oder zumindest als eng mit diesen verbunden verstanden. Nimmt man mit der *Social Identity Theory* (SIT) an, daß Gruppen das Bedürfnis haben, eine eigene positive soziale Identität aufrechtzuerhalten, die dadurch erreicht wird, daß Unterschiede zwischen Gruppen so akzentuiert werden, daß sie die eigene Gruppe bevorzugen[103] (was dem Konzept des Ethnozentrismus in Bezug auf ethnische Gruppen entspricht) sind negative Vorurteile unvermeidlich. Kategorisierung und Stereotypisierung sind nach der SIT nahezu identische Vorgänge und durch den *ingroup bias* entstünden dadurch notwendigerweise Vorurteile, also negative Bewertungen der mentalen Repräsentation von Fremdgruppen.

Gegen diese Auffassung wenden sich Lepore und Brown. Sie vertreten die Ansicht, daß die Verbindung zwischen Kategorie und Stereotyp flexibler sei als bislang angenommen und damit auch Vorurteile vermeidbar

---

[102] Das ist in den meisten Definitionen von Stereotyp der Fall. Siehe etwa Pablo und Gardner (1987), die auf die Definition von Kratz und Braley von 1933 zurückgreifen.

[103] Lepore und Brown 1999: 142.

seien.[104] An Ergebnissen zahlreicher sozialpsychologischer Experimente versuchen sie zu zeigen, daß es je nach Personengruppen Unterschiede in der Aktivierung von Stereotypen und Vorurteilen gibt. Individuelle Eigenschaften sowie Situationen, in denen Einschätzungen Fremder notwendig sind, begünstigen oder hemmen danach die Aktivierung kultureller Muster. Locke und Walker zeigen, daß die Aktivierung von Stereotypen von den Zielen abhängt, die vorgegeben werden. Sind die Versuchspersonen aufgefordert, Gruppen zu bewerten, werden Stereotypen aktiviert, jedoch nicht, wenn andere Aufgaben gestellt werden.[105] Abgesehen von den methodischen Problemen der Künstlichkeit experimenteller Situation, kann man aus der sozialpsychologischen Diskussion um die Begriffe der „sozialen Kategorie", des „Schemas", „Stereotyps" und „Vorurteils" und ihrer Zusammenhänge entnehmen, daß Ziele von Bewertungen sowie deren kulturelle, situative und individuelle Kontexte bei der Untersuchung berücksichtigt werden müssen, und daß „Kategorie" und „Stereotyp" zunächst analytisch voneinander unterschieden werden sollten, in der Wirklichkeit allerdings sehr nah beieinander liegen (wie auch „Vorurteil" und „Urteil").[106]

„Stereotyp" und „Kategorie" sind sehr ähnlich und unterscheiden sich nach den hier eingeführten Definitionen nur im Grad der Verallgemeinerung sowie in der Anzahl und Kombination der Merkmale, die zur Unterscheidung und Charakterisierung herangezogen werden. Aber auch die Unterscheidung zwischen Vorurteil und Urteil wird dadurch beeinflußt. Während das Vorurteil auf Stereotypen basiert, die nur wenige Merkmale umfassen und diese auf alle Mitglieder der jeweiligen Gruppe überträgt, basiert ein Urteil auf der Bewertung von Kategorien, unter Berücksichtigung möglichst vieler Merkmale und Eigenschaften sowie deren (in der Wissenschaft geforderte methodisch abgesicherte) Überprüfung. In der vorliegenden Untersuchung wird aufgrund der beschriebenen Problematik der Abgrenzung von Vorurteil und Urteil, Stereotyp und Kategorie vorwiegend mit den Begriffen Kategorie und Urteil gearbeitet. So wird keine

---

[104] Ebd.: 143.

[105] Locke und Walker 1999: 173 ff.

[106] In der Philosophie ist der negative Vorurteilsbegriff vor allem durch Gadamer und Heidegger grundlegend kritisiert worden: „Beide machen die Vorurteilshaftigkeit jeder Erkenntnis und Erfahrung deutlich, denn diese sind qua Sprachlichkeit und Geschichtlichkeit unseres Weltzugangs immer schon durch ein Vorverständnis bedingt bzw. überhaupt nur ermöglicht. Der in der Philosophie, nicht aber in den Sozialwissenschaften, damit gegen die aufklärerische Tradition aufgelöste strikte Gegensatz zwischen Vorurteil und wahrer Erkenntnis zwingt zu schwierigen und bloß noch heuristischen Unterscheidungen zwischen beispielsweise unvermeidlichen Vorausurteilen im Sinne des Vorverständnisses, produktiven und irreführenden Vorurteilen, psychisch bedingten oder sozial determinierten Vorurteilen." (Lang 1996: 562). Eine solche Auffassung von Vorurteil zielt stärker auf eine kritische Auseinandersetzung mit Wissenschaft als der in den Sozialwissenschaften verbreitete aufklärerisch belehrende Ansatz.

prinzipielle Trennung zwischen Arten von „Wissen" gemacht, die bezogen auf die untersuchten Gesellschaften immer bedeuten würde, daß man westliche Wissenskonzepte höher bewertet als indigene. Damit würden immer die Urteile westlicher Wissenschaft den Vorurteilen anderer Wissenssysteme gegenübergestellt. Das würde durchaus zum Vorgehen in den Sozialwissenschaften passen: Vorurteile haben immer die anderen, während eigene wissenschaftliche Erkenntnis überprüft und davon befreit ist. In anderen Kulturen gibt es ebenfalls Wissen, das an der Wirklichkeit überprüft wird, auch wenn es auf anderen Regeln, logischen und / oder technischen Voraussetzungen beruht.

Körperliche Unterschiede spielen bei der Bildung von Stereotypen häufig eine Rolle. Welche, muß in den abschließenden theoretischen Kapiteln noch genauer geklärt werden. Aufbauend auf stereotypen Darstellungen können Vorurteile etwa dazu führen, daß Verhaltens- und körperliche Merkmale miteinander in Verbindung gebracht werden und verallgemeinernd zu meist negativen Bewertungen anderer, sich körperlich unterscheidender Gruppen, herangezogen werden. Dabei handelt es sich um Inter-Gruppen-Phänomene, die in den Bereich der „Rassenkategorien" und des „Rassismus" gehören. Beide Begriffe werden in den nächsten Abschnitten genauer definiert.

Da in der öffentlichen und in der wissenschaftlichen Diskussion der Begriff der „Fremdenfeindlichkeit" immer wieder gebraucht und häufig auch mit dem des „Rassismus" gleichgesetzt wird, soll er hier ebenfalls definiert werden, um beide Phänomene deutlich voneinander zu unterscheiden: *Unter Fremdenfeindlichkeit wird jede negative Haltung verstanden, die sich aufgrund deren Zugehörigkeit gegen Personen richtet, die nicht zur jeweiligen Wir-Gruppe gerechnet werden.*

Ist eine Handlung etwa gegen jemanden gerichtet, der als fremd (nicht zur Wir-Gruppe gehörig) klassifiziert wird, jedoch aufgrund der Situation oder als Reaktion auf dessen Handlung, wäre dies keine Fremdenfeindlichkeit. Konkret: Vertreibe ich einen Einbrecher, weil er in mein Haus eingebrochen ist, bin ich noch nicht fremdenfeindlich (selbst wenn es ein Fremder ist). Verjage ich jedoch jemanden, w e i l er ein Fremder ist, wäre das eine fremdenfeindliche Handlung.

2.5 Rasse

In der Frage, was „Rassen" sind, ob und wieviele es davon gibt, besteht in wissenschaftlichen Klassifikationssystemen für Menschen nach physischen Kriterien keine Einigkeit. Leonard Lieberman befragte dazu in den Jahren

1984 und 1985 Lehrende an *Ph. D.-granting departments* der Fächer *Cultural Anthropology* (151), *Anthropology* (147), Biologie und Entwicklungspsychologie in den USA. Gefragt wurde jeweils, ob sie der Aussage „There are biological races in the species *homo sapiens.*" zustimmen würden. In allen Fächern herrschte deutliche Uneinigkeit in dieser Frage: Ungefähr gleich viele Wissenschaftler und Wissenschaftlerinnen beantworteten die Frage positiv wie negativ, zwischen 8 und 17 Prozent gaben keine Antwort oder waren unentschieden.[107]

Sowohl in der physischen Anthropologie als auch in der Ethnologie sind Diskussionen kontrovers, häufig unsachlich und wenig fruchtbar, sobald es um die Frage geht, was unter „Rasse" verstanden wird:

„Both the anthropological literature and heated discussions about race with colleagues, especially in physical anthropology, suggest terminological chaos exists within our discipline. Anthropologists do not agree on the semantics of race: what the 'it' is that we are talking about." (Mukhopadhyay und Moses 1997: 521)

Neben der Anthropologie herrscht in der Biologie ebenfalls große Uneinigkeit über die Relevanz unterschiedlicher Kriterien oder Kriterienbündel für die Klassifizierung von Menschen. In manchen neueren Arbeiten wird der biologische Rassenbegriff völlig aufgegeben und von „menschlicher Biodiversität", „*breeding populations*", „*gradation*" und „*cliens*" gesprochen. Diese extrem unterschiedlichen Positionen innerhalb der Wissenschaft haben dazu geführt, daß heute unklar ist: „Whether anthropology's no-race stance of the past two decades reflected rejection of the biological race concept or, rather, a lack of consensus on its viability and reluctance to discuss publicly the contentious areas."[108]

Für die Vermittlung ethnologischer und anthropologischer Konzepte in der Öffentlichkeit entsteht somit das Problem der Vieldeutigkeit und Uneinheitlichkeit. In Untersuchungen amerikanischer Schulbücher hat sich gezeigt, daß auch hier das Konzept der „Rasse" aufgegeben wird: Von 1932 bis 1975 wurde in 20 von 36 Schulbuchtexten die Existenz biologischer Menschenrassen erläutert, sieben wiesen deren Existenz zurück. Zwischen 1975 und 1979 untersuchten Littlefield, Lieberman und Reynolds 22 neu veröffentlichte Einführungen in die biologische Anthropologie, und nur fünf vertraten nach wie vor die Auffassung, es gebe „Menschenrassen". Zehn lehnten das Konzept ab.[109] Die Autoren kommen in ihrer Studie zu dem Schluß, daß „*anthropology's no-race stance*" tatsächlich der Ablehnung eines biologischen Rassenkonzeptes entstamme. Eugenia Shanklin

---

[107] Lieberman 1997: 549 und Lieberman, Stevenson und Reynolds 1989.
[108] Mukhopadhyay und Moses 1997: 521.
[109] Littlefield, Lieberman und Reynolds 1982.

wiederholte die Untersuchung von Littlefield, Lieberman und Reynolds Ende der neunziger Jahre mit Einführungen in die *Social* oder *Cultural Anthropology*. Sie kommt zu dem Fazit, daß entweder die Themen „Rasse" und „Rassismus" ausgespart werden oder Rassismus durch die Behandlung des Themas *Ethnicity* ersetzt wird.[110]

In der amerikanischen *Cultural Anthropology* faßt man „Rasse" heutzutage vornehmlich als soziales Konstrukt auf. Unterschiede bestehen in den Auffassungen davon, inwieweit sich diese sozialen Konstrukte auf eine materielle Realität beziehen. Etwas ausführlicher soll hier der Standpunkt von Mukhopadhyay und Moses wiedergegeben werden, die in einer Diskussion mit physischen Anthropologen auffordern, erneut eine Verbindung zwischen kulturellen und biologischen Phänomen – allerdings unter anderen Vorzeichen – herzustellen.

„One alternative, implied in Smedley's usage, is to confine the term race to the American system of social classification. Race becomes an emic European and American cultural term and construct, designating culturally constructed categories and socially (and to some extent reproductively) bounded populations. We recognize that, as a result of different, geographically separated national origins and subsequent social restrictions, especially on mating and marriage, the social races have retained certain culturally marked phenotypic characteristics. Thus races, although social constructions, do have a material reality and are in some sense and in some contexts biological groupings, although perhaps not by the criteria of physical anthropologists." (Mukhopadhyay und Moses 1997: 523, 524)

Für falsch halte ich es, den Begriff „Rasse" und damit auch das Folgephänomen „Rassismus" nur auf Europa und die USA zu beziehen, da damit die Möglichkeit vergleichender Arbeiten ausgeschlossen wird, die in der Ethnologie eine wichtige Rolle spielen. Ähnliche emische Konzepte gibt es vermutlich auch außerhalb Europas und den USA. Begriffe, die man in einem weiteren Kontext anwenden kann, sind notwendig, um kulturvergleichend arbeiten zu können. Sie auf Einzelgesellschaften einzuschränken, ist nur dann sinnvoll, wenn es sich um Phänomene handelt, die in anderen Kulturen tatsächlich kein Gegenstück haben. Verwendet man einen Rassenbegriff im Kulturvergleich, muß allerdings der jeweilige Kontext in der untersuchten Kultur ausführlich dargestellt und kulturspezifische Konnotationen erläutert werden. Die Tendenz, „Rassismus" sowie „Rassenkategorien" nur auf westlich-europäisch-amerikanische Zusammenhänge einzugrenzen, vertritt auch Roger Sanjek in seinem Eintrag in der *Encylopedia of Social and Cultural Anthropology* (1996):

„Race is a framework of ranked categories dividing up the human population. It was developed by Western Europeans following their global expansion which began in the

---

110 Shanklin 2000.

1400s. [...] Race was *global*, applied to the entire human species. Race consisted of a *small number of categories*, most frequently just five, although sometimes with sub-races and mixed-race types added to them. Race *ranked* these categories in terms of assumed and imputed fixed quanta of cultural worth, intelligence, attractiveness and other qualities." (Sanjek 1996: 462)

Gemäß seiner Auffassung vom Ursprung der Rassenkategorien gliedert er seinen Beitrag mit Überschriften entsprechend den von ihm postulierten Phasen „*Before race*" und „*The rise of race*". Dem Aspekt, daß Rassenka-tegorien notwendig hierarchisch seien, folge ich in meiner Definition nicht. Denn so wären etwa wissenschaftliche Rasseneinteilungen der physischen Anthropologie, die ganz explizit kein „*ranking*" vornehmen wollen, keine Rassenkategorien mehr.[111]

Soviel zum wissenschaftlichen Rassenbegriff innerhalb der amerikani-schen *Physical* und *Cultural Anthropology*. Über *folk concepts* des Begriffs „Rasse" dagegen ist viel zu wenig bekannt. Häufig wird in den Medien und leider auch in der wissenschaftlichen Literatur von „Rasse" und dem „Ras-sismus der XY" gesprochen, ohne zu erläutern, was in der entsprechenden Bevölkerungsgruppe unter „Rasse" verstanden wird, und ohne zu prüfen, ob es eventuell mehrere nebeneinander existierende und sich überlagernde Konzepte gibt.

Ziel der vorgelegten Untersuchung ist es, zunächst herauszufinden, ob es sich in unterschiedlichen Zusammenhängen, Kulturen und Kontexten um „Rassen"-Konzepte handelt. In diesem Sinne soll der Begriff „Rasse" ver-wendet werden: *‚Rassen' sind kulturelle Kategorien zur Einteilung der Menschheit, denen Menschen und Menschen-Gruppen zugeordnet wer-den, die aufgrund von angenommenen oder tatsächlich vorhandenen, sichtbaren oder unsichtbaren, auf eine gemeinsame Abstammung zu-rückgeführten, von allen Nachkommen ererbten physischen Merkmalen unterschieden werden.*

Ein Punkt, der meines Erachtens für eine „Rasse"-Definition wichtig ist, wird oft vernachlässigt: Es muß sich auch in *folk concepts* nicht nur um tatsächlich sichtbare Charakteristika (etwa die Hautfarbe) handeln, sondern Rassenkategorien können sich auf angenommene und unsichtbare Unter-schiede beziehen (etwa Blut, Gene oder Gerüche). In der Auswirkung spielt das allerdings keine Rolle. Schon Mühlmann wies darauf hin, daß sich im Extremfall „kategorische Ein- und Zuordnung nicht auf die ‚visibility', sondern auf das Wissen bzw. die Vermutung bezieht, daß jemand von Menschen der entsprechenden physischen Beschaffenheit abstamme".[112] Es wird also nicht darum gehen, zu prüfen, ob Merkmale „richtig" oder

---

[111] Etwa Knußmann 1996.
[112] Mühlmann 1964: 82.

„falsch" sind, ob „Europäer" beispielsweise wie sie sich selbst beschreiben, „weiß" oder, wie in manchen anderen Kulturen dargestellt, „rothäutig" sind. Noch komplexer wird die Situation, wenn man ganze Merkmalsbündel betrachtet, die häufig zur Herstellung von Rassenkategorien herangezogen werden. Je nach Kultur ist es unterschiedlich, ob Haarfarbe, Textur, Kopfform, Hautfarbe, Augenform, Nasenlänge oder Geruch etc. zur Einteilung herangezogen werden. Ob es Merkmalsgruppen gibt, die sich zur Einteilung von „Menschenrassen" tatsächlich eignen, welche Merkmale entscheidend und wofür diese Einteilungen nützlich sind, sind Probleme der physischen Anthropologie und Biologie und nicht der Ethnologie, da ethnologische Methoden sich gar nicht dazu eignen würden, diese Fragen zu beantworten.

Ein weiterer Aspekt der Definition, der erläutert werden sollte, sind die „physischen Merkmale". Denn wie Kamala Visweswaran (1998) in ihrem Artikel deutlich macht, ist schon die Unterscheidung, was in den physischen Bereich und was in den kulturellen gehört, jeweils an den kulturellen Kontext gebunden. Sie zeigt, daß die Tendenz in der *Cultural Anthropology*, den Rassenbegriff der Biologie zuzuordnen, auf Boas zurückgeht. Das habe dazu geführt, daß der Kulturbegriff sich in erster Linie daraus definiert, was nicht zu „Rasse" und damit zur „Kultur" gehört. So habe jedoch die *Cultural Anthropology* auch die Bestimmung dessen, was „kulturell" und was „natürlich" sei, an die Naturwissenschaften abgegeben. Visweswaran sieht Rassenkategorien und Rassismus als sich wechselseitig beeinflussende Phänomene, die rassische Identitäten hervorbringen: Sie wandeln sich, da sie in sich ständig verändernden Beziehungen und Handlungen entstehen und reproduziert werden.[113] Das Problem, daß schon die Unterscheidung zwischen Natur und Kultur eine jeweils kulturell festgesetzte Grenze ist, wurde in der Definition von „Körper" berücksichtigt. Wird auch „Körper" als kulturelle Kategorie gesehen, ist nicht nur das Konzept „Körper", sondern sind auch Rassenkategorien veränderlich. Welche menschlichen Eigenschaften in den Bereich des Körperlichen oder des Kulturellen, Geistigen oder Seelischen gerechnet werden, ist dementsprechend wandelbar. Es handelt sich also um ein flexibles und auf mehreren Ebenen veränderbares System.

Das Element „von allen Nachkommen ererbt" ist in die Definition aufgenommen, um die Kategorie „Rasse" von anderen kulturellen Kategorien wie beispielsweise „Behinderte" und „Nichtbehinderte" oder „Hexen" zu unterscheiden.[114] Auch bei der Herstellung dieser Kategorien wird auf kör-

---

[113] Visweswaran 1998:78, 79.

[114] In seiner Untersuchung „Der Krüppel" (1996) zeigt Klaus E. Müller wie ähnlich tatsächlich die Konstruktionen der Kategorien „Behinderter", „Hexen", „Fremder" oder „Wilder" und „Unfruchtbarer" sind. In allen Fällen wird auf eine gesellschaftliche Normalität und einen natürlichen Zustand

perliche Merkmale Bezug genommen, aber nicht davon ausgegangen, daß die Merkmale zwangsläufig von einer Generation zur nächsten weitergegeben werden.

Der Begriff „Rasse" ist auch im Zusammenhang weiterer Begriffe für Menschengruppen zu diskutieren, mit denen er sich in bestimmten historischen und sozialen Kontexten überlagert. Das ist etwa bei dem Begriff der „Kaste" der Fall. Es gibt Kasten, deren Angehörige in rassenähnlichen, auf Abstammung beruhenden biologisierenden Kategorien zusammengefaßt werden. Innerhalb der Kastensysteme kann diese Zugehörigkeit auch Voraussetzung für die Einordnung in soziale Hierarchien und Ungleichbehandlung, also für Rassismus, sein. Das indische Kastensystem ist wahrscheinlich aus Rassenkategorien entwickelt worden, auch wenn einige Autoren das nach wie vor bestreiten.[115] Auch auf das Problem, daß die Bezeichnung „Kaste" im indischen Kontext häufig undifferenziert auf die sozialen Gruppen *varna* und *jati* bezogen wird, soll hier nicht weiter eingegangen werden.[116] Es reicht für den vorliegenden Zweck festzustellen, daß Bewertungen und ein ausgeprägtes Bewußtsein von körperlichen Unterschieden bis heute in Indien eine wichtige Rolle spielen. Ein weiteres Beispiel neben dem bekannten indischen Kastensystem sind die, im vorigen Kapitel bereits erwähnten, Burakumin Japans.[117] Diese *outcasts* wurden als biologisch von der Mehrheitsbevölkerung unterschieden aufgefaßt.[118]

Wenn auch das indische Kastensystem am komplexesten ist und viele Eigenheiten aufweist, rechtfertigt das nicht, den Begriff der Kaste nur für das Beispiel Indiens zu reservieren. Der Vergleich ähnlicher Systeme, die Kastenlose oder Unberührbare hervorbrachten, ist lohnend. Price schreibt beispielsweise, daß es zwischen den Vorstellungen über Unberührbare in Indien, Tibet, Korea und Japan Ähnlichkeiten gibt: „In each of these four Asian cultures, to the outcaste group is attributed an origin other than that of the majority. Thus an expression of ethnocentrism toward foreigners or outside races may have initially set these peoples apart."[119] Als Begründung für niedere physische Qualitäten der Unberührbaren wird häufig die Herkunft dieser Gruppen aus tierähnlichen Gruppen angenommen. Im ja-

---

des Körpers Bezug genommen. Davon abweichende Menschen werden nicht nur ähnlich kategorisiert, sondern häufig auch ähnlich behandelt.

115 Zur Diskussion über den Zusammenhang zwischen „Rasse" und „Kaste" und zur Entstehung des Kastensystems aus interethnischen Kontakten, die als interrassische Begegnungen aufgefaßt wurden, siehe: Gandhi 1987 und Isaacs 1964: 31.

116 Eine eingehende Diskussion des Zusammenhanges von Abstammung, *race* und dem Konzept *jati* gibt Béteille 1967: 454 ff.

117 DeVos und Wagatsuma 1967.

118 Daß dies früher so war, geht unter anderem aus der Bemerkung „Today, only teachers who are themselves prejudiced still to a certain degree believe in the biological difference of the outcastes." hervor (ebd.: 108).

119 Price 1967: 8.

panischen Volksglauben des letzten Jahrhunderts sind Vorstellungen zu finden, Menschen aus diesen Ethnien hätten keine menschlichen, sondern Hundeknochen, ihre Geschlechtsorgane seien nicht wie die normaler Menschen, sie hätten angeborene Deformationen und andere „tierische" Eigenschaften.[120]

Die biologische Abstammung spielt für Kastenzugehörigkeiten und deren Entstehung eine besondere Rolle und deckt sich auch in diesem Aspekt mit Kriterien der Rassenzugehörigkeiten. Die regionale Herkunft muß bei der Herstellung von Rassenkategorien keine Rolle spielen und wurde deshalb bei der Definition weggelassen. Sogenannte „Negritide" wurden und werden beispielsweise in ganz unterschiedlichen Regionen angesiedelt, aber in der wissenschaftlichen Literatur einer Rasse zugeordnet, ohne eine gemeinsame Herkunft beweisen zu können.[121] Es gibt Unterschiede zwischen Rassen- und Kastensystemen. Diese Unterschiede machen die Verwendung b e i d e r Begriffe analytisch sinnvoll. Die oben genannten Beispiele für Kastensysteme beziehen sich nur auf Einteilungen innerhalb einer Gesellschaft, während Rassensysteme meist die gesamte (jeweils bekannte) Menschheit umfassen.

Viel diskutiert wurden in der Literatur auch Überschneidungen zwischen „Klasse" und „Rasse" mit dem Tenor, es handle sich bei Konflikten häufig um Klassengegensätze und nicht um „Rassen"-konflikte. Diese Frage spielte vor allem in den USA und in England eine Rolle und bezieht sich auf Theorien, denen es darum geht, Konflikte jeglicher Art auf der Basis von Klassengegensätzen zu erklären. Daß es, wie auch bei Kastensystemen, Überschneidungen gibt, ist deutlich. Es lassen sich jedoch nicht in allen Gesellschaften und allen historischen Situationen Rassenkonflikte auf Klassengegensätze reduzieren und daraus erklären, somit ist eine Unterordnung unter den Begriff der „Klasse" für den vorliegenden Zusammenhang nicht sinnvoll. Auf den theoretischen Ansatz, der Rassenkonflikte auf Klassengegensätze zurückführt, wird in Teil III ausführlicher eingegangen.

Winnant gibt folgende Definition von „Rasse": „At its most basic level, race can be defined as a concept which signifies and symbolizes sociopolitical conflicts and interests in reference to different types of human bodies."[122] Die zentrale Rolle, die Konflikte in dieser Definition einnehmen, entspricht dem Ergebnis vieler empirischer Untersuchungen, nach denen Rassenkonzepte in konflikthaften Inter-Gruppen-Situationen zu besonderer Geltung kommen. Allerdings kann sich Winnants Definition von „Rasse", so allgemein formuliert, auch auf Fälle i n t e r e t h n i s c h e r Konflikte

---

[120] Ebd.: 11.
[121] Etwa: Knußmann 1996: 445.
[122] Winnant 1994: 270.

beziehen, in denen auf Körperlichkeit Bezug genommen wird. Außerdem würden Auseinandersetzungen etwa zwischen Behinderten und Nicht-Behinderten innerhalb einer Gesellschaft ebenfalls darunter fallen. Interessenkonflikte zwischen Behinderten und Nicht-Behinderten wurden beispielsweise in Prozessen ausgetragen, in denen Touristen im Nachhinein Geld von Reiseveranstaltern zurückforderten, da in ihrem Urlaubshotel Behinderte gewohnt hatten. Auch diese wären nach Winnants Definition dann Rassenkonflikte. „Rasse" und „Rassismus" fallen in Winnants Definition zusammen. Ausgeschlossen würde hier *per definitionem* die Möglichkeit, daß es Rassenkategorien auch ohne Konflikte gebe. Über die Definition würde hier schon die Antwort auf eine noch genauer zu untersuchende Frage gegeben, nämlich auf die Frage, unter welchen Bedingungen körperliche Unterschiede zur Bildung von Kategorien und Abwertung von Fremdgruppen herangezogen werden.

Eine Schwierigkeit bei der Definition von „Rasse" und „Rassismus" besteht darin, daß beide Begriffe miteinander verbunden sind und sich Rassismus und Rasseneinteilungen gegenseitig hervorbringen: Ohne Rassenkategorien keine rassistische Ideologie. Und in den meisten Fällen gibt es auch eine umgekehrte Beziehung: Hinter Einteilungen in Rassenkategorien steht häufig schon eine Bewertung und ethnozentrische Annahmen der eigenen Höherwertigkeit. Also kann auch Rassismus die entsprechenden Rassenkategorien hervorbringen.

2.6 Rassismus

Nahezu charakteristisch für bisherige wissenschaftliche Arbeiten, für die sogenannte „graue Literatur" sowie Darstellungen in den Medien ist, daß nicht explizit gesagt wird, was unter dem Begriff „Rassismus" verstanden wird. Häufig wird auch mit der Existenz der Phänomene (etwa „Rassen"-Kategorien) die dazugehörige Begrifflichkeit abgelehnt, aber von Autorinnen und Autoren dann inkonsequenterweise jeweils weiter verwendet. Die andere Gruppe von Untersuchungen sind historische Studien über die Verwendung des Begriffs „Rasse" in verschiedenen Fächern der Wissenschaft, in Europa oder Amerika. Sie enden jedoch meist dann, wenn sich die Frage stellt, wie der Begriff heute in den Kultur- und Sozialwissenschaften für gegenwartsbezogene Fragestellungen verwendet werden kann und sollte.[123] Immer wieder wird vorgeschlagen, Begriffe wie „Rasse" und „Rassismus"

---

[123] Wissenschaftshistorische Arbeiten, die sich auf die Geschichte der Terminologie und Konzepte beziehen – meist in Kombination mit dem Hinweis auf rassistische Tendenzen innerhalb verschiedener Wissenschaften – gibt es bereits in größerer Anzahl: z.B. Banton 1992; Billig 1981; Kuper (Hg.) 1975; Montagu 1963, 1974; Schütz 1994; Thieme 1988.

nicht mehr zu verwenden,[124] was sich jedoch dann tatsächlich nicht durchsetzen läßt. Im Gegenteil: Die große Anzahl der unterschiedlichen Bedeutungen und die Menge der zusammengesetzten Rassismus-Begriffe, die in den letzten zehn Jahren geprägt worden sind, zeigen eine gegenläufige Tendenz, das heißt eine immer häufigere Benutzung von „Rassismus".

Sieht man in ethnologischen Lexika und Enzyklopädien nach, findet man unter „Rassismus" Einträge wie etwa den von Pierre van den Berghe, der schreibt, man solle lieber Historikern und Semiotikern die Beschäftigung mit dem Begriff „Rassismus" überlassen:

„It is perhaps wise to conclude that the use of racism as an analytical concept has become so preempted by its abuse in the moral and ideological domain that it is best left to the historians of knowledge and semioticians to determine its range of meanings in a wide variety of contexts. In academic circles the term now produces more heat than light." (Van Den Berghe 1996: 1056)

Das hieße jedoch, daß die Ethnologie die Untersuchung bislang unter „Rassismus" subsumierter Phänomene aufgeben oder völlig neue Begriffe dafür entwickeln müßte. Das würde auch bedeuten, weiterhin anderen Disziplinen das Problemfeld zu überlassen. Eine Wissenschaft, deren Gegenstand menschliches Verhalten in unterschiedlichen Kulturen und interkulturellen Situationen ist, sollte dieses Thema jedoch nicht aussparen. Auch Ethnien, die als der Gegenstand der Ethnologie gelten, sind heute in Nationalstaaten eingebunden, konkurrieren mit anderen Ethnien um Macht und Ressourcen. Haltungen und Konflikte entstehen, die auch außerhalb der USA und Europas Stellungnahmen erfordern, wie etwa das aktuelle Beispiel der Auseinandersetzung zwischen Indern und melanesischer Bevölkerung in Fiji zeigt. Aufgabe von Wissenschaft muß es sein, auch dafür die notwendige Grundlagenforschung zu leisten.

Manche Autoren, wie etwa der Hamburger Soziologe Wulf D. Hund, sprechen sich gegen eine Definition des Begriffs Rassismus aus, verwenden ihn dann jedoch weiter. Auf eine Definition von Rassismus verzichtet Hund ganz bewußt:

„Die (...) Beiträge behandeln unterschiedliche ideologische Muster, die auf verschiedenen historischen Etappen der Herausbildung dieses Zusammenhangs von Identifikation und Diskriminierung entwickelt worden sind. *Sie zielen nicht auf leicht verwendbare Definitionen zum schnellen Gebrauch.* Durchaus der Anstrengung des Begriffs verpflichtet, gehen sie davon aus, daß er nur in historischer Perspektive entfaltet werden kann." (Hund 1999: 11, 12; Hervorh. B.B.)

Trotz der „Anstrengung des Begriffs" und der noch zu leistenden historischen Entfaltung ist der Autor sich bereits sicher, daß Rassenkonzepte

---

[124] Etwa: van den Berghe 1996: 1056.

sekundäre Erscheinungen seien: Rassismus „ist nicht durch deren voreinge-nommene Sichtweise gekennzeichnet, sondern hat sie allererst hervorge-bracht. Rassen sind Resultat, nicht Voraussetzung rassistischer Argumenta-tion."[125] Zugegeben, die Wechselbeziehung zwischen Rassismus und Rassenkategorien macht eine Definition beider schwierig; aber können nicht erst durch ihre genaue Beschreibung Aussagen über ihre Entstehung fundiert werden? Ähnlich wie Hund schlägt auch Rattansi vor:

„Indeed, all these terms are permanently 'in-between' caught in the impossibility of fixity and essentialization. There is a 'family resemblance' between them, a merging and overlapping of one form of boundary formation with another, coupled with strong contextual determination. One programmatic conclusion would be for 'postmodern' frame analyses to eschew tight definitions, and instead to engage in Foucauldian genea-logical and archaeological projects, exploring the accretion of meanings, political affili-ations, subject positions, forms of address, regimes of truth and disciplinary practices involved in the construction of particular myths of origin, narratives of evolution and forms of boundary-marking and policing engaged in by different 'communities' in particular historical contexts." (Rattansi 1994: 53)

Um unterschiedliche Prozesse der Grenzziehungen zwischen Gruppen und Übergänge von einer Form der Abgrenzung zu einer anderen sowie deren Bedingungen möglichst präzise zu beschreiben, bleibt einem aller-dings nichts anderes übrig als im jeweiligen Kontext, für eine bestimmte Fragestellung, die Begriffe zu definieren. Bei „postmodernen Projekten" wie dem von Rattansi, wird häufig gegen Definitionen argumentiert, indem (wie in dem Zitat) so getan wird, als ginge es darum, für immer und alle Zeiten gültige Begriffsdefinitionen herzustellen. Statt dessen sind Definiti-onen nur für bestimmte Ziele, einen bestimmten Zweck und einen be-stimmten Fragenzusammenhang zu entwickeln. Aber an den präzisen For-mulierungen von Zielen und Fragestellungen mangelt es. Auch unter einem Titel wie „*Racism, Modernity and Identity on the Western Front*"[126] wer-den dann alle möglichen Vorstellungen, Ideen und Zusammenhänge ange-rissen, ohne daß man sich um eine Präzisierung von Fragestellung und Be-grifflichkeit bemüht. Entsprechend schwammig sind die Ergebnisse.

Wollen Ethnologen nicht anderen Wissenschaften die gesamte Ausein-andersetzung um Rassenkategorien und Rassismus überlassen, gibt es keine andere Möglichkeit, als Rassismus für das eigene Forschungsvorhaben zu definieren. Da es ein Ziel der vorliegenden Untersuchung ist, die beständig wertenden und unfruchtbaren Diskussionen zu vermeiden und statt dessen mit größerer Distanz zunächst beschreibend, dann vergleichend und ablei-tend allgemeine Eigenschaften, Faktoren und Bedingungen von Rassismus

---

[125] Hund 1999: 10.

[126] Rattansi, Ali und Sallie Westwood (Hg.) 1994.

darzustellen, ist eine Auseinandersetzung mit dem Begriff und seinen zahlreichen Ableitungen notwendig.

Trotz aller Schwierigkeiten mit dem Begriff „Rassismus" wird er in der vorliegenden vergleichenden Untersuchung verwendet. Der Begriff muß zunächst geklärt sein, bevor entschieden werden kann, ob Verhaltensweisen rassistisch diskriminierend oder fremdenfeindlich sind. Der hier verwendete Begriff baut auf dem im vorigen Abschnitt definierten Rassenbegriff auf: *‚Rassismus' ist eine kulturelle, auf der Annahme der Existenz von ‚Rassen' basierende Vorstellung und Überzeugung, die aufgrund der verallgemeinernden und wertenden Verbindung von Rassenzugehörigkeit und psychischen, geistigen oder kulturellen Eigenschaften Hierarchien herstellt.*

Mit Ungleichbehandlung kann hier schon eine Benennung, die mit eindeutig negativen Konnotationen aufgeladen ist, gemeint sein. Bewußt ist hier von „Vorstellungen und Überzeugungen" die Rede. Man könnte an diese Stelle der Definition auch Ideologie oder Diskurs einsetzen. Unter Ideologien werden jedoch stärker verfestigte Systeme, ganze Ideengebäude und -lehren, verstanden,[127] die den Begriff „Rassismus" unnötig einschränken und ihn für einen Kulturen vergleichenden Zusammenhang unbrauchbar machen. Rassismus kann als Teil einer Ideologie oder als Ideologie auftreten, m u ß es jedoch nicht. Rassismus kann sich auch im Laufe seiner „Karriere" zu einer Ideologie verfestigen. Dieses Entstehen und seine Bedingungen kann man jedoch nicht verfolgen, wenn man sich in der Untersuchung begrifflich nur auf das „Endprodukt", auf rassistische Ideologien, beschränkt.

Den Begriff „Diskurs" habe ich deshalb nicht gewählt, weil er in der neueren wissenschaftlichen Literatur für alles und jedes gebraucht wird. Häufig dann, wenn eigentlich nicht klar ist, was ausgedrückt werden soll. Meist bezieht sich der Begriff „Diskurs" auf Kommunikationszusammenhänge. Unter Vorstellungen und Überzeugungen, die in der hier gewählten Definition zentral sind, fallen auch kognitive Inhalte, die nicht versprachlicht worden sein müssen. Sie müssen also nicht „diskursiviert" sein, somit ist eine unnötige Einschränkung vermieden, die der Definition nichts an Präzision hinzufügen würde.

Im vorigen Abschnitt wurde bereits auf die von Roger Sanjek vertretene Position eingegangen. Er sieht „Rassen" als von Westeuropäern entwickeltes Konzept, das seine Ursprünge im 14. Jahrhundert habe.[128] Danach entstand auch Rassismus erst in dieser Phase. Ohne genauer auf die Unterschiede zwischen Rassismus und dessen Vorläufer einzugehen,

---

127 Harris 1970, Lenk (Hg.) 1970, McLellan 1995.
128 Sanjek 1996: 462-465, 1994 a: 1-4.

schreibt er, diese Unterschiede seien so fundamental, daß man Ethnozentrismus und auch Kastensysteme nicht als rassistische Vorstellungen
bzw. Gesellschaftsordnungen bezeichnen könne:

„Race differs from the ethnocentrism and 'caste' systems that preceded it, and that
persist today in certain locales (cf. Cox 1948: 321-333, 477-480). Exploitation,
conquest, and disfavored ranking of groups beyond one's own have certainly existed in
human societies prior to and beyond the historical formation of race and racism that
concerns us here. No other historical or ethnographic order, however, has been as
globally inclusive in its assignment of social and cultural difference to 'natural' causes
as has post-1400s racism." (Sanjek 1994 a: 2)

Für eine vergleichende Arbeit, die versucht, allgemeinere Bedingungen
seiner Entstehung herauszuarbeiten, ist eine zeitliche und regionale Einschränkung des Rassismusbegriffs, wie Sanjek sie vornimmt, nicht sinnvoll. Deshalb ist in der vorliegenden Definition des Begriffs „Rassismus"
die Raum- und Zeitkomponente kein entscheidendes Merkmal. Sanjek gibt
zwar keine formale Definition von „Rasse" und „Rassismus", aus den oben
zitierten Umschreibungen geht jedoch deutlich seine zeitliche Einschränkung hervor. Ziel seiner Darstellung ist der Ausschluß anderer dem „Rassismus" ähnlicher Phänomene wie Kastensysteme oder Ethnozentrismus,
da ein Vergleich keinen wesentlichen Erkenntniszuwachs bringe. Allerdings begründet Sanjek diese Einschätzung nicht.

„It adds little to understanding South Asian caste, or Greek and other forms of ethnocentrism, to elide them with post-1400s racism as equivalent examples of an abstract
category. If the regimes of caste and race do display certain parallels in terms of
exploitation and inequality, still they are historically, geographically, organizationally,
and ideologically distinct sociocultural systems (...) Similarly, other 'caste' situations
like those of Japan (DeVos and Wagatsuma 1972) and Africa (Tamari 1991; Todd
1977) have their own historical and geographically limited circumstances, and like
South Asia, do not institutionalize physical appearance as social status (except, perhaps
ideally, in Rwanda [Maquet 1961], where the rulers were darker than their subjects
[Hiernaux 1975])." (Sanjek 1994 a: 3)

In der Literatur wird auch über „positiven Rassismus" geschrieben. Dieser Begriff ist in der hier verwendeten Rassismus-Definition bereits enthalten, da sie nur sagt, daß eine „wertende Verbindung" zwischen Rassenzugehörigkeit und geistigen, psychischen und kulturellen Eigenschaften
hergestellt wird. Eigenschaften können demnach sowohl negativ als auch
positiv bewertet werden. In manchen Fällen können positive wie negative
Wertungen nebeneinander bestehen, wie die folgenden Beispiele zeigen:
• Die positive Wertung, andere „Rassen" hätten beispielsweise aufgrund
  biologischer Voraussetzungen einen besseren Geruchssinn,[129] ordnet sie

---

[129] Siehe Beer 2000 a.

gleichzeitig in einer imaginierten evolutionären Abfolge körperlicher Entwicklung auf dem unteren Ende in größerer Nähe zum Tierreich ein.

- Auch die positive Wertung, „Schwarze" seien aufgrund ihrer angeborenen physischen Voraussetzungen bessere Sportler[130], Tänzer oder Musiker als Weiße – der „Rhythmus liege ihnen im Blut" – oder ähnliche *folk concepts*, können neben rassistisch abwertenden Vorstellungen bestehen.

Die Technik der Gleichsetzung von Körperlichkeit und anderen Fähigkeiten ist dieselbe wie im umgekehrten Fall der Abwertung. Als eine der grundlegenden Eigenheiten rassistischen Denkens soll sie in der Definition enthalten sein, gleichgültig ob Wertungen positiv oder negativ sind.

Bei der Beschäftigung mit Rassismus stellt sich außerdem die Frage, inwieweit der Begriff des „Gegenrassismus" („*reverse racism*") notwendig und nützlich ist.[131] Am Beispiel der Auseinandersetzung zwischen Aborigines und „weißen" Australiern möchte ich meinen Standpunkt verdeutlichen, daß dieser Begriff überflüssig ist. Zur Situation in Australien schreibt Cowlishaw:

„Government policies which have the rational aim of reversing conditions of systematic inequality among social groups who have suffered oppressive histories are defended as temporary necessities because of an unfortunate past. They are dubbed 'reverse racism' by less liberal conservatives." (Cowlishaw 1997: 3, 4)

Um Rassismus im oben definierten Sinne kann es sich kaum handeln, wenn versucht wird, Chancengleichheit herzustellen. Der Ausdruck *reverse racism*, verwendet für die Bevorzugung bislang benachteiligter Gruppen, gehört in diesem Beispiel in den Bereich politischer Polemik und entspricht nicht der hier verwendeten Rassismus-Definition.

Als *reverse racism* werden aber auch rassistische Annahmen und Äußerungen von Menschen bezeichnet, die selbst als typische „Opfer" von Rassismus gelten. Cowlishaw wehrt sich etwa dagegen, daß Weiße Äußerungen von Australiern als Rassismus werten, was allerdings problematischer ist. Sie schreibt, es handele sich eher um eine „*defensive response*". Ungleichheit und Machtgefälle bestehen und sorgen dafür, daß Rassismus sich unterschiedlich auswirkt, das heißt, Diskriminierung und Ausschluß sei von

---

130 Ernest Cashmore zitiert Martin Kane (1971), der dieses Argument vorbrachte. Dieser schrieb, längere Extremitäten, breitere und dichtere Knochen, schmalere Hüften und ein geringerer Anteil an Körperfett trügen zu ihrem Erfolg bei (Cashmore 1983: 92, 93 und 1990: 104 ff.).

131 Auch Cashmore lehnt die Verwendung des Begriffs ab: „Blacks' reaction to white racism takes many forms; accepting racial categories and articulating them in a way that mimics those of white racists is but one of them. Analytical purposes would not seem to be served by calling this reverse racism. The term misguidedly suggests that racism today can be studied by examining beliefs and without careful consideration of the vastly different historical experiences of the groups involved." (Cashmore 1996: 322). Ich lehne den Begriff ebenfalls ab, jedoch aus anderen Gründen.

Seiten der Aborigines Weißen gegenüber nicht möglich.[132] Sie selbst beschreibt jedoch, daß dies in konkreten Situationen sehr wohl möglich ist, etwa am Beispiel einer Weißen, die mit einem Aborigine verheiratet ist und mit ihm auch Kinder hat. Solche Frauen arbeiten häufiger in Hilfsorganisationen mit, und bei Konflikten werde meist gefordert, sie hätten bei Aborigine-Themen nicht mitzureden, da sie ja Weiße seien und deshalb nicht mitreden könnten. Sie schreibt, diese Situationen seien für die Betroffenen ausgesprochen verletzend, meist träfe es gerade diejenigen, die eine positive Einstellung hätten und deshalb überhaupt in Kontakt zu Gruppen und Organisationen von Aborigines stehen. Hier ist es meines Erachtens durchaus berechtigt, von „Rassismus" zu sprechen, etwa wenn Aborigines selbst sich auf ihre ererbten Eigenschaften und Fähigkeiten beziehen, die andere nicht erlernen k ö n n e n . Eine Definition des Begriffs Rassismus einzuschränken, in dem man die Merkmale Macht und Dominanz aufnimmt, ist insofern problematisch, als Machtbeziehungen äußerst komplex, wandelbar und situationsabhängig sind. Auch Lattas nimmt zu dieser Problematik Stellung:

„What academics often have difficulty with is people imaginatively embracing their bodies – the horror and censure which such academics voice is part of a hegemonic process which is predicated on dividing people from themselves and especially from their bodies. There is a too ready tendency by some white intellectuals to seize upon what are seen to be examples of Aboriginal racism. In the collection Being Black, Peter Sutton claims that when Aborigines expound views about 'racially inherited ability' then this 'resembles genetic determinism and, therefore, racism'." (Lattas 1993: 259)

Berücksichtigt werden sollte, daß sich Rassismus in vorhandenen Hierarchien und Machtstrukturen unterschiedlich auswirkt. Es ist jedoch falsch, von einem „Gegenrassismus" oder „umgekehrten Rassismus" zu sprechen, da dies ein Zuerst, einen ursprünglichen Zustand, konstruiert, der schwer rekonstruierbar (und nicht untersucht) ist. Niemand weiß, inwieweit Aborigines früher ebenfalls rassistische Annahmen und Einstellungen hatten. Hier ist die Frage nach der Henne und dem Ei dann überflüssig, wenn Rassismus nicht als vernichtender Vorwurf, sondern als Bestandteil von Machtkämpfen und Weltbildern im Kontakt mit sich unterscheidenden Fremden aufgefaßt wird, der in vielen Gesellschaften verbreitet ist.

Dann ist es auch nicht notwendig, wie Lattas den (bislang nicht genauer untersuchten, nur erwähnten) „Rassismus" der Aborigines zu entschuldigen. Lattas wirft Sutton zu Recht vor, dieser sei gegen jede Form der Konstruktion von Identität, die den Körper einschließt, bzw. gegen deren Anerkennung. Diese Einstellung teile Sutton mit anderen Gegnern des Essentialismus. Lattas dagegen hält Identitätskonstruktionen aufgrund kör-

---

132 Siehe dazu Cowlishaw 1988, vor allem 263-265.

perlicher Eigenschaften als mögliche Form des Widerstandes für berechtigt:

„In making the body the site which allows them to own their perspective on the world, Aborigines are not mistaken but are partly pointing to the fact that in a racialised society the body creates one's experiences. Here, the determinate role of the body in folk biologies reflects and is reinforced by the determinate role the body plays in the racial structure of Australian society." (Lattas 1993: 259)

Es ist eine ernstzunehmende und berechtigte Frage, inwieweit Körperlichkeit in Beziehungen zwischen Angehörigen verschiedener Gruppen aber auch innerhalb von Gruppen Erfahrungen und damit Identität konstituiert. Lattas kritisiert die Angst der Anti-Essentialisten vor dem Essentialismus der Aborigines, der körperliche Differenz und Abstammung einschließt, als Angst vor der Differenz und der Angst vor „subordinate others producing and claiming some essential autonomous otherness."[133] Lattas' Anmerkung, daß die sich unterscheidende Körperlichkeit Erfahrungen und damit auch Weltbild, Lebensweise etc. bestimme, hat ihre Berechtigung. Sie stellt allerdings eine neue Verbindung zwischen „Körper und Biologie" sowie „Kultur" her, die ebenfalls nicht unproblematisch ist. Hier müßte genauer untersucht werden, wie diese Verbindung in der Wirklichkeit aussieht, und es muß auch darauf hingewiesen werden, daß sie v e r ä n d e r - b a r ist. Sonst läuft das ansonsten richtige Argument erneut auf einen biologischen Determinismus hinaus.

Rassismus ist in allen Gesellschaften ein Produkt der jeweiligen Kultur und spezifischer historischer Erfahrungen von Menschen. Eine Reaktion auf sich körperlich unterscheidende Andere ist er immer. Wer auf wen zuerst mit einer rassistischen Haltung reagiert, ist jedoch im Nachhinein schwer nachvollziehbar, da häufig nur Kenntnisse über eine Seite zum Zeitpunkt des Kulturkontaktes bestehen. Meist sind es Kenntnisse über Einschätzungen der Europäer, da hier schriftliche Quellen vorliegen. Klären läßt sich allerdings, wessen „Rassismus" sich durchsetzte, welche Gruppe in welchen Situationen die dominante Gruppe im Kulturkontakt ist. Eine Definition von Rassismus jedoch in komplexen interethnischen Beziehungen nur auf die Vorstellungen der Überlegenen einzuschränken und die „Opfer" jeweils auszunehmen, ist auch insofern problematisch, als Menschen in interethnischen Beziehungssystemen „Opfer" von Rassismus und gleichzeitig in einer anderen Beziehung „Täter", also Angehörige der dominanten Gruppe, sein können. Die Rede von einem „Gegenrassismus" klärt nichts, sondern dient Wertungen bzw. der Rechtfertigung von Rassismus der Unterlegenen oder „Opfer". Diese wiederum wird überflüssig,

---

[133] Lattas 1993: 259.

wenn man versucht, den Begriff „Rassismus" beschreibend zu verwenden und darauf verzichtet, ihn ausschließlich als Waffe in politischen Auseinandersetzungen einzusetzen.

Es gibt zahlreiche weitere Begriffe für Verhaltensweisen, die aus rassistischen Vorstellungen resultieren. Beispielsweise *racialism* für rassistische Diskriminierung oder Fremdenfeindlichkeit.[134] *Racialisation* (unschön mit „Rassisierung" übersetzt) wird für die Herstellung oder Entwicklung von Rassenkategorien verwendet.[135] Keita und Kittles schreiben von „*raciation*",[136] das sie im Sinne von „racial divergence" verwenden. Mark Terkessidis übersetzt mit „Rassifizierung"[137] den von Miles gebrauchten Begriff „*racialisation*". Eine solche Liste der Ableitungen aus den Wörtern Rasse und *race,* Rassismus und *racism* ließe sich weiter fortsetzen. Noch länger fällt die Liste der Zusammensetzungen aus (ökologischer, institutionalisierter, liberaler, kultureller Rassismus, Kulturrassismus etc.). Für Fragestellung und Zielsetzung der vorliegenden Untersuchung sind sie jedoch nicht von Bedeutung und entbehrlich, deshalb sollen sie hier nicht weiter erläutert werden. In den meisten Fällen sind für die Lesbarkeit des Textes und die Verständlichkeit der Argumentation Umschreibungen, die auf den Begriffen „Rasse" und „Rassismus" aufbauen, nicht nur einfacher, sondern auch eindeutiger.

2.7 Zusammenfassung

In diesem Kapitel wurden die zentralen Begriffe der Untersuchung definiert und diskutiert. Ziel war es, eindeutig darzustellen, in welchem Sinne die verwendeten Begriffe gebraucht werden. Ich habe jeweils versucht, Begriffe so eng und damit auch genau wie möglich zu fassen, aber gleichzeitig weit genug, um damit auch in unterschiedlichen kulturellen Kontexten arbeiten zu können. Für jede vergleichende Arbeit stellt sich dieses Problem.

Für den Zusammenhang zwischen Körperbildern in interethnischen Beziehungen und Stereotypen, Vorurteilen sowie Rasse und Rassismus sind die Auswahl und Bewertung von Merkmalen entscheidend, die bestimmten

---

134 „When ideas, or beliefs, about racial superiority are translated into action, we speak in terms of racial discrimination, or simply *racialism*. Racism is the idea; racialism is the practice." (Cashmore 1990: 100, Hervorhebung im Original). Appiah (1990: 4-5) versteht dagegen unter *racialism* die Überzeugung: "that there are heritable characteristics possessed by members of our species, that allow us to divide them into a small set of races, in such a way that all the members of these races share certain traits and tendencies with each other that they do not share with members of any other races."

135 Miles 1989 a: 356.

136 Keita und Kittles 1997: 534.

137 Terkessidis 1998: 77.

Kategorien von Menschen zugeordnet werden. In der folgenden Darstellung der empirischen Ergebnisse geht es um diejenigen Merkmale, die als angeboren und als körperlich aufgefaßt werden.

Mit den hier festgelegten Begriffen können in Teil II die beobachteten Phänomene dargestellt und in Teil III gängige Theorien und deren Begrifflichkeit diskutiert und kritisiert werden. Später könnte auf dieser Grundlage aufbauend eine eigene Theorie der Bedeutung körperlicher Unterschiede in Inter-Gruppen-Beziehungen entwickelt werden, die jeweils bereits vorhandene brauchbare Ansätze aufgreift und sich auf empirische Beispiele für Bedingungen und Auswahl körperlicher Merkmale bei der Konstruktion von Gruppengrenzen bezieht.

Teil II: Fallbeispiele

3. Methodik der Untersuchung

3.1 Kulturvergleich

Das Selbstverständnis der Ethnologie als komparativer Wissenschaft zieht sich, seit ihren Anfängen im Evolutionismus, über die entscheidenden Arbeiten von George Peter Murdock, Claude Lévi-Strauss und A. R. Radcliffe-Brown durch die Fachgeschichte. Will die Ethnologie überhaupt zu allgemeineren Aussagen über menschliche Kulturen kommen, ist das nur durch eine vergleichende Herangehensweise möglich. Einzelfallstudien sind Voraussetzung und Grundlage jedes Vergleichs, der dann erst Aussagen über Regelhaftigkeiten und kausale Zusammenhänge ermöglicht.

Vergleich ist eine allgemeine kognitive Fähigkeit des Menschen, die zur Bildung von Kategorien und Klassifizierung von Objekten notwendig ist. Die Beschreibung einer fremden Kultur beinhaltet *per se* immer schon einen Vergleich, nämlich den mit der eigenen, bekannten Kultur. Im engeren Sinne wird allerdings in der Ethnologie von interkulturellen Vergleichsverfahren erst dann gesprochen, wenn Informationen über mindestens zwei Kulturen systematisch miteinander in Beziehung gesetzt werden.[138] Die Hauptverfahren des interkulturellen Vergleichs kann man nach den Kriterien der Anzahl und Nähe der untersuchten Kulturen vier Typen zuordnen: dem Regionalvergleich (wenige einander nahe Kulturen), der Kulturarealstudie (viele einander nahe Kulturen), dem Kulturvergleich (wenige voneinander entfernte Kulturen) und dem interkulturellen Vergleich (viele, weit auseinander liegende Kulturen).

Die vorliegende Untersuchung steht in der Tradition des Kulturvergleichs, bei dem wenige, weit entfernte und damit voneinander unabhängige Kulturen untersucht werden. Außerdem ist der durchgeführte Kulturvergleich dem *Most-Different-Systems-Design* zugeordnet.[139] Ziel ist es, möglichst unterschiedliche, voneinander unabhängige Kulturen auf Ge-

---

[138] Schweizer 1999: 95.
[139] Ebd.: 102.

61

meinsamkeiten hin zu untersuchen. Vorteile dieser Strategie bestehen darin, daß bei dieser Art von Vergleich die Generalisierbarkeit der Befunde gut ist. Da es wenige Beispiele sind, können auch der jeweilige Kontext und die historische Einbettung sehr detailliert berücksichtigt werden. Dafür nimmt man jedoch auch Nachteile in Kauf: Bei der Untersuchung einer kleinen Anzahl von Fällen besteht die Möglichkeit, daß es in anderen Fällen Bedingungen oder Kausalfaktoren gibt, die man nicht berücksichtigt hat. Das bedeutet auch für diese Untersuchung, daß sich alle Aussagen zunächst auf die vier dargestellten Beispiele beziehen und keinesfalls auf alle Kulturen. Das könnten erst weitere, größer angelegte Vergleiche erbringen. Ich habe versucht, soweit wie möglich den Forderungen Schweizers gerecht zu werden, der schrieb: „Mir scheint, daß die heutigen Vergleiche sehr viel kontexbewußter und historischer angelegt werden müssen als das früher der Fall war. Sie sollten die Einbettung der lokalen Fälle in ihr weiteres Umfeld genau erfassen und wenn möglich durch Längsschnittdaten zeitliche Veränderungen erfassen." (1999: 116) Erst die Kombination der intensiven Beschreibung des Einzelfalls mit dem vergleichenden Bezug auf allgemeinere Zusammenhänge und Fragen eröffnet die Möglichkeit, auch Antworten auf fundamentale Fragen nach Strukturen und Wandel menschlicher Gesellschaften und Kulturen zu geben.

Vergleichende Untersuchungen zur Bedeutung von körperlichen Unterschieden in interethnischen Beziehungen sind erstaunlich selten,[140] obwohl immer wieder gefordert wurde, daß Themen wie Rassenkategorien und Rassismus international und vergleichend betrachtet werden sollten.[141] Wenn das geschah, wurden vor allem Industriegesellschaften ausschließlich auf der Makro-Ebene untersucht, meist waren es die USA, Brasilien, Südafrika und Westeuropa. Kinloch etwa stellte die Unterschiede zwischen kolonial-beeinflußten und post-kolonialen Typen von „Rassenbeziehungen" heraus.[142] Die Mikroebene und vorhandene *„folk models"* sowie deren Wechselwirkungen mit Rassenmodellen aus Wissenschaft und Politik wurden jedoch von den meisten Sozial- und Kulturwissenschaftlern vernachlässigt. Auf der Suche nach Beispielen, die sich nicht mit „weißem Rassismus" und nicht nur mit Industrienationen beschäftigen, stößt man demnach auf wenig brauchbares Material, das aus einer großen Flut an Publikationen herausgefiltert werden muß.

Grundlage der vorliegenden Untersuchung ist die Analyse der Literatur zu Fallbeispielen sowie die Darstellung von Ergebnissen eigener Datenerhebungen während Feldforschungen in zwei Gebieten, nämlich bei philip-

---

140 Etwa: Van Den Berghe 1978 a.
141 Sigler 1987: xiv.
142 Kinloch 1974, 1981.

pinischen Ati und den Wampar Papua-Neuguineas. Ohne eine Diskussion des Vorgehens während der Feldforschung und eine ausführliche Darstellung der Methoden, mit denen die Daten gewonnen wurde, ist eine Quellenkritik ethnologischer Untersuchungen nicht möglich. Schilderungen der Feldforschungssituation und der angewandten Methoden sind deshalb den empirischen Beispielen jeweils vorangestellt.

3.2 Auswahl der Fallbeispiele

Die Auswahl der beiden empirisch untersuchten Fallbeispiele ergab sich unter anderem aus praktischen Gründen und meinen bisherigen Forschungen. Bei den Ati auf den Philippinen arbeitete ich schon seit 1993 und konnte so auf eigenes Material zurückgreifen und aufbauen. Die Wampar sind bereits seit vielen Jahren ein Forschungsschwerpunkt am Institut für Ethnologie in Hamburg. So standen mir die Vorarbeiten anderer Ethnologen und Ethnologinnen[143] und eine Fülle an Material und Erfahrungen zur Verfügung.

Neben eigenen Datenerhebungen wurde die Literatur zu zwei weiteren Fallbeispielen ausgewertet. Bei der Auswahl dieser Beispiele stand im Mittelpunkt, daß Quellen und Untersuchungen in ausreichender Zahl vorhanden und zugänglich sein mußten. Fehlende Sprachkenntnisse begrenzten die Möglichkeiten. So konnte die japanische und chinesische Literatur zum Thema nur in Übersetzungen und zum größten Teil in Sekundär-Arbeiten zur Kenntnis genommen werden. Darüber hinaus sollten alle behandelten Beispiele folgende Merkmale aufweisen: Sie sollten bezüglich des Verhältnisses von Minderheit und Mehrheit, der Wirtschaftsweise und der Migrationsgeschichte so unterschiedlich wie möglich sein (siehe Tabelle 1), und sie sollten nicht dem üblichen Schema „weißer" Rassismus versus „schwarze" Opfer folgen. Die ausgewählten, in der Literatur dargestellten Fälle beschreiben nur teilweise die Auswirkungen von Rassismus in sozialen Beziehungen und auf der Ebene des alltäglichen Lebens. Wenn vorhanden, lag ein besonderes Augenmerk auf solchen Schilderungen. Allerdings geht die Mehrzahl der Publikationen auf rassistische Ideologien ein, die in „Elite-Diskursen" etwa von Politikern oder Wissenschaftlern verbreitet wurden.

Das Beispiel China ist in diesem Zusammenhang vor allem deshalb von Interesse, weil China immer wieder als Beispiel einer Gesellschaft, in der vor allem kulturelle Unterschiede betont werden, angeführt worden ist. Es bestehen also, wie auch bei der Nation of Islam, in der Sekundärliteratur

---

[143] Vor allem durch die Forschungen von Hans Fischer, Rita Kramp und Christiana Lütkes.

unterschiedliche Ansichten darüber, ob es sich überhaupt um Beispiele für Rassismus handelt. Darüber hinaus spielen sowohl China als auch die anderen Beispiele insofern für die Diskussion von Rassismustheorien eine Rolle, als historische, soziale und kulturelle Bedingungen in mehrfacher Weise von den üblichen angeführten Beispielen (USA, Südafrika, Brasilien) abweichen und sie damit zum Prüfstein theoretischer Annahmen werden.

	Politische Organisation	Status und Macht- verhältnisse	Migration und Fremdkontakte	Wirtschafts- weise
Han-Chinesen	Kaiserreich und später kommunistische Zentralregierung	Majorität	Ausdehnung von einem Zentrum aus: Reichsgründung, Inkorporation Fremder	Frühe Hochkultur mit Ackerbau, Tributgebundene Produktionsweise
Nation of Islam	Versuch der Nationenbildung	Minorität	Nachkommen von Sklaven (unfreiwillige Migration)	Industrie- gesellschaft
Ati	Ehemals egalitär, heute eingesetzter „Stammesführer"	Minorität	Ältere Bevölkerung durch einwandernde stärkere Bevölkerung verdrängt	Ehemalige Jäger u. Sammler, Peripatetiker
Wampar	Bigman-System, eingebunden in parlamentarisches System der Nationalregierung	Majorität	Ursprüngliche Bevölkerung des Gebietes wurde verdrängt, danach Mehrheitsstatus, heute Einwanderung von anderen Ethnien	Gartenbauern

Tabelle 1: Auswahl der Fallbeispiele.

Bei der Literaturrecherche wurde eine große Anzahl an Untersuchungen zu Gesellschaften verschiedener Epochen und Kontinente eingesehen. So durchsuchte ich etwa die Literatur zu Wildbeutergesellschaften intensiv. Dies geschah aufgrund der Annahme, daß körperliche Unterschiede in interethnischen Beziehungen zwischen Wildbeutern und benachbarten Ethnien in einigen Fällen genauer beschrieben seien könnten. Es fand sich

64

jedoch kein Einzelbeispiel, das für eine genauere Analyse ausreichend dokumentiert war. Die Lektüre war allerdings hilfreich zum Verständnis und zur Bewertung der Daten, die ich bei Ati, ehemaligen Wildbeutern, auf den Philippinen erhoben habe. Auch zu Japan[144] wurden Arbeiten durchgesehen, letztlich war die Literaturlage zum Fallbeispiel China jedoch ergiebiger. Die Literatur zur europäischen Antike[145] sowie zum alten Ägypten, zu Einzelgesellschaften Ozeaniens[146] sowie Afrikas, Süd- und Mittelamerikas, Südostasiens und Australiens stellte sich ebenfalls als zu dürftig heraus. Insgesamt war diese Literaturrecherche jedoch nützlich, da auch verstreute Aussagen, Beschreibungen und die Ergebnisse einzelner Untersuchungen in die Analyse einfließen konnten und einen großen Fundus an Hintergrundinformationen darstellten.

Im folgenden sollen die ausgewählten Fallbeispiele bezüglich der Fragestellung nach der Bedeutung körperlicher Unterschiede in interethnischen Beziehungen dargestellt werden. Um die Vergleichbarkeit zu erleichtern, sind die einzelnen Kapitel jeweils möglichst ähnlich aufgebaut. Einer allgemeinen Einführung und Einbettung in größere Zusammenhänge folgt die Darstellung der emischen Kategorisierung der Menschheit und dem zugrunde liegende Kriterien. An die Analyse der bei Abgrenzungen relevanten körperlichen Merkmale schließt sich die Darstellung von „Vermischungen", von interethnischen Ehen und der Zuordnung von Mischlingen an. Aus Reaktionen auf diese Grenzüberschreitungen läßt sich jeweils einiges über die Abgrenzungen an sich erfahren. Darauf folgt ein Abriß der Körpervorstellungen und in jeweils unterschiedlicher, dem Fallbeispiel angepaßter Weise, eine Darstellung ihrer Bedeutung, Konsequenzen und Nutzung bei Kontakten und Konflikten mit Fremden.

3.3 Feldforschungsmethoden

Dem Konzept der ethnologischen Feldforschung entsprechend verwendete ich für die vorliegende Untersuchung viele verschiedene Verfahren zur Kontrolle und Ergänzung nebeneinander. Sie werden im folgenden zu Beginn der Darstellung der Forschungsergebnisse mit ihren jeweiligen Vor- und Nachteilen diskutiert. Es zeigte sich, daß in den untersuchten Gesellschaften, bei philippinischen Ati und den Wampar in Papua-Neuguinea,

---

[144] DeVos und Wagatsuma 1967; DeVos und Wetherall 1974; Goodman 1997; Jo 1987; Price 1967; Russel 1991; Sato 1997; Shimazu 1998; Siddle 1996, 1997; Wagatsuma 1967, 1973; Weiner 1994, 1997; Xun 1997; Young 1997; Yoshino 1997.

[145] Snowden 1970, 1983.

[146] Campbell 1985, Howard 1991, Nash und Ogan 1990, Premdas 1987.

mit unterschiedlichen Verfahren gearbeitet werden mußte. Besonders bei gleicher Fragestellung, also einer themenbezogenen Feldforschung, wäre es für die Vergleichbarkeit günstig gewesen, mit exakt denselben Verfahren vorzugehen. Das gelang jedoch, wie noch näher erläutert wird, nur teilweise. Dennoch hatten beide Feldforschungen Gemeinsamkeiten: Ich lebte jeweils mehrmals für mehrere Monate in einer – „meiner" – Familie. Auch das hat Vor- und Nachteile: Auf der einen Seite ist die Integration in das Alltagsleben (Teilnahme) positiv, man kann vieles im täglichen Umgang beobachten; auf der anderen Seite wird der Blickwinkel durch die Eigenheiten und Besonderheiten der jeweiligen Familie geprägt. Diese Einschränkung wurde insofern ausgeglichen, als ich versuchte, möglichst viele Beobachtungen und Gespräche auch außerhalb der Familie in die Untersuchung einzubeziehen.

Ich verbrachte in beiden Fällen nicht das klassische erste „eine Jahr" im Feld.[147] Da es sich jedoch nicht um eine Forschung etwa zu Landwirtschaft oder über religiöse Ritualen handelte, in denen der gesamte Jahreszyklus von Bedeutung ist, war das kein Problem. Im Gegenteil hatten die wiederholten mehrmonatigen Aufenthalte, die auf den Philippinen zusammengenommen mehr als ein Jahr dauerten, auch Vorteile, die ich im folgenden kurz umreißen werde.

Die wiederholten Aufenthalte sind nicht nur für den Ethnologen positiv, sondern auch für die Befragten. Zum einen wuchs das Vertrauen, daß die Abreise nicht bedeutete, auf „Nimmerwiedersehen" zu verschwinden. Zum anderen blieben Beziehungen zu Einzelnen vor allem auf den Philippinen auch während meiner Abwesenheit bestehen. Den „Untersuchten" wurde so deutlich, daß der Kontakt zu ihnen nicht nur zweckgebunden und zeitlich beschränkt war. In der Feldforschung spielt nicht mehr nur das lokal abgegrenzte „Feld", das eine Zeitlang besucht wird, eine Rolle, sondern es sind persönliche Beziehungen, die zeitlich und räumlich ungebunden sein und – etwa durch Briefwechsel, E-mails oder Telefonate – weiterbestehen können.[148]

Durch mehrfache kürzere Aufenthalte wird außerdem die Bereitschaft der Menschen, vor allem der „eigenen" Familie, nicht überstrapaziert, sich täglich beobachten und befragen zu lassen. Wenn auch nach einiger Zeit die Anwesenheit der Ethnologin als „normal" aufgefaßt wird, hat der tägliche Umgang mit kulturellen Unterschieden dennoch Auswirkungen. Bei

---

[147] Auf den Philippinen bestand zu meiner Familie seit 1993 enger Kontakt. Feldforschung zu interethnischen Beziehungen führte ich von Februar bis April 1996, von August bis Dezember 1996 sowie von September bis November 1997 und März und April 1999 durch. Bei den Wampar verbrachte ich von August bis Mitte September 1997 die ersten sechs Wochen, um mich mit dem Ort und den Menschen vertraut zu machen. Eine sechsmonatige Feldforschung folgte von November 1999 bis März 2000.

[148] Siehe Beer 1998.

meinen wichtigsten Informanten trat eine Distanz zur eigenen Kultur und zum eigenen Alltag ein, die auch für sie nicht immer angenehme und oft anstrengende Nachdenkprozesse in Gang setzte. Meine Fragen „Warum tust du das?", „Warum tust du es so und nicht anders?" etc. lösten bei einigen Befragten beispielsweise Zweifel daran aus, ob man Dinge nicht tatsächlich lieber anders tun sollte. Sowohl durch meine Anwesenheit und mein Anderssein als auch durch Fragen ergab sich ein anderer Blick auf die eigene Kultur, auf Dinge, die sonst als selbstverständlich aufgefaßt wurden. Das Verarbeiten dieser Feldforschungserfahrungen in den Phasen der Abwesenheit schien nicht nur für die Ethnologin, sondern auch für die Untersuchten positiv zu sein. Zu den Wampar bestanden bereits sehr lange Kontakte durch die Forschungen von Hans Fischer. Insofern war auch dort durch wiederholte Feldaufenthalte eine Gewöhnung an die Anwesenheit eines Ethnologen und seine Arbeitsweise eingetreten. Die Abwechslung von Datenerhebung und Datenanalyse hat für den Forschungsprozeß darüber hinaus den Vorteil, daß sich mit dem Abstand vom Feld neue Fragen stellen und Methoden überdacht und verbessert werden können.[149]

Die während meiner Feldaufenthalte angewandten Verfahren unterschieden sich in beiden Forschungsgebieten voneinander, deshalb stelle ich sie im folgenden jeweils der Darstellung der Ergebnisse voran. In den Kapiteln 4 und 5 werden die Ergebnisse meiner Feldforschungen dargestellt. Alle Daten im Original vorzulegen – wie es eigentlich wünschenswert wäre – ist wegen des Umfangs nicht möglich. Allein Zensusaufnahmen verschiedener Jahre umfassen mehrere hundert Seiten, nicht anders ist es bei transkribierten Interviews und Texten. Einen Teil der Originaltexte oder Dokumente im Anhang anzufügen würde eine willkürliche Auswahl bedeuten. Schlüsse wurden aus der Gesamtheit der Daten gezogen. Ein Teil der Originaldaten ist publiziert, dann wird jeweils im Text darauf verwiesen: eine Auswahl der auf den Philippinen aufgenommenen Erzählungen ist (in Übersetzung) bereits erschienen[150], ebenso die von Hans Fischer aufgenommen Zensusdaten von 1971 und Erzählungen der Wampar.[151] Andere Daten, zum Beispiel die Zensusdaten 2000 aus Gabsongkeg sowie die Unterlagen der Dorfgerichtshöfe, sollen noch detaillierter ausgewertet und später publiziert werden.

---

[149] Siehe dazu auch Hirschfeld und Aman 1997: 28.
[150] Beer 1999 a.
[151] Fischer 1975, 1994.

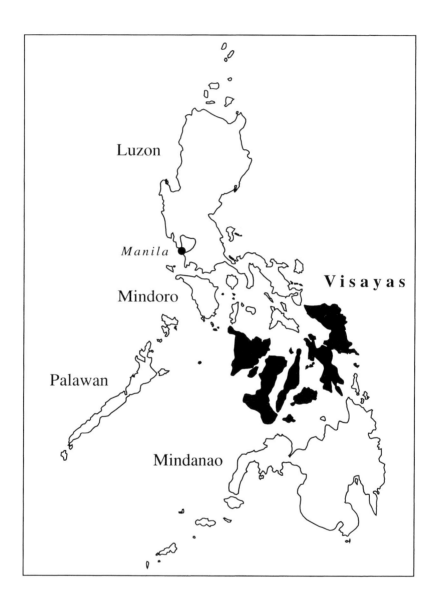

Luzon

Manila

Visayas

Mindoro

Palawan

Mindanao

Karte 1: Die Philippinen und die Lage der Visaya-Region.

4. Philippinische Ati

4.1 Einführung

Bei dem folgenden Fallbeispiel soll es um die Wahrnehmung, Bewertung und Kategorisierung körperlicher Unterschiede in interethnischen Beziehungen bei einer sich selbst als „Ati" bezeichnenden philippinischen Ethnie gehen. Sie leben als kleine Minderheit unter den Filipinos, die sich in der Visaya-Region als „Visaya" und auf Bohol als „Boholanos" bezeichnen. Die Ati werden zu den sogenannten philippinischen „Negrito" gerechnet, von denen man annimmt, daß sie die Philippinen bereits lange vor dem Kommen der Vorfahren der heutigen Filipinos bewohnten.[152] Über die frühere Lebensweise der sogenannten Negrito – vor allem in der Visaya-Region – ist nur sehr wenig bekannt. Man vermutet, daß sie früher vorwiegend Wildbeuter waren, also vom Jagen und Sammeln lebten. Spätere Einwanderer hätten Ati sowie andere „Negrito"-Gruppen aus dem Tiefland und den Küstenregionen der Inseln in die unzugänglicheren Berggebiete verdrängt, die später keine ausreichende Lebensgrundlage mehr boten. Das hat vermutlich zur Migrationen einzelner Familien und kleiner Grüppchen zurück ins Tiefland und auf andere Inseln geführt. Die Besiedlungsgeschichte und Grundlagen der Theorien über Einwanderungswellen sind jedoch alles andere als gut untersucht.

---

[152] In nach wie vor üblichen „Rasseneinteilungen" der physischen Anthropologen werden die Ati zu der „Unterrasse" der „Aëtiden" („mit Brachykephalie, breiter Nase, dicken Lippen und Tendenz zu palämongoliden Zügen") gerechnet. Zusammen mit „Andamaniden" und „Semangiden" gehören sie, laut Knußmann, zu den „Negritiden" (1996: 445). Ob diese wissenschaftlichen Rassenkonzepte überhaupt noch etwas mit der Wirklichkeit zu tun haben und welche Konsequenzen sie innerhalb der physischen Anthropologie haben, soll hier nicht diskutiert werden. Ich betrachte sie zunächst wie auch die einheimischen Vorstellungen als kulturelle Konstrukte. Dort, wo Einflüsse europäischer Wissenschaft deutlich sind, etwa frühe spanische Kategorien, die zur Klassifikation der Ati als „Negrito" führten, werde ich das anmerken. Die Spanier schrieben von philippinischen „Negrillos" und „Negros del Pais" (Blumentritt 1899: 543). Auch der Ausdruck *Negrito* kommt von dem spanischen Diminutiv von „schwarz" und stellt die äußeren Merkmale der bezeichneten Bevölkerung in den Mittelpunkt: Sie sind klein und dunkelhäutig. Die „Negrito" der Visaya-Region bezeichnen sich selbst als Ati. Diese Bezeichnung soll im Folgenden beibehalten werden. Von „Ati" schreibe ich, wenn eine Person sich selbst so bezeichnet, auch wenn sie als einer Mischehe kommt oder als Nicht-Ati mit einem/einer Ati verheiratet ist und sich dieser Gruppe stärker als ihrer Herkunftsethnie verbunden fühlt. Wird von Filipinos, Filipinas oder der philippinischen Bevölkerung (auf Ati: *Uta*) geschrieben, meine ich damit die Visaya (in Bohol: *boholanos*), die Majorität der Bevölkerung in der Visaya-Region, die sich jedoch in manchen Fällen ihrer Herkunft nach nicht von Ati aus Mischehen unterscheidet.

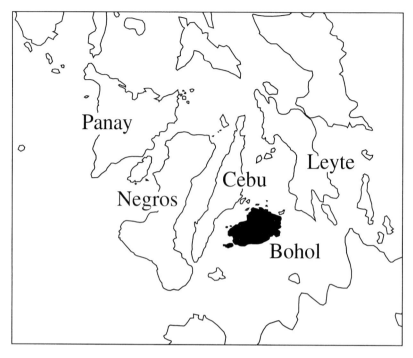

Karte 2: Die Visaya-Region.

Die heute in Bohol lebenden Ati sind Migranten, deren Herkunftsgegend die Provinz Antique auf der Insel Panay ist.[153] Migrationen der Ati aus diesem Gebiet sind schon seit Anfang des Jahrhunderts belegt. Ungefähr seit den fünfziger Jahren haben sich kleine Gruppen auf Inseln der Zentral-Visayas (Leyte, Negros, Cebu und Bohol) permanent angesiedelt, während andere Familien zwischen diesen Siedlungen hin- und herziehen. Die Ati leben heute von Gelegenheitsarbeiten und dem Verkauf von teilweise traditionellen Heilmitteln. Einige Gruppen werden hin und wieder von Hilfsorganisationen unterstützt, andere, die längere Zeit an einem Ort siedeln, bauen zur Selbstversorgung Süßkartoffeln, Gemüse und Mais an.

---

[153] Das Office for Southern Cultural Communities gibt eine Zahl von 7000 Ati für die Inseln Panay und Negros an (Office for Southern Cultural Communities 1990: i). Dabei sind vermutlich Ata (auf der Insel Negros lebende „Negritos") und Ati zusammengefaßt. Auf welcher Erhebung die Angabe beruht, ist nicht angegeben. Sie dürfte allerhöchstens einen sehr vagen Richtwert darstellen, da auch nicht klar ist, wer überhaupt als Ati gezählt wurde.

Die frühe „Negrito"-Forschung war vor allem an der „rassischen" Besonderheit dieser Bevölkerung interessiert. Durch Evolutions- und Rassentheorien des 19. Jahrhunderts beeinflußt, suchte man hier nach Vertretern einer der „ursprünglichsten" Menschentypen.[154] Aber auch in der Zeit der amerikanischen Kolonialverwaltung interessierte man sich für eine „Inventarisierung" der Bevölkerung, welche die Feststellung deren geographischer Verteilung, vor allem auch der physisch-anthropologischen Merkmale sowie kultureller Besonderheiten zum Ziel hatte. Anfang des Jahrhunderts verschickte das Bureau of Non-Christian Tribes for the Philippine Islands aus diesem Grund einen Fragebogen an Provinz-Gouverneure, Inspektoren und andere Angestellte der Kolonialverwaltung.[155]

Heute ist das Office for Southern Cultural Communities (OSCC), das für die Ati zuständige Regierungsbüro. Das OSCC verwendet ebenfalls eine „rassische" Einteilung der Bevölkerung, wie das folgende Zitat zeigt:[156]

„Going farther south to the island of Panay and nearby Negros Occidental, we could find the gentle Atis who are also of the Negrito race. They are historically known for their role in the legend of the Bornean Datus who featured in the historic 'purchase of Panay'. Like the other tribes of similar racial stock, their means of livelihood include hunting, fishing, food gathering and a little farming whenever seeds and farm implements are available. In the same island are also found the Sulods who, unlike the Atis, are not of the Negrotoid (sic) stock. Instead, they are an established mountain people of Indo-Malayan physical features." (Office for Southern Cultural Communities 1990: 4)

An diese Traditionen früherer Interessen an „Negrito", „Bergnegerlein" oder asiatischen „Pygmäen-Völkern" wollte ich nicht anknüpfen. Eine „rassische" Zu- oder Einordnung sollte in meiner Forschung keine Rolle spielen. Gegenstand waren interethnische Beziehungen, flexible Zuordnungen und situativ ausgehandelte Identitäten. Selbst die Frage, ob es „die Ati" überhaupt gibt, ließ ich offen und wollte mich, gewarnt durch neuere Strömungen in der Ethnologie, davor hüten, sie womöglich selbst zu konstruieren. Vor Ort wurde ich jedoch eines Besseren belehrt: Daß es die Ati gibt, stand für sie selbst außer Frage. Auf die Reinheit der Abstammung einzelner oder den Mischlingsstatus anderer wurde ich beharrlich hingewiesen, auch wenn ich ihn, etwa bei der Aufnahme von Genealogien, zunächst gar nicht wissen wollte. Diese Erfahrungen waren es unter anderem, die mich zu dem vorliegenden Thema hinführten.

---

[154] Etwa: Nippold 1936, Schebesta 1952-57.

[155] Beyer 1918 und 1931. Darin zur Visaya-Region und „Negrito": Abrico 1902, Altura 1917, Araneta 1917, Celeste 1917, Forteleza 1903, Maghari 1902, Masa 1902, Navarrete 1902, Reed 1903, Salazar 1902, Tarrosa 1916, Tulio 1916, Villanueva 1916.

[156] Auf die in dem Zitat angesprochene Mythe über die Datu aus Borneo bin ich an anderer Stelle ausführlich eingegangen (Beer 1999 b).

Im folgenden werden Datenerhebung und Literaturlage ausführlicher beschrieben. Danach stelle ich die verschiedenen Bevölkerungsgruppen im Untersuchungsgebiet vor und beschreibe die Bewertung und Nutzung körperlicher Unterschiede in interethnischen Beziehungen. Die Themen interethnische Ehen und Mischlingskinder werden als Teilbereich interethnischer Beziehungen ausführlicher dargestellt, da sich hier Körperkonzepte und ethnische Abgrenzungen besonders deutlich zeigen.

4.2 Datenerhebung

Während eines Feldforschungsaufenthaltes auf den Philippinen im Rahmen der Datenerhebung für meine Dissertation knüpfte ich 1993/94 erste Kontakte zu Ati in Negros (Talave bei Calatrava, Negros Occidental) und Bohol (Ubay)[157]. Die Situation für eine Forschung schien besonders günstig in Ubay, da dort mehrere Familien permanent siedelten. Sehr wichtig für stationäre ethnologische Feldforschungen ist das Leben i n der untersuchten Gemeinschaft. Während meines ersten Aufenthaltes, wie auch während aller weiterer Reisen, lebte ich im Haushalt der Familie von Alma Pineda, einer Ilonga aus Mindanao, verheiratet mit Joe Pineda, einem Ati aus Panay. Seit dem ersten Treffen 1993 hat sich in den folgenden Jahren ein enger persönlicher Kontakt zu dieser Familie entwickelt,[158] der mir die Forschung bei den Ati erheblich erleichterte.

Schwierigkeiten bei der Feldforschung und mit bestimmten Methoden der Datenerhebung sollen im folgenden ausführlicher beschrieben werden, da sie eng mit der Lebensweise der Ati, ihrer Selbsteinschätzung, ihren Vorstellungen von Fremden und Beziehungen zur Mehrheitsbevölkerung verbunden sind. Auch für die Bewertung der Daten und für die Begründung der Auswahl der angewandten Verfahren sind diese Informationen wichtig.

Die untersuchte Gruppe von Ati bestand aus zwölf permanent in Ubay lebenden Familien und neun Familien sowie einigen Einzelpersonen, die nur phasenweise (einige Wochen oder Monate) im Ort lebten. Außerdem wurden mehrere Familien in zwei weiteren Küstenorten Bohols regelmäßig besucht, oder sie kamen hin und wieder zu Besuch nach Ubay und konnten dort befragt werden. Auch Familien, die nur für wenige Wochen oder Monate vorübergehend in Ubay lebten, wurden in die Untersuchung einbezogen. Die migrierenden Ati sind als Gemeinschaft und als Ethnie ständig von der Auflösung bedroht, so schien es zumindest zunächst. Auf der anderen Seite sind die Ati sehr anpassungsfähig und die in Ubay lebende

---

[157] Der Ortsname ist zur Anonymisierung verändert worden.
[158] Siehe auch: Beer 1998, 1999 a.

Gruppe hat sich seit 1993 in ihrer Zusammensetzung beständig verändert, aber nicht aufgelöst. Durch Ehen mit Filipinos wurden einige Familien weitgehend in die Mehrheitsbevölkerung integriert. Viele Kinder aus diesen Ehen sehen sich selbst als Angehörige dieser Bevölkerung und können, legt man die Selbsteinschätzung zugrunde, nicht mehr als Ati bezeichnet werden. Die älteren Ati, die noch Heilmittel verkaufen und sich von der Mehrheitsbevölkerung deutlich unterscheiden, sind Fremden gegenüber mißtrauisch und sich ihrer marginalen Position sehr bewußt. Die meisten dieser älteren Ati haben erhebliche Alkoholprobleme. Ein erwachsener Mann ist beispielsweise durch Alkohol geistig so schwer geschädigt, daß er nicht mehr befragt werden kann. Auch eine der älteren Frauen ist Alkoholikerin und leidet an Folgekrankheiten. Hat sie nichts oder zuviel getrunken, ist sie kaum ansprechbar. Bei mäßigem Alkoholkonsum war sie für Befragungen zugänglich, sprach Texte auf Kassette und konnte wichtige Informationen geben. Bei zwei Frauen, die zwischen vierzig und fünfzig Jahren alt sind, ist es nur noch eine Frage der Zeit, bis sie in einem ähnlichen Zustand sind. Stimmungen, Reaktionen, Äußerungen und die Bereitschaft, die Arbeit zu unterstützen, sind durch diese Alkoholprobleme äußerst schwankend. Für die Feldforschung bedeutete das, dem Alkoholproblem ausreichend Beachtung zu schenken und die Situation jeweils vorsichtig einzuschätzen, da die Reaktionen durch die Auswirkungen des Alkohols und alkoholbedingter Krankheiten sehr unterschiedlich sein können. Aus diesen Gründen auf eine Forschung zu verzichten wäre jedoch falsch, denn nur durch die Untersuchung können Phasen der Desintegration einer ethnischen Minderheit und spezifische Reaktionsmuster dokumentiert werden.

Lebt man während der Feldforschung längere Zeit mit Menschen zusammen, beginnt man, immer stärker für sie Partei zu ergreifen und sich mit ihnen zu identifizieren. Es ist also kein Wunder, wenn die meisten Ethnologen die von ihnen untersuchten Gruppen positiv darstellen. Macht man im Forschungsprozeß schlechte Erfahrungen und sieht auch die negativen Seiten, so wird dies meist in individueller, persönlicher Auseinandersetzung verarbeitet. Selten sind diese Probleme Gegenstand der Darstellung. Im folgenden gehe ich auch auf Bereiche der Lebensweise der Ati ein, die negativ, zum Teil auch gesetzwidrig sind. Es ist nicht meine Absicht, die Ati in einem schlechten Licht erscheinen zu lassen, und ich finde es nach wie vor bewundernswert, wie sie sich trotz zahlreicher Schwierigkeiten und wirtschaftlicher Probleme durchs Leben kämpfen. Es wäre für eine wissenschaftliche Untersuchung jedoch falsch, diesen Bereich aus der Darstellung auszuklammern, denn er ist für die interethnischen Beziehungen zwischen Visaya und Ati von Bedeutung.

Ein wichtiges Thema und beständiges Interesse der Ati ist die Frage, wie sie andere Leute mit Tricks dazu bringen können, etwas zu kaufen, was sie gar nicht brauchen, oder ihnen während des Verkaufs möglichst geschickt Geld zu entwenden. Dieser „Betrug" (*palupos*) spielt beim Verkauf von Heilmitteln eine wichtige Rolle. Häufig glauben die Ati selbst nicht, daß ihre Mittel etwas bewirken könnten. Sie wissen, daß ihre „Medizin" etwas anderes ist als das, was sie angeben, und/oder daß einige Sorten unwirksam sind. Im besten Fall schaden sie nicht. Diskussionen über den Verkauf, den Betrug an Kunden, andere Betrügereien und Lügen sind ein fester Bestandteil des Alltagsdiskurses. Eine Begleiterscheinung dieser Überlebensstrategie ist, daß Ati annehmen jeder Fremde, mit dem sie in Kontakt kommen, versuche, sie ebenso übers Ohr zu hauen. Das Mißtrauen allen Nicht-Ati gegenüber ist sehr groß und häufig auch berechtigt. „Hilfsorganisationen" und NGOs (*Non Government Organizations*) haben schon häufiger mit falschen Versprechungen den Ati Hoffnungen gemacht, ihre Namen aufgelistet oder sie fotografiert, ohne daß diese jemals wieder von diesen Einzelpersonen oder Organisationen gehört hätten. Außerdem versuchen Visaya-Arbeitgeber immer wieder, rücksichtslos die Arbeitskraft der Ati auszunutzen, wenn sie eine Chance dazu sehen.

Um mir einen Überblick über die Anzahl der Familien und deren verwandtschaftliche Beziehungen zueinander zu verschaffen, nahm ich zu Beginn meiner Arbeit einen Zensus[159] und von allen Familien Genealogien auf. Als Einstieg war dieses Vorgehen sehr unglücklich, was ich zunächst nicht wissen konnte. Kirchen, Regierungsstellen sowie NGO's hatten zuvor ebenfalls regelmäßig Listen der Ati-Haushalte mit den Namen der jeweiligen Haushaltsvorstände angelegt. Ati verdächtigten diese Personen (in einigen Fällen zu Recht), dafür von anderer Seite Spendengelder zu erhalten, die sie nicht an die Ati weiterleiten. Die Ati meinten, je mehr Namen jemand aufschrieb, desto mehr Geld bekäme er. Trotz aller Erklärungen über meine Tätigkeit, die Ziele meiner Arbeit, die Finanzierung der Forschung etc. mutmaßten sie, ich sei eventuell doch von einer europäischen Hilfsorganisation. Da ich nun in Genealogien auch die Namen verstorbener Ati verzeichnete, hielt man mich für besonders raffiniert und meinte, ich würde auch noch für diese Personen Geld kassieren. Als mir dieser Zusammenhang deutlich wurde, war ich zunächst ärgerlich über mein unbedachtes Vorgehen und rechnete mit noch größerem Mißtrauen der Ati. Diese Sorgen waren jedoch wiederum unbegründet, denn Spekulationen darüber, wer wen wie betrügt, wer Geld hat, von dem die anderen nichts wissen, oder

---

159 Bei den Ati in Bohol wurden vier Zensus aufgenommen: 1993, 1996, 1997 und 1999. Besonderer Wert wurde auf Informationen zu Migrationen, Gruppenzuordnung, Tätigkeit, Krankheiten und Ausbildung gelegt.

wer wem Geld geliehen hat, sind fester Bestandteil des Alltagsdiskurses der Ati. Dahinter steht häufig auch Anerkennung: wer nicht versucht, sich – mit welchen Mitteln auch immer – durchzumogeln, gilt als wenig raffiniert, wenn nicht sogar dumm. Im Verlauf der Feldaufenthalte wurde den meisten Ati deutlich, wozu ich die aufgenommenen Genealogien tatsächlich brauchte.

Einige Ati vermuteten, ich würde Fotos von ihnen in Deutschland verkaufen und dafür Geld bekommen. Andere kommentierten das höhnisch: „Wer will denn schon Bilder von Affen kaufen?". Über Norma, die ihrem Aussehen nach als „typische Ati-Frau" gilt, machten sie sich lustig: „Wer kauft schon ein Bild von Norma, da muß man ja dazubezahlen, daß jemand sich das hinstellt..." Diese Witzeleien und Kommentare deuten bereits auf ein weiteres Problem hin, das schwieriger zu überwinden war als das Mißtrauen der Ati, das sich im Laufe der Zeit gegeben hat. Die Ati haben Fremden gegenüber ein ausgeprägtes Unterlegenheitsgefühl, das sich allerdings im Alkoholrausch meist in Überlegenheitsphantasien verwandelt. In der Literatur ist in Bezug auf die philippinische Mehrheitsbevölkerung immer wieder von einem *„inferiority complex"* gegenüber Amerikanern und Europäern die Rede, der stärker allerdings bei den Ati ausgeprägt ist. Zum einen hängt das mit der Abwertung ihrer Äußerlichkeit, zum anderen mit ihrer mangelhaften Ausbildung (die meisten älteren Ati können trotz Alphabetisierungsprogrammen nur mit Mühe ihren Namen schreiben) sowie mit ihrer gesamten Lebensweise zusammen. Hinzu kommt ihre ökonomische Stellung am unteren Ende einer hierarchischen Gesellschaft, die Schwächen der anderen nutzt, um den eigenen immer wieder beschworenen *„inferiority complex"* wenigstens kurzfristig zu vergessen.[160] Dieses Unterlegenheitsgefühl hängt außerdem mit dem in der philippinischen Tiefland-Kultur verwurzelten Scham- bzw. Schande-Komplex[161] zusammen, der auch das Verhalten der Ati beeinflußt.

Die Verunsicherung aufgrund dieser Gesamtsituation führte dazu, daß häufig Ängste bestanden, falsche Antworten zu geben. Jeder versuchte schon vorher zu erahnen, was wohl erwartet werde und richtig sei. Im Zweifelsfall war die Tendenz, eher gar nichts sagen zu wollen. Dies konnte

---

[160] Die Rede von den Komplexen der Filipinos, bedingt durch koloniale Tradition, ist ein feststehender Topos, der sich durch die Presse, Politik, Alltagsreden und wissenschaftliche Literatur zieht. Er wird verwendet, um beinahe alles zu erklären. Er sollte also als Ausdruck einer Überzeugung und der Selbstdarstellung verstanden und nur mit Vorsicht verwendet werden. Selbst Imelda Marcos zieht dieses Klischee in einem Interview gegenüber dem Stern heran, um zu begründen, warum sie im Luxus lebte, während es der Mehrheit der Bevölkerung schlecht ging: "Wir Filipinos lebten doch stets in einer Identitätskrise, hatten Komplexe gegenüber unseren Kolonialherren und Plünderern aus Spanien, Japan und den USA. Ich versuchte nur mein Bestes, damit wir bei Staatsbesuchen im Ausland gut dastehen. Mein pompöses Auftreten, meine tollen Kleider, der kostbare Schmuck: alles nur Maske!" (Stern Nr. 38, 1997: 234)

[161] Dazu siehe Barnett 1966; Bulatao 1964; Lawless 1966, 1969; Rafael 1988.

nur durch vorsichtiges Anpassen der Untersuchungsmethoden (etwa anfängliche Betonung der Beobachtung gegenüber der Befragung) und ausführliche Erklärungen der einzelnen Verfahren überwunden werden. Vielfach erhielt ich Informationen zuerst in „meiner Familie", zu der ein sehr enges Vertrauensverhältnis besteht. Später konnten diese Themen dann auch mit anderen Ati angesprochen werden. Häufig war nicht vorherzusehen, welche Verfahren akzeptiert wurden und welche auf Ablehnung stießen. Bei den genannten Schwierigkeiten war die Vielzahl und Unterschiedlichkeit der Methoden eine Möglichkeit, dennoch brauchbare Daten zu erhalten.

Zu Beginn der Feldforschung legte ich zu vielen Themenbereichen zunächst Listen an, um zum einen Vokabeln und Begriffe zu lernen und zum anderen erste Informationen zu sammeln. Dieses Vorgehen kam der bereits angesprochenen Problematik entgegen. Ich war die Unwissende und es war deutlich, daß die Ati Kenntnisse hatten, die sie mir nach und nach beibringen konnten. So fragte ich etwa nach allen bekannten Heilmitteln, wogegen sie verwendet, wie sie hergestellt und ob sie verkauft werden etc. Ich nahm auch eine Liste aller Krankheiten auf, welche Ursachen sie haben und was dagegen wirkt.[162] Dabei ging es zunächst um die einheimischen Bezeichnungen, Klassifikationen und Vorstellungen, die damit verbunden sind. Die nach unserem Wissenschaftsverständnis richtigen botanischen Bezeichnungen oder medizinisch korrekte Begriffe für bestimmte Krankheiten konnte ich nur teilweise ermitteln. Sie standen jedoch auch nicht im Mittelpunkt des Interesses. Diese Form der Erhebung war der beste Einstieg in das Thema des Heilmittelverkaufs und schuf Voraussetzungen für die systematische Beobachtung. Um Verkaufsvorgänge korrekt notieren zu können, mußte ich wissen, welche Heilmittel der Kunde auswählt, zu welchen er Fragen hat und welche er schließlich kauft. Während des Verkaufs wäre es zu störend gewesen jedes Mal nachzufragen.

Um Anlässe für Beschreibungen der Unterschiede zwischen Ati und Nicht-Ati sowie für Erzählungen überhaupt zu geben, legte ich mehreren Ati Fotografien vor. Es waren Fotos, auf denen Ati und Nicht-Ati sowie deren Umgebung zu sehen waren. Die Bilder hatte ich zuvor bei Reisen in Siedlungsgebiete auf anderen Inseln aufgenommen, so daß die Befragten die meisten Personen nicht kannten. Als Möglichkeit, formale Befragungen und mögliche Vorgaben durch eigene Formulierungen zu vermeiden, waren Bilder ein brauchbares Mittel. Sie provozierten spontane Äußerungen und die Beschreibungen der Fotos verdeutlichten, welche Kategorien die Be-

---

162 Weitere Listen wurden zu den Themen: angebaute Nutzpflanzen, wildwachsende Nutzpflanzen, jagdbare Tiere, Einkommensquellen, Preise und im Haushalt verwendeter Gegenstände sowie individuellem Besitz angelegt.

fragten selbst verwenden. Spontane Äußerungen machten alle, bei systematischen und gezielten Fragen zu Personen auf den Bildern sagten die Befragten jedoch lieber nichts aus Angst, eine „falsche" Antwort zu geben. Die Situation wurde ihnen deutlich unbehaglich. Damit erübrigte sich auch der Versuch, mit selbst hergestellten Zeichnungen oder Fotos aus Illustrierten Aussagen zu erhalten oder nach dem Vorbild des *Thematic Apperception Test* zu arbeiten. Am brauchbarsten waren spontane Äußerungen zu den Fotos, die noch durch keine direkte Frage oder Bitte um eine Beschreibung beeinflußt waren.

Zeichnungen waren ein Mittel, das es den Ati ermöglichte, sich zu äußern ohne den Druck, „richtige Antworten" geben zu müssen. Ich forderte Ati auf, „Ati" und „*Uta*" (Nicht-Ati) zu zeichnen.[163] Einige der Älteren meinten zunächst, sie könnten nicht zeichnen, haben es später aber dennoch versucht. Das Zeichnen war eine spielerische Art, Vorstellungen auszudrücken, an der viele Spaß hatten. Die Situation des Zeichnens und die Darstellungen waren Anlaß für Erklärungen und weitere Gespräche, die den Blickwinkel auf die eigene und die jeweils andere Gruppe verdeutlichten. Außerdem ließ ich auch in der *elementary school* Ubays Zeichnungen von Ati und Visaya anfertigen. Die Ergebnisse verdeutlichten, wodurch Bilder und Vorstellungen geprägt wurden. Viele der Schüler kopierten Darstellungen aus ihren Schulbüchern. Ergänzend dazu ließ ich in der sechsten Klasse der *elementary school* und der vierten Klasse der *high school* Aufsätze über eigene Erlebnisse und Erfahrungen mit Ati und die Unterschiede zwischen Ati und Visaya schreiben. Neben Zeichnungen von Menschen ließ ich auch Zeichnungen von Landkarten anfertigen. Die Gespräche dabei waren genauso wichtig, wenn nicht sogar wichtiger, als das Endprodukt.

---

[163] Insgesamt erhielt ich 29 Zeichnungen.

Abbildung 1: Zeichnung Visaya-Frau und Ati-Mann von Joe Pineda.

Abbildung 2: Zeichnung Ati-Frau und Visaya-Frau von Adela Pineda.

78

Im sprachlichen Bereich war die Zuordnung von Begriffen zu Personengruppen teilweise hilfreich, jedoch auch mühsam.[164] Ausgegangen war ich von der Entwicklung von Polaritätsprofilen, schnell stellte sich aber heraus, daß es in vielen Fällen keine eindeutigen Polaritäten gab und durch ihre Konstruktion Antworten zu sehr vereinfacht worden wären. Erfragt wurde daraufhin die Zuordnung von Merkmalen zu bestimmten Bevölkerungsgruppen. Deutlich wurde, welche Konzepte von unterscheidenden körperlichen und anderen Merkmalen vorherrschen.[165] Zunächst stellte ich aus den bereits vorhandenen Interviews und Texten eine Liste von Wörtern (auf Visaya) für Merkmale (z.B.: schwarz, weiß, groß, klein) und Tätigkeiten (z.B.: pflanzen, Lasten auf der Schulter tragen) zusammen, die sich auf Menschen beziehen lassen und im Alltag auf jeweils andere ethnische Gruppen angewendet werden. In einem zweiten Schritt wurde die Liste mit wenigen Informanten auf Verständlichkeit durchgegangen, um zu kontrollieren, ob es überhaupt möglich ist, die zusammengestellten Begriffe abzufragen.[166] Einige Begriffe waren darunter, die sich nicht aus den vorigen Interviews ergaben und sich auch nicht unbedingt auf Menschen bezogen (etwa: heiß – kalt, hart – weich). Ich wollte überprüfen, ob sie eventuell von unerwarteter Bedeutung sein könnten. Bei einigen ergab sich ein Zusammenhang, bei den meisten allerdings nicht.[167] Ich strich sie daraufhin aus der Liste. Außerdem wurde die Liste sowohl mit Visaya als auch mit Ati durchgegangen, die alle Begriff bewerten sollten. Ob ein Begriff positiv oder negativ belegt ist, läßt sich zwar auch aus Erzählungen und Alltagsdiskursen ableiten, jedoch nicht in allen Fällen. Die Begriffspaare wurden nicht wie in den üblichen Polaritätsprofilen als Oppositionen abgefragt. Das war insofern richtig, als erstens Oppositionen nicht immer klar feststellbar sind und zweitens das Zutreffen des positiven Begriffs (etwa „fleißig") nicht unbedingt die Abwesenheit der negativen Bewertung (etwa „faul") bedeuten muß und umgekehrt. In einem letzten Schritt wurden die Begriffe, der indigenen Einteilung ethnischer Gruppen folgend, jeweils Ati, Visaya (*Uta*), Weißen (*Putí*) und farbigen Amerikanern, bzw. Afrikanern (*Negro*) zugeordnet. Dabei wurde deutlich, daß Ati sich der Bewertungen durch die Bevölkerungsmehrheit bewußt sind, und sie zum Teil übernommen haben. Darüber hinaus notierte ich während des Abfragens der Begrif-

---

[164] Diese Befragung wurde mit fünfzehn Ati durchgeführt.

[165] Untersuchungen zu Begriffen z.B. der Hautfarbe und Rassenzuordnungen in Brasilien liegen bereits vor, siehe Sanjek 1971.

[166] Ich ging die Liste zunächst mit 8 Personen durch.

[167] Einige der Befragten wurden ärgerlich, wenn ich Adjektive bezogen auf Menschen erfragte, die offensichtlich keinen Sinn machten. Vielleicht hatten sie den Eindruck, ich wolle mich über sie lustig machen. Manche neckten mich und fragten, ob ich anfange zu spinnen oder ob mein Visaya tatsächlich so schlecht sei, daß ich nicht wisse, daß man die Wörter für „hart" und „weich" nicht auf Menschen anwende.

fe auch immer wiederkehrende Äußerungen, wie etwa „schwarz ist häßlich, aber solange jemand sich anständig benimmt, ist das auch in Ordnung". Diese Art der Befragung, auch als Anlaß für weiterführende Gespräche, eignete sich bei der Befragung schüchterner oder gehemmter Ati. Sie fühlten sich weniger überfordert, da sie nur zutreffend oder unzutreffend, gut oder schlecht antworten mußten. Wenn sie wollten, konnten sie jedoch mehr sagen. Ich habe jeweils deutlich gemacht, daß es keine richtigen oder falschen Antworten gibt. Als Ergänzung zu den obengenannten Methoden war das Verfahren wertvoll. Dennoch war vielen auch die Abfragesituation zu „formell", was Unsicherheit erzeugte und deshalb Überwindung kostete.

Die intensive Beschäftigung mit Einzelbegriffen wirkte sich wiederum auf die Bewertung und Interpretation der Interviews, Zeichnungen und Erzählungen aus. Ausdrücke, die ich für eindeutig positiv oder anerkennend hielt, waren es in Wirklichkeit nicht (etwa *bogoy*: draufgängerisch, mutig). Anderes stellte nicht unbedingt eine abwertende Äußerung dar, was ich zunächst dafür hielt (etwa *tambok:* fett). Zuordnung und Bewertung von Tätigkeiten oder Merkmalen waren entweder rigider oder weniger eindeutig als es sich aus Äußerungen in Interviews ergab.

Das freie „Geschichtenerzählen", die Aufnahme von Texten, erbrachte mehr an Informationen als zuerst angenommen.[168] Der Weg über die Sprache und Texte war allerdings langwierig, jedoch als Ergänzung zu schnellem, zielgerichteten und systematischem Nachfragen gut geeignet. Manchen fiel es leichter, eine Geschichte zu erzählen als gezielte Fragen zu beantworten. Andere mochten wiederum keine Geschichten erzählen und fühlten sich durch die Aufforderung verunsichert. Mir war wichtig, daß die Befragten das, was sie taten, gern taten. Gerade die Ablehnung der Ati, Aufforderungen nachzukommen, die sie verunsicherten oder die ihnen – aus welchen Gründen auch immer – mißfielen, war am besten mit Flexibilität zu begegnen. Joe Pineda etwa erzählte gerne Geschichten, boykottierte jedoch die Befragung von „Polaritäts"-profilen. Die Aufnahme von alten Geschichten (*karaan ng mga istoriya*) bot eine gute Möglichkeit, die Sichtweise der Ati von ihrer eigenen Geschichte und dem Zusammenleben mit Visaya bzw. Ilongo zu erfassen. Viele Erzählstoffe sind eng mit denen der Visaya verbunden, auch wenn sie teilweise abgewandelt werden. Bei der Aufnahme von Texten bot sich die Zusammenarbeit mit Joe Pineda als Hauptinformanten an. Er kannte mehr Geschichten als die anderen Ati, das Erzählen fiel ihm leicht, und er hatte Freude daran. Andere Ati kannten

---

[168] Ein Teil der aufgenommen Texte ist bereits in Übersetzung publiziert (Beer 1999 a), in dieser Publikation findet sich auch im Gesamtverzeichnis (S. 420-434) aller aufgenommenen Texte sowie verschiedener Versionen bis 1996. Weitere Witze, Sprüche, Texte und Erzählungen finden sich in ca. 300 Briefen, die ich seit 1993 aus den Philippinen bekam. Außerdem wurden 1997 und 1999 weitere, in 1999 a nicht verzeichnete, Texte aufgenommen.

entweder keine Geschichten mehr oder waren durch Unsicherheit und/oder Alkoholismus soweit eingeschränkt, daß sie diese nicht zusammenhängend wiedergeben konnten. War dies jedoch möglich, nahm ich auch von anderen Ati ergänzend Versionen und Varianten der Erzählungen auf. Die Ergebnisse trugen zum Verständnis der interethnischen Beziehungen bei und ermöglichten weitere Auswertungen zu Körpervorstellungen und Rassenkonzepten.

Interviews wurden sowohl mit Ati als auch mit Filipinas und Filipinos durchgeführt, die beruflich (Lehrer, Missionare, Ladenbesitzer), als Nachbarn oder Freunde (Klassenkameraden, Kollegen etc.) mit Ati zu tun hatten. Die meisten Interviews wurden auf Kassette aufgenommen, später transkribiert und übersetzt.[169] Neben themenzentrierten Interviews, informellen Gesprächen und Diskussionen mit Boholanos und Ati wurde ein Leitfaden-Interview mit allen Ati durchgeführt. Fragen wurden in einer vorher festgelegten Reihenfolge gestellt, jedoch nicht vorformuliert, um die Situation nicht zu formell zu gestalten, was nach allen Erfahrungen einschüchternd auf die Ati wirkt. Um Vergleichbarkeit zu erreichen, wurden Einzelthemen mit *allen* Befragten angesprochen. Die Fragen waren zunächst allgemein gehalten und sollten so wenig wie möglich vorgeben. Aus den Vorkenntnissen dieser ersten Interviews wurden später gezieltere Fragen abgeleitet und einzelne Themen immer wieder in Gruppengesprächen, in Einzelinterviews oder wenn sich im Alltag günstige Situationen boten, angesprochen. Sehr viele Informationen erhielt ich auch aus Gesprächen, die sich während der teilnehmenden Beobachtung ergaben. Es waren Äußerungen zum Verhalten anderer Leute, die Formulierung von Problemen oder direkte Reaktionen auf aktuelle Geschehnisse.

Auch die Auswertung von Schriftdokumenten war ein wichtiges Verfahren während der Feldforschung. Briefe, die ich über mehrere Jahre erhielt,[170] das Tagebuch von Alma Pineda, Anklageschriften, Zeugenaussagen und Gerichtsurteile sowie Geburtsurkunden, Grundbucheintragungen, Texte in Schulbüchern etc. lieferten reichhaltiges Material,[171] das die inter-

---

169 Es liegen von zwei Feldforschungsaufenthalten 1996 fünfzehn, 1997 sechs und 1999 fünf Kassetten (a 90 Minuten) mit Interviews, Gesprächen, Texten und Diskussionen vor. Der größte Teil aus den Jahren 1996 und 1997 ist transkribiert.

170 Vgl. „Briefe aus Bohol", Beer 1998.

171 Die zur Zeit meiner Feldaufenthalte verwendeten Schulbücher waren: Instructional Materials Corporation (IMC) Kagawaran ng Edukasyon, Kultura at Isports 1985, 1986 a, b, 1989, 1990; Instructional Materials Development Center (IMDC) Kagawaran ng Edukasyon, Kultura at Isports 1986 a, b, 1988, 1996. Zu einem Verfahren gegen einen Ati, der angeklagt war, eine Filipina vergewaltigt zu haben, liegen mir 18 schriftliche Dokumente (Anklageschrift, Zeugenaussagen, Schreiben des Verteidigers etc.) vor. Aus diesen Dokumenten waren Informationen zu Stereotypen und interethnischen Konflikten zu entnehmen. Auch unpublizierte Quellen (Formulare, Handouts, Zertifikate) von offiziellen Stellen, die für die Ati zuständig sind, wertete ich aus (siehe etwa: Office for Southern Cultural Minorities [OSCC] 1990, 1996).

ethnischen Beziehungen aus sehr unterschiedlichen Blickwinkeln beleuchtet. Dokumente wurden für die Forschung gesammelt, zu unterschiedlichen Fragestellungen ausgewertet und miteinander verglichen. So konnte etwa die Mythe über den Verkauf der Herkunftsinsel der Ati aus einem Schulbuch mit der Erzählung eines Ati verglichen werden. Die in diesen Texten enthaltenen Begründungen für die heutige Lebensweise der Ati weichen erheblich voneinander ab und verdeutlichen die unterschiedlichen Blickwinkel auf die Beziehung zwischen Ati und Visaya.[172]

Neben stärker sprachlich orientierten Verfahren hat die Beobachtung eine zentrale Rolle gespielt. Die Wahrnehmung mit allen Sinnen wurde während der Feldforschung gezielt eingesetzt. In der Ethnologie wurde bisher die Teilnehmende Beobachtung stärker betont als die systematische Beobachtung. Teilnahme war vor allem während der Anfangsphase der Feldforschung von Bedeutung. Zunächst hieß ‚Teilnahme‘ nur Anwesenheit und später weitgehende Integration in die Familie und die untersuchte Gesellschaft. Sie war in der explorativen Phase der Feldforschung gut geeignet, da nur geringe Vorkenntnisse nötig waren. Offenheit gegenüber Neuem und der Versuch, eigene Beobachtungskategorien zunächst zurückzustellen, sie aus dem durch Teilnahme Erlernten zu entwickeln, sind Vorteile der teilnehmenden Beobachtung. Nachteile liegen in der mangelnden Überprüfbarkeit der Daten, der Einzigartigkeit und damit schlechten Vergleichbarkeit der Beobachtungssituation und damit auch in der Schwierigkeit, sie zu wiederholen. Aus diesen Gründen wurde möglichst bald auch vor Ort eine Strategie zur systematischen Beobachtung entwickelt. Der durch ethnische Zugehörigkeit geprägte Verkauf von Heilpflanzen auf einem Markt wurde mit Hilfe systematischer Beobachtungen untersucht. Situation, Ort, Zeit, genaue Fragestellung, Beobachtungskategorien und Beobachtungseinheiten wurden erst im Feld festgelegt, nachdem Vertrautheit mit der Gesamtsituation bestand. Um die Beobachtung des Heilpflanzenverkaufs zu ermöglichen und Beeinflussungen durch meine Anwesenheit möglichst gering zu halten, wurden die Ati über mein Vorhaben genau informiert. Ihre Kunden dagegen wußten nicht, daß sie beim Einkauf beobachtet wurden. Ich saß in einem Friseurladen, so daß Passanten annehmen mußten, ich warte auf einen Haarschnitt. Von diesem Platz aus konnte ich verdeckt Kunden beobachten und viele Verkaufsgespräche mithören. Waren die Gespräche schwer verständlich, habe ich die Verkäuferin nachher außerdem dazu befragt. Diese Methode ist stärker theoriegeleitet, und es sind mehr Vorkenntnisse nötig.[173] Auch Themen, über die viele Ati nicht

---

[172] Vgl. Beer 1999 b.

[173] Adler und Adler 1994; Bernard 1994; Borgerhoff-Mulder und Caro 1985; Dechmann 1978; König 1973; Silvermann 1994.

gerne mit mir sprechen wollten (etwa von Ati durchgeführte Abtreibungen, Tricks beim Medizinverkauf) und die sie versuchten zu verbergen, habe ich zunächst nur durch Beobachtung und anschließendes Nachfragen entdecken können. Hatte ich erst einen Anhaltspunkt gewonnen, bekam ich später auch Antworten auf meine Fragen. Das war vor allem beim Verkauf von Heilmitteln hilfreich.

4.3 Literaturlage

Die Ati werden in der wissenschaftlichen Literatur zu den Resten einer „vormongoliden Altbevölkerung" Südostasiens gerechnet.[174] Bislang wurden die in der Visaya-Region ansässigen Ata (Negros) und Ati (Panay, Negros und in kleinen Gruppen migrierend auf Leyte, Bohol und Cebu) allerdings kaum untersucht. Von der neueren Forschung vernachlässigt sind auch die Mamanua Mindanaos.[175] Mehr und bessere Literatur gibt es über die Aeta (Ayta oder auch Ita) am Pinatubo, die verschiedenen Agta-Gruppen Nordost-Luzons sowie die Batak Palawans.[176] Gemeinsam ist diesen Ethnien, daß sie sowohl in der wissenschaftlichen Literatur als auch nach emischen Kategorien als sich „in ihrem rassischen Phänotyp, der an der Kraushaarigkeit, der dunklen Hautfarbe und dem Kleinwuchs erkennbar wird"[177] von der Mehrheitsbevölkerung unterscheiden. Darüber hinaus weisen verschiedene dieser Gruppen Reste einer wildbeuterischen Lebensweise auf.

Weder über migrierende Ati noch über die auf ihrer Herkunftsinsel Panay lebenden Ati liegen bisher ethnologische Untersuchungen vor. In einem Überblick über philippinische Ethnien heißt es etwa:

„Four ethnic communities have been identified and described in the interior foothills and remote coastal areas of Panay and Negros islands. These are the Sulod, the Magahats, the Ata, and the Ati."...„The Ata led a semi-nomadic life until they have been recently resettled in 'forest reserve.' In any case, they continue to pursue many of their traditional nomadic practices. The Ati of Panay have been reported but no detailed ethnography of their lifeways is available. Several Ati groups have been resettled in the northern coastal areas of Iloilo and in the interior towns of Antique. While beginning to pursue a more sedentary life, they continue to be seasonally mobile – hunting small games and gathering seeds and medical plants which they sell to the neighbouring christianized Bisayans, particularly the folk healers. All these ethnic communities speak a language related to the central Philippine family of languages." (Jocano, Marquez und Caguimbal 1994: 45)

---

[174] Vgl. Seitz 1998 b: 13.
[175] Maceda 1975 a, 1975 b.
[176] Zu den Pinatubo-Aeta siehe Seitz 1984, 1998 a und 1998 b; Shimizu 1989.
[177] Seitz 1998 b: 13.

Sehr viel mehr als in dem zitierten Abschnitt dargestellt, ist über die Ati bislang nicht bekannt. Bei der Literatursuche an der *De La Salle University* (Manila*), Ateneo de Manila University*, der *University of the Philippines* (Manila), *Siliman University* (Dumagete) und *San Carlos University* (Cebu City) konnten einige Artikel über die Ata (Negros) und wenige Aufsätze gefunden werden, die kurze Besuche in Siedlungen der Ati beschreiben und einen groben Überblick geben.[178] Auch ältere Quellen, zum Beispiel die von Verwaltungsbeamten Anfang des Jahrhunderts verfaßten Schriften, die ich im National Museum in Manila einsah, enthalten meist nur am Rande Angaben über die Ati.[179]

Der Mangel an Forschungen wird unter anderem durch die Vorbehalte begründet, die philippinische Wissenschaftler – Angehörige der Mehrheitsbevölkerung – gegenüber diesen Minderheiten haben. Neben einer paternalistischen Haltung, die Ati als hilflose unmündige Kinder sieht,[180] gibt es auch eine andere Einstellung, die sie für mehr oder weniger gefährlich, verlogen, schmutzig und unzivilisiert hält. Für eine „weiße" Wissenschaftlerin ein ausgesprochen unwürdiges „Forschungsobjekt". Das bestätigten mir erstaunte Fragen seitens philippinischer Ethnologen, wie ich es bei diesen Leuten denn aushalten könne. In dieser interethnischen Situation war der „ethnologische Blick" von außen ausgesprochen nützlich. Der Umgang mit Ati sowohl durch NGOs als auch durch philippinische Wissenschaftler ist bestimmt von der Annahme der biologischen und kulturellen Andersartigkeit dieser Minderheit.

Über Visaya, die Mehrheitsbevölkerung Bohols sowie der Inseln Cebu, Siquijor und der Provinz Negros Occidental, liegen – entsprechend der Einschätzung ihrer Lebensweise als interssantem und wichtigen Beitrag zur philippinischen „Nationalkultur" – zahlreiche Arbeiten auch philippinischer Wissenschaftler vor. Das Leben der Visaya wurde unter vielen verschiedenen Gesichtspunkten untersucht: Religion, Zauberei, Vorstellungen über Heilung und Medizin sowie Verwandtschaft waren bereits Gegenstand

---

[178] Bei den Ata hat Christine Rohne (1994) ein Feldforschungspraktikum durchgeführt. Auch sie hat außer den Artikeln von Fred Cadeliña (1983), Rowe Cadeliña (1973, 1974, 1980, 1988), Enrique Oración (1984, 1996), Timoteo Oración (1965), Reynolds (1974, 1976, 1983) und Robertson Reynolds (1977) keine umfangreichen Untersuchungen finden können. Die Berichte der SVD-Missionare R. Rahmann und M. Maceda stellen eine Ausnahme dar. Ihre Aufenthalte erfüllten keinesfalls die Anforderungen einer empirischen Untersuchung, es handelte sich jeweils um Reisen von wenigen Tagen. Ihre Eindrücke sind jedoch von Bedeutung, da es kaum andere Quellen gibt (Rahmann 1963, 1975; Rahmann und Maceda 1955a, 1955b, 1958, 1962, Rahmann, Maceda und Lopez 1973).

[179] Abrico 1902; Altura 1917; Araneta 1917; Forteleza 1903; Masa 1902.

[180] Eine sehr gute Beschreibung eines philippinischen Entwicklungshilfeprojektes, das diese Haltung den Ata auf der Insel Negros gegenüber zur Grundlage machte, gibt Christine Rohne in ihrem Bericht über die viermonatige Feldforschung im Projektgebiet (1994).

84

empirischer Studien.[181] In den neunziger Jahren wurde ein Forschungsprojekt zur Untersuchung der Lebensweise von „*Fishing Communities*" in den Visaya abgeschlossen.[182] Die genannten Arbeiten enthalten ausreichend Hintergrundinformationen, um die spezielle Situation der Ati auf Bohol in größere Zusammenhänge einzubetten.

Ausgegangen war ich von „ethnischen Unterschieden", die zu untersuchen seien. Im Verlauf der Forschung wurde jedoch deutlich, daß dies ohne die Einbeziehung vorhandener emischer Vorstellungen von körperlichen Unterschieden nicht sinnvoll ist. Daraus entstanden Fragestellungen der vorliegenden Studie.

4.4 Bevölkerungsgruppen und ihre Bezeichnungen

Um Kategorien verschiedener Bevölkerungsgruppen und Konzepte von körperlichen Unterschieden zwischen diesen überhaupt darstellen zu können, ist es zunächst notwendig, auf die sprachliche Situation einzugehen. In Bohol wird Visaya, eine austronesische Sprache der Zentral-Visayas, gesprochen. Die in Bohol lebenden Ati sprechen diese Sprache der Mehrheitsbevölkerung alle mehr oder weniger gut. Die Erwachsenen können außerdem Ilongo, die Sprache der Mehrheitsbevölkerung ihrer Herkunftsinsel Panay. Die meisten Ati beherrschen auch eine alte Sprache, die sie – wie auch sich selbst – als *Ati* bezeichnen (*inati* = Ati sprechen). Ati wird jedoch immer seltener verwendet. Die Kinder der meisten Familien verstehen es, sprechen Ati aber nicht mehr. In den Schulen wird vor allem Tagalog, die Nationalsprache der Philippinen, unterrichtet. Im Alltag der Kinder spielt Tagalog außer beim Sehen bestimmter Fernsehprogramme und durch die Übernahme einzelner Ausdrücke eine untergeordnete Rolle.

Ati ist mit Ilongo- und Kinaray-a-Vokabeln (eine weitere Sprache Panays) durchsetzt. Die von den Ati als „verwandt" betrachteten Ata in Negros verstehen kein Ati, mit ihnen unterhält man sich auf Visaya oder Ilongo. Ati wird vor allem dann gesprochen, wenn man sich von den *Uta* (auf Ati: alle Nicht-Ati) unverstanden unterhalten will. Somit ist die Sprache als eine Art Geheim- oder Gaunersprache lebendig in allen Bereichen, die den Verkauf von Heilmitteln sowie Magie, interethnische Beziehungen, Konflikte und Betrug betreffen. Die meisten Gespräche und Interviews führte ich auf Visaya. Durchsetzt waren die Antworten jedoch mit Ati-Ausdrücken, von denen ich die wesentlichen aus den genannten Bereichen

---

[181] Demetrio 1968, 1969; Hart 1954, 1955, 1968, 1971, 1977; Lieban 1960, 1962, 1967; Magos 1992; Tan 1987.

[182] Ushijima, Iwao und Cynthia Neri Zayas (Hg.) 1994 und 1996.

ebenfalls beherrsche. Im folgenden werde ich Ati-Wörter bei ihrer ersten Erwähnung im Text kennzeichnen, wenn sie von Visaya-Bezeichnungen abweichen.

Es stellt sich die Frage, ob es in philippinischen Sprachen so etwas wie einen „Rasse"-Begriff gibt. Dessen Existenz kann Hinweise auf die Bedeutung körperlicher Unterschiede in interethnischen Beziehungen geben, denn solche Unterschiede (tatsächlich vorhandene oder nur vermutete) werden häufig zur Konstruktion von „Rassen"-Kategorien herangezogen. Auf Visaya ist *kaliwat* die Bezeichnung, die man unter anderem mit „Rasse" übersetzen kann. Auf Ati kommt dem *surrundon* (Erbe, Rasse) am nächsten, was ich jedoch nur auf Nachfragen erfuhr. Im Alltagsdiskurs hörte ich die Ati-Bezeichnung nicht. Im allgemeinen war von *kaliwat* die Rede. Es bedeutet zunächst Erbe, Herkunft, Abstammung und Verwandtschaft.[183] Tatsächlich verwendeten Ati es jedoch teilweise synonym mit der auch im Tagalog in diesem Sinne üblichen Bezeichnung *lahí*.[184] Hermosisima gibt unter *lahí* die Umschreibung *magkaubang sa matang* (von der selben Sorte oder Art sein) und die Übersetzung *species* oder *race of people* an. Als Adjektiv verwendet bedeutet *lahi* „anders", „entgegengesetzt" oder als Verb „sich unterscheiden". *Kaliwat* bezeichnet und beschreibt einerseits Unterschiede im Sinne unterschiedlicher Herkunft, andererseits dient es als Erklärung für Verschiedenheit. Es wird etwa im Zusammenhang mit störenden Eigenschaften von einzelnen verwendet, kann aber auch auf ganze Gruppen angewendet werden. Es bezeichnet angeborene, unveränderliche Merkmale, die Verwandtengruppen und ethnische Gruppen kennzeichnen können.

Bei Nachfragen vermied ich diese Begriffe, wie auch das Englische *race*, zunächst völlig, um keine Antworten vorzugeben oder Beschreibungen nicht in eine bestimmte Richtung zu lenken. Ich fragte möglichst neutral nach verschiedenen Menschen-Gruppen oder -Arten (*klase sa tao*). Folgende Bezeichnungen nannten mir die Ati: *Pilipino, Visaya, Ilongo, Boholano, Cebuano, Uta, Tagalog, Mangayeo, Ati, Ata, Amerikano, Putí, Urungan, Negro, Insik, Hapon* und *Muslim*. Um im folgenden die jeweiligen Kategorien der verschiedenen Bevölkerungsgruppen herauszuarbeiten, sollen zunächst die Bezeichnungen und ihre Bedeutungen dargestellt werden.

Pilipino ist ein Oberbegriff, der sich ganz allgemein auf in den Philippinen geborene Menschen bezieht, er schließt die Minderheiten ein. Gemeint ist die Zugehörigkeit zur Nation (Visaya: *nasud* abgeleitet vom spanischen

---

183 Hermosisima (1966) verzeichnet in seinem Visaya-Lexikon die Bedeutung „race" nicht unter *kaliwat*, sondern unter dem Eintrag *lahí*.

184 English (1986) gibt in seinem Tagalog–Englisch–Lexikon für *lahí* drei Bedeutungen an: (1) race; people having the same ancestry (2) people; lineage; nation (3) breed; race; stock.

nacion, auf Tagalog: *bansa*). Auch wenn von *ang lahing pilipino* gesprochen wird, kann die philippinische Nation gemeint sein. Ati bezeichnen sich selbst in diesem Sinne ebenfalls als *Pilipino*. *Visaya* und *Ilongo* sind Bezeichnungen für die philippinische Mehrheitsbevölkerung auf den Inseln der Visaya-Region, die mit den Bezeichnungen für die jeweiligen Sprachen übereinstimmen. Sie können auch nach den Herkunftsinseln bezeichnet werden, wie die *Cebuanos* aus Cebu oder *Boholanos* aus Bohol. Sie alle gehören zu den *Pilipinos*, zur nationalen Einheit, die durch ständige staatliche Bemühungen gefördert wird. In Fragen wie etwa der Nationalsprache ist der philippinische Regionalismus jedoch nach wie vor sehr viel stärker als das alle verbindende Nationalgefühl. Über Chinesen (*Insik*) habe ich, selbst wenn Familien seit mehreren Generationen auf den Philippinen lebten, nicht als *Pilipinos* sprechen hören. *Insik* können demnach nicht in die philippinische Nation eingeschlossen werden. Ati sowie andere ethnische Minderheiten[185] gehören jedoch eindeutig dazu. Sowohl Ati als auch Nicht-Ati haben betont, daß sie doch alle Filipinos seien, im Gegensatz etwa zu den Amerikanern (*Amerikano* oder kurz *Kano*). In Alltagsgesprächen wurde selten von Ati selbst *Pilipino* („die Filipinos") im Gegensatz zu Ati verwendet und bedeutete in diesem Sinne die sich von ihnen unterscheidende Mehrheitsbevölkerung. Bei Nachfragen haben sich die Sprecher jedoch sofort korrigiert und gesagt, sie seien auch *Pilipino*, man habe nur in diesem Fall die Nicht-Ati gemeint.

Am häufigsten sind die Ausdrücke *Uta* oder *Mangayeo* für alle Nicht-Ati. Sie bezeichnen die sich von den Ati unterscheidende philippinische Mehrheitsbevölkerung. Vor allem *Uta* wird im Alltag ständig verwendet, wenn anwesende Visaya nicht verstehen sollen, daß über sie gesprochen wird. So sagt man etwa auf Ati beim Fahren in öffentlichen Verkehrsmitteln „*Abaw, malboro ang Uta!*"(Oh, wie der *Uta* stinkt!), oder spricht sich beim Verkauf von Heilmitteln vom Kunden unverstanden über die besten Verkaufsstrategien ab. *Uta* entspricht einer Verkehrung der Buchstaben des Visaya-Wortes *tao* (für Leute, Mensch, Mann), und man erklärte mir, vielleicht könnten die Visaya es doch verstehen. Ob es wirklich von *tao* („Mensch", „Leute") abgeleitet ist, konnte ich nicht herausfinden.

---

[185] Verschiedene Bezeichnungen für ethnische Minderheiten auf den Philippinen habe ich an anderer Stelle ausführlich erörtert (Beer 1999 a: 124-125). Zum Schimpfwort *Igorot* oder *Igor*, das man häufig zu und über Ati sagt, siehe Beer 1998: 76 und 78.

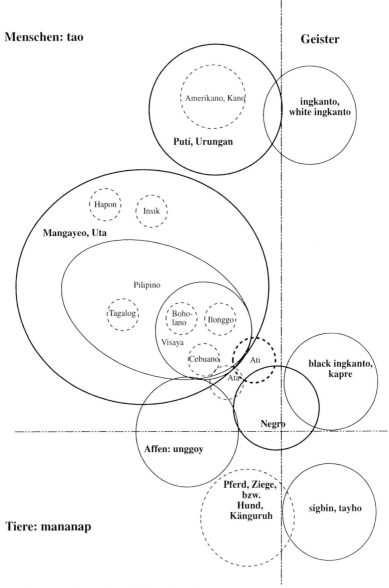

Menschen: tao

Geister

Amerikano, Kano

**ingkanto,
white ingkanto**

Putí, Urungan

Hapon

Insik

Mangayeo, Uta

Pilipino

Tagalog

Boho-
lano

Ilonggo

Visaya

Cebuano

Ati

**black ingkanto,
kapre**

Ata

Negro

Affen: unggoy

**Pferd, Ziege,
bzw.
Hund,
Känguruh**

sigbin, tayho

Tiere: mananap

Abbildung 3: Die Welt der Geister, Menschen und Tiere.

88

Wenn man befürchtet, von *Visaya* verstanden zu werden, verwendet man den Sammelbegriff *Mangayeo* für alle Nicht-Ati. Das Wort entstamme dem „tiefen Ati" (*laom nga inati*), damit sind heute kaum noch verwendete und nur noch wenigen bekannte Wörter gemeint. Im allgemeinen werden alle philippinischen Nicht-Ati als *Uta* oder *Mangayeo* bezeichnet. Aber auch Weiße (sowie Japaner oder Chinesen), die eine eigene Kategorie bilden, können im weitesten Sinne als Nicht-Ati also auch als *Uta* bezeichnet werden. Üblicher sind jedoch jeweils genauere Bezeichnungen. Weiße werden *Urungan* genannt, abgeleitet von der Ati-Bezeichnung für „Nase".

Alma: „Ja, *Urungan* sind nur *foreigner*."
Joe: „*Urungan* sind alle mit langen Nasen."
Alma: „*Urungan* das bedeutet, Deine *urung* ist – zum Beispiel..."
Bettina: „Das ist meine *urung*?"
Alma: „Ja, ja. Der Ausdruck für Nase auf Ati ist *urung*. Deshalb nennt man die Weißen *Urungan*, weil..."
Joe: „Deine Nase ist lang, *Ning*. Du hast eine lange Nase."
Alma: „Du hast eine Nase. Du bist *Urungan*. Die Ati aber haben keine Nasen ..."
Joe: „Die *Uta* sind Affen [lacht]!"[186]
Alma: „Oder sie haben nur eine sehr kleine. Deshalb, wenn Fremde eine lange haben, nennt man sie ..."
Joe: „...*Urungan*...."
Alma: „Aber sister Irmgardis [eine indonesische Nonne] ist keine *Urungan*, nur Weiße sind *Urungan*." (Alma und Joe Pineda, 17.10.1996)

Urungan sind also die „Nasen-Leute" oder „Nasen-Menschen". Wenn Ati, die ich nicht kannte, in meiner Familie zu Besuch waren, fragte man etwa: „Und wo schläft eure *Urungan*? Ist die *Urungan* schon verheiratet?" und so weiter. Die übliche Antwort war eine lachende Warnung: „Unsere *Urungan* versteht nicht nur Visaya, sondern auch viele Ati-Wörter." Parallel zu *Urungan* wird auch der Visaya-Ausdruck *Putí*, „die Weißen", verwendet. Damit können zum einen alle Bevölkerungen bezeichnet werden, die im Vergleich zu den Ati eine hellere Haut haben, also auch Visaya oder Chinesen.[187] Zum anderen, und das ist üblicher, sind Australier, Europäer und Amerikaner *Putí*. In *Amerikano* oder *German* wird nur selten unterschieden, auch wenn die Begriffe bekannt sind, da im Kontext meist klar ist, wer mit *Putí* oder *Urungan* gemeint ist. *Amerikano* kann auch allgemein für Weiße verwendet werden oder tatsächlich die Herkunft einer Person aus den USA bezeichnen. Ich kannte beispielsweise einen amerikani-

---

[186] Hier stichelt Joe zurück. Alma beleidigt ihn als Ati, indem sie sagt, Ati hätten keine Nase. Joes Antwort ist: *Uta* seien Affen, er meint damit, auch *Uta* hätten keine richtige Nase. Alma nimmt er in diesem Moment von den Ati aus, da sie sich ebenfalls von „den Ati" mit ihrer Bemerkung distanziert hat.

[187] Etwa in der Geschichte vom Verkauf der Insel Panay an Ilongo nannte Joe auch die Ilongo *mga putí* (Beer 1999 a: 60-62).

schen *Peace-Corps*-Mitarbeiter im nächsten Ort sowie einen mit einer Filipina verheirateten Deutschen, der in der Nähe der Hauptstadt wohnte. Die beiden wurden – sofern nötig – unterscheidend mit *Amerikano* und *German* bezeichnet, wenn man sich vergleichend über sie unterhielt. Im allgemeinen genügte jedoch auch hier *Putí* oder *Urungan*, da aus dem Kontext hervorging, über wen man gerade sprach. Deutlich wird, daß die Bezeichnungen für weiße Nicht-Filipinos sich sowohl auf Ati als auch auf Visaya auf körperliche Unterschiede beziehen: einmal auf die Nasenform und zum anderen auf die Hautfarbe.

Eine eigene Kategorie sind Japaner (*Hapon*), denen man auch Koreaner zuordnet. *Hapon* werden jedoch nicht mit den *Uta* und den *Insik* zu einer Kategorie der Asiaten zusammengefaßt. Sie gelten als besondere Sorte, im Aussehen noch am ehesten den *Insik* zuzuordnen. Durch Erfahrungen aus dem zweiten Weltkrieg sowie durch amerikanische Filme und japanische Touristen geprägt ist das Bild der Japaner: ihr Charakter sei von Natur aus schlecht, sie hätten keine Manieren, seien brutal, aggressiv und grausam, behandelten Frauen schlecht, seien pervers und man könne ihnen nicht trauen. Doch seien sie auch verweichlicht. Sie waren die Verlierer im Zweiten Weltkrieg und waren Filipinos und Amerikanern unterlegen. Sowohl durch den Krieg als auch durch Sextourismus geprägt, ist das Bild des Japaners fast ausschließlich männlich, und man meint auch, er sei immer auf der Suche nach Sex. Die japanischen Pärchen, die auf den Philippinen ihre Flitterwochen verbringen, bleiben für die einheimische Bevölkerung weitgehend unsichtbar, da sie sich meist nur im engen Bereich eines Beach Resorts aufhalten.

Als mit den Ati am nächsten „verwandt" aufgefaßt werden die auf der Insel Negros lebenden Ata. Sie sehen nach Aussagen der Ati ihnen sehr ähnlich, sprechen jedoch eine andere Sprache. Begegneten Ati ihnen auf ihren Reisen, sprach man mit ihnen Visaya, konnte bei den Ata wohnen und seine Habseligkeiten in Sicherheit bringen:

Joe: „Die Ata nennen die Ati ‚Igso'! [kurz für *igsoon* ‚Bruder/Schwester']"
Alma: „Igso! Wie *igsoon*, weil sie meinen, die Ati seien ihre Brüder."
Joe: „Auch die Ati denken das. [Er spricht mit verteilten Rollen, was geschieht, wenn ein Ata einem anderen Ati begegnet:]
    – ‚Ah, komm her.'
    – ‚Ich suche Arbeit, danke, Igso!'
    – ‚Komm her, ich habe Arbeit.'
    – ‚Was arbeitet ihr?'
    – ‚Wir machen Worfelkörbe und Hängematten.' "
(Alma und Joe Pineda, 17.10.1996)

Auch in anderen Untersuchungen zur Kategorien-Bildung wurde festgestellt, daß Nähe und Beziehungen zwischen Kategorien häufig mit Hilfe von Verwandtschaftstermini ausgedrückt werden.[188] Im weiteren Verlauf des Interviews beschreibt Joe Ähnlichkeiten in der Lebensweise zwischen Ati und Ata, daß sie sich gut verstünden, sich gegenseitig helfen würden und es keine Konflikte gebe. Gewiß eine idealisierte Beschreibung, welche die Nähe zueinander und Gemeinsamkeiten beider Gruppen zeigen soll. Daneben werden aber auch immer wieder körperliche Ähnlichkeiten wie Größe, krause Haare, Form des Gesichts und Hautfarbe angeführt. Wie auch Geschwister sähen sich Ati und Ata ähnlicher als Ati und nur „entfernt verwandte" Gruppen.

Eine weitere Kategorie bilden alle schwarzhäutigen Menschen: *Negro*. Manchmal wird unterschieden in *Negro taga aprika* und *taga amerika*. Die Herkunft aus Afrika oder Amerika spielt nur für die Frage von Armut und Reichtum eine Rolle, im allgemeinen ist sie jedoch bedeutungslos: Aussehen und vermutete Merkmale seien gleich. Meine Gesprächspartner verwiesen auf Ähnlichkeiten zwischen den *Negro* und den *Ati*. Man hält sie jedoch nicht wie die Ata für verwandt und ordnet sie entsprechend dem hierarchischen „Rassen"-System der Mehrheitsbevölkerung auf unterster Ebene ein. Positiv ist ihr Status, im Gegensatz zu dem der Ati, nicht belegt (siehe dazu folgenden Abschnitt). Negro besitzen alle „schlechten" körperlichen Merkmale, die den Ati zugeschrieben werden. Der einzige Unterschied: sie seien größer als die Ati. Aber auch das wird von den negativen Merkmalen überlagert. *Negro* werden in amerikanischen Filmen dargestellt, waren auch unter amerikanischen Soldaten während des zweiten Weltkriegs auf den Philippinen und spielen in philippinischen Radiosendungen eine Rolle.[189] In erster Linie aus diesen Quellen speisen sich Bilder und Überzeugungen der Ati.

Klar abgrenzbare Kategorien sind, wie im folgenden ausführlicher gezeigt wird, bezeichnet durch: *Putí* bzw. *Urungan, Mangayeo* bzw. *Uta* (im Sinne von „philippinische Nicht-Ati", die Mehrheitsbevölkerung des Tieflands) und *Negro*. Diese drei Kategorien werden als sowohl äußerlich als auch von Verhalten und Wesen voneinander verschieden angenommen. Für Ati und Ata gibt es keinen Oberbegriff wie „Negrito". Meist wird nur die Bezeichnung Ati den genannten Kategorien gegenübergestellt, ohne eine andere Bezeichnung zu verwenden.[190] Die Situation mag sich ändern, gefördert durch staatliche Organisationen (NCCA *National Commission for*

---

[188] Berlin 1992: 145.

[189] Siehe etwa die Nacherzählung eines Radio-Dramas „Über die Ehe zwischen einem Neger und einer Filipina" in: Beer 1999 a: 358-360. Danach seien *negro* gefährlich, Drogenhändler, meist AIDS-krank und „echte Sadisten" (ebd.: 359).

[190] Unter den Ati, so erzählte mir Joe, habe es auch heller- und dunkelhäutige gegeben. Früher habe man sie nach ihrem Lebensraum die dunkelhäutigen *Bukidnon* (aus den Bergen) und die hellhäutigen *Baybayanon* oder *Aminahanon* genannt.

Culture and the Arts, OSCC *Office for Southern Cultural Communities*),
die *Aeta* als Sammelbegriff für alle philippinischen als „Negrito" bezeichneten Gruppen eingeführt haben.[191] Bei den Ati Bohols ist durch Seminare
und die Mitarbeiter des OSCC ein Bewußtsein entstanden, daß auch in Luzon Gruppen leben, die mit ihnen „verwandt" seien. So sprechen sie hin
und wieder neuerdings auch von *Aeta* oder *Eta*, wenn sie Ati meinen. Die
Älteren ärgert das jedoch, da sie betonen, das sei nicht der richtige Name
der Ati. Durch die Aktivitäten von „Hilfsorganisationen" und OSCC wurde
außerdem die Eigenbezeichnung *tribo Ati* populär. Bei einer Darbietung
der Ati, am *Aetas Day* vom OSCC und einer NGO veranstaltet, zierte den
Platz ein Transparent mit der Aufschrift *AETAS TRIBE.* Was jedoch ein
tribe oder *tribo* ist, darüber bestehen meinen Interviews zufolge keine klaren Vorstellungen. Es wird am ehesten im Sinne von „Gemeinschaft" und
in Gegenüberstellung zu den Visaya als „Minderheit" verwendet.[192] Dann
merkten mehrere Gesprächspartner jedoch an, die Ati könnten gar kein
tribo (im Sinne von organisierter Gemeinschaft) sein, denn jede Familie
mache, was sie wolle, es gebe keine gemeinsamen Entscheidungen, und
keine Einigkeit in wichtigen Fragen.

Kinder aus Ehen zwischen Ati und Nicht-Ati bezeichnete man schon
früher als *kalibugan,* als „Mischlinge". Während meiner Feldforschungsaufenthalte habe ich den Begriff selten gehört – häufiger die Betonung, jemand sei *pure Ati* oder *puro nga Ati* – ein „reiner Ati". Von „Mischlingskindern" wurde je nach Situation betont, sie seien ja gar keine Ati mehr
oder „das ist mal wieder typisch Ati!". An den Genealogien ist abzulesen,
daß Vorstellungen der Mischung einerseits und der Reinheit andererseits
weitgehend Fiktion sind, da fast jeder *Uta* – wenn auch in der Groß- oder
Urgroßeltern-Generation – unter seinen Vorfahren hat. Auf die Tatsachen
kommt es jedoch in diesem Zusammenhang nicht an. Entscheidend sind
Vorstellungen und Beschreibungen von Abstammung und Körperlichkeit –
egal, ob sie mit der Wirklichkeit übereinstimmen oder nicht.

Alle genannten Gruppen werden im Gegensatz zu den *mananap* (Tieren)
zu den Menschen *tao* bzw. zur Menschheit *kataohan* gerechnet. Eine ganz
besondere Kategorie stellen jedoch Affen (*unggoy,* auf Ati: *lutong*) dar. In
Geschichten problematisiert man die Uneindeutigkeit ihrer Zuordnung zu
Mensch oder Tier. Früher, als die Ati noch in den Wäldern Panays lebten,

---

[191] Im Alltag werden Ati von *Uta* häufig als *Igorot* bezeichnet. In den Visayas ist „*Igorot*" zum
Schimpfwort geworden, mit den Konnotationen „wild, primitiv und unkultiviert". Die Ati lehnen
diese Bezeichnung ab, und nicht selten gab es Streit mit *Uta,* wenn diese sie so nannten (Interview
mit Adela Pineda, 26.10.1996).

[192] Es gibt zahlreiche Bezeichnungen, die im Verlauf der Geschichte für ethnische Minderheiten auf
den Philippinen verwendet wurden (siehe Beer 1999 a: 124, 125). Für das Alltagsverständnis der Ati
von Gruppenzugehörigkeiten sind sie jedoch von untergeordneter Bedeutung und sollen hier nicht
wieder aufgegriffen werden.

habe man Affen getötet und gegessen. Dennoch schreibt man ihnen menschliche Eigenschaften zu. Es gibt etwa eine Geschichte von einem Affen, der als Helfer eines Menschen lebte, eines Tages aus Dummheit die Hütte seines Herrn anzündete und dafür getötet wurde.[193] Der Unterschied zwischen Affe und Mensch besteht in dieser Erzählung darin, daß es dem Affen an Verstand oder Vernunft mangelt, was man jedoch auch von Kindern sagt. In einer anderen Geschichte wird der Unterschied zwischen Affe und Mensch vor allem durch die dem Affen fehlende Fähigkeit zu sprechen markiert. Er kann sich nur durch Laute und Gesten verständigen, versteht aber die Worte der Frau, die er entführt hat. Die Vorstellung eines „Art-Unterschiedes" wird in dieser Erzählung nicht gemacht, die von dem Affen vergewaltigte Frau wird schwanger und bringt ein Mischwesen zur Welt: halb Affe, halb Mensch.[194] Mensch und Tier können im Einzelfall als Freunde miteinander leben und sich, wie das Beispiel zeigt, sogar fortpflanzen. Auf der anderen Seite ist das Verhältnis auch voller Konflikte: Affen stehlen Nahrung von den Feldern und bei großer Knappheit sogar aus den Dörfern, sie bedrohen Menschen und – zumindest in der Vorstellung – könnten auch deren Frauen entführen. Ähnlich wie in interethnischen Beziehungen wird auch die Grenze zwischen Tier und Mensch hier sexualisiert und als Konkurrenz um Ehe- bzw. Fortpflanzungspartner dargestellt. Affen sind deutlich niedriger eingeordnet als Menschen, obwohl der Übergang zwischen Mensch und Tier ein gradueller ist, wie Tiergeschichten zeigen. *Unggoy* gehört zu den schlimmsten Schimpfwörtern. Es schließt einzelne oder ganze Gruppen aus der Kategorie Mensch aus. Man warnte mich immer, auch nicht im Spaß und mit vertrauten Menschen zu oder von jemandem *unggoy* zu sagen, von einer Weißen wäre es eine noch größere Herabsetzung gewesen. Scherzhaft bezeichneten sich Ati selbst jedoch häufig als *philippine unggoy* und lachten darüber, daß ich „unter Affen" lebte. Wenn ich Bananen aß, hieß es, bei mir zeigten sich auch schon erste Ähnlichkeiten mit den *philippine unggoy*.[195] Solche Witzeleien, die meist Aussehen und Verhaltensweisen zum Gegenstand haben, sind ständiger Bestandteil der Alltagsdiskurse.

Zur Welt der Geister ist die Welt der Menschen ebenfalls durchlässig. Die Vorstellungen von Menschen, die sich in jenseitige Wesen verwandeln (*wakwak*, *sigbin*, auf Ati: *sigeret*), von Totengeistern, Geistern, die Men-

---

[193] Beer 1999 a: 277, 278.

[194] Ebd.: 274-276.

[195] Auf den Philippinen gibt es eine Vielzahl an Stereotypen und immer wiederholten Sprüchen, die sich auf Armut und Unterschiede zwischen Menschen beziehen. Ironisch bezeichnet man die eigene Nipa-Hütte, durch die der Wind hindurchgeht, als „*our aircon*". Bezüglich der hohen Geburtenrate heißt es bei jeder Gelegenheit „*no family planning – family planting*". In diese Reihe gehört auch der Spruch „*philippine unggoy*" wann immer jemand eine Banane ißt.

schen helfen oder schaden können (*ingkanto*), und von Zauberern bzw. Heilern (*mananambal, herbolario, hilot*) und Hexen (*buyagan*), die gegen ihren Willen übermenschliche Fähigkeiten und Eigenschaften haben, teilen Ati und Visaya heute weitgehend. Frühere Vorstellungen zum Beispiel von Geistern der Verstorbenen oder Naturgeistern lassen sich kaum mehr rekonstruieren. Wie Tier- und Menschenwelt sind auch die Welt der Geister und die der Menschen nicht klar voneinander abgegrenzt: Es gibt Geister, die nur in menschlicher Gestalt erscheinen, etwa die *ingkanto*, und es gibt Menschen, die sich des Nachts in Geister verwandeln (etwa die *wakwak*). Das Aussehen und dessen Bewertung innerhalb der Geisterwelt ist dem der menschlichen Welt nachempfunden: Es gibt gutartige weiße *ingkanto*, die reich und großzügig sind, es gibt schwarze und böse Wesen, die Menschen entführen und nie wieder freigeben. Die Geisterwelt überschneidet sich aber auch mit der Tierwelt, da einige Geister fliegen können wie Vögel und Fledermäuse oder zum Beispiel als einem Känguruh ähnlich (*sigbin*) beschrieben werden. Wie auch die Affen begehren Geister Menschen, verlieben sich in sie und versuchen, sie zu entführen. Manche Menschen bekommen so einen weißen *ingkanto* als mächtigen Helfer oder Helferin, andere können aus der Welt der Geister nie wieder in die menschliche zurückkehren. Wieder andere, vor allem Männer aber auch Frauen, werden von *wakwak* (auf Tagalog: *aswang*) entführt, gefangengehalten und sexuell ausgebeutet, geradezu ausgesogen.[196] Die Welten der Geister und der Menschen weisen also Überschneidungen auf und die Grenze zwischen ihnen ist ebenfalls sexualisiert.

Was meinen Ati, wie sich körperlich voneinander unterscheidende Menschen entstanden sind? Entstehungsgeschichten gibt es mehrere. Beispielsweise die dem in der Schule herrschenden philippinischen Diskurs entstammende Mythe, die durch Schulbücher weitergegeben wird. Adela, eine Schwiegertochter Joes, schrieb sie 1997 für mich auf.[197] Danach hat Gott die Menschen aus Lehm gebacken. Der erste Versuch mißlang: Er ließ sie nicht lange genug im Ofen, und sie blieben weiß. Der zweite Versuch mißlang ebenfalls: Gott ließ die Figuren zu lange im Ofen, und sie wurden schwarz. Erst beim dritten Mal schuf er den Menschen, der genau richtig war – den Filipino mit seiner ganz besonderen Hautfarbe, die auf Tagalog als *kayumanggi* (braun) oder *kayumangging-kaligatan* (hellbraun) bezeich-

---

[196] Siehe ausführlich zur Geisterwelt und ihren menschlichen Entsprechungen Beer 1999 a: Kapitel 6 und 7.

[197] Beer 1999 a: 343. Die Schulbuch-Version fand ich in Instructional Materials Corporation 1985: 190-192 unter dem Titel: *Kayumanggi: Sariling kulay natin. Tamang tama lamang.* („*Kayumanggi* (braun): unsere eigene Hautfarbe. Gerade genau richtig"). Vgl. aber auch einen älteren Beleg für eine ähnliche Erzählung in: Hart und Hart 1966 b: 313, die Geschichte der Schöpfung von „Russen, Amerikanern und Chinesen" ist dort leider nicht wiedergegeben.

net wird. Diese Vokabel bezieht sich nur auf die Hautfarbe und nicht auf Brauntöne anderer Dinge.

1. Alin ang buhok ng maraming Pilipino?

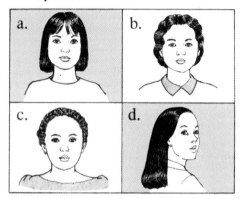

2. Alin ang kulay ng balat ng maraming Pilipino?

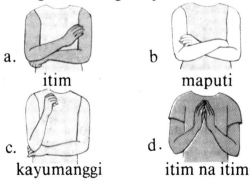

a. itim

b maputi

c. kayumanggi

d. itim na itim

Abbildung 4: Haarbeschaffenheit und Hautfarbe im Schulunterricht. Die Kinder sollen ankreuzen, „1. Welches ist das Haar der meisten Filipinos?" und „2. Welches ist die Hautfarbe der meisten Filipinos" (Instructional Materials Corporation [IMC] Kagawaran ng Edukasyon, Kultura at Isports 1989: 18)

Abbildung 5: Titel: „Wir sind Filipinos". Anschließend an die vorige Abbildung wird
die hier wiedergegebene gezeigt, mit dem Text: „Egal welche Hautfarbe
wir haben, egal wie unser Gesicht aussieht, laßt uns stolz sein, daß wir
Filipinos sind." (Instructional Materials Corporation [IMC] Kagawaran
ng Edukasyon, Kultura at Isports 1989: 20)

Almas zweitjüngster Sohn kam eines Tages nach Hause und beschwerte
sich, man habe zu ihm gesagt er und seine Geschwister seien „verbrannt".
Sie seien keine richtigen Menschen, sondern gehörten in den Abfall. Obwohl die Geschichte erst im Lesebuch der vierten Klasse steht, ist der Text
so weit verbreitet, daß auch jüngere Schüler ihn schon kennen.[198]

---

[198] Klaus E. Müller führt eine Erzählung über einen ganz ähnlich mißglückten Schöpfungsversuch für
die Seminolen in Florida an, die meinen, der „rote Mensch" sei ein ihrem Ahnherrn geglücktes
Meisterstück, das ihm weit besser gefiel als die mißlungenen schwarzen und weißen Menschen, die

Parallel gibt es auch Vorstellungen der Ati selbst über die Entstehung der Menschheit, die nicht von einer einmaligen Schöpfung, sondern eher von einem zeitlichen Nacheinander ausgehen. Es handelt sich dabei nicht um eine kohärente Erzählung, die weitergegeben wird, sondern um Einschätzungen, die sich in vielen Alltagssituationen, Gesprächen und Bewertungen von Menschen ausdrücken. Danach seien die Ati ursprünglichere Menschen als alle anderen. Deshalb seien sie auch stärker, nicht verweichlicht, zäh und könnten überall überleben. Sie seien an Körperkraft und Zeugungsfähigkeit überlegen, widerstandsfähiger gegen Krankheiten und „natürlicher". Die „Alten", die Vorfahren der heutigen Ati, seien mächtige Zauberer gewesen, die von allen Menschen gefürchtet wurden. Sie hätten Unglaubliches gekonnt: ganze Dörfer mit Krankheiten bedrohen, Dinge verwandeln oder Menschen durch die Luft fliegen lassen.[199] Die natürliche Schönheit der Ati-Frau brauchte kein Make-up, keinen Schmuck, keine neue Kleidung. Voller Verachtung wird auf verfettete, ewig um ihre Hautfarbe besorgte, faule und wenig leistungsfähige philippinische Frauen hingewiesen. Eine Weiter- oder Höherentwicklung etwa im technischen Bereich geht nach dieser Einschätzung einher mit einer Degeneration in anderen Bereichen: etwa in Hinsicht auf Schönheit, männliche Potenz und Zeugungskraft, Gebärfähigkeit der Frauen, magische Fähigkeiten und Überlebensfähigkeit.

4.5 Körperliche Unterschiede, ihre Bewertung und Nutzung

Lebensweise und Sprache der Ati unterscheiden sich nach wie vor von der Mehrheitsbevölkerung. Gleichzeitig sind Werte und Normen stark von der sie umgebenden Kultur geprägt. Unterschiedliche Vorstellungen existieren innerhalb der Gruppe. Sogar innerhalb der Konzepte, die Individuen haben, bestehen widersprüchliche Annahmen und Überzeugungen nebeneinander. Körperkonzepte der Ati lassen sich ohne die der Mehrheitsbevölkerung nicht verstehen. Häufig schwanken Einschätzungen je nach Situation zwischen Über- und Unterlegenheitsgefühlen und sogar einander entgegengesetzten Vorstellungen, Äußerungen und Verhaltensweisen.

In der philippinischen Gesellschaft spielt das Aussehen eine herausragende Rolle. Schönheitswettbewerbe, Kommentare zu Aussehen und Klei-

---

er jedoch ebenfalls am Leben ließ. Müller hat die Variante aus Dundes (1962: 259 f.): „Washington Irving's version of the Seminole origin of races." In: Ethnohistory 9: 257-264. und aus Sturtevant (1963: 80 ff.): „Seminole myths of the origin of races." In: Ethnohistory 10: 80-86. Wie diese Geschichte auf die Philippinen gelangte, ob sie dort eine eigene Tradition hat etc. kann nicht geklärt werden.

[199] Siehe dazu Beer 1999 a, vor allem die „Geschichten von früher" (Kapitel 4 und 5).

dung, Bewertung des Aussehens von Kindern, alltägliche Hervorhebung körperlicher Merkmale über alle anderen und eine Vielfalt an Angeboten von *Manikuristas, Beauticians, Parlor Shops*, Schönheits- und Hautkliniken vermitteln diesen ersten Eindruck. Harold Isaacs schreibt:

„Among Filipinos, for example, there is an almost obsessive preoccupation with color and physical characteristics. It appears in almost every aspect of everyday family life, in dating and mating, in the raising of children, and at every point of contact between people of varying groups and kinds in the population."...„Bits of evidence suggest the presence long ago of high value on light skin color among the brown-skinned Malay peoples from whom the modern Filipinos are derived. This is now laced into a fine and complex mesh, into all the ways Filipinos have of perceiving their ethnic and cultural mixes – their Malay, Chinese, Spanish, and American layerings – and the ways in which these get expressed in their regionalisms, social relations, languages, religion, national consciousness, and political style." (1967: 363)

Bei Sonnenschein zur Mittagszeit geht eine Filipina, die etwas auf sich hält, nicht ohne Sonnenschirm auf die Straße. Nicht aus Angst vor einem Sonnenstich, sondern um auf keinen Fall ihre vornehme Blässe zu verlieren. In Ubay sah man vor allem die Lehrerinnen mittags sich mit einem Schirm vor der Sonne schützend aus der Schule kommen. Während meiner Feldforschungen beklagten viele Filipinas den Verlust meiner „schönen" weißen Hautfarbe. Eine empirische Untersuchung über ethnische Stereotypen an 120 Tagalog-Schulkindern und ihren Eltern zeigte, daß mit großer Übereinstimmung körperliche Merkmale genannt wurden: Chinesen haben Schlitzaugen und seien hellhäutig, hellhäutig seien auch die Tagalog – Ilokanos dagegen seien dunkel, Japaner hellhäutig und schlitzäugig. Das wichtigste Merkmal der Amerikaner, das an erster Stelle rangiert, ist ihre helle Hautfarbe. Vor allem bei Kindern jüngerer Altersgruppen spielen physische Merkmale in der Differenzierung von ethnischen Gruppen eine wichtige Rolle, bei ihnen bestand die höchste Einigkeit in den Befragungen.[200]

Bei systematischer Untersuchung wird deutlich, daß das Thema Aussehen und Schönheit eine hervorragende Stellung in den Medien und in Alltagsdiskursen einnimmt. Demnach ist es nicht erstaunlich, daß auch ethnische Unterschiede in erster Linie als Unterschiede in Aussehen und Körperlichkeit aufgefaßt und ausgedrückt werden. Körperlichkeit wird dabei meist zu anderen Merkmalen und Verhaltensweisen in Beziehung gesetzt. So wird etwa angenommen, daß man sogenannte *buyagan* (Hexen) an ihrem Aussehen erkennt. Ihre Lippen seien dunkelgefärbt und auch die Zunge soll dunkel bis schwarz sein. Diese in der Mehrheitsbevölkerung verbreiteten Bewertungen und Vorstellungen wirken sich auch auf die Ati

---

[200] Pablo und Gardner 1987: 337 ff.

aus. Was als schön und häßlich gilt, und welche körperlichen Merkmale als unterscheidend angenommen werden, ist kulturell geprägt.[201] Als unterscheidende Merkmale der Ati gegenüber der Mehrheitsbevölkerung gelten, daß sie klein, sehr dunkelhäutig und kraushaarig sind. Durch die Betonung dieser Merkmale haben Ati die Möglichkeit, eine Kategorisierung, der schwer (bzw. gar nicht) zu entgehen ist, zu ihren Gunsten einzusetzen und zu nutzen.[202]

Äußere Unterschiede spielen sowohl in Hinblick auf den Körper, als auch bei der Bewertung von Kleidung eine Rolle. Der symbolische Gegensatz zwischen Weiß und Schwarz, der sich nicht nur auf die Hautfarbe beziehen muß, ist dabei sehr wichtig. Vor allem bei der armen Landbevölkerung hebt ein sauberes (sorgfältig glattgepreßtes, möglichst sogar gebügeltes) weißes T-Shirt das Prestige erheblich. Weiß steht für Sauberkeit: saubere Häuser, saubere Arbeit und damit Reichtum. Viele Probleme und Konflikte der Ati mit Filipinos lassen sich nicht nur auf ihre ethnische Zugehörigkeit zurückführen, sondern sind in den Gegensätzen zwischen Arm und Reich begründet, die sich überall auf den Philippinen ausdrücken. In Erzählungen der Ati spielt es eine besondere Rolle, woher die Hauptpersonen stammen, wo sie leben, welcher ethnischen Herkunft sie sind und wie sie aussehen. Zu den wichtigsten Merkmale gehören Reichtum und Armut. Meist fallen die genannten Merkmale zusammen: Reich ist gleichbedeutend mit hellhäutig und schön, arm mit der Herkunft aus einer abgelegenen Provinz und einer der ethnischen Minderheiten. Körperliche Unterschiede sind also eingebunden in einen ganzen Komplex sozialer Unterschiede. Der Reiz vieler dieser Geschichten besteht dann in der Umkehrung der Verhältnisse und den damit verbundenen Hoffnungen: Der Arme kann durch ein Wunder, sein Geschick oder andere Umstände reich werden.[203]

Die wichtigsten körperlichen Merkmale, denen von der Mehrheitsbevölkerung eine besondere Bedeutung zugesprochen wird, sind: Beschaffenheit des Haares, Hautfarbe, Körpergröße und die Form der Nase. Das euroamerikanische Aussehen gilt dabei als Ideal. Daneben spielen aber auch nationale Überlegenheitsgefühle eine Rolle, die sich auf das Aussehen beziehen, etwa die Schönheit der Farbe *kayumanggi*, wie sie am Beispiel der Schöpfungsgeschichte bereits dargestellt wurde. Asiaten wird auch ein angenehmerer Körpergeruch nachgesagt. Viel von beiden Extremen der Bewertung

---

[201] Es scheint unterscheidende Merkmale zu geben, die in besonders vielen Gesellschaften betont werden, dazu gehören Hautfarbe, Körpergröße und Form bzw. Größe der Nase.

[202] Auch Versuche, das Aussehen zu verändern, sind mir bekannt. So nutzten einige Ati beispielsweise das auf den Philippinen große Angebot an Bleichmitteln und versuchten damit ihre Haut aufzuhellen.

[203] Beer 1999 a: 293 ff.

körperlicher Unterschiede, dem Minderwertigkeitskomplex bzw. dem Glauben an die eigene Überlegenheit, findet sich auch bei den Ati wieder. Im folgenden soll zunächst auf die Auffassung eingegangen werden, die Ati seien anderen Menschen überlegen. Danach werde ich die entgegengesetzte Position darstellen. Beide sind in diesem Text aus Gründen der Übersichtlichkeit voneinander getrennt aufgeführt, in der Realität wechseln sie sich jedoch ab.

Ati nehmen an, daß sie sich grundsätzlich von anderen Menschen aufgrund ihrer Abstammung und Herkunft unterscheiden. Sie beschreiben jedoch auch, daß die ethnische Zugehörigkeit heute nicht immer sicher am Aussehen zu erkennen sei. Sprache und Lebensweise bieten ebenfalls keine Garantie mehr. So beschrieb Joe etwa in einer Erzählung, daß er einen Ati in Mindanao traf, den er nicht sofort als solchen erkannte. Er sah nicht nur wie ein *Uta* aus, er war auch reich. Der andere jedoch fragte Joe nach seiner Herkunft, und sie stellten ihre gemeinsame Abstammung fest.[204] Grundlegend für die Vorstellung der Überlegenheit der Ati anderen Menschen gegenüber ist die Bewertung des Blutes. Kinder aus Mischehen sehen laut Einschätzung der meisten Ati ihrem Ati-Elternteil ähnlicher als den *Uta*. Zurückgeführt wird diese Stärke des „Ati-Erbes" oder der Ati - „Rasse" auf die Stärke des Blutes. Das Blut, das der Mensch erbt, bestimmt sein Aussehen, teilweise sein Verhalten und seine Zugehörigkeit. Polding fragte ich etwa, warum er seine Söhne und Enkel als Ati bezeichnet, obwohl sie weder wie Ati aussehen noch wie Ati leben. Er antwortete darauf, jeder wisse, daß sie Ati-Blut hätten und das sei schließlich entscheidend.[205] Verhalten und Gefühle – vor allem die, wie man meint, unter Ati besonders starke Eifersucht – werden auf das Blut zurückgeführt. „Es ist eben sein Ati-Blut" ist eine häufig zu hörende Begründung für Verhalten. Erbe, Abstammung und Blut (*kaliwat* und *dugô*) werden hier häufig synonym verwendet.

Die meisten Eigenschaften der Ati, meint man, änderten sich nicht grundsätzlich. Sie sind nach indigenen Auffassungen nicht erlernt, sondern angeboren. Ich fragte bezüglich der vier wichtigsten Bevölkerungsgruppen (*Ati*, *Uta*, *Putí* und *Negro*) bei dreizehn Personen jeweils 140 typische Merkmale ab. Für jede Gruppe werde ich im folgenden die aus der Sicht der Ati zutreffenden Merkmale, unterschieden nach ihrer Bewertung und der Auffassung darüber, ob sie angeboren oder erlernt sind, aufführen und im Anschluß jeweils kommentieren. Nur eine Eigenschaft nannten die befragten Ati für alle Bevölkerungsgruppen: Neid oder den Wunsch, etwas zu

---

[204] Ebd.: 60 ff.

[205] Für Jamaika beschrieb Jack Alexander ebenfalls Blut als den Bestandteil des Körpers, der die, in manchen Fällen sogar unsichtbare, Abstammung enthält (1977: 419). Blut und Aussehen in Bezug auf die rassische Zuordnung waren auch dort entscheidend für die kulturelle Definition von „Rasse".

besitzen, was ein anderer Mensch hat. Neidisch zu sein wird also als Universalie angenommen und in jedem Fall auch als etwas dem Menschen Angeborenes, Unüberwindliches angesehen.

Zunächst zu den Merkmalen der Ati, wie sie von ihnen selbst beschrieben werden. Zusammenfassen kann man diejenigen Merkmale, die sich aus der Armut der Ati ableiten lassen und nicht als unveränderliche Eigenschaft angesehen werden: Ati sind schlecht gekleidet, gehen häufig barfuß, sind von der Arbeit müde und erschöpft, durch ihre Lebensweise häufig krank, und ungebildet, weil sie nur kurz zur Schule gegangen sind oder kein Geld haben, um etwa das Leben in der Stadt besser kennenzulernen. Die Begriffe *ignorante* oder auf Ilongo *manol* bezeichnen vor allem die Unbedarftheit des „Hinterwäldlers vom Lande", desjenigen, der noch nie im Kino war, nie in einem Restaurant gegessen hat und nicht weiß, was eine Rolltreppe ist, etc.[206] Auch diese Eigenschaft ist jedoch veränderbar, und oft hörte ich Eltern sagen, es sei gut, daß ihre Kinder dieses oder jenes kennenlernten, damit sie später nicht so *manol* seien wie ihre eigenen Eltern. Auch, daß Ati sich selbst nicht für religiös halten, ist eine Eigenschaft, die näherer Erklärung bedarf. Um materielle Hilfe zu bekommen, besuchen einige Familien sowohl die Gottesdienste protestantischer Sekten als auch die der katholischen Kirche – zumindest bei wichtigen Anlässen. Man betont, das sei kein wirkliches Problem, denn glauben könne man, was man wolle, und die Kirche habe keine große Bedeutung. Religiosität, wie sie etwa bei älteren Visaya-Frauen als innerliche wichtige Kraft und positive menschliche Eigenschaft angesehen wird, sei den Ati ohnehin fremd. Diese Überzeugung einer ihnen fehlenden beinahe schon angeborenen Eigenschaft änderte sich jedoch mit dem zunehmenden religiösen Eifer, den Charito, eine der Ati-Frauen, an den Tag legte. Sie ging zur Beichte, betete bei vielen Gelegenheiten Rosenkränze und besuchte die Kirche sehr häufig. Einige meinten, vielleicht sei Religiosität einigen Ati-Frauen auch möglich, wenn sie das entsprechende Alter erreicht haben. Insgesamt wurde jedoch beschrieben, daß man eigentlich nicht begreifen könne, was für ein „Gefühl" dahinter stehe.

In der Gruppe der situationsabhängig positiv oder negativ bewerteten Eigenschaften wird ein Komplex aufgeführt, der zunächst widersprüchlich wirkt: Die Ati beschreiben sich selbst sowohl als von Natur aus mutig, frech, draufgängerisch, schamlos und verlogen, aber auch als feige, schüchtern, gehemmt und ängstlich. Hingewiesen wird jeweils auf Individuen, die mit ihren persönlichen Eigenschaften ganz besonders den einen oder anderen „Typ" verkörpern. Joann, Joes jüngste Tochter aus erster Ehe, war etwa zu schüchtern mit Fremden zu sprechen, sie versteckte sich, wenn

---

[206] Siehe dazu auch Beer 1999 a: 218 ff.

Besuch kam, schämte sich auf den Markt zu gehen, und auch ich brauchte mehrere Jahre, bis ich mich mit ihr ungezwungen unterhalten konnte. Carlos, ein Ati, der für sich eine Führerrolle unter den Ati beansprucht, ist der entsprechende Gegensatz: Er schlägt sich, ist gerissen, nutzt seinen Vorteil, lügt jeden an, ohne daß man es ihm anmerkt. Im Umgang mit Fremden, etwa amerikanischen Missionaren, ist er selbstbewußt und aggressiv, wenn es die Situation erfordert jedoch unterwürfig, freundlich und bescheiden. Nicht ganz zufällig sind die Ati in den hier angeführten Beispielen männlich und weiblich. Die beschriebenen Verhaltensmuster entsprechen auch den Idealen von männlichem und weiblichem Verhalten in der Mehrheitsbevölkerung. Allerdings gibt es bei den Ati Frauen, die sich durchaus verhalten wie Carlos und damit dem vorherrschenden Ideal nicht entsprechen, deren Verhalten von den Ati aber akzeptiert wird. Beide Verhaltenskomplexe existieren auch innerhalb einer Person, was mit dem bereits erwähnten Problem des übermäßigen Alkoholkonsums zusammenhängen könnte: Ein nüchterner Ati kann sich durchaus wie Joann verhalten, ein betrunkener gleicht eher Carlos.[207] Positiv werden die Merkmale des „aggressiven Typs" im Umgang mit den *Uta* bewertet: Nur wer so ist, kann erfolgreich Medizin verkaufen, Leute übers Ohr hauen und überleben. Innerhalb der Gruppe der Ati wirken sie sich jedoch zerstörerisch auf Ehen, Familien, soziale Beziehungen zu Nachbarn und Freundschaften aus. Insgesamt überwiegt die Vorstellung, die Ati seien aufgrund ihres Charakters eher furchtlos, draufgängerisch und geschickt im Lügen.

Weitere von den Ati aufgezählte positiv bewertete Verhaltensweisen sind Tätigkeiten, die für die Arbeit und Identität der Ati typisch sind: das Tragen von schweren Lasten auf dem Kopf (*galokdo*) oder über der Schulter (*pas-an*) sowie die Jagd, die heute zwar kaum noch eine wirtschaftliche Bedeutung, aber einen großen Wert für Identität und Selbstbewußtsein hat. Sie gilt als Spaß, als besonders schöne Beschäftigung in der Freizeit und manchmal wird einem Ati, der viel jagt statt Lohnarbeit zu verrichten oder Medizin zu verkaufen, das auch als Müßiggang vorgeworfen. Denn Reis bekommt man nur, wenn man auch Geld verdient. Andere positive Eigenschaften sind solche, von denen man meint, sie lägen den Ati im Blut. Je „reiner" die Abstammung eines Ati, desto mehr habe er davon. Ati seien stark, und von Natur aus eigentlich gesünder als andere Menschen, außerdem seien sie natürlich, ihr Verhalten nicht gekünstelt, sie seien direkt und zeigten Wut oder Freude ohne viel Zurückhaltung. Aufgrund dieser „Ursprünglichkeit" und Naturnähe hätten sie auch zu Geistern und höheren Kräften engere Beziehungen als die *Uta*. In der Zeichnung von Eme Pineda zeigt sich dieses positive Selbstbild der Ati (siehe Abbildung 6).

---

[207] Zu Konflikten, Aggression und Alkohol siehe auch Beer 1998: 102 ff.

Abbildung 6: Zeichnung eines Ati von Eme Pineda.

Eine weitere positive Eigenschaft der Ati sei, daß sie besonders gewitzt und clever seien. Ihre Tricks könnten sie an andere weitergeben, die sie erlernen, aber die echte Cleverness eines Ati sei nicht vermittelbar. Unter den negativ bewerteten Eigenschaften steht zwar auch „dumm", was sich aber eher auf die Intelligenz bezieht, die man nach allgemeiner Auffassung in der Schule braucht, oder auch, um gesellschaftlich aufzusteigen und sein Leben zu verbessern. Nichtseßhaftigkeit wird häufig als eine den Ati „im Blut liegende" Eigenschaft dargestellt. Man könne sie ihnen nicht aberziehen, obwohl es mittlerweile viele interethnische Ehepaare gibt, die seßhaft viele Jahre an einem Ort leben.

Zu den nicht angeborenen negativen Eigenschaften gehören auch die rot/schwarzen Zähne vom Betelkauen sowie das Betelkauen selbst. Dabei handelt es sich um eine kulturelle Praxis, die in der Mehrheitsbevölkerung nicht vorkommt, allerdings von den mit Ati verheirateten *Uta* teilweise übernommen wurde. Da Betelkauen auch Zahnfleisch und Zähne färbt, ist es von größerer Sichtbarkeit als andere kulturelle Praktiken bzw. Unterschiede. Die Adjektive dreckig, laut, dumm, streitsüchtig, verschwenderisch, lasterhaft, nicht-seßhaft und eifersüchtig wurden dagegen in den Bereich der unveränderlichen Merkmale gezählt. Bei der Frage nach Körpergeruch stand allerdings meist Unsauberkeit im Vordergrund. Nur von *Uta* wurde geäußert, die Ati hätten einen strengen Geruch, der sie aufgrund ihrer Herkunft von anderen Filipinos unterscheiden würde. Geruch in all seinen Facetten spielt auf jeden Fall eine Rolle, muß jedoch noch eingehender untersucht werden. Gerüche von Seife, Shampoo, Parfum und Körperpuder werden etwa als uneingeschränkt positiv aufgefaßt, so daß die Geruchsfrage auch eine von Reichtum und Armut ist.[208] Innerhalb der Gruppe der Ati kennt man aber auch individuelle Körpergerüche, die nichts mit der Gruppenzugehörigkeit zu tun haben. So wurde Adela etwa als stärker nach Schweiß riechend als andere Frauen beschrieben. Ein anderes Ati-Mädchen hat den Spitznamen *kabog* (Fledermaus), da ihr Schweißgeruch an den schlechten Geruch dieser Tiere erinnere.

Eifersucht gilt bei den Ati als angeboren, denn es gebe keinen Ati, der nicht überaus eifersüchtig sei. Bei *Uta* käme Eifersucht wohl auch vor und bei Weißen eventuell auch, aber nur hin und wieder. Dasselbe Argument gilt für die Spiel- und Alkoholleidenschaft, wobei letztere wesentlich wichtiger ist. Der Unterschied in der Häufigkeit wird von den Ati als Beweis der Unveränderbarkeit und Erblichkeit angeführt. Die äußerlich sichtbaren körperlichen Merkmale sind ansonsten sehr eindeutig: Ati haben flache Nasen, sind klein, dunkelhäutig, kraushaarig, haben dunkle Lippen und breite Füße – kurz, sie seien häßlich. Es gibt jedoch auch gegenteilige Meinungen, die beim Erfragen von Stereotypen nicht deutlich werden. So meint man beispielsweise, die Ati hätten, bevor sie sich mit anderen vermischten, lange und keine platten Nasen gehabt. Sie seien ausgesprochene Schönheiten gewesen. Meist werden einzelne Personen, die auch heute noch als *black beauty* gelten, als Beispiele angeführt (siehe Abbildung 8). Sie sähen heute noch aus wie die „echten" Ati. Die Verbreitung der Stereotypen, die im Fall der Ati zum großen Teil und sehr viel dominanter als die der Mehrheitsbevölkerung sind, heißt jedoch nicht, daß sie in allen Situationen übernommen werden. Es sind verallgemeinernde Zuordnungen, die bekannt sind und benannt werden können, aber im Einzelfall das Verhalten nicht steuern müssen. Andere Ideale und die Verklärung von Schönheit und Körperlichkeit der Ati gibt es gleichzeitig. Danach sei die Haut ebenmäßiger, von einem schönen Schwarz, der Körper kräftiger und muskulöser und die Gesichter der Frauen mit ihren runden Augen und der gewölbten Stirn sehr hübsch.

---

[208] Systematische Erhebungen zu Gerüchen wurden begonnen und sollen der Publikation einer vergleichenden Untersuchung zu Geruch und Sinneswahrnehmungen vorbehalten bleiben.

Abbildung 7: Ati-Mädchen mit „typischen" Gesichtern.

Abbildung 8: Ein nach einheimischer Auffassung gutaussehender Ati.

Die dunklen Lippen der Ati stellen wiederum ein Zeichen dar, das auf magische Fähigkeiten verweist und insofern für ihre Haupteinnahmequelle von Bedeutung ist. Unter den *Uta* gilt die Regel, Menschen mit dunklen Lippen seien Hexen oder mindestens Menschen, mit denen man sich nicht einlassen dürfe. Selbst in Manila hörte ich solche Äußerungen. Als ich Freunden Fotos von Informanten zeigte, wiesen sie mich auf eine Person hin, die besonders dunkle Lippen hatte, und warnten mich vor ihrem schlechten Charakter. Die Ati sind somit im lokalen Symbolsystem nicht nur durch ihre angenommene vorchristliche, ursprüngliche, naturhafte Herkunft als Heiler bzw. Hexen hervorgehoben, sondern auch durch körperliche Merkmale.

Die Merkmale der *Uta* ergeben insgesamt ein positiveres Bild, wobei deutlich wird, daß einzelne den Ati angelastete negative Merkmale und Verhaltensweisen von den Ati auch für sie genannt werden und somit keine unterscheidenden Merkmale sind. Zunächst sind diejenigen zu nennen, die aufgrund der meist besseren wirtschaftlichen Situation der Visaya im Vergleich mit den Ati zustande kommen. Die Ati betonen die folgenden Merkmale: Visaya sind wohlhabend, besitzen also Uhren, Schuhe, gute Kleidung, sind gesünder (aufgrund der Lebensweise), wohlriechend und mit weißen Zähnen. Sie haben eine bessere Ausbildung. Allerdings seien einige auch verfettet, was als nicht besonders attraktiv gilt.

Angeboren dagegen meint man, seien eine höhere Intelligenz (wenn auch nicht bei allen, wie man betone), ihr besseres Aussehen, die glatten Haare und die Tendenz, sich an einem Ort niederzulassen und nicht wie die Ati umherzuziehen. Die Religiosität der Visaya wird einerseits als positiv bezeichnet, da sie einen Wert an sich darstellt. Als ausgesprochen negativ wurde dagegen beurteilt, daß die Doppelmoral groß, der Glaube in vieler Hinsicht nur „*show*" sei. Immer wieder beschrieben mir Ati, daß Visaya am Sonntag nur in die Kirche gingen, um ihre Kleider vorzuführen, daß sie, wenn es wirklich wichtig wäre, nicht helfen würden, obwohl doch das in der Kirche gepredigt werde. Außerdem hätten sie genau wie alle anderen Menschen viele Laster und versündigten sich häufig.

Abbildung 9: Zeichnung eines Visaya-Mannes und eines Ati-Mannes von Judy Pineda.

Abbildung 10: Zeichnung einer Visaya-Frau und eines Ati-Mannes von Antonette Suda-
ria.

Die Eigenschaft, mutig zu sein, wird von den Ati, anders als bei ihnen selbst, bezüglich der *Uta* eindeutig als negativ gewertet. Gemeint ist, daß *Uta* in einem Streit nie klein beigeben und den Ati sehr aggressiv entgegentreten. Religiosität und gekünsteltes, affektiertes Verhalten, die Einhaltung von Kleidervorschriften, Beachtung sozialer Hierarchien und die „Falschheit" sieht man als unveränderliche Merkmale der Visaya. Negativ bewertet wurde auch, daß Visaya-Frauen sich schminken, weil sie eigentlich häßlich und weil sie affektiert seien, und es ihnen nur auf ihre Wirkung nach außen ankäme. Natürliche und „echte" Schönheit wird eher den Ati zugeordnet. Auch Visaya schreibt man an körperlichen Merkmalen zu, daß sie klein, dunkelhäutig und plattnasig seien, was als wenig attraktiv gilt. In die Bewertung der Merkmale und Verhaltensweisen (sie nutzen andere aus, seien frech und unverschämt, stolz und ehrgeizig) fließen eigene Erfahrungen mit der Mehrheitsbevölkerung ein. Stolz wurde im Sinne von Hochnäsigkeit beschrieben, manchmal übersähen sie die Ati einfach, bei anderen Gelegenheiten versuchten sie jedoch, sie auszunutzen.

Streit- und Verschwendungssucht, Eifersucht, Alkoholismus, Gerissenheit und Spielleidenschaft werden im Gegensatz zu den Ati bei den Visaya als überwindbare Fehler aufgefaßt, da sie nicht so häufig und unvermeidlich auftreten. Es gibt auch Ati-Familien, die seßhaft leben, Anbau betreiben und weniger „schlechte" Merkmale aufweisen. Gibt es jedoch auch nur einen Vorfall, der angeblich typisches Verhalten erkennen läßt, heißt es, da käme das Ati-Erbe zum Vorschein. Veränderungen und Wandel der Lebensweise werden also nur als dünne Oberfläche über einer grundsätzlich anderen Natur verstanden.

Die meisten der in den Befragungen angegebenen sichtbaren Merkmale von Ati und *Uta* wurden auch in den dreißig Zeichnungen deutlich, die Ati für mich anfertigten. Die Merkmale der Ati und *Uta*, die diskutiert wurden, beziehen sich auf Gruppen, mit deren Angehörigen schon lange und dauernd reger Kontakt besteht. Häufig ist gar nicht genau zu unterscheiden, wer eigentlich Ati oder *Uta* ist, und Zuordnungen geschehen situativ. Anders dagegen die Zuordnungen von Merkmalen und deren Bewertung bei Weißen und Schwarzen, bei *Putí* und *Negro*. Vor allem weiße Touristen sind auf den Philippinen sichtbar, allerdings bestehen nur selten direkte Beziehungen und nur wenige Ati haben persönliche Erfahrungen mit ihnen gemacht. Sehr viel eindeutiger fallen alle sich auf *Putí* und *Negro* beziehenden Stereotypen aus. Es gib weniger Ambivalenzen und sehr klare Urteile. Die positiven Eigenschaften der Weißen überwiegen die negativen, und Schwarze haben nach Ansicht der Ati überhaupt keine positiven Eigenschaften.

Als „weiße" Ethnologin Fragen zur Bewertung von Weißen zu stellen, ist schwierig. Dennoch wurden nach längeren wiederholten Feldaufenthalten auch immer kritischere Äußerungen über „die Weißen" gemacht. Zu diesem Zeitpunkt hatte man mir eine Sonderrolle zugewiesen, die mich außerhalb dieser Kategorie stellte und unbefangen Diskussionen möglich machte. Allerdings war das Mithören von Alltagskonversation von Anfang an am aufschlußreichsten, um wenig gefilterte Aussagen und Bewertungen kennenzulernen. Weißen ordnet man zunächst alle relevanten guten Merkmale zu. Ihre einzige Schwäche scheint in der menschlichen Universalie des Neides zu bestehen. Interessant ist, daß in puncto Geruch Uneinigkeit herrscht. Duft und Wohlgeruch bedeutet auch hier, wie schon bei den *Uta*, eher die Attribute des Reichtums (Seife, Parfum etc.). Die Wertung „übelriechend" bezieht sich auf empirische Erfahrungen mit schwitzenden weißen Touristen, deren Körpergeruch man als sich von dem der Filipinos unterschieden auffaßt. Allerdings war man sich bezüglich der Körpergerüche nie ganz sicher, ob nun doch alle Menschen, abgesehen von Parfum und Seife, gleich oder je nach Herkunft oder auch Persönlichkeit unterschiedlich röchen.

Eines Tages fragte mich Alma mit einem langen Seufzer: „Ach, warum sind eigentlich alle Weißen schön?" Ich zählte daraufhin einige Weiße auf, denen wir in der Stadt begegnet waren, und fragte zurück, ob sie die denn tatsächlich alle schön fände. Die Antwort war ein entschiedenes „Nein". Schönheit darf in diesem Kontext also nicht wörtlich genommen werden. Sie bezeichnet eher den Reichtum, das Glück der Weißen, in einem Land mit besseren wirtschaftlichen Möglichkeiten zu leben. Auch das auffälligste Merkmal, die weiße Haut, wird an sich nicht unbedingt positiv bewertet. Fragt man systematisch nach Bewertungen und Zuordnungen von Merkmalen, wird geantwortet, weiße Haut sei schön, und es ist auch eindeutig, wer als „weiß" gilt. In ganz alltäglichen Gesprächen wurde jedoch deutlich, daß man etwa die Sichtbarkeit der Adern unter weißer Haut und den generellen Eindruck der Ungleichmäßigkeit nicht schön findet. Gerötete Haut, blaue Flecken, Unreinheiten, hervortretende Adern oder dunkle Körperbehaarung auf heller Haut sieht man überdeutlich, und das gilt als häßlich. Insofern zeigen systematische Befragungen häufig nur e i n Ideal, das neben anderen Vorstellungen besteht, die oft nur zufällig und durch Teilnahme am Alltag deutlich werden.

Genau entgegengesetzt dem des Weißen ist das Bild des *Negro*. Außer der Körpergröße und der finanziellen Möglichkeit von Afroamerikanern, Kleidung, Schuhe und Statussymbole, wie etwa eine Uhr, zu erwerben, haben die *Negro* keinerlei gute Merkmale. Bei ihnen ist man sich sicher, daß sie (von Natur aus) stinken, überhaupt keine Manieren haben, wild und eifersüchtig sind. Man hält sie sogar für gefährlich und verrückt, Merkmale, die für Mitglieder der anderen Menschengruppen nicht genannt wurden. Ihr Äußeres sei ganz und gar abstoßend und alle ihnen zugeordneten Merkmale werden als unveränderlich und bei allen Angehörigen dieser Kategorie auftretend angenommen. Keines der körperlichen Merkmale, ausgenommen die Körpergröße, gilt als positiv. An negativen Körpermerkmalen werden vor allem Hautfarbe, platte Nasen, zu große und dunkle Lippen, unnatürlich runde und große Augen genannt. Charaktereigenschaften seien unveränderlich: Negro lügen, stehlen, geben an und sind schamlos. Ich fragte etwa ergänzend, was passiere, wenn ein Weißer oder ein Filipino ein Kind von afrikanischen Eltern aufziehen würde. Die übereinstimmende Antwort war, daß man das auf keinen Fall riskieren solle, denn all die vermuteten Merkmale kämen früher oder später zum Vorschein. Bei ganz kleinen Babies würde man sie wohl noch nicht bemerken, aber wenn jeweils die entsprechenden Entwicklungsstadien erreicht seien, kämen sie unweigerlich zum Vorschein.

Interessant waren die Reaktionen sowohl von Ati als auch von Visaya, als ein junger kenianischer Adventist zusammen mit zwei Koreanern eine Zeitlang in Ubay wohnte. Nach einem sehr kurzen Englischkurs in Manila sollten sie ein Jahr lang von Haus zu Haus gehen und mit den Leuten in der Provinz die Bibel diskutieren. Einer der Koreaner erzählte mir, er wolle auf den Philippinen vor allem eine Frau finden, der Kenianer, er erhoffe sich dort ein anschließendes Studium. Beide sprachen nahezu unverständliches Englisch, der Kenianer allerdings besser als die Koreaner, und alle kannten nur wenige Wörter Visaya. Sie wurden zum Gespött der Leute vor allem auf der Straße. Besuchten sie einen Haushalt, ließ man sie ins Haus und fühlte sich verpflichtet, einen Anstrich von Höflichkeit beizubehalten. Eine andere Möglichkeit bestand darin, sich schnell zu verstecken, die Türen zu schließen und auf Rufe nicht zu reagieren, um die Besucher nicht einlassen zu müssen.

Am Markt rief man ihnen etwa zu: „Kommt doch her und setzt Euch auf Eure Eier!“ Die Männer deuteten mit Gesten, die beiden sollten sich setzen. Taten sie es dann, wollte man sich vor Lachen ausschütten. Auf diesem Niveau gab es viele Späße. Die Ati beteiligten sich nicht daran. Ihnen waren die Fremden suspekt, aber sie versuchten eher, ihnen auszuweichen. Joe war eine Ausnahme. Er ging zu dem Kenianer hin und wollte ihm bedeuten, daß sie die gleiche Hautfarbe hätten, daß sie ähnlich seien und „Freunde“ sein könnten. Da Joe kein Englisch kann, konnten sie sich allerdings nicht verständigen. Joe berichtete mir, daß die anderen Leute den *Negro* fürchterlich geärgert hätten, und er hatte Mitleid. Eines Tages gab er dem Koreaner[209] und dem Kenianer, als sie in unser Haus kamen, ein gro-

---

209 Erst beim Schreiben wird mir klar, daß nie jemand die drei nach ihren Namen fragte. Sie „hießen“ *Negro* und *Koreano*. Von den Koreanern war der eine relativ groß, so daß die beiden auch zu unterscheiden waren. Daß man diese Fremden nur *Negro* und *Koreano* nannte, war so selbstverständlich, daß auch ich nie nach den Namen fragte, obwohl ich mit ihnen häufiger zu tun hatte.

ßes Bündel Bananen, von denen sie sofort eine ganze Menge aßen. Joe meinte, sie bekämen wohl nicht genug zu essen, müßten sehr hungrig sein und hatte wieder Mitleid mit ihnen. Wirklich wütend wurde er allerdings, als einer der Koreaner eines Tages in seiner Abwesenheit ins Haus kam.[210] Ähnlichkeiten in der Hautfarbe zwischen Afrikanern und Ati werden durchaus festgestellt, dennoch herrscht das gängige negative Image vor.

Bei der Charakterisierung von Ati, Visaya, Weißen und Schwarzen wurde deutlich, daß, je weniger Interaktion besteht und je weiter weg die entsprechende Gruppe ist, die Urteile umso eindeutiger waren. Sehr viel mehr Merkmale wurden bei Weißen und Schwarzen als unveränderlich und angeboren eingestuft.

Die Nutzung körperlicher Unterschiede spielt für die Ati vor allem beim Verkauf von Medizin (*tambal*), zum anderen für die Möglichkeit, staatliche oder kirchliche Hilfsmaßnahmen in Anspruch zu nehmen, eine Rolle. Zunächst zur wichtigsten Einnahmequelle. Es gibt drei verschiedene Möglichkeiten des Verkaufs von Medizin: den Verkauf auf dem Markt, den Verkauf von Haus zu Haus sowie den Verkauf an Nachbarn, Freunde oder Bekannte. Auch unter den Visaya gibt es eine Reihe an traditionellen Heilern/Zauberern (*mananambal*, *tambalan*), Spezialisten für Vergiftungen (*tawalan*) und Masseure (*hilot*), die Medizin und Heilung anbieten. Die angebotenen Mittel und Praktiken von Visaya- und Ati-Heilern überschneiden sich teilweise. Es gibt jedoch auch Unterschiede: Visaya-Heiler haben ein zentrales Erlebnis mit Geistern gehabt, ein Büchlein mit Gebeten gefunden oder von einem anderen Menschen ihre Fähigkeiten und Kenntnisse übertragen bekommen, während die Ati ihre Fähigkeiten auf ihre Abstammung zurückführen und sich dadurch legitimieren. Ihre Fähigkeiten seien angeboren und ererbt sowie für andere nicht erlernbar. Die Ati werden von Visaya außerdem eher bei Problemen aufgesucht, die als besonders „heikel" gelten und bei denen man sich Verschwiegenheit erhofft, etwa wenn es um Liebesmagie, Schadenszauber, die Abwendung von Schadenszauber oder Verhütung bzw. Abtreibung geht. Daß die Ati als außerhalb der eigenen sozialen Ordnung stehend angesehen werden, macht es vermutlich leichter, sie wegen solcher Probleme aufzusuchen. Außerdem gilt ihr Wissen als älter, man hält sie zwar für etwas zwielichtig, aber ihre Praktiken auch für wirksamer.

Um erfolgreich zu verkaufen, nehmen Ati-Frauen am liebsten diejenigen unter ihren Kindern mit, die besonders gut dem Klischee des Negrito entsprechen. Gehen Frauen ohne Kinder, dann tun sich meist diejenigen, die nicht typisch aussehen, mit denjenigen zusammen, die einen „echten" Eindruck machen. Vor allem Visaya-Frauen von Ati-Männern, die viele Tricks

---

[210] Siehe dazu eine Geschichte von Alma in: Beer 1999 a: 403.

des Verkaufs kennen, sind auf die Hilfe der sich äußerlich unterscheidenden Ati-Frauen angewiesen.

Vor dem fremdartigen Aussehen einiger Ati, wie überhaupt vor Menschen, die dunkelhäutig sind oder beispielsweise dunkle Lippen haben und vom „Normalen" abweichen, hat man auf den Philippinen eher Angst. Diese ohnehin vorhandene Konsequenz körperlicher Unterschiede und der Bedeutungen, die man ihnen beimißt, wird von den Ati noch geschürt, indem Ati Geschichten von der Wirksamkeit ihres Schadenszaubers und von Verwünschungen erzählen. Das schüchtert die Kunden beim Verkauf weiter ein. Selbst wenn Ati sie offensichtlich betrogen haben, versuchen Kunden in den meisten Fällen nicht, die Schuldigen ausfindig zu machen.[211] Diese Angst wird beim Verkauf genutzt und dient auch als Schutz vor Übergriffen der *Uta*; man ist sich ihrer bewußt:

Bettina: „Wie sind die Beziehungen zwischen Ati und Visaya?"
Adela: „Die Visaya haben Angst vor den Aetas."
Bettina: „Ja?! – Warum?"
Adela: „Weil sie denken, sie seien wirklich Zauberer. Auch wegen der anderen Tradition der Ati. Sieh hier, niemand kann nachts hier herumlaufen. Sie haben Angst vor den Aeta, weil sie Pfeil und Bogen haben. Die Leute haben mir das erzählt."
Alma: „Ich habe auch immer wieder gehört, daß sie Angst haben vor den Ati." (Interview mit Adela, am 26.10.1996)

In einem anderen Interview erklärte mir Alma,[212] daß manche Ati auch die Leute einschüchtern würden, die ihre Medizin nicht kaufen wollten. Ati deuten dann an, daß sie nicht nur heilen, sondern, wenn sie sehr wütend sind, auch schaden könnten. Obwohl ihre Kunden zum großen Teil ebenso arm sind wie die Ati, können sie auf diese Weise selbst an ihnen verdienen. Haben Kunden überhaupt kein Geld, geben sie Reis, Hühner, Schmuck oder Kleidung.

Wenn es um die (seltene) Verteilung von Hilfsgütern durch das staatliche Büro des OSCC oder kirchliche Organisationen geht, kann das Aussehen ebenfalls von Bedeutung sein. Die Nonnen der katholischen Kirche am Ort kennen die Ati-Familien und haben deren Einteilung übernommen, wer als Ati gilt und wer nicht. Beim OSCC sind einmal alle Ati aufgrund ihrer ethnischen Zugehörigkeit registriert worden, die gerne registriert werden wollten. Mehrere Familien, in denen ein Elternteil entfernt von einem Ati abstammt, haben sich selbst dazugerechnet, obwohl sie tatsächlich mit der Gruppe der Ati kaum mehr etwas zu tun haben. Sowohl die Kirche als auch das OSCC führt besonders gerne „echt" aussehende Ati vor, sobald Besu-

---

211 Medizinverkauf und Betrug habe ich an anderer Stelle ausführlicher beschrieben (1998, 1999 a).
212 Alma Pineda, 20.02.1996.

cher von außerhalb kommen, von denen man sich Geld oder Sachspenden erhofft.

Wichtiger wurde die Betonung körperlicher Unterschiede durch den Einfluß zweier Sekten. Die eine hieß „*Save the tribes international Mission*" und sollte eine NGO sein. Nachdem der selbst ernannte Pastor und Leiter dieser Gruppierung als Schwindler und (angeblich) pädophiler Homosexueller „entlarvt" worden und aus Tagbilaran vertrieben worden war, blieb jedoch ein Amerikaner zurück, mit dem ersterer eine Zeitlang zusammengearbeitet hatte. John Dunnigton ist Vertreter der *Pentecostals*, die auf den Philippinen zur Gruppe der *Born Again* gezählt werden. Von beiden Organisationen wurden die Ati fotografiert, und es wurden auch Bilder mit nackten Ati-Kindern gestellt, da die Erwachsenen sich weigerten, sich nur spärlich oder unbekleidet ablichten zu lassen. Zum Sammeln von Geld- und Sachspenden in Amerika sollten diese Bilder verwendet werden. Das Aussehen von „reinrassigen Negrito" war dafür besonders gefragt. Die Ati erhielten jedoch von beiden Organisationen nur verschwindend wenig von den Spenden. Gefestigt wurde durch diese Helfer die bevorzugte Stellung der „reinen", das heißt „echt" aussehenden Ati. Bei der Einwerbung und Verteilung von Spenden standen sie im Mittelpunkt.

4.6 Interethnische Ehen, sexuelle Beziehungen und Mischlinge

Für ethnische Grenzen und die Konstruktion und Auffassung von „Rassen" sind Ehen und sexuelle Beziehungen insofern von Interesse, als sie Grenzen überschreiten und in Frage stellen können oder sie eventuell sogar auflösen. Im Fall der Ati werden eine sich unterscheidende Lebensweise sowie Zuordnungen zu Ati und Visaya sowohl von den Ati als auch von der Mehrheitsbevölkerung noch aufrechterhalten, obwohl interethnische Ehen[213] schon immer vorkamen und nach wie vor sehr häufig sind. Eine interethnische Ehe bedeutet jedoch nicht, daß das Paar sich zwangsläufig in seiner Lebensweise der Mehrheitsbevölkerung anpaßt. Es gibt viele Fälle, in denen Visaya sich der Gemeinschaft und Lebensweise ihres Ati-Ehepartners anschließen. Von 31 Ehen werden nur in acht Fällen beide Partner als Ati angesehen. Die restlichen 23 sind Ehen zwischen Ati und Visaya.[214]

---

[213] Manche Ati sind kirchlich getraut. Ich spreche im folgenden dann von „Ehe", wenn das Paar zusammenlebt und -wirtschaftet sowie von der Gemeinschaft als Ehepaar angesehen wird. Den nur wenige Wochen dauernden Versuch der Jugendlichen Kalbo und Louisa (beide Ati) zusammenzuleben, der von Eltern und allen anderen nicht ernst genommen wurde, zähle ich nicht zu den Ehen.

[214] In bestimmten Situationen, wenn es etwa darum geht, Papiere zu bekommen oder an Veranstaltungen der staatlichen Minderheitenorganisation teilzunehmen, kann die Zuordnung auch bei Visaya-Ehepartnern anders ausfallen, selbst wenn beide Elternteile als Visaya galten. Im Alltag und in den

Davon ist in fünfzehn Fällen der Ehemann Ati und in acht Fällen die Ehefrau. Ati-Ati Paare leben alle ausschließlich vom Verkauf von Heilmitteln und Gelegenheitsarbeiten. In den interethnischen Ehen kommen andere Möglichkeiten hinzu, den Lebensunterhalt zu verdienen:

- sieben Männer verdienen einen Teil des Lebensunterhalts mit Fischfang. Fünf davon sind Ati-Männer, die Visaya-Frauen geheiratet haben, und mit Visaya zusammen fischen. In einem Fall ergänzt die Visaya-, in einem zweiten die Ati-Ehefrau das Einkommen durch gelegentlichen Heilmittelverkauf und Zauberei. Erstere versorgt außerdem Vieh und baut Bananen sowie Gemüse für den Eigenbedarf an.
- Eine Visaya-Frau hat von ihren Eltern in Bohol Land geerbt. Nachdem die Eheleute zunächst ausschließlich vom Heilmittelverkauf lebten, haben sie sich später als Reisbauern in Bohol niedergelassen. Eine verheiratete Tochter lebt am selben Ort ebenfalls vom Anbau. Joe und Alma haben von einer wohlhabenden Landbesitzerin Land zur Nutzung überlassen bekommen. Sie produzieren Kopra und bauen Bananen, Süßkartoffeln, Kassava und Gemüse für den Eigenbedarf und teilweise zum Verkauf an.
- In einem Fall ernährte der Visaya-Ehemann die Familie durch seine Tätigkeit als Krankenwagenfahrer. Seine Ati-Frau hat in jüngeren Jahren Heilmittel verkauft, was sie wegen Alkoholismus, Krankheit und Alter aufgeben mußte.

In allen restlichen Fällen wird das Haushaltseinkommen in erster Linie durch den Heilmittelverkauf bestritten und hin und wieder durch Gelegenheitsarbeiten des Mannes ergänzt. Das erklärt vermutlich auch, warum Visaya-Frauen entgegen dem Ideal für Frauen, „nach oben" zu heiraten, mit Ati-Männern zusammenleben. Sie haben in diesen Ehen die Möglichkeit, Geld zu verdienen und relativ selbständig zu sein. Das wurde zum Teil auch von den Frauen selbst als ein Grund angegeben. Weitere Gründe waren, daß sie um jeden Preis von zu Hause weg wollten, daß sie schon eine gescheiterte Ehe hinter sich hatten oder den Partner besonders attraktiv fanden. Eventuell spielt es auch eine Rolle, daß bezogen auf Ati-Männer deren Andersartigkeit positiver bewertet wird als die der Frauen. Das Stereotyp des starken, gefährlichen, ursprünglichen und naturnahen Ati paßt zum in der Mehrheitsbevölkerung verbreiteten Bild von Männlichkeit. Also haben vom Status her unterlegene Ati-Männer andere positive Merkmale, die dieses Defizit ausgleichen. Was Roger Bastide über Südamerika schreibt, trifft tendenziell auch auf die Philippinen zu: Menschen werden

---

üblichen sozialen Beziehungen ist die Zuordnung dieser Personen ihrer Herkunft nach jedoch eindeutig.

nach ihrer Hautfarbe klassifiziert und zu ihnen werden unterschiedliche Beziehungen aufgenommen:

„South Americans are deeply branded by Catholicism. Sin occupies a larger place in South American literature than in European. A distinction is always made between a white woman, the object of legitimate courtship and marriage who is worshiped like the Holy Virgin and the colored woman, the mistress who is an object of pleasure. A woman of color is considered to be a person of sheer voluptuousness." (Bastide 1967: 318)

Häufig wird von Ati selbst auch als Erklärung angegeben, sie hätten eben einen besonders starken Liebeszauber und schon deshalb würden Verbindungen zustande kommen, die andere nicht für möglich hielten. Die meisten mit Ati verheirateten Visaya kommen aus der ärmsten Bevölkerungsschicht. Sie besitzen kein Land, haben keine abgeschlossene Schulbildung und so kaum Möglichkeiten, Geld zu verdienen. Die Eröffnung neuer Verdienstmöglichkeiten erklärt nicht nur die Partnerwahl der Visaya, die in eine vom Status her untergeordnete Gruppe heiraten, sondern auch, warum der hohe Anteil interethnischer Ehen nicht zum immer wieder prophezeiten „Aussterben" der Ati geführt hat. Tatsächlich ist die biologische Andersartigkeit und die Abstammung aller Mitglieder nicht in erster Linie für das Fortbestehen der Gruppe wichtig, entscheidender ist die Lebensweise. Das widerspricht allerdings der Ideologie von den ererbten, der Mehrheitsbevölkerung überlegenen magischen Fähigkeiten. Ich hörte auch nie ein Bedauern oder Befürchtungen der Ati selbst, daß die Ati als Einheit sich auflösen könnten. Interethnische Ehen werden neutral bewertet, allerdings wünschen die meisten Eltern für ihre Kinder keine Ati-Ehepartner wegen der angeblich übergroßen angeborenen Eifersucht. Auch diese wird jedoch nach den gemachten Ausführungen verständlicher. Bei Ehen, die trotz im Alltag spürbarer großer Statusunterschiede geschlossen werden, ist es nicht erstaunlich, daß die Ati-Ehepartner sich ihrer Position häufig unsicher sind. Auch die Ehen zwischen Ati sind allerdings durch Minderheitenstatus, das Alkoholproblem und wirtschaftliche Probleme extrem belastet.

Geschlechter- und interethnische Beziehungen, die in vielen Gesellschaften als Beziehungen zwischen Gruppen unterschiedlicher „rassischer" Herkunft aufgefaßt werden, haben gemeinsame Wurzeln in einer biologistischen Auffassung von Verschiedenheit.[215] Geht es um (angenommene) sexuelle Beziehungen über derart konstruierte Grenzen hinweg, werden diese Vorstellungen und Bilder vom jeweils anderen besonders deutlich. Entlang der ethnischen Grenze zwischen Ati und Visaya gibt es immer wieder Auseinandersetzungen und Konflikte. Vor allem Vergewaltigungen, egal ob

---

[215] Hauser-Schäublin 1995; Stolcke 1993.

tatsächlich stattgefunden oder unterstellt, bieten Anlässe zur Thematisierung der Machtverhältnisse wie auch zur Rede über Sexualität und Moral.[216]

Die Haltung einiger Filipinos, vor allem die paternalistische Fürsorge für die Ati, bedeutet unter anderem, daß man nun eine Vergewaltigung als Verbrechen ansieht und man die Ati zunehmend als zumindest der eigenen rechtlichen Ordnung zugehörig betrachtet. Das ist nicht selbstverständlich. Ati-Frauen gelten auf lokaler Ebene, trotz der Integration in eine nationalstaatliche Rechtsordnung, immer noch als außerhalb der philippinischen sozialen Ordnung stehend, da sie sich nicht wie „anständige Filipinas" verhalten. Sie ziehen allein umher, trinken große Mengen Alkohol und verhalten sich in der Öffentlichkeit zu freizügig. Kurz: Man sagt, sie seien schamlos.[217]

Das Beispiel der Rede über die Ati erinnert an koloniale Sexdiskurse, wie sie in neueren Studien über Geschlechterbeziehungen untersucht wurden. Aufgrund rassistischer Konstruktionen[218] der erhöhten Sexualität der männlichen Kolonisierten gab es in den meisten Kolonien geschlechtsspezifische Vorschriften, die das Alltagsleben regelten.[219] Weiße Frauen tauchen in Sexphantasien der Kolonial-Literatur selten auf, aber man nahm an, sie seien das Objekt des Begehrens der Kolonisierten, weil diese primitive sexuelle Gelüste hätten, die durch den Anblick weißer Frauen erregt würden.[220] Ethnische Unterschiede zwischen Ati und Filipinos scheinen sich in der Konfrontation mit „weißen Touristen" zu verwischen. Hier handelt es sich ebenfalls um eine ethnische Grenze, die stark sexualisiert ist und immer wieder Anlaß für Vergewaltigungsvorwürfe bietet. Die Weißen kommen ins Land, bringen Drogen und Aids und nehmen sich ohne Skrupel, was sie bekommen können – vor allem die einheimischen Frauen, die man für die schönsten der Welt hält. Sie vergewaltigen Frauen und wehrlose Kinder, wenn diese ihnen nicht sofort freiwillig zu Willen sind.[221] Die Schamlosigkeit und Perversion der Weißen hängt angeblich zum einen mit ihrer Veranlagung zusammen, zum anderen mit Reichtum. Denn der Ge-

---

[216] Zwei Fallbeispiele habe ich an anderer Stelle ausführlich dargestellt (Beer 2000 b).

[217] Auch hier gebe ich eine typische Rede ü b e r die Ati wieder und möchte diese Beschreibung nicht als Darstellung der Tatsachen verstanden wissen.

[218] Lohnend wäre es, an diesen Diskursen genauer zu untersuchen, wie Sexualität über die Vorstellung von „Trieben" in der Biologie verankert wird.

[219] Stoler 1989, 1991.

[220] Inglis 1975: 53 ff; Stoler 1989, 1991; Tiffany und Adams 1985.

[221] Ich gebe hier den Tenor von Pressemeldungen sowie Kommentare und Klatsch über weiße Touristen wieder. Diese Einschätzung ist neben dem Staunen, wie schön weiße Schauspieler und Schauspielerinnen sowie reiche Weiße seien, häufig eine weitere Art, den Anblick weißer Touristen, die auf die Philippinen kommen, zu kommentieren. Sieht man zufällig „Weiße", egal welcher Herkunft, fallen den meisten Ati Geschichten von Sex und Gewalt ein.

gensatz arm/reich wird auch als moralisches Gefälle vom verdorbenen Reichen zum anständigen Armen aufgefaßt.

Worin besteht nun die Gemeinsamkeit der hier angeführten ethnischen Grenzen, sexuellen Beziehungen und Vergewaltigungsdiskurse? Die genannten Beispiele lassen sich in ein Schema der gegenseitigen Vorwürfe und tatsächlichen Delikte sowie der interethnischen Machtbeziehungen einordnen. Das bedeutet nicht, daß sie in jeder Hinsicht gleich sind, sondern daß Argumentationen und die Rede über die jeweils anderen in bestimmten Aspekten ähnlich sind. In als „rassisch" konstruierten Hierarchien werfen die jeweils Mächtigeren und meist auch Wohlhabenderen den Männern der ärmeren und schwächeren Gruppe Vergewaltigungen vor. Tatsächlich kommt sexuelle Gewalt entlang dieser ethnischen Grenzen eher umgekehrt vor. Die dargestellten Beziehungen können sich vollends verkehren, sobald Kriege und Aufstände die Machtverhältnisse verändern.[222] In Bezug auf konstruierte körperliche Unterschiede besteht eine Ähnlichkeit darin, daß man denjenigen, denen Vergewaltigungen vorgeworfen werden, auch eine angeborene stärkere Triebhaftigkeit oder unkontrollierte Sexualität unterstellt.

Zunächst haben viele Vergewaltigungsvorwürfe, bezogen auf ganze Gruppen, tatsächlich wenig oder sogar nichts mit der Realität der Vorfälle zu tun, sondern schaffen eine eigene Wirklichkeit. Diese kann dann für weitere politische Entscheidungen, für die Gesetzgebung und soziale Regeln genutzt werden und Gruppengrenzen festigen. Trotz oder gerade wegen ihrer komplizierten Beziehung zur Realität sind diese Beispiele für Ethnologen wichtig, die sich mit der Konstruktion von ethnischen und/oder angenommenen „rassischen" Grenzen beschäftigen. Vergewaltigungsvorwürfe enthüllen Bilder vom Fremden, zeigen Körperbilder und Geschlechterkonstruktionen entlang ethnischer Grenzen auf und geben Beispiele dafür, wie Fremdbilder in Medien- und Alltagsdiskursen verankert werden.

Die aus außerehelichen sexuellen Beziehungen und interethnischen Ehen hervorgegangenen „Mischlingskinder" werden je nachdem, wie die Orientierung der Eltern oder ihre momentane Verfassung ist, bewertet. Je nach Situation hebt man ihre Ähnlichkeit mit dem Ati- oder dem Visaya-Elternteil hervor. Je nach eigenen Zukunftsperspektiven und Wünschen betont man, sie würden einmal wie „echte Ati" oder ganz wie die Visaya. Auf Visaya heißen Mischlinge aus dem Spanischen übernommen „*mestiso*", damit synonym wird auch der Begriff „*kalibugan*" verwendet. Hermosisima gibt als Übersetzung an: „Halfbreed, a halfblood, person of mixed blood (bio-

---

222 Siehe zu diesen Fällen Brownmiller 1980, aus ebenfalls feministischer Sicht: Kappeler, Renka und Beyer (Hg.) 1994. Zum Kontext von Vergewaltigung und Krieg sowie dem Bild des Tyrannen in der Antike siehe Doblhofer 1994.

logy), hybrid (mestiso)."[223] Der Begriff wird auf jede Form der Mischung angewandt: sowohl auf europäisch-philippinische Mischlinge, als auch auf Ati-Visaya-Mischlinge. Alma und Joe haben beispielsweise fünf Kinder, die jeweils unterschiedlich stark wie Ati oder Visaya aussehen. Der jüngste Sohn sowie die jüngste Tochter kämen nach der Seite des Vaters. Der ältere Sohn dagegen sähe ganz und gar der Familie der Mutter ähnlich. Anders die beiden älteren Mädchen: Sie stellten eine Mischung dar, wobei die Älteste dunkler sei und eher dem Vater gleiche. Die Erziehung richtet sich in dieser Familie von Seiten der Mutter ganz auf die Integration in die Mehrheitsbevölkerung, was mitunter zu Streit führt. Bei Konflikten innerhalb der Familie und zwischen den Eltern wird von beiden Seiten bei Fehlverhalten häufig darauf hingewiesen: „da schlägt das Erbe deines Vaters/ deiner Mutter durch!"

Manche der sehr dunklen Kinder werden von den Ati bewundernd als *black beauty* bezeichnet. Dennoch wird in der Mehrheitsbevölkerung helle Haut sehr viel höher bewertet als schwarze. Ein Beweggrund dafür, einen deutschen Mann zu heiraten, den mir beispielsweise einige philippinische Frauen nannten, war der Wunsch, besonders „schöne" Kinder zu bekommen.[224] Sie stellten sich hellhäutige und möglichst blonde Kinder vor, die dem philippinischen Schönheitsideal entsprechen. Auch die erwartete, für philippinische Verhältnisse überdurchschnittliche Körpergröße und die Form der Nase spielten eine Rolle. Dieser Wunsch spiegelt die auch in philippinisch-philippinischen Ehen übliche Einstellung wieder, eine Frau sei erst eine wirkliche Frau, wenn sie Kinder hat. Hat sie besonders gutaussehende Kinder, steigert das ihr Ansehen noch. Auf den Philippinen werden bei jeder Gelegenheit (*barangay, town* oder *city fiesta*) Schönheitskonkurrenzen durchgeführt. Kinder im Alter unter zehn Jahren und junge Frauen nehmen daran teil. Ein möglicher Sieg ist der ganze Stolz der Eltern.[225] Das philippinische Schönheitsideal ist sehr an amerikanischen Normen orientiert und wird von vielen Frauen verinnerlicht. Helle Haut und eine schmale Nase gehören unbedingt dazu. Der Glaube ist weit verbreitet, daß das, was eine schwangere Frau sehr mag oder mit Wohlgefallen betrachtet, am Körper ihres Babies ein Zeichen hinterläßt. Demetrio berichtet etwa von einem hellhäutigen, blonden Priester, der bei den Bukidnon arbeitete, und den werdende Mütter lange verzückt betrachteten. Auch dort wurden blonde

---

[223] Hermosisima 1966: 110.

[224] Vgl. Beer 1996.

[225] Die meisten Schönheitskonkurrenzen werden nicht durch das Aussehen der Teilnehmerinnen, sondern durch das von ihrer Verwandtschaft gesammelte Geld entschieden, wie ich bei meinem Aufenthalt in San Carlos City beobachten konnte. Obwohl Geld entscheidet, ist der Wettbewerb ein Anlaß, bei dem dem Aussehen der Mädchen und Frauen große Aufmerksamkeit geschenkt wird. „Schönheit" und „Reichtum" jeder einzelnen werden diskutiert, diese Kriterien sind für die Bewertung einer Frau ausschlaggebend.

Kinder durch eine Übertragung von Eigenschaften während der Schwangerschaft erklärt.[226] Interessant ist, daß hier unter Visaya ein Glaube verbreitet ist, der den sonst üblichen Vorstellungen vom Zusammenhang zwischen Vererbung körperlicher Merkmale, Aussehen und der Unüberwindlichkeit von Gruppengrenzen zuwiderläuft. Ati teilen diesen Glauben nicht.

Gerade am Beispiel der *kalibugan*, der Mischlingskinder, wird deutlich, daß Vorstellungen über körperliche Verschiedenheit doch so wenig mit realen sichtbaren Unterschieden zu tun haben, daß Kinder aus interethnischen Ehen an Orten, an denen man sie nicht kennt, ihre Zugehörigkeit wählen können. In der Literatur wird häufig betont, daß gerade die Manifestation in unveränderlichen körperlichen Merkmalen Gruppengrenzen so unüberwindlich mache. Da „Rasse" aber ein Konstrukt ist, das sich nur vage auf biologische Gegebenheiten stützt, und diese auch sehr viel weiter kulturell geprägt und damit veränderlich sind als gemeinhin angenommen wird, können auch biologisch begründete Unterschiede situationsabhängig hervorgehoben oder vernachlässigt werden.

Entspricht ein Individuum jedoch in hohem Maße den kulturell als relevant erachteten Merkmalen der Zugehörigkeit zu einer Kategorie, dann sind seine Entscheidungsmöglichkeiten sehr eingeschränkt. Eine ganze Reihe an Merkmalen, die man etwa in Deutschland nicht als biologisch determiniert erachten würde, werden ihm dann zugeschrieben.

4.7 Fazit: situative Bewertungen körperlicher Unterschiede

Auf den Philippinen spielen, vor allem bei der Mehrheitsbevölkerung, Fragen des Aussehens und körperlicher Unterschiede sowohl zwischen Individuen als auch zwischen ethnischen Gruppen eine wichtige Rolle. Im Verhältnis zwischen Ati und Visaya werden vor allem Unterschiede in der Hautfarbe, Nasenform, Beschaffenheit des Haares und Körpergröße in den Mittelpunkt gestellt. Alle Merkmale der Ati gelten in der Mehrheitsbevölkerung als unattraktiv. Die Ati selbst haben diese Perspektive nur teilweise übernommen. Es gibt bei ihnen ebenso Vorstellungen, daß die Ati den anderen überlegen seien. Man meint, daß sie sich grundsätzlich körperlich unterscheiden. Dabei beziehen sich die Ati vor allem auf ihre Abstammung, auf das starke Blut der Ati, auf Kraft, Ausdauer, Zähigkeit und Gesundheit. Ati untereinander kennen außerdem mehr äußerliche Merkmale, an denen sie andere Ati erkennen, als die üblichen von der Mehrheit wahrgenommenen. Danach haben Ati rundere Gesichter, etwas rundere Augen und eine leicht vorgewölbte hohe Stirn.

---

[226] Demetrio 1968: 676.

Neben den sichtbaren körperlichen Merkmalen werden auch Charakter-eigenschaften und Verhaltensweisen als in der Biologie des Menschen verankert verstanden, wie beispielsweise Lügen, Stehlen, Religiosität oder Eifersucht und Alkoholismus. Vor allem wenn man sich Verhalten nicht erklären kann, wird am ehesten angenommen, daß es angeboren und von den Eltern übernommen sei.

Das Beispiel der Ati zeigt, daß es in interethnischen Situationen nicht nur *den* „Rassismus" innerhalb einer Bevölkerung gibt. Zuschreibungen können sehr komplex und auch ambivalent sein, verschiedene Systeme bestehen gleichzeitig und werden in unterschiedlichen Situationen aktiviert. Die Ati etwa sind gleichzeitig in vielen Situationen ethnozentrisch, überheblich und in anderen voller Minderwertigkeitsgefühle, die zur Übernahme rassistischer Vorstellungen der Visaya führen.

Mit nur einer oder wenigen Methoden sind diese Vorstellungen nicht zu untersuchen. Erst in der Ergänzung verschiedener Verfahren kann man zu einem einigermaßen vollständigen Bild kommen. Einige Verfahren (etwa Anfertigen von Zeichnungen, Zuordnungen von Begriffen) bieten – neben den Daten, die sie liefern – vor allem auch Anlässe zu Gesprächen, Kommentaren, Fragen und Diskussionen. Nur sorgfältige Protokolle dieser weiterführenden Unterhaltungen wie auch von Alltagserlebnissen zeigen Ambivalenzen und Widersprüche auf.

5. Die Wampar in Papua-Neuguinea

5.1 Einführung

Die Wampar als Beispiel für die Bedeutung körperlicher Unterschiede in interethnischen Beziehungen zu untersuchen, bot sich aus mehreren Gründen an. Zum einen ist diese Ethnie bereits über einen langen Zeitraum intensiv untersucht worden.[227] Zum anderen ist es eine ethnische Gruppe, die sich in den letzten zwanzig Jahren unter anderem durch den Zuzug von Fremden stark verändert hat. Kontakte zu anderen Ethnien waren auch durch die Missionierung der Wampar angestoßen worden. Wampar sind ungefähr seit 1920 ihrerseits zu anderen Ethnien gegangen, um dort zu missionieren. Es war zu erwarten, daß interethnische Kategorisierungen besonders deutlich und Konflikte gut zu beobachten sind, daß sie sich wandeln und ein aktuelles Thema in der untersuchten Gesellschaft darstellen. Diese Annahmen waren richtig: Der Zuzug von Fremden und zahlreiche interethnische Ehen, das Aufwachsen der Kinder aus diesen Ehen, der Wandel in der Sprache, Probleme mit der Landverteilung und der Sicherheit im Dorf gehörten während meiner Feldforschungen – 1999/2000 sehr viel mehr noch als 1997 – zu den häufig diskutierten Themen.

Meiner Feldforschung bei den Wampar lagen dieselben Fragestellungen wie bei den Ati zugrunde, die Methoden paßte ich der Situation an (siehe Kapitel 3 „Feldforschungsmethoden" und Abschnitt 5.2). Es sollten ebenfalls Antworten auf die Fragen gefunden werden: Welche indigenen Konzepte von Fremdheit und von anderen Ethnien gibt es? Welche Kategorien werden gebildet? Wie wirken sie sich aus? Welche Körperbilder und -vorstellungen liegen ihnen zugrunde?

Die Wampar haben schon lange Kontakte zu Fremden. Durch ihr Siedlungsgebiet führt der *Highlands Highway*, der die Stadt Lae mit den Hochland-Provinzen verbindet. Die Wampar-Dörfer Munun, Ngasawapum, Gabsongkeg, Dzifasing und Tararan liegen direkt an dieser wichtigsten Verkehrsverbindung des Landes. Außer in Tararan liegen die Märkte dieser Dörfer an der Straße. Von Gabsongkeg, dem Ort meiner Feldforschung, bis

---

[227] Fischer 1975, 1976, 1980, 1987, 1992, 1994, 1996a, 1997, 2000; Fischer (Hg.) 1978; H. Holzknecht 1974; S. Holzknecht 1989; Kramp 1993, 1999; Lienert 1980; Lütkes 1999, Schulze, Fischer und Lang 1997.

nach Lae zur nächsten Stadt, ist es mit dem Auto nur ungefähr eine drei-
viertel Stunde Fahrtzeit. Die Anbindung des Dorfes an die Stadt ist also
relativ eng, manche Wampar aus Gabsongkeg arbeiten in der Stadt oder
gehen dort zur Schule und wohnen im Dorf. Allerdings sind durch die stei-
gende Anzahl von Überfällen auf öffentliche Verkehrsmittel Besuche in der
Stadt seltener geworden. Dennoch gehört Gabsongkeg auch durch Nadzab,
den Flughafen Laes, der auf Stammesgebiet liegt, zum Einzugsgebiet der
Stadt.

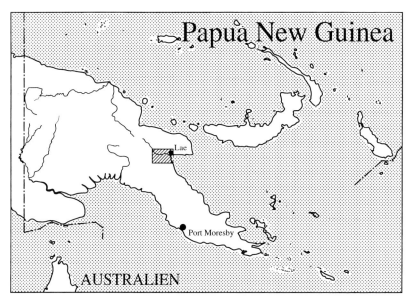

Karte 3: Papua-Neuguinea und das Siedlungsgebiet der Wampar (nach Fischer 2000:
        311).

Im Umgang mit Fremden, aber auch unter Wampar, vor allem unter Jugendlichen und Kindern, wird heutzutage immer mehr Pidgin (*tok pisin*)
gesprochen. Im folgenden werden aus Wampar oder Pidgin übernommene
Wörter jeweils bei ihrer ersten Erwähnung mit „W" bzw. „P" gekennzeichnet. In der Umschrift der Ortsnamen und aller Wampar-Wörter orientiere
ich mich an der von Fischer verwendeten Schreibweise, die auch Grundlage des „Ethnographic Dictionary Wampar–English"[228] ist. Personen- und
Ortsnamen wurden nicht anonymisiert, weil es erstens von den Informanten

---

228 Fischer Ms.

nicht gewünscht wurde und zweitens die Angaben bereits in den Publikationen von Fischer zu finden und deshalb ohnehin bekannt sind. Die hier wiedergegebenen Meinungen sind keine vertraulichen Mitteilungen, sondern werden von Wampar so auch öffentlich geäußert, sie sind allgemein akzeptiert. Ich bin der Ansicht, daß den Informanten aus der Veröffentlichung keine Nachteile entstehen können.

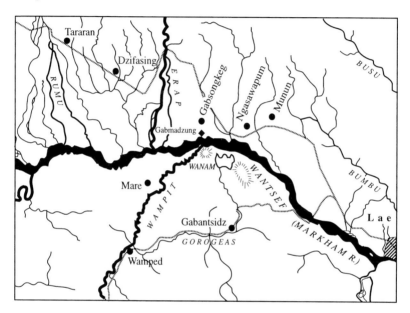

Karte 4: Lage der Wampar-Dörfer (aus Fischer 2000: 313).

5.2 Datenerhebung

Während eines ersten zweimonatigen Aufenthaltes 1997 im Dorf Gabsongkeg traf ich die Entscheidung, daß sich die Wampar aus den einleitend genannten Gründen zur Untersuchung des Themas eignen. Erste Kontakte wurden geknüpft, und ich stellte mein Vorhaben den Dorfbewohnern vor. Das Projekt stieß auf Interesse, so daß schon erste Gespräche und Diskussionen zum Thema stattfanden. Bei diesem Aufenthalt konnten zunächst die relevanten ethnischen Kategorien erfragt werden. Auch der Begriff für „Fremde" (W: *ngaeng yaner*) mußte geklärt werden. Es wurden sämtliche

Kategorien und Bezeichnungen für Fremde aufgenommen.[229] Von November 1999 bis März 2000 führte ich eine weitere Feldforschung in Gabsongkeg durch.

Im Unterschied zu den philippinischen Ati mußte ich mich bei den Wampar weniger auf Beobachtung, indirekte Methoden oder systematische Befragungstechniken, etwa zu Merkmalen bestimmter Ethnien, verlassen, weil ich das meiste direkt erfragen konnte. Die Wampar waren überhaupt nicht schüchtern, auf gezielte Nachfragen zu antworten. Wenn deutlich wurde, daß ich nicht sofort verstand, was gemeint war, wurde mit großer Bereitwilligkeit erläutert. Bei Themen, zu denen es unterschiedliche Positionen gibt, äußern die meisten Wampar sehr selbstbewußt und direkt ihre Meinung. Gerade zum Umgang mit Fremden gab es klare und (für mich häufig schockierend) entschiedene Antworten. Daraus erklärt sich, daß bei den Wampar andere Methoden angewandt wurden als bei den Ati, wo viel mehr Vorsicht geboten war. In Gabsongkeg konnten schon aus alltäglichen Diskussionen sowie bei öffentlichen Versammlungen, die es auf den Philippinen nicht gibt, Informationen über Konflikte und unterschiedliche Positionen gesammelt werden. Hier erfuhr ich beispielsweise, wer die wichtigsten Beteiligten an einem Konflikt waren und mit wem sich gezieltere Interviews lohnen würden. Diese Interviews durchzuführen war unproblematisch, jeder gab bereitwillig auch zu umstrittenen Themen Auskunft.

Ergänzend wurden an Hand von Dokumenten des lokalen Gerichts (*village court*) Konflikte mit und Aussagen über Fremde analysiert. Einige Fallbeispiele wurden intensiv untersucht, ebenfalls mit ergänzenden Interviews aller Beteiligten. Die Geschichten von Konflikten, von ihrer Entstehung, ihren Höhepunkten und Lösungen wurden rekonstruiert. Während meines Aufenthaltes nahm ich an allen vom Kirchenältesten geleiteten öffentlichen Aussprachen (W: *dzob a gom renan*)[230] sowie an allen Sitzungen des *village court* und *full court* teil. Fälle, die für das Thema der Untersuchung von Interesse waren, nahm ich auf Kassette auf. War das technisch zu schwierig, protokollierte ich während der Verhandlungen oder fertigte Gedächtnisprotokolle an.

Wie auch auf den Philippinen bat ich Informanten um Zeichnungen von Wampar und Fremden, zu denen engere interethnische Beziehungen bestehen. An Hand von Wampar-Zeichnungen Fremder wurden für wichtig gehaltene körperliche Merkmale sowie ihre Bedeutungen festgestellt. Gesprä-

---

229 Dazu befragte ich systematisch 23 Personen; hinzu kamen in alltäglichen Unterhaltungen Gespräche über Fremde, die im Gebiet Gabsongkegs leben.

230 Zum *dzob a gom renan* und der Verhandlung von Konflikten um Land, siehe Fischer 1975: 260 ff. Ein *dzob a gom renan*, bei dem mehrere Konflikte mit Fremden verhandelt wurden, nahm ich auf Kassette auf. Da die Qualität der Aufnahme aufgrund der Größe der Treffen nicht besonders gut war, waren Gedächtnisprotokolle geeigneter. Diese sprach ich jeweils am nächsten Tag mit Anwesenden oder am verhandelten Konflikt beteiligten Personen durch.

che über diese Zeichnungen wurden außerdem zum Anlaß genommen, über Bewertungen körperlicher Unterschiede mehr in Erfahrung zu bringen. Diese gaben auch erste Hinweise auf Schönheitsideale und Körpervorstellungen.

Anders als auf den Philippinen hatte ich es bei den Wampar mit einer sehr großen Zahl von möglichen Informanten zu tun. Auf dem zu Gabsongkeg gehörigen Gebiet leben heute ca. 1.500 Personen.[231] Um einen Überblick über interethnische Ehen, im Gebiet lebende Fremde und die Wampar-Bevölkerung zu bekommen, war die Kontrolle und Ergänzung des Zensus sehr hilfreich. Fischer nahm bereits in früheren Jahren Zensusdaten auf, die ebenfalls als Grundlage dienten.[232] Ich besuchte die meisten Haushalte und konnte neben der Erhebung der Basisdaten Gespräche führen, die mein Thema betrafen. Ich stellte mein Forschungsthema kurz dar, und meist provozierte das schon Äußerungen zu Problemen und Konflikten mit Fremden, Befürchtungen und Ängsten. So erfuhr ich mehr über die Situation auch in Weilern, in denen eine größere Zahl von Fremden, beispielsweise vom Watut, mit Wampar-Familien zusammenlebt. Der bisherige Zensus berücksichtigte nur wenige der Nicht-Wampar-Familien auf Wampar-Land. Die meisten dieser Haushalte ergänzte ich und bekam so auch einen Eindruck von der tatsächlichen Anzahl Fremder im Gebiet, von deren wirtschaftlichen Aktivitäten, von ihren Beziehungen zu Wampar und zu ihren Herkunftsgebieten, von ihren Problemen und Zukunftsplänen. Im Mittelpunkt der Untersuchung standen allerdings die Vorstellungen der Wampar, unabhängig davon, ob sie mit der Wirklichkeit übereinstimmen oder nicht.

Wie auch bei den Ati erwies es sich als für das Thema sehr ergiebig, Texte aufzunehmen. Ich bat also Wampar, die in andere Gebiete gereist waren oder eine Zeit dort gelebt hatten, von ihren Erfahrungen zu berichten. Auch interethnische Ehegeschichten, Lebensgeschichten sowie Berichte von Konflikten wurden erfragt.[233] Einen Teil dieser Erzählungen nahm ich auf Band auf. Andere erzählte man mir von sich aus in Situationen, in denen ich kein Aufnahmegerät dabei hatte. Ich fertigte Gedächtnisprotokolle dieser Erzählungen an.

Grundsätzlich war die Datenerhebung einfacher als auf den Philippinen,

---

[231] Das ist eine grobe Schätzung, die Auswertung des von mir aufgenommenen Zensus ist noch nicht abgeschlossen. Erst sobald das der Fall ist, kann eine genauere Angabe gemacht werden.

[232] Siehe: Schulze, Fischer, Lang 1997. Es liegen Zensusdaten von 1954 (Regierungszensus), 1971, 1976, 1988, 1993, 1997 und 2000 vor. Außerdem standen mir die von Christiana Lütkes 1991 in Tararan, von Heide Lienert 1976 in Ngasawapum und Rita Kramp 1994 in Gabantsidz aufgenommenen unpublizierten Zensus zur Verfügung.

[233] 35 solcher Erzählungen sind auf fünf Kassetten aufgenommen (1997: 1, 1999/2000: 6-9). Außerdem sind Erzählungen von Wampar über eigene Traditionen sowie Mythen und Alltagsgeschichten in Fischer (Hg.) 1978 und Fischer 1994 publiziert.

- weil die Wampar nicht zu einer benachteiligten Minderheit gehören, sondern die selbstbewußte Mehrheitsbevölkerung in ihrem Siedlungsgebiet sind,
- weil der Umgang mit Fremden, deren Eigenschaften und ihre eventuelle Vertreibung aus dem Siedlungsgebiet der Wampar in vielen Zusammenhängen in den Familien, aber auch bei öffentlichen Versammlungen diskutiert wurden,
- weil es während meines Aufenthaltes viele Anlässe zu Gesprächen über Fremde und Fremdeinflüsse gab. Anlaß boten etwa die Einführung des Wampar als Unterrichtssprache in der *elementary school*, da man befürchtet, daß die Sprachkenntnisse verloren gehen würden; gewalttätige Auseinandersetzungen mit fremden Siedlern am Flughafen; weitere Auseinandersetzungen in anderen Wampar-Dörfern (Wamped und Gabantsidz); außerdem tatsächlich und angeblich von Fremden verübte Überfälle, Diebstähle und die versuchte Vergewaltigung einer Wampar-Frau durch einen Fremden in Munun.

Das Pidgin, die in den meisten Teilen Neuguineas heute übliche Verkehrssprache, wird von allen Wampar in Gabsongkeg verstanden und gesprochen. Durch die Anwesenheit vieler Fremder sowie von Kindern aus interethnischen Ehen, die kaum noch Wampar können, wird Pidgin auch von Wampar zunehmend im Alltag benutzt. Meine Befragungen habe ich auf Pidgin durchgeführt. Wampar-Wörter lernte ich jeweils für die speziellen Interessengebiete meiner Forschung. Durch die Kenntnisse einer austronesischen Sprache (Visaya), war es nicht zu schwer, Grammatik und Satzbau des Pidgin und teilweise auch des Wampar zu lernen. Obwohl ich Wampar – bis auf wenige Ausdrücke und Sätze – selbst nicht sprach, konnte ich gegen Ende des Aufenthaltes den Inhalt von Gesprächen verstehen, es sei denn, man bemühte sich bewußt, ihn vor mir zu verbergen.

5.3 Literaturlage und historische Phasen

Über Rassismus der „weißen" und „schwarzen" Bevölkerung Neuguineas wurde bislang wenig publiziert. Einige Untersuchungen und Randbemerkungen über „*race relations*" beziehen sich auf die Kolonialzeit und die Beziehungen zwischen „Weißen" und der einheimischen Bevölkerung.[234] Bereits in den sechziger Jahren des zwanzigsten Jahrhunderts erschienen

---

[234] Inglis 1975; Nelson 1974, 1976, 1978; Wolfers 1975; Zable 1973. Eine ausführliche Darstellung von Äußerungen der Missionare und der Geschichten der Wampar über die Zeit der ersten Kontakte und der deutschen Mission findet sich in Fischer 1992.

Publikationen, die sich mit den „inter-tribalen" Beziehungen auseinandersetzten und erste Reaktionen bestimmter Bevölkerungsgruppen auf den Kontakt mit anderen, meist im Kontext der Arbeit auf Plantagen, festhielten.[235] Neuere empirische Untersuchungen in Städten Neuguineas beziehen sich auf die Interaktion von Angehörigen verschiedener ethnischer Gruppen, ohne jedoch auf die Konstruktionen von Differenz in Bezug auf Abstammung und körperliche Unterschiede sowie deren Bewertung ausführlicher einzugehen.[236]

Für die Morobe-Provinz beschreibt Willis etwa das Leben in der Stadt Lae und geht nur am Rande auch auf Haltung und Einstellung der weißen Bevölkerung gegenüber den Einheimischen ein:

„Relations between New Guineans in pre-war New Guinea were based on the assumption that the Europeans had the inalienable right to command, to be called 'master', while the New Guinean was a 'boy' who had the duty to obey." ... „The sweated labour demanded of New Guineans, the minimal medical treatment given to them, the racialist names – 'coon', 'kanaka', 'boong' – contemptuously applied to them, all showed that the whites did not place much value on New Guineans as a race." (Willlis 1974: 124)

Wie auch Willis bemerkt, ist über die Einstellungen der Einheimischen zu den Weißen dagegen nicht viel bekannt. Vor allem zum Thema rassistischer Vorstellungen unter Einheimischen, aber auch von Einheimischen gegenüber „Weißen" und „Asiaten" gibt es außer einem groben „ranking" nach Sympathien keine Informationen.

In Kriegen untereinander und mit den meisten Nachbargruppen breiteten die Wampar sich im 19. Jahrhundert vom Watut kommend zur Küste hin aus. Dabei waren sie in zahlreiche kriegerische Auseinandersetzungen mit anderen Ethnien verwickelt, die dieses Gebiet bewohnten. Bereits 1874 und 1886 kamen erste Entdecker, um die Markham-Mündung zu erkunden. Namentlich erwähnt wurden die Wampar jedoch zuerst 1907 im Zusammenhang mit einem Überfall.[237] Der Missionar Stefan Lehner schrieb, am Ostersonnabend sei in Lae eine Kirche überfallen worden, sieben Personen seien ermordet und eine Frau gefangen genommen worden: „Die Mörder sind die sogenannten Laiwomba, ein mordlustiger, räuberischer Kaistamm, auf den Bergen des Markamflusses (sic) hausend. Die Betroffenen sind die Lahe oder Lae, ein ca. 600 Mann starker Bugawastamm..."[238] Im Juni desselben Jahres wurden noch einmal 68 Menschen in einem Lae-Dorf von den Wampar getötet, außerdem gab es weitere Tote bei kleineren Zwischenfällen.

---

[235] Chowning 1969, 1986; Panoff 1969 a, 1969 b.
[236] Levine 1997; Levine und Levine 1979; Strathern 1975; Willis 1974.
[237] Fischer 1992: 9-11.
[238] Lehner 1907: 88.

Die kriegerischen Auseinandersetzungen zwischen Wampar und ihren Nachbarn waren nicht einseitig. Es gibt Berichte, daß auch Labu regelmäßig ausgezogen waren, um andere Dörfer, unter anderem der Wampar, zu überfallen.[239] Die Angriffe der Wampar waren zum einen also schon Reaktionen auf Überfälle der Küstenbewohner, zum anderen hingen sie damit zusammen, daß sich die Wampar aggressiv ein neues Siedlungsgebiet eroberten. Die Ursachen dafür sind unbekannt. Fischer vermutet ein Vordringen der Anga zum Watut, dessen Bevölkerung wiederum die Wampar weiter ins Markhamtal drängte.[240] Die europäischen Güter der Weißen (Äxte, Buschmesser, Stoffe) waren dann ein weiterer Grund, Küstendörfer zu überfallen. In einem Bericht beschreibt der Missionar Karl Panzer (die Erfolge der Mission herausstellend) Veränderungen im Verhältnis zwischen Wampar und ihren Nachbarn:

„Daß aber die Laewamba, die im Jahr 1915 noch Leute erschlugen, im Jahre 1920 die ersten Evangelisten an den Watut (Ost- und West-Markham) sandten und zwar, als sie noch nicht getauft waren, das ist doch ein Umschwung, fast unglaublich. Das ist von Gott geschehen! Noch dazu, wenn man bedenkt, daß der heidnische Laewamba von seinem Grenznachbarn als Barbaren sprach! Alle seine Nachbarn waren ihm nur Schweine, die von ihren Geistern ihm an den Weg geführt wurden zur Jagd – und heute verläßt der Laewamba seine Heimat, seine Stammesgenossen, um den Leuten, die er einst als Schweine gejagt hat, das Wort Gottes zu bringen und sie in den Himmel zu führen." (Panzer 1925: 17)

So übertrieben diese Formulierungen wirken, ganz frei erfunden sind sie vermutlich nicht, da Wampar tatsächlich annehmen, Geister würden ihnen bei der Jagd auf Schweine helfen.[241]

In der Zeit der ersten Kontakte zu Weißen fragte man sich in Neuguinea ähnlich wie in China (siehe Kapitel 7), ob es sich bei diesen Wesen überhaupt um Menschen handele. In Neuguinea meinte man häufig, es seien Totengeister, die plötzlich sichtbar zu den Lebenden zurückkämen. Reaktionen auf diese Erscheinungen waren mitunter panisch. Im Hochland Neuguineas dauerte es in den dreißiger Jahren unterschiedlich lange, bis die Einheimischen sich davon überzeugt hatten, daß die Weißen keine Geister seien. Wie schon in Kapitel 1 erwähnt, diente unter anderem der Geruch ihrer Exkremente dazu, sich von ihrer menschlichen Daseinsweise zu überzeugen. Man vermutete außerdem, ihre Körper unterschieden sich erheb-

---

[239] Fischer 1992: 15.

[240] Ebd.: 16.

[241] Eine ganz ähnliche Formulierung findet sich in einem Bericht des Missionars Georg Stürzenhofecker (1929: 12): „Dazu betrachteten sie alle Menschen, mit Ausnahme der eigenen Sippe, nur als Schweine, die ihnen die Geister ihrer verstorbenen Ahnen zum Jagen zuführten. Existenzberechtigt war eigentlich nur der Laewomba." Deshalb hätten die Wampar Jagdausflüge unternommen, um „Menschenwild" zu jagen und sich deren Seelenstoff anzueignen, der sie wiederum noch stärker gemacht hätte.

lich von denen der Einheimischen. Warum sonst verhüllten sie sich so sorgfältig? Mythen folgend nahm man an, die Weißen besäßen einen besonders langen Penis, den sie unter Hosen verstecken wollten. Jeder versuchte, die Weißen genau zu beobachten: Schlafen sie? Löst sich nachts das Fleisch von ihren Knochen? Essen sie und was essen sie? Verrichten sie ihre Notdurft und wie sehen sie aus, wenn sie sich waschen?[242] Für die Wampar sind solche Spekulationen – außer der Annahme, daß es sich bei Weißen um Totengeister handeln könne – nicht beschrieben worden. Diese Vermutung beruht bei den Wampar auf der traditionellen Vorstellung, Totengeister sähen weiß aus.

Im Gebiet der Wampar erzählte man Fischer in den sechziger Jahren, die Watut hätten Jahre zuvor einen weißen Totengeist bei sich gehabt, der aus dem Nichts jede Menge Dinge hervorzaubern könnte. Anlaß und Gegenstand dieser Vorstellung der Watut war er selbst. Aber auch in Gabsongkeg nahm man an, bei dem Ethnographen handele es sich um einen verstorbenen Wampar, der seine schwarze Haut abgelegt habe. Noch 1972 äußerte eine ältere Frau aus Gabsongkeg vor der Abreise des Forschers die Vermutung, er werde alles Erfahrene nicht den Menschen, sondern den Geistern der Toten erzählen, zu denen er ihrer Meinung nach zurückkehren werde.[243] Dieser Fall ist insofern bemerkenswert, als man den Weißen für den Totengeist eines Wampar hielt, also für einen verstorbenen Verwandten. Er wurde mit einer konkreten Person identifiziert. Somit war er, obwohl als Geist erschienen, Teil des Vertrauten und Bekannten.[244] Aus anderen Berichten aus Neuguinea, etwa aus den Schilderungen erster Kontakte von Mikloucho-Maklaj, geht leider nicht hervor, in welche Kategorie von Geistern Fremde eingeordnet wurden, ob man sie für Totengeister eigener oder fremder, feindlicher Verstorbener hielt. Welche Vorstellungen sich von dem Moment an durchsetzten, als man nicht mehr glaubte, Weiße seien Geister, ist nicht beschrieben. Auch Einschätzungen

---

[242] Connolly und Anderson 1987: 43, 44. Siehe auch Schilderungen in E.L. Schieffelin und R. Critten-
    den: „Like People You See in a Dream. First Contact in Six Papuan Societies." (1991).

[243] Fischer 1987, Kapitel 1: „Ein Ethnograph wird zum Geist", 13 ff.

[244] Stephen C. Leavitt (2000) fragt bezugnehmend auf die Auseinandersetzung zwischen Marshall Sah-
    lins und Gananath Obeysekere über den ersten Kontakt zwischen Hawaiianern und Europäern, um
    welche Art von Geistervorstellungen es sich handelt, wenn Einheimische Europäer für Totengeister
    halten. Dabei bezieht er sich allerdings in erster Linie auf Kontakte in den letzten Jahrzehnten und
    nicht auf frühe oder erste Kontakte. Er kommt zu dem sehr allgemein formulierten Schluß: „Recent
    work on how Melanesians integrate a religious vision, often articulated through the idiom of Christi-
    anity, with the conditions of postcolonial existence reveals that the persistent association of Europe-
    ans with the spirit world has little to do with any 'apotheosis' or vision of Europeans as 'gods.' For
    many Melanesians, the key to accommodating the dramatic social changes in the latter half of this
    century lies in framing them with some kind of personal relevance." (2000: 321). Einheimische sa-
    hen Weiße eher als Verwandte denn als Götter und integrierten sie so, sich in der Ideologie der
    Heilserwartungen auf traditionelle Vorstellungen des Austauschs beziehend.

von Nachbargruppen und anderen Menschen innerhalb Neuguineas sind bis heute kaum untersucht worden.

Zunächst waren es einige Goldsucher und Beamte der deutschen Kolonialverwaltung, die, wenn auch nur kurzzeitig und oberflächlich, Kontakt zu den Wampar hatten. 1905 bei dem ersten (belegten) Kontakt mit weißen Teilnehmern einer Strafexpedition,[245] überfielen Wampar deren Lager und vertrieben sie. Nachdem die Wampar, vermittelt durch Labu, 1909 Frieden mit den benachbarten Ethnien (Lae, Bukawa) geschlossen hatten,[246] stellten auch die Missionare direkte friedliche Kontakte zu ihnen her. Anfang des 20. Jahrhunderts kamen die ersten Missionare der lutherischen Neuendettelsauer Mission in das Siedlungsgebiet der Wampar. Die Lutheraner gründeten 1911 eine Missionsstation in Gabmadzung auf Wampar-Gebiet, in der Nähe des späteren Dorfes Gabsongkeg. Weniger entscheidend als die deutsche Mission war ab 1920/21 die australische Verwaltung des Völkerbundmandats und später die des Treuhandgebietes der UNO.[247] Nachhaltig beeinflußte die Arbeit für Weiße das Leben in den Dörfern und auch durch den zweiten Weltkrieg wurden Alltag und Leben der Menschen völlig verändert:

„Wichtiger wurde die Kontraktarbeit auf Plantagen und später die Arbeit für Weiße in unterschiedlichsten Tätigkeiten und Berufen, schließlich die Schulausbildung. Der wichtigste Einschnitt, [...], wurde der zweite Weltkrieg mit Kämpfen und Luftangriffen, Zerstörung der Dörfer und japanischer Besetzung, später dem Eindruck von Verhalten und Ausrüstung amerikanischer Truppen." (Fischer 1992: 2)

Kontraktarbeit auf Plantagen hat für die Herausbildung ethnischer Identität und interethnischer Stereotypen bei den Wampar wie auch in anderen Regionen Neuguineas eine wichtige Rolle gespielt.[248] Junge Männer kamen hier oft erstmals in Kontakt mit Angehörigen von Ethnien, die keine direkten Nachbarn der Wampar und ihnen vorher nicht bekannt waren.

Neben Europäern spielten auch chinesische Händler eine Rolle. 1933 soll einer der Missionare vermerkt haben, daß die Chinesen, die in Lae ihre ersten Geschäfte aufmachten, bei den Menschen aus den Dörfern sehr beliebt gewesen seien. Die Chinesen seien geduldig gewesen und hätten die Einheimischen nicht als Menschen zweiter Klasse behandelt. Damit hätten sie viel Macht über die „naiven Einheimischen" gehabt.[249] Manche der chinesischen Arbeiter, die von Europäern nach Neuguinea gebracht worden

---

[245] Fischer 1992: 17-20.

[246] Ebd.: 30-31.

[247] Fischer 1992: 1 ff.

[248] Ann Chowning (1986) gehört zu den wenigen Autorinnen, die auf diese Bedeutung hinweisen.

[249] League of Nations, Permanent Mandates Commission, Minutes, vol. 23, 1933, nach Willis 1974: 124.

waren, betrieben ihre Läden zunächst nur als zusätzliche Einnahmequelle. Sie arbeiteten für Regierungsprojekte oder größere Firmen. Manche machten in Lae auch Zweigstellen von Familiengeschäften in Rabaul, Wau oder Salamaua auf. Die Gruppe der Chinesen war sehr heterogen, die Hälfte sprach kantonesisch (Sze Yap und Hakka), während viele aus Hainan waren. Dennoch bildeten sie ein enges Netzwerk.[250] Willis schreibt, dabei hätten die Chinesen dasselbe gewollt wie die Weißen, sie seien jedoch geschickter vorgegangen:

„They [The Newguineans] felt a warm regard for the Chinese which they did not have for the Europeans and later, during the Pacific War, they showed their liking by sheltering them and providing for them during the Japanese occupation. In turning to the Chinese they were turning away from the Europeans, both missionaries and townspeople, and their reason was the dignity which the Chinese accorded them." (Willis 1974: 125)

Heute leben nicht mehr viele Chinesen in Lae, ihre Bedeutung im Alltagsleben der Wampar ist sehr gering. Chinesen (auf Pidgin *kongkong*) sind meist Geschäftsleute und Ladenbesitzer. Manche Wampar beschreiben sie als besonders geldgierig und überheblich gegenüber den Einheimischen. Sie werden allerdings nicht sehr wichtig genommen.

Die Wampar siedeln heute im Gebiet des unteren Markham-Flusses in neun Dörfern: Gabantsidz, Dagin, Wampet, Mare, Tararan, Dzifasing, Ngasawapum, Munun und Gabsongkeg (siehe Karte 4). Um die meisten der Wampar-Dörfer herum sind Weiler entstanden, die jeweils dem Einzugsgebiet eines Dorfes zugerechnet werden. Wampar ist die Eigenbezeichnung dieser Bevölkerung, und es bestehen auch klare Vorstellungen über das ihnen gehörende Siedlungsgebiet. Von den anderen Bevölkerungen der Region unterscheiden sie sich unter anderem durch ihren Namen (W: *Wampar, ngaeng Wampar*) sowie eine gemeinsame Sprache (W: *dzob Wampar*). Heutige Grenzen zu den jeweiligen Nachbarn sind festgelegt und an bestimmten Markierungen zu erkennen. Anfang des zwanzigsten Jahrhunderts wurde vor allem der Name „*Laewomba*" benutzt, eine Fremdbezeichnung benachbarter Ethnien (Lae, Labu) für die Wampar. Auch heute noch verwenden die Verwaltung und einige Nachbarethnien diese Bezeichnung.

An diesem groben historischen Überblick wird deutlich, welche Kontakte zu Fremden bestanden: Deutsche, Australier, Japaner und Amerikaner kamen in oder durch das Gebiet der Wampar; außerdem lebten chinesische Händler in der Stadt Lae. Heute gibt es eine taiwanesische Versuchsfarm zwischen Gabsongkeg und Dzifasing am Highlands Highway gelegen.

---

[250] Willis 1974: 95.

Über diese Farm ist in Gabsongkeg allerdings meines Wissens nichts bekannt, und es bestehen auch keine Kontakte. In den siebziger Jahren hatte ein Filipino, zu dem engere Beziehungen bestanden, die Mission Farm in Gabmadzung geleitet.

Aber auch Fremde aus Neuguinea selbst stehen in Kontakt zu den Wampar. Zuerst sind ihre direkten Nachbarn zu nennen: zu den ethnischen Gruppen am unteren Watut bestehen die längsten und sehr enge Beziehungen. Wampar waren dort bereits in den zwanziger Jahren des letzten Jahrhunderts als Evangelisten tätig. Die nächste Ethnie auf dem Weg ins Hochland sind die Adzera, deren Land an das der Wampar angrenzt; im Südosten leben die Labu. Yalu leben im Gebiet, das an das Wampar-Dorf Munun angrenzt (siehe Karte 5).[251] Östlich von Lae befindet sich das im Vergleich zu Yalu und Labu relativ große Siedlungsgebiet der Bukawa. Nördlich des Wampar-Gebietes werden mehrere Ethnien, unter der Bezeichnung „Erap-Leute" zusammengefaßt, von denen einige auf einer Regierungsfarm arbeiten, die auf Wampar-Land liegt. Sowohl bei den Erap als auch bei den Watut lebten einige Wampar als Evangelisten.

Menschen aus der Gegend von Menyamya haben sich in einer eigenen Siedlung in der Nähe des Wampar-Dorfes Tararan angesiedelt, wo auch einige Wantoat leben. Andere „Menyamya" (so nennen Wampar alle Anga, die ungefähr aus der Gegend von Menyamya kommen) werden und wurden als Arbeiter beschäftigt. Frauen und Männer aus Gebieten des Hochlands, vom Sepik und aus der Nähe Rabauls (Tolai) haben Wampar geheiratet und sich am Markham auf dem Land ihrer Ehepartner niedergelassen. Unter den Eingeheirateten finden sich Menschen aus vielen unterschiedlichen Gegenden Neuguineas: aus Bougainville, Salamaua, Finschhafen, aus Madang, Kabum, Kavieng, Yule Island und Siassi sowie Papua aus Kairuku, Kerema, Popondetta und Daru.

---

[251] Zu den Sprachen der an das Wampar-Gebiet angrenzenden ethnischen Gruppen siehe: Holzknecht 1989; Wurm und Hattori 1981.

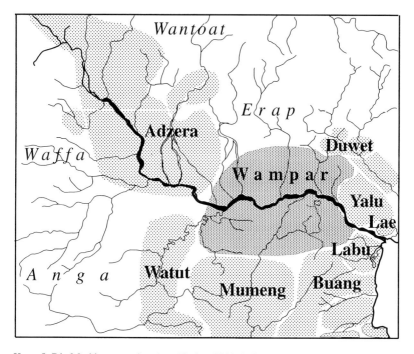

Karte 5: Die Markhamsprachen (aus Fischer 2000: 312).

5.4 Ethnische Kategorien und Bezeichnungen Fremder

Beschäftigt man sich mit ethnischen Kategorien, muß vor allem der Wampar-Begriff *ngaeng yaner* erläutert werden. Grob kann man ihn mit „Fremder" übersetzen, vollständig ist er jedoch nur im Zusammenhang mit weiteren Oberbegriffen zu verstehen. *Ngaeng yaner*, „Weiße", „Schwarze" und „Kurznasige" (Asiaten) sind Oberbegriffe, welche die Menschheit grob in Typen einteilen. Als *ngaeng yaner* werden alle Fremden bezeichnet, die aus Neuguinea stammen. Weiße (Europäer, Amerikaner und Australier) werden nicht zu den *ngaeng yaner* gezählt.[252] Sie werden auf Wampar als *ngaeng a mpuf* (weiße Menschen – wird auch für Albinos benutzt) oder,

---

[252] Diese Auskunft erhielt ich 1997 und 1999/2000. Asiaten und Weiße würde man nicht als *ngaeng yaner* bezeichnen, hieß es. Fischer dagegen berichtete, daß er *ngaeng yaner* häufig auch als Bezeichnung für Fremde außerhalb des Gebietes von Neuguinea gehört hat. Entweder hat hier ein Bedeutungswandel stattgefunden oder die unterschiedlichen Verwendungen der Bezeichnung sowie unterschiedliche Auskünfte haben einen anderen Grund, der geklärt werden müßte.

aus dem Yabim kommend und in leicht abwertendem Sinne benutzt, als *bumpum* (Pidgin auch: *waitman*) bezeichnet und den *ngaeng fose* (W, schwarzen Menschen, Pidgin: *bilakskin*) gegenübergestellt. Zu den *ngaeng fose* gehören neben den Menschen aus Neuguinea auch Afrikaner, Afro-Amerikaner, Polynesier, Mikronesier sowie australische Aborigines. Obwohl *ngaeng yaner* nur Fremde aus Neuguinea bezeichnet, bezieht sich der Begriff nicht, wie man meinen könnte, nur auf kulturelle Andersartigkeit im Gegensatz zu den sich biologisch unterscheidenden Weißen und Asiaten, denn auch ein *ngaeng yaner*, der fast sein ganzes Leben im Gebiet der Wampar gelebt hat, kann nicht Wampar werden. Von kleinen Kindern Fremder, die vollständig innerhalb von Wampar-Familien aufgezogen wurden, spricht man jedoch wiederum als Wampar, auch wenn sie von Geburt her *ngaeng yaner* sind. Wampar im Gegensatz zu den *ngaeng yaner* zeichnen sich also außer durch Abstammung auch durch die Sozialisation und Zurechnung zu einer Verwandtschaftsgruppe (W: *sagaseg*) aus. Adoptierte[253] Mitglieder von Verwandtschaftsgruppen erhalten dann, sofern sie männlich sind, ein Recht auf Land. Auch Kinder aus interethnischen Ehen – gleichgültig, ob Vater oder Mutter Fremde sind, – werden zu den Wampar gezählt. Es sei denn, sie sind nach einer Trennung der Eltern mit dem fremden Elternteil in dessen Herkunftsgebiet zurückgegangen und leben dort.

Eine weitere übergeordnete Kategorie neben *ngaeng fose* und *ngaeng a mpuf* sind Menschen mit kurzen Nasen (P: *sotnus*, Wampar: *son a ngkoats*). Zu den *son a ngkoats* gehören Chinesen (P+W: *kongkong*), Filipinos, Indonesier, Thailänder, Japaner und Vietnamesen. Die Kategorien „Weiße", „Schwarze" (außerhalb Neuguineas) und „Kurznasige" sind in sich nicht besonders differenziert. Sie spielen im Alltag keine große Rolle, und nur selten macht man sich über Zuordnungen und Merkmale Gedanken, da kaum Kontakte bestehen.

---

253 Unter „adoptiert" verstehe ich im Haushalt aufgezogene Kinder. Eine formale Adoption, die durch modernes Recht abgesichert ist, ist hier nicht gemeint.

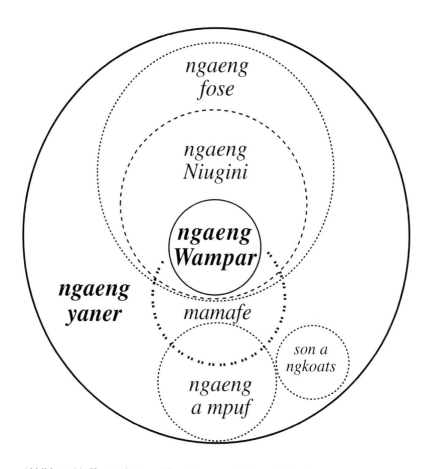

Abbildung 11: Kategorien von Menschen verschiedener Herkunft.

Wichtiger als die Unterscheidung zwischen verschiedenen Kurznasen oder Weißen ist die Differenzierung der Menschen innerhalb Neuguineas. Mit diesen konkurriert man heute um Ressourcen, erlebt Konflikte und macht alltägliche Erfahrungen. Bevor die wichtigsten Kategorien im einzelnen vorgestellt werden, soll noch auf eine Unterkategorie eingegangen werden: auf die Unterscheidung zwischen Hochland- und Küstenleuten. Alle Angehörigen von Ethnien aus dem Hochland werden auf Pidgin als *hailans* bezeichnet. Grundsätzlich meint man, sie seien rückständiger und dümmer als die Küstenbewohner.[254] Von benachbarten Ethnien werden die Wampar häufig unter dem Sammelbegriff *kunai* zusammengefaßt, der sich auf die weiten Grasflächen im Markhamtal bezieht. Die Wampar sprechen, wenn es um alle Ethnien in Küstennähe geht, häufig wörtlich von „Küstenleuten" (P: *man bilong nambis*, W: *ngaeng a ruts*). „Inselleute" spielen bei der Kategorisierung dagegen keine besondere Rolle, sie werden den Küstenleuten zugerechnet.

Bei der Unterscheidung der Menschen innerhalb Neuguineas verwendet man im allgemeinen zusammenfassende Bezeichnungen für größere Regionen, trotz großer Diversität innerhalb dieser Gebiete. Auch von den Einheimischen dieser Region selbst werden sie häufig benutzt. So werden die Wampar beispielsweise, wie auch ihre Nachbarn die Adzera, in anderen Gegenden als „Markham" bezeichnet.[255] Die Bezeichnung nach Großregionen ist in ganz Neuginea üblich. Ann Chowning beschreibt eine ähnliche Verwendung der Bezeichnungen wie bei den Wampar. Man faßt die Bewohner aus bestimmten Gebieten unter Bezeichnungen von größeren Flüssen, der nächsten Stadt oder unter der Bezeichnung einer Insel dieser Region zusammen:

„Examples are Sepik and Markham, from rivers; Madang and Kavieng (for all New Irelanders), from towns; Buka (for all residents of Bougainville and adjacent islands), and Arawe (for all residents of southwest New Britain), both from names of small islands." (Chowning 1986: 154, 155)

„*Simbu*" ist eine Ausnahme, hier wurde die Bezeichnung einer Ethnie zum Sammelbegriff für alle Hochländer (*hailans*), die aus einem sehr großen Gebiet mehrerer Hochland-Provinzen stammen. Auch Rew beschreibt, daß die Einwohner von Port Moresby sich vor allem nach sozio-geographischen Herkunftsregionen einteilten. „Papuans" wurden von „New Guineans" unterschieden, „Chimbu" von „Tolai" und „Kerema" von „Popondetta".[256] Epstein gibt eine Begründung für die Verwendung dieser Sammelbegriffe. Er schreibt, in Neuguinea habe es zu viele kleine fragmentierte Ethnien gegeben, um sinnvolle Kategorien zu entwickeln, des-

---

[254] Christiana Lütkes wies mich darauf hin, daß man Hochländer in Tararan auch als „faul" und „unsozial" bezeichnete. Der Vorwurf der Faulheit sei allerdings ins Wanken geraten, wenn man auf die Gärten der Hochländer hinwies. „Unsozial" habe sich darauf bezogen, daß die Hochländer nach Meinung der Wampar wenig Familiensinn, wenig Zusammenhalt in der Lineage hätten und nur an sich selbst denken würden (persönliche Mitteilung Christiana Lütkes, Juni 2000).

[255] Von der Verwaltung werden die Wampar als *namba wan Makam* (P) und die Adzera als *namba tu Makam* (P) bezeichnet. Für Tararan beschreibt Christiana Lütkes, daß man diese Bezeichnungen, wie auch sonst im Sprachgebrauch *namba wan* und *namba tu*, mit einer ganz klaren Wertung verwendete. Sie schreibt außerdem: „Das Wampar-Gebiet selbst wurde oft auch noch in *kunai* (Dzifasing und Tararan) und *bus* (der Rest) aufgeteilt, wobei aus der Perspektive der Tararaner das *kunai* natürlich besser war." (Mitteilung Christiana Lütkes, Juni 2000). *Kunai* bezeichnet das in der Markham-Ebene wachsende Gras, während mit *bus* die Galeriewälder im Markham-Tal gemeint sind.

[256] Rew 1974: 26.

halb seien Bezeichnungen größerer Territorien genutzt worden. Das Zusammengehörigkeitsgefühl derjenigen, die aus einer Region kommen, wird durch die Pidgin-Begriffe *wanples* und *wantok* (wörtlich übersetzt „eine Sprache") ausgedrückt, die sehr situationsbedingt verwendet werden. Die Verwendung der Bezeichnung *wantok* durch Hagen-Leute, die in der Hauptstadt Port Moresby leben, hat Marilyn Strathern detailliert beschrieben.[257] Wampar, die sich in Lae treffen, würden beispielsweise Wampar aus einem anderem Wampar-Dorf als *wantok* bezeichnen, einen der benachbarten Adzera dagegen nicht. In der weiter entfernten Hauptstadt Moresby dagegen werden auch Mitglieder anderer Ethnien derselben Provinz (Adzera, Bukawa, Labu) im Gegensatz zu Menschen anderer Provinzen zu *wantok*. Die Bezeichnung *wantok* ist dehnbar und betont die Zusammengehörigkeit. Wie das Pidgin überhaupt, ermöglicht sie die Aufnahme von (positiven) Beziehungen, die Herstellung von Gemeinsamkeiten zwischen Menschen verschiedener Herkunft in unterschiedlichen Kontexten und Situationen. Die Betonung der Gemeinsamkeit unter *wantok* zielt jedoch auch immer auf den Ausschluß anderer. Im angeführten Beispiel bezeichnen sich alle Menschen vom Markham in Port Moresby vor allem dann als *wantok*, wenn sie etwa auf Hochländer oder Sepik treffen.[258] Im folgenden werden die wichtigsten Bezeichnungen für Fremde (*ngaeng yaner*) aus verschiedenen Provinzen Neuguineas zusammengestellt. Auf die Bewertung ihrer (angenommenen) Eigenschaften, Verhaltensweisen und körperlichen Merkmale gehe ich erst im nächsten Abschnitt ausführlicher ein.

Eine wichtige Kategorie von Angehörigen verschiedener Ethnien, die in das Gebiet einheiraten, aber auch als Aufkäufer von Betelnüssen sowie aufgrund der Lage des Dorfes am *Highlands Highway* viel Kontakt zu Wampar haben, sind Hochländer. Unter „Hochländer" fassen die Wampar mehrere Ethnien aus verschiedenen Hochland-Provinzen zusammen. Sie werden meist als *hailans* bezeichnet. Die bereits erwähnte ausgeweitete Bezeichnung *Simbu* für alle Hochländer gilt als Schimpfwort und wird eher im Streit, Ärger oder im Spaß verwendet. Leute aus den nördlich des Markham gelegenen Bergen werden nach einem ihrer wichtigsten Nahrungsmittel auf Pidgin auch *kaukau* (Süßkartoffeln) oder auf Wampar, damit sie es nicht verstehen, *gempo* genannt. Eine weitere wertende und sich auf die angenommenen Eigenschaften aller Hochlandleute beziehende Bezeichnung ist *stonhet*, Steinköpfe. Migranten vom Sepik nennen die Wampar ihrer Nahrungsgrundlage entsprechend „Sago": auf Pidgin *saksak* (oder auf Wampar: *montam*).

---

[257] Strathern 1975: 257 ff.

[258] Das Pidgin erlaubt die Betonung weiterer Gemeinsamkeiten durch verbindende Bezeichnungen für Beziehungen wie *wanskul* (Mitschüler), *wanwok* (Arbeitskollegen) etc. Sie spielen im nationalen Kontext eine wichtige Rolle.

Wegen ihrer körperlichen Besonderheit, der hellen, fast blonden Haare, bezeichnen Wampar die Tolai auf Pidgin als „Gelbkopf" *yelo top* (auf Wampar: *onowaro dzung*) oder *kapul* (P) und, um unverstanden über sie sprechen zu können, auf Wampar auch als *gwanang*. Ein *gwanang* ist ein Cuscus (Beuteltier) mit hellem gelblichen Fell. Die nächsten Nachbarn der Wampar, die Adzera, nennt man der Verwaltungseinteilung folgend auch *namba tu makam* (P), die Wampar selbst werden dementsprechend von anderen häufig auch als *namba wan makam* bezeichnet. Eine weitere für Adzera verwendete Bezeichnung ist *Kaiapit*, der Name des Ortes der Missionsstation in ihrem Siedlungsgebiet. Für Adzera sind mir keine weiteren Schimpfwörter oder Spitznamen bekannt.

Im Wampar-Gebiet lebende Bukawa werden ihrer Eigenbezeichnung entsprechend benannt. Alle Leute aus der weiteren Gegend um den Küstenort Finschhafen bezeichnet man entweder als „Finschhafen" oder abgekürzt als *Finsch*. Alle Anga aus der Gegend um Menyamya, die sehr weitgefaßt wird, werden nach diesem Ort Menyamya und Menschen, die aus dem weiteren Einzugsgebiet des Erap- oder Watut-Flusses kommen, werden nach diesen Watut und Erap genannt. Die Watut von Tsukrikangkring, einer Siedlung auf dem Gebiet Gabsongkegs, werden ihrem genaueren Herkunftsort entsprechend auch „Kumots" genannt. Allerdings hörte ich „Kumots" nie tatsächlich so ausgesprochen, sondern immer etwas übertrieben und gedehnt gesprochen wie „Gumoats". Über den Klang amüsierte man sich und machte sich über den Namen lustig. Worauf sich die Komik jedoch genau bezieht, konnte ich nicht herausfinden. Alle Fremden, die aus der Gegend um Port Moresby kommen, aus der Central Province, werden Papua oder Central genannt.

Die Bezeichnung Buka, nach einer Insel nördlich von Bougainville, wird im Pidgin schon lange auf alle sehr dunkelhäutigen Fremden angewandt, von denen einige tatsächlich aus Bougainville kommen. *Buka* sagt man jedoch auch als Schimpfwort zu Individuen mit ungewöhnlich dunkler Hautfarbe. Ein besonderes Schimpfwort für Leute aus Kerema sei *kawe*, was in deren Sprache „Hund" bedeute.

5.5 Bewertung körperlicher Unterschiede

Ein Konzept von „Körper", entsprechend dem eingangs definierten Begriff, ist bei den Wampar vorhanden. Allerdings wird für die Bezeichnung des ganzen Körpers auf Wampar meist *nidzin*, das Wort für den Rumpf, verwendet. *Nidzin* bezeichnet außerdem das Wahre, den Kern oder das Eigentliche. Außerdem verwenden die Wampar in Zusammensetzungen *gar* für den physischen Körper, etwa in *garamut* (W: stinkender Körper) für Leiche.[259] Auch wenn alle Bezeichnungen für „Körper" sich nicht ausschließlich auf Körper beziehen, in Zusammensetzungen anders verwendet werden können und, wie viele Begriffe im Wampar, isoliert uneindeutig sind, geht doch aus dem jeweiligen Kontext sehr klar hervor, daß es ein Körperkonzept gibt. Man unterschiedet deutlich, ob es sich um den eigenen oder fremden sinnlich wahrnehmbaren Körper handelt oder um andere Anteile menschlicher Existenz (Denken, Gefühle, Seele..). Anders als in anderen Gegenden Melanesiens[260] stellen sich die Wampar die Seele meistens nicht körperlich vor. Sie ist im allgemeinen nicht wahrnehmbar und verläßt etwa während des Schlafes den Körper, wenn der Mensch träumt. Totengeister können normalerweise nur die Hunde mit ihren überaus feinen Nasen riechen, während Geister sich den Menschen nur in manchen Situationen zeigen. Wenn Totengeister Menschen täuschen wollen, dann erscheinen sie körperlich: mit einem „normalen" menschlichen Körper. Es gibt also keine zwei Arten von Körpern.[261]

---

[259] Fischer 2000: 208.

[260] Lattas beschreibt für die Kaliai eine deutliche Teilung in zwei Körper: „As elsewhere in Melanesia, the soul for the Kaliai is corporeal (cf. Lawrence 1955; Panoff 1968). The soul which leaves the shaman's body and the captured soul of the sick person are made up of flesh, blood and bone. The soul is not spiritual but a second invisible body which is often spoken of as one's reflection or shadow. The Kaliai speak of the human self as having two bodies, as doubleskinned. The first skin is the visible body left behind as a dead or sleeping body, whilst the second-skinned body is what a person travels in during dreams or when they die." (Lattas 1993 b: 63)

[261] Vgl. die Geschichte *Ngempang a dzog* (W: *Ngempang*-Früchte), Fischer 1994: 120-121.

Abbildung 12-15: Nach einheimischer Auffassung gutaussehende Wampar (Fotos: Hans Fischer).

Unter den Wampar ist das Aussehen im europäischen Sinne von „Schönheit" nicht von sehr großer Bedeutung, wie an dessen Nicht-Erwähnung in Mythen[262] und alltäglichen Gesprächen deutlich wird. Auch bei Partnerwahl und Eheschließung sind Gesundheit und Fleiß entscheidender als das Aussehen. Das Wampar-Wort *ngarobingin* bedeutet sowohl „schön" als auch „gut". Sagt man von einer Frau sie sei *ngarobingin*, kann das also bedeuten, sie ist eine gute Arbeiterin, aber auch daß sie hübsch ist.[263] Dabei schwingt eine Kombination beider Bedeutung mit. Auch wenn Schönheit nicht von überragender Bedeutung ist, gibt es Schönheitsideale, die im folgenden dargestellt werden.[264] Weicht ein Wampar jedoch nicht in allzu auffälliger Weise von diesen ab, wird das im Alltag nur selten kommentiert. Auch besondere Schönheit wird geschätzt, jedoch im Alltag kaum hervorgehoben. Als auffällige Abweichungen gelten beispielsweise große Narben, Humpeln, Einäugigkeit oder andere Formen körperlicher Behinderungen. Über Behinderte wird meist gespottet, man ahmt etwa ihre Ungeschicklichkeiten nach und lacht darüber. Es besteht nicht die Vorstellung, man müsse sie schonen oder so tun als seien sie „normal". Auch sehr dünne, bzw. schwächliche oder kleine Menschen werden im allgemeinen verspottet, wenn sich die Gelegenheit bietet.

Innerethnisch ist das Aussehen (im Vergleich zur Arbeitsleistung) von untergeordneter Bedeutung, interethnisch wird es dagegen wichtig genommen. Das Aussehen von Nicht-Wampar wird häufig kommentiert und ist Gegenstand von Späßen und Gesprächen. Hier spielt die Gegenüberstellung von „schön" (Wampar) und „häßlich" (Fremde) im Alltagsdiskurs eine ständige Rolle. Den Maßstab für Schönheit stellt das Aussehen der Wampar dar. Einzig hellhäutige, glatthaarige und hochgewachsene Papua/ Central, die in Neuguinea heute insgesamt als „schön" gelten und nationale Maßstäbe setzen,[265] werden neben den Wampar als gutaussehend eingestuft. Allerdings ist man schon über die Haare der Papuas unterschiedlicher

262 Siehe dazu Fischer 1994.

263 Auch Christiana Lütkes führte in Tararan Befragungen zu Idealen der Partnerwahl durch und kam zu dem Ergebnis, daß Informanten von sich aus das Aussehen nicht erwähnten. Auf die Frage der Schönheit direkt angesprochen, meinten viele, es nütze nicht viel, wenn jemand schön sei, aber nicht arbeiten würde (persönliche Mitteilung, Juni 2000).

264 Zu Schönheitsidealen führte ich 1999/2000 systematische Befragungen mit 15 Personen durch. Außerdem wurde in Alltagsgesprächen darauf geachtet oder ich sprach das Thema gezielt an. Vereinzelte Äußerungen liegen in unpublizierten Daten von Fischer (1976) und Heide Lienert (1976) vor.

265 Auch in Neuguinea werden mittlerweile Schönheitskonkurrenzen durchgeführt. Während meines Aufenthaltes finanzierte Air Niugini zu Werbezwecken einen solchen Wettbewerb in einem großen Hotel in Port Moresby. Gewinnerin war eine Papua-Frau. Man sagte mir, Wampar-Frauen hätten bei solchen Veranstaltungen auf Provinzebene bislang noch keine Preise erzielt. 1998 wurde von der Lokalregierung der Wampar die erste Wampar-Schönheitskonkurrenz veranstaltet. Allerdings wurde dabei nicht nur das Aussehen der Teilnehmerinnen bewertet, sondern auch die Frage, wie „traditionell" ihr Schmuck und Kostüm waren.

Meinung. Einige Wampar meinen nach wie vor, schwarzes, krauses und kräftiges Haar, wie das der Wampar, sei am schönsten.

Körperliche Unterschiede spielen zunächst im Zusammenhang mit Geschlechterunterschieden eine Rolle. So werden beispielsweise für die geschlechtsspezifische Arbeitsteilung körperliche Gründe genannt. Frauen könnten keine Bananen einbinden (eine typisch männliche Tätigkeit), da sie zu schwache Beine hätten, um auf die Leiter zu steigen. Auf den Einwand, Frauen würden doch sehr schwere Dinge tragen, hieß es: Frauen hätten schwache Beine, aber starke Köpfe. Die geschlechtsspezifische Arbeitsteilung sowie ihre Begründung in körperlichen Unterschieden findet im Rahmen einer Bewertung dieser Unterschiede statt. Frauen werden mit dem Boden, Männer mit der Höhe assoziiert, Frauen gelten als physisch, geistig und psychisch schwächer als Männer.[266] Stärke ist eindeutig positiv und Schwäche negativ, sowohl im Vergleich der Geschlechter als auch im Vergleich von Individuen innerhalb eines Geschlechts. Die Kraft oder Stärke der Männer ist nicht nur von großem Wert, sie hat auch eine psychische und geistige bzw. spirituelle Komponente.[267] So läßt sich der scheinbare Widerspruch erklären, daß Frauen mehr und härter arbeiten und dennoch als die schwächeren gelten.

Im folgenden werden die verschiedenen körperlichen Merkmale und ihre Bewertungen dargestellt. Eines der wichtigsten unterscheidenden Merkmale ist die Körpergröße. In Papua-Neuguinea gehören die Wampar zu den größten Menschen.[268] Sie selbst setzen Größe mit Kraft und Stärke gleich. Groß und gerade gewachsen zu sein, bedeutet Überlegenheit. Über Hochlandleute oder Watut, die offensichtlich kleiner sind, macht man sich häufig lustig. Den Adzera wurde zugute gehalten, daß sie wenigstens nicht klein, wenn auch nicht so groß wie die Wampar seien. Am schlimmsten sei es, klein und krummbeinig zu sein. Während meines Aufenthaltes in Gabsongkeg ertrank in Dzifasing ein Hochland-Mann, der Betelnüsse kaufen wollte. Die Wampar laden manchmal Betelnüsse in Säcken auf Boote und

---

[266] Ausführlich geht Christiana Lütkes auf die Arbeitsteilung der Geschlechter und damit verbundene Ideologien ein (Lütkes 1999: 262 ff.). Außerdem standen mir die unpublizierten Befragungen von Hans Fischer zur Arbeitsteilung der Geschlechter aus den Jahren 1971, 1976 und 1997 zur Verfügung.

[267] Lütkes 1999: 272.

[268] Schon die Missionare betonten die ungewöhnliche Größe der Wampar. Aussehen und Charakter wurden meist gleichgesetzt: „Das Aussehen der Lae Womba bestätigt ihren Ruf als wilde, mordlustige Gesellen. Es sind grosse, kräftige, völlig nackt gehende Menschen." (Berghausen 1912: 6, zit. n. Fischer 1992: 48). Der Missionar Böttger schrieb in einem Bericht recht enttäuscht von einigen kleinen und schlanken Wampar, die nicht dem Bild entsprachen, das man ihm vermittelt hatte. Fischer kommentiert dies: „Die Bemerkungen über die Körpergröße sind von einigem Interesse und verdeutlichen die Relativität solcher Beschreibungen von ersten Kontakten. Größen von Männern zwischen 1,80 und 1,90 m sind unter den Wampar heute nicht selten. Aber es gibt auch sehr viel kleinere unter ihnen. Die Größen variieren ebenso wie unter Europäern. Das ist vielleicht auch Ergebnis der Mischungen mit vielen unterschiedlichen Nachbargruppen." (Fischer 1992: 33).

machen die Boote im Markham fest. So müssen die Aufkäufer aus dem Hochland, deren aggressive und (angeblich) häufig betrügerische Weise zu handeln man fürchtet, durch das bisweilen reißende Wasser des Markham waten. Erst wenn man sich wirklich einig geworden ist, können sie die schweren Säcke mit Betelnüssen abtransportieren. Einem der Käufer gelang es nicht, mit der Ware heil an Land zukommen. Das Wasser habe ihm seine zu kurzen Beine weggerissen, und er sei ertrunken. Die Leiche wurde nicht gefunden, und so kam die Nachricht nach Gabsongkeg: Wer sie finde, erhalte von den Hochländern eine Belohnung. Nicht ohne Häme sprach man von der Unfähigkeit der Hochlandleute zu schwimmen, von ihrer Gier nach Betelnüssen und von den kurzen Beinen, die sie in der Strömung des Markham nicht trügen. Die Beine sollten lang und die Waden der Frauen schlank sein, das genaue Gegenteil der kurzen, sehr stämmigen Beine der Hochländer.

Ich wurde mehrmals auf Asiaten, und insbesondere auf Filipinas, angesprochen. Frauen fragten mich, ob ich wisse, warum Filipinas so klein und zierlich seien. Man erging sich in langen Beschreibungen ihrer winzigen Gliedmaßen, kleinen Körper und schwachen Gelenke bzw. Knochen. Das geschah weder in einem abwertend noch in einem bewundernden Ton, sondern eher staunend, verständnislos. Eine Frau fragte, ob diese kleinen „Spielzeugfrauen" (auf Pidgin wörtlich: *liklik toi meri*) überhaupt wie normale Frauen arbeiten könnten. Man fand sie exotisch und „niedlich", aber nicht ernst zu nehmen, war jedoch neugierig, mehr über Ursachen und Auswirkungen dieses Körperbaus zu erfahren. Da ich zuvor auf den Philippinen gearbeitet hatte, wollte man von mir mehr darüber wissen.

Die Körpergröße der Europäer und Australier wird, da den Wampar ähnlich, positiv bewertet. Allerdings betont man, daß bei Weißen Größe nicht gleichbedeutend mit Stärke sei, was wiederum als negativ gilt. Weiße könnten keine schweren Arbeiten verrichten, manche seien zu dürr oder zu fett und ihre Knochen sowie Köpfe seien zu weich, um schwere Lasten zu tragen. Manchmal faßten Frauen prüfend meine Oberarme an und meinten, das sei schon ganz in Ordnung, aber ich müßte noch etwas kräftiger werden. Man lud mir auf dem Weg von oder zum Feld bzw. Markt nach und nach mehr Lasten in meinen Netzsack, den man über den Kopf gehängt auf dem Rücken trägt, und war ausgesprochen zufrieden, wenn sie mir nicht zu schwer wurden. Dennoch war man sich einig, daß ich bei allem Training nie die Kraft einer Wampar-Frau erlangen könne: Hals und Kopf der Weißen seien zu weich. Ein kräftiger Körper ist das Ideal.[269] Daran orientiert sich auch die Frage des Umfangs. Dünn oder dürr zu sein ist schlecht. Zu

---

[269] Siehe auch Redewendungen, die sich auf körperliche Stärke und Schwäche beziehen, in: Fischer 2000: 180-182.

fett zu sein allerdings auch. Man sagte mir, die Tolai-Frauen, von denen mehrere eingeheiratete Frauen immer als Beispiel angeführt wurden, seien eindeutig zu fett. Das sei bei der Arbeit hinderlich und außerdem häßlich. In „meine" Familie hatte eine Tolai-Frau eingeheiratet, die man recht offen für ihren Körperumfang kritisierte. Wenn Essen verteilt wurde, hieß es manchmal, „Warum willst du noch etwas? Du bist schon fett genug!"

Vor allem für Männer ist es schlimm dürr (auf Pidgin: *bun nating*) zu sein. Das erklärten mir junge Männer und wiesen auf Beispiele besonders kräftiger Männer als Ideal hin. Christiana Lütkes beschreibt das ebenfalls. Allerdings gehen die Erklärungen für Gewichtsabnahme bzw. Magerkeit in Gabsongkeg und Tararan auseinander. Im Dorf Tararan wurden sehr viel stärker traditionelle Tabus betont: Männer dürfen sich nicht zu viel mit Frauen einlassen, sie dürfen mit ihren Frauen etwa auch vor der Jagd keinen Geschlechtsverkehr haben. Die Unreinheit der Frauen führt dazu, daß dem Mann Kraft und Gesundheit verloren gehen, sollte er mit Menstruationsblut in Berührung kommen oder zu häufige sexuelle Kontakte haben.[270] In Gabsongkeg wurden vor allem nach der Geburt Tabus eingehalten: Frauen dürfen dann nicht für Männer kochen und die Männer dürfen ihre neugeborenen Babies nicht im Arm halten. Beides würde einen Kraftverlust bewirken. Allerdings wurden diese Tabus in Gabsongkeg eher als sinnlose Überlebsel der alten Kultur dargestellt und über deren Gründe wurde kaum mehr gesprochen. Auch auf Nachfragen gab es keine detaillierten Angaben zu verschiedenen Tabus und die Folgen eventueller Mißachtung. Allerdings wurde deutlich, daß man dem Einzelnen durchaus Schuld am Verlust (männlicher) Kraft, die ihm Überlegenheit über Frauen oder Fremde gibt, zuschreibt. Eigene Kraft und Stärke im Gegensatz zur Schwäche von Frauen und Fremden ist ein wertender und auch moralischer Gegensatz.

Eine helle Hautfarbe gilt bei den Wampar als positiv. So spielte sie früher etwa bei der heute nicht mehr durchgeführten Initiation der Mädchen eine Rolle.[271] Die Mädchen wurden mehrere Wochen in ein *pitsu* (W: Seklusionshaus) eingeschlossen, das sie nicht verlassen durften. Man zündete ein großes Feuer unter dem Haus an, und die jungen Frauen wurden „geräuchert". Entgegen unserer Vorstellung von „Räuchern" als einem Vorgang, der den Körper mit Ruß schwärzt, seien sie jedoch „weiß" und „sauber" geworden:

„Und der Rauch bearbeitete sie. Ihr Schweiß lief herunter und die Tränen liefen. Ihr Schweiss lief und aller Schmutz auf ihrer Haut ging weg. Und sie glänzten wie weisse

---

270 Lütkes 1999: 274-275.
271 Fischer (Hg.) 1978: 60 ff.

Sago-Triebe. Sie blieben drinnen und ihr Schweiss lief und lief und danach glänzten sie wie weisse Frauen." (Pes-Benjamin, in: Fischer [Hg.] 1978: 64-65)

Später wurden die Mädchen geschmückt und konnten das *pitsu* verlassen. Es gab ein großes Essen, und anschließend wuschen sich die jungen Mädchen im Fluß. In einer Schilderung heißt es, man habe ihre Zungenspitzen eingeschnitten und sie mit Kalk behandelt. Nachdem diese Prozeduren vorbei waren, verrichteten sie ihre gewöhnlichen Arbeiten.

Durch die Initiation sind die jungen Frauen als mögliche Heiratspartnerinnen für die Männer attraktiv geworden. Auch wenn im folgenden Zitat die Beschreibung der hellen Haut nicht unbedingt wörtlich genommen werden muß, ist deutlich, daß Anziehung bzw. Attraktivität mit heller Haut gleichgesetzt wird:

„Die jungen Männer sahen, dass dieses junge Mädchen daherkam mit einer Haut hell wie eine weisse Frau. Und sie wurden sehr verlangend nach diesem Mädchen. Aber andere junge Männer sahen ihre Schwester und sie brachen ihre Speere durch." (Pes-Benjamin, in: Fischer [Hg.] 1978: 64-65)

Auch in einer weiteren Schilderung[272] heißt es, ihre Haut sei „schön glänzend" geworden. Glänzend, das Licht reflektierend im Gegensatz zu stumpf, trocken oder durchscheinend ist hier als Übersetzung vermutlich zutreffender als „weiß". Denn die weiße Haut der Europäer wird wenig positiv eingeschätzt: Sie ist in der Sonne zu empfindlich, eher rot als weiß, sie sei stumpf, trocken, ungleichmäßig oder durchscheinend (man sieht die Adern). Insgesamt wird, ähnlich wie auf den Philippinen, der unebenmäßige Eindruck kritisiert. Auf weißer Haut sieht man jeden blauen Fleck, Haare, kleine Wunden, Hautverfärbungen, Pickel etc. Die Hautfarbe sowie Hautbeschaffenheit der Weißen wird – obwohl h e l l e Haut als positiv betrachtet wird – nicht als schön eingestuft. Dies steht in völligem Gegensatz zu Befunden Andrew Lattas bei den Kaliai. Von den Kaliai werden Farben mit bestimmten Vogelarten in Verbindung gebracht. Weiß werde positiv bewertet und mit der weißen Brust des Adlers assoziiert, während rot und blau negativ bewertet werden. Man glaube, Kaliai hätten ihre frühere Farbe Weiß verloren, weil sie nicht den Lehren Gottes folgten. Die Farben Blau und Rot, die Farben des Kasuars, würden mit Schwarz in Verbindung gebracht. Kaliai assoziieren ihre eigene Hautfarbe mit der Farbe des Vogels und setzen sie mit moralischem Verfall gleich.[273] Bei den Wampar dagegen sind kräftiges Blau und Rot ausgesprochen positiv bewertete Farben.[274]

---

[272] Omot I moadzi – Atao garafu, in: Fischer (Hg.) 1978: 65-66.
[273] Lattas 1992: 33.
[274] Fischer 2000: 167.

Kaliai bewerten, anders als Wampar, auch die weiße Haut der Europäer positiv:

„Many bush Kaliai see the 'superior' culture and lifestyle of whites as related to their belief that whites possess a superior skin, namely a skin which shines and gives off light. Whites are often regarded as superior moral beings, for unlike the bush Kaliai, they have not carried spears to kill other villagers, nor broken the necks of their widows nor committed infanticide. The shiny light skin of the white man seems to reflect a moral luminosity. It seems to confirm his pedagogic mission claims of possessing the light of knowledge and the power to counter moral darkness. It is within this semiology of darkness and light that colonial domination comes to be refracted and constituted." (Lattas 1992: 35)

Bemerkenswert ist, daß sich in einem ähnlichen Kontext von Kolonialismus und Mission hier völlig unterschiedliche, sogar gegensätzliche Konsequenzen ergeben haben. Das läßt auch allgemeine Schlüsse und vage Aussagen fragwürdig erscheinen, wie sie in dem von Lattas gezogenen Fazit formuliert werden.[275] Auf die Problematik des Zusammenhangs von Mission, Kolonialismus und indigenen Körper- bzw. Rassevorstellungen soll jedoch in Kapitel 9 noch ausführlicher eingegangen werden.

Sehr dunkle, schwarze Haut gilt bei den Wampar als häßlich. Mehrfach hörte ich als negative Äußerung über Frauen, an denen man etwas auszusetzen hatte, oder über fremde Frauen „die hat ein Gesicht wie ein verrußter Kochtopf" oder wie ein Tontopf (P: *sospen*). Auch *Buka* für dunkelhäutige Menschen ist kein freundlich gemeinter Ausdruck. Bei kleinen Babies wird stolz darauf hingewiesen, wenn ihre Haut auffällig hell ist.

Zur Hautbeschaffenheit gibt es Redewendungen und Vergleiche, die sich vor allem auf Hautkrankheiten beziehen. So wird von Ringwurm befallene menschliche Haut etwa mit der einer Waran-Art verglichen. Trockene Haut (W: *ngrang*), ein Zeichen des Alters, wird als Gegensatz zu *parats* (W, „frisch, lebendig, saftig") beschrieben.[276] Schon in Aufzeichnungen Georg Stürzenhofeckers ist der Ausdruck, die Haut sei „lose wie bei einem häßlichen Hund", vermerkt und soll sich auf faltige, schlaffe oder „lose" Haut einer alten Frau bezogen haben.[277] Das Ideal ist gleichmäßig glatte und straffe, hellbraun glänzende Haut. Die Hautfarbe der Wampar selbst ist heutzutage sehr unterschiedlich. Allerdings sind sehr schwarze und sehr helle Haut die Ausnahme. Das „Normale" ist das beschriebene ideale Mittelbraun.

---

[275] Lattas 1992: 50.
[276] Fischer 2000: 195.
[277] Ebd.

Abbildung 16: Zeichnung eines Wampar-Mannes und einer Wampar-Frau von Dzob-
waro Giring.

Abbildung 17: Zeichnung eines Hochland-Mannes von Giame Skirri Yaem.

Die ideale Haarfarbe ist Tiefschwarz. Das helle Haar der Tolai gilt als komisch und unattraktiv. Deshalb werden auch die eingangs erwähnten Spitznamen *yelo top* oder *kapul* gerne und häufig verwendet. Vor allem deren Körperbehaarung gilt als komisch: Bei Tolai sieht man auf dunkler Haut ihre blonde Körperbehaarung besonders deutlich, was man noch merkwürdiger findet als das helle Kopfhaar. Den hellen Haarspitzen, die kleine Wampar-Kinder anfänglich noch haben, wird jedoch keine große Bedeutung beigemessen. Werden sie älter, gibt sich das von allein, und die Haare werden so wie sie sein müssen. Auch von Weißen sagt man, sie hätten eine zu starke Körperbehaarung, bzw. die Haare seien auf der hellen Haut besonders sichtbar.

Wenn es um die Beschaffenheit des Haares geht, gilt ebenfalls die „normale" Krause der Wampar als schön. Allerdings behauptet man, die Hochländer hätten so festes krauses Haar, das es wie Stahlwolle zum Schrubben von Töpfen geeignet sei. Das ist selbstverständlich nicht schön. Wampar-Frauen flechten ihre Haare zu unterschiedlichsten Frisuren, und im Lauf der letzten Jahrzehnte haben sich die Moden geändert: eine Zeitlang trug man das Haar hoch aufgestochert, dann dem Vorbild afrikanischer Frisuren folgend eng am Kopf geflochten. Einige Wampar-Männer ließen, im Zuge der Verehrung Bob Marleys und der Verbreitung der Reggae-Musik, ihr Haar zu Rasta-Locken verfilzen. Während der Feldforschung hörte ich von einigen jungen Frauen, sie hätten lieber weicheres Haar und wollten es gerne, dem Vorbild der Papua-Frauen entsprechend, lang über die Schultern fallend tragen. Allerdings, so weiches und empfindliches Haar wie das der Weißen wolle niemand haben.[278] Australier etwa müßten mit großen Hüten herumlaufen, weil sie Haare, Kopfhaut und Kopf vor Sonne schützen müssen. Das gilt als unpraktisch und als Beweis auch für Schwächlichkeit, Empfindlichkeit und unzureichende biologische Grundausstattung der Weißen.

Glatzen oder Teilglatzen sowie kahle Stellen gelten als unschön bzw. komisch. Weiße haben weniger Haare als Wampar, häufiger eine Glatze und dünnes Haar. Auch das wird als Folge des schwächlichen oder schlechten Haarwuchses der Weißen aufgefaßt. Junge unverheiratete Männer rasieren sich die Haare in Abständen ganz ab oder schneiden sie sehr kurz. Das hängt mit Läusen und, nach Aussagen der Wampar-Frauen, mit der üblichen Unlust der meisten Junggesellen zusammen, sich regelmäßig zu waschen, und gilt für diese Altersgruppe als normale Form der Körperpflege. Bärte sind bei den Wampar nichts ungewöhnliches. Männer lassen

---

[278] Auch Christiana Lütkes berichtet, man habe ihr während der Feldforschung häufiger gesagt, ihr Haar sei zu „weich" (P: *malumalu*) und ihr vorgeschlagen, es kurz zu schneiden (persönliche Mitteilung, Juni 2000).

sich traditionell nach einem Todesfall während der Trauerzeit einen Bart stehen, der dann erst bei einem Fest zur Beendigung der Trauerzeit – ungefähr nach einem Jahr – abgenommen wird. Bärte werden deshalb bei der Beschreibung von fremden M ä n n e r n nicht besonders hervorgehoben. Allerdings beschrieb man mir, daß vor allem ältere Hochlandfrauen einen starken Bartwuchs hätten. Einige müßten sich regelmäßig wie Männer rasieren. Dieses Merkmal wurde als Indiz für deren sehr „männliche Veranlagung" und schlechten Charakter angegeben: sie seien übermäßig aggressiv, energisch und streitsüchtig.

Die Augenfarbe spielte in Gesprächen und Befragungen überhaupt keine Rolle. Der normale Mensch habe braune Augen, und Abweichungen sind kaum erwähnenswert. Auch an Weißen wurden blaue Augen nie als irgendwie auffallendes oder besonderes Merkmal genannt. Im Gegensatz dazu schreibt Campbell etwa, das man in Polynesien die „farblosen" Augen der Weißen in der Zeit der ersten Kontakte unattraktiv fand.[279] Auch bei Farbuntersuchungen nannten Wampar als Beispiel für Farben nie Augenfarben.[280] Eine Ausnahme, bei der die Augen – allerdings auch hier nicht die Farbe – eine Rolle spielten, sind zwei im Dorf lebende Albino-Jungen. Von beiden wurde gesagt, ihre Augen seien krank oder „schlecht" und deshalb müßten sie diese mit einer Sonnenbrille vor Lichteinfall schützen. Ansonsten machte man sich über die Jungen eher lustig, wie über alle anderen Behinderten auch. Zu den Fragen, warum es Albinos gibt, was die Ursache der Abweichung sei, weshalb gerade in dieser Familie Albinismus auftritt, konnte man mir keine Antworten geben. Die Gesamterscheinung wurde nicht als Krankheit gewertet, eher die Einzelheiten wie die weiße Haut und die „kranken Augen". Man hatte allerdings keine Erklärungen dafür.

Die Augenform allerdings spielt – zumindest unter den Wampar – eine Rolle. Zunächst nahm ich an, große Augen seien häßlich, wie schon von Fischer beschrieben.[281] Als ich jedoch feststellte, daß zwei junge Wampar-Frauen, die als Schönheiten galten, unserem Verständnis nach durchaus große Augen hatten, stellte sich bei genauerem Nachfragen heraus, daß eigentlich „Glubschaugen" (auf Wampar: *mara gumpug*) gemeint waren. *Mara gumpug* wird auch als Schimpfwort gebraucht. Auffällig ist, daß für die Beschreibung von Fremden deren große, kleine, braune, blaue oder Schlitzaugen keinerlei Bedeutung haben.

Im Gegensatz dazu sind Nasenformen und -größe sowohl unter den Wampar als auch bei der Beschreibung von Fremden wichtig. Eine Nase gilt als schön, wenn sie schmal und nicht zu lang ist. Bei einem Baby wies

[279] Campbell 1985: 73.
[280] Fischer 2000: 112 ff.
[281] Ebd.: 197.

man etwa immer wieder darauf hin, es habe die viel zu breite Nase der Adzera von seiner Großmutter geerbt. Früher sollen Wampar-Frauen die Nasen ihrer Babies massiert haben, damit sie schön schmal wurden. Große Nasen, etwa der Hochlandleute, gelten ebenfalls als häßlich. Man machte mich häufiger auf Hochländer mit besonders großen und gebogenen Nasen aufmerksam, die man unattraktiv und komisch findet. Nasen der Asiaten sind dagegen deutlich zu klein und verleihen ihnen auch ihre Wampar-Bezeichnung (*son a ngkoats* – „Kurznasen").

Der Körpergeruch wird schon innerhalb der Wampar nicht besonders wichtig genommen. Dies fiel vor allem im Vergleich zu den Philippinen auf. Wampar sind eher der Auffassung, daß es normal sei, bei der Hitze zu riechen, wenn man arbeitet und sich nicht wäscht. Allerdings spielt der Geruch in der Auseinandersetzung mit den jungen Männern eine Rolle, die, da noch unverheiratet, häufig zu faul sind, ihre Kleidung selbst zu waschen. Der Gestank wurde von den Frauen hin und wieder – allerdings nicht sehr nachdrücklich – kommentiert. Er wurde als Zeichen der allgemeinen Nachlässigkeit und Faulheit der Männer aufgefaßt. Sehr viel entscheidender als Körpergerüche von Mensch und Tier sind alle von kranken und toten Körpern ausgehenden Gerüche.[282] Fremden wirft man nicht vor, daß sie stinken, und ich habe auch keinerlei Spekulationen über sich nach Ethnien unterscheidende Gerüche gehört. Von Fremden sagt man allerdings, sie seien schmutzig oder ihre Haut sei unsauber. Am Beispiel der auf Wampar-Land siedelnden Watut aus Kumots wurde deutlich, daß damit in erster Linie eine von Hautausschlägen fleckige Haut als „schmutzig" bezeichnet wurde. Diese Ausschläge werden nach Auffassung der Wampar unter anderem durch Schlamm und Staub hervorgerufen.

Dem Aussehen verschiedener Einzelpersonen der Eigengruppe wird im Alltagsleben und Gesprächen unter den Wampar nicht allzuviel Aufmerksamkeit geschenkt. Grundsätzlich gelten jedoch alle Eigenschaften als positiv, die sich auf Jugend, Gesundheit und Kraft zurückführen lassen. Alle altersbedingten Veränderungen jedoch gelten als so normal und unabänderlich, daß sie kaum erwähnt, nicht bedauert und auch nicht als besonders negativ aufgefaßt werden. Sprechen Frauen etwa über die Zeit, als sie noch jung waren, sagen sie manchmal *taim susu bilong mi i sanap yet* (P: als mein Busen noch hochstand) – im Alter einen Hängebusen zu haben, gilt als normal. Alle Abweichungen im Aussehen von Fremden dagegen werden kommentiert und auch verspottet. Sie sind eben nicht „normal" und

---

282 Die Veränderungen von Geruchsvorlieben und -abneigungen zeigten sich am Vergleich der Geruchsnennungen von Erwachsenen und Kindern. Vor allem Schulkinder nannten unter den Wohlgerüchen Seife, Waschmittel, Puder, Deodorant und Shampoo. Deutlich wurde, daß Vorstellungen von Körpergerüchen und Wohlgerüchen sich im Wandel befinden. Speziell zu Gerüchen wurden systematische Befragungen durchgeführt. Die Ergebnisse sind einer späteren Publikation vorbehalten.

deshalb Gegenstand der Aufmerksamkeit. Auch sie werden als Abweichungen vom Zustand der Gesundheit und Kraft aufgefaßt (siehe dazu Abschnitt 5.7: Konsequenzen und Nutzung körperlicher Unterschiede).

In den Bereich der Bewertung körperlicher Unterschiede gehört auch die Frage nach der Erblichkeit von Merkmalen und Eigenschaften. Dieser Bereich ist schwierig darzustellen, da die Meinungen sehr stark auseinandergehen und sich schnell situativ ändern können. Ein „körperlicher" Unterschied, der bei Gesprächen über Fremde (in erster Linie über Hochländer, aber auch im Zusammenhang mit Sepik) immer wieder genannt wurde, war, „ihr Kopf ist anders". Sie hätten „Steinköpfe". Dabei wurde Kopf mit Denken gleichgesetzt. Denn häufig erklärte man mir auf Nachfragen ausführlicher, der Kopf und das Denken seien bei den Hochländern so anders als etwa bei den Wampar, daß sie nicht in der Lage seien, sich anders zu verhalten als sie es tun. Dabei wurden Denken (P: *tingting*) und Sitten (P: *pasin*) gegenübergestellt. Zu den Sitten zählte man etwa Nahrungszubereitung, Hausbau, Herstellung von Netztaschen oder Anbautechniken. Einige dieser Sitten seien veränderlich, und man nannte Beispiele von Hochland-Frauen und -Männern, die Sitten der Wampar übernommen haben. Schlechte Sitten, die angeblich aus dem Hochland kommen, seien jedoch schwer veränderlich, da sie im ‚Denken' begründet seien. Dazu wurden Prostitution, Glücksspiel um Geld sowie Drogenhandel und -konsum gezählt. Das Denken bzw. der ‚Charakter' seien erblich und unveränderlich, in diesen Bereich gehören: Aggressivität, Gewaltbereitschaft, Streitsucht, Dummheit, Sturheit, Gier sowie Zähigkeit. Es werden immer wieder Geschichten erzählt von Hochländern, die man halbtot schlagen könne, die jedoch wieder aufstehen, sich einmal schütteln und davongehen, als sei nichts geschehen. Sie seien dickköpfig in dem Sinne, daß sie beim Handeln nicht nachgeben, außerdem seien sie so dickköpfig, daß man ihre Köpfe nicht einschlagen könne. Das wurde etwa auch bei Kommentaren zu Rugby-Spielen deutlich.[283]

---

[283] Zu Sport, Rassismus und Ethnizität gibt es aus der Soziologie bereits eine Reihe von Arbeiten (Siehe etwa den Sammelband von Jarvie 1991 sowie Cashmore 1983 und 1990). Allerdings beziehen diese sich meist auf Gesellschaften, in denen im Sport „Schwarze" und „Weiße" aufeinander treffen (Jarvie [Hg.] 1991, darin: Burton, Maguire, Parry und Parry). In Neuguinea trainierte Charles Abel in den neunziger Jahren des neunzehnten Jahrhunderts eine einheimische Kricket-Mannschaft. Das Kwato-Team spielte dann 1929 gegen die weiße Mannschaft aus Port Moresby. Einheimische durften nach der Kolonialgesetzgebung ihren Oberkörper nicht bekleiden. Während des Kricket Spiels waren die Spieler jedoch vollständig und den Regeln entsprechend bekleidet. In den sechziger und siebziger Jahren spielten Einheimische in Football-Mannschaften, deren Wettkämpfe häufiger in Gewalttätigkeiten der Spieler und ihrer *wantoks* gegen die Gegner gipfelten (Nelson 1974: 227). Bei Auseinandersetzungen im Rugby innerhalb Neuguineas sind die teilnehmenden Spieler der verschiedenen Mannschaften nicht nach schwarz und weiß zu klassifizieren. Die Mannschaften werden meist nach Hochland- und Tiefland-Mannschaften unterschieden. 1997 gab es ein großes Rugby-Turnier mit gewalttätigen Auseinandersetzungen. Als ich 1999/2000 meine Untersuchungen über Sport-Wettkämpfe fortsetzen wollte, fanden nur noch kleine Spiele statt, und man fuhr nicht mehr gemeinsam in die Stadt, um sie anzusehen, da die Angst vor Überfällen mittlerweile zu groß war.

Eine „witzige" Geschichte, die man mir erzählte, handelte von einer Hochland-Frau, die in den Bergen saß und zusammen mit anderen Frauen Karten spielte. Da sie (natürlich) um Geld spielten, war sie so ins Spiel vertieft, daß sie nicht bemerkte, wie ihr Kleinkind wegkrabbelte und in eine tiefe Schlucht stürzte. Als die Frauen das Kind viele Meter tief unten fanden, lebte es noch – es war ja auch ein Hochland-Kind! Über diese Geschichte wurde laut gelacht.

Im Wampar hat der Kopf als Sitz von Gefühlen, Denken oder Intelligenz keine besondere Bedeutung. Nur der Wampar-Ausdruck *ono murin ema efa mpi* „kein Gehirn wie ein Schwein" ist ein Hinweis auf den Sitz des Denkens im Kopf.[284] Die Betonung des Kopfes der Fremden mag aus Kombinationen mit Bedeutungen von Pidgin-Ausdrücken hervorgegangen sein. Auch im Pidgin sitzen Gefühle eher im Bauch (etwa: *bel hevi* – traurig, *bel hat* – wütend), *bikhet* etwa sind Angeber und Dickköpfe. *Stonhet* (Steinkopf) bezeichnet Dickköpfe, Menschen, die nicht hören/gehorchen wollen, und gelegentlich auch Dummköpfe.[285] Auf Wampar ist ein großer Kopf (*ono gampig*) eine unbeliebte Kopfform. Sowohl den Hochländern als auch den Sepik sagt man nach, sie hätten große Köpfe. Mir erklärte man, Sepik-Leute könne man meist an ihrer Stirn und Kopfform erkennen: der Kopf sei groß, etwas in die Länge gezogen und die Stirn sehr hoch. Bei Hochländern befinde sich auf einem kleinen Körper mit kurzen dicken Beinen ein zu großer Kopf.

Um Vorstellungen über die Veränderlichkeit bzw. Unveränderlichkeit von Eigenschaften und damit ihre physische oder kulturelle Herkunft herauszufinden, habe ich außerdem mehrfach danach gefragt, was aus einem Hochland-Baby, das von klein an in einer Wampar-Familie aufgezogen wird, werde. Die Antworten darauf waren sehr unterschiedlich. Die einen meinten, es werde zu einem Wampar, die anderen meinten, sein Verhalten werde dennoch das eines Hochländers: Es werde gewalttätig, aggressiv und unerträglich. Nannte ich Beispiele bestimmter Personen, die keineswegs so schrecklich sind, gab man sofort zu, Ausnahmen könne es immer geben. Da ich nicht systematisch eine große Anzahl an Wampar fragte, kann hier nur ein Eindruck wiedergegeben werden. Einstellungen gegenüber Fremden scheinen sich im Umbruch zu befinden: Es waren eher die älteren Leute (ab vierzig), die an die Formbarkeit von Menschen glaubten. Die jüngeren dagegen (zwischen 20 und 30), die sich in Konkurrenz zu den Fremden sehen, die ihre Zukunft gefährdet oder zumindest beeinträchtigt glauben, äußerten sich am entschiedensten negativ über Fremde. Junge

---

[284] Fischer 2000: 213.

[285] *Stonhet* fand ich allerdings nicht in Pidgin-Wörterbüchern, weder in Mihalic (1971) noch in Murphy (1994).

152

Leute wiesen mich häufiger auf Konkurrenz oder Ängste vor künftigen Auseinandersetzungen hin. In manchen Fällen war es auch meine Interpretation, daß feindselige Haltungen gegenüber fremden aus aktuellen Konflikten oder konkreten Befürchtungen künftiger Konkurrenz entstanden. Die Flexibilität und Situationsgebundenheit der Einstellungen zu und Behandlung von Fremden wird im folgenden Abschnitt zu interethnischen Ehen und Mischlingen an Fallbeispielen noch genauer dargestellt. Von Jüngeren hörte ich auch am häufigsten Berichte über Vorgänge in *settlements*. Schon das Wort *settlement*, für Siedlungen Fremder am Stadtrand Laes oder auf Wampar-Gebiet, wird nicht mehr neutral gebraucht. Es bedeutet: Kriminalität, Prostitution, Gewalt und Drogen. Einige Wampar erzählten mir, eine große Gefahr der *settlements* läge auch darin, daß hier Hochländer und Sepik-Leute zusammenlebten. Sie heirateten untereinander und die Mischlingsnachkommen Fremder seien schlimmer als alles, was man bisher kenne. Sie erbten von beiden Seiten die schlechtesten Eigenschaften und überträfen so die Eltern in jeder Hinsicht.

Vorstellungen darüber, wie Nachkommen ihre Eigenschaften von den Eltern erhalten und von welcher Seite, sind vage. Man erklärte mir, das Blut des Vaters bestimme Zugehörigkeit und Eigenschaften der Kinder. Aber meist wurde hinzugefügt, davon gebe es auch Ausnahmen, und man sei sich eigentlich gar nicht sicher, wie das funktioniere. Grundlage dieser Zeugungsvorstellung ist eine von Fischer in den sechziger und siebziger Jahren aufgenommene biologische Ideologie, die sich aus sprachlichen Formulierungen ableiten läßt, aber auf Wampar auch expressis verbis so ausgedrückt wurde:

„Der Mann ‚gibt' der Frau das Kind (*erem*), die es nur ‚trägt' (*epeng*), wie das verwendete Wort eindeutig ausdrückt. Dabei erhält das Kind sein ‚Blut' (*wi*) vom Vater und nur von diesem, obwohl das Geborenwerden aus gleichem Leib eine bestimmte gefühlsmässige Verbundenheit bedeutet." ... „Diese biologischen Vorstellungen bilden nun auch die Grundlage für Gruppen-Namen (*Feref, Montar*) oder Klassenbegriffe wie *sagaseg* (...)." (Fischer 1975: 128)

Letztlich bildet diese Theorie nach wie vor die Grundlage für die Vorstellung auch vom „Wampar-Sein". Sie begründet die unterschiedliche Bedeutung fremder Männer und Frauen in interethnischen Ehen und die Konsequenzen, die daraus abgeleitet werden können (siehe Abschnitt 5.6 und 5.7). Schon früher wurde allerdings die Bedeutung der emotionalen Bindung an die Mutter, die Bedeutung der Schwangerschaft, anerkannt.

Brigitta Hauser-Schäublin schreibt, Blut sei in den meisten Kulturen Neuguineas weiblich und werde Samen oder männlichem Blut gegenübergestellt.[286] Hier bezieht sie sich jedoch auch auf Ethnien aus dem Hochland Neuguineas, in denen auch Verwandtschaftsgruppen keine große Rolle spielten und Prinzipien von Abstammung und Deszendenz weniger wichtig waren als bei den Wampar.[287]

Heute sind die Vorstellungen der Wampar sehr viel vager und flexibler. Manche Wampar erklärten, etwas – man wisse nicht was – von beiden Elternteilen mische sich und daraus entstehe das Kind. Häufig wurde ich in diesem Zusammenhang gebeten, die Zusammenhänge aus wissenschaftlicher Sicht einmal genauer zu erläutern. Je schwieriger Fragen zu beantworten waren, desto häufiger wurden sie als Fragen an mich zurückgegeben. Mit großer Hartnäckigkeit und einigen freundlichen Informantinnen, von denen es bei den Wampar viele gibt, hätte ich wahrscheinlich ein System oder einen wohlgeordneten Vorstellungskomplex entwickeln können. Der wäre jedoch eher Produkt meines Interesses als Realität gewesen. So muß man sich mit der vagen Annahme begnügen, daß Verbindungen von Ähnlichkeit und Zugehörigkeit zwischen Vätern und Kindern enger seien. Davon sind jedoch Ausnahmen möglich. Auch adoptierte Kinder werden in der Realität wie biologische Nachkommen behandelt. Gibt es jedoch Anlässe wie Konkurrenz und Konflikte, können Theorien der Zugehörigkeit, der Höher- und Minderwertigkeit aktiviert (oder sogar erst entwickelt) werden, die im Alltag sonst bedeutungslos sind.

Ein Phänomen, das für die alte Kultur der Wampar sowie für heutige Verbindungen zwischen Zauberei und Fremden (siehe Abschnitt 5.6) von Bedeutung sein könnte, ist der Glaube an die Übertragung einer körperlichen „Kraft" oder Eigenschaft auf Gegenstände. Diese zu erläuternde Vorstellung verbindet Körperlichkeit, Konflikte bzw. Angst vor Fremden und den Vorwurf der Zauberei. Körperausscheidungen sowie Dinge, die mit dem Körper in Berührung waren, behalten eine Beziehung zum Körper, so daß sie Eigenschaften übertragen können oder eine an ihnen vorgenommen Veränderung Rückwirkungen auf den Körper hat, der mit ihnen ursprünglich in Berührung stand. Die Vorstellung der Übertragung von Eigenschaften scheint dem folgenden Phänomen zugrunde zu liegen:

„Bereits bei den ersten Kontakten mit den Wampar fiel den Missionaren und dem begleitenden Richard Neuhauss ein bestimmtes Verhalten auf: Die Wampar rieben Blätter auf der Haut der Weissen und behielten sie." (Fischer [Hg.] 1978: 193, 194)

Auch der Missionar Panzer erwähnt dieses Verhalten der Wampar. Er meint, es sei der Schweiß, den man mit den Blättern aufgenommen habe und von dem man annahm, er enthalte einen „Seelenstoff", der stärker als

---

286 Hauser-Schäublin 1995: 39 sowie 1993.
287 Hauser-Schäublin 1993.

jener der Einheimischen gewesen sei.[288] Dies ist jedoch eine bloße Vermutung. Es gibt auch Schilderungen, nach denen Wampar zuerst Blätter in den Händen gerieben haben, sie dann den Weißen gaben, damit diese es ebenfalls taten, und die Blätter dann wieder an sich nahmen.[289] Außer der Feststellung, daß Körper durch Berührung anderer Körper oder durch Dinge, die mit diesen in Kontakt waren, verändert oder beeinflußt werden, ist dem nichts zu entnehmen. Dahinterstehende Vorstellungen sind jedoch nicht bekannt und heute auch nicht mehr rekonstruierbar. Sie zeigen nur, daß Körperlichkeit und körperliche Unterschiede in der Begegnung mit Fremden traditionell von Bedeutung gewesen sein können, da Kräfte bzw. Eigenschaften übertragen werden konnten. Eventuell gehen auch heutige Zauberei-Vorwürfe gegen Fremde auf solche Vorstellungen zurück, ohne daß sich Wampar heute noch genau an diese erinnern können.

In Schöpfungsmythen der Wampar spielen Fremde keine Rolle. Eine Mythe von Zwergen, die so klein waren, daß sie gegen Gras kämpften und auch von diesem erstochen wurden, ließe sich auf Nachbargruppen beziehen. In der Geschichte kämpften die Zwerge gegen die Watut und besiegten diese. Eventuell sind mit den Zwergen (in der Mythe auf Wampar als *manaman a mpo* bezeichnet), die kleinwüchsigen Anga gemeint.[290] Deutlich ist, daß es sich um eine komische Geschichte handelt. Die Vorstellung des Kampfes der *manaman a mpo* gegen das Gras ist ähnlich belustigend, wie der Krieg der Liliputaner in Gullivers Reisen.

5.6 Interethnische Ehen, sexuelle Beziehungen und Mischlinge

Die bereits beschriebenen Schönheitsideale haben auch einen Einfluß auf die Partnerwahl. Neben anderen Merkmalen ist deren Stellenwert jedoch niedriger einzustufen als Eigenschaften wie Fleiß, Gesundheit, Zuverlässigkeit und Friedfertigkeit. Insgesamt ist die Anzahl interethnischer Ehen in den letzten dreißig Jahren bei den Wampar stark angestiegen (siehe Tabelle 2).

---

[288] Fischer (Hg.) 1978: 194. Der „Seelenstoff" konnte aber auch, laut Schilderungen von Missionar Stürzenhofecker, von Feinden gewonnen werden, die man mit jagdbaren Schweinen gleichsetzte (Stürzenhofecker 1929: 12).

[289] Fischer (Hg.) 1978: 195.

[290] Fischer 1994: 172-173.

	Zensus 1954	Zensus 1971	Zensus 2000
Gabsongkeg-Mann und -Frau, im Dorf lebend[291]	51	67	141
Gabsongkeg-Mann und -Frau, nicht im Dorf lebend	nicht aufgenommen	nicht ausgewertet	4
Wampar-Mann aus anderem Dorf und Frau aus Gabsongkeg, im Dorf lebend	0	0	3
Wampar-Mann aus anderem Dorf Frau aus Gabsongkeg, nicht im Dorf lebend	nicht aufgenommen	9	0
Gabsongkeg-Mann und Frau aus anderem Wampar-Dorf, im Dorf lebend	6	5	20
Gabsongkeg-Mann und Frau aus anderem Dorf, nicht im Dorf lebend	nicht aufgenommen	0	6
Ehen mit Frauen aus anderen Ethnien, im Dorf lebend	3	10	104
Ehen mit Frauen aus anderen Ethnien, nicht im Dorf lebend	nicht aufgenommen	2	12
Ehen mit Männern aus anderen Ethnien, im Dorf lebend	0	2	54
Ehen mit Männern aus anderen Ethnien, nicht im Dorf lebend	nicht aufgenommen	17	41
Mann und Frau Fremde, im Dorf lebend	1	nicht aufgenommen	22[292]
GESAMT	**61**	**111**	**407**

Tabelle 2: Anzahl interethnischer Ehen in Gabsongkeg.

Vor allem Wampar-Frauen äußern häufig ihre Unzufriedenheit über die Männer der eigenen Ethnie. Sie seien nicht bereit mitzuhelfen, sie ließen sich bedienen und seien faul. Weigere sich die Frau, alle Arbeit allein zu

---

291 „Im Dorf" bedeutet hier auf dem Gebiet Gabsongkegs, dazu gehört das eigentliche Dorf sowie die umliegenden Weiler.

292 Leben auf dem Gebiet Gabsongkegs. Nicht gezählt sind die Kumots aus Tsururukeran und das DCA-settlement, das auf dem Gebiet der Flughafengesellschaft, wenn auch in Dorfnähe, liegt.

machen, würden die Männer gewalttätig. Diese Veränderungen mögen mit dem sozialen Wandel bei gleichzeitiger Beibehaltung der geschlechtlichen Arbeitsteilung zusammenhängen. Die schweren Arbeiten der Männer werden immer mehr erleichtert oder fallen weg – so wird etwa weniger Wert auf das traditionell wichtige Bananeneinbinden gelegt. Die Arbeiten der Frauen dagegen sind weitgehend gleich geblieben und wurden auch nicht durch neue Hilfsmittel wesentlich erleichtert: Hausarbeiten, Versorgung der Kinder, Bepflanzen, Abernten und Pflegen der Felder und Verkauf von Betelnüssen auf dem Markt.[293] Durch die Einführung europäischer Kleidung ist durch das Waschen sogar noch Arbeit hinzugekommen. Für Wampar-Männer fällt sehr viel weniger Arbeit an, und sie müssen sich nicht besonders anstrengen, um ein angenehmes Leben zu führen. Eingeheiratete fremde Männer dagegen müssen sich anstrengen, um sich eine Existenz aufzubauen. Fremden Männern wird Land nicht ohne weiteres überlassen. Wollen sie ein modernes *bisnis* (P) beginnen, müssen sie auch das mit Eigeninitiative schaffen. Der Druck, etwas erreichen zu müssen, ist auch deshalb größer, weil sie in unmittelbarer Nähe keine große Verwandtschaft haben, auf deren Unterstützung sie sich im Notfall verlassen könnten. Fremde Männer werden also in vielen Fällen als aktiver und geschäftstüchtiger wahrgenommen. Wampar-Männer dagegen meinen häufig, sie hätten es nicht nötig, sich anzustrengen. Wenn die Wampar-Frauen als Partnerinnen nicht zur Verfügung stünden, sei das nicht weiter schlimm, dann heirate man eine Frau aus einem anderen Gebiet. So haben beide Seiten gute Gründe, fremde Heiratspartner in die engere Wahl zu ziehen. Dies ist im wesentlichen der Blickwinkel der Wampar-Frauen. Es gibt allerdings auch eine ganze Reihe von aktiven, fleißigen und geschäftstüchtigen Wampar-Männern. Tendenziell versuchen Wampar-Frauen, „nach oben" zu heiraten, so haben eine ganze Reihe der eingeheirateten Männer (Tolai, Papua oder einige Sepik) eine gute Ausbildung oder hatten bereits ein *bisnis*.

Wandel der Rolle und des Selbstbewußtseins der Frauen in Neuguinea, Veränderungen des Geschlechterverhältnisses und Geschlechterkonflikte auf lokaler Ebene könnten Faktoren sein, der interethnische Ehen bei den Wampar, also in der Aufnahmegesellschaft, fördert. Von Seiten derjenigen, die einheiraten, lassen sich vor allem wirtschaftliche Motive und „push-Faktoren" in den Herkunftsgebieten feststellen.[294] Etwa Wassermangel im Gebiet der Adzera, Landknappheit im Hochland wie auch am Sepik,

---

293 Die höhere Arbeitsbelastung der Frauen beschreibt auch Christiana Lütkes in ihrer sehr viel differenzierteren Darstellung der Arbeit und Arbeitsteilung bei den Wampar im Dorf Tararan (Lütkes 1999, zur Arbeitsteilung siehe vor allem 261 ff.).

294 Eine quantitative Analyse des Zensus in Hinsicht auf die Entwicklung interethnischer Ehen und die Interpretation der Ergebnisse steht noch aus und wird in einem anderen Zusammenhang publiziert werden.

schlechte Verkehrsanbindung in der Gegend von Menyamya und am Erap sind gute Argumente dafür, Wampar zu heiraten.[295] Das zeigt jedoch, daß das Aussehen in diesem Zusammenhang bei der Partnerwahl von recht geringer Bedeutung ist. Die Wampar selbst meinen, sie seien körperlich ganz besonders attraktive Heiratspartner, da die Männer sehr groß und muskulös seien und die Wampar schönere Gesichter hätten als Leute aus anderen Gebieten Neuguineas. Diese Selbsteinschätzung – auch wenn sie nicht ganz falsch ist[296] – dürfte jedoch kaum der Hauptgrund für interethnische Eheschließungen sein. Vermutlich ist die günstige wirtschaftliche Situation bei den Wampar, die zur Verfügung stehende Menge an Land, das große Vorkommen an (hervorragenden) Betelnüssen und die gute Lage des Dorfes am *Highlands Highway* und in Stadtnähe sehr viel attraktiver.

Entscheidend ist bei der Einstellung der Wampar zu interethnischen Ehen sowie bei der Zurechnung der Kinder aus diesen Ehen, das Geschlecht des fremden Ehepartners. Die Wampar sind (dem Ideal nach) eine patrilineare Gesellschaft. Sie sind aufgeteilt in Klans (*sagaseg*) und patrilineare Lineages. Kinder einer eingeheirateten Frau sind somit problemlos einzugliedern: Sie gehören der *sagaseg* des Wampar-Vaters an, von dem die Jungen später auch Land bekommen. Wie oben schon dargestellt, „trägt" die Frau das Kind nur, während der Mann es ihr „gibt", also im eigentlichen Sinne zeugt. Die Verbindung zur väterlichen Seite ist stärker, obwohl die Beziehung zur Mutter ebenfalls eine Rolle spielt. Unter den Wampar scheint es außerdem eine Tradition der Eingliederung fremder Frauen in die eigene Gesellschaft zu geben. Schon in den eingangs beschriebenen Zeiten kriegerischer Auseinandersetzungen wurden Männer getötet, Frauen jedoch verschleppt. Noch heute erzählt man sich bewundernd von großen Männern und Kriegern, die viele Frauen aus unterschiedlichen Wampar-Dörfern und anderen Ethnien hatten. In den neunziger Jahren waren es nur wenige Wampar-Männer, die mehrere Ehefrauen hatten. Man erklärte mir, nie seien es mehrere Wampar-Frauen gleichzeitig, sondern immer Fremde. Wampar-Frauen lehnen heutzutage die möglichen Probleme und Auseinandersetzungen in polygynen Ehen ab und trennen sich von ihrem Mann, sollte er zu einer weiteren Frau sexuelle Beziehungen haben und sie ins Haus holen wollen. Allerdings sind in den vier von

---

[295] Fremde selbst beschreiben häufig die guten Bedingungen des Anbaus und Geldverdienstes im Gebiet der Wampar als „pull-Faktoren" der Migration. Christiana Lütkes wies mich darauf hin, daß dieser Blickwinkel bei Fremden in Tararan vorherrschte. In Gabsongkeg wurden eher von den Wampar selbst die guten Bedingungen im eigenen Siedlungsgebiet hervorgehoben und von Fremden dagegen die Probleme in ihrer Herkunftsregion betont.

[296] Nach mehreren Monaten Feldforschung begann ich, den Ethnozentrismus der eigenen Gruppe zu übernehmen. Man sieht plötzlich, daß Hochländer zu kurzbeinig und hakennasig, die Köpfe der Sepik-Männer einfach unmöglich und die Tolai-Frauen viel zu dick sind. Die Wampar allerdings entsprechen wohl auch eher europäischen Schönheitsidealen.

fünf mir bekannten Fällen die Erstfrauen Wampar gewesen, die zumindest eine Zeitlang eine Beziehung ihres Mannes zu einer bzw. zwei weiteren (fremden) Frau duldeten. [297]

Männer, die mehrere Frauen heiraten wollen, wie auch ältere Männer, Witwer oder geschiedene, die eine zweite oder dritte Ehe schließen wollen, können unter Fremden jüngere Partnerinnen finden, die zu einer solchen Ehe bereit sind. Junge Wampar-Frauen dagegen heiraten eher gleichaltrige unverheiratete Männer.

Wampar-Frauen, die fremde Männer heiraten und – was immer häufiger vorkommt – im Gebiet der Wampar bleiben, hätten eigentlich keinen Anspruch auf Land. Da die patrilineare Weitergabe von Land jedoch nur das Ideal darstellt und man sich in Wirklichkeit viel flexibler verhält, erhalten eingeheiratete fremde Männer von der väterlichen Verwandtschaft ihrer Frau Land zur Nutzung. Allerdings ist man der Ansicht, daß sie bei Ernte bzw. Verkauf von Betel- oder Kokosnüssen sowie in Fällen, in denen die Besitzverhältnisse nicht klar sind, sich entweder dem Vater oder den Brüdern der Frau unterordnen müssen. Dazu sind Fremde, die bereits lange (häufig Jahrzehnte) im Dorf leben, meist nicht bereit. Aus diesen Konflikten entstehen Rechtsfälle, die heute vom Dorfgerichtshof (*village court*) verhandelt werden. Ziel des *village court* ist es, traditionelle Rechtsauffassungen in der Lösung von Konflikten zu berücksichtigen. Danach hätten fremde Männer überhaupt keine Rechte. Wenn es mit ihnen Probleme gibt, müssen sie das Wampar-Gebiet verlassen. Der in den Jahren 1999 und 2000 amtierende *magistrate* Gabsongkegs räumte allerdings in einem Fall einem Fremden Rechte an den von ihm gepflanzten bzw. geernteten Erträgen ein, obwohl er mir gegenüber äußerte, daß dies *nicht* der Rechtsauffassung der Wampar im Fall von Fremden, sondern nur für Wampar entspräche. In besonders schwierigen interethnischen Fällen zwischen Wampar und benachbarten Adzera werden auch die *magistrates* der Adzera hinzugezogen, um so zu einer für beide Seiten akzeptablen Lösung zu kommen. Bei Angehörigen anderer Ethnien ist dies jedoch aus praktischen Gründen nicht möglich.

Kinder aus interethnischen Ehen werden häufig auf Pidgin als „*miks*" bezeichnet, man zählt sie so lange zu den Wampar, wie ein Elternteil

---

[297] Aus einer Gesamtheit von 407 Ehen, die im Jahr 2000 bestanden, waren nur sechs Ehen bigam, das heißt, drei Männer mit jeweils zwei Frauen verheiratet. Zwei der Männer lebten abwechselnd in dem Haushalt der ersten Frau in Gabsongkeg und im Haushalt der zweiten Frau im Wampar-Dorf Dzifasing bzw. im Hochland in Yonki. Nur in einem Fall lebte eine Wampar-Frau mit einer Frau aus Mumeng und ihrem Mann in einem gemeinsamen Haushalt. Eine kurze Phase in den neunziger Jahren lebte außerdem eine Chimbu-Frau in diesem Haushalt. In den neunziger Jahren gab es außerdem zwei weitere Fälle: im ersten war ein Mann gleichzeitig mit einer Wampar-Frau aus Munun und einer Sepik-Frau verheiratet, im zweiten gleichzeitig mit einer Tolai-Frau und einer Frau aus Siassi. Die Zweitfrauen verließen diese Männer jedoch nach relativ kurzer Zeit wieder.

159

Wampar ist, sie im Wampar-Gebiet aufgewachsen sind und/oder dort leben.[298] Ein Ehepaar, bei dem beide Partner aus interethnischen Ehen stammen, und deren Kinder werden als vollwertige Wampar-Familie gerechnet. Eine Wampar-Bezeichnung für Mischling gibt es nicht, was sich wohl daraus erklärt, daß die Zugehörigkeit früher kein Problem darstellte: Wurde eine fremde Frau integriert, waren ihre Kinder automatisch Wampar. Das trifft auch auf vereinzelt adoptierte Kinder von Fremden zu. Das Konzept des „Mischlings", wie es in Europa verwendet wurde, setzt bereits die Vorstellung biologischer, angeborener Unterschiede voraus, die sich bei der Zeugung vermischen und an dem Mischling sichtbar werden. Auf Pidgin werden Mischlinge als *hapkas* bezeichnet. *Hapkas* kann sich nach Mihalic erstens auf „Eurasier" beziehen, zweitens auf jemanden „who becomes a member of a different and often distant tribe by adoption or by marriage" und drittens „the name given light-skinned natives in the Highlands". Der Begriff trifft hier also sowohl auf „biologische Mischung" (erstens und drittens) als auch auf kulturelle Überläufer (drittens) zu.[299] Den Pidgin-Begriff *hapkas* habe ich bei den Wampar allerdings nur in Bezug auf Nachkommen aus Ehen zwischen Wampar und Weißen oder Chinesen (es ist nur ein Fall bekannt) gehört. Und in diesen Fällen wurde er im engeren, europäischen Sinne gebraucht.

Der Unterschied zwischen Weißen und Wampar ist größer als zwischen Einheimischen, und die Nachkommen aus solchen Ehen werden vermutlich deshalb anders bezeichnet. Noch vor zwanzig Jahren galt die Vorstellung einer Ehe zwischen Weißen und Einheimischen als völlig unmöglich und undenkbar.[300] Heute sieht man vor allem ein Problem darin, daß Australier einheimische Frauen heirateten, obwohl sie in Australien bereits verheiratet sind. Läuft ihr Arbeitsvertrag in Neuguinea aus, ließen sie die einheimischen Frauen zurück. Ein anderer Fall wurde mir geschildert, in dem der Australier seine Frau aus Neuguinea mitgenommen habe. Sie habe dann in

---

[298] Der Sohn eines Wampar und einer Adzera-Frau, der als junger Mann nach dem Tod seines Vaters mit der Mutter ins Adzera-Gebiet ging, um dort zu leben, wird heute als Adzera bezeichnet. Er wurde von einer Wampar-Frau geschieden. Diese Ehe wurde ganz deutlich als interethnische Ehe aufgefaßt, denn zur Vertretung der Rechte des jungen Mannes und seiner Adzera-Verwandtschaft wurde der *magistrate* der Adzera hinzugezogen.

[299] Mihalic 1971: 94.

[300] Persönliche Mitteilung von Hans Fischer. In den siebziger Jahren war nur ein Fall aus Dzifasing bekannt, in dem eine Wampar-Frau eine Beziehung zu einem Weißen und auch ein Kind von ihm hatte. Das Paar war jedoch damals schon wieder getrennt. In Tararan waren zwei Fälle von Ehen mit Weißen bekannt: Der Geschäftsführer der Wawin-Farm war mit einer einheimischen Nicht-Wampar-Frau verheiratet und man kannte eine weiße Frau, die einen Adzera-Mann geheiratet haben soll. Christiana Lütkes beschreibt, daß man diese Frau, die wie eine einheimische Frau lebte und arbeitete, ihr immer als leuchtendes Vorbild hingestellt habe (persönliche Mitteilung, Juni 2000). Mir schilderten die Wampar auch Fälle von weißen Frauen, die sich perfekt angepaßt hätten. Diese Fälle passen in die Vorstellung der Wampar, nach der es eher möglich sei, Frauen als Männer zu integrieren.

Australien arbeiten müssen, während er mit seiner weißen Frau noch in einer anderen Stadt zusammengelebt habe.

Die Nachkommen aus solchen Ehen gelten als besonders schön: Sie entsprächen perfekt dem Ideal der Wampar, hätten hellere Haut als bei den Wampar üblich, etwas weicheres aber dennoch schwarzes Haar, seien groß und ihre Nasen seien wohlgeformt. Die Schönheit dieser Kinder wird allerdings nicht betont, weil sie aussähen wie Weiße, sondern weil sie aussähen wie Wampar, mit verstärkten positiven Merkmalen.

In Gabsongkeg wußte man von einer Weißen, die in Wau mit einem Einheimischen verheiratet war und auch von einer Frau in Lae. Über diese Frauen, wie auch über eine alleinstehende weiße Frau in Lae, die mehrere Kinder aus Neuguinea adoptiert hat, berichtete man mir gegenüber nur Positives. Sie hätten sich in jeder Hinsicht an das Leben im Lande angepaßt, würden Kleidung wie einheimische Frauen tragen, wie sie auf dem Markt einkaufen und Betel kauen. Das Ideal, daß die Frau sich in die Verwandtschaft des Mannes einzufügen habe, erfüllten sie nach diesen Erzählungen, die mir wohl auch als Vorbild dienen sollten. Insgesamt schien die Vorstellung zu herrschen, daß Frauen sich aufgrund ihres Geschlechts ohnehin ähnlicher seien als Männer. Frauen hätten alle dieselben Probleme – gleichgültig, ob schwarz oder weiß: Sie müßten für Nahrung sorgen und kochen, sie bekommen die Kinder, müssen sie großziehen und haben Arbeit und Ärger mit ihren Ehemännern.[301] Auf die Feldforschungssituation hatte das insofern Auswirkungen, als man auch von mir mehr geschlechtsspezifische Tätigkeiten erwartete als von einem männlichen Ethnologen. Da meine „Arbeit" jedoch außerhalb der üblichen Rollenerwartung lag, mußte ich ein verträgliches Gleichgewicht zwischen der Teilnahme an frauentypischen Tätigkeiten (die ebenfalls Informationen erbrachten) und eigenständigen gezielten Unternehmungen (Interviews, Besuche, Zensusaufnahmen, Schreibtischarbeit etc.) herstellen. „Meine" Arbeit wurde akzeptiert, solange ich auch an den gemeinsamen Aktivitäten teilnahm, und insofern gelang es, zeitlich Kompromisse zu finden.

Vor sexuellen Beziehungen mit Fremden innerhalb Neuguineas – vor allem mit Hochländern – wird von Wampar immer wieder gewarnt. Diese Männer werden aufgrund ihrer besonders starken Aggressivität als sexuell bedrohlich dargestellt. Sie seien gewalttätig und unzuverlässig, vor allem aber auch Überträger von Geschlechtskrankheiten und AIDS. Im übrigen ist man sich auch sicher, daß bei Vergewaltigungen, die heute vermutlich

---

[301] Allerdings wurde immer wieder betont, daß Hochland-Frauen sich von allen anderen durch ihre sehr männlichen Eigenschaften unterschieden. Mit dem Hinweis auf ihre „Männlichkeit" widerspricht diese Ausnahme nicht der Regel, daß „weiblich sein" universal ähnlich sei.

tatsächlich häufiger sind als früher,[302] Fremde die Täter seien. Während meines Aufenthaltes in Gabsongkeg versuchten (angeblich) Fremde in Munun, ein junges Mädchen zu vergewaltigen. Obwohl Einzelheiten über die Täter nicht bekannt wurden, war man sich ganz sicher, daß es Fremde waren. Nach diesem Vorfall, wie auch nach anderen Überfällen oder Straftaten hieß es, man solle jeden unbekannten Fremden auf Dorfgebiet bei der Polizei am Flughafen Nadzab melden.

Fremde im Zusammenhang mit Gewalttaten sind jedoch nur dann ein Thema, wenn sie von diesen verübt werden und nicht, wenn sie deren Opfer sind. Der einzige Mord auf dem Gebiet Gabsongkegs wurde 1988 an einer Adzera-Frau, verheiratet mit einem Wampar, begangen. Der Bruder des Ehemannes war der Täter, wie sich später herausstellte. Man hat ihn jedoch nicht zur Polizei gebracht, und er wurde nicht verurteilt, da er ein Verwandter und die Frau nur eine Fremde war.[303] Ein anderer Fall von alltäglicher Gewalt (im Gegensatz zu „organisierteren" Auseinandersetzungen zwischen ganzen Gruppen), war der Tod eines Anga Anfang der 90er Jahre. Der Mann war der Schwiegervater eines Wampar. Er war bei seiner Tochter zu Besuch, es gab Streit um ein Radio und der Ehemann der Tochter trat dem alten Mann in die Seite, der daraufhin starb. Da dieser Mann aber ohnehin krank gewesen sei, handelte es sich nicht um Mord. Der Täter kam für einige Monate ins Gefängnis. Menyamya waren mit zwei Lkws ins Dorf gekommen und in der Nähe des Flughafens muß es auch Auseinandersetzungen gegeben haben. Heute wird die Geschichte als komisches Erlebnis erzählt.

5.7 Konsequenzen und Nutzung körperlicher Unterschiede

Auch wenn man sich über einzelne Fremde in leicht überheblicher und sehr selbstbewußter Weise lustig macht, wird die Gesamtentwicklung der Einwanderung vieler Fremder in das Wampar-Gebiet als Bedrohung aufgefaßt. Das zeigt sich an zwei immer wiederholten Geschichten der, angeblich durch die Einwanderung Fremder bewirkten, Veränderungen. Die erste bezieht sich auf die fortschreitende Degeneration der Wampar und die zweite

---

[302] In den sechziger und siebziger Jahren des zwanzigsten Jahrhunderts waren keine Fälle von Vergewaltigung bekannt. Von einer Frau wurde in den neunziger Jahren gesagt, sie sei aufgrund einer länger zurückliegenden Vergewaltigung psychisch krank geworden. Über den Täter wurden jedoch keine Vermutungen mehr geäußert. 1999/2000 kursierten viele Geschichten über Belästigung bzw. Vergewaltigung durch Fremde. Besonders gefährdet seien Frauen in den Dörfern, die direkt an der Straße liegen. Insofern sei Gabsongkeg geschützter. Ob es dort tatsächlich mehr Vorfälle gegeben hat als in Gabsongkeg, ist jedoch nicht zu ermitteln.

[303] Siehe dazu ausführlicher: Fischer 2001.

auf die Entstehung von Krankheiten. Man meint, die Wampar seien früher, vor dem Kommen von Fremden, sehr viel größer, kräftiger und stärker gewesen. Heute gebe es viele Wampar, die klein, schmächtig und weniger stark als früher seien. Auch Mut und Tapferkeit hätten gelitten. Andrew Lattas beschreibt ähnliche Äußerungen von Kaliai in West-Neu-Britannien.[304] Allerdings drücken sich in Bildern körperlichen Wandels dort auch, durch das Kommen der Weißen bewirkte, positive Veränderungen (Pazifizierung und Zivilisation) aus: „The turning cold of people's stomachs and the softening of their bodies and emotions are often spoken of positively, as things to be welcomed. Yet, alongside this position is a sense of loss and apprehension about the present corporeal state of the world. When I first arrived in the Kaliai bush, I was often told that since the arrival of Europeans the Kaliai had been getting smaller (Lattas 1991, 1993; cf. Clark 1989, Jorgensen 1985)."[305] An anderer Stelle beschreibt er, daß Kaliai das Tragen europäischer Kleidung für Kleinwüchsigkeit und den starken Geruch von Dosenfleisch oder –fisch für üblen Hautgeruch sowie Geschwüre von Kindern verantwortlich machten.[306] Auch bei den Wiru im südlichen Hochland wird das „Schrumpfen" der Männer mit durch Mission und Kolonialismus bewirkte Veränderungen des Geschlechterverhältnisses begründet. Jeffrey Clark zeichnet den Zusammenhang zwischen Kulturwandel und Veränderung der Körpervorstellungen nach, der allerdings andere Ursachen hat als bei den Wampar.[307] Bei den Wampar – zumindest in Gabsongkeg und Tararan – ist es nicht das Kommen der Weißen gewesen, das diese Veränderungen bewirkt hat.[308]

Bei den Wampar werden negative körperliche Veränderungen ganz eindeutig auf die Vermischung mit anderen ethnischen Gruppen aus Neuguinea zurückgeführt. Auch Krankheiten wie etwa Malaria seien im Hochland entstanden oder vom Sepik gekommen. Sie drücken anders als Kaliai in diesen Erzählungen Probleme mit anderen Bevölkerungen Neuguineas und nicht mit Weißen aus. Im Dorf Tararan allerdings wurde die Ursache der „Degeneration" der Wampar in der mangelhaften Einhaltung von Tabus

---

[304] Lattas 1993 b: 61 und 1998: 29.

[305] Lattas 1998: 29.

[306] Lattas 1993 b: 61.

[307] Clark 1989.

[308] Auch Dan Jorgensen beschreibt Vorstellungen des fortschreitenden körperlichen Verfalls bei den Telefolmin Neuguineas, die in den Bergen im Quelltal des Sepik leben (Jorgensen 1985: 206): „In the past, Telefolmin were more numerous than they are now; men were taller; taro was larger, pigs fatter; gardens grew more quickly. By comparison, men of the present are short and do not live as long as men did before; taro is now smaller and takes longer to grow; today's pigs are mere possums; and the villages are nearly empty of people." In der Telefol-Gesellschaft wird diese Entwicklung als Teil einer allgemeinen Auflösung der Gesellschaft betrachtet. So wie der einzelne Mensch stirbt, lösen sich auch Gruppen auf. Die Idee der schrumpfenden Menschen ist auch hier Teil eines traditionellen Weltbildes und keine bloße Reaktion auf europäische Einflüsse.

gesehen. Genau wie bei der oben bereits erörterten Begründung auf individueller Ebene dafür, daß manche Männer klein und/oder mager sind, steht
hier die Einhaltung traditioneller Vorschriften im Vordergrund.[309] Der Verfall wird als kultureller Verfall gesehen, begründet durch die Willens-
schwäche der Männer und die verunreinigende Wirkung der Frauen, der
körperliche Konsequenzen hat. In Gabsongkeg allerdings sprach in diesem
Zusammenhang niemand von der Mißachtung von Tabus. Warum in Tararan nach wie vor die verunreinigende Kraft der Frauen gefürchtet wird,
während in Gabsongkeg Fremde dafür verantwortlich gemacht werden, ist
nicht zu klären.

Geschichten vom körperlichen Verfall der Wampar erzählt man immer
auch im Zusammenhang mit der Klage über den allmählichen Verfall der
alten Kultur. Die Stärke und das Unterscheidende, Besondere der Wampar
sind danach sowohl kulturellen als auch physischen Ursprungs. Es sind
Kraft, Größe, Mut, Ausdauer, Sprache und Traditionen. Besonders deutlich
ist, daß tatsächlich immer weniger Wampar gesprochen wird. Vor allem
immer weniger Kinder und Jugendliche können Wampar oder wollen es
sprechen, die meisten ziehen untereinander Pidgin vor. Diejenigen, die
Wampar beherrschen, sprechen es nur noch in einer sehr vereinfachten
Form. Wörter, die im Zusammenhang mit der alten Kultur der Wampar
stehen, sind längst in Vergessenheit geraten. Die Bezeichnungen für mittlerweile aufgegebene Gegenstände kennen die jungen Leute heute nicht
mehr.[310]

Selbst beim Anblick von Fotos, die Anfang des Jahrhunderts aufgenommen wurden und Wampar-Männer zeigen, die meines Erachtens keineswegs eindrucksvoll muskulös und kräftig wirken,[311] wird die These der
Veränderung der Wampar wiederholt. Teilweise sind es wohl auch die Geschichten, die man sich vom Mut, von der Tapferkeit und Ausdauer dieser
Männer erzählt, welche die Wahrnehmung von deren tatsächlicher Körperlichkeit beeinflussen. Ein Problem, das im Zusammenhang mit der Schwächung der Wampar erwähnt wird, ist auch das vermehrte Vorkommen un-
gewollter Kinderlosigkeit.[312] Sehr positiv wird aufgrund der drohenden
Landknappheit Geburtenkontrolle bewertet, Paare allerdings, die gar keine

---

309 Persönliche Mitteilung von Christiana Lütkes, Juni 2000.
310 Unpublizierte Befragungen von Hans Fischer 1997 und 1999/2000.
311 Fotos aus Neuhauss 1911 (Band 2): 90-99.
312 Der Zensus von Gabsongkeg konnte in dieser Hinsicht noch nicht vollständig ausgewertet werden.
     Ein erster Eindruck weist auf zunehmende Zahlen ungewollt kinderloser Paare hin. Auch Rita
     Kramp stellte im Dorf Gabantsidz Indizien für eine höhere Infertilität fest, wie sie aufgrund der zu-
     nehmenden Verbreitung von Geschlechtskrankheiten auch von medizinischen Behörden auf natio-
     naler Ebene festgestellt wurde (Kramp 1999: 364, 365).

Kinder bekommen k ö n n e n , bedauert man und findet diese Entwicklung nicht normal.

Viele Wampar, vor allem auch ältere, betonten immer wieder, früher habe es keine Krankheiten unter den Wampar gegeben. Alte Menschen seien am Alter gestorben und nicht, weil sie krank waren. Eingeführt worden seien Malaria, Tuberkulose und *sotwin* (P, jede Art von Asthma, Erkältungen, Lungenentzündung). Diese Krankheiten seien aus dem Hochland gekommen. Natürlich schwächen auch sie die Wampar heute zusätzlich. Der Zusammenhang zwischen Fremden und Krankheiten wird heute noch verstärkt durch die Ausbreitung von AIDS in Papua-Neuguinea gesehen. In den Zeitungen wird vor AIDS gewarnt und über Zusammenhänge zwischen ungeschütztem Geschlechtsverkehr, Prostitution, Geschlechtskrankheiten und AIDS aufgeklärt. Da man sich sicher ist, daß Prostitution erst durch die Hochländer in das Markhamtal gekommen sei, ist auch klar, von wem AIDS und Geschlechtskrankheiten ausgehen. Man erklärte mir, die Hochländer hätten alle mehrere Frauen, und da sie nicht besonders schlau und viel zu aggressiv seien, gebe es ständig Konflikte. Gleichgültig wo sie hinkommen, suchten sie auch außerehelichen Sex mit weiteren Frauen. Da sie geschäftstüchtig seien, hätten sie auch die Zuhälterei „erfunden". Familienmitglieder und Nebenfrauen würden sie gegen Geld an andere Männer geben, lieber noch aber suchten sie sich dafür Frauen aus anderen Gebieten und stellten deshalb eine akute Bedrohung für die Wampar dar. Von mehreren Betelnuß-Händlern, die regelmäßig auf Wampar-Märkte kamen, wurde gesagt, sie seien auch Zuhälter. Man beriet sich während meines Aufenthaltes bei Sitzungen des *village court* darüber, mit einem *preventive order* diesen Männern zu verbieten, sich im Wampar-Gebiet aufzuhalten. Inwieweit hier geschäftliche Konkurrenz eine Rolle spielt und ob die Vorwürfe berechtigt sind, kann ich nicht beurteilen. Daß durch den *Highlands Highway*, der mitten durch Wampar-Gebiet führt, und die Stadtnähe die Wampar mit Prostitution, Geschlechtskrankheiten und AIDS in Berührung kommen, ist sehr wahrscheinlich. Sicher ist jedoch auch, daß diese Krankheiten genauso gut von Wampar-Männern, die zeitweilig in anderen Städten gearbeitet haben, in die Dörfer gebracht worden sein können.

Ein weiteres Problem, das ausschließlich den Fremden angelastet wird, ist der Handel mit Drogen und die Einführung von Marihuana. Damit würden Hochland-Dealer die jungen Männer des Dorfes verderben, die durch Drogenkonsum enthemmt ebenfalls zu Verbrechern werden. Hanf wächst tatsächlich nicht in der feuchten Hitze des Markhamtals, sondern wird im gemäßigten Klima des Hochlands angebaut, wo es sehr gut gedeiht. Hochländer verkaufen es nicht nur an Einheimische aus anderen Gegenden, sondern auch an Australier. Über den Handel mit Marihuana sollen auch Waffen eingetauscht werden, so daß der Drogenhandel wiederum das Bild vom kriminellen und gewalttätigen Hochländer bestärkt.

Die in den vorigen Abschnitten beschriebenen Annahmen über körperliche und kulturelle Minderwertigkeit der Hochländer sowie über deren unabänderlich große Aggressivität und Gewaltbereitschaft wird in allen Diskussionen über Maßnahmen zur Bekämpfung der dargestellten Probleme angeführt. Bestrafung, Vertreibung oder andere Maßnahmen gegen Hochländer, so argumentiert man, müssen immer schon ihre Eigenschaften berücksichtigen und mit ganz besonderer Härte vorgenommen werden. Beispielsweise habe es keinen Zweck, mit Hochländern zunächst zu verhandeln, man würde sich dadurch nur in Gefahr bringen. Das sei anders als bei Küstenbewohnern (etwa Tolai oder Bukawa). Mit denen könne man Kompromisse schließen, und man setze sich auch nicht der Gefahr aus, von ihnen sofort angegriffen zu werden. Bei den Hochländern müsse man immer schneller sein – am besten, der Betroffene weiß noch gar nichts von den gegen ihn erhobenen Vorwürfen und man vertreibt ihn überraschend und mit physischer Gewalt, so daß ihm keine Chance bleibt, sich zu wehren. Alle genannten grundlegenden Abweichungen Fremder von den Idealen der Wampar werden dazu herangezogen, Gewalt gegenüber Fremden zu legitimieren.

Älter als die beschriebenen Auseinandersetzungen um Drogen und Prostitution sind Zauberei-Vorwürfe. Sie wurden in Papua-Neuguinea immer häufiger, als Menschen gezwungen waren, auf Plantagen der Weißen mit Fremden zusammenzuarbeiten.[313] Das traf auch auf die Wampar zu. Der Missionar Stürzenhofecker schrieb 1938 etwa in einem Jahresbericht:

... „so waren es auch in diesem Jahr die heimgekehrten Arbeiter, die alle Zauber mitbrachten. Kaum zu Hause angekommen, erregten sie die Dorfleute wegen allerlei Anschuldigungen, ihre zurückgelassenen Frauen betreffend. Schliesslich artete die Schimpferei in eine Schlägerei aus. Kurze Zeit nachher wurde bekannt, dass diese Arbeiter in Gabsongkeg samt und sonders Zauberei trieben, teils bei ihren Frauen, teils bei anderen." (Stürzenhofecker 1938: 67)

Man nahm an, die Arbeiter hätten auf den Plantagen wirksame Zauberei von Einheimischen aus anderen Landesteilen erlernt. Fremde stehen immer, auch heute noch, im Verdacht, Zauberei zu beherrschen und vor allem, sie in gefährlicher Weise gegen die Wampar anzuwenden. Heute sind es in erster Linie die nächsten Nachbarn und die häufigsten fremden Ehepartner der Wampar, die Adzera, deren Zauberei man fürchtet. Eingeheiratete Adzera-Frauen hätten beispielsweise, so meint man, ihren Wampar-Männern Zauber beigebracht. Gerade diese Ehemänner werden als Heiler

---

313 Chowning 1986: 158.

geschätzt, da sie in der Lage seien, den Zauber der Fremden diagnostizieren und behandeln zu können.

Die Wampar teilen verschiedene Ethnien Neuguineas in Gruppen ein, die mehr oder weniger gefährlich seien und mehr oder weniger Zauberei praktizierten:

- Sehr gefährlich: Adzera, Buka/Bouganville, Samarai, Popondetta, alle Angehörigen von Ethnien aus der Gegend von Menyamya, alle Hochländer, Kavieng, Baining und Sepik.
- Weniger gefährlich: Watut, Erap, Papua.
- Ungefährlich: Wampar, Yalu, Bukawa, Labu, Siassi, Yalu.

Aufgezählt sind hier diejenigen Gruppen, über die man sich einig war. Andere wie etwa die Einwohner Keremas, wurden sehr unterschiedlich beurteilt. Auffällig ist, daß nahe siedelnde Küstengruppen als ungefährlich eingestuft wurden. Andere nahe siedelnde Ethnien (Watut und Erap), zu denen engere Beziehungen bestehen, werden in die Gruppe mittlerer Gefährlichkeit gerechnet. Die Adzera, die nächsten Nachbarn, mit denen die meisten Kontakte bestehen und Heiraten stattfinden, werden wie die Hochländer in die höchste „Gefährlichkeitsstufe" eingeordnet. Christiana Lütkes beschreibt, in Tararan habe man genau vor den Ethnien besondere Angst gehabt, die man früher aus dem Wampar-Gebiet vertrieben habe und die heute in den Bergen nördlich des Markham leben. Das sei soweit gegangen, daß Busfahrer sich weigerten, Touren in die umliegenden Berge zu machen.[314]

Deutlich wurde, daß die allermeisten Krankheiten sowie andere Schwierigkeiten auf Zauberei zurückgeführt werden. Durch die Behauptung, es handele sich um Zauberei, ist es leicht, die Schuld für alles bei Fremden zu suchen. Hier ein Beispiel aus meinem Tagebuch:

„Heute kam Emog vorbei."...„Sie hütet jetzt die Kinder von Marieki und erzählte, daß Lindsey sehr ungezogen sei. Seine Mutter [eine Tolai-Frau] habe ihn schon an einen Baum gebunden und so sehr verprügelt, daß die Haut überall aufgeplatzt sei. Entweder war das wieder der übliche übertriebene Erzählstil oder die Erziehungsmethoden sind tatsächlich etwas derbe. Angeblich habe eine Sepik-Frau Lindsey als Baby gebadet. Als Emog einen Moment nicht dabei war, habe das Baby angefangen zu schreien und eine Nacht lang durchgeschrien. Diese Frau habe damals einen Zauber gemacht und nun werde Lindsey deshalb unausstehlich. Die Sepik hätten Zaubersprüche, die alles mögliche Unheil anrichten könnten. Von diesem Thema ging Emog nahtlos über zu den Prügeleien am Markt mit den Leuten aus dem *settlement* der Flughafengesellschaft: es seien Sepik und Hochländer gewesen. Das gilt wohl als die übelste Entwicklung, wenn diese beiden Gruppen sich zusammentun." (23.11.1999)

---

314 Persönliche Mitteilung, Juni 2000.

Es sind also nicht nur Krankheit und Tod, sondern auch schwer erziehbare Kinder, schlechte Ernten oder persönliche Krisen, die durch Fremde verursacht werden.

Für jede Form der Kriminalität, die in den letzten Jahren stark angestiegen ist, werden ebenfalls Fremde verantwortlich gemacht. Obwohl bekannt ist, daß auch Wampar an Überfällen beteiligt sind, wie etwa an dem Überfall auf einen Brottransporter am *Highlands Highway*, wird das nicht erwähnt. So argumentierte man etwa, besagter Überfall sei von Wampar aus einer Siedlung durchgeführt worden, in die ganz besonders viele Fremde eingeheiratet haben. Deshalb wundere es einen nicht, daß Wampar aus dieser Siedlung schon verdorben seien. Um die Stadt Lae herum sind *settlements* entstanden, die tatsächlich eine Bevölkerung mit hoher Gewaltbereitschaft beherbergen, von der – wie täglich in der Zeitung zu lesen ist – Diebstähle, Morde, Vergewaltigungen, Waffenschmuggel, Drogenhandel etc. ausgehen. Diese Zustände jedoch auf im Dorf lebende Fremde zu übertragen, dient nur zu deren Herabsetzung und zur Argumentation in lokalen Konflikten.

Eine Konsequenz körperlicher Ähnlichkeit bzw. Verschiedenheit besteht darin, daß angenommen wird, je ähnlicher das Äußere desto ähnlicher auch Verhalten, Denken und „Charakter". Ann Chowning beschreibt dies am Beispiel der unterschiedlichen Auswirkungen der Zusammenarbeit verschiedener ethnischer Gruppen auf Plantagen. Häufig haben Angehörige von Ethnien sich gegenseitig für ähnlich oder unähnlich gehalten, einfach durch die Unkenntnis der jeweils anderen Kultur. Sie gibt Beispiele dafür: Wurden Arbeiter von der Mehrheit der Arbeiter aus dem Gebiet der Plantage freundlich aufgenommen, bekamen sie mehr Einblick in deren Kultur und hielten diese für von der eigenen Kultur sehr verschieden. War die Haltung eher arrogant und abwertend wie im Fall der Tolai, dann wurden gar nicht erst Kenntnisse über die Lebensweise der Fremden gesammelt und man hielt sie für ähnlicher. Für die Beurteilung von Ähnlichkeit bzw. Unähnlichkeit spielte aber auch das Aussehen eine wichtige Rolle:

„As with the Maenge, many laborers assume that co-workers, especially if they are from roughly the same part of Papua New Guinea and not physically very different from themselves, are essentially like them. Noteworthy physical differences, as in skin color, seem more likely to lead to assumptions about cultural differences as well." (Chowning 1986: 158)

Diese Anmerkung von Ann Chowning ist insofern wichtig, als sie zeigt, daß eine Verbindung zwischen körperlichen und kulturellen Unterschieden auch dann angenommen wird, wenn keine besonders ausgeprägten Rassenkonzepte oder rassistische Vorstellungen existieren. Aussehen und Verhalten, körperliche und kulturelle Merkmale werden parallelisiert, was im nächsten Schritt zur Schlußfolgerung führen kann, Körperlichkeit sei die Ursache sich unterscheidenden Verhaltens. Für den umgekehrten Schluß, Menschen sähen anders aus, weil sie sich anders verhielten, habe ich weder während der Feldforschung noch in der Literatur Hinweise gefunden.[315] In Bezug auf einzelne gibt es diese Annahmen, aber in Bezug auf ganze Ethnien wird umgekehrt vom Körper ausgehend geschlossen.

Daß man nicht nur Verschiedenheit, sondern auch soziale Nähe durch Körperlichkeit ausdrückt, wurde auch während meiner Feldforschungen deutlich. Eventuell ändert sich mit der Gewöhnung nicht nur die Einstellung, sondern auch die Wahrnehmung von Fremden. Gegen Ende meines Aufenthaltes hörte ich immer wieder Kommentare, ich sähe mittlerweile anders (natürlich: besser) und den Wampar-Frauen ähnlicher aus. Meine Haut habe die Farbe ihrer Haut angenommen (dies stimmte), außerdem sei ich dicker, stärker und kräftiger geworden (stimmte nicht). Ich sähe nicht mehr lang und dünn aus, sondern hätte beinahe die kräftige Figur einer Wampar-Frau. Auch mein Haar sei kraus geworden, anders als auf den Fotos aus Deutschland, die ich dabei hatte. (Dies stimmte, es lag wohl tatsächlich an der hohen Luftfeuchtigkeit.) Daß es von der Sonne jedoch beinahe blond geworden war, unterschlug man bei diesen Erörterungen meiner angeblichen Wandlung. Vor allem an der Waschstelle, wo Frauen lange zusammen im kühlen Wasser bleiben, ihre Wäsche waschen, sich unterhalten und den neuesten Klatsch austauschen, wurde ich regelmäßig unverhohlen begutachtet und die (angeblichen) Entwicklungen wurden kommentiert. Bis auf die gebräunte Haut hatte all das mit der Wirklichkeit jedoch wenig zu tun. In vielem verhielt ich mich mittlerweile „richtig" wie eine Wampar-Frau. Vielleicht waren es Sprache, Gesten, Tätigkeiten und das Gefühl der Zusammengehörigkeit, das sich hier auf die Körperwahrnehmung auswirkte.

Vor vielen Menschen mit anderem Aussehen fürchtet man sich nicht, man findet sie auch nicht nur häßlich, sondern eher komisch. Andere, die man durchaus als bedrohlich beschreibt, werden durch Witze „verharmlost", indem man sich über sie lustig und sie lächerlich macht. Die Diskussion von Merkmalen, das Nachäffen von Behinderungen und anderen Abweichungen, etwa Unterschieden in der Bewegung oder Sprechweise, oder auch die Verkörperung Fremder bei kleinen Theaterstücken, die häufig bei Kirchenveranstaltungen aufgeführt werden, werden als sehr komisch verstanden. Für mich war diese Komik häufig nicht nachvollziehbar. Den Wampar gilt diese Form des Witzes oder der Komik als hochgradig unter-

---

315 Einzige Ausnahme war, daß man auf den Philippinen Hautfarbe und soziale Unterschiede in Zusammenhang brachte: Wer immer draußen arbeiten muß, hat dunklere Haut als ein Büroangestellter. Allerdings war man sich auch einig, daß man nur mit heller Haut einen Bürojob bekäme.

haltsam. Auch die ständige Wiederholung derselben Sprüche, Gesten und Anspielungen steigert deren Wirkung in für andere schwer nachvollziehbarer Art und Weise. Das Andere, Ungewohnte, Fremde bietet zunächst den Reiz der Abwechslung, der dann in der ständigen Wiederholung ins Vertraute überführt wird, dennoch nicht langweilig, aber durch Veralberung verharmlost wird.

Alle beschriebenen Formen der Wahrnehmung bzw. Darstellung Fremder tragen dazu bei, zukünftigen Handlungsbedarf zu begründen und zu rechtfertigen. Ob es sich um Menschen handelt, die die eigene Existenz (Kultur sowie Physis) nach und nach zerstören, von denen Kriminalität und schlechte Sitten ausgehen, oder ob es bedrohliche Zauberer oder lächerliche, kaum ernstzunehmende Menschen sind, alle Haltungen rechtfertigen entschiedenes und auch gewalttätiges Vorgehen gegen Fremde.

Alle Wampar – vor allem die Jüngeren – fürchten eine kommende Landknappheit. Einige Lineages haben aus historischen Gründen weniger Land als andere, bei anderen dagegen stützt sich die Angst vor Landknappheit wohl weniger auf tatsächliche Gegebenheiten als auf den Gesamteindruck, bedroht und durch Fremde eingeschränkt zu werden. Gärten, die weiter vom Dorf entfernt oder an bestimmten Wegen liegen, seien auch wegen der immer häufiger werdenden Diebstähle nicht mehr lohnend zu nutzen. Insofern werde auch durch Kriminalität die Landnutzung eingeschränkt. Eine Konsequenz aus entstehenden Problemen der Landverteilung ist, daß Wampar gezielt Familienplanung einsetzen.[316] Eine andere Konsequenz ist die, daß man sich darauf vorbereitet, Fremde vom Land der Wampar zu vertreiben. Dabei haben Versuche der Vertreibung von in *settlements* lebenden Fremden bereits zu Gewalttätigkeiten geführt, die vermutlich erst der Anfang weiterer Auseinandersetzungen sind.[317] Angestellte der Flughafengesellschaft, die auf dem von Wampar verpachteten Land leben, haben nach und nach Verwandte ohne Anstellung und Einkommen nachgeholt. Um diese geht es. Wampar fordern, daß sie in ihre Heimat zurückgehen. Wampar selbst konnten es sich schon lange leisten, Arbeiter aus anderen Gegenden (Menyamya, Erap) anzustellen. Diese haben jedoch später andere Fremde geheiratet, eigene und Verwandte der Partner nachgeholt. Einige leben schon seit zwanzig Jahren auf Wampar-Land, ihre Kinder sind dort zur Welt gekommen und gehen heute in die Schule von Gabmadzung. Dennoch ist man immer entschlossener, auch diese Familien zu vertreiben. Teilweise sind es neue wirtschaftliche Interessen einzelner Wampar, die

---

316 Siehe zum Dorf Gabantsidz: Kramp 1999.

317 Bei Wamped und Gabantsidz gibt es mehr Siedlungen Fremder, und dort fanden um Land und die Benutzung der Straße bereits bewaffnete Auseinandersetzungen statt, bei denen es auf beiden Seiten Verletzte und Tote gab. Davon wurde in Zeitungen sowie im Dorf berichtet. Dennoch waren die Berichte zu widersprüchlich, um den Verlauf der Ereignisse zu rekonstruieren.

diese Entwicklung beschleunigen. Ein Landbesitzer möchte beispielsweise auf dem von Erap-Leuten bewirtschafteten Land Vanille anbauen, die hohe Gewinne erzielen soll.

Eine andere Gruppe von Fremden, die man gerne vertreiben würde, sind eingeheiratete Männer mitsamt ihren Familien. Wie oben beschrieben, werden fremde Frauen aufgrund traditioneller Integration, der Ethnien übergreifenden gleichen „Funktion" von Frauen sowie der patrilincaren verwandtschaftlichen Organisation leichter in die Gesellschaft eingegliedert als Männer. Fremde Männer haben keinerlei Rechte, und „normal" im Sinne der Wampar wäre es, wenn sie mit ihren Frauen in ihren Herkunftsgebieten siedelten. Es gab schon früher Bestrebungen, diese Familien wegzuschicken.[318] 1999 verteilte etwa der Pastor Luke aus Tararan Fragebögen an die Gemeindemitglieder, in denen er nach fremden Ehepartnern sowie nach deren Rückkehrwilligkeit und Zukunftsplänen fragte. Die eingeheirateten fremden Ehemänner von Wampar-Frauen dürften jedoch aufgrund der gemeinsamen Nachkommen und der langen Zeit, die viele schon am Markham leben, sowie aufgrund des Protestes ihrer Frauen schwierig zu vertreiben sein.

Die Behandlung von Kindern aus interethnischen Ehen ist ausgesprochen unterschiedlich und scheint von ganz anderen Faktoren als der Abstammung abzuhängen. Werden diese Kinder jedoch schlecht behandelt, ausgenutzt und als Außenseiter betrachtet, dann wird mit Sicherheit ihre Fremdheit angeführt und ihre Abstammung als Grund angegeben. In anderen Fällen, in denen man Gründe hat, die Nachkommen Fremder in die eigene Verwandtschaftsgruppe zu integrieren, wird die Herkunft des fremden Elternteils überhaupt nicht mehr erwähnt. Die Auslegung von Abstammung und Zugehörigkeit werden dementsprechend völlig situationsgebunden und pragmatisch vorgenommen – auch dann, wenn sie den existierenden Idealen widersprechen.

5.8 Fazit: Fremdenfeindlichkeit mit rassistischen Tendenzen

Schönheit spielt bei den Wampar eine weniger wichtige Rolle als etwa auf den Philippinen, dennoch gibt es Schönheitsideale. Das Aussehen ist vor allem in Hinblick auf Größe und Stärke wichtig. An diesen Idealen werden

---

[318] In einem Protokoll der „Wampar Development Korporesin" wurde die Idee „Wamparland den Wampar" vertreten: „Alle Männer von außerhalb des Wampargebietes, die Wampar-Frauen geheiratet haben, müssen mit ihren Frauen auf ihr eigenes Land gehen. Wenn sie aber bei den Wampar bleiben wollen, müssen sie versuchen, der Kultur und den Sitten der Wampar für acht Jahre zu folgen. Wenn das nicht tun, müssen sie in ihre eigenen Dörfer gehen." (zit. n. Fischer 1998: 128-129). Von einer solchen „Bewährungszeit" ist heute nicht mehr die Rede, wenn man über die Vertreibung fremder Männer vom Land der Wampar spricht.

in üblicher ethnozentrischer Weise auch Fremde gemessen. Von Wampar-Idealen abweichende Merkmale (Körpergröße, Nasenform, Kopfform etc.) werden als häßlich oder lächerlich beschrieben.

Eine kohärente Ideologie der Abwertung Fremder ist vor allem unter älteren Wampar wenig ausgeprägt. So lange Fremde (vor allem Frauen) sich vollständig in die Lebensweise der Wampar einfügen, können sie (von einigen meist älteren Wampar) nach vielen Jahren sogar als Wampar betrachtet werden. Allerdings gibt es gleichzeitig extreme Äußerungen, die allen Angehörigen bestimmter Gruppen (etwa Hochländern) absprechen, jemals ähnliche Qualitäten wie ein Wampar entwickeln zu können. Trotz fehlender kohärenter Ideologie und langen Phasen der mehr oder weniger friedlichen Koexistenz ist das tatsächliche Verhalten von gelegentlichen Ausbrüchen der Gewalt geprägt. In der jüngeren Generation, die Ängste bezüglich der Zukunft entwickelt (Verbrechen und Gewalt durch Fremde, Landknappheit, Verknappung von Arbeitsplätzen, Übernahme des Betelnußhandels durch Hochländer etc.), sind Vorstellungen von der körperlichen, moralischen und aufgrund ihrer Abstammung „charakterlichen" Minderwertigkeit Fremder verbreiteter als bei älteren. Pläne zur Vertreibung aller Angehörigen bestimmter Ethnien sowie aller eingeheirateten fremden Männer aus dem Wampar-Gebiet nehmen bereits konkrete Formen an. Allerdings waren sie bisher nur in wenigen Fällen erfolgreich.

Heute sind Gesetze gegen Diskriminierung etwa durch die *Human Rights Ordinance* von 1972 Grundlage des nationalen Rechtssystems in Papua-Neuguinea.[319] Gleichzeitig wird jedoch dem „traditionellen Recht", etwa durch die Einrichtung der *village courts*, eine größere Bedeutung zuerkannt. Der amtierende *magistrate* Gabsongkegs meinte, er habe keine Ahnung, wie die „traditionelle Rechtsprechung" der Wampar sei, man solle diese am besten einmal untersuchen. Allerdings spricht auch er Recht, das sich dann an ungefähren Vorstellungen orientiert, wie etwa dem Grundsatz, daß fremde Männer auf dem Gebiet der Wampar keinerlei Rechte haben und fremde Frauen, so lange sie sich wie Wampar-Frauen verhalten, auch wie solche behandelt werden. Vor allem bei der Verhandlung von Fällen wie den gewalttätigen Auseinandersetzungen zwischen Wampar und Fremden aus dem *settlement* des Flughafens fühlen sich Wampar selbst überfordert. Das – wie in der Presse immer wieder berichtet völlig überforderte – Gericht in Lae wies den Fall jedoch zunächst an den mittlerweile auch überforderten *magistrate* des Dorfes zu einer genaueren Klärung zurück. Bei der zu erwartenden Zunahme der Konflikte wird eine unabhängige Instanz zur Schlichtung unbedingt notwendig sein.

---

[319] Wolfers 1975: 149.

Die Wampar sind ein Beispiel für eine Gesellschaft mit starker, teilweise gewalttätiger Fremdenfeindlichkeit. Ansätze zu rassistischen Vorstellungen finden sich zunehmend hinsichtlich der Hochländer, die sich körperlich und kulturell nach Ansicht der Wampar stark von ihnen unterscheiden und minderwertig seien. Sollten sich soziale Probleme im Gebiet der Wampar verschärfen, ist zu vermuten, daß vorhandene rassistische Tendenzen stärker werden. Allerdings sind Prognosen für eine sich schnell verändernde Gesellschaft ausgesprochen schwierig.

Körperliche Unterschiede werden mit Hilfe von Stereotypen beschrieben. Es kann durchaus vorkommen, daß ein Wampar, der in seiner Körpergröße nicht eindrucksvoll ist, über „die kleinen krummbeinigen Hochländer" spottet, von denen einige größer sein können als er selbst. Es geht jedoch um das ideale Äußere der Wampar, das dem typischen und übertrieben dargestellten Aussehen der Fremden gegenübergestellt wird. Das geschieht unabhängig davon, ob einzelne diesen Idealen und Stereotypen entsprechen.

Das Beispiel der Wampar illustriert den Einfluß des Wandels der wirtschaftlichen Situation und der Veränderungen der Landverteilung auf den Umgang mit Fremden. Im Einzelfall, wenn es nützlich ist, kann selbst ein Hochländer als guter Geschäftspartner und wichtiger Mann anerkannt werden. Jederzeit kann aber auch argumentiert werden, man müsse mit Gewalt gegen Fremde vorgehen. Der Umgang mit Fremden ist vor allem pragmatisch und situationsabhängig. So kann sich das Blatt jederzeit wenden: Möchte man selbst Land bearbeiten, gilt der vormals geschätzte Arbeiter, dem man erlaubte, ein Haus zu bauen und einen Garten anzulegen, nach fünfzehn Jahren als Schmarotzer, der weitere Fremde ins Gebiet holt und möglichst schnell zu entfernen sei.

6. The Nation of Islam

6.1 Einführung

In den Medien wurde die „Nation of Islam" unter dem Namen „Black Muslims" bekannt. Das war jedoch keine Selbstbezeichnung. Der Afroamerikaner Eric C. Lincoln, der 1956 die erste umfassende Untersuchung über diese damals schnell wachsende Bewegung durchführte, hat sie geprägt.[320] Übliche Eigenbezeichnungen der Bewegung waren außer Nation of Islam auch „*The Lost-Found Nation of Islam*"[321] oder „*The Black Nation of Islam*".

Zur Nation of Islam stehen mehrere ältere Untersuchungen[322] sowie als zusätzliche Quellen Publikationen der Führer und Ideologen der Bewegung zur Verfügung.[323] Neuere Veröffentlichungen über die Nation of Islam haben sich, dem populären Interesse folgend, auf die Figur des Malcolm X konzentriert,[324] obwohl Elijah Muhammad von ebenso großer, wenn nicht sogar größerer, Bedeutung war. Angeregt wurde diese Tendenz durch den Film von Spike Lee über Malcolm X.[325] Neuere Publikationen nutzen eine Fülle an Quellen, die durch Diskurse der frühen Nation of Islam geprägt sind: Es wurden Interviews im Fernsehen und mit Zeitungsjournalisten publiziert, Reden wurden veröffentlicht und Selbstdarstellungen geschrieben. Das Literaturbeispiel Nation of Islam erfüllt also alle Anforderungen an ein ausführlicher zu analysierendes Fallbeispiel: Es gibt ausreichend Primär- und Sekundär-Quellen, die meisten sind auf Englisch verfaßt und viele (zumindest der Sekundärarbeiten) sind in deutschen Bibliotheken erhältlich.

---

[320] Lincoln 1961: iv, siehe zur Bezeichnung „Nation of Islam" oder „Black Muslim" auch Malcolm X 1966: 256. Im folgenden werden beide Bezeichnungen synonym verwendet.

[321] Mason 1967: 337.

[322] Essien-Udom 1962, Lincoln 1961, Lomax 1964.

[323] Malcolm X, Muhammad o.J.

[324] Carew 1997; Gallen 1994 mit einer Zusammenstellung aus Texten aus der älteren Literatur (siehe vorletzte Fußnote) und Reden sowie Ausschnitten aus der Autobiographie von Malcolm X.

[325] Lee 1988.

6.2 Historische Phasen

Die Nation of Islam hatte mehrere Vorläufer: soziale Bewegungen, die in Chicago und New York in den zwanziger Jahren des zwanzigsten Jahrhunderts entstanden waren. Eine davon war die Vereinigung „*Moorish Science Temple of America*", 1913 von Timothy Drew (1886-1929) gegründet, der sich später Noble Drew Ali nannte. Diese Vereinigung sowie Logen und Bruderschaften der Afroamerikaner des Südens versuchten an Bibeltexten nachzuweisen, daß Gott schwarz gewesen und die Unterdrückung der Afroamerikaner in einem Fluch begründet sei, der in absehbarer Zukunft aufgehoben werde.[326]

Garveys 1917 in Harlem gegründete „*Universal Negro Improvement Association*" und Drews „*Moorish Science Temple of America*" lösten sich Anfang der dreißiger Jahre auf. Von ihnen konnten viele Mitglieder in die neu entstehende Nation of Islam übernommen werden.[327] Nach Drew Alis Tod spaltete sich die Vereinigung „*Moorish Science Temple of America*" in mehrere „*Moorish Movements*" auf, die den Glauben vertraten, die Schwarzen stammten von Asiaten ab, die nach Nordafrika eingewandert seien. Man betonte, sie seien keine „Rasse", sondern eine Nation.

In den 30er Jahren des zwanzigsten Jahrhunderts entwickelte die soziale Bewegung der Afroamerikaner mit ihren vielen Splittergruppen durch W. D. Fard, der sich unter anderem als Reinkarnation von Timothy Drew ausgab, mehr Einigkeit und Geschlossenheit. Viele Mythen rankten sich um Fards tatsächliche Herkunft. Einige meinten, er sei Araber. Andere Legenden sagten, er stamme von einem schwarzen Jamaikaner ab, dessen Vater ein syrischer Muslim gewesen sei. Wieder andere beschrieben ihn als einen palästinensischen Araber, der bereits in Indien, Südafrika und London an Rassenunruhen beteiligt gewesen sei.[328] In Detroit hatte Fard zunächst Regenmäntel und später auch Seide in den Wohnvierteln der Schwarzen an der Haustür verkauft. Er kam dadurch in Kontakt zu vielen Familien und begann, anfänglich noch mit Hilfe der Bibel und anderer Schriften, den Menschen „the religion of the Black Men of Asia and Africa" zu predigen. Nach und nach richteten sich seine Predigten vehementer gegen die „weiße Rasse" und auch gegen die Bibel. Immer mehr Menschen wollten den Propheten hören. Dieser mietete eine Halle in Detroit, die er den „*Temple of Islam*" nannte.[329] In den ersten Jahren (1930-34) waren die meisten Mitglieder, einem in Detroit durchgeführten Survey zufolge, Migranten aus

---

[326] Mason 1967: 334.
[327] Gardell 1996: 10-46; Norton 1983: 3, 4 ff.
[328] Lincoln 1961: 10-12.
[329] Ebd.: 11.

dem ländlichen Süden der USA. Die Mehrheit der Mitglieder jener Zeit waren Analphabeten. Die meisten Neumitglieder wurden in Gefängnissen und Slumgebieten angeworben. In den fünfziger Jahren blieben die Merkmale gleich, nur waren unter den neu angeworbenen Mitgliedern nicht mehr so viele Migranten aus dem Süden.[330] Die große Migration der Schwarzen vom Süden in den Norden, die zwischen 1910 und 1970 sechseinhalb Millionen Afroamerikaner in die Städte migrieren ließ, war einer der Wegbereiter für die Nation of Islam. Ganze Wohnviertel veränderten sich: Afroamerikaner zogen ein, Weiße aus. In den schnell wachsenden Städten entstanden soziale Probleme und Spannungen. Migranten, die in dieses Umfeld kamen, hatten erhebliche Eingewöhnungsschwierigkeiten.[331] Die absolute und relative Deprivation dieser Bevölkerungsgruppe machte sie empfänglich für die Lehren religiöser Bewegungen schwarzer Heilsbringer.[332]

Elijah Muhammad, einer seiner Anhänger, wurde 1934 nach Fards Tod – bzw. nach seinem Verschwinden – zentrale Führerpersönlichkeit der Nation of Islam.[333] Ein sehr hoher Anteil der Mitglieder der frühen Nation of Islam war jung: zwischen 17 und 35 Jahre alt. In den neueren Tempeln der fünfziger Jahre kamen noch mehr Mitglieder aus dieser Altersgruppe. In manchen waren bis zu drei Viertel aller Anhänger unter dreißig Jahre alt. Die meisten waren Männer und kamen aus unteren sozialen Schichten. Frauen spielten in der Bewegung eine untergeordnete Rolle. Sie hatten separate Aufgaben und Pflichten zu erfüllen. Elijah Muhammad predigte, Männer hätten größere Gehirne als Frauen, das Denken sollten sie ihren Männern überlassen. Aufgabe der Frau sei in erster Linie, eine hohe Geburtenrate der Schwarzen zu sichern. Abtreibungen und Geburtenkontrolle verurteilte er, weil eine hohe Geburtenrate erreicht werden sollte und zwar aus religiösen Gründen.[334] In der Einschätzung von Fähigkeiten und Möglichkeiten der Frauen wird ein Sexismus deutlich, wie er häufig mit rassistischen Auffassungen einhergeht. Nach der ersten Tempelgründung wurde die Gemeinschaft zu einer zunehmend hierarchischen Organisation.

Beim ersten Kontakt mit dem Propheten in den Anfangszeiten der Nation of Islam lebte ein hoher Anteil der Mitglieder von Sozialfürsorge und kam aus den Armenvierteln Detroits. Diese Situation verbesserte sich im Lauf der Jahre, dennoch hatten die Black Muslims ihre Treffpunkte weiterhin in den heruntergekommenen Gegenden der Slumgebiete. Die Nation

---

[330] Lincoln 1961: 21-25.
[331] Gardell 1996: 48, 49.
[332] Lee 1988: 28, 29.
[333] Zu Leben und Bedeutung Elijah Muhammads siehe vor allem die Biographie von Claude A. Clegg (1997), aber auch: Essien-Udom 1962: 76 ff und Lomax 1964: 45 ff, Pinkney 1976: 156 ff.
[334] Clegg 1997: 186.

bautc ihrc Tcmpcl in dcn Gcgcndcn, in dcncn auch ihre Mitglieder lebten. Im Lebensstandard gab es jedoch unter den Führern der Black Muslim auch Ausnahmen: Elijah Muhammad wohnte beispielsweise in einer Villa mit 19 Zimmern in einem ruhigen Stadtviertel nahe der Universität von Chicago.[335]

Die meisten Mitglieder waren Afroamerikaner. Westindische Einwandercr dagcgcn, dic dic Mchrhcit dcr Anhängcr Garvcys gcstcllt hatten, blieben den Black Muslims zunächst fern. In den ersten Jahren gab es einige japanische Berater, die mit Muhammad zusammenarbeiteten. Elijah Muhammad war im ersten Jahr des zweiten Weltkrieges zunächst pro-japanisch eingestellt. Er predigte, ein Sieg der Japaner sei im Interesse der Afroamerikaner.[336] Später gab es jedoch keine Verbindungen mehr zu asiatischen Organisationen oder innerhalb der Nation of Islam Mitglieder anderer nationaler oder kultureller Herkunft. Beinahe alle Mitglieder waren zuvor Protestanten gewesen, einige Katholiken und wenige kamen aus revivalistischen Sekten.[337] Theoretisch konnte jeder „Schwarze", im weitesten Sinne also Nicht-Weiße, Mitglied werden. Essien-Udom berichtet jedoch von einem Studenten aus dem Irak, der zusammen mit einem muslimischen Freund den Chicagoer Tempel besuchen wollte, wo ihnen wiederholt der Zutritt verwehrt wurde.[338] Die Unterscheidung von Schwarz und Weiß war in der Wirklichkeit viel komplizierter als von den Ideologen der Bewegung zunächst dargestellt.

Einer der Hauptgründe vieler Anhänger, Mitglied zu werden, war der Zusammenhalt innerhalb der Gemeinschaft. Die Gruppen-Solidarität basierte auf einfachen Unterscheidungskriterien. Das wichtigste war die Hautfarbe: Jedem Schwarzen sollte geholfen werden. Obwohl die Nation of Islam sich als religiöse Gemeinschaft bezeichnete, war die Religion von untergeordneter Bedeutung. In erster Linie ging es um die Macht, sich gegen die „weißen Teufel" zu verteidigen, und wenn möglich die Situation der Unterdrückung umzukehren.[339] Auch Essien-Udom schrieb, die Suche nach einer eigenen Identität und die Verbesserung der Lebensverhältnisse waren die wichtigsten Gründe für Afroamerikaner, der Nation of Islam beizutreten.[340]

Muhammad machte deutlich, wer der Führer der Bewegung war, auch wer ihr Feind und was das nächstliegende Ziel sein sollte, nämlich der

---

[335] Lincoln 1961: 21-25.
[336] Lomax 1964: 48.
[337] Lincoln 1961: 26.
[338] Essien-Udom 1962: 203.
[339] Ebd.: 27.
[340] Ebd.: 95, 96.

Aufbau einer eigenen separaten Nation der Black Muslims. Mit welchen Methoden dieses Ziel erreicht werden sollte und wie ein Leben in der Nation der Schwarzen aussehen sollte, blieb jedoch im Dunkeln. Selbst die Anzahl und der genaue Ort der Staaten der USA, die später nur von Mitgliedern der Nation of Islam bewohnt werden sollten, wurden nicht genau angegeben. Muhammad sprach zunächst von zwei oder drei Staaten, deren Land den Afroamerikanern zur Verfügung gestellt werden sollte, später war die Rede von vier oder fünf, und Malcolm X nannte neun oder zehn Staaten als ausreichend großes Territorium.[341]

Eine Frau faßte ihre Gründe für die Mitgliedschaft in der Nation of Islam in einem Interview, das Essien-Udom mit ihr führte, zusammen: „This man [Muhammad] says to us 'down with Mr. Charlie [dem Weißen] and up with me.' " (1962: 111) Dieser Satz verdeutlicht, was sie in der Nation of Islam gefunden hatte – eine Stärkung ihres Selbstwertgefühls.

Radikale Führer wie Huey P. Newton, Stokely Carmichael und Elijah Muhammad gründeten Mitte der sechziger Jahre des zwanzigsten Jahrhunderts die Black Power Bewegung, die sich später in Black Panther und Nation of Islam spaltete. Zulauf hatten diese Bewegungen nicht in einer Situation der Verschlechterung der Lebensbedingungen, sondern in einer Atmosphäre gesteigerter Erwartungen der schwarzen Bevölkerung in den USA. Einfluß hatte auch die Bewegung der Rastafaris aus den West Indies, die den Black Muslims in vielem ähnlich war. Anhänger der Nation of Islam glaubten, wie auch die Rastafaris, zunächst an eine Lösung aller Probleme auf wundersame Weise und nicht durch politisches Engagement. Sie sind in dieser Hinsicht anderen Heilserwartungsbewegungen ähnlich.[342] Elijah Muhammad machte Malcolm X zunächst zu einem der Führer der Nation. 1964 trennte sich Malcolm X jedoch von der Nation of Islam und wurde 1965 ermordet.

In den 60er und 70er Jahren des letzten Jahrhunderts erhielt die religiöse Gemeinschaft weiteren Zulauf von Mitgliedern durch die Verarmung der afroamerikanischen Bevölkerung in den Städten. 1975, nach Elijah Muhammads Tod, benannte dessen Sohn Wallace D. Muhammad die Bewegung um in „World Community of Islam in the West".[343] Zum Zeitpunkt der Übernahme der Führung durch Wallace D. Muhammad hatte die Bewegung noch ca. 50.000 Mitglieder.[344] Unter seiner Führung setzte der

---

[341] Lincoln 1961: 95.

[342] Zur Nation of Islam als Heilserwartungsbewegung siehe Lee 1988.

[343] Zunächst bezeichnete Muhammad sich selbst als letzten Gesandten Allahs. Später soll er in einer Broschüre die Bezeichnung „erster Gesandter und Führer" benutzt haben und ließ kurze Zeit darauf verlauten, Allah habe seinen Sohn Wallace als seinen Nachfolger auserwählt (Essien-Udom 1962: 92, 93).

[344] Cashmore 1996: 251.

Niedergang der Black Muslim ein – später von Farrakhans Anhängern „*The Fall*" genannt.[345] Wallace D. Muhammad nahm der Ideologie der Nation of Islam ihre Schärfe, indem er etwa die Farbsymbolik des Schwarz-Weiß-Gegensatzes von der biologischen auf eine psychologische Ebene rückte und die Weißen entdämonisierte.[346]

Erst mit Louis Farrakhan gewann die Bewegung wieder an Radikalität und Bedeutung. Er trat 1978 aus Wallace D. Muhammads Organisation aus, baute die Nation of Islam erneut auf und gewann neue Mitglieder hinzu sowie solche zurück, die seit Muhammads Tod nicht mehr aktiv gewesen waren.[347] Geboren wurde Farrakhan 1933 in New York. Später lebte er als Musiker in Boston. Als er zu den Black Muslim kam, stellte man ihn vor die Wahl, entweder die Musik aufzugeben oder die Gemeinschaft zu verlassen, da von den Mitgliedern „seriöse" Tätigkeiten gefordert wurden. Farrakhan blieb in der Nation of Islam und löste 1964 Malcolm X im Harlemer Tempel ab. Nach Elijah Muhammads Tod verdrängte er dessen Sohn aus seiner Führungsposition, indem er zunächst selbst verwandtschaftliche Bande zur Familie Muhammads konstruierte, zum anderen Aussagen Elijahs als Prophezeiungen seiner künftigen Führungsrolle in der Bewegung auslegte. Außerdem verbreitete Farrakhan als Beleg für seine enge Verbindung zu Muhammad, er habe eine Vision gehabt: Er sei durch ein Raumschiff entführt worden, das ihn zum Propheten gebracht habe. Auch später noch behauptete er, er werde überallhin von göttlichen UFOs verfolgt, die ihn an seine große Aufgabe erinnerten.[348] Unterstützt durch Rap- und Hiphop-Musik fanden die Ideen der Nation of Islam Ende der achtziger und Anfang der neunziger Jahre des letzten Jahrhunderts auch durch Videos, Filme und Mode Eingang in die Alltagswelt schwarzer Jugendlicher der nordamerikanischen Städte. Die Ideologie lebte unter anderen Vorzeichen in einem ähnlichen Milieu auf wie zu ihrer Gründungszeit: unter Jugendlichen, Kriminellen, in den Armenvierteln der Großstädte und in Gefängnissen.[349] Auch die sexistische Haltung innerhalb der Nation of Islam blieb in den achtziger und neunziger Jahren erhalten, in denen die Ideen der Nation of Islam durch Farrakhan wiederbelebt wurden. 1995 organisierte Farrakhan einen Marsch nach Washington, an dem ca. 600.000 Afroamerikaner teilnahmen.[350] Die neuen Anhänger kamen ebenfalls aus den Städten, in denen die afroamerikanische Bevölkerung ein Durchschnittsalter von 24,9

---

[345] Zu dieser Phase siehe Gardell 1996: 99 ff.

[346] Gardell 1996: 108, 109, siehe auch Lee 1988: 93.

[347] Lee 1988: 105.

[348] Gardell 1996: 133.

[349] Ebd.: 285 f.: Kapitel 10 „A Divine Nation in a Decaying World".

[350] Cashmore 1996: 252, siehe zum „Million Man March" (Frauen der Nation of Islam durften nicht teilnehmen) auch das Spiegelgespräch mit Louis Farrakhan (1995).

Jahren im Vergleich zu 34,6 Jahren der restlichen Bevölkerung hatte. Die Mitglieder rekrutierten sich aus von jungen Männern dominierten Straßen-Gangs. Die Texte der Rap- und Hip-hop Lieder waren häufig gewalt-verherrlichend und sexistisch, obwohl dies von Farrakhan kritisiert wurde.[351]

Was Reggae für die Rastafari-Bewegung in den siebziger Jahren war, wurden die neuen Musikstile für die Nation of Islam.[352] Die Texte ent-lehnten Symbole und Bezeichnungen aus den frühen Lehren der Black Muslims und denen Farrakhans: Man bezeichnete nicht-muslimische Afro-amerikaner als *„dead niggaz"*, Weiße als *„Yacub's crew"* und weiße Frauen als *„cave bitch"*.[353] Afroamerikaner und -amerikanerinnen werden in Rap- und Hiphop-Texten in der Tradition der Nation of Islam (*„Ebony Nation"*) als *„brotha"* (kurz *„bro"*) und *„sista"* oder *„X-man"*, *„ebo"* bezeichnet.[354] In einem Text der Gruppe Brand Nubian heißt es beispielsweise, der Ideo-logie der Nation of Islam entsprechend:

„The Asiatic Blackman
is the Maker, the Owner,
the Cream of the Planet Earth,
Father of Civilization,
God of the Universe." (Brand Nubian 1990, nach Gardell 1996: 295)

Daneben machten auch Filme wie *Do the Right Thing*, *Boyz in the Hood*, *New Jack City*, *Menace II Society* und *Juice* oder auch Action-Filme wie *Trespass* die Nation of Islam populär. Die Bewegung der Black Muslim war von Anfang an weniger Ausdruck muslimischen Glaubens als ein In-strument des Protests und Aufstands gegen herrschende Werte und Nor-men. Sie war stärker politisch als religiös orientiert.[355]

6.3 Schöpfungsmythen

Um die eindeutige Trennung von Schwarz und Weiß sowie Gut und Böse nachvollziehbar zu machen, muß man sich mit dem Ursprungsmythos der

---

[351] Gardell 1996: 285, 294.

[352] Ebd.: 294, 295.

[353] Ebd.: 296, siehe auch: Stavsky, Mozeson und Mozeson 1995: 135. Sie geben für weiße Frauen ne-ben *„cave bitch"* die Bezeichnung *„milky ho"* (ho = Hure) und *„snow white"* an. Für Weiße wird auch die klassische Bezeichnung *„devil"* verwendet, neben *„cracker"*, *„wannabe"*, *„silver spoon B-boy"* (reicher weißer Jugendlicher, der das Gehabe der Getto-Jugendlichen angenommen hat). Weiße, die sich mit der Kultur der Schwarzen identifizieren, werden *„wigger / wigga"* oder *„yo-boy"* genannt (ebd.: 116).

[354] Stavsky, Mozeson und Mozeson 1995: 13, 92.

[355] Vgl. zu Religion, Hautfarbe und Rassismus auch Bastide 1967.

Nation of Islam beschäftigen. Der ursprüngliche, erste Gott oder Allah, der *„Original Man"*, sei ein Schwarzer gewesen. Er habe sich vor 76 Trillionen Jahren aus einem Atom entwickelt, das sich in völliger Dunkelheit um sich selbst drehte. Vom Schöpfer des Universums und den anderen Göttern, die von ihm geschaffen worden waren, stammten alle weiteren „Rassen" ab. Die ersten schwarzen Menschen seien in dreizehn Stämmen organisiert gewesen. Sie hätten sich durch ihre schwarze Hautfarbe, die islamische Religion und ihre angeborene Rechtschaffenheit ausgezeichnet. In ihrer Güte seien all diese Menschen Gott ähnlich gewesen.[356] Einer der frühen göttlichen Wissenschaftler trennte Erde und Mond durch eine große Explosion voneinander, die ursprünglichen Stämme lebten danach auf der Erde weiter.[357] Die Weißen seien erst später durch das Experiment eines schwarzen Wissenschaftlers entstanden, das den üblen Nebeneffekt hatte, daß es die Welt mit den „weißen blauäugigen Teufeln" bevölkerte.[358] Auf die Grundlagen dieses Experiments wird im folgenden noch ausführlicher eingegangen.

Die Entwicklung der weißen und schwarzen Menschheit nach der Entstehung der beiden „Rassen" hat Malcolm X ausführlich dargestellt. In der Welt der Schwarzen fanden sich Hochkulturen, Wissenschaft und Kunst: „...the black man by nature is a builder, he is scientific by nature, he's mathematical by nature. Rhythm is mathematics, harmony is mathematics. It's balance. And the black man is balanced. Before you and I came over here, we were so well balanced we could toss something on our head and run with it."[359] Die Weißen – verbannt nach Nordeuropa – kannten dagegen keine Kleidung, aßen rohes Fleisch, was heute noch an ihrer Vorliebe für halbrohe Steaks abzulesen sei.

Es gab jedoch frühe Mischungen zwischen Schwarz und Weiß. Malcolm X führt an, als Hannibal mit seinen schwarzen Truppen über die Alpen gekommen sei, hätten all seine schwarzen Gefolgsleute in kürzester Zeit dafür gesorgt, daß die Italiener heute eine dunklere Hautfarbe als andere Europäer hätten. Als weiteren Beweis für die Möglichkeit der schnellen „Rassenmischung" nennt Malcolm X die amerikanischen Soldaten im zweiten Weltkrieg, die innerhalb kurzer Zeit in England, Deutschland und Frankreich für farbigen Nachwuchs gesorgt hätten.[360] Daß diese Beispiele gegen

---

[356] Clegg 1997: 43, 44.
[357] Clegg 1997: 45; Lincoln 1961: 75, Pinkney 1976: 156 ff. Muhammad lehrte, ein schwarzer Wissenschaftler habe die Explosion des Himmelskörpers herbeigeführt, da er wütend darüber gewesen sei, daß die Menschen nicht alle eine Sprache sprachen. Als er sah, daß er sein Ziel nicht erreichen konnte, sprengte er den damaligen Planeten, um jede Zivilisation auszulöschen (Muhammad 1964: 99).
[358] Lincoln 1961: 76.
[359] Malcolm X 1970: 22.
[360] Ebd.: 24.

die These der scharfen und notwendigen Trennung der „Rassen" sprechen, störte ihn wenig. Logisch waren die Argumentationen der Führer der Nation of Islam ohnehin meist nicht.

Wie schon erwähnt, glaubten Black Muslims, der erste Mensch (Gott) sei schwarz gewesen. Er habe sich aus der Schwärze des Weltalls und des Wassers in sechs Trillionen Jahren selbst zusammengesetzt.[361] Alle Afroamerikaner seien Blutsverwandte dieses ersten Menschen. Nach Elijah Muhammad haben die ersten Schwarzen auf dem Mond gelebt und noch heute gebe es Stämme in Afrika, die von ihrer Herkunft vom Mond überzeugt seien.[362] Der Stamm Shabazz sei vor 36 Trillionen Jahren der erste auf dem Planeten Erde gewesen.[363] Die Menschen lebten im Nil-Delta und in Mekka.[364] Die Weißen dagegen seien nicht von Gott, sondern von Yakub, einem Wissenschaftler gemacht worden, der sich gegen Allah auflehnte. Dieser Yakub war absonderlich: Er habe einen besonders großen Kopf gehabt und seit seinem vierten Lebensjahr studiert.[365] Der Mythos von der Erschaffung der Menschen ist zentral für die Begründung der Überlegenheit der schwarzen „Rasse" über die Weißen:

„Allah (God) said this is due to being grafted from the Original Black Nation, as the Black Man has two germs (two people) in him. One is black and the other brown. The brown germ is weaker than the black germ. The brown germ can be grafted into its last stage, and the last stage is white." („Mr. Muhammad speaks", July 4, 1959. In: Lincoln 1961: 76)

Vor 6.645 Jahren erfuhr Yakub von diesen Genen und züchtete sie 600 Jahre lang, einem strikten Geburtenkontroll-Gesetz folgend. Alle Rückbildungen in der Färbung, also alle schwarzen Kinder wurden mit einem Nadelstich ins Gehirn getötet. Nach zweihundert Jahren gab es nur noch braune Menschen, nach weiteren zweihundert Jahren nur noch rote, und nach nochmals zweihundert Jahren entstand die „gelbe Rasse". Bei dieser Menschen-Zucht kamen als Endprodukt die blauäugigen Teufel heraus.[366] Da sie nicht von Gott erschaffen worden waren, seien sie körperlich und

---

[361] Gardell 1996: 144. Gott und Mensch werden in der Ideologie der Nation of Islam gleichgesetzt, der Schwarze Mensch existierte schon vor dem Universum und machte die schwarze Rasse zu einer Nation der Götter (ebd.).

[362] Essien-Udom 1962: 148.

[363] Eine Version der Erschaffung der Menschen durch den größten schwarzen Wissenschaftler, den es damals auf dem Mond gab, beschrieb Minister James 3X Essien-Udom. Danach waren Erde und Mond ursprünglich eins, vor 3 Trillionen Jahren habe jener Wissenschaftler eine Explosion erzeugt, die den Mond 12.000 Meilen und die Erde 36.000 Meilen aus der ursprünglichen Umlaufbahn schleuderte (Essien-Udom 1962: 148, 149).

[364] Lincoln 1961: 75.

[365] Malcolm X 1966: 178.

[366] Ebd.: 179, siehe dazu auch Essien-Udom 1962: 150, 151; Gardell 1996: 59 und 147 f.; Lomax 1964: 55 ff.

moralisch schwächer als die, der ursprünglichen genetischen Ausstattung näheren, schwarzen Menschen. Deshalb seien auch die Weißen beispielsweise im Sport schwarzen Athleten unterlegen. Bei der Zucht sei den weißen Menschen nicht nur ihre Farbe, sondern auch ihre Körperkraft und, schlimmer noch, ihre Menschlichkeit abhanden gekommen. Auch die von Weißen begangenen Verbrechen führte er auf das erste Experiment zurück, durch das sie entstanden sind.[367] Schon durch die Schöpfung wurden sie zum Feind der Schwarzen. In seiner Kolumne „Mr. Muhammad Speaks" des Pittsburgh Courier schrieb er: „Since *by nature they were created* liars and murderers, they are the enemies of truth and righteousness, and the enemies of those who seek the truth"...[368] In einem Interview mit Essien-Udom beschrieb Minister James 3X die Folgen der Schöpfung für „den Weißen": „His mental power is less than that of the black man – he has only six ounces of brain and the Original Man has seven-and-a-half ounces... The white man's physical power is one-third less than that of the black man."[369] Das Blut des Weißen sei dünner, seine Knochen seien zerbrechlich und sein Gehirn leichter.[370]

Widersprüchlich sind die Entstehungsgeschichten, wenn man weitere Texte von Malcolm X hinzuzieht, in denen er die Nachkommen der Sklavenhalter und ihrer Sklaven als eigene „Rasse" oder „Rassenmischung" bezeichnet:

„Innerhalb einer Generation hatten die weißen Sklavenhalter die schwarzen Frauen so häufig vergewaltigt, daß allmählich eine neue landeseigene, selbsterzeugte und geistig entleerte Rasse von Menschen entstanden war, die weder ihre eigene Hautfarbe noch ihre alten Familiennamen besaß. Der Sklavenhalter zwang dieser aus Vergewaltigung hervorgegangenen Rassenmischung den eigenen Familiennamen auf und nannte sie die ‚Neger'." (Malcolm X 1966: 176)

Demnach würden die Afroamerikaner gleichermaßen vom „Urschwarzen" wie vom „weißen Teufel" abstammen.[371] Angeregt durch die Theorien des „ehrwürdigen Elijah Muhammad" beschäftigte sich auch Malcolm X eingehender mit Mendels Vererbungslehre:

---

[367] Lincoln 1961: 77.
[368] Mr. Muhammad Speaks 18. Juli, 1959. Zitiert nach Lincoln 1961: 77, Hervorhebung B.B.
[369] Essien-Udom 1962: 152.
[370] Clegg 1997: 51.
[371] Die Lehren der Nation of Islam sind voller solcher Widersprüche. In einigen Texten werden Adam und Eva etwa als Eltern der Weißen, in anderen als Vorfahren der ursprünglichen Schwarzen verstanden. Alle Aussagen werden an Schriften belegt, häufig belegen sie jedoch einander widersprechende Auffassungen. Gardell schreibt, das sei nichts besonderes, denn eine Gemeinsamkeit von Religionen sei, daß sie ab einem gewissen Grad der Systematisierung dazu tendierten, unlogisch zu sein. Er warnt Forscher davor, aus den widersprüchlichen Vorstellungen künstlich ein kohärentes System herzustellen (1996: 167, 168).

„Nach mehrmaliger eingehender Lektüre insbesondere einiger bestimmter Abschnitte begriff ich, daß es theoretisch möglich ist, einen weißen Menschen aus einem Schwarzen herauszuzüchten. Unmöglich hingegen ist es, aus einem weißen Menschen einen Schwarzen herauszuzüchten, denn das weiße Gen ist rezessiv. Und da niemand bestreitet, daß es nur einen Urmenschen gegeben hat, liegt die Schlußfolgerung klar auf der Hand." (Malcolm X 1966: 187)

Dieser „Urmensch" habe in Afrika gelebt, auf dem schwarzen Kontinent, der die Wiege der Menschheit gewesen sei. Der weiße Mensch lebte in Europa noch in Höhlen, während die Schwarzen schon große Reiche und eine hochentwickelte Zivilisation gehabt hätten.[372] Die Anwesenheit der Weißen machte den ersten Menschen das Leben schwer: „Der ‚Teufel weißer Mann' aber hatte vom ersten Tag der Geschichte an, seiner teuflischen Veranlagung folgend, alles, was nicht weiß war, gebrandschatzt, vergewaltigt, ermordet und ausgebeutet."[373] Streit und Unfrieden kam durch die Weißen unter die Schwarzen. Deshalb wurden die Weißen gefangengenommen und in den Kaukasus gebracht, wo man sie ihrem Schicksal überließ. Sie lebten dort ohne verständliche Sprache und krochen noch auf allen Vieren, als die schwarzen Zivilisationen entstanden. Die Weißen paarten sich zu dieser Zeit noch mit Tieren. Die Haustierhaltung der Weißen soll ein Relikt aus jenen Zeiten sein.[374] Die Weißen seien immer wilder, behaarter und tierähnlicher geworden. Diese Devolution sei dadurch aufgehalten worden, daß Gott ihnen Moses geschickt habe. Darauf habe der Weiße begonnen, die Welt für sich zu erobern. Überall habe er schon schwarze Menschen vorgefunden, es habe keinen Ort gegeben, an dem die ursprüngliche Bevölkerung aus Weißen bestand. Die Indianer Nordamerikas hätten dort schon seit 16.000 Jahren als Strafe dafür gelebt, daß sie die Gesetze des Islam gebrochen hätten. Als die Herrschaft der weißen Teufel begann, sei die göttliche Nation in ein Koma gefallen, in einen Schlaf, eine Apathie, die sie daran gehindert habe, sich zu wehren. Gott habe ihnen jedoch die Pyramiden und „Kabas schwarzen Stein" als Zeichen für ihre ursprüngliche „rassische" Überlegenheit gegeben.[375]

Farrakhan lehrte später, die Weißen seien deshalb nicht verantwortlich für ihre Schlechtigkeit, weil sie so erschaffen worden seien. Das bedeute

---

[372] Auch bei Marcus Garvey hieß es im Schöpfungsmythos von Schwarz und Weiß, daß zur Zeit, als es in Europa nur Kannibalen, nackte Wilde und Ungläubige gab, in Afrika bereits eine Rasse kultivierter schwarzer Menschen lebte, die Meister der Kunst, Literatur und Wissenschaft war. Diese Menschen seien Göttern gleich gewesen. Ihre Vorfahren waren Adam und Eva, die, wie auch ihre Kinder Kain und Abel, schwarz gewesen seien. Laut Garvey habe Kain seinen Bruder Abel getötet, und als Gott ihn nach diesem fragte, habe er einen solchen Schock bekommen, daß er weiß wurde. Er wurde mit Lepra bestraft und ist der Vorfahr der weißen Rasse (Gardell 1996).

[373] Malcolm X 1966: 175, auch 192.

[374] Gardell 1996: 152.

[375] Ebd.: 152, 153.

jedoch auch, daß sie nicht zu ändern, zu bessern oder zu erziehen seien.[376] Aus dieser Auffassung der „ursprünglichen Schlechtigkeit" der Weißen und der Güte und Weisheit Gottes ergibt sich wie in vielen Religionen die Frage, warum er dann zuließ, daß das Böse erschaffen wurde. Nach der Ideologie der Nation of Islam hat Gott das Schlechte und Gute im schwarzen Menschen erschaffen. Yakub diente Gott als Werkzeug, er entfernte das Schlechte aus den Genen der ersten Menschen und isolierte es im weißen Mann. Die Herrschaft der Weißen sollte die Schwarzen über sich selbst belehren und ihnen helfen, für immer das Schlechte in sich selbst zu besiegen. Damit ist die Mission der Weißen erfüllt, und sie können von der Erde verschwinden. Sie hätten den Schwarzen nur als Warnung und Lehre dienen sollen, damit sie für immer dem Islam folgten. Eine Nation von Göttern und das Paradies werde so entstehen.[377]

In den zitierten Schöpfungsmythen der Nation of Islam sowie in Äußerungen über die Geschichte ist immer wieder die Rede von Genen, von Veranlagung und vererbter Schuld. Die bestehenden Unterschiede werden stärker im Körperlichen als im Sozialen, Politischen oder Historischen verankert, was ihnen Unveränderbarkeit und Beständigkeit verleiht. Das Ende der „weißen Rasse" sollte nach der von Muhammad gelehrten *„chronological history"* der Welt 6.000 Jahre nach der Geburt Yakubs, dem Schöpfer der „weißen Rasse", ungefähr im Jahr 2.000 gekommen sein. Danach entstehe im siebten Jahrtausend nach Yakub eine neue Zivilisation. Allah habe Muhammad geschickt, um diese anzukündigen.[378]

6.4 Körperliche Unterschiede und Rassenkonzepte

Ob die Ideologie der Nation of Islam rassistisch war, kann erst geklärt werden, wenn herausgearbeitet wird, nach welchen Kriterien Rassenzuordnungen von den Black Muslim vorgenommen wurden. Außerdem muß die Frage beantwortet werden, ob und wie diese in eine hierarchische Ordnung gebracht wurden.

---

[376] Farrakhan 1989 „The Announcement: A Final Warning to the U.S. Government." Chicago. In: Gardell 1996: 148.

[377] Gardell 1996: 150, 151. Die gesamte Thematik der für Heilserwartungsbewegungen typischen Vorstellungen des Paradieses und der großen Katastrophe, die kommt und nur die Auserwählten übrig läßt, kann hier im Detail nicht diskutiert werden. Rettung wird den Black Muslims versprochen, die Weißen werden jedoch ins Verderben gestürzt. Damit wird in der Ideologie der Nation of Islam auch begründet, warum unter anderem Abstand zu den Weißen gewahrt werden muß, um nicht mit ihnen unterzugehen. Farrakhan stellte Armageddon als Rassenkrieg dar, der an vielen Stellen der Welt beginnt. Erste Vorzeichen sah er etwa im Golfkrieg. Dazu ausführlicher Gardell 1996: 158 f und Lee 1988.

[378] Essien-Udom 1962: 145, 146.

Der Begriff *race* wird im Englischen häufig allgemein im Sinne von „Volk" oder „Nation" verwendet und muß nicht Erblichkeit oder biologische Merkmale voraussetzen. In der Rhetorik der Nation of Islam bezieht *race* sich jedoch in erster Linie, begründet durch die Schöpfungsmythe, auf biologisch voneinander verschiedene Menschenrassen im Sinne von sich durch ererbte körperliche, geistige und charakterliche Merkmale unterscheidende Einheiten. Teilweise werden Rassenkategorien auch mit wissenschaftlichen Rassenbezeichnungen – etwa „Kaukasier" – gleichgesetzt: „The human beast – the serpent, the dragon, the devil, and Satan – all mean one and the same; the people or race known as the white or Caucasian race, sometimes called the European race."[379]

Die Einteilung der Menschheit in unterschiedliche „Rassen" ist in der Vorstellung der Nation of Islam sehr einfach. Es gibt nur „Schwarze" und „Weiße" und keine „Zwischentöne". Andere Völker, wie die indigene Bevölkerung Nordamerikas, waren schwer in den Gegensatz Schwarz-Weiß einzuordnen. Die „Roten" waren nach den Lehren Fards einer der ursprünglichen Stämme, der in Indien lebte, dort jedoch eine Sekte gründete, welche die Existenz Allahs bestritt. Zur Strafe wurden sie nach Amerika verbannt und später schickte man ihnen die Weißen als zusätzliche Strafe hinterher.[380]

Die Weißen wurden im allgemeinen als „weiße Teufel" bezeichnet. Malcolm X schrieb: „Wenn wir Muslim vom ‚Teufel weißer Mann' gesprochen hatten, war das eine ziemlich abstrakte Figur gewesen – jemand, mit dem wir Muslim kaum je wirklich in Berührung kamen."[381] Gemeint sind nicht einzelne Weiße, sondern die Weißen als Kollektiv. In den Reden der Ideologen der Bewegung stehen immer wieder Verallgemeinerungen im Mittelpunkt: verschiedene Generationen, Weiße unterschiedlicher Herkunft, Bildung, Einstellung etc. werden zur Konstruktion eines Feindbildes zusammengefaßt. Gleichzeitig versuchte man, durch die Vorschriften der Nation of Islam zu verhindern, daß Kontakte zwischen „weißen" und „schwarzen" Individuen zustande kamen.

Auffällig ist, was für Rassenkategorien überhaupt gilt, daß sie nichts mit der Wirklichkeit, mit tatsächlichen physischen Unterschieden, zu tun haben müssen. Als Beispiel sei hier eine Passage aus Malcolm X' Rede *„Message to the Grassroots"* von 1963 angeführt:

„When they [die Schwarzen] came to the Bandung conference, they looked at the Portuguese, and at the Frenchman, and at the Englishman, and at the Dutchman, and learned or realized the one thing that all of them had in common — they were all from

---

[379] Mr. Muhammad Speaks 13. Dezember, 1958. Zitiert nach Lincoln 1961: 77.
[380] Clegg 1997: 47, 48.
[381] Malcolm X 1966: 249.

Europe, they were all Europeans, blond, blue-eyed and white skins. They began to recognize who their enemy was." (Malcolm X 1965: 6)

Daß Portugiesen und Franzosen in der Wirklichkeit nicht sämtlich dem Bild des blauäugigen, blonden, weißhäutigen Europäers entsprachen, war unwichtig. Der Diskurs über die äußerlich eindeutig zu unterscheidenden Fremden zielte, wie dieses Zitat deutlich zeigt, nur darauf ab, den Gegner leicht identifizierbar zu machen und Eindeutigkeit zu erreichen.

Ein Black Muslim war jeder „schwarze Amerikaner", der auch Anhänger Elijah Muhammads war. Black Muslims unterschieden sich bewußt durch die Schreibweise „Muslim" statt „Moslem" von anderen Amerikanern islamischen Glaubens. Darüber hinaus aber auch dadurch, daß sie annahmen, Elijah Muhammad sei ein direkter Bote Allahs gewesen. Allah sei persönlich als Fard auf die Erde gekommen, um die Schwarzen von den Weißen zu befreien.[382] Als „Schwarze" wurden alle Menschen bezeichnet, die „nicht-weiß" waren, also auch Japaner, Filipinos, Aborigines, Inder etc.[383] Die Bezeichnung „Negro" lehnten die Black Muslims ab. Statt dessen nannten sie sich selbst entweder „so called Negro" oder „Black Men".[384] „Black Men" wurde als Bezeichnung wohl auch deshalb gewählt, um den symbolischen Gegensatz Weiß-Schwarz noch schärfer herauszuarbeiten, bei dem es keine Zwischentöne geben konnte. Später bezeichneten sie sich häufig auch als Götter, als eine „Nation of Gods" oder als „Black Gods".

In der Ideologie der Black Muslims werden Unterschiede nicht auf anerzogene Eigenschaften oder erlerntes Verhalten zurückgeführt, sondern als „n a t ü r l i c h e " oder „ursprüngliche" Differenzen deklariert. Louis X, Geistlicher aus Boston, sagte beispielsweise: „The white man is never going to grant the Negro equal opportunity [...] for the white man knows that the Black Man is by nature a leader. Granted equality, he will automatically assume leadership."[385]

Ziel der Nation of Islam war eine strikte Trennung der „Rassen". Man stellte sich vor, politische und wirtschaftliche Zusammenhänge nach und nach lösen zu können. Persönliche Beziehungen zwischen Weißen und Schwarzen sollten jedoch sofort abgebrochen werden.[386] Vermutlich, da sie Zweifel an der vereinheitlichenden Doktrin der Muslim-Führer hätten schü-

---

[382] Lincoln 1961: 21.
[383] Ebd.: 26. und Lomax 1964: 48.
[384] Clegg 1997: 41 ff; Lincoln 1961: 68, 69.
[385] Lincoln 1961: 71.
[386] Ebd.: 87.

ren können. Für Weiße war der Besuch vieler Veranstaltungen und Predigten der Nation of Islam verboten.[387]

Durcheinander gerüttelt wurde Malcolm X' statisches Bild der Menschenrassen und ihrer Merkmale durch seine Reise nach Mekka. Er traf sympathische hellhäutige Menschen, von denen er meinte, in Amerika hätte man sie für „Weiße" gehalten.[388] Begeistert schrieb er, bei seiner Ankunft in Mekka habe er Menschen aller Schattierungen gesehen, und es habe ihn wie ein Schlag getroffen, daß die Hautfarbe dort keine Rolle spiele.[389] Er milderte seine Urteile und Lehren daraufhin ab, und schrieb, „weiß" bezeichne nicht die Hautfarbe, sondern eine bestimmte Haltung oder Handlungsweise.[390] Dennoch meinte er zu beobachten, daß sich unter Pilgern aus verschiedenen Ländern hauptsächlich diejenigen gleicher Hautfarbe freiwillig beieinander aufhielten. Menschen sortierten sich, schloß er, von ganz allein entsprechend ihrer „rassischen" Zugehörigkeit.[391]

Wallace Muhammad, Elijahs Sohn, weichte nach dessen Tod die Aufteilung der Menschen in Schwarz und Weiß auf. Unter ihm verlor die Nation of Islam an Bedeutung. Sein Nachfolger Farrakhan griff dagegen wieder die Lehren der dreißiger Jahre auf. Seine Auslegung der frühen Schriften verhinderte, daß in den achtziger und neunziger Jahren neben dem „Rassen"- ein Klassenbewußtsein entstand:

„Any real inclusion of whites in the category of the oppressed depends on whether the teachings about the genetic mental differences between the races will receive a more metaphorical interpretation than is presently at hand. Although indications pointing in that direction are found, this is a process that is far from certain to succeed." (Gardell 1996: 321)

Im Gegenteil schien sich unter anderem durch die Zunahme der wirtschaftlichen und sozialen Probleme Anfang der neunziger Jahre in der Jugendkultur Amerikas eher eine noch schärfere Reformulierung und Wiederholung der Ideologien der frühen Nation of Islam zu verbreiten.

Ein Sonderfall war die Einordnung der Juden in Kategorien der Nation of Islam. Trotz gelegentlich vorkommender Sympathien und „Solidarität" wurden sie von einigen klar der Kategorie der Weißen zugeordnet. Andere sahen die „Rassenzugehörigkeit" der Juden als besonderes Problem. Sie bildeten auch eine besondere Einheit, die häufig Erwähnung fand. Malcolm X gibt in seiner Autobiographie ein Gespräch mit seinem Bruder wieder. Sein Bruder sagte zu ihm:

---

[387] Malcolm X 1966: 257.
[388] Ebd.: 336, auch 338.
[389] Ebd.: 327, auch 344.
[390] Ebd.: 339.
[391] Ebd.: 348.

„ ‚Der weiße Mann ist ein Teufel.' [...] Ich vergesse nie, wie in diesem Augenblick vor meinem inneren Auge alle Weißen erschienen, die ich je im Leben gesehen hatte, und wie ich aus irgendeinem Grunde bei Hymie dem Juden stehenblieb, der so gut zu mir gewesen war. [...]
‚Alle, ohne Ausnahme?'
‚Und Hymie?'
‚Der hat dir fünfhundert Dollar zu verdienen gegeben, weil er selber zehntausend verdienen wollte.' " (Malcolm X 1966: 172)

Hymie, der Jude, der dem Jungen geholfen hatte, wird schnell mit dem Stereotyp der angeblichen Geldgier der Juden belegt und allen anderen Weißen zugeordnet. „Der Jude" ist für Malcolm X leicht zu erkennen:

„Den Juden erkenne ich daran, daß er von allen Zuhörern die subjektivsten Äußerungen macht und daß er übermäßig empfindlich ist. Ich meine damit, daß man nicht einmal das Wort Jude aussprechen kann, ohne sogleich als Antisemit bezeichnet zu werden." (Malcolm X 1966: 291)

Vielleicht liegt einer der Gründe für die antisemitsche Haltung der Nation of Islam darin, daß Juden ihnen den „Opferstatus" hätten streitig machen können. Hin und wieder gestanden sie den Juden diesen Status jedoch zu, und in diesem Punkt galt ihnen auch ihre Sympathie. Führer der Nation of Islam verneinten, daß sie die Juden als Gruppe ablehnten. Andererseits gab es auch gegenteilige Äußerungen sowie Verhandlungen mit der amerikanischen Nationalsozialistischen Partei (siehe Abschnitt 6.6). Obwohl man Juden grundsätzlich den Weißen zuordnete, stellten einige Muslim-Führer die „Rassenzugehörigkeit" der Juden in Frage. Als Semiten seien sie nicht wirklich „weiß". Vor allem wurde argumentiert, die arabischen Brüder der Muslims seien ebenfalls Semiten. Für diejenigen Black Muslim, die Juden den Schwarzen und nicht den Weißen zurechneten, waren Juden „schwarze Verräter" und keine „weißen Teufel".[392]
Besonders ablehnend standen die Black Muslim Juden gegenüber, die in vorwiegend von Schwarzen bewohnten Vierteln lebten und dort ihre Geschäfte betrieben. Man warf ihnen vor, ihre ganze Familie im Geschäft anzustellen und den Schwarzen das Geld aus der Tasche zu ziehen. Ihr Ziel sei es, daß die Schwarzen sich verschuldeten, dann kauften Juden deren Häuser auf und zogen selbst in die besseren Gegenden. Vom Geld der Schwarzen kauften sie sich die besten Häuser, die sie bekommen könnten.[393] Lincoln schreibt:

„To the Negro in the black ghetto, the Jew is as highly 'visible' as are the handful of Negroes who escape the ghetto and penetrate the white communities. Consequently, the

---

[392] Lincoln 1961: 165.
[393] Ebd.: 167.

negative image of the Jewish merchant is likely to be extremely exaggerated. The Jew's presence among the Negroes – and his racial and social separation from them – make him a readily available scapegoat, an easy target for the pent-up frustrations engendered by the 'place' the Negroes have been assigned by the larger society." (1961: 167)

Die körperlichen Unterschiede zwischen Juden und Afroamerikanern, ganz besonders jedoch die ökonomischen Unterschiede sind es, die hier zur Ablehnung und Einordnung der Juden unter die weißen Gegner führte.

6.5 „Interrassische" Ehen, sexuelle Beziehungen und Mischlinge

Eine der Regeln, nach denen sich Anhänger Drew Alis zu richten hatten, lautete:

„Every Muslim should be ready to die defending his women from the lustful assaults of white men. Above all, the Muslim must never mingle with white people in marriage; he must reject their degenerate blood as well as their corrupt morals." (Mason 1967: 335)

Nach den Lehren der Nation of Islam seien „interrassische" Ehen äußerst schädlich. Die Mischung mit „weißem Blut" verderbe in genetischer Hinsicht das höherwertige schwarze Erbe, von dem Black Muslims überzeugt waren.[394] Mischlinge hatten deshalb einen deutlich niedrigeren Status.[395] Durch Mischehen würden die „Merkmale der schwarzen Rasse verwässert". Malcolm X bedauerte, daß es in den sechziger Jahren in den USA schon zu viele solcher Kinder aus Mischehen gegeben habe. Er schrieb, sie seien bemitleidenswert, da sie versuchten, als Weiße zu leben und ständig fürchten müßten, ihre wahre Herkunft werde entdeckt.[396] Die Grundlage aller zukünftigen Bemühungen und Ziele der Bewegung war die physische Trennung der „Rassen". Auch Muhammad predigte die moralische, ideologische und vor allem biologische „Reinigung" der „schwarzen Rasse".[397]

Afroamerikanern, die nicht der Lehre Elijah Muhammads folgten, den „integration-minded Negroes", warf Malcolm X vor, ihr Ziel sei es, von den früheren Sklavenhaltern akzeptiert zu werden und – neben anderen erstrebenswerten Dingen – deren Frauen zu bekommen. In einem Interview mit L. E. Lomax sagte er:

...,, trying to make him accept you in his drawing room; you want to hang out with his women rather than with women of your own kind.

---

[394] Siehe auch Clegg 1997: 152.
[395] Ebd.: 89.
[396] Malcolm X 1966: 285.
[397] Lincoln 1961: 88.

190

Lomax: Are you suggesting that all of us who fight for integration are after a white woman?
Malcolm X: I wouldn't say a l l of you, but let the evidence speak for itself. Check up on these integration leaders, and you will find that most of them are either married to or hooked up with some white woman."...„Now how can any Negro, man or woman, who sleeps with a white person speak for me? No black person married to a white person can speak for me!
Lomax: Why?
Malcolm X: Why? Because only a man who is ashamed of what he is will marry out of his race. There has to be something wrong when a man or a woman leaves his own people and marries somebody of another kind." (Hervorhebung i. Orig., Lomax 1964: 170)

An dieser Passage wird eine Annahme deutlich, die vielen Einteilungen in Rassenkategorien zugrunde liegt, daß nämlich persönliche oder individuelle Merkmale unwichtig sind. Körperliche und „Rassenmerkmale", die ganzen Gruppen zugeschrieben werden, wie etwa die Hautfarbe, werden höher bewertet als individuelle Unterschiede innerhalb der Gruppe. Verallgemeinerungen bilden jedoch die Grundlage für jede Kategorienbildung, also auch für Rassenkategorien, Stereotypen und Vorurteile, die keinen Raum lassen für individuelle Unterschiede und Beziehungen. Auch wenn Malcolm X eine der Verallgemeinerungen zurücknimmt (*„I wouldn't say a l l of you"*), begründet er seine verallgemeinernde Behauptung gleich wieder mit einigen wenigen Beispielen.

Im Zusammenhang mit Mischehen macht Malcolm X in demselben Interview die nächste Verallgemeinerung und Gleichsetzung, nämlich die verschiedener Generationen.[398] Ein Weißer erbt nicht nur die Hautfarbe, sondern auch die Schuld seiner Eltern, Großeltern usw.:

„This is particularly true when you realize that these Negroes who go for integration and intermarriage are linking up with the very people who lynched their fathers, raped their mothers, and put their sisters in the kitchen to scrub floors. Why would any black man in his right mind want to marry a lyncher, a murderer, a rapist, a dope peddler, a gambler, a hog eater... Why would any black man want to marry a *devil*..." (Hervorhebung i. Orig., Lomax 1964: 170, 171)

Jedes Mitglied einer Gruppe wird hier durch Verwandtschaft mit und Abstammung von Menschen, die Unrecht taten, mitschuldig an diesem Unrecht. Dadurch bekommen Abstammung und Verwandtschaft – ähnlich wie in der Debatte um den Nationalsozialismus – eine Bedeutung, die sonst von denselben Autoren eher abgelehnt wird: Bösartigkeit, Verbrechen, Kriminalität werde weitergegeben, läge im Blut, in den Genen oder welche Substanz auch immer für die Weitergabe solcher Eigenschaften verantwortlich gemacht wird.

---

[398] Siehe dazu auch Malcolm X 1970: 40.

Mischehen sah Malcolm X als „Gipfel der Integration", die von der Nation of Islam abgelehnt wurde. Er schrieb, als handele es sich um eine wissenschaftliche Erkenntnis: „Es ist eine Tatsache, daß die Welt heutzutage rassenbewußt ist und daß es weder einem Mann noch einer Frau guttut, einen andersfarbigen Partner zu heiraten."[399]

Es ging jedoch nicht nur um Ehe und Fortpflanzung. Es war auch die Sexualität schlechthin, die ein beliebtes Thema der Abgrenzung und Diskussion von Unter- bzw. Überlegenheit darstellte: „Every Negro community in the South has its multitude of legends illustrating the Negro's superior physical strength, sexual prowess and moral integrity."[400]

In seiner Autobiographie beschrieb Malcolm X, in Harlem habe er nie gesehen, daß ein „Weißer" zu einer weißen Prostituierten gegangen sei. In manchen Bordellen habe man weiße Mädchen angestellt, die zusammen mit schwarzen Männern vor weißen Voyeuren den Geschlechtsakt vollzogen. Er meinte, darin sehe der weiße Mann „seine tiefste sexuelle Angst verwirklicht". Viele weiße Frauen hätten über die unzureichende Potenz ihrer Ehemänner geklagt und seien von einer lesbischen weißen Zuhälterin mit schwarzen Liebhabern versorgt worden.[401] Die Annahme und der umgekehrte Vorwurf, Afroamerikaner begehrten weiße Frauen, wurde immer wieder aufgegriffen:

„As 'Negro Christians' we idolized our Christian Slavemaster, and lived for the day when his plurality of white gods would allow us to mingle and mix up with them. We worshipped the false beauty of the Slavemaster's leprous looking women..." (Muhammad: The Supreme Wisdom, nach: Lincoln 1961: 69)

Die „falsche Schönheit" wird hier mit Krankheit und körperlicher Minderwertigkeit (Aussatz) gleichgesetzt.

Neben Mischehen und Mischlingskindern wurden auch sexuelle Beziehungen zwischen Schwarzen und Weißen abgelehnt. Anziehung zwischen Mann und Frau, die unabhängig von der Hautfarbe existieren kann, scheint ein besonders kritischer Punkt gewesen zu sein, der immer wieder erwähnt wird. Die Attraktivität des Anderen und Fremden in erotischer, ästhetischer oder sexueller Hinsicht wurde nicht akzeptiert, sondern in ihr Gegenteil verkehrt: in eine Ablehnung aller körperlichen Merkmale, die von den eigenen abweichen. In der Autobiographie von Malcolm X spielen seine Probleme mit weißen Frauen in seiner Jugend immer wieder eine große Rolle. Eine Afroamerikanerin, die er kennenlernte, ließ er – seiner Ge-

---

[399] Malcolm X 1966: 285. Erst spät, nachdem Malcolm X schon aus der Nation of Islam ausgeschlossen worden war, änderte er seine Einstellung zu Mischehen und äußerte sich in gemäßigter Form (Malcolm X 1965: 213).

[400] Lincoln 1961: 33

[401] Ebd.: 136.

schichte zufolge – für eine „gutaussehende" weiße Frau sitzen. Diese flirtete von sich aus mit dem jungen Mann. Sie lud ihn zu einer Spazierfahrt ein und forderte ihn zu Sex auf. Diese Passage seiner Lebensbeschreibung soll zeigen, wie moralisch verkommen weiße Frauen und wie sittsam und anständig die Schwarzen seien. Daß Malcolm X, wie er in seiner Autobiographie schreibt, auch mit einer weißen Frau eine längere Freundschaft verband, gehört zu den Widersprüchen in den Texten und Interviews der Führer der Nation of Islam. Er schrieb, seiner wachsenden Verachtung für weiße Frauen habe er es zu verdanken gehabt, daß es ihm nichts ausmachte, als seine Freundin schließlich einen wohlhabenden Weißen heiratete.[402] Immer wieder kommt er in seiner Lebensbeschreibung auf das Problem sexueller Beziehungen zurück, und gibt in einer Passage den „weißen Teufeln" recht:

„Von Zeit zu Zeit besuchte mich Sophia von Boston aus. Ihr Aussehen verschaffte mir sogar unter den Negern von Harlem Prestige, denn die Harlemer Neger sind wie Neger überall, deshalb verdienten die weißen Prostituierten auch so viel. Ob in Lansing, in Boston oder New York — es stimmte, was die weißen Rassisten damals und auch heute noch behaupten! Wenn man dem Durchschnittsneger eine weiße Frau hinhält, fängt er an zu zappeln. Der weiße Mann fängt beim Anblick schwarzer Frauen zwar ebenfalls an zu zappeln, aber er ist geschickter darin, es zu verbergen." (Malcolm X 1966: 110)

Die Sexualmoral der Black Muslim war strikt und bezog sich nicht nur auf „interrassische" Verbindungen. Mitglieder sollten innerhalb der Black Muslim ihre Partner suchen, Scheidungen waren verpönt, jedoch nicht verboten.

„No Muslim woman may be alone in a room with any man except her husband; and provocative or revealing dress, including cosmetics, is absolutely forbidden. Any Muslim who participates in an interracial liaison may incur severe punishment, even expulsion, from the Movement. Clear lines are drawn to indicate the behavior and social role appropriate to each sex; and Muslim males are expected to be constantly alert for any show of interest in a Muslim woman on the part of a white man, for whom sex is alleged to be a degrading obsession." (Lincoln 1961: 82)

Auch unter Louis Farrakhan wurde in den siebziger, achtziger und neunziger Jahren des zwanzigsten Jahrhunderts nicht von der negativen Bewertung der Rassenmischung abgewichen. Er warnte vor der tödlichen Krankheit des „*jungle fever*", der Begriff war dem gleichnamigen Film von Spike Lee entlehnt, in dem es um „interrassische" Beziehungen ging.[403]

---

[402] Ebd.: 112.
[403] Gardell 1996: 335.

6.6 Organisation, Geschlechterbeziehungen und Körperlichkeit

Fard hatte zu Beginn des Entstehens der Nation of Islam zu den meisten künftigen Mitgliedern nur informelle Kontakte. Bald schuf er jedoch eine straff organisierte, hierarchische Gemeinschaft. Jedes Mitglied wurde vor seinem Beitritt geprüft, um die Wichtigkeit der Entscheidung zum Beitritt zu demonstrieren, und dann registriert. Zu diesem Zeitpunkt begannen auch frühere Anhänger Drew Alis, sich Fard zu verpflichten.[404] Der Prophet Fard gab jedem Konvertiten einen neuen „wahren" Namen, der ihm von Allah offenbart worden war. Die Namengebung symbolisierte die zweite Geburt des Mitglieds, das von nun an bestimmte Regeln der Lebensführung beachten mußte.[405] Die Namen waren aber auch Zeichen der Hierarchie innerhalb der Bewegung. Unter Elijah Muhammad bekam jedes Mitglied nach einer längeren Zeit des Unterrichts und einer weiteren Prüfung einen neuen Namen: zunächst ein X, nach längerer Zeit und Aufstieg in der Führungshierarchie konnte er anschließend einen neuen arabischen Namen bekommen.[406] Malcolm X schrieb in seiner Autobiographie:

> „Ich hatte mich unterdessen um Aufnahme in die ‚Nation of Islam' beworben und erhielt aus Chicago mein ‚X'. Dieses ‚X' des Muslim steht für den afrikanischen Stammesnamen, den er nicht mehr in Erfahrung bringen kann. In meinem Falle trat das ‚X' an die Stelle des weißen Sklavenhalternamens ‚Little', den irgendein blauäugiger Teufel meinen Vorfahren väterlicherseits aufgezwungen hatte. [...] Mr. Muhammad lehrte, daß wir dieses ‚X' so lange führen müßten, bis wir aus Gottes eigenem Munde unseren richtigen Namen hören." (Malcolm X 1966: 210)

Neben den Namen wurden verschiedene Tätigkeiten und dazugehörige Titel geschaffen, die ihren Trägern Ansehen verliehen.[407] Untereinander sprachen sich Black Muslims mit Bruder, Schwester, Madam oder Sir an. Auch die Kinder sollen sich auf diese Art angeredet haben.[408]

Die Black Muslim sind in verschiedenen Tempeln organisiert, von denen es in den sechziger Jahren des letzten Jahrhunderts ca. fünfzig gab. Der Tempel ist zentral für die gesamte Organisation der Nation of Islam.[409] Die Bewegung war durch ihren Führer, den legitimen Verkünder der einen Wahrheit, in ihrer Organisation einfach und starr gegliedert. Als Fard 1934

---

[404] Ebd.: 13.

[405] Cassius Clay war eines der bekanntesten Mitglieder der Nation of Islam, das seinen Namen wechselte. 1964 wurde er Weltmeister im Schwergewichtsboxen. Mit dem Argument, sein Name sei ein Relikt aus der Sklavenzeit, nannte er sich Muhammad Ali. „Ali offended the white racist sports writers by having too much to say, and by not showing proper respect. For example, he kept asserting 'I'm the greatest' and repeating, that he was a black nationalist." (Parry und Parry 1991: 157).

[406] Zur Initiation und Namengebung, siehe auch Essien-Udom 1962: 220 ff.

[407] Ebd.: 200.

[408] Malcolm X 1966: 206.

[409] Essien-Udom 1962: 160.

verschwand, wurde Elijah Muhammad, sein ehemaliger „*chief minister*", neuer Führer der Bewegung. Muhammads Position war zunächst umstritten, festigte sich jedoch mit der Zeit. Mitte der dreißiger Jahre galt Fard noch als Prophet. Später jedoch sprach Muhammad von ihm als „Allah" und bezeichnete sich selbst als „Propheten Allahs", als dessen einziger Nachfolger auf Erden und Verkünder seiner Wahrheit.[410] Nur Muhammad hatte in dieser Position das Recht, Ämter und Positionen zu vergeben. Niemand sonst in der Organisation konnte wichtige Entscheidungen treffen. Muhammad machte Malcolm X zu seinem „*chief lieutenant*". Nach Muhammad und seinem *chief lieutenant* kamen in der Hierarchie weitere *chief minister* und *minister*. Unter diesen gab es um die Nähe zum Zentrum, zum Propheten Allahs, heftige Konkurrenz. Ende der fünfziger Jahre standen fünf der sechs Söhne von Muhammad in der Verwaltung dem Zentrum der Nation of Islam besonders nahe.[411]

Die paramilitärische Organisation der Nation of Islam, genannt *Fruit of Islam* (FOI), stellte die Leibwächter des ehrwürdigen Elijah Muhammad.[412] Es sollen gut trainierte junge Männer gewesen sein, die „ihre Aufgabe mit Hingabe erfüllten".[413] Sie waren nicht nur Leibwächter, sondern auch Spitzel, die die Einhaltung der strikten Regeln überwachten, an die sich jedes Mitglied halten mußte. Sie meldeten Verfehlungen (etwa verbotene Beziehungen zu Weißen) an Elijah Muhammad, der über das Strafmaß entschied.[414] Bis zum großen Kampf von *Armageddon*, dem Zeitpunkt der Vernichtung der „weißen Rasse", sollten sich die FOI-Kämpfer als Leibwächter, Saalwächter, Kontrolleure und Spitzel betätigen. Der *captain* einer jeden Einheit zusammen mit dem *minister* des jeweiligen Tempels verhängte auch Strafen für Vergehen der Mitglieder.[415] Für die gesamte Nation of Islam gab es, dem *captain* der einzelnen Tempel übergeordnet, zwei *supreme captains*, eine Frau und einen Mann.[416] Einer der *Supreme captains* der *Fruit of Islam* war Raymond Sharrieff, Muhammads Schwiegersohn.[417] Die *Fruit of Islam* war auch für die strikte Leibesvisitation zuständig, die vor dem Betreten eines Tempels durchgeführt wurde. Die Schuhe mußten ausgezogen und verbotene Gegenstände wie Zigaretten, Schmink-

---

[410] Lincoln 1961: 182 ff.
[411] Ebd.: 193.
[412] Malcolm X 1966: 207.
[413] Ebd.: 231.
[414] Ebd.: 232.
[415] Ebd.: 201.
[416] Essien-Udom 1962: 161.
[417] Lincoln 1961: 193.

zeug etc. abgegeben werden. Sie wurden in braunen Papiertüten verpackt und den Besuchern am Ende wieder ausgehändigt.[418]

Die Gesamtheit der Lebensführung wurde vorgeschrieben. Jedes Mitglied sollte an zwei bis drei Treffen in der Woche im Tempel teilnehmen. In besonderen Fällen konnte das Fehlen entschuldigt werden, wenn zuvor um Erlaubnis gebeten worden war. Diejenigen, die ohne Erlaubnis fernblieben, wurden aus der Gemeinschaft ausgeschlossen. An jedem Abend in der Woche fanden bestimmte Veranstaltungen statt: Montags wurde die *Fruit of Islam* trainiert, Dienstag war ein geselliger Abend, den Männer und Frauen zusammen verbrachten, Mittwochs gab es religiöse Unterweisungen, Donnerstags wurden die Mädchen in Haushaltsführung und Kindererziehung unterrichtet, Freitags belehrte man die Ehepaare. Der Samstag war frei und für gegenseitige Besuche vorgesehen, Sonntags fand der Gottesdienst statt.[419] Am 26. Februar jeden Jahres feierten die Black Muslims den Tag der Geburt Allahs in der Person des Master Wallace Fard Muhammad (*Saviour's Day*). Die meisten Black Muslim feierten diesen Tag in ihren Tempeln, viele reisten aber auch nach Chicago, um anschließend an der *Muslim Annual Convention* teilzunehmen, die jeweils am darauffolgenden Tag begann.[420]

Die männlichen Mitglieder mußten auf der Straße neue Mitglieder werben. Waren sie erfolglos, bestrafte man sie.[421] Jede Form von „Unzucht" (außereheliche Beziehungen, Beziehungen zur Prostituierten, alle sexuellen Beziehungen zu Weißen), der Genuß von Schweinefleisch, Alkohol, Drogen, Tabak, ungesunde Speisen und zu viel Schlaf waren verboten. Auch Glücksspiel, Tanz und Sportveranstaltungen waren den Mitgliedern untersagt. Familiärer Streit, Stehlen und Lügen sowie Ungehorsam gegenüber Behörden (vor allem gegenüber der Obrigkeit innerhalb der Nation of Islam) gehörten ebenfalls zu den strafbaren Handlungen.[422]

Auch die Geschlechterbeziehungen waren klar geregelt: In Abgrenzung zur Situation allein erziehender Frauen in der unteren sozialen Schicht, aus der die Mitglieder kamen, war das Ideal der Muslims die „heile Familie". Tatsächlich wuchsen in den Slumgebieten ungefähr vierzig Prozent aller Kinder ohne Vater auf.[423] In der Nation of Islam war es Aufgabe des Mannes, für den Lebensunterhalt seiner Familie zu sorgen. Man betonte, im Islam gelte der Mann als stark und die Frau als schwach. Nach Auffassung

---

[418] Essien-Udom 1962: 236.
[419] Malcolm X 1966: 237.
[420] Essien-Udom 1962: 177.
[421] Lincoln 1961: 81.
[422] Malcolm X: 1966: 231.
[423] Harpprecht, in Malcolm X: 1966: 15.

der Black Muslims mußten die Männer ihren Frauen Respekt erweisen, man nahm jedoch an, diese brauchten eine „entschlossene Führung", da sie sonst ihrerseits ihre Gatten nicht achten würden.[424] Auch über zueinander passende Ehepartner gab es konkrete Vorstellungen: wichtig war die gleiche Größe. Auch ein Mann, der größer als seine Frau war, galt als unpassend. Das ideale Heiratsalter der Frau war erreicht, wenn sie halb so alt wie ihr Mann plus sieben Jahre war. Frauen sollten zu ihrem Mann mit Respekt aufschauen können, obwohl sie ihm – durch ihre Gebärfähigkeit – physiologisch überlegen seien. Der Mann zeichne sich deshalb durch seine geistige Führungsrolle in der Familie aus, so könne seine Frau sich bei ihm geborgen fühlen.[425] Parallel zur Organisation der Männer entstand, der Ideologie der Geschlechtertrennung entsprechend, eine Organisation der Frauen. Unter Farrakhan konnten Frauen hohe Posten in der Nation of Islam bekleiden. Er modernisierte in den achtziger und neunziger Jahren die Ideologie hin zu einer stärkeren Gleichberechtigung. Dennoch blieben die Hauptannahmen gleich. Der Wert und die Aufgabe der Frau sah man vor allem in der Fortpflanzung. Frauen konnten nicht wie die schwarzen Männer Gott gleich sein, sie konnten jedoch „Götter" gebären und „Gottes Assistentinnen" sein. Den Mann nicht respektieren hieße, Gott nicht respektieren. Da die Wichtigkeit der Frau in ihrer reproduktiven Kraft gesehen wurde, war vorgeschrieben, der Mann müsse sie vor allem während der Schwangerschaft schützen und anleiten. Die Verbote und Gebote für Frauen waren zahlreich.[426]

Homosexualität wurde als krank und „widernatürlich" betrachtet. Das natürliche und somit richtige Verhalten sei, nach Farrakhan, durch die Einflüsse der Weißen zerstört worden. Wenn es dem schwarzen Mann in der weißen Gesellschaft verwehrt werde, ein richtiger Mann zu sein, dann werde er homosexuell. Auch die lesbischen Schwestern müßten nur einen „wahren Mann" treffen, dann würden sie von ihren „verderblichen Neigungen" ablassen.[427] Homosexualität widersprach dem Bild der idealen Familie, deshalb kritisierte Farrakhan vor allem ihre Ursachen, die – seinen Lehren entsprechend – in der weißen Gesellschaft lagen.

Das Aussehen der Mitglieder der Black Muslims ähnelte sich: männliche Mitglieder hatten kurzgeschorene Haare, unauffällige und ordentliche Kleidung, die Frauen waren ungeschminkt und trugen Kleider und Kopftücher. Das Aussehen der weiblichen Mitglieder sollte sich deutlich vom Aussehen weißer Frauen abheben. Lebensweise und Äußeres sollte sie

---

[424] Malcolm X: 1966: 236.
[425] Ebd.: 239.
[426] Gardell 1996: 334, 335.
[427] Ebd.: 336.

deutlich von Weißen unterscheiden, denen man die niedrigste Moral zuschrieb:

> „Der heuchlerische Weiße redet gerne von der ‚niederen Moral' der Schwarzen. Aber gibt es irgendwo auf der Welt Menschen, die moralisch tiefer stehen als die Weißen? Und insbesondere die Weißen der Oberschicht? Erst kürzlich konnte man in den Zeitungen von einem Callgirl-Ring lesen, der ausschließlich aus Hausfrauen und Müttern bestand. In einigen Fällen betrieben diese Ehefrauen ihr Geschäft mit Wissen, ja mit Zustimmung der Gatten, die derweil auf die Kinder aufpaßten." (Malcolm X 1966: 138)

Geschickt war die Betonung der Verkommenheit und Minderwertigkeit der weißen Oberschicht schon deshalb, weil die Mehrheit der Mitglieder der Nation of Islam aus den unteren sozialen Schichten kam. Malcolm X nutzte mit dieser Form der Propaganda nicht nur den „Rassenunterschied", sondern auch die großen sozialen Unterschiede. Mitglieder erhielten so die Möglichkeit, sich trotz ihrer tatsächlichen Benachteiligung den Weißen moralisch überlegen zu fühlen.

Ein Freund von Malcolm X soll einmal die Woche einen „alten, blaublütigen, steinreichen Bostoner Aristokraten, eine Stütze der Gesellschaft" besucht haben. Er habe ihn angeblich ausziehen, wie ein Baby auf den Arm nehmen und ins Bett legen müssen. Wenn er ihn mit Talkumpuder bestreute, soll der Greis sexuell vollkommen befriedigt gewesen sein. Die meisten Weißen ließen angeblich ihre ausgefallenen sexuellen Wünsche von Schwarzen befriedigen. Malcolm X schrieb, „Aber auch hier waren es, wie in New York, Angehörige der Oberklasse, vornehmlich alte Männer, zu normalem Geschlechtsverkehr unfähig und daher immer auf der Jagd nach neuen Sensationen." Anschließend führte er seine Phantasien darüber aus, was diese impotenten Menschen alles trieben.[428]

Die Reinheit des Körpers spielte für die Black Muslims (wie auch bei anderen Muslimen) ein große Rolle: Vor jedem Gebet (fünf Mal am Tag) mußte der Mund gespült, Hände, Füße und Unterarme gewaschen werden. Der Körper sollte äußerlich und innerlich „rein" sein. Schwein und Weizenbrot, die im Süden der USA verbreitet waren und den Black Muslims als „Sklavendiät" galten, waren verboten. Lamm, Huhn, Fisch und Rind waren erlaubt. Das Schwein war auch deshalb verboten, weil es, in höchstem Maße unrein, alle schlechten Eigenschaften der „weißen Rasse" aufweise: es stinke, sei „schamlos" und brutal, gierig, fräße seine eigenen Jungen, wühle im Müll und sei ein Parasit aller anderen Tierarten. Muslims sollten sich in ihrer Ernährung zurückhalten. Übergewicht galt als ausgesprochen negativ und konnte mit einem Bußgeld bestraft werden. Eine

---

[428] Malcolm X: 1966: 153, 154.

Mahlzeit am Tag sollte den Mitgliedern der Nation of Islam ausreichen.[429] Später steigerte sich die Striktheit der Körperkontrolle unter Farrakhan sogar noch. Farrakhan verlangte, kein offizieller Angestellter der Nation of Islam dürfe unter Übergewicht leiden. Wer es nicht schaffe, innerhalb von sechs Monaten sein „Problem" in den Griff zu bekommen, werde aus dem Dienst der Nation of Islam entlassen.[430] In der Ideologie der Nation of Islam waren die Vorschriften, die sich auf die physische Gesundheit bezogen, mit der geistigen Erweckung verknüpft. Die göttliche Herkunft der Schwarzen bleibe nur sichtbar, wenn sie auf ihren Körper acht gäben.[431]

Die Black Muslims nahmen genau wie ihre weißen Gegner an, es gebe veranlagte Unterschiede, die mit der Hautfarbe einhergehen, wie der oben angeführte Schöpfungsmythos ausführlich begründet. Aus diesem Zusammenhang stammen große Teile der rassistischen Argumentation der Nation of Islam.[432] Argumentiert wurde etwa, Weiß sei keine Farbe, deshalb leiteten sich alle anderen Färbungen ursprünglich von der Farbe Schwarz ab. Schon die Farben selbst zeigten eine Hierarchie der Höher- und Minderwertigkeit parallel zur Veranlagung der Menschen.[433]

Das Feindbild eines Gegners, der alles Schlechte verkörpert, ist für den Zusammenhalt einer Massenbewegung förderlich. Er gibt feste Grenzen, ein Innen und ein Außen, klare Unterscheidungskriterien und ein Zugehörigkeitsgefühl. Insofern waren die Weißen für die Nation of Islam innerhalb einer Gesellschaft so wichtig wie in anderen interethnischen Situationen die nächsten Nachbarn oder Menschen, die man am Rande der Welt vermutet, von Bedeutung sein können. Das Bestehen verschiedener „Rassen" wird positiv verstanden, denn der Erhalt der „Rasse" wird immer wieder als Ziel genannt. Die Gefahr der Vermischung und des Verschwindens der „Rassen" diente als Argument gegen die Integration: „Integration is not good for either side. It will destroy your race, and your government knows it will also destroy ours ... and the problem will still remain unsolved."[434]

Wichtig in Bezug auf deren Rassentheorien ist das Verhältnis der Nation of Islam zur Wissenschaft. Auf der einen Seite lehnten Black Muslims das amerikanische Erziehungssystem ab und vertraten einen strikten Anti-Intellektualismus. Auf der anderen Seiten entliehen sie viele Fakten ihrer Argumentationen den „weißen Wissenschaften", vor allem den Naturwissenschaften. Manche gaben sich auch selbstverliehene Doktortitel. Sie

---

[429] Lincoln 1961: 81.
[430] Gardell 1996: 328, 329.
[431] Ebd.: 329, 330.
[432] Lincoln 1961: 34.
[433] Ebd.: 73.
[434] Malcolm X, in Lomax 1964: 123.

bedienten sich der Biologie, Chemie, Medizin, Genetik etc. und bauten deren Erkenntnisse in ihre Beweisketten ein. Malcolm X und Farrakhan zitierten mit Vorliebe die Mendelschen Gesetze sowie den Anthropologen Leakey, der über die Entstehung des Menschen in Afrika geschrieben hatte. Andere wissenschaftliche Ergebnisse, beispielsweise die Existenz der Dinosaurier, stritten sie heftig ab, da sie ihren Theorien widersprachen.[435]

Neben den Rassentheorien spielten die Katastrophenvorstellungen der Nation of Islam eine wichtige Rolle. Auch sie stützte sich auf die Annahme der Überlegenheit der Schwarzen und damit auf die oben beschriebenen Vorstellungen von Abstammung, Körperlichkeit und moralischer Überlegenheit. Nach Fards und Muhammads Lehren seien die Schwarzen auserwählt gewesen, die Zerstörung der Welt der Weißen durch Allah, die Zerstörung Amerikas oder die „zweite Hölle", genannt Armageddon, zu überleben. Fard bzw. Allah habe in Japan ein Raumschiff konstruieren lassen, von dem aus die Erde zerstört werde. Das riesige Mutterschiff sei allmächtig und von schwarzen Wissenschaftlern konstruiert worden. Sie würden den gläubigen Schwarzen helfen, am richtigen Ort die Katastrophe zu überleben.[436] Auch die Vorstellung der Auserwähltheit und Vernichtung aller anderen Menschen förderte das Gemeinschafts- und Selbstwertgefühl der Mitglieder.

Auch wirtschaftlich versuchte Elijah Muhammad, ein eigenes Imperium aufzubauen. Läden der Nation of Islam nur für Schwarze wurden gegründet.[437] Die Mitglieder sollten dem Ideal nach nur für Schwarze arbeiten und nur bei anderen Mitgliedern der Nation of Islam kaufen. So wurde der mögliche Ausschluß von Abweichlern für diese nicht nur zum drohenden sozialen, sondern auch zum drohenden finanziellen Ruin. Damit wurde ein weiteres Druckmittel geschaffen. Fleiß war eine der wichtigsten Tugenden, die Elijah Muhammad predigte. Der Fleiß der Mitglieder war jedoch nicht nur dazu notwendig, daß jeder schwarze Familienvater seine Familie ernähren konnte, sondern füllte über festgesetzte Abgaben auch die Kassen der Nation of Islam.

Die wirtschaftliche Unabhängigkeit von den Weißen war ein wichtiges Ziel. Neben Fleiß wurde auch Sparsamkeit als hoher Wert formuliert. Die Black Muslims sollten sich kein Geld leihen, denn Muhammad lehrte, das sei moderne Sklaverei.[438] Durch die Einhaltung dieser Gebote und Werte sowie durch das Verbot des Drogenkonsums und Glücksspiels konnten

---

435 Gardell 1996: 175.
436 Clegg 1997: 65.
437 Malcolm X: 1966: 215.
438 Lincoln 1961: 90.

Unterschichtfamilien zu einem bescheidenen Wohlstand kommen. Aber auch die Organisation verbuchte für sich ein Plus.

6.7 Fazit: Rassismus, umgekehrter Rassismus und Anti-Rassismus

Wichtigstes körperliches Merkmal, das von der Nation of Islam zur Kategorienbildung herangezogen wird, ist die Hautfarbe. Alle Menschen sind in nur zwei Kategorien unterteilt: Schwarze und Weiße. Nächstwichtiges Merkmal ist die Augenfarbe, blaue Augen gelten als Merkmal der „weißen Teufel". Der Eindruck von Farb„losigkeit" der Haut und Augen von Weißen spielt bei deren Klassifizierung auch in anderen Kulturen (etwa China, Philippinen, Pazifik[439]) eine Rolle. In der Argumentation der Nation of Islam ist jedoch die verborgene und unsichtbare Ursache für körperliche Unterschiede weit wichtiger, denn sie erklärt auch die Mängel in Charakter und Verhalten: es ist die genetische Veranlagung. Das schwer Erklärliche wird auf diesen Unterschied zurückgeführt, der auch gleichzeitig die Kontinuität und Unabänderlichkeit der Unvereinbarkeiten zwischen den Rassen begründet. Unsichtbar, wenn auch von geringerer Bedeutung, sind weitere angenommene körperliche Unterschiede: dünneres Blut, zerbrechlichere Knochen, leichtere Gehirne und weniger Muskelkraft.

Von großer Bedeutung innerhalb der Lehre der Nation of Islam sind dagegen die Defizite der Weißen im Bereich der Sexualität: erstens sei deren Moral ausgesprochen schlecht, zweitens ließe im Vergleich mit Schwarzen ihre Potenz zu wünschen übrig. Der Bereich der Sexualität spielt im Verhältnis zu Fremden auch in den anderen untersuchten Fallbeispielen eine Rolle, da er sich auf eine reale Bedrohung der Grenzen bezieht und Auswirkungen auf die Kategorisierungen hat. „Interrassische" Beziehungen stellen jedes System in Frage, das grundsätzliche Unvereinbarkeiten annimmt. Nachkommen aus solchen Verbindungen sind eine Herausforderungen für die den Rassenideologien zugrunde liegenden Kategorien und Theorien. Darüber hinaus ist der Bereich der Partnerwahl tatsächlich einer der Bereiche, wo subjektiv Konkurrenz empfunden wird.

Im allgemeinen lehnte die Nation of Islam körperliche Gewalt ab. Dennoch sorgte Anfang der dreißiger Jahre ein Mordfall für Aufregung. Ein Mitglied der Nation of Islam gab an, er habe einen Ritual-Mord an einem Weißen begangen. Er meinte, 1.500 Jahre zuvor sei vorausgesagt worden, ein Mensch müsse zu diesem Zeitpunkt geopfert werden. Auch in den siebziger Jahren brachte ein Afroamerikaner einen Sack mit Köpfen von vier Weißen zu einem Tempel der Nation of Islam, um eine Auszeichnung und

---

[439] Campbell 1985: 73.

das Ticket für eine Reise nach Mekka zu bekommen. Das beruhte auf einer zu wörtlichen Auslegung der „Lesson 1" Muhammads, die aus Fragen und Antworten besteht. Jeder, der Black Muslim werden wollte, mußte diese in seiner zweiten Unterrichtsstunde auswendig lernen: „Why does [Fard] Mohammad and any Moslem murder the devil? What is the duty of each Moslem in regard to four devils? What reward does a Moslem receive by presenting the four devils at one time?"[440] Der Schüler muß darauf antworten: Weil die Teufel bösartig seien und ihr Verhalten wie das der Schlange, habe Muhammad erkannt, daß er die Teufel nicht bessern könne und deshalb müßten sie getötet werden. Nach Gardell sei die Analogie zu den Weißen, die immer Teufel genannt werden, deutlich. Er bezieht diese Stelle jedoch auf die vier Ungeheuer im Buch Daniel: 7, die durch göttliche Kraft in der ersten Phase des letzten Kampfes entmachtet werden müßten. Diese „richtige Interpretation" bedeute, daß jedem Mitglied der Nation of Islam im letzten Kampf von Armageddon eine eigene Rolle zukäme. Unabhängig von seiner religiösen Auslegung vermutet Gardell jedoch auch, daß die Frage-/Antwort-Rituale auf die Mitglieder einen kathartischen Effekt hatten, indem sie halfen, Bitterkeit und Haß auf die Weißen zu kanalisieren.[441]

Der Rassismus der Nation of Islam ist eine Reaktion auf Rassismus der Weißen gewesen. In den meisten Fällen von Rassismus ist es jedoch viel schwieriger, „Aktion" und „Reaktion" zu trennen.[442] Insofern gibt es auch keine Begründung dafür, neue Sonderformen von Rassismus zu konstruieren und von „Gegen-" oder *reverse racism"* zu sprechen. Die Gemeinsamkeiten der Bedingungen für Rassismus, wie wirtschaftliche und soziale Benachteiligung, allgemeine Vorstellungen von körperlichen Unterschieden zwischen Menschen, ethnozentrische Vorstellungen etc. sind beim „Gegenrassismus" nicht anders als beim „eigentlichen" Rassismus. Auch die Merkmale von Gruppen oder Vereinigungen mit rassistischen Ideologien ähneln sich: starre Organisation, ideologische Betonung der Körperlichkeit, Verallgemeinerung von einzelnen Merkmalen für ganze Gruppen, der Rassismus dient politischen Zielen, starre Trennung der Geschlechter, Rassismus und Sexismus hängen eng miteinander zusammen.[443]

Malcolm X selbst griff den Vorwurf auf, die Nation of Islam sei rassistisch. Er sagte, sobald Afroamerikaner sich vereinigten und Weiße aus-

---

[440] Muhammad, nach Gardell 1996: 56; siehe auch Clegg 1997: 32.
[441] Gardell 1996: 56.
[442] Inwieweit Vorfahren der Afroamerikaner im afrikanischen Sklavenhandel innerhalb nicht-weißer, nicht-europäischer rassistischer Systeme agierten oder zu Opfern wurden, kann hier nur als Frage aufgeworfen werden. Auf jeden Fall liegen selbst in zunächst eindeutig erscheinenden Fällen meist sehr viel komplexere Systeme zugrunde.
[443] Mason 1967: 336.

schlössen, werfen die Weißen (sowie „weiß denkende" Schwarze) ihnen Rassismus vor.[444] Bei dem Vorwurf des Rassismus geht es jedoch nicht um den Ausschluß von Weißen und die Forderung einer unabhängigen Nation der Afroamerikanern, sondern um die Begründungen von deren Notwendigkeit.

Die Black Muslims betonten selbst immer wieder, meist nach einer Aussage, die rassistisch war, daß sie keine Rassisten seien. Gegen diesen Vorwurf ihrer schwarzen wie weißen Gegner versuchten sie sich zu wehren, bevor er überhaupt ausgesprochen wurde.[445] Äußerungen von Führern der Nation of Islam werden auch in der wissenschaftlichen Literatur zum Teil als nicht-rassistisch, sogar als anti-rassistisch verstanden. Der Sozialpsychologe James M. Jones schrieb etwa unter der *Überschrift „Black Racism – An Oxymoron"*:

„The dominant cultural beliefs about whites have never lent themselves to a racist interpretation. Labelling whites as flawed, as Malcolm X did in his 'blue-eyed devil' charge, attempts to change how race is viewed. It is an *antiracist* strategy, not a racist one. The aim is to get to ground zero, not to dominate and control." (Hervorhebung i. Orig., Jones 1997: 420)

Hier soll es nicht darum gehen, die Black Muslims als Rassisten zu verdammen oder ihre Verdienste auch um die Lebensverhältnisse der schwarzen Bevölkerung zu ganz unterschiedlichen Zeiten herabzusetzen, sondern darum, Zusammenhänge zwischen körperlichen Merkmalen, Rassenkategorien, Rassismus und ihrem jeweiligen kulturellen Kontext herauszuarbeiten. Andere Autoren schreiben, der Rassismus der Lehren der Nation of Islam sei offensichtlich:

„Objections to reverse racism are common among observers, while the movement's apologists strongly deny that they are racist at all. So, is this racism? The NOI's theory of the genetically given divinity of the black man and the genetically given evilness of the white man cannot be termed other than racist, if racism is defined as a theory proposing that the different races, by nature, have distinct mental as well as physical qualities." (Gardell 1996: 348)

Anschließend fragt Gardell, ob der *reverse racism* mit dem weißen Rassismus vergleichbar sei. Er wirft denen vor, die schwarzen und weißen Rassismus vergleichen, sie würden vergessen, daß Rassismus nur in Kombination mit Macht zu einer Ideologie der Dominanz werde. Das zeigt jedoch deutlich, daß ein Vergleich möglich und auch sinnvoll ist.

Macht ist nicht statisch und wird immer wieder neu, a u c h in alltäglichen Beziehungen, ausgehandelt. Trifft also ein „Weißer" auf Mitglieder

---

[444] Malcolm X 1970: 11.
[445] Etwa Malcolm X in seiner Rede im *Harvard Law School Forum*, in Lomax 1964: 114.

einer „schwarzen" Gang, die ihn überfallen, berauben, töten und sich dabei im Recht fühlen, ist die Situation zwar nicht gesamtgesellschaftlich gefährlich – für den Einzelnen jedoch durchaus. Eine ethnologische Theorie des Rassismus muß Machtverhältnisse berücksichtigen, die das Alltagsleben unterschiedlich prägen.

Gardell wie auch Jones[446] übersehen, daß es im Fall der Nation of Islam nicht nur bei ideologischen Übereinstimmungen etwa mit dem Ku Klux Klan und George Lincoln Rockwell, dem Vorsitzenden der amerikanischen nationalsozialistischen Partei, geblieben ist. Mit beiden gab es sowohl eine Konferenz als auch mehrere Treffen, bei denen gemeinsame Strategien gegen Integrationsbestrebungen diskutiert wurden. Elijah Muhammad trug mit dieser Zurschaustellung ähnlicher Ziele dazu bei, den Glauben an angeborene „rassische" Unterschiede, sowie an die Schädlichkeit der Integration und Rassenmischung zu legitimieren. Ein New Yorker Geistlicher der Nation of Islam vertrat bei einem Treffen mit dem Ku Klux Klan sogar die Ansicht, Integrationsbemühungen gutgläubiger „Schwarzer" gingen auf eine jüdische Verschwörung zurück.[447] Die Ideologie der Nation of Islam kann nicht von Bemühungen anderer Gruppierungen losgelöst gesehen und nur deshalb positiv bewertet werden, weil sie von einer benachteiligten Bevölkerungsgruppe vertreten wird.

Die Nation of Islam hat nicht nur in ihrer Anfangsphase in den Armenvierteln amerikanischer Großstädte durch Lehren über Ernährung, Arbeit, Hygiene und soziale Beziehungen Verbesserungen bewirkt. Auch in Folge ihres zweiten Aufschwungs unter Farrakhan konnte für Menschen in den schwarzen Gettos einiges erreicht werden: Sie bewirkte eine Veränderung der Einstellung zu Drogen, zur Gewalt unter Schwarzen in den sinnlosen Banden-Kriegen sowie zu Kriminalität und Armut allgemein.[448] Zur Mobilisierung der Bevölkerung im Sinne dieser Ziele trug die Anhebung des Selbstbewußtseins, des Stolzes und Zusammengehörigkeitsgefühls bei, das mit der Abwertung der „weißen Teufel" und rassistischen Ausgrenzungen einherging. Lee bewertet auch den Millenarismus der Nation of Islam im Zusammenhang der genannten sozialen Probleme als „konstruktiven Mechanismus", der dazu beigetragen habe, daß Afroamerikaner ihre Situation verbesserten. Der positive Einfluß der Nation of Islam würde dennoch den negativen überwiegen.[449]

---

[446] Jones (1997: 61) schreibt etwa „Because the Muslim philosophy offered clear indictments of white people, the group was branded 'militant' and generally discredited in the popular press (black as well as white). It was even linked to the Ku Klux Klan." Daß sie nicht nur von ihren Gegnern damit in Verbindung gebracht wurden, sondern selbst Kontakte herstellten, übersieht er.

[447] Clegg 1997: 152, 153, 154.

[448] Gardell 1996: 316.

[449] Lee 1988: 140.

7. China

7.1 Einführung

Als Nicht-Sinologin standen mir für das folgende Kapitel – anders als bei der Nation of Islam – Originalquellen nur begrenzt und nur in Übersetzungen zur Verfügung. Das war jedoch insofern kein größeres Problem, als in der Sinologie eine Reihe guter, auch für Nachbarwissenschaften nutzbarer, Studien vorhanden sind. In den neunziger Jahren beschäftigte sich vor allem Frank Dikötter mit dem zentralen Thema der vorliegenden Untersuchung.[450] Aber auch in der deutschsprachigen Sinologie erschien eine Vielzahl an Publikationen zu Chinas Außenbeziehungen sowie zu interethnischen Beziehungen innerhalb der Grenzen Chinas.[451] In der Schreibweise chinesischer Wörter folge ich jeweils den angegebenen Quellen. Eine daraus folgende Uneinheitlichkeit dürfte das Verständnis der Argumente jedoch nicht erschweren.

7.2 Historische Phasen

Für die Entstehung Chinas in Form eines geeinten Reiches mit festen Grenzen waren Fremdenbilder, waren die „Barbaren", ausgesprochen wichtig. Seit ungefähr dem 11. Jahrhundert v. Chr. kann man von „Chinesen" sprechen, die sich von benachbarten Völkern abgrenzten.[452] Doch noch vor und während der Chou-Zeit (1122-256 v. Chr.) veränderten sich die Grenzen, bis mit der Ch'in-Dynastie (221-206 v. Chr.) das Reich – die Mitte – und das Außen, die Welt der „Barbaren", festgelegt waren (siehe Karte 6).[453]

---

[450] Dikötter 1990, 1992, 1994, 1995, (Hg.) 1997, 1998. Unter den neueren Arbeiten auch: Chow 1994, 1997; Sautman 1994, 1997; Sullivan 1994.

[451] Bauer 1974, (Hg.) 1980; Eberhard 1942 a, 1942 b; Franke 1962; Hildebrand 1987; Linck-Kesting 1979, 1995; Müller 1980; Schmidt-Glintzer 1980, (Hg.) 1990, 1997.

[452] Bauer 1980: 14.

[453] Bauer 1974: 135, 136 und Bauer 1980: 18, 19. Die Frage, ob China ein „Einheitsreich" oder ein „Vielvölkerstaat" war und ist, hat unter Sinologen immer wieder für Diskussionen gesorgt. Eine gute Zusammenfassung findet sich in Schmidt-Glintzer 1997.

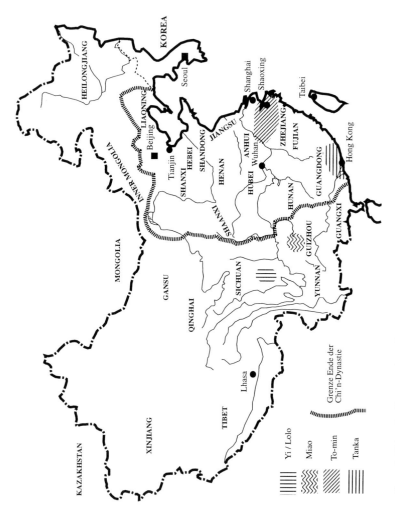

Karte 6: China. Im Text erwähnte Orte, Regionen und Ethnien (nach Mackerras 1994: i).

Neben der Entstehung des chinesischen Reiches in Verschmelzung mit und Abgrenzung von den Völkern der Grenzgebiete zeigen auch die späteren ersten Kontakte zu „weißen" Europäern und ersten „Schwarzen", wie Beziehungen zu sich körperlich unterscheidenden Menschen interpretiert und in das eigene Welt- bzw. Menschenbild eingefügt wurden. Reaktionen auf diese ersten Kontakte sollen deshalb ausführlicher dargestellt werden.

Chinesen unternahmen in den ersten Jahrhunderten nach der Reichsgründung nur wenige Handelsreisen. Das lag zum einen an ihrer Autarkie, Seßhaftigkeit und Hochschätzung der eigenen Kultur und darauf beruhend an dem mangelnden Interesse an Leistungen der „fremden Barbaren".[454] Diese Haltung war die meiste Zeit in der chinesischen Geschichte vorherrschend. Zum anderen spielte auch der wirtschaftliche Austausch, das chinesische Tributsystem, eine Rolle. Der Außenhandel wurde in erster Linie in diesem Rahmen abgewickelt:

„Der Kaiser des ‚Reiches der Mitte', Exponent einer überragenden Kultur und Träger des Mandates des Himmels, konnte erwarten, daß die unzivilisierten Barbaren ihre Unterwerfung durch Tributgeschenke bekundeten. Wollte daher ein ausländischer Herrscher in offiziellen Handelsverkehr mit China treten, so mußte er eine Gesandtschaft in die chinesische Hauptstadt schicken, wobei seine Tributgaben durch entsprechende Geschenke beantwortet wurden; einen Teil der Waren durfte die Gesandtschaft gewöhnlich frei verkaufen." (Walravens 1972: 2)

Offiziell unterhielt China seine Handelsbeziehungen mit dem Westen bis ins 19. Jahrhundert im Rahmen dieses Systems, obwohl man auch früher schon begonnen hatte, sich für den Seehandel zu interessieren.[455] Kenntnisse ferner Regionen – etwa Europas – blieben so, verglichen mit denen des eigenen und angrenzender Reiche, lange Zeit erstaunlich spärlich.[456] Allerdings gab es schon 166 nach Christus in der späten Han-Dynastie Berichte von einer Abordnung des Kaisers (Marcus Aurelius Antonius) aus dem Land *Ta-Ts'in*.[457] Den Namen *Ta-Ts'in* („Groß-China") hatte man dem römischen Reich gegeben, da es ebenfalls zivilisiert, die Menschen

---

[454] Nach Schmidt-Glintzer (1980: 83) bestanden im 1. und 2. Jahrhundert n. Chr. gute Beziehungen zum Westen. Der Seehandel war unbedeutend, dafür wurde Antiochia zu einem wichtigen Handelsplatz mit der römischen Ostprovinz Syrien. 97 n. Chr. gelangte eine chinesische Gesandtschaft unter Kan Ying bis Taoce (Buschir) am Persischen Golf.

[455] Hildebrand 1987: 13-16; Franke 1962: 24.

[456] Eine Ausnahme stellten die plötzlich einsetzenden See-Expeditionen dar, die ihren Höhepunkt im ersten Drittel des 15. Jahrhunderts erreichten. Reisende – unterwegs in offizieller Mission – erkundeten andere Länder und lieferten auch recht genaue Darstellungen fremder Lebensweisen, wenn man von vampirartigen Wesen absieht, die in Campa und Malakka gesichtet worden sein sollen. Warum die Entdeckungsfreude gegen Ende des 15. Jahrhunderts ein ebenso plötzliches Ende fand, ist ungeklärt (Höllmann 1980: 161 ff.).

[457] Erster allgemeiner Bericht über *Ta-t'sin* in: *Hou-han-shu*, Kapitel 88, geschrieben im 5. Jahrhundert n. Chr. Übersetzung in: Hirth 1966: 40-43, Kommentar ebd.: 176 ff.

dort jedoch größer als in China waren.[458] Auch von einer afrikanischen Delegation, über die man sich anerkennend äußerte, wurde berichtet. Das waren jedoch Ausnahmen. Grundsätzlich galten Schwarze, schon bevor die Portugiesen Afrikaner nach China brachten, als Sklaven, als schwarze Teufel und Menschen mit angeborenem und unveränderlichem niederen Status.[459]

Frank Dikötter gliederte „The Discourse of Race in Modern China" nach zeitlichen Phasen: Race as Culture (von den Anfängen des chinesischen Reiches bis 1793), Race as Type (1793-1895), Race as Lineage (1895-1903), Race as Nation (1903-1915), Race as Species und Race as Seed (1915-1949) sowie Race as Class (seit 1949). Diese Daten markieren jeweils wichtige politische Phasen der chinesischen Geschichte, die Einfluß auf die Auffassungen von „rassischer Andersartigkeit" und damit der Ein- oder Ausgrenzung bestimmter Bevölkerungsgruppen hatten. Ich werde mich, mit wenigen Ausnahmen, auf die Zeit bis zum Ende der letzten Dynastie (1911) konzentrieren und stärker auf die kulturellen Ursprünge eines „Rassen"-Gedankens als auf dessen politische Nutzung in der Phase seit 1949 eingehen. Das geschieht deshalb, weil (in der theoretischen Diskussion der vorliegenden Arbeit) tradierte Körperbilder im Mittelpunkt stehen. Deren (relativ späte) Beeinflussung durch westliche Vorstellungen ist insofern im vorliegenden Zusammenhang von Interesse, als daran deutlich wird, wie aus dem Zusammenspiel von Tradition und Wissenschaft eine eigene chinesische Anthropologie und Rassenlehre entsteht. Die vorliegende Darstellung wird sich auch nicht an einer historischen Abfolge, sondern an Themenbereichen orientieren. Um deutlich zu machen, um welche Epoche es sich handelt, werden für die behandelten Phasen jeweils Jahreszahlen angegeben.

7.3 Klassifikation von Lebewesen

In den sehr frühen chinesischen Quellen der ersten Jahrhunderte der Chou-Zeit (11. bis 3. Jahrhundert v. Chr.) fehlen noch Hinweise auf physische Merkmale von Fremden, da Chinesen und „Barbaren" in enger Nachbarschaft lebten und sich körperlich kaum voneinander unterschieden. Zu die-

---

[458] Hildebrand 1987: 39-42; Hirth 1966: 41. Mit diesen frühen Berichten von Reisenden sind auch Teile westlicher Folklore nach China gekommen, etwa Berichte von Pygmäen und Amazonen. „The Amazons and the Pygmies must have impressed the Chinese imagination, so susceptible of the wonderful, and this may have caused these traditions to be preserved in their records, whereas accounts of other matters, existing in reality, but being less wonderful, were consigned to oblivion." (Hirth 1966: 200).

[459] Dikötter 1992: 9, 15, 49-50, 53.

ser Zeit dominierten noch Phantasien von Völkern am Rande der Welt, die jenseits der Zivilisation leben.[460] Weltrandvölker waren Mischwesen aus Dämonen, Tieren und Menschen. In der mythischen Vorzeit wurden am Weltrand die *Chi'ih*- und *Mei*-Dämonen angesiedelt, die jenseits der „Barbaren"-Grenzen hausten. Sie waren Vorläufer vieler phantastischer Völker, die Chinesen seit der Han-Zeit außerhalb der Barbarenregion vermuteten. Diese Mischwesen bevölkerten die Literatur über Wunderwesen.[461] Die Tradition der phantastischen Darstellungen von Lebewesen wurde unter anderem durch das im Verlauf der Jahrhunderte immer wieder publizierte und kommentierte *Shan Hai Ching*, („Der Klassiker von den Bergen und Meeren", geschrieben zwischen dem 4. und 2. Jahrhundert v. Chr.) begründet. Der Text enthält Elemente der westlichen mythischen Ethnographien der Zeit.[462] In den Darstellungen vermischen sich noch alle lebenden Wesen: Es gibt Vögel, die nur einen Fuß und ein menschliches Gesicht haben, Zwerge,[463] Menschen mit drei und Vögel mit sechs Köpfen. Die dreiköpfigen Menschen gehören zu ganz bestimmten Bäumen: „The *fu ch'ang* (serve constantly) tree has a three headed person in the top, taking care of the *lang kan* trees."[464] Bäume, Pflanzen, Tiere, Menschen, Berge und Meere verschmelzen in diesen Beschreibungen zu einer belebten Wunderwelt, in der die gewohnten Kategorien und Einheiten in ihren Grenzen zerfließen. Bekannt geworden sind auch die Menschen mit einem Loch in ihrer Mitte.[465] Später wurde ausgemalt, daß, wenn sie reisten, zwei von ihnen marschierten und zwischen sich einen dritten an einer geschulterten Stange trugen.[466] Diese frühe Geographie beschreibt das weit Entfernte (die Länder hinter den Meeren und Bergen in den vier Himmelsrichtungen) bezugnehmend auf das Vertraute. Die Unterschiede werden sowohl in der Körperlichkeit der beschriebenen Lebewesen als auch in ihren Sitten und Bräuchen dargestellt. Je weiter entfernt, desto grotesker die beschriebenen Wesen. Auch wenn das *Shan Hai Ching* keine Darstellung war, die einen Anspruch auf Beschreibung der Realität erhob, so lebte die Mischung aus Fabelhaftem und tatsächlich Wahrgenommenen sehr lange auch in vielen Schilderungen aus späteren Zeiten weiter.[467]

In der späten Chou-Zeit (etwa 500 v. Chr.), in einem sehr viel kleineren Gebiet als dem, das man heute als „China" bezeichnet, begannen Chinesen

---

[460] Müller 1980: 68.
[461] Ebd.: 64, siehe auch Linck 1995: 260 ff.
[462] Zu den Darstellungen im *Shan Hai Ching* siehe Dikötter 1992, Hildebrand 1987: 38 ff.
[463] *Shan Hai Ching* 1985: 148, 149.
[464] Ebd.: 189.
[465] Siehe auch Hildebrand 1987: 88; *Shan Hai Ching* 1985: 148.
[466] *Shan Hai Ching* 1985: 335.
[467] Linck 1995: 261.

bereits nicht-chinesische Nachbarn mit Begriffen von „Innen"-Chinesen (*chung, nei*) und „draußen" lebenden (*wai*) Stämmen zu bezeichnen, die wertend waren, und die Überlegenheit der chinesischen Zivilisation andeuteten.[468] Die Erde stellte man sich als Anzahl konzentrischer Quadrate vor.[469] Im innersten Quadrat lag die Hauptstadt des Reiches der Mitte und in den konzentrisch angeordneten äußeren Quadraten stellte man sich um das Reich herum die verschiedenen Arten von „Barbaren" vor.[470] Die Distanz vom Zentrum sowie die Himmelsrichtungen charakterisierten die Barbarenstämme. Das von Menschen bewohnte Territorium war dem Buch der Dokumente (500 v. Chr.) zufolge in konzentrische Quadrate unterteilt, in deren Mitte sich China, die neun Provinzen *chiu chou*, befanden (Abbildung 18).[471]

*Huangfu:*Einöde

difu:
Kaiserliches
Zentrum

Abbildung 18:   Kosmographie im *Tribute of Yu*, der Chou-Zeit (nach: Henderson 1984: 8). Je weiter entfernt der Ort vom Zentrum der kaiserlichen Hauptstadt, desto größer das Ausmaß der Barbarei.

---

[468]   Harbsmeier sieht die chinesische Kosmologie als eine in erster Linie räumlich gegliederte Vorstellung. Im Gegensatz dazu repräsentiere die europäische Tradition die Fremden jeweils in zeitliche Entwicklungsstufen gegliedert. Er meint, die räumliche Vorstellung lasse die Fremden ungefährlicher erscheinen: je weiter die Fremden vom Zentrum entfernt sind, desto fremder seien sie, aber durch die große Entfernung seien sie auch weniger bedrohlich (Harbsmeier 1985).

[469]   Granet 1997: 67; Henderson 1984: 61 ff.

[470]   Ebd.: 67.

[471]   Harbsmeier 1985: 295, 296. Siehe auch: Müller 1980: 54, 55. Schmidt-Glintzer schreibt, diese Vorstellung beziehe sich auf eine Stelle des Buches „Riten der Zhou" (*Zouli*), während in einem Kapitel des *Yugong* von *Shangshu* von fünf Zonen mit der Hauptstadt in der Mitte die Rede sei (1997: 60).

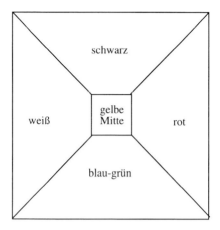

Abbildung 19: „Barbaren" und ihre Farben sowie die Einteilung nach den Himmelsrichtungen (nach Dikötter 1992: 5).

Später dominierte das Sektorenmodell, eine Einteilung in fünf Quadrate,
die mit den kosmologischen Phasen besser in Einklang zu bringen war, und
am Ende des 19. Jahrhunderts mit westlichen Rassenkonzepten verschmol-
zen wurde (Abbildung 19). Eine Vierteilung, den Himmelsrichtungen folgend, war ebenfalls populär. Rechnete man jedoch die Mitte oder das Zentrum hinzu, entsprach sie dem Modell der fünf Richtungen.

Die Konstruktion eines unvereinbaren Gegensatzes von Zivilisation und
Wildheit, der in unterschiedlichen Ausprägungen und mit unterschiedlichen
Konsequenzen bis in die Gegenwart fortbesteht, zeichnet sich in diesen
Kosmographien bereits ab.[472] Sich selbst bezeichneten die Menschen im
damaligen Reich zu Beginn ihrer Schriftlichkeit mit Begriffen, die Überlegenheit ausdrückten, etwa *xia*, was „groß" und „großartig" bedeutete, sowie *hua* („glorreich", „kultiviert", „entwickelt", „blühend"). Beide Begriffe
konnten außerdem verwendet werden, um *huaxia* „das Königreich der
Mitte" zu bezeichnen. *Huaxia* wurde jedoch auch im Sinne einer rassischen
bzw. ethnischen Unterscheidung verwendet: *huaxia* waren die wahren, zivilisierten Menschen im Gegensatz zu den *yidi*, den unzivilisierten, tierähnlichen Barbaren.[473] Anders als in Europa und Amerika, wo der Übergang zwischen Mensch und Tier seit dem 19. Jahrhundert in ein evo-

---

[472] Eberhard 1942 b: 3; Müller 1980: 43.
[473] Linck-Kesting 1979: 269 ff; Mackerras 1994: 24; Moser 1989 b: 97.

lutionistisches Kontinuum der Entwicklung mit niederen und höheren Rassen gebracht wurde, herrschte in China seit Ende des 19. Jahrhunderts eine andere Haltung vor, die sich durch die ganze Geschichte zog: „Generally, however, man and animal were considered of separate origins and of different categories. When foreigners were associated with animals, it was often to highlight their categorical difference, not to degrade them on a fictive scale of beings."[474] Dennoch gab es auch in chinesischen Vorstellungen zahlreiche Mischwesen, Barbarenvölker am Rande des Reiches, welche die Grenze zwischen Mensch und Tier verwischten.[475]

Mit der Einigung der Reiche unter der Ch'in-Dynastie 221 v. Chr. wurden Chinas Grenzen gezogen, innerhalb derer sich eine Lebensweise entfaltete, die durch Ackerbau, Seßhaftigkeit und politische Einheit gekennzeichnet war (siehe Karte 6).[476] Von nun an diente diese als Zivilisationsmodell, an dem die äußeren „Barbaren" gemessen wurden. Das Konzept der „Mitte" bildete sich heraus und wurde entscheidend für das chinesische Selbstverständnis. Zunächst bedeutete es nicht zwangsläufig, daß Chinesen ihr Reich als (überlegenes) Zentrum der Welt auffaßten, diese Vorstellung wurde jedoch nach und nach zum Bestandteil der Rede vom „Reich der Mitte".[477] Auch Barbaren konnten nach damaliger Auffassung zivilisiert (*hsia*) werden. Die Bezeichnungen *jen* („Mensch") und *min* („Volk") wurden zunächst noch für chinesische wie für nicht-chinesische Ethnien verwendet.[478]

Gleichzeitig begann man seit der Herausbildung der Eigenbezeichnungen in der Chou-Zeit Sammelbegriffe für Barbaren zu benutzen, meist in Kombination mit Bezeichnungen für die Himmelsrichtungen: Barbaren des Südens (*Nan-Man*), des Nordens (*Pei-Ti*), des Ostens (*Tung-I*) und des Westens (*Hsi-Jung*).[479] Barbaren hatten keine Kultur (*wen* = Schriftzeichen, Kultur), die nur Bewohnern der Zentralstaaten eigen war. *Wen* war die höchste, nicht mehr zu verbessernde Stufe der Verfeinerung. Das Gegenstück zu *wen* war *yeh*: das Land, die Wildnis im Kontrast zu Stadt und Kultur. Es beinhaltete die Bedeutungen „Unkenntnis", „Ungebildetsein"

---

[474] Dikötter 1992: 72.

[475] Ebd.

[476] Moser (1989 a) kritisiert zu Recht, daß sowohl chinesische als auch westliche Historiker zu lange die Geschichte rassischer, ethnischer und subethnischer Konflikte ausschließlich als Geschichte der Beziehungen von Han-Chinesen zu Barbaren beschrieben haben. Das liegt zum einen daran, daß man sich auf die „*Great Tradition*", die vorliegenden schriftlichen Quellen, bezog. Zum anderen hat die Ideologie der „Einheit" und Einheitlichkeit der Han-Chinesen sich auf die wissenschaftliche Wahrnehmung ausgewirkt. Informationen über Unterschiede und Konflikte innerhalb der als Han-Chinesen zusammengefaßten Bevölkerung wurden vernachlässigt. Unterschiede wurden auch in neuerer Zeit nur in Bezug auf die *„minority nationalities"* beschrieben (ebd.: 10).

[477] Müller 1980: 44, Bauer 1980: 7.

[478] Müller 1980: 46.

[479] Ebd.: 47.

und „Tölpelhaftigkeit".[480] Linck-Kesting schreibt: „Da die Überlegenheit der Chinesen auf ihrer kulturellen Höherwertigkeit (und nicht auf rassisch-biologischen Merkmalen) beruhte, bestand für die Nicht-Chinesen grundsätzlich die Möglichkeit, durch die Adaption konfuzianischer Werte sich aus dem Zustand der ‚Barbarei' zu erheben. Diese Auffassung von den ‚Barbaren' als potentiellen (Kultur-)Menschen wendete man auch auf die ursprünglichen Bewohner Taiwans an."[481] Sie bestand, wie noch gezeigt wird, parallel zu der Vorstellung, daß kulturelle Minderwertigkeit an biologische, erbliche Minderwertigkeit geknüpft ist. Beide Einschätzungen schließen sich nicht aus. Je nach Z i e l der Argumentation, ob Erziehung und Umformung oder Ausgrenzung im Vordergrund stehen, können beide Argumente bemüht werden.

Erst mit der Han-Zeit kamen Chinesen mit Bevölkerungen in Kontakt, die sich deutlich von ihnen unterschieden: mit kleinwüchsigen dunkelhäutigen Völkern im Südwesten und europiden Völkern in Innerasien.[482] In den Quellen der späten Han- und aus der *T'ang*-Zeit wird, wie eingangs erwähnt, vom römischen Reich und auch von schwarzen Menschen mit einer gewalttätigen Disposition berichtet, die ihr Vieh mit Trockenfisch fütterten und Inzest trieben.[483] Das aus dem 11. Jahrhundert stammende *Hsint'ang-shu* („Neue Geschichte der *T'ang*)[484] wie auch Texte von Plinius beschreiben den damaligen Handel mit Ceylon. In chinesischen Quellen ist von einem Geister- oder Teufels-Markt die Rede, auf dem chinesische Händler Waren eintauschten. Ceylon sei ein Land ohne Einwohner, nur Teufel, Geister, Dämonen und Drachen lebten dort, die mit ihren Nachbarn Handel trieben, bei dem diese Wesen nicht zugegen waren. Sie hinterließen Waren mit Zeichen für Preise, und die fremden Händler ließen dann im Tausch etwas für die Waren zurück.[485] Dabei handelt es sich um einen weiteren Schwerpunkt der Darstellung von Fremden: Zum einen gibt es unzivilisierte Barbaren, die sinisiert werden können, zum anderen gibt es Wesen, die a u ß e r h a l b der menschlichen Ordnung stehen. Streng genommen handelt es sich somit nicht um einen „Rassen"-Begriff, sondern um eine Vorstellung, die man, abgeleitet aus der Biologie, als eine Katego-

---

480 Ebd.: 48.
481 Linck-Kesting 1979: 275. Granet (1997: 68) verweist darauf, daß auch umgekehrt eine „Entsinisierung" möglich war: „Verbannte, die man disqualifizieren will, nehmen sogleich, nachdem man sie dorthin [jenseits der vier Grenzen des Raumes] verstoßen hat, das halb tierische Aussehen an, welches für die Wesen in jenen öden Grenzbereichen bezeichnend ist." Hildebrand schreibt, diese Möglichkeit als „eine Art Sündenfall aus der Kultur in die Barbarei" habe sich auch in der chinesischen Kunst gespiegelt (1987: 36).
482 Müller 1980: 68.
483 Hirth 1966: 204 ff.
484 Hirth 1890: 290.
485 Hirth 1966: 280-283.

rie der grundsätzlich anderen „Art" bezeichnen könnte. Die Verschmelzung der Vorstellungen von sinisierbaren Barbaren und nicht-menschlichen Wesen ergibt später die Grundlage für eigenständige chinesische Rassenvorstellungen. Seit der Han-Zeit begann man, verschiedene Barbaren-Stämme systematisch zu erfassen und zu beschreiben.[486] Han-Chinesen unterschieden zwischen Barbaren der Innen- und der Außenwelt. Erstere konnten Chinesen werden, die äußeren Barbaren dagegen waren nicht zu zivilisieren, konnten jedoch als Schutzring um das Reich herum gegen die Weltrandvölker dienen.[487]

In Bezeichnungen für Barbaren drücken sich Einstellungen, Bewertungen sowie Herrschafts- und Verteidigungsinteressen aus. Diese mögen sich mit der Zeit verändert haben, und einschränkend ist zu deren Bedeutung auch hinzuzufügen, daß die Kriterien der Benennung für die Chou- und Han-Zeit nicht bekannt sind, wie Claudius Müller zu bedenken gibt. Dann läßt sich jedoch auch nicht belegen, daß Benennungen eher willkürlich erfolgten, wie er meint.[488] Ein Motiv zieht sich durch die Geschichte der Rede von den „Barbaren": Sie wurden sehr häufig mit Zeichen für Tiere (Hund, Insekt, Affe) benannt. Sammelbegriffe für Barbaren orientierten sich, wie bereits erwähnt, an den Himmelsrichtungen, Ausdrücke für einzelne Barbarenvölker innerhalb dieser Kategorien am Tierreich. Aber auch den Oberbegriffen wurden schon Tiere zugeordnet: den Südbarbaren Insekten und Reptilien, den Nordbarbaren Hunde, den Ostbarbaren Vögel und den westlichen Barbaren ebenfalls die Hunde. Auch die Yao wurden etwa mit dem Radikal für „Hund" bezeichnet. Sie gehören zu den Barbaren des Südens. Bezeichnet wurden im Laufe der Geschichte demnach vermutlich unterschiedliche Ethnien mit diesem Ausdruck.[489] *Man* als Bezeichnung für die südlichen Barbaren wurde mit dem Zeichen für Ungeziefer bzw. Würmer geschrieben.[490] Die Kategorien „Tiere" bzw. tierähnliche Wesen" oder Menschen, die auf der Stufe von Tieren eingeordnet werden, ähneln den Kategorien der Geister und Dämonen. Die ihnen zugerechneten Lebewesen werden nicht als Untergruppe der Menschheit (der Chinesen), sondern als Rand- oder Außengruppe aufgefaßt. Die Grenzen von Geistern, Tieren und Menschen waren auch weniger eindeutig als wir es aus unserer heutigen europäischen Sicht nachvollziehen können. Die Bezeichnungen hießen nicht unbedingt, daß die Barbaren wirklich Hunde oder Tiere w a -

---

[486] Müller 1980: 47, 49.
[487] Bauer 1980: 11, Müller 1980: 53 und 64.
[488] Müller 1980: 59.
[489] Ebd.: 60, auch: Schmidt-Glintzer 1997: 45.
[490] Moser 1989 b: 97.

r e n , sondern daß sie Zwischenpositionen einnahmen, daß es graduelle Unterschiede gab.

Die Tier-Bezeichnungen, die oft für verschiedene ethnische Gruppen nacheinander angewandt wurden, stellten jedoch nur für Ethnologen ein Problem der Identifizierung dar, die aus Bezeichnungen die Geschichte der Völker in Chinas Grenzgebieten rekonstruieren wollten. Für Chinesen dagegen spielte es keine Rolle, wer mit diesen Ethnonymen tatsächlich bezeichnet wurde, denn wichtig war, daß es hier um eine Gegenwelt ging, die mit dem Guten, Wahren und Chinesischen kontrastiert wurde. Was sich in der Wirklichkeit hinter den Bezeichnungen verbarg, war relativ belanglos. Daß die Realität für stereotype Barbarenbeschreibungen irrelevant war, wird auch daran deutlich, daß sich diese unverändert über Jahrhunderte hielten. Der Eindruck der scheinbaren Unveränderlichkeit barbarischer Lebensweise wird dadurch bestärkt, daß die Autoren Sinisierungsprozesse nicht beschrieben. Als „Chinesen" waren zivilisierte Barbaren für Beschreibungen nicht mehr interessant, nachrückende Völker erhielten dann die alten Bezeichnungen und Stereotypen.[491]

Tiervergleiche wurden in der chinesischen Geschichte zur üblichen Form, Nichtchinesen zu beschreiben. Sie müssen nicht immer negativ gemeint sein und könnten auch auf die Relevanz von Tieren für die Wirtschaftsweise der beschriebenen Völker hindeuten. Die Hundebezeichnungen für *Ch'üan-Jung* („Hunde"-Jung) und *Hsien-Jung* haben jedoch vermutlich schon immer abwertende Bedeutung gehabt, da der Hund bei diesen Ethnien – anders als bei den Yao – sakral oder wirtschaftlich völlig unwichtig war.[492] Auch wenn es um die Sprachen der Barbaren ging, wurden immer wieder Tiervergleiche, sowie die Gleichsetzung der Unterschiede Mensch/Tier, Chinese/Barbar bemüht. Ku Huan (430-493) schrieb, Vögel hätten Vogelrufe, Tiere Tierschreie, Chinesen verstünden die chinesische Sprache und Barbaren nur Barbarensprachen.[493] Mit dem 16. und 17. Jahrhundert entstand ein weniger pluralistisches Fremdverständnis. Je sicherer die Grenzen Chinas wurden, desto weiter verringerte sich die Anzahl der Selbst- und Fremdbezeichnungen, bis im 19. Jahrhundert die Bezeichnungen „Menschen der Mitte" und „Ausländer" dominant wurden. Daneben bestanden ältere Bezeichnungen jedoch noch fort.[494]

In China gab es schon früh genaue Kenntnisse des eigenen Landes und der Grenzgebiete. Wichtiger als Kenntnisse von fremdem Territorium war

---

[491] Müller 1980: 67.

[492] Müller 1980: 61, 62. Die Yao haben einen Ursprungsmythos, in dem der Hund eine Rolle spielte (ebd.: 60).

[493] Schmidt-Glintzer 1980: 105.

[494] Linck 1995: 260

die kartographische Erfassung des eigenen Gebietes. Vor allem für die Verwaltung war die Beschreibung von Grenzen, Handelswegen und Küstenabschnitten wichtig. Dafür wurden seit der *Sung*-Zeit (10.-11. Jahrhundert) Karten und Regional-Beschreibungen angefertigt.[495] Das *Ling-wai tai-ta* (1178) ist ein solches geographisches Kompendium jener Zeit. Der Autor Chou Ch'ü-fei bereiste die Gegend um Ching-chiang im heutigen Kuanghsi (Guangxi, siehe Karte 6). Darüber hinaus kannte er den Süden der Provinz, er hatte sich in der Hafenstadt Ch'in aufgehalten, die für den Seehandel mit Annam besondere Bedeutung hatte.[496] Seine Darstellungen sind sehr sachlich und nüchtern. Er beschreibt die Sitten der Einheimischen, die Tier- und Pflanzenwelt sowie die Landschaft. Die Kenntnis der „wirren und verrückten Sitten der Barbaren" war für die Verwaltungsbeamten der jeweiligen Bezirke und Provinzen von Wichtigkeit.[497] Über das Aussehen und die Körperlichkeit der Menschen äußert sich Ch'ü-fei nur am Rande. Deutlich wird in seiner Darstellung, daß wirtschaftliche und politische Ziele rassistische Schilderungen provozieren oder auch verhindern können und ihnen übergeordnet sind. Ch'ü-fei geht es in erster Linie um den praktischen Nutzen, um die Fragen, wovon Menschen leben, was sie produzieren und womit sie handeln.

Eines der wenigen frühen Werke aus dem 18. Jahrhundert, das Mitteleuropa – auch Deutschland – beschreibt, teils aus eigener Erfahrung und teils aus Gesprächen mit fremden Kaufleuten, enthält dagegen deutliche Kategorisierung nach dem Äußeren:

„Die Preußen gehören zur Rasse der Russen. [...] Rothaarige ist der Sammelname für alle Barbaren des Nordwestens. Sie haben blondes Barthaar und rotbraunes Haar. Sie sind den nach Peking kommenden Russen ziemlich ähnlich. [Sie haben] hohe Nasen[rücken] und grünblaue Augen, manchmal ähnlich wie in China. Sie sind groß von Statur, scharfsinnig und wendig." (Ch'en Lun-ch'iung: „*Hai-kuo wenchien-lu*", 1744 in Walravens 1972: 30)

Menschen aus dem Westen wurden jedoch auch in der ersten Hälfte des 19. Jahrhunderts nach wie vor mit Begriffen belegt, die sich auf sehr viel ältere Vorstellungen von Weltrandvölkern und Barbaren bezogen:

„The Westerner was often negated by being perceived as a devil, a ghost, an evil and unreal goblin hovering on the border of humanity. Many texts of the first half of the nineteenth century referred to the English as 'foreign devils' (*yangguizi*), 'devil slaves' (*guinu*), 'barbarian slaves' (*biyan yinu*), or 'red-haired barbarians' (*hongmaofan*)." (Dikötter 1990: 422)

---

[495] Schmidt-Glintzer 1997: 62, 63.
[496] Netolitzky 1977: XIV.
[497] Ebd.: XXXIII.

Japaner wurden traditionell mit der abwertenden Bezeichnung „Zwerg-Sklaven" belegt.[498] Seit Ende des 19. Jahrhunderts und teilweise schon vorher gibt es im chinesischen Gedankengut eine Vielzahl an Ausdrücken, die China als sich verwandtschaftlich abgrenzende Einheit beschreiben: *zu* („lineage", „clan"), *zhong* (seed, breed, type, race), *zulei* (type of lineage), *zhongzu* (breed of lineage, type of lineage, breed, race) und *renzhong* (human breed, human race). Der Begriff *minzu* wurde häufig mit „Nationalität" übersetzt: Zwischen 1902 und 1911 bezeichnete er politische Einheiten, die auch mit Bezeichnungen für biologische Einheiten („Rassen") übersetzt werden können, wie im folgenden Abschnitt noch ausführlicher dargestellt wird.[499] *Huangzhong* bedeutete zunächst „Lineage des gelben Kaisers" wurde später aber auch im Sinne von „gelbe Rasse" verwendet. Konfuzianische soziale Hierarchien und Kategorien, die bis 1723[500] noch Menschen in solche „höherer" (*liangmin*) und „niederer" (*jiangmin*) Herkunft unterschieden, gingen über in neue rassische Taxonomien. Es wurde von überlegenen „Rassen" (*liangzhong*) und minderwertigen „Rassen" (*jianzhong*) gesprochen. Afrikaner wurden meist als „schwarze Sklavenrasse" bezeichnet.[501]

Seit Ende des 19. Jahrhunderts waren zahlreiche westliche Klassifikationen der „Menschenrassen" in China bekannt. Übernommen wurden sie in veränderter Form und so ausgewählt, daß sie ins chinesische Weltbild paßten: Verschiedene Autoren postulierten, es gebe fünf „Rassen".[502] Diese Einteilung der symbolischen Zahl fünf paßte zum kosmologischen Modell der fünf Phasen, Elemente, Sinne, Geschmäcker, Gerüche etc., das in China eine lange Tradition hatte.[503] Auch zu der oben beschriebenen, seit der Chou-Zeit bekannten Kosmographie der Mitte und den vier Himmelsrichtungen, paßte diese Einteilung. Doch:

„Tradition never affected the mental universe of the reformers to the same extent as the reformers determined what tradition should be. The past was manipulated in attempts to organize the present. The reformers subjectively made choices within Chinese tradition; they located events of the past to create a cohesive unity with the present. Order and meaning were reconstructed by subtle alterations to collective memory." (Dikötter 1992: 79)

---

[498] Dikötter 1990: 429.

[499] Dikötter 1997 a: 3.

[500] Dikötter schreibt, durch *Yongzheng*-Kaiser sei die Unterscheidung 1723 rechtlich aufgehoben worden, sozial habe sie aber bis in das 20. Jahrhundert noch fortbestanden (1997 a: 7).

[501] Dikötter 1997 a: 6.

[502] Dikötter 1992: 78.

[503] Henderson 1984: 8 ff.

Von einer Übernahme westlicher Vorstellungen kann also genauso wenig die Rede sein, wie von einem ungebrochenen Fortbestehen traditioneller Konzepte.

Die beschriebenen Rassenkategorien brachte man im 19. Jahrhundert in eine hierarchische Ordnung, die allerdings von westlichen Ordnungen abwich. Schon seit den frühesten Quellen der Entstehung des chinesischen Reiches ging es nicht nur um ein Nebeneinander unterschiedlicher Völker: Es gab innere und äußere Barbaren, rohe (unzivilisierte *sheng*) und zivilisiertere (gekochte, reife *shu*) Barbaren.[504] Auf die Dichotomie von feinen oder guten (*liangmin*) und gemeinen Menschen (*jianmin*) und „gefallenen" (*to-min*) oder Kastenlosen bzw. „Parias" [505] werde ich im nächsten Abschnitt noch ausführlicher eingehen. Diese traditionellen Unterscheidungen erleichterten es gegen Ende des 19. Jahrhunderts auch, die „fünf Rassen" in eine Hierarchie zu bringen, die sie in zwei Klassen zusammenfaßte: „In the sub-universe of the reformers, the white and yellow races were opposed to three darker races, doomed to racial extinction by hereditary inadequacy."[506] Sie wurden als höhere und niedere, historische und ahistorische, feine und gemeine Rassen beschrieben.[507] Die Braunen, Schwarzen und Roten wurden als dumm, faul, häßlich und nur durch einen instinktiven Wunsch nach Nahrung und Sex angetrieben dargestellt.[508] Die Reformer des letzten Jahrhunderts bauten die Idee aus, die gelbe könne die weiße Rasse besiegen und alle anderen beherrschen. Je nach politischer Situation konnten sich die Rassenkategorien ändern. Filipinos gehörten etwa zu den „schwarzen Wilden", wurden jedoch während ihrer Auseinandersetzungen mit den Amerikanern (1898) zur gelben Rasse im Kampf gegen die weiße gerechnet. Über die Vietnamesen, zunächst als Braune klassifiziert, hieß es nun, sie würden zur gelben Rasse gezählt, denn: „They would fight the French devils (*fagui*) until not one single 'hirsute, ash-eyed white man' remained in their country."[509]

---

504 Harbsmeier 1985: 296; Die Dichotomie *sheng/shu* (roh/gekocht) wurde vorwiegend für Barbaren an der südlichen Grenze verwendet, während *wai* und *nei* (äußere und innere Barbaren) vor allem an der Nordgrenze benutzt wurde (Linck-Kesting 1979: 270).

505 Nach Hansson (1996: 11) werden auch außerhalb von Gesellschaften, die wie die indische völlig durch ein Kastensystem geprägt sind, solche Gruppen als Kastenlose oder Paria bezeichnet, die 1. als unehrenhaft oder unrein angesehene Berufe ausüben, 2. von der Mehrheit abgegrenzt siedeln, 3. mit denen Ehen für andere Menschen nicht erlaubt sind und für die 4. andere Regeln und Gewohnheiten existieren, die sie von der restlichen Bevölkerung trennen, 5. ist ihr Status erblich.

506 Dikötter 1992: 80.

507 Ebd.

508 Ebd.: 82.

509 Ebd.: 84.

7.4 Körpervorstellungen

Claudius Müller schreibt, im frühen China hätte man den schriftlichen Quellen zufolge keine wesentlichen Unterschiede in der körperlichen Erscheinung der Menschen gesehen. Es hieß dort etwa, Chinesen- und Barbaren-Säuglinge sähen gleich aus. Erst durch ihre Erziehung entwickelten sie sich unterschiedlich. Häufig wurde das wirre Haar der Barbaren erwähnt, das für deren (im Vergleich zum chinesischen Reich) angenommene anarchische und herrschaftslose Gesellschaftsstrukturen stand.[510] Auch die Größe der Barbaren spielte eine Rolle, wohl vor allem, um den Mut derjenigen herauszustellen, die gegen sie gekämpft hatten. Ihre Nichtseßhaftigkeit galt den Chinesen als Dummheit. Wer bereit sei, sein Land zu verlassen oder zu verkaufen, könne nicht schlau sein.[511] Heute dagegen ist die Situation anders: „ 'Chineseness' is seen primarily as a matter of biological descent, physical appearance and congenital inheritance."[512]

Die meisten Erklärungen für Unterschiede zwischen verschiedenen Lebewesen, zwischen Gesundheit und Krankheit sowie menschlichen Stimmungen und moralischen Zuständen sind nur aus den seit der chinesischen Klassik (von der Reichsgründung bis zur Machtergreifung der *Ch'in*-Dynastie 221 v. Chr.) überlieferten kosmologischen Vorstellungen heraus zu verstehen.[513] Das Denken in Korrelationen spielte in der chinesischen Kosmologie eine zentrale Rolle. Es bezog sich sowohl auf den menschlichen Körper in seinem Verhältnis zum Universum (den Jahreszeiten, den Elementen etc.) als auch auf den Staat und sein Verhältnis zum Universum.[514] Neben der Korrelation ist die Resonanz ein weiterer Bestandteil der Kosmologie: zwei Dinge, die in Korrelation zueinander stehen, können danach auf Distanz miteinander interagieren. Etwa Frauen und Wasser: Eine zu große politische Macht der Frau bei Gericht würde beispielsweise Überschwemmungen verursachen, nahm man in der Han-Zeit (206 v. Chr. bis 220 n. Chr.) an.[515]

Wegen dieser Grundlagen chinesischen Denkens wurden westliche Vorstellungen nicht einfach übernommen. Sie beeinflußten die Entwicklung bestimmter Konzepte, veränderten sie und vermischten sich mit ihnen, blieben aber nicht in ihrer ursprünglichen Form bestehen. So wird verständlich, warum in China andere Kriterien der Rassenzugehörigkeit und

---

510 Ausführlich zur Bedeutung des Haares in China, siehe Dikötter 1998.
511 Müller 1980: 68, 69, 73.
512 Dikötter 1997 a: 1.
513 Henderson 1984; Needham 1988; Porkert 1991.
514 Henderson 1984: 2 ff.; Needham 1988.
515 Henderson 1984: 22, 27.

auch andere ethnische Merkmale eine Rolle spielten als in anderen Kulturen. Deutlich wird, daß Rassenkategorien sich nicht zwangsläufig mit europäischen Typologien deckten.

Eine wesentliche Grundlage für chinesische Rassenkonzepte ist das Konzept der Lineage (*zu*), das als soziale Organisationsform in ihrer modernen Form schon unter den *Sung* (10.-11. Jahrhundert) entstand.[516] Die zentrale politische Verwaltung wurde durch die lokale Lineage-Organisation unterstützt. Lineages waren patrilineare, lokale Verwandtschaftsgruppen eines Dorfes oder einer Nachbarschaft mit gemeinsamem Landbesitz, meist mit einer Ahnenhalle und einer Schule. Die Abstammungslinien wurden in umfangreichen Genealogien festgehalten. Mit ihrer Hilfe wurde die Beziehung zu einem mythischen Ahnen und die Reinheit der Lineage nachgewiesen.[517] Traditionelle konfuzianische Werte von pietätvollem Verhalten gegenüber den Vorfahren und Ahnenverehrung unterstützen spätere Rassenvorstellungen und den Kult um den gelben Kaiser.

Wie bereits erwähnt, setzt sich einer der chinesischen Begriffe für „Rasse", *minzu*, aus *min* „Volk" und *zu* für „Lineage" zusammen. Das Konzept der „Rasse als Nation" (1903-1915) führe nach Dikötter das Konzept der „Rasse als Lineage" (1895-1903) fort und erweitere es.[518] Charles Stafford kritisierte in einer Rezension von Dikötters „The discourse of race in modern China" die Übersetzung von *minzu* mit „Rasse" und warf Dikötter vor, nur eine Bedeutung von vielen herausgegriffen zu haben.[519] Er habe chinesischen kulturellen Konstrukten eine westliche Lesart aufgezwungen. Dieser Vorwurf ist jedoch unberechtigt, da der Autor gerade die unterschiedlichen Bedeutungsnuancen der Begriffe in ihren jeweiligen Kontexten ausführlich darstellt. Die Verbindung von „Rassenkonzepten" und Lineage hat deshalb eine besondere Bedeutung, weil das Konzept der patrilinearen Lineage für das Selbstverständnis und die soziale Ordnung der gesamten Gesellschaft und nicht nur einer kleinen Elite eine Rolle spielte. Es verband die Ideologie der Gelehrten mit den Vorstellungen der Massen sowie die zentrale Verwaltung mit lokalen Machtzentren. Die Lineage war eine der wichtigsten sozialen, politischen und rechtlichen Einheiten. In der Zeit der Wei-Dynastien (220 bis 581 n. Chr., auch Zeit der sechs Dynastien oder Periode der Uneinigkeit genannt) wurde beispielsweise „Sippenhaft" praktiziert: Man verurteilte nicht nur die Verbrecher, sondern bestrafte auch deren Söhne und Enkel. Wurde ein Dieb zum Tode verurteilt, wurden

---

[516] Im 16. Jahrhundert gab es drei regional unterschiedliche Typen von Lineage-Organisationen in China (Chow 1994: 76). Die verschiedenen Ausprägungen spielen für das hier verfolgte Argument jedoch keine Rolle.

[517] Chow 1994: 76; Dikötter 1992: 69, 70.

[518] Ebd.: 97 ff.

[519] Stafford 1993: 609.

seine Brüder, Söhne und Neffen festgenommen.[520] Vor allem durch Zeitungen und Zeitschriften der Reformer Ende des letzten Jahrhunderts wurden traditionelle Vorstellungen aufgegriffen, in nationalistische Rassendiskurse integriert, verbreitet und nicht nur der gebildeten Bevölkerung zugänglich gemacht.[521] Einträge zu fremden Barbaren waren schon in der Ming-Zeit (1368-1644) in Enzyklopädien üblich gewesen.[522] In der Mitte des 19. Jahrhunderts trugen dann populäre Enzyklopädien (*riyong leishu*) dazu bei, diese Elite-Diskurse auch breiteren Schichten zugänglich zu machen.

Auch während des zwanzigsten Jahrhunderts dienten Konzepte von *minzu* (Nation, Nationalität, Rasse) dazu, kulturelle Unterschiede in biologischen Gegebenheiten zu verankern. Die genannten Begriffe wurden im Sinne einer Abstammungsgemeinschaft verwendet, bei der man voraussetzte, daß sie auch eine gemeinsame Kultur habe.[523] Diskurse über „Rassen" und deren Höher- bzw. Minderwertigkeit waren in vielen unterschiedlichen Bereichen verbreitet. Das geschah deshalb sehr breit gefächert, weil sie sich auf *folk models* von Identität, patrilinearer Abstammung und gemeinsamer Abkunft bezogen.[524] Wie überall wirkten bis in die heutige Zeit staatliche Maßnahmen, Schul- und Aufklärungsschriften, Reiseberichte, die Wissenschaft und eine Politik der sexuellen Hygiene bei der Konstruktion von Körper- und Rassenvorstellungen zusammen. Sie standen in einer Wechselbeziehung zu lokalen Konzepten, wie etwa denen von Abstammung und Blutsverwandtschaft. Grenzen zwischen Gruppen, die man für rassisch verschieden hielt, wurden mit Hilfe einer ähnlichen Symbolik konstruiert wie Grenzen zwischen Lineages.[525] Von einer bloßen Übernahme oder einem Überstülpen westlicher Vorstellungen kann also nicht die Rede sein.

Sun Yatsen (1866-1925), unter anderem auch ein bedeutender Theoretiker der chinesischen Rassen-Diskussion, sah das gemeinsame Blut als wichtigstes Rassenmerkmal an. Alle Chinesen würden derselben Rasse angehören, da ihr Blut vom Blut der „gelben Rasse" abstamme. Das Konzept des Blutes eignete sich dazu, Klassen- und regionale Unterschiede zu überbrücken und nach außen eine Einheit herzustellen.[526] Ein Gegenbild boten

---

[520] Yi-T'ung 1953: 309.
[521] Dikötter 1992: 63.
[522] Ebd.: 50.
[523] Dikötter 1997 a: 4.
[524] Ebd.: 8.
[525] Dikötter 1997 b: 14.
[526] Dikötter 1992: 123, siehe auch: Mackerras 1994: 55.

„Weiße", „Schwarze", und „Juden",[527] obwohl von letzteren in China weniger lebten als in Europa oder Amerika.

Ein gutes Beispiel dafür, wie unter dem Einfluß westlicher wissenschaftlicher Rassenkategorien und -typisierungen eine eigene chinesische Vorstellung entstand, sind die Schriften Zhang Binglins (1869-1936). Gegen Ende der *Qing*-Dynastie nutzte er in seiner Argumentation die Verbindung von Lineage und „Rasse", um gegen die herrschenden Manchu Widerstand und Einheit zu formieren. Wichtigster Baustein seiner Ideologie war die Überzeugung, die Mehrheit der Einwohner Chinas gehörten einer „Rasse", den *hanzu* („Han race-lineage"), an. „The primordial belief in kinship provided the ideological basis for rejecting the culturalist theory of political legitimacy that the Manchu regime had appropriated."[528] Bei der Konstruktion der *hanzu* spielen zwei Faktoren eine Rolle: zentral für die Lineage war der Ahnenkult sowie die Reinheit der Abstammungsgruppe. Die Lineages sollten „rein" bleiben. So waren etwa die Adoption von Erben sowie „Mischehen" mit anderen Ethnien verpönt. Zhang schrieb, in diesem Bild bleibend, die Chinesen stammten alle vom „gelben Kaiser" ab und sollten nicht von „fremden Stämmen" regiert werden: „Accepting the rule of the Manchus was similar to worshippers forgetting their 'great descent-line' (*dazong*) in the ancestral hall and adopting someone with a different surname as heir (*yi yixing wei hou*)."[529]

Namen waren ein entscheidender Bestandteil seiner Versuche, die Manchu von der *hanzu* auszuschließen. Zhang prägte den Begriff „Rassen-Familienname" (*zhongxing*), um Manchu deutlich von Chinesen zu unterscheiden.[530] Er sprach sich dagegen aus, zu erlauben, daß Manchu ihre Nachnamen änderten, so daß man sie nicht mehr von Han hätte unterscheiden können. Verbreitet war und ist die Vorstellung, Menschen mit gleichem Familiennamen hätten gemeinsame Vorfahren. Seit der späten *Ming*-Zeit (1368 bis 1644) war es üblich, daß gleichnamige Familien sich berühmte gemeinsame Vorfahren ebenfalls gleichen Namens wählten und eine gemeinsame Abstammung mit fiktiven verwandtschaftlichen Beziehungen konstruierten.[531] Von dieser lokalen Ebene zur Nation oder Rasse überzuleiten, war durch den Bezug auf eine übergeordnete gemeinsame Abstammung möglich. Dazu diente die Betonung des „gelben Kaisers" als Vorfahr aller Chinesen, den Zhang auch als „unser gemeinsamer Ahne"

---

[527] Zum schillernden Bild und der Konstruktion der jüdischen „Rasse" in der chinesischen Geschichte und Literatur siehe zusammenfassend Xun 1997.

[528] Chow 1997: 34.

[529] Ebd.: 40.

[530] Ebd.: 41.

[531] Ebd.: 48.

bezeichnete.[532] Alle Han-Namen und -Lineages ließen sich auf diesen zurückführen. Adoption sowie eine Vermischung fremder Namen und Lineages mit denen der Han wäre demnach ein Sakrileg gewesen, das dem Verrat an der eigenen Abstammungsgruppe gleichgekommen wäre.

Yan Fu (1853-1921) war der erste, der die Ideen Charles Darwins und Herbert Spencers der chinesischen Leserschaft zugänglich machte. Er verband das statische Konzept der „Rasse als Typ" mit evolutionistischen Gedanken und der Vorstellung der „Rasse als Lineage", die sich ständig gegen fremde Rassen verteidigen und ihre Reinheit schützen müsse. Er parallelisierte nicht nur Rasse und Lineage, sondern auch Rassenkriege und Lineage-Fehden. Verschiedene Lineages befanden sich um lokale Ressourcen und Landbesitz miteinander im Kampf. Manche dieser Fehden führten zur Vernichtung von Ernten und ganzen Dörfern. Einflußreiche Führer einer Lineage (*zu*) befehligten paramilitärische Organisationen. Im 19. Jahrhundert führten Bevölkerungswachstum und demographischer Druck zu einer Erhöhung des Wettbewerbs und einem Rückgang sozialer Mobilität. Lineages und regionale Zusammenschlüsse gewannen noch mehr an Bedeutung.[533] Vor diesem Hintergrund wird verständlich, daß das chinesische „race as lineage"-Konzept, ergänzt durch übernommene Vorstellungen vom Überleben des Stärkeren und dem Kampf ums Dasein, zu einer Vorstellung der Unmöglichkeit eines friedlichen Nebeneinanders verschiedener Rassen führte. „On the basis of internal conflicts between lineages, the reformers constructed a representation of external conflicts between races. Members of the yellow lineage had to fight against the members of the white lineage. The Yellow Emperor became the common ancestor of all Chinese."[534]

Die Vorstellung von der Unterteilung der Welt in konzentrische Quadrate in den ersten Jahrhunderten der Existenz des chinesischen Reiches wurde bereits erwähnt (siehe Abbildung 18). Diese quadratische Fläche zeichnete sich jenseits der Ränder der menschlichen Welt dadurch aus, daß die Kräfte (*ch'i*) des *Yin* und *Yang* dort nicht mehr in Harmonie waren und dadurch Hitze, Kälte, Winde, Helligkeit und Dunkelheit sowie Energie oder Kraft überhaupt einen chaotischen Zustand hervorriefen. Dementsprechend gab es Menschen, die nur schliefen und solche, die in ewiger Unruhe lebten.[535] Schilderungen dieser Zustände finden sich in dem taoistischen Text „*Lieh-tzu*", der auf 250 vor Chr. datiert wird. Wolfgang Bauer gibt die Beschreibungen der Menschen im *Ku-mang*-Land und in *Fu-lo*-Reich wie-

---

[532] Ebd.: 49.
[533] Dikötter 1992: 67 ff.
[534] Ebd.: 71.
[535] Granet 1997: 169.

der. Erstere sind ewig geschäftig und sehr aggressiv: „Von Natur aus sind sie hart und grausam. Die Starken unterdrücken die Schwachen, man ehrt nur den Sieger und kümmert sich nicht um Gerechtigkeit. Die Leute laufen meist geschäftig umher und ruhen wenig. Sie sind immer wach und schlafen nie."[536]

Cheng Liang (1134-94) ging ebenfalls von einem geographischen Determinismus aus, demzufolge China das Zentrum eines Energiefelds sei und alle Bewohner anderer Orte weniger Energie (qi) hätten. Nur China besäße „the central and most beneficial one in the Cosmos. Foreigners had an inferior energy, that perverted the spatial energy of the Central Plain."[537] Die verschiedenen unveränderlichen energetischen Eigenschaften konnten also auch diejenigen an anderen Orten verderben. Ein Zeitgenosse und Freund Cheng Liangs leitete daraus die Forderung nach einer Prämie für jeden abgeschlagenen Barbaren-Kopf ab.[538]

Auch Wang Fuzhi (1619-1692) wies auf Zusammenhänge zwischen Weltgegend, Menschenart und deren Verhalten hin. Er schrieb, ursprünglich seien alle Arten aus einer Ursubstanz entstanden. An unterschiedlichen Orten existierten jedoch verschiedene kosmische Substanzen (*ch'i*), also seien auch ihre Bewohner und deren Verhalten ungleich. „Rassen" verstand Wang als in ihrer Substanz verschiedene Abstammungsgemeinschaften, die sich in verschiedenen geographischen Räumen entwickelten. Diese „Rassen" seien gleichwertig, jedoch nur, solange jede an ihrem angestammten Ort bliebe. Die Mitte zeichne sich allerdings durch eine „reine oder himmlische Substanz", die „Emanation der gelben Mitte" aus. Sollten Fremde diese Mitte angreifen, müsse man sie erbarmungslos ausmerzen.[539]

In Beschreibungen der sich körperlich von Chinesen deutlich unterscheidenden Europäer stand durch die Jahrhunderte neben der Hautfarbe deren Behaarung im Mittelpunkt. Haare, gefolgt von Nasen und Augen, Gesichtsausdruck sowie Körpergröße waren zunächst mindestens ebenso wichtig wie die Hautfarbe,[540] die für Europäer meist von besonderem Interesse war. Im spätimperialen China war die Körperbehaarung von größerer Bedeutung als das Kopfhaar. Sie war wesentliches Merkmal der Abgrenzung des Menschen vom wilden Tier.[541] Die Holländer wurden aufgrund ihrer roten Haare und kräftigen Bärte „rothaarige Barbaren" bzw. „Dämonen" genannt. Man hielt sie für besonders wild, habgierig und verschla-

---

[536] Bauer 1974: 139.
[537] Dikötter 1992: 21, 22.
[538] Ebd.: 22.
[539] Vierheller 1968: 30 ff.
[540] Dikötter 1992: 138 ff, vor allem aber 1998.
[541] Dikötter 1998: 51.

gen.[542] Geschlechterunterschiede und das Senioritätsprinzip schienen im Westen auf den Kopf gestellt: dort trugen junge Männer Bärte, und in Berichten wurde die angebliche Gesichtsbehaarung von Frauen hervorgehoben.[543] Über Frankreich schrieb man belustigt, daß junge Männer sich Schnurrbärte stehen ließen und sogar manche Frauen Oberlippenbärte trügen. Den Europäern wuchsen zum Erstaunen der Chinesen an den Beinen, auf Brust und Rücken Haare.[544]

Im Verlauf der Geschichte wandelte sich die Bedeutung der Behaarung. Zunächst wurden die behaarten Barbaren am Rande der menschlichen Zivilisation ohnehin mit Tierbezeichnungen belegt und Beschreibungen ihrer Behaarung lagen nahe. Die geographische Auffassung wandelte sich später zu einer durch Evolutions- und Devolutionstheorien geprägten zeitlichen Deutung des „behaarten Vorfahren" im republikanischen (1911-1949) und kommunistischen China (seit 1949).[545] Vereinzelte behaarte Menschen (*maoren*) in China wurden im 20. Jahrhundert als „rassische Atavismen" oder Produkte einer „umgekehrten Evolution" zum Gegenstand der Medizin und zahlreicher populärer Darstellungen. Sie waren aber schon in früheren Jahrhunderten als wilde Menschen (*yeren*) Teil von Mythen, in denen die Abgrenzungen von Mensch und Tier im Mittelpunkt standen. Später wurden sie dann in Diskurse über „rassische" Entwicklungen und die Notwendigkeit der „Rassenhygiene" eingebunden.[546]

In der Diskussion um die Behaarung mischen sich Diskurse über „Kultur" und „Natur". Es gibt wenige Aufzeichnungen und Informationen über die Barttracht der Chinesen im alten China. Wolfram Eberhard schreibt jedoch, man habe sich in der „späten Nordkultur" (seit dem Ende des 3. Jahrhunderts v. Chr.) nicht rasiert und habe den Bart voller Stolz getragen. Bärte seien eine nord-chinesische Sitte gewesen, während die als „Yao" bezeichneten Ethnien gegen Bärte gewesen seien. Bis heute sei der Bart ein Ehrenzeichen des Alters, und sei, „da er von Natur schwach vorhanden ist – ein Ideal, der Versuch, sich an einen fremden anthropologischen Typ anzugleichen."[547] Der Bart muß jedoch gestutzt sein. Wie das Haar geschnitten wird, ist ein wichtiges Merkmal der Kultiviertheit. Das wäre jedoch noch kein Bestandteil einer Rassenvorstellung, denn den Bart stutzen kann sich prinzipiell jeder.

---

[542] Duyvendak 1949: 246, Linck 1995: 266.
[543] Dikötter 1998: 54.
[544] Dikötter 1992: 46.
[545] Ebd.: 68.
[546] Dikötter 1998.
[547] Eberhard 1942 b: 221.

Es ging eben nicht nur um ungepflegte Bärte, sondern auch Haare in Nasenlöchern und Ohren, die man als anständiger Mensch auf jeden Fall hätte entfernen müssen.[548] Dabei spielte es eine Rolle, daß Fremden überhaupt aus Nase und Ohren sowie auf Brust und Rücken Haare wuchsen. Diese Tatsache galt als Hinweis auf ihre unveränderliche Andersartigkeit, ihre räumliche oder zeitliche Position zwischen Menschheit und Tierwelt. Buschige und lange Augenbrauen seien in China ein Zeichen für Langlebigkeit gewesen, spärliche oder schlecht geformte Augenbrauen galten als ausgesprochen häßlich. Friedrich Hirth schreibt, daß es dafür seit Beginn der Han-Zeit Belege gebe, was auf indische und westasiatische Einflüsse hindeute. Dem Schönheitsideal entsprechend sei bereits im 9. Jahrhundert der Gebrauch von Schminke so allgemein gewesen, „dass das Nichtfärben der Brauen, sowie der Nichtgebrauch der Gesichtsschminke als eine bemerkenswerte Eigentümlichkeit bei barbarischen Völkern betont wird; ...".[549] Hirth beschreibt, daß es verschiedene Moden der Augenbrauenbetonung gab: Man ahmte die Fühlhörner des Seidenspinners nach, malte eine Mondsichel oder einen im Dunst am Horizont sichtbaren Berg. Augenbrauenschminke gab es in unterschiedlichen Farben. Blaue Schminke war am üblichsten, es gab aber auch rote und grüne.[550]

Bis in das frühe zwanzigste Jahrhundert beschrieben Chinesen ihre eigene Hautfarbe als weiß.[551] Das Weiß der Europäer dagegen galt als häßlich und wurde mit der fahlen Farbe der Asche (*hui bai*, „weiß wie Asche") verglichen. Obwohl die Farbe Weiß ähnlich wie auch Bärtigkeit zunächst eine positive Bedeutung hatte, fiel es nicht schwer, diese Merkmale an den Fremden umzudeuten. Man sah das Weiß der Europäer eher als krankhafte Entfärbung, vergleichbar mit europäischen Reaktionen auf Albinos.[552] Die „Weißen" wurden in China auch nicht immer als weiß beschrieben, sondern zunächst als rot. Allerdings schrieb man dem Merkmal Hautfarbe nicht unbedingt eine biologische Ursache zu. Theoretiker des 18. und 19. Jahrhunderts vermuteten beispielsweise kulturelle Ursachen für Haar- und Hautfarbe, wie kalte Bäder oder den großen Milchkonsum europäischer Babies.[553] „Weiße" waren nur für Europäer und Amerikaner selbst zweifelsfrei weiß. Japaner unterschieden etwa zwischen dem wahren milchigen Weiß der Japaner und dem häßlichen durchscheinenden Weiß der Europäer oder Amerikaner, durch deren Haut man bläulich die Adern schimmern

---

548 Dikötter 1992: 46.
549 Hirth 1890: 248-249.
550 Ebd.: 250.
551 Sullivan 1994: 440.
552 Dikötter 1992: 13, 14.
553 Ebd.: 54.

sieht und deren Teint dadurch ungleichmäßig gefärbt und unattraktiv sei.[554]
Im alten China galt den Menschen weiße und rötlich frische Haut als schön.
Eberhard beschreibt, daß Schminke aus mit Fett angemachtem Bleioxyd
und auch Bleipuder von den nordwestlichen Völkern in „die chinesische
Kultur" übernommen wurde und daß seit der Han-Zeit ihre Verwendung
belegt ist. Im Süden war Reispuder verbreitet. Jugendliches Aussehen galt
als schön, und das Symbol dafür waren rote Wangen oder insgesamt rötli-
che Haut. In der *Wu-tai*-Zeit (Zeit der fünf Dynastien, 907-960 n. Chr.)
sollen die Frauen auf Geheiß des Herrschers die Mode, ihre Wangen rot zu
schminken, derart übertrieben haben, daß ihre Gesichter rot wie die von
schwer Betrunkenen gewesen sein sollen.[555]

So wie Weiß in China nicht seit Anbeginn die Farbe der Europäer war,
hielt man Gelb ursprünglich nicht für die Farbe der Chinesen. Die Übernahme der Bezeichnung „gelbe Rasse", die Ende des 19. Jahrhunderts in
Europa geprägt worden war, fiel jedoch leicht, da sich diese Bezeichnung
auf indigene Bedeutungen, die der Farbe Gelb zukamen, stützen konnte.
Gelb galt als eine der fünf reinen Farben, die sich zur Konstruktion einer
sozialen Kategorie hervorragend eignete.[556] Sie war seit langer Zeit die
Farbe des Reiches der Mitte und des Kaisers, dessen Herrschaft im Tal des
Gelben Flusses entstanden sein soll. Im 17. Jahrhundert, nach dem Fall der
Ming-Dynastie und der Übernahme des Reichs durch die Manchu, schrieb
der einflußreiche Nationalphilosoph Wang Fuzhi (1619-1692) das „gelbe
Buch". Darin wurde die Überlegenheit der gelben Farbe gegenüber den
gemischten, unreinen Farben betont. China nannte er das „gelbe Zentrum".
Auch Herkunftsmythen, nach denen nur die edlen Menschen aus gelbem
Lehm gemacht worden seien, unterstützen diese Sicht, die schon in einer
Song-Enzyklopädie des zehnten Jahrhunderts belegt ist.[557] Gelb umfaßte in
China allerdings ein sehr viel weiteres Spektrum als in Europa: es reichte
von gebrochenem Weiß bis zu hellbraun. Reines Weiß wurde zur Farbe des
Westens, die gleichzeitig den Tod symbolisierte.[558]

Neben der Hautfarbe, die in vielen Kulturen eines der wichtigsten
Merkmale körperlicher Unterschiede war, spielte in Asien immer auch der
Geruch eine wichtige Rolle. Der fürchterliche Gestank der Weißen galt dort
lange Zeit als eines ihrer wichtigsten Merkmale. Vornehme Chinesen hiel-

---

[554] Wagatsuma 1967: 420 ff.

[555] Eberhard 1942 b: 220.

[556] Siehe dazu auch Granet 1997: 67.

[557] Dikötter 1992: 55 und 1997 b: 12, 13. Insgesamt hat sich in China trotz der Einflüsse von Missionaren und westlichen monogenistischen Theorien die Vorstellung eines „Bigenismus" über lange Zeit
erhalten. Man nahm an, Weiße und Schwarze seien gemeinsamen Ursprungs, die gelbe Rasse dagegen sei davon getrennt entstanden (Ausführlicher siehe: Dikötter 1992: 74 ff.).

[558] Dikötter 1992: 56.

ten ihre Hand vor die Nase, wenn sie mit einem Weißen in Kontakt kamen. Man nahm dort noch in der Mitte des 19. Jahrhunderts an, Weiße tränken den Menstruationsfluß ihrer Frauen, was ihren üblen Gestank verursache.[559] Dies ist ein weiterer Hinweis auf den Zusammenhang von Geschlechter- und Rassenkategorien und deren Biologisierung. Es ging jedoch nicht nur um „Sitten und Bräuche", wie das unterstellte Trinken des Menstruationsflusses, sondern auch um den als angeboren vermuteten „natürlichen" Eigengeruch, das bedeutet also, es ging auch um ein Rassenmerkmal. Typisch an chinesischen Rassenkategorien und ihrer Verwurzelung in Geruchsdifferenzen ist, daß sie Tiernähe, Sexualität, Geruch, rassische Abstammung und Moral miteinander verbinden. Im republikanischen China (1911-1949) wurde in Abhandlungen über den Körper dargestellt, je primitiver eine Rasse, desto stärker würden die Menschen durch Körpergerüche erregt und ähnlich den Tieren voneinander angezogen. Als besonders abstoßend galt der Schweißgeruch der Menschen aus dem Westen. Näher dem Tier als die Chinesen, hätten sie auch unkontrollierte sexuelle Triebe.[560] Geruchsunterschiede, so nahm man an, reflektierten die natürliche Hierarchie der Menschheit. Man meinte, der Geruchssinn von Frauen sei besser als der von Männern, der von Kindern und Wilden besser als der von Erwachsenen und Zivilisierten. Rassische und olfaktorische Grenzen hielt man für deckungsgleich. In einer verbreiteten chinesischen Rassenlehre heißt es etwa, Schwarze erkenne man an ihrem abstoßenden Geruch nach fauligem Fleisch. Ein anderer Wissenschaftler führte aus, schon der geringste körperliche Kontakt führe dazu, daß die Geruchsorgane durch den erstaunlichen Gestank von Schwarzen abgestoßen würden.[561]

Im Zusammenhang mit dem korrelativen Denken wurde jedem Geruch ein Ton, Tier, Element, eine Gemütsäußerung, ein Geschmack und eine Farbe zugeordnet. Mit dem Element Wasser wurde etwa weiblich, eisige Kälte, salziger Geschmack, die Farbe Schwarz, der Ton *yü* und als Instrument die große 25-saitige Laute, die stimmliche Gemütsäußerung des Stöhnens, von den Haustieren das Schwein, von den Pflanzen die Sojabohne sowie geschuppte Tierarten (Fische) und ein fauliger Geruch verbunden.[562] Die Sinne stellen eine Einheit her, die eng mit Merkmalen und Kategorien verbunden sind: Tier- und Pflanzenarten, Elemente, Geschlecht und Emotionen. Auch dieses Beispiel zeigt, daß Wahrnehmungen nicht „natürlich", sondern in einen kulturellen Kontext und Wertsysteme einge-

---

[559] Ebd.: 47.
[560] Dikötter 1995: 159.
[561] Ebd.: 160.
[562] Porkert 1991: 116.

bunden sind. Moralische Bewertungen sind dadurch eng mit Wahrnehmungen und Vorstellungen über körperliche Merkmale verbunden.

Im Fall der Afrikaner wurde bereits auf den Zusammenhang Geruch – Tiernähe – Triebhaftigkeit hingewiesen. Auch die Beschaffenheit der Geschlechtsorgane von Fremden, Sexualität und Sexualmoral sind in der chinesischen Geschichte immer wiederkehrende Themen in der Auseinandersetzung mit Fremden. Der Gelehrte Yu Zhengxie (1775-1840) beschrieb etwa, neben anderen Abweichungen an inneren Organen hätten die Weißen, anders als Chinesen, vier Hoden. Dieser Überschuß führte – so vermutete man – dazu, daß „Weiße" ständig auf der Suche nach Möglichkeiten wären, ihre enorm großen Bedürfnisse zu befriedigen. Der Geschlechtsverkehr zwischen Vätern und Töchtern, Brüdern und Schwestern sei bei ihnen üblich. Dikötter zitiert ein antichristliches Flugblatt, das die angeblichen Praktiken weißer Missionare beschreibt: „During the first three months of life the anuses of all [Christian] infants – male and female – are plugged up with a small hollow tube, which is taken out at night. They call this 'retention of the vital essence'. It causes the anus to dilate so that upon growing up sodomy will be facilitated. Celestials became the objects of the devils' licentiousness".[563] Die Vorstellung der körperlichen Abweichung (vier Hoden), läßt die perverse Sexualität der Weißen nicht als kulturelles Phänomen, als einen Mangel an Erziehung, sondern als Rassenmerkmal erscheinen. Auch Geschlechtskrankheiten, wie Verunreinigung überhaupt, sah man als Phänomen, das von Fremden nach China gebracht wurde. „Unreinheit" ist auch hier nicht als eine Frage der Hygiene, sondern als der Substanz, dem Wesen inhärente Eigenschaft zu verstehen. In diesem Jahrhundert wurde vor allem Syphilis als Import aus dem Westen dargestellt: „Depicted as an alien evil that insinuated itself through the most intimate parts of the body, images of syphilis also reinforced negative representations of foreign sexuality."[564]

Angriffe auf afrikanische Studenten haben in China Tradition, und auch in diesen Konflikten spielten Sexualität und Sexualmoral eine zentrale Rolle. Seit afrikanische Studierende in den sechziger Jahren nach China kamen, gab es bis in die achtziger Jahre auch gewalttätige Übergriffe auf sie,[565] die im nächsten Abschnitt noch ausführlicher dargestellt werden. Hier soll nur auf die zugrunde liegenden Vorstellungen von Rasse, Geschlecht und Sexualität eingegangen werden. Zu Beginn dieses Jahrhunderts etablierte sich, beeinflußt durch europäische Theorien, in China ein wissenschaftlicher Rassismus. Die „Schwarze Rasse" wurde am untersten

563 Dikötter 1992: 43, 44.
564 Dikötter 1997 c: 73.
565 Siehe: Hamburger Abendblatt vom 28.12.1988; Sautman 1994 und Sullivan 1994.

Ende der Hierarchie eingeordnet, dabei stützte sich der neue wissenschaftliche Rassismus auf traditionelle Vorstellungen über die schwarze Sklavenrasse.[566]

„The reformers expressed alarm at the supposedly higher sexual drives of blacks, which Liang cited as underlying and justifying the lynching of African-Americans. Kang advocated the eradication of darker races through dietary change, migration, sterilization and intermarriage." (Sautman 1994: 428)

Man warf den „Schwarzen" nicht nur mangelnde Kontrolle ihrer sexuellen Bedürfnisse (also kulturelle Minderwertigkeit), sondern angeboren stärkere Triebe vor. Gegen „Weiße", die kulturell und moralisch ebenfalls als weniger entwickelt galten als Chinesen, wurden diese Vorwürfe zumindest in öffentlichen Protesten gegen ausländische Studierende nicht vorgebracht.

Der Ausdruck *aizibing* (Aids) war seit dem Beginn der 90er Jahre einer der chinesischen Spitznamen für Afrikaner. Man war davon überzeugt, daß Afrikaner Aids-Träger und -Verbreiter seien. Daß diese sich – wie alle länger im Land bleibenden Ausländer – bei der Einreise einem HIV-Test unterziehen mußten, sowie Informationen über mangelhafte Kontrolle von Blutkonserven innerhalb Chinas, die zur Verbreitung von Aids beitrugen, hatte auf diese verbreiteten Annahmen keinen Einfluß. Mit dem Status der Afrikaner als Risikogruppe wurde unter anderem die Trennung chinesischer und ausländischer Studierender untermauert: „The university reportedly enacted regulations forbidding Chinese to enter the foreign student hall of residence and withdrew its Chinese staff."[567] Die Annahme, afrikanische Studierende seien die Ursache der Aids-Verbreitung, paßte gut zur Vorstellung des sexuell hyperaktiven schwarzen Teufels, der das eigene „reine" Volk verseuche.[568]

Auf Vorstellungen von einer Rasse der Tanka, von südchinesischen Fischern, wird weiter unten noch ausführlicher eingegangen. Sie wurden als

---

[566] Sullivan 1994: 440. Allerdings war das Bild der Afrikaner auch ambivalent: „As a result of contact with the dark-skinned seafaring peoples of Southeast Asia from the fourth century onwards, Chinese held contrasting images of them as both barbarians and embodiments of valour. Chinese merchants and travellers made contact with Africans and perhaps even with the African continent itself during the Song Dynasty (1127-1279), and they recorded their positive impressions of Africans and their customs." (ebd.: 441). Negative Einstellungen zu Schwarzen hätten sich seit dem 12. Jahrhundert, als arabische Händler schwarze Sklaven nach China brachten, verfestigt.

[567] Sautman 1994: 420.

[568] HIV/Aids wurde nicht nur als Krankheit der „primitiven Gesellschaften" Afrikas, sondern auch wie vormals Syphilis als Phänomen des Westens beschrieben. Prostituierte, die ausländische Kunden akzeptierten, wurden hart bestraft. Alle in China lebenden Ausländer mußten sich einem Test unterziehen. Die Krankheit wurde vor allem als Konsequenz von Homosexualität, Promiskuität und allgemeinem Werteverfall dargestellt: „Neo-Confucian values, instead of contraceptive devices, are claimed to be an effective barrier against the spread of disease in China." (Dikötter 1997 c: 79). Informationsschriften enthalten keine nützlichen Hinweise und Informationen, sondern zielen eher auf eine Verstärkung der Angst und damit sexuelle Zurückhaltung ab.

sich deutlich körperlich von „Han-Chinesen" unterscheidend verstanden. Mit dieser Einschätzung geht auch die Bewertung bestimmter Charakteristika einher. Man warf ihnen vor allem fehlende Sexualmoral vor.[569] Da verwandtschaftliche Organisation und Eheformen (ausgenommen Wiederheirat von Witwen) sehr ähnlich denen der Han-Chinesen waren, wurde der Vorwurf der fehlenden Sexualmoral eher auf ihre angebliche Tiernähe und darauf beruhende mangelhafte Triebregulierung zurückgeführt, wie sie auch beim Geruchsargument immer wieder deutlich wird. Allerdings sind hier Überschneidungen zwischen kulturellen und biologistischen Erklärungen größer als bei den oben genannten Annahmen über die „schwarze Sklavenrasse". So hat auch Sullivans Untersuchung über Einstellungen zu Ausländern und chinesischen sozialen Gruppen eine sehr niedrige Bewertung des kulturellen Niveaus sowohl der Schwarzen als auch inländischer ethnischer Minderheiten gezeigt, bei der Einstufung der Intelligenz liegen chinesische ethnische Gruppen weit über „schwarzen" Ausländern.[570]

Die Körpergröße wird in Beschreibungen des Fremden und Abweichenden immer wieder erwähnt. Seit der *Ch'in*-Zeit gab es Metallfiguren, die weit größer als normale Menschen waren und Riesen darstellten. Wolfgang Eberhard bringt das mit mythischen Berichten von Riesen in Verbindung und der Möglichkeit, daß tatsächlich großwüchsige Völker dargestellt wurden.[571] Über die durchschnittliche Körpergröße der Han-Chinesen und Abweichungen von der Norm läßt sich über die ersten Jahrtausende jedoch wenig aussagen. Vermutlich haben individuelle Abweichungen, sowie im Norden etwas größere Völker, die Phantasie und damit auch künstlerische Darstellungen angeregt. Schon im *Shan Hai Ching* werden die „Riesen des Ostens" phantastisch ausgemalt: Großwuchs als Anomalie ging also sowohl in die schriftliche als auch in die bildnerische Darstellung ein. Aber auch von Zwergen war die Rede, und während des chinesisch-japanischen Krieges nannte man die Japaner verächtlich *wonu* („Zwerg-Sklaven").[572]

---

[569] Ward 1965: 118.
[570] Sautman 1994: 430.
[571] Eberhard 1942 b: 145 ff.
[572] Dikötter 1992: 62.

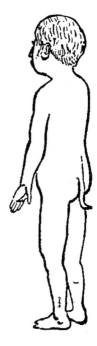

Abbildung 20: Ein Junge mit Schwanz. Diese Abbildung diente zur Illustration der Macht degenerativer evolutionärer Kräfte. Aus einem Anthropologie-Buch von 1928 (aus Dikötter 1998: 58).

Ein häufig unsichtbares Merkmal (da unter Kleidung verborgen) sind angenommene Tierschwänze oder überzählige Körperteile bei Nicht-Han-Chinesen. Diese Merkmale sind häufig an Vorstellungen von „Rassen" oder „Arten" auf der Grenze von Mensch zu Tier gekoppelt. Schon in chinesischen Ursprungslegenden ist die Rede von vorzeitlichen Unruhestiftern, die aus dem Reich vertrieben wurden, und von denen spätere Barbaren abstammen. Ein gemeinsamer Ursprung von Han-Chinesen und Barbaren in der Vorzeit wurde also in manchen Fällen angenommen. Dennoch meinte man auch, daß Barbaren mit Tieren noch bestimmte körperliche Merkmale gemeinsam hätten. Teilweise wurden Mythen von „Barbaren"-Völkern aufgegriffen, verändert und als chinesische Ursprungsmythen weitererzählt. Die Yao sollen beispielsweise auf den legendären Herrscher Kao Hsin zurückgehen, der seine Tochter einem Hund zur Frau gab, nachdem dieser einem feindlichen General den Kopf abgebissen habe. Daraus wurde abgeleitet, daß die Yao zwar eine menschliche Gestalt, aber Hunde-schwänze hätten.[573]

Ein interessantes Beispiel sind die *Soisangyan* oder Tanka (*Boat People*) in Kwangtung an der Südküste Chinas, die man im weitesten Sinne zu den Kastenlosen oder Paria-Gruppen rechnet (siehe Karte 6).[574] Auch sie zählte man zu den „Barbaren", den Exoten des Reiches, und man meinte, sie hätten überzählige Körperteile. Ethnisch gehörten die Tanka zu den Han-Chinesen und sprachen auch Kantonesisch. Als Fischer belegte man sie jedoch, aufgrund ihrer sie unterscheidenden Wirtschaftsweise und der anderen Umwelt, die sie bewohnten, mit einem eigenen Rassenstatus, obwohl es sonst keine substantiellen körperlichen Unterschiede zwischen ihnen und den Han-Chinesen gab. Es bestand dennoch die Meinung, man müsse sie eher zu den Wasser-Säugetieren als zu den Menschen rechnen, d.h. eher zu einer anderen „Art" und nicht zu einer anderen „Rasse".[575]

In vorrepublikanischer Zeit war es den Tanka verboten, Land-Leute zu heiraten, Land zu besitzen und die Schulen an Land zu besuchen. Ward weist jedoch daraufhin, daß wirksamer als kaiserliche Dekrete vermutlich Volksglauben und lokale Vorurteile die Tanka von diesen Möglichkeiten ausschlossen.[576] Geschichten über ihre „rassische" Andersartigkeit existierten bis in dieses Jahrhundert. Man meinte, die „*Boat People*" hätten rudimentäre Schwänze und sechs Zehen. Außerdem hätten sie aufgrund ihrer genetischen Ausstattung Schwierigkeiten, aufrecht zu gehen. Tanka gingen sehr häufig barfuß, so daß es ein leichtes gewesen wäre, sich von ihren fünfzehigen Füßen zu überzeugen. Das Beispiel zeigt jedoch, daß es bei Rassenkategorien auf tatsächliche körperliche Unterschiede gar nicht ankommen muß.[577]

Die *to-min* („gefallene" oder „faule" Menschen) aus Zhejiang und Süd-Anhui (siehe Karte 6) waren Bettler oder Wasserbüffel-Hirten mit einem erblichen Status. Eine zweifelhafte Geschichte gibt an, sie stammten von ethnischen Minderheiten oder Gefangenen der Song-Dynastie ab.[578] Mit Ausbreitung der Landwirtschaft wurde ihre Lebensweise unrentabel, sie mußten andere niedere Arbeiten verrichten und wurden als Vagabunden-

---

[573] Müller 1980: 66. Siehe dazu auch Eberhard (1942 c: 24, 25). Eberhard interpretiert die Vorstellung, Yao wie auch Ethnien in Yünnan hätten einen Schwanz, anders: diese ginge auf die nach hinten hängenden Gürtelenden der von diesen Gruppen bevorzugt getragenen Kleider zurück.

[574] Zum Gebrauch des Begriffs Paria oder Kastenlose in Gesellschaften, die nicht von einem Kastensystem bestimmt sind, siehe oben Anmerkung 505.

[575] Hansson 1996: 115.

[576] Ward 1965: 132. Sie bezieht sich dabei auf „eine chinesische Publikation von Ch'en Hsü Ch'ing, der die Literatur über Tanka ausgewertet hat („Tanka Researches" [1936], Canton: Lingnan University Press).

[577] Moser 1989 a: 23; Ward 1965: 118.

[578] Hansson 1996: 78 ff.

Familien (*xiaohu renjia*) angesehen.[579] Ihr Status, ihre Unreinheit und ihre Berufe waren erblich. Die *to-min* aus Shaoshing (siehe Karte 6) gingen ebenfalls erblichen Berufen (Friseur, Prostituierte, Kuppler, Sänger, Musiker, Kellner) nach, und ihre Herkunft war unklar.[580] Neben anderen solchen Gruppen gehörten sie in China zu den *jianmin* (minderwertige Menschen). Eine Heirat zwischen *to-min* und *liangmin* (feinen Menschen) war unvorstellbar.[581]

In all diesen Vorstellungen sind Kultur und Natur nicht immer klar voneinander zu trennen. Die nördlichen Barbaren wurden seit ihrer Erwähnung in den ersten schriftlichen Quellen als habgierig und unersättlich dargestellt. Ihre Überfälle auf die nördlichen Grenzgebiete waren berüchtigt. Auch über die Tibeter wurde geschrieben, sie seien v o n   N a t u r   a u s gierig und gewalttätig. In den zahlreichen Textstellen, die Denis Sinor anführt, scheinen diese Stereotypen das Verhalten, das Wesen, den Charakter und die Natur der „Barbaren" zu kennzeichnen. Sinor schreibt, die „barbarische Gier" als feststehendes Charakteristikum sei aus der Konfrontation von nomadischer und seßhafter Lebensweise entstanden.[582] Diese Stereotypen sind typisch für Rassenkategorien, die sich auf Verhalten beziehen, in der Beschreibung jedoch bereits zu Wesensmerkmalen werden, die unveränderlich erscheinen. Sie werden wiederum als Argumente eingesetzt für Vorschriften, wie mit „Barbaren" umzugehen sei.

Unter den von Han-Chinesen als „Barbaren" bezeichneten Völkern befanden sich ethnische Gruppen, die in ethnozentrischer Weise ihre eigene Körperlichkeit höher bewerteten als die der Han und Nachbarethnien. Dabei bedienten sie sich auch anderer Körperbilder als Han-Chinesen: In ihrer Symbolik spielten Knochen eine besondere Rolle. Colin Mackerras schreibt über die Yi (bzw. Lolo) Westchinas (siehe Karte 6):

„One of the minorities which remained more or less totally isolated from the control of the government was the Yi, at that time known as the Lolo. Alan Winnington, who visited the Norsu branch of the Yi in Ninglang, Yunnan province, late in the 1950s, claims that they traditionally violently hated anything Han. The nobles had been able to run a slave society in which the owners regarded the slaves rather like animals, only a bit more intelligent, and had the right of life and death over them. The punishment for petty theft of salt was a beating to death in front of all the other slaves as a warning." (Mackerras 1994: 63)

---

[579] Moser 1989 a: 24.
[580] Cole 1982.
[581] Dikötter 1992: 81, Cole 1982: 108.
[582] Sinor 1997 (1978): 171, 172. Er führt viele Beispiele dafür an, daß ähnliche Topoi der Barbaren-Charakterisierung bei byzantinischen Schriftstellern üblich waren.

Chinesische Regierungen unternahmen bis in die fünfziger Jahre des 20. Jahrhunderts nichts gegen diese Praktiken, sie betrachteten die Yi „as primitive people beyond the pale of civilization."[583] Die Norsu (eine Untergruppe der Yi) bezeichneten Sklaven als „Weiß-Knochen", während Norsu-Adlige sich selbst als „Schwarz-Knochen" bezeichneten. Herrschaft wurde in dieser geschichteten Gesellschaft, die in Adlige, Leibeigene und Sklaven unterschied, mit körperlichen, angeborenen Unterschieden begründet und aufrechterhalten. Diese Unterscheidungen sind jedoch nicht nur für die innerethnischen Standesunterschiede, sondern auch für die Charakterisierung interethnischer Beziehungen von Bedeutung, denn die Sklaven waren meist Fremde.

Nach Winnington bedeute Norsu „schwarzes Volk". Zur Adelsklasse, die allein über volle politische und Eigentumsrechte verfügte, gehörten etwa 3000 der 56000 Menschen. Sie gehörten fünf Klans an, die jeweils schicht-endogam und klan-exogam heirateten. Für Adlige waren Heiraten mit Angehörigen anderer Schichten verboten. Adlige Männer konnten mit Gemeinen Kinder zeugen, die jedoch nie in den Adelsstand aufsteigen durften. Adlige Frauen, die ein Verhältnis mit einem Gemeinen hatten, wurden – wie auch ihr Liebhaber – getötet.[584] Im Gegensatz zu den Leibeigenen und Sklaven sei die Abstammung der Adligen „rein" gewesen, und ihr Aussehen einheitlich: „Nur die Aristokraten können sich mit Bestimmtheit als Norsu bezeichnen, und sie haben auch gemeinsame Merkmale: eine dunkle Hautfarbe, hohen Wuchs und adlerartige Gesichtszüge."[585] Die Leibeigenen wurden „Schwarz-Weiße" genannt und waren durch Ehen mit den Sklaven vermischt, die meist Gefangene und entführte Fremde (vor allem Han, Nahsi, Lisu, Tjian, Buyi und Tibeter) waren.[586] Winnington schreibt: „Trotzdem betrachten sich die Leibeigenen als Norsu; sie glauben, bessere ‚Knochen' zu haben als alle Menschen mit ‚billigen Knochen'. Sie fühlen sich tatsächlich allen anderen, mit Ausnahme ihrer adligen Herren, überlegen."[587] Die Sklaven wurden in Haus- und Separatsklaven unterschieden: solche, die im Haus ihrer Herren lebten und solche, die verheiratet und etwas selbständiger waren. Die Ehen der Sklaven wurden von den Adligen geschlossen und neue Sklaven „gezüchtet". Bei der Heirat adliger Kinder eines Hausherrn teilten diese Sklaven ihrer eigenen Generation unter sich auf.[588]

---

583 Mackerras 1994: 63.
584 Winnington 1961: 35-36.
585 Ebd.: 36.
586 Ebd.: 31.
587 Ebd.: 36.
588 Ebd.: 40.

Die Bedeutung von Knochen für intra- und interethnischen Unterschiede mag damit zusammenhängen, daß Knochen allein von den verstorbenen Vorfahren übrig bleiben und damit Kontinuität und Abstammung symbolisieren. In der Bezeichnung „Schwarz-Knochen" kommen sowohl Abstammung („Knochen") als auch weitergegebene physische Merkmale („Schwarz" für die dunkle Hautfarbe) zum Ausdruck. Bewertungen von Knochen- und Hautfarbe sind hier einzelne Aspekte einer wertenden Dichotomie von Schwarz und Weiß, die in vielen Lebensbereichen eine Rolle spielte.

7.5 Interethnische Ehen, sexuelle Beziehungen und Mischlinge

Interrassische Ehen waren lange Zeit eine Strategie der Han-Chinesen, Allianzen mit Herrschern der verschiedenen „Barbaren-Stämme" zu schließen. Das betraf jedoch nur wenige Personen aus Elite-Familien. Trotz Verboten und dem Ideal ethnisch endogamer Ehen waren Mischehen jedoch auch in der einfachen Bevölkerung nie ganz zu verhindern. Insofern sind die Grenzen zwischen „reinen Han" und Nicht-Han schwer feststellbar und die „Reinheit" der Han (wie auch in vielen anderen Ethnien) ist eine Fiktion. Ehen zwischen verschiedenen Völkern und Ethnien wurden später in der Politik der Post-Mao Ära gelobt, da sie nationale Einheit und Solidarität der Nationalitäten förderten.[589] Hier ging es jedoch um Ehen mit Fremden, die sich äußerlich nicht allzusehr unterschieden. Auf der anderen Seite haben vor allem Eliten, wie oben bereits erwähnt, die Bedeutung der Abstammung betont, sowie aufwendige Genealogien angefertigt, um die Reinheit der Lineage nachzuweisen und zu zeigen, daß Ehen mit Angehörigen fremder ethnischer Gruppen nicht vorgekommen seien.[590]

Informationen über Mischehen innerhalb Chinas sind für die meisten Phasen der Geschichte nur auf der Ebene politischer Rhetorik erhältlich. Allianzen durch oder Verbote von Mischehen zu politischen Zwecken müssen nicht unbedingt die tatsächlichen Verhältnisse in Grenzgebieten widerspiegeln. Es gab auch früh schon Verbote von Mischehen, wie etwa einen Erlaß von 779, der besagte, die Uiguren in Ch'ang-an müßten ihre eigene sie unterscheidende Kleidung tragen und dürften keine Chinesinnen heiraten. Vermutlich hing diese Vorschrift damit zusammen, daß die Beziehungen zum uigurischen Königreich gespannt waren und die Uiguren sehr aggressive Händler und als Wucherer im Pfandleihgeschäft verpönt waren. Schon in jener Zeit entwickelte sich also allgemein eine fremdenfeindliche

---

589 Moser 1989 b: 99.
590 Dikötter 1992: 57, 70.

Haltung, und der Versuch, sich auf „rein Chinesisches" rückzubesinnen, spielte eine große Rolle.[591] Das ist insofern interessant, als diese Epoche der chinesischen Geschichte im allgemeinen für ihre kosmopolitische Haltung gerühmt wird.

In der T'ang-Zeit (618-906) kamen immer mehr Ausländer, Kaufleute und Händler aus Indien, Persien, Innerasien und Vorderasien nach China. Auch nach China verschleppte Kriegsgefangene, vor allem Türken, wuchsen zu einer beachtlichen Gruppe von Fremden an. Es bildeten sich Ausländerkolonien in den Metropolen. Zur besseren Kontrolle wurden sie in festgelegten Wohnbezirken getrennt von den Einheimischen untergebracht. In diesen Zentren gab es Religionsfreiheit, und es galt ein eigenes Ausländerrecht. Kontakte mit Chinesen und womöglich die Heirat mit einer Chinesin waren jedoch ungern gesehen. Ein Ausländer, der eine Chinesin heiratete, mußte mit ihr im T'ang-Reich bleiben, denn es war verboten, Frauen über die Grenzen hinweg mitzunehmen. Dennoch waren solche Heiraten recht üblich. In den Ausländerzentren vor allem in Ch'ang-an habe es von „Barbaren"-Kindern nur so gewimmelt, wie ein Autor aus dem 9. Jahrhundert schrieb.[592] Die Freude am Exotischen, der Import fremder Dinge und deren Wertschätzung, wie sie in der T'ang-Zeit üblich waren, bedeuten also noch lange nicht, daß auch fremde Menschen in die eigene Gesellschaft integriert werden.

Mischehen zwischen Chinesen und „Weißen" im Ausland wurden als Schande nicht nur für den Einzelnen, sondern für das ganze Land dargestellt. 1910 wurden Studenten, die sich im Ausland aufhielten, aufgefordert, sich von weißen Frauen fernzuhalten. Vor allem in den Eliten waren solche Einstellungen üblich. Aber auch in der übrigen Bevölkerung waren Ehen mit Weißen verpönt und ethnische Endogamie üblich. Die chinesische Gemeinde in Texas wuchs erst durch den Bau der Eisenbahn, die Kontakte zu anderen chinesischen Gemeinden und damit zu chinesischen Heiratspartnerinnen erleichterte. Außenheiraten mit Nicht-Chinesen wurden geächtet und so ihr Prozentsatz sehr niedrig gehalten.[593] Aber die Ablehnung von Mischehen durch Eliten wurde nicht immer und überall von den unteren Schichten geteilt. War gar kein Zugang zu chinesischen Heiratspartnerinnen möglich, stieg die Rate der Mischehen, wie beispielsweise in Hawaii, wo Mitte des letzten Jahrhunderts Ehen mit Nicht-Chinesinnen vorkamen,

---

591 Schmidt-Glintzer 1980: 111.
592 Tietze 1980: 119, zum Verbleib von gemischten Paaren im Reich: Leslie 1987: 177.
593 Hier spielt auch die Einstellung der Mehrheitsbevölkerung zu im Land lebenden Chinesen eine Rolle. Auch von dieser Seite war die Bereitschaft zu interethnischen Heiraten vermutlich sehr gering.

die allerdings wieder zurückgingen, als in den zwanziger Jahren des 19. Jahrhunderts zunehmend Chinesinnen ins Land kamen.[594]

Demographische Probleme, Mischehen und interethnische Konflikte können zur Annahme führen, Fremde hätten übernatürliche Kräfte und seien gefährlich. Der Zauberei-Vorwurf dient vor allem dazu, vor interethnischen Ehen zu warnen und ethnische Grenzen aufrecht zu erhalten. Außerdem ermöglicht er es, Unglücksfälle, Krankheiten etc. jeweils den Fremden anzulasten. Im Verhältnis zwischen den Han-Chinesen und Miao spielen bis heute Vorwürfe von Zauberei eine Rolle. *„Gu"* (Zauberei) und Giftmischerei bei den Miao entbehrten, Norma Diamond zufolge, jeder Realität, auch wenn in diesen Gesellschaften Hexerei und Magie vorkamen. Die Vorstellungen von den die Han-Chinesen vergiftenden Miao seien aber der Phantasie der Chinesen entsprungen und seien vor allem in den Geschlechterbeziehungen in den Grenzgebieten (vgl. Karte 6) verankert gewesen. Norma Diamond konnte zeigen, daß Zauberei-Vorwürfe gerade den Miao-Frauen gemacht wurden:

„Miao women were targeted as an active source of evil, and over the generations the Han warned each other of the danger of falling prey to their wiles and crossing over the boundaries into the barbarian world." (Diamond 1988: 22)

Aufgrund der demographischen Zusammensetzung der einwandernden Han-Chinesen standen bis in das 20. Jahrhundert im Grenzgebiet zu den Miao nicht genügend chinesische Frauen zur Verfügung. So kamen entlang der Grenzen relativ viele Mischehen vor, meist von armen chinesischen Männern, Soldaten und ins Exil geschickten Kriminellen. Sie bedeuteten für diese Männer jedoch zusätzliche Unsicherheit. Die Frauen waren unabhängig und hatten ihre Verwandtschaft vor Ort. Ihrer Loyalität konnte der Mann sich nie ganz sicher sein, denn die Frauen nahmen Ehen mit Han-Chinesen nicht all zu ernst und erwarteten, ihre Freiheiten beibehalten zu dürfen. Für chinesische Frauen waren Geschlechterbeziehungen der Miao ein verlockendes Gegenbild zu ihrer eigenen Welt. Die Miao banden die Füße nicht ein, Frauen waren bei der Partnerwahl selbst aktiv und genossen mehr Freiheiten als Han-Frauen. Es gab Berichte von jungen Han-Frauen in chinesischen Städten der Grenzgebiete, „who fall in love with 'cave spirits', imaginary lovers who come to them in visions. They withdraw into a fantasy world, sometimes wasting away and dying."[595] Sie seien verhext gewesen von den übernatürlichen Mächten, die in den Grenzgebieten walteten.

---

[594] Ebd.: 58, 59. Siehe auch zur Häufigkeit der Lebensgemeinschaften von chinesischen Händlern und kreolischen Frauen in Mauritius und Madagaskar Snow 1988: 59, 60.

[595] Diamond 1988: 22.

Einige Gelehrte standen „interrassischen" Ehen positiv gegenüber. Jedoch nicht aus Toleranz, sondern aufgrund der Überzeugung, so würden minderwertige schwarze Rassen aufgewertet. Durch Mischehen, eine geeignete Ernährung und Umsiedlung könne man beispielsweise Afrikaner verbessern und „weißen". Der Philosoph Kang Youwei (1858-1927) schrieb, weiße Frauen sollten eine Auszeichnung dafür bekommen, wenn sie sich mit Schwarzen einließen und so zur „Reinigung" der Menschheit beitrügen. Allerdings seien sie wohl selten dazu bereit, da der Anblick der Schwarzen zu scheußlich und furchteinflößend sei. Schwarze Menschen beschrieb er nicht nur als häßlich, sie seien auch so dumm wie Schafe oder Schweine.[596] Kangs Ziel war nicht, Menschen in ihrer Verschiedenheit als gleich anzuerkennen, sondern sie „gleich zu machen", wie Wolfgang Bauer schreibt.[597] An diesem Beispiel werden ideologische Differenzen bei der Beschreibung chinesischen Rassismus' deutlich: Kang verwendete in seinen Ausführungen über Afrikaner die Ausdrücke *renzhong* ‚human breed' bzw. ‚human race' und *zhongzu* ‚breed' oder ‚race'. Stafford schreibt, man könne diese Begriffe nicht mit Rasse übersetzen. So würden den chinesischen kulturellen Konzepten westliche Vorstellungen übergestülpt.[598] Meines Erachtens kritisiert Dikötter zu Recht diese mißglückten Versuche, die chinesische Kultur als unbedingt „nichtrassistisch" darzustellen. Denn der Kontext, in dem der oben zitierte Kang Youwei seine Äußerungen über Mischehen macht und von *renzhong* bzw. *zhongzu* schreibt, zeigt einen ganz eindeutigen Rassismus.

Andere Reformer empfahlen Ende des 19. Jahrhunderts vor allem Ehen zwischen der weißen und der gelben „Rasse", da beide „Rassen" so verbessert werden könnten. Ehen mit Angehörigen der braunen, schwarzen und roten „Rasse" wurden dagegen als unakzeptabel abgelehnt. Aus der Botanik, Zoologie und Geschichte wurden Beispiele für die vorteilhaften Auswirkungen einer Mischung und Aufbesserung wertvoller „Rassen" angeführt.[599]

Nicht nur Ehen, sondern auch Prostitution[600] und andere nichteheliche sexuelle Beziehungen zu Fremden waren in der Geschichte Chinas eingeschränkt, verboten oder geächtet. Seit in den sechziger Jahren afrikanische Studierende nach China kamen, gab es größere Konflikte, die zu gewalttä-

---

[596] Bauer 1974: 428; Dikötter 1997 a: 2; ders.: 1992: 89 ff, 1990: 425.
[597] Bauer 1974: 426 ff.
[598] Stafford 1993: 609.
[599] Dikötter 1992: 87 ff.
[600] Dikötter (1992: 59) schreibt: „Sexual fear combined with racial prejudice to maintain social distance between the Chinese and the foreigner (sic). Carnal contact with the alien was taboo, even at the level of the brothel. Before the 1840s, flower-boat girls would allure foreigners, but their services were reserved exclusively for the Chinese; aliens were not allowed to enter."

tigen Ausschreitungen und Demonstrationen von Chinesen gegen die sogenannten „schwarzen Teufel" (*hei gui*) führten. Die größten fanden 1979 in Schanghai, 1982 in Tianjin und 1988/89 in Nanjing statt.[601] Sowohl Freundschafts- bzw. Liebesbeziehungen zwischen afrikanischen Studenten und Chinesinnen als auch der Vorwurf der Vergewaltigung[602] oder sexuellen Belästigung[603] chinesischer Frauen durch Afrikaner waren Anlässe und Auslöser der größeren Konflikte. Genau wie 1979 in Schanghai war auch in Tianjin angeblich zu laute Musik auf einer von Ausländern veranstalteten Party Stein des Anstoßes. Schwerwiegender war jedoch die Anwesenheit chinesischer Frauen bei der Tanzveranstaltung.[604] Chinesische Kommentare, Flugblätter und Plakate wiederholten die Vorwürfe an afrikanische Studenten, sexuelle Beziehungen zu Chinesinnen zu haben. An der *Central China University of Science and Technology* in Wuhan warf man ihnen auf Plakaten vor, sie würden die chinesische Gesellschaft durch ihre Beziehungen zu Chinesinnen „verschmutzen".[605] Auch Reaktionen der chinesischen Regierung gingen in diese Richtung:

> „In the 1980s, the theme of tensions over social relations between foreign men and Chinese women, obliquely alluded to by commentators in connection with the Shanghai incident, was raised directly by the authorities through arrests and deportations of Africans (but not whites) who had Chinese girlfriends. Although their friendships with foreign men were not technically illegal, such women were often considered traitors or prostitutes and subjected to loss of employment and arrest, especially where the foreigner was black. Many individual incidents between Chinese and Africans erupted over contact between African men and Chinese women." (Sautman 1994: 416, 417)

Unterstützt wird das beschriebene Vorgehen durch die bereits dargestellten Vorstellungen der ungezügelten Triebhaftigkeit der „Schwarzen" und der Schädlichkeit möglicher sexueller Kontakte mit ihnen, die angeblich zur Verbreitung von AIDS führen sollen. Der Zusammenhang zwischen Sexualität, angenommenen sexuellen, biologischen und sichtbaren körperlichen Unterschieden scheint ganz direkt emotionale Reaktionen auszulösen. Ein junger Chinese kommentierte die Vorgänge in Nanjing: „When I look at their black faces, I feel uncomfortable. When I see them

---

[601] Ausführlich zu den Studentenunruhen siehe Sautman 1994 und Sullivan 1994, zu afrikanisch-chinesischen Beziehungen auch Snow 1988.

[602] Sautman 1994: 415, 417.

[603] 1989 gab es etwa am *Beijing Language Institute* Proteste gegen afrikanische Studenten. Ein Mann war in die Gebäude der Studentinnen eingedrungen und hatte eine Frau belästigt, die sich bei ihrer Flucht verletzte. Daraufhin wurden Plakate aufgehängt, die forderten „schützt unsere Frauen". Der Täter habe eine Strumpfmaske getragen und ausländische Studierende beschwerten sich, es habe keinerlei Beweise gegeben, daß der Täter einer der ihren gewesen sei (Sautman 1994: 421).

[604] Ebd.: 419; Snow 1988: 201 ff.

[605] Sautman 1994: 422.

with our women, my heart boils."[606] In einem Rundschreiben eines Studentenvereins an afrikanische Botschaften hieß es: „It doesn't mean, however, that we will feed the whole uncultured Africa with the results of our efforts and we will allow any Negro to hang about our universities to annoy Chinese girls and to introduce on our academic ground manner[s] acquired by life in tropical forests,..."[607] In Nanjing entstand das Paradox, daß gerade Studierende und reformerische Intellektuelle, die für Menschenrechte und Demokratisierung eintraten, die rassistischen Ausschreitungen gegen afrikanische Studenten unterstützten: „Their arguments for an opening to the West rather than relying on Third World support, as the means to restore China's greatness has only reinforced popular notions of the cultural superiority of the Chinese race over Africans and other non-Western peoples." (Sullivan 1994: 442, 443)

Ausschlaggebend dafür, daß 300 chinesische Studenten in Nanking das Gebäude der afrikanischen Studenten stürmten, war das Gerücht, dort sei eine Chinesin gegen ihren Willen festgehalten worden. Bewaffnet mit Flaschen und Steinen kämpften sie eine Nacht lang gegen die „schwarzen Teufel", da sie meinten, die chinesische Regierung würde ihnen nicht zu ihrem Recht verhelfen und sie müßten selbst für ihre Rechte eintreten. Auch am nächsten Tag drangen sie mit Rufen *„Kill the black devils!"* in die Gebäude ein, nach zwei Stunden brachte die Polizei die schwarzen Studenten in Sicherheit.[608] Darauf folgte eine Woche mit Demonstrationen und weiteren ähnlichen Vorfällen in Nanjing. Auf den *Gulou Square* wurden als Graffiti folgende Sprüche geschrieben: *„Black Devils", „Human Rights and Democracy"* und *„Republic of China".*[609]

7.6 Fazit: Verwestlichung und indigene Traditionen

Am Beispiel China wurde deutlich, daß Beschreibungen von sich körperlich wie kulturell unterscheidenden „Barbaren" einhergingen mit der Entwicklung einer Vorstellung von der „Einheit" des Reiches der Mitte. Diese Einheit wurde künstlich hergestellt und das Außen, die Randvölker, waren dabei ausgesprochen nützlich. Im Wechselspiel des Vergleichs der Barbaren und Wilden mit den Menschen im Reich der Mitte wurden beide Vor-

---

[606] Pomfret o. J. zit. nach Sautman 1994: 425.
[607] Brief an afrikanische Botschaften, angeblich von der *Chinese Students Association* (1986), zit. n. Sullivan 1994: 445.
[608] Ebd.: 448, 449.
[609] Ebd.: 452.

stellungen konkretisiert und Merkmale zur Bestimmung und Festigung der Wir-Gruppe entwickelt.

In China wurden in unterschiedlichen historischen Phasen immer wieder ähnliche körperliche Unterschiede zwischen Han-Chinesen und Fremden bzw. „Barbaren" hervorgehoben. Die Hautfarbe etwa spielte eine Rolle: die weiße Haut der Chinesen galt als besonders schön. Betont wurden auch Körperbehaarung sowie -geruch, dem Körper innewohnende Energien, und bestimmten Ethnien schrieb man zusätzliche Körperteile zu. Fremde, vor allem Schwarze, hätten stärkere Triebe und eine niedrigere Sexualmoral als Chinesen.

Körper und Land, physische Existenz und Herkunftsgebiet werden in vielen Kulturen eng miteinander verknüpft. „Such is some of the underpinning of what appears, to begin with, as a feeling imbedded in the individual consciousness of one's birthplace: in China, people continue to identify themselves as coming from family birthplaces from which they may actually be many generations removed."[610] Die Umwelt beeinflußt menschliche Existenz und Körperlichkeit: Sie kann „Energien", „Temperamente" oder „Kräfte" bestimmen. Umgekehrt wird auch durch eine sich unterscheidende Gruppenidentität Anspruch auf ein bestimmtes Territorium erhoben. Die Beziehung von Umwelt, „Vaterland" oder Herkunftsgebiet und Körperlichkeit spielt bei der Herstellung von Gruppen-Identitäten eine wichtige Rolle.

Chinesische Fremdenbilder, die das andere Aussehen betonen, zeigen es meist als abnorm und minderwertig. Besonderen Auftrieb hatten diese Bilder in Zeiten innerer Schwäche und verstärkter äußerer Konflikte, etwa während der Auseinandersetzung mit den Mongolen und im 19. Jahrhundert mit den Nationen des Westens.[611] Diese Fremdenbilder führten jedoch keine völlig neuen Themen ein, sondern bezogen sich jeweils auf kulturelle Traditionen.

In diesem Abschnitt wurde gezeigt, daß es in China bereits vor der veränderten und chinesischen Verhältnissen angepaßten Übernahme westlicher Rassenkonzepte indigene Vorstellungen biologischer Andersartigkeit gab, die mit mentalen und kulturellen Fähigkeiten verbunden waren. Durch diese Vorstellungen wurde auch die Rezeption westlicher Wissenschaft bestimmt:

- Statt der Vorstellung von Rasse als Typ wurde ein chinesischen Verhältnissen angepaßtes Rasse-als-Lineage-Denken entwickelt.

---

[610] Isaacs 1989: 52.
[611] Linck 1995: 282.

- Dementsprechend wurden auch andere Rassenmerkmale betont, die Hautfarbe etwa war niemals einziges und wichtigstes Merkmal zur Abgrenzung von Ethnien und Rassen.
- Europäische Werke wurden nur unvollständig rezipiert, wie etwa Robert Mackenzie's *„Nineteenth century: A history"*. Chinesische Reformer interessierten sich nicht für Möglichkeiten wie „die Wilden" in den Stand der Zivilisation erhoben werden könnten, alle aufklärerischen Aspekte der Bilder, die in westlichen Quellen von fremden Völkern vermittelt wurden, ließen sie weg. Daß „Schwarze" beispielsweise Teil der „menschlichen Familie" sein könnten, wurde bei der Rezeption übersehen.[612]

Rassistische Ausschreitungen, wie etwa die Übergriffe auf „schwarze" Studierende an chinesischen Universitäten, gingen auch auf eigene chinesische Denktraditionen zurück. Die Bedingungen, unter denen hierarchische Rassenkategorien zu Gewalt und Aktionen gegen Fremde führen, lassen sich jedoch durchaus mit denen in anderen Ländern vergleichen.

---

[612] Dikötter 1992: 93.

8. Vergleich der untersuchten Fallbeispiele

Nachdem in den vorigen Kapitel die ausgewählten Beispiele ausführlicher dargestellt wurden, sollen auf den folgenden Seiten für das Thema relevante Aspekte der empirischen Fälle miteinander verglichen werden. Dabei greife ich jedoch nicht der Darstellung sowohl von Besonderheiten als auch allgemeineren Prinzipien vor, die in Zusammenfassung und Fazit der vorliegenden Untersuchung (Kapitel 14) beschrieben werden. Dort werden auch weitere in der ethnologischen Literatur beschriebene Beispiele herangezogen.

Körperkonzepte und körperliche Unterschiede spielen in zweifacher Hinsicht eine Rolle für ethnische Grenzen: Zum einen wirken sie auf die Identität der Eigen- oder Wir-Gruppe, zum anderen begründen und rechtfertigen sie das Verhalten gegenüber Fremden. Das geschieht in erster Linie für Ideen von Erblichkeit, Abstammung und Verwandtschaft, die – wenn auch unterschiedlich ausgeprägt – in allen vier Fällen eine Rolle spielen.

Ich stelle im folgenden Einzelheiten der Fallbeispiele vor, die zunächst tabellarisch zusammengefaßt und anschließend diskutiert werden. Ausgewählt wurden solche Aspekte, bei denen Körperlichkeit hinsichtlich der Abgrenzung ethnischer Gruppen eine besondere Rolle spielt. So sind etwa interethnische Ehen und Nachkommen aus interethnischen Beziehungen („Mischlinge") von Bedeutung, da sie je nach Körperkonzepten, Vorstellungen von Erblichkeit, Schönheitsidealen und Grenzziehungen unterschiedlich bewertet, zugeordnet und behandelt werden. Dabei wird deutlich, daß interethnische Ehen sowohl für das soziokulturelle Fortbestehen als auch für das Fortbestehen biologischer Unterschiede zu anderen Ethnien von Bedeutung sind. Es handelt sich also nicht nur um Werte und Normen (Endogamie, Zurechnung von Kindern), die willkürlich entstehen, sondern um Reaktionen auf biologische Gegebenheiten. Diese Verknüpfung von Heirat, Nachkommenschaft und kulturellen sowie biologischen Grenzen mit dem Fortbestehen der Eigengruppe macht interethnische Ehen in allen untersuchten Beispielen zu einer zentralen Frage.

	Ati	Wampar	Nation of Islam	Han-Chinesen
Kategorien	Schwarze Braune Langnasen (Weiße)	Schwarze Kurznasen Weiße	Schwarze Weiße	Schwarze Gelbe Weiße
Schönheits-ideal	Sehr ambivalent: teils an eigenen Vorstellungen, teils an denen der Mehrheitsbev. orientiert.	Eindeutig: • Stärke • Gesundheit • Größe • Arbeitsfähigkeit	Eindeutig: • Stärke, Reinheit Gesundheit • schwarze Haut • braune Augen	Verändert durch versch. Epochen. Gemeinsam: • helle Haut • keine Körperbe-haarung
Körperlichkeit, Erblichkeit und Prokrea-tion	Kinder können von beiden Elternteilen Eigenschaften erhalten. Das Blut der Ati wird häufig als „stärker" ange-sehen. Als erblich gelten auch Emotionen (Eifersucht, Neid).	Kinder werden vom Vater erzeugt, während die Mutter dadurch, daß sie d. Kind „trägt" zu Eigenschaften beiträgt. Beitrag des Vaters ist je-doch entscheidend.	Charaktereigen-schaften erblich, Prokreations-vorstellungen nicht bekannt. Männer geistig stärker (Gott gleich) und Frauen nur phy-sisch zum Austra-gen der Kinder.	Lineage-Zugehö-rigkeit sowie Ei-genschaften (Kraft, Energie, Reinheit) über die männliche Linie übertragen.
Schöpfungs-mythen	Verschiedene Ethnien werden wie verwandte Nachkommen auf-gefaßt. Die Menschheit als eine Verwandtschafts-gruppe. Einige sind enger verw. (Ge-schwister), andere weiter entfernt.	keine	Schöpfung der schwarzen Menschen durch Allah, alle anderen ein „Mißgeschick".	Schöpfung der Menschen aus verschiedenen Materialien. Das der Eigengruppe überlegen.
Wichtige kör-perliche Eigen-schaften bzw. Substanzen der Eigengruppe	• Blut • Cleverness • Magische Fähig-keiten • Ambivalent	• Stärke • Größe • Gesundheit	• Gene • Blut • Moralische Überlegenheit • Reinheit • Gesundheit	• Kraft, Energie, kosmische Sub-stanz • Moralische Überlegenheit • Zivilisiertheit

	Ati	Wampar	Nation of Islam	Han-Chinesen
Wichtige Merkmale Fremder	• Schwäche Darüber hinaus sehr unterschiedl.iche und ambivalente Einstellungen.	• Schwäche • Schlechtes „Denken" (dazu gehören etwa Aggressivität u. Dummheit)	• Schwäche, • erbliche Bösartigkeit, • unrein, unmoralisch • impotent	• Angeborene stärkere Triebe, • Nähe zu Geistern bzw. Tieren (kulturell und körperlich)
Interethnische Ehen	Bereits seit mehreren Generationen üblich, die meisten Ati sind Nachkommen aus Mischehen.	Anzahl seit den siebziger Jahren drastisch steigend. Zunehmend negative Bewertung, bislang ohne praktische Konsequenzen.	Verboten, führen zu Ausschluß.	In verschiedenen historischen Phasen verboten, in anderen durch Endogamie-Vorschriften, Zauberei-Vorwürfe und Ausgrenzung von Mischehen und deren Nachkommen erschwert. Ein Theoretiker schlug sie zur „Verbesserung" fremder Rassen vor.
Status von „Mischlingen"	Werden der Eigengruppe zugerechnet, haben Wahlmöglichkeit, sich der ethnischen Minderheit oder Mehrheit zuzuordnen.	Werden in der Praxis integriert. Dem Ideal nach gehören jedoch gemische Nachkommen von fremden Männern nicht in die Eigengruppe.	Werden mit den Eltern aus der NOI ausgeschlossen, bzw. als Minderwertig angesehen.	Zu wenig bekannt. Zeitlich und lokal sehr unterschiedlich.

Tabelle 3: Vergleich der Fallbeispiele.

Ohne grundsätzliche Überlegungen vorwegzunehmen, die in Zusammenfassung und Fazit ausgeführt werden, werden die in der Tabelle aufgeführten Informationen hier kurz erläutert. Im ersten Aspekt stimmen alle vier Beispiele überein: neben der Unterteilung in Menschen, Tiere und Geister, wird in Großgruppen von Schwarz und Weiß (Langnasen) sowie einer Restgruppe (gelb, braun oder kurznasig) unterschieden. Fremden wird in allen Fällen (mit Ausnahme der Wampar) in bestimmten Situationen eine größere „Tiernähe" zugeschrieben. Schönheitsideale charakterisieren eine Norm, an der Fremde gemessen werden. Dabei unterscheiden sich die Ati insofern von den anderen Beispielen, als sie sehr ambivalent und unbeständig sind. Es gibt ein eigenes und das an die Mehrheitsbevölkerung angepaßte Schönheitsideal, häufig schwankt selbst eine Person in der Angabe, welches bevorzugt wird.

Alle Vorstellungen von Verwandtschaft, Abstammung und Prokreation weisen auf die Bedeutung materiell vorgestellter Substanzen und deren körperliche Weitergabe hin. Blut bei den Ati, Gene bzw. Blut bei der Nation of Islam, Kräfte, kosmische Substanzen oder Energien bei Han-Chinesen oder der Samen des Vaters bei den Wampar spielen dafür eine Rolle. Daraus wird in allen Beispielen die Erblichkeit von Eigenschaften abgeleitet. Das können Stärke des Sexualtriebs bzw. Kultiviertheit in China, Charaktereigenschaften bei der Nation of Islam, Emotionen bei den Ati und „das Denken" bei den Wampar sein. Denken kann in diesem Fall wiederum Aggression sowie in der Ethnologie als „kulturell" klassifizierte Verhaltensweisen umfassen. Die Grenzen und Beziehungen zwischen „Körper", „Triebleben", „Gefühl", „Charakter", „Geist", „Kultur" und „Seele" entsprechen nicht unbedingt europäischen Vorstellungen. Verhalten und dahinter vermutete Ursachen werden in enger Beziehung zu materiellen und von Generation zu Generation übermittelten Anteilen menschlicher Existenz betrachtet. So werden auch Körper und Aussehen wiederum als Ausdruck dieser nichtmateriellen Anteile gesehen.

In Kapitel 3 habe ich darauf hingewiesen, daß die ausgewählten ethnischen Gruppen sich in ihrer politischen Organisation, Wirtschaftsweise und ihren Beziehungen zu Menschen anderer Abkunft stark voneinander unterscheiden. Diese Unterschiede stehen in einer Wechselbeziehung mit der Bedeutung, die körperlichen Merkmalen zukommt. Die vier Fälle unterscheiden sich in der Eindeutigkeit und Konsequenz ihrer Haltung zu Fremden. Die Nation of Islam vertritt als Reaktion auf Benachteiligung und politische Machtlosigkeit ein in sich geschlossenes System rassistischer Vorstellungen und leitet daraus Verhaltensregeln ab. Han-Chinesen, die häufig als Paradebeispiel für die Betonung kultureller Überlegenheit angeführt werden, haben im Verlauf der Geschichte ihrer Expansion und Festigung der Grenzen unterschiedlich stark auf Körperlichkeit und unveränderliche Anteile menschlichen Verhaltens Bezug genommen. Minderwertigkeit wurde kulturell als Mangel an Zivilisation und körperlich als Triebhaftigkeit und Tiernähe beschrieben. Bei den Ati, die sich als sich biologisch und kulturell von der Mehrheitsbevölkerung unterscheidende Ethnie in der Auflösung befinden, wechseln sich Vorstellungen von Überlegenheit (dem starken Blut der Ati) mit der Übernahme der negativen Einschätzung der Mehrheitsbevölkerung je nach Situation ab. Bei den Wampar, deren Gesellschaft sich in einer Umbruchsituation befindet, die mit einer zunehmenden Zahl Fremder im eigenen Siedlungsgebiet und schnellem Kulturwandel umgehen müssen, befinden sich auch Vorstellungen über kulturelle und körperliche Unterschiede im Wandel. Eine Tendenz zeichnet sich ab, Fremde nicht mehr nur als kulturell unterlegen, sondern auch als biologisch minderwertig und nichterziehbar darzustellen.

Je nach der von den jeweiligen Ethnien angenommenen politischen und wirtschaftlichen Notwendigkeit der Abgrenzung von Fremden variiert die Nutzung der prinzipiell in allen vier Beispielen vorgestellten Annahme einer Verschiedenheit, die sich auf Kultur u n d Körper bezieht. Die Frage nach den Bedingungen solcher sich auf Körperlichkeit beziehender Abgrenzungen leitet allerdings bereits über zur theoretischen Diskussion. Die unterschiedlichen Standpunkte, die dazu gegenwärtig diskutiert werden, sind Gegenstand des folgenden Teils. Sie werden in Kapitel 14 auf die empirischen Beispiele bezogen.

Teil III: Rassismustheorien

Eine Trennung von Empirie und Theorie ist im allgemeinen „künstlich", und in der Praxis ethnologischer Forschung so nicht vorhanden.[613] Theorien der Entstehung und Verbreitung rassistischer Einstellungen haben die Wahl des Themas der vorliegenden Untersuchung beeinflußt, standen jedoch nicht im Vordergrund. Hauptanlaß und Ausgangspunkt für die gewählten Fragestellungen waren Erfahrungen während eigener Feldforschungen auf den Philippinen, wo Körperlichkeit eine besonders große Rolle spielt. Auf die Wechselwirkungen zwischen Ethnographie, Ausarbeitungen der Ergebnisse, theoretischer Beschäftigung mit dem Thema und erneuter Feldforschung soll hier nur hingewiesen werden. Für die vorliegende Darstellung ist eine Trennung empirischer Ergebnisse und der Erklärungsansätze jedoch übersichtlicher.

Im folgenden werden unter „Theorien" a l l e Erklärungsansätze für Rassismus gefaßt, auch wenn sie wissenschaftstheoretisch strenggenommen eher den Status von Erklärungsversuchen oder Vermutungen haben. Ab wann etwas als Theorie zu bezeichnen ist und wie verschiedene Theorien „funktionieren", ist nicht Gegenstand dieser Arbeit und für die Ethnologie zusammenfassend bereits dargestellt worden.[614] Eine erneute Diskussion würde vom Thema wegführen. Eigene Erklärungsversuche des Phänomens Rassismus werden sich auf dessen Bedingungen und auf deren Kombination und Gewichtung beziehen. In den folgenden Kapiteln wird nicht versucht, marxistische, postmoderne und Theorien aus der Soziobiologie oder *rational choice*-Ansätze direkt auf das Thema des Rassismus zu übertragen. Stattdessen werden vor dem Hintergrund der in den vorhergehenden Kapiteln ausgewerteten Beispiele theoretische Arbeiten vorgestellt, in denen dieser Versuch unternommen wurde. Ich werde Erklärungsansätze zu Rassismus von Verfassern untersuchen, die sich selbst einer der jeweiligen Positionen zuordnen, auch wenn sie von Kritikern oder anderen Vertretern nicht in diesen theoretischen Rahmen gerechnet werden.

In der britischen Soziologie, aus der einige der wichtigsten theoretischen Ansätze hervorgegangen sind, gibt es seit den siebziger Jahren eine Auseinandersetzung um die Verwendung und den Stellenwert der Begriffe „*race relations*" bzw. „*racial discrimination*" einerseits und „*racism*" ande-

---

[613] Siehe dazu vor allem Dammann 1991, aber auch Hirschauer und Amann 1997.
[614] Lang 1994: Kapitel 6 bis 9.

rerseits. Dabei geht es in erster Linie um die Frage, ob die Praxis (rassistische Diskriminierung) oder eine Ideologie (Rassismus) im Zentrum der Untersuchung stehen sollten. Michael Banton prägte als Vertreter der ersten Richtung die Diskussion. Robert Miles kritisierte den von Banton vertretenen „*race relations approach*". Miles warf Banton zunächst vor, sein Ansatz „verwissenschaftliche" und verfestige bestehende populäre „Rassenkategorien" und habe deshalb Mitschuld am Fortbestehen rassistischer Ideologien.[615] Dabei übersah er, daß Banton und viele derjenigen, die in seiner Nachfolge arbeiteten, von bestehenden „*folk concepts*" ausgingen oder wissenschaftliche Kategorien untersuchten, aber keine eigenen „wissenschaftlichen" Rassenkategorien einführten.[616] Zutreffend wäre Miles' Kritik, wenn er den Aspekt betonen würde, daß insgesamt die Wechselwirkungen zwischen wissenschaftlichen Rassenkategorien und *folk concepts* zu wenig untersucht worden sind. Aber gerade Michael Banton hat auf deren Bedeutung hingewiesen.[617] Unterschiede zwischen dem *race relations*-Ansatz und den Vertretern der Untersuchung von *racism* faßt Banton wie folgt zusammen:[618]

race relations / racial discrimination	*racism*
Rassenkategorien und Rassismus seien normaler Bestandteil menschlichen Lebens	Rassismus sei eine „krankhafte" Entwicklung in modernen Industriegesellschaften
Untersuchung von und Aussagen über individuelles Verhalten	Untersuchung von und Aussagen über Rassismus als Ideologie einer ganzen Gesellschaft
Betonung der legalen Macht[619]	Betonung der rhetorischen Macht

Tabelle 4: Ansätze zur Untersuchung von *race relations* und *racism*.

Banton kritisiert zu Recht, daß die Vertreter des *racism*-Ansatzes es weder geschafft haben, definitorische Schwierigkeiten zu überwinden, „Nor have satisfactory criteria been established for regarding it [racism] as a

---

615 Miles 1993. An anderer Stelle wirft er Banton und den Vertretern des *race relations*-Ansatzes vor, daß ihre Arbeiten bestenfalls bedeutungslos seien (1998: 155 ff.).

616 Eine Entgegnung auf diesen Vorwurf siehe in Banton 1996 b: 37 f.

617 Banton 1983: 35-38.

618 Banton 1996 b: 27 ff, zusammengefaßt S. 33.

619 In seiner Charakterisierung beider Ansätze schreibt Banton von *legal* und *rhetorical force* (Banton 1996 b: 33).

pathological social form." Die Vertreter der Untersuchung von *racism* verwenden das Konzept „Rassismus" vor allem, um Kritik an der eigenen Gesellschaft zu üben. Völlig unklar bleibt jedoch beispielsweise die Frage, ob man der Meinung ist, eine Gesellschaft wie das moderne England könne „Rassismus" überwinden, und wenn nicht, in welcher anderen Gesellschaftsform dieses Ziel zu erreichen wäre.[620]

Bantons Kritik zielt auch darauf ab, daß die Reduktion des Rassismus-Konzeptes auf Entwicklungen in kapitalistischen Industriegesellschaften die Möglichkeit des Vergleichs mit außereuropäischen Gesellschaften verhindere, in denen es zumindest ähnliche Phänomene gebe.[621] Das ist eine in der Soziologie selten angebrachte Kritik, die sich auch kaum auf nachfolgende Forschungen auswirkte. Meist geht es in den soziologischen Untersuchungen um die Kritik an der eigenen Gesellschaft, der herrschenden Politik, der Verteilung von Ressourcen oder an den Medien. Aus dieser ideologischen Einengung leitet Banton die Unmöglichkeit eines wissenschaftlich brauchbaren Rassismus-Begriffs ab:

> „What is suggested here is that there are great difficulties in devising a neutral and abstract conception of racism when the adjectival form of the noun has such strong moral connotations. It may be better to accept racism as a political idea of rhetorical power." (Banton 1996 b: 29)

Aufgabe einer wissenschaftlichen Arbeit sollte es sein, sich von diesen politischen Ideen zunächst zu lösen und nicht schon v o r einer intensiveren Beschäftigung mit dem Untersuchungsgegenstand Verhaltensweisen bzw. Menschengruppen als „rassistisch" abzustempeln. Insofern ist Bantons Position gerechtfertigt, da sein Konzept der (rassistischen) Diskriminierung offenläßt, ob Verhaltensweisen auch aus anderen Gründen der Zugehörigkeit (zu Klasse, Geschlecht, Beruf etc.) diskriminierend sein könnten.

Meines Erachtens ergänzen sich *racism*- und *race relations*-Ansätze, und es ist sinnlos, den einen oder anderen als Rassismus stabilisierend oder rassistisch einzustufen. Tatsächlich überschneiden sie sich und beleuchten unterschiedliche Aspekte, Ursachen und Auswirkungen tradierter kultureller Überzeugungen. Allerdings dürfte in Kapitel 2 der vorliegenden Untersuchung deutlich geworden sein, daß schon in der Definition der Begriffe, Methoden und Ziele dieser Untersuchung eine größere Nähe zu dem von Banton und seinen Schülern vertretenen Ansatz besteht.

Den beiden Grundpositionen der Untersuchung von *race relations* und *racism* entsprechen auch jeweils bestimmte theoretische Richtungen, die in

---

[620] Banton 1996 b: 40.
[621] Ebd.: 36.

den folgenden Kapiteln ausführlicher dargestellt werden. Der Untersuchung von *racism* lassen sich diejenigen zuordnen, die eher Ideologien oder Diskurse mit Blick auf ein Klassen- bzw. Schichtenmodell der Gesellschaft untersuchen. Also jene, die Rassismus aus Kolonialismus, Sklaverei und westlicher Hegemonie im Rahmen von marxistischen, neo-marxistischen oder postmodernen Theorien erklären. Auf Seiten der Vertreter der Untersuchung von *race relations* dagegen finden sich diejenigen, die segmentäre Theorien (im Gegensatz zu Klassen-/Schichtentheorien) zugrunde legen, eher der Gruppensoziologie zugeordnet werden und sich auf soziale Interaktion und Inter-Gruppen-Beziehungen konzentrieren. Innerhalb dieser Richtung wird auch versucht, die *rational choice*-Theorie auf das Problem des Rassismus zu beziehen. Die verschiedenen theoretischen Ansätze werden in den folgenden Kapiteln in dieser Reihenfolge vorgestellt. Aus der beschriebenen Polarisierung fallen allerdings die soziobiologischen Ansätze heraus, die weniger in den Kultur- und Sozialwissenschaften als in den Naturwissenschaften beheimatet sind. Der soziobiologische Ansatz wird in einem eigenen Kapitel vorgestellt.

Nicht ausführlicher werde ich auf psychoanalytische Theorien eingehen, die etwa weißen Rassismus mit der Reinlichkeitserziehung in der Kindheit in Verbindung gebracht haben. Diese basieren auf der Annahme, Weiße setzten die Farbe Schwarz mit dem anal-genitalen Bereich in Verbindung und würden sie, wie auch diesen Körperbereich, abwerten. Die Abwertung der Schwarzen würde ein psychisches Bedürfnis in der entfremdeten Industriegesellschaft erfüllen.[622] Auch kindliche Ängste vor der Nacht wurden schon als Gründe für ablehnende Reaktionen auf schwarze Haut angenommen.[623] Auf die Unhaltbarkeit dieser Theorien wurde bereits im letzten Kapitel eingegangen: Nicht in allen Kulturen ist die Hautfarbe entscheidend, und nicht überall wird Weiß höher bewertet als Schwarz. Von einer „natürlichen" psychischen Reaktion kann also nicht ausgegangen werden. Andere Theorien besagten, Schwarze würden zu „Sündenböcken" gemacht, die als Ziele von Projektionen dienten. Man wies auch darauf hin, daß die Dominanz weißer Männer über Schwarze einer symbolischen Kastration gleichkäme.[624] Die Sündenbock-Theorie zog sich seit der Arbeit von Allport (1958) durch die amerikanische *race relations*-Forschung. Die psychoanalytischen Ansätze können jedoch weder die Abwertung Nichtschwarzer – in anderen körperlichen Merkmalen abweichender Menschen – noch können sie ihr Auftreten in nicht-industrialisierten Gesellschaften erklären. Psychoanalytisch geprägte Studien haben deshalb in der weiteren

---

[622] Manganyi 1973.
[623] Siehe: Cohen 1976: 21. Siehe auch Ottomeyer 1997: 111-131.
[624] Drake 1987: 57.

theoretischen Diskussion nur noch eine marginale Rolle gespielt.[625] Abgesehen von dem Problem, ob Modelle „des Psychischen" tatsächlich auf der ganzen Welt wie von Analytikern und Psychologen beschrieben funktionieren, lassen sich mit diesen Ansätzen eher Fragen beantworten, welche Individuen innerhalb einer Bevölkerung zu (eventuell rassistisch motivierter) Gewalt neigen. Allerdings stellt sich hier ein weiteres Problem: Handelt es sich überhaupt in erster Linie um Rassismus, wenn individuelle Probleme gewalttätig ausgelebt werden? Maya Nadig schreibt aus ethnopsychoanalytischer Sicht:

„Meine These ist, daß die regressiven Bewältigungsmechanismen der Projektion, Spaltung und Idealisierung, die in der Adoleszenz eine wichtige Rolle spielen, auch häufig benützte Bewältigungsformen einer breiten Schicht von Bürgern und Politikern sind. Gleichzeitig stellen Projektion und Spaltung den Kern der nationalistischen und rassistischen Ideologie dar, anhand derer der Kapitalismus und sich formierende Nationen in Krisenzeiten Ordnung und fiktive Einheit erzeugen." (Nadig 1993: 265)

Den Rostocker Skinheads, um die es in Nadigs Artikel geht, stellt sie junge Männer in traditionellen Gesellschaften gegenüber, die durch gemeinsame Rituale auf ihre Männer-Rolle vorbereitet werden.[626] Rechtsradikale Ausfälle seien eine Art „Ritual-Ersatz". Alters- und geschlechtsspezifische Sozialisationsprobleme werden so (vorausgesetzt man folgt den Annahmen von Projektion, Spaltung, Idealisierung und Unbewußtem) verständlicher. Diese Erklärung würde allerdings genauso auf gewalttätige Auseinandersetzung zwischen Punks oder Autonomen und der Polizei zutreffen, wie sie etwa in Berlin-Kreuzberg zu einem bestimmten Jahrestag, dem 1. Mai, seit einigen Jahren ritualisiert worden sind. Rassismus ist dafür nicht notwendig. Fragwürdig ist auch, daß Nadig zwischen Rassismus und Fremdenfeindlichkeit in ihrem Beitrag nicht unterscheidet und somit das in den Medien und der öffentlichen Diskussion vorherrschende terminologische Durcheinander in ihrem Artikel übernimmt. Problematisch ist außerdem die Gegenüberstellung von modernen und nicht-industriellen Gesellschaften. In letzteren habe es Rituale gegeben, mit denen Fremde eingebunden wurden. Nachdem man Fremde zunächst auf Distanz halte, setze eine Schwellenphase ein, auf die ein Integrationsritus folge.

„Die gastfreundliche Einladung zu einem gemeinsamen Essen und der Gabentausch stellen in vielen nicht-industriellen Gesellschaften einen Binderitus dar, der die Vereinnahmung und Einbindung des Fremden einleitet, der nun in die Schuld der Gastgeber

---

625 Ein Problem bei der Anwendung psychoanalytischer Erklärungsansätze ist, daß diagnostizierte „narzißtische Wunden", „neurotische Ängste", „Trieb- und Identitätsspannungen" etc. sich in erster Linie auf Entwicklungen in der euroamerikanischen Kultur beziehen (siehe etwa bei Ottomeyer 1997). Wird auf „tribale Gesellschaften" Bezug genommen, findet häufig eine stark vereinfachte Gegenüberstellung von „Stammesgesellschaft" und Industriegesellschaften statt (etwa: Nadig 1993).

626 Nadig 1993: 273.

geraten ist und ihnen wenig Böses mehr wünschen kann. Der Kreislauf von Gabe und Gegengabe zielt auf die Integration in die dörfliche Gemeinschaft ab, in dem gegenseitige Abhängigkeiten geschaffen werden." (Nadig 1993: 277)

Stark ritualisierte integrative Zeremonien können auch in Europa und den USA bei Staatsbesuchen beobachtet werden. Nadig beschreibt gerade nicht die Fälle, in denen in „nicht-industriellen Gesellschaften" Kontakt mit fremden Gruppen in erster Linie kriegerisch war oder auch mit einzelnen Fremden kurzer Prozeß gemacht wurde. Da lädt der „Edle Wilde" zum Gastmal ein, und hat den Wunsch, Fremde in die dörfliche Gemeinschaft zu integrieren. Daß solche Integrationsprozesse vorkamen, ist belegt, das Gegenteil jedoch auch. In der psychologischen Literatur zu Rassismus wird dann daraus der Gegensatz von „heißen" und „kalten" Gesellschaften,[627] von „gut" und „böse". Verschiedene Haltungen gegenüber Fremden sowie Rassismus, im eingangs definierten Sinne, haben bestimmte Bedingungen, und diese Bedingungen herauszuarbeiten sollte Ziel einer Ethnologie der interethnischen Beziehungen sein.

Auch Theorien, die von einer bei „Weißen" vorhandenen rassistischen V e r a n l a g u n g ausgehen, wie sie schon bezüglich der Nation of Islam diskutiert wurden, aber auch in der afroamerikanischen akademischen Diskussion gelegentlich eine Rolle spielten,[628] sollen hier nicht weiter diskutiert werden. Bei diesen „Theorien" handelt es sich um nicht belegbare, unwissenschaftliche und letztlich selbst rassistische Behauptungen.

In den folgenden Kapiteln erläutere ich zuerst allgemeine Annahmen der jeweiligen theoretischen Ansätze, die für die Beschäftigung mit Rassismus von Bedeutung sind. Im daran anschließenden Abschnitt werden Untersuchungen, in denen die zu diskutierende Theorie bereits auf das Problem des Rassismus angewandt wurde, sowie deren Ergebnisse vorgestellt. Sofern Aussagen über die Bedeutung körperlicher Unterschiede in Inter-Gruppen-Beziehungen gemacht wurden, werden diese ausführlicher dargestellt. Im letzten Abschnitt wird an eigenen Ergebnissen der vorliegenden vergleichenden Untersuchung die jeweilige Theorie und ihre Anwendbarkeit auf das Problem des Rassismus diskutiert, um ihre Erklärungsreichweite im Zusammenhang und im Vergleich mit den anderen Ansätzen in der Zusammenfassung von Teil III herauszuarbeiten.

---

[627] Ottomeyer 1997: 128.

[628] Welsing 1997. Siehe dazu auch Drake (1987: 35, 36). Marvin Harris stellt neben Welsings „Albino-Theorie" auch noch eine Melanin-Theorie sowie die *Iceman Theory* dar. Letztere geht auf ein von Michael Bradley (1978) verfasstes Buch mit dem Titel *The Iceman Inheritance: Prehistoric Sources of Western Man's Racism, Sexism and Aggression* zurück. Diese Theorie führe die „Rassenmerkmale" der Weißen auf ihre Abstammung vom Neandertaler zurück. In der Kälte der Eiszeit sei der Penis des Neandertalers geschrumpft, der Sexismus entstanden und dem Neandertaler die Menschlichkeit abhanden gekommen (Harris 1999: 127).

9. Entdeckungsreisen und Kolonialismus

9.1 Grundlagen

Die in diesem Kapitel vorgestellten Erklärungsversuche und Annahmen haben eine Gemeinsamkeit: Der Ausgangspunkt von Rassismus wird in Europa (und später in den USA) gesehen. Von hier aus habe sich Rassismus verbreitet und sei den jeweiligen Gesellschaften in den entdeckten bzw. eroberten Gebieten aufgezwungen worden. Unterschiedlich sind die Zeitpunkte, die Autoren jeweils annehmen. Diese Zeitpunkte ergeben sich daraus, ob schon frühe Entdeckungsreisen oder erst Kolonialismus und Imperialismus für die Verbreitung der Ideologie des Rassismus verantwortlich gemacht werden (siehe unten: Tabelle 5).

Die folgenden Erklärungsversuche des Rassismus kann man in drei Kategorien unterteilen: Die erste Gruppe bezieht sich allgemein auf Kulturkontakt in Folge der europäischen Expansion und daraus resultierenden Rassismus der Europäer. Die zweite Gruppe beschreibt und analysiert das Entstehen des europäischen wissenschaftlichen Rassismus im Zusammenhang mit Kolonialismus und Imperialismus. Die dritte Gruppe von Erklärungsversuchen bezieht sich auf außer-europäischen Rassismus und erklärt auch sein Entstehen durch europäischen Kolonialismus.

Die Entwicklung des euroamerikanischen Rassismus, Wechselwirkungen mit und seine Beziehung zum Kolonialismus wurden bereits von zahlreichen Autoren ausführlicher beschrieben.[629] Allerdings ist auch die Herstellung des kausalen Zusammenhangs zwischen Kolonialismus und europäischem Rassismus zu kritisieren, denn es gab bereits frühere Formen des Rassismus.[630]

---

[629] Banton 1977; Drake 1987, 1990; Geiss 1988; Mosse 1990.

[630] Zu einer kritischen Darstellung des Zusammenhangs zwischen Imperialismus, Kolonialismus und Rassismus siehe auch Solomos und Back 1996: 45-49.

Zeitpunkt	Ereignis	Quelle
„No other historical or ethnographic order, however, has been as globally inclusive in its assignment of social and cultural difference to 'natural' causes as has **post-1400s racism**."		Sanjek 1994 a: 2
Unter der Überschrift: *1492: Die ‚Geburt von Rassismus und Moderne'* liest man: „Obzwar der moderne Rassismus in seiner manifesten Form erst in der zweiten Hälfte des 18. Jahrhunderts entstand, scheint es sinnvoll, den Ursprung des Rassismus im **späten 15. Jahrhundert** zu suchen."	Entdeckung Amerikas durch Kolumbus, Vollendung der Reconquista (Vertreibung der Mauren aus Spanien)	Terkessidis 1998: 85
„**Before the age of European expansion**, it had never occurred to a civilization to classify people racially in terms of color."	Europäische Expansion	Lancaster 1991: 349
„Prior to the **sixteenth century** the world was not race-conscious and there was no incentive for it to become so."		Linton 1964: 46
„These dieses Abschnitts war die Aussage, daß der Rassismus, wie wir ihn heute kennen, erst mit dem **17. Jh.** entstanden ist, also in Beziehung zu setzen ist mit der Durchsetzung der bürgerlich-kapitalistischen Produktionsweise."	Bürgerlich-kapitalistische Produktionsweise	Ruf 1985: 91
1500 v. Chr. – 1492 n. Chr.	**Protorassismus**	Geiss 1988: 48 ff.
1492 – 1775	**Engerer Rassismus**: Entdeckung Amerikas, Reconquista	Geiss 1988: 110 ff.
1775/76 – 1914	**Formierung und Aufstieg des Rassismus**: Gründung der USA, Blumenbachs Einteilung der Menschheit	Geiss 1988: 151 ff

Tabelle 5: Historische Erklärungen: Entstehung des Rassismus, Zeiträume und Ereignisse.

Immanuel Geiss bezeichnet diese frühen Formen in Indien, China, Japan, der arabisch-muslimischen Welt und dem antiken Griechenland als „Quasi-Rassismus" oder „Proto-Rassismus" und sieht sie als Vorläufer und Basis des modernen Rassismus.[631] Als einschneidende Ereignisse für die Entstehung des „engeren Rassismus" sieht er die spanische Reconquista sowie die Entdeckung Amerikas.[632] Hier gibt jeweils die Definition vor, was unter Rassismus zu verstehen ist. In seiner Einleitung schreibt Geiss jedoch: „So ist sich die Fachliteratur einig, daß eine befriedigende Definition von ‚Rasse' und Rassismus noch nicht gefunden ist. Daher ist hier nur eine ungefähre Umschreibung möglich – ein Groß-Essay, der sich um pragmatische Annäherung an den unübersichtlichen Komplex bemüht."[633] Abgesehen davon, daß Definitionen nicht gefunden, sondern gesetzt werden, und daß sie nicht allgemeingültig, sondern nur für einen bestimmten Zusammenhang sinnvoll (oder sinnlos) sind, arbeitet Geiss dann doch mit einem genauer umrissenen Begriff. Denn nur so kann er zu einer Bestimmung gelangen, welche Phänomene als Proto- oder Quasi-Rassismus und welche als „engerer Rassismus" zu bezeichnen sind. In seiner Beschreibung „Grundlagen des Rassismus" heißt es weiter: „Rassismus entstand als Erklärungs- und Rechtfertigungsideologie der welthistorischen materiellen, militärischen und technischen Überlegenheit der Europäer seit ihrer Expansion in Übersee".[634] Damit wird in der „pragmatischen Annäherung" der engere Rassismus *per definitionem* (auch wenn diese nicht explizit und formal einer Definition entspricht) zu einem Phänomen der europäischen Überlegenheit und Expansion. Geiss schreibt, erst der Rassismus der Neuzeit habe die „proto-rassistischen Dispositionen" zu einem Gedankensystem gebündelt.[635] Das hieße, nicht-europäische Vorstellungen seien keine integrierten Gedankensysteme gewesen und deshalb kein Rassismus. Wenn sie nicht ausreichend untersucht, belegt und beschrieben sind, ist das kein Wunder. So bringt die Einengung des Blickwinkels das Nicht-Vorhandensein vorkolonialer Rassismen hervor. Letztlich bleibt es dem Leser überlassen, die entscheidenden Kriterien zur Bestimmung des Rassismus aus dem Text herauszusuchen.

In vielen Arbeiten wird der Zusammenhang zwischen Kolonialismus und Rassismus nur behauptet, ohne daß er genauer belegt wird; er wird vorausgesetzt. Benedict Anderson ist beispielsweise der Überzeugung, Rassismus sei überall außerhalb Europas seit dem 19. Jahrhundert mit eu-

---

[631] Geiss 1988: 109.
[632] Ebd.: 109-110.
[633] Ebd.: 9.
[634] Ebd.: 15.
[635] Ebd.: 49.

ropäischer Herrschaft verbunden gewesen.[636] Was aber war vorher? Ist Rassismus tatsächlich aufgezwungen worden? Auf welche einheimischen Vorstellungen und Traditionen traf er? Poliakov und Delacampagne schreiben, bei der Beschäftigung mit Rassismus habe man seine Aufmerksamkeit der westlichen Zivilisation zuzuwenden, obwohl sie einschränkend feststellen, es habe auch in nicht-europäischen Kulturen „latente Spuren der Feindseligkeiten" gegen andere Menschen – aber eben keinen Rassismus – gegeben. Als ein Beispiel für außereuropäische Formen der Diskriminierung führen sie, wie viele Autoren, das indische Kastensystem an.[637]

In der Ethnologie ist die Einschätzung der notwendigen Verbindung von europäischem Kolonialismus und Rassismus teilweise aus den Sozialwissenschaften übernommen worden. Eine der Ursachen für die eingangs beschriebenen Tendenzen zur Übernahme von Theorien aus Nachbarwissenschaften in der ethnologischen Rassismusforschung mag darin liegen, daß in den Sozial- und Geisteswissenschaften die Annahme vorherrschte, Rassismus sei untrennbar mit Kolonialismus und Sklaverei verbunden, was schon an der großen Anzahl der Schriften zu diesen Themen deutlich wird.[638] Rassismus fällt so nach der klassischen Auffassung der Fächerzuständigkeiten in den Bereich der für euroamerikanische Verhältnisse zuständigen Soziologie, Geschichte, Philosophie, Psychologie und Politikwissenschaft. Andererseits ist in der Ethnologie auch nach wie vor der Traum von den „Edlen Wilden" verbreitet, von denen man hofft, daß sie viele der euroamerikanischen gesellschaftlichen Mängel noch nicht hatten. Meist handelt es sich in Bezug auf Rassismus innerhalb des Faches um tradierte Überzeugungen, die nicht mehr in Frage gestellt werden.[639]

So ist eine beinahe schon gängige Meinung, Rassismus habe seinen Ursprung im Kolonialismus und sei von weißen Europäern in den Rest der Welt exportiert worden. Der Ethnologe Roger Sanjek schreibt etwa zu Beginn der neunziger Jahre des zwanzigsten Jahrhunderts, Rassismus habe erst mit den Entdeckungsreisen der Europäer und deren Kolonialismus begonnen.[640] Er bezieht sich unter anderem auf Ralph Linton, der schon in seinem zuerst 1936 erschienenen „The Study of Man" schreibt, vor dem

---

636 Anderson 1993: 150, dieselbe Ansicht vertritt Guillaume 1992: 84.

637 Poliakov und Delacampagne 1984: 45.

638 Etwa Fanon 1980; Frankenberg und Mani 1996; Low 1996; Melber 1989, 1992; Memmi 1974.

639 So etwa bei Smedley (1993: 15). Sie gibt ebenfalls wieder, daß Rassismus ein Phänomen der Moderne sei, entstanden im Zusammenhang mit Kolonialismus und Sklaverei. "The peoples of the conquered areas of the New World, and the other 'colored' peoples of what is now the Third World, did not participate in the invention of race or in the compilation of racial classifications imposed upon them and others." (ebd.: 16). Hier handelt es sich also um vollkommen passive Opfer, denen ihnen fremde Konzepte aufgezwungen wurden.

640 Sanjek 1994 a: 1. Diese Annahme wird unwidersprochen vorausgesetzt und tradiert, auch in neuere Arbeiten, z.B. Hirschfeld 2000: 39.

sechzehnten Jahrhundert habe es kein Rassenbewußtsein gegeben: „The ancient world was a small world, because of the gradual transition in physical types which is to be found in all continuous geographic areas, the physical differences between the classical and barbarian peoples were not very marked."[641] Nach Linton habe es weder bei Römern noch bei Griechen ein Rassenbewußtsein gegeben und selbst die Kreuzzüge des Mittelalters hätten nicht dazu geführt.[642] Sowohl Sanjek als auch Linton belegen ihre Behauptungen nicht. Sie verfestigten die Überzeugung von einer frühen „nicht-rassenbewußten" Welt, untersuchten sie aber nicht. Sanjek spezifiziert die Einzigartigkeit des europäischen Rassismus: „No other historical or ethnographic order, however, has been as globally inclusive in its assignment of social and cultural difference to 'natural' causes as has post-1400s racism."[643] Allerdings sind auch Kategoriensysteme anderer Bevölkerungen *globally inclusive* gewesen, weil sie die ihnen jeweils b e - k a n n t e Welt ordneten und umfaßten.

Das weiter unten ausführlicher dargestellte Beispiel Japans zeigt, daß Verbindungen zwischen Kolonialismus und Rassismus durchaus auch in anderen Gegenden der Welt eine Rolle spielten, und nicht nur auf die e u - r o p ä i s c h e Expansion beschränkt werden können. Sanjek und Linton diskutieren auch das Problem nicht, daß die meisten Belege aus der Zeit nach dem Kommen der Europäer stammen, da es vorher in vielen Gebieten keine schriftlichen Quellen gab. Somit muß jede solche Quelle den Einfluß „der Weißen" belegen. Ähnliche Probleme wie bei der Beschäftigung mit vorkolonialem Rassismus treten bei der Frage nach Heilserwartungsbewegungen auf. Vor dem Kommen der Weißen sind sie nicht beschrieben – zumindest in schriftlosen Kulturen. Es liegt also sehr nahe, eine ursächliche Verbindung zwischen dem Kommen der Weißen und der Existenz von Heilserwartungsbewegungen herzustellen.[644]

9.2 Entdeckungsreisen und Kulturkontakt

Für den euroamerikanischen Kontext wurde auch diskutiert, ob das Konzept „Rasse" schon durch die Entdeckungsreisen und erste Kontakte entstand oder erst später in Europa selbst entwickelt wurde, wie Banton schreibt:

---

[641] Linton 1964: 46.
[642] Ebd.: 47. Dagegen sprechen allerdings Untersuchungen wie etwa die von Koch 1931 oder Mitsch 1992.
[643] Sanjek 1994 a: 2.
[644] Etwa Bd. 63 der Zeitschrift *Oceania* (1992) zu ‚Cargo Cults'.

„It is sometimes assumed that contemporary Western conceptions of race arose out of the contacts between white people and black people that followed European voyages of exploration to America, Africa and Asia in the fifteenth and sixteenth centuries. This is too narrow a perspective and underestimates the significance of social changes within Europe. Race, like class and nation was a concept developed first within Europe to interpret new social relations." (Banton 1977: 13)

Es liegt an der Aufgabenstellung der Soziologie, der es um die eigene (euroamerikanische) Gesellschaft geht, daß bislang in erster Linie westliche Konzepte untersucht und auch nur aus sich selbst heraus e r k l ä r t worden sind. In dieser Arbeit soll es jedoch nicht um den ausgiebig untersuchten euroamerikanischen Rassismus gehen, sondern um die Frage, ob es auch in anderen Zusammenhängen Rassismus gegeben hat bzw. gibt und wie dieser entstanden ist.

Die Frage, inwieweit erste Kontakte zwischen frühen europäischen Reisenden und indigenen Bevölkerungen Rassismus auf Seiten der „Bereisten" gefördert haben, ist bislang kaum genauer untersucht. Auch Quellen über deren Meinungen und Einschätzungen sind spärlich. Henry Reynolds etwa stellt die Situation erster Kontakte zwischen Aborigines und Weißen als eine Periode der großen Verunsicherung bezüglich der Kategorisierung der Fremden dar. Viele Gruppen hielten die Weißen für zurückgekehrte Totengeister. Durch linguistische Belege wird dies bestätigt: „All over the continent in areas of early settlement the Aborigines applied to Europeans traditional terms meaning variously, ghost, spirit, eternal, departed, the dead." In vielen Dialekten Nord-Queenslands waren die Wörter für „Arbeit für Weiße" und für „rituelle Pflichten gegenüber Totengeistern erfüllen" gleich. Reynolds fragt, warum diese Idee so verbreitet war. Sie war eine logische Konsequenz aus wichtigen und von allen geteilten Vorstellungen: der Kosmos war begrenzt und innerhalb dessen lebten Verwandte bzw. ungefähr bekannte Menschen, außerhalb dessen befand sich die geographisch nicht mehr definierte „kosmologische Peripherie".[645]

Reynolds versucht, erste Kontakte aus dem Blickwinkel der Aborigines und ihre eigenen und sehr unterschiedlichen Strategien im Umgang mit den

---

[645] Reynolds 1995: 31. Henry Reynolds beschreibt, wie Australier bei ersten Kontakten mit Weißen deren Körper untersuchten. Vor allem war die Geschlechtsbestimmung von großem Interesse. Da viele Weiße keine Bärte trugen und ihre Geschlechtsteile von Kleidung verborgen waren, wurden sie immer wieder aufgefordert, ihre Hosen auszuziehen. G. B. Worgan schrieb: „As it was not possible for Us to satisfy their Inquisitiveness in this Particular, by the simple Words 'Yes or No' We had Recourse to the Evidence of Ocular Demonstration, which made them laugh, jump and Skip in an Extravagant Manner." (zitiert nach: Reynolds 1995: 27). Die Geschlechtsbestimmung geschah nicht nur aus Neugierde, sie hatte ernsthafte Hintergründe. Eine Gruppe mit Frauen und Kindern wäre mit größerer Wahrscheinlichkeit in friedlicher Absicht gekommen, während eine reine Männergruppe den Verdacht erweckte, kriegerische Absichten zu hegen. Auch das Verhältnis von Kleidung zu Körper, ob es sich bei Kleidung um Haut und bei der weißen Haut darunter schon um Fleisch handelte, war Aborigines bei den ersten Begegnungen nicht immer klar (ebd.: 28).

Weißen darzustellen. Aber auch Reynolds' sorgfältiges Vorgehen erlaubt nur wenige Schlüsse, höchstens die Feststellung, daß die sich unterscheidende Körperlichkeit der Weißen für die Aborigines anfänglich schwer erklärlich war und Neugier und Erstaunen auslöste.

Kontakte zwischen ersten Europäern, die ins Land kamen, und Einheimischen waren regional sehr unterschiedlich. Campbell beschreibt frühe Kontakte in der präkolonialen pazifischen Inselwelt: „Numerous examples from Melanesia and Polynesia suggest that the most significant feature in the culture contact process was the absence of any clear superiority of power in the hands of one group. Necessity occasioned tolerance and cooperation; opportunity demonstrated bigotry, intolerance, hostility, and violence; and the attitudes and beliefs familiar to scholars of race relations everywhere can be discerned quite clearly in Pacific history."[646] Er schreibt, in Polynesien hätten sich die Beziehungen zu Europäern im Rahmen des Handels und nicht durch feste Ansiedlungen entwickelt. Im Handel seien beide Seiten vorsichtig und mißtrauisch gewesen. Es habe Fälle gegeben, in denen die Einheimischen Handel ablehnten, Händler betrogen oder überfallen haben. Das Risiko lag auf Seiten der Händler. Polynesier waren von den Weißen nicht besonders beeindruckt. Status und Reichtum drückten sich in Polynesien unter anderem etwa in einem mächtigen Körperumfang aus, womit europäische Seeleute jener Zeit nicht aufwarten konnten.[647]

Die Beziehungen zwischen Händlern und Polynesiern waren durch wirtschaftliche und vor allem durch Machtbeziehungen gekennzeichnet, die regional unterschiedlich ausfielen:

„The quality of race relations, therefore, was not governed by romantic views or disinterested hospitality. The belief in racial harmony that seems to call for an idealist explanation is in fact false: economic relationships had much more to do with the behavior of the races toward each other. But in the final analysis, economic activity provided only the matrix of contact. The really critical consideration in determining the quality of Pacific race relations was that of power. Whichever party was dominant was able to show its true character; when neither party was dominant there had to be compromise." (Campbell 1985: 78)

In Neuguinea hat das Kommen der Weißen zum Entstehen bzw. zum Wiederaufleben von Heilserwartungsbewegungen geführt, die bereits sehr genau, auch in ihrer Beziehung zu Körpervorstellungen, untersucht worden sind.[648] Hier waren wiederum andere wirtschaftliche und soziale Voraussetzungen entscheidend für die Kontaktsituation. Die genannten Beispiele

---

[646] Campbell 1985: 61.
[647] Ebd.: 73.
[648] Clark 1989, 1992, 1993; Lattas 1991, 1992 a, b, 1993 a, b, 1998.

verdeutlichen, daß frühe Kontakte unter sehr unterschiedlichen Bedingungen stattfanden, unterschiedliche Reaktionen auf Seiten der Einheimischen auslösten und nicht zu einem überall gleichen Zusammenhang zwischen der Wahrnehmung körperlicher Unterschiede, Machtsituationen und der Entstehung von Rassenkategorien führten.

In einem sehr allgemeinen Sinne ist der Kontakt zwischen Menschen unterschiedlichen Aussehens Voraussetzung und notwendig, um körperliche Unterschiede festzustellen und „Rassenkategorien" entwickeln zu können. Allerdings ließe sich auch dagegen einwenden, daß die Phantasie von Menschen schon immer und überall dazu ausgereicht hat, eine Unzahl sich körperlich unterscheidender Fabel- und Mischwesen zwischen Menschen, Tieren und Geistern zu erfinden.

In „Europa und die Völker ohne Geschichte" macht Eric Wolf (1986) deutlich, daß globale Verflechtungen und Vernetzungen durch Handel, Sklaverei und Völkerwanderungen schon vor den europäischen Entdeckungsreisen weite Teile der Welt miteinander verbanden. Vorstellungen von sich körperlich unterscheidenden Fremden dürften so, wenn auch nicht durch eigene Anschauung, dann durch mündliche Überlieferungen weit verbreitet gewesen sein. Dikötter schreibt, daß durch die Portugiesen, die im 16. Jahrhundert Sklaven nach Macao importierten, in China die schwarze Hautfarbe gleichbedeutend mit Sklaverei geworden sei.[649] Es finden sich sogar Hinweise auf viel frühere Kontakte zu schwarzen Sklaven in China. Schon seit dem 10. Jahrhundert – und vielleicht sogar eher – gab es arabische Handelsstützpunkte in Ostafrika. Gehandelt wurden nach Indien und noch weiter nach Osten Sklaven, Elfenbein, Eisen, Rhinozeros-Hörner, Schildkröten-Panzer, Bernstein und Leopardenfelle.[650] Gervase Mathew schreibt, in chinesischen Quellen seien schon im 7. Jahrhundert Sklaven aus *Zenj* (Schwarzafrika) erwähnt worden. 1119 n. Chr. hätten die meisten reichen Kanton-Chinesen schwarze Sklaven besessen.[651] Eric Wolf vermutet, der frühe Sklavenhandel sei von malayischen Händlern abgewickelt worden, die zwischen dem 8. Und 11. Jahrhundert den Handel zwischen Indien und China kontrollierten.[652] Die Welt vor der Ausbreitung der europäischen Vorherrschaft war also komplexer als häufig angenommen oder vorausgesetzt wird. Es gab Verflechtungen, Machtzentren und Fremdherrschaft auch außerhalb des europäischen Einflußbereichs.

In diesem Abschnitt wurden Beispiele für die Behauptung des kausalen Zusammenhangs zwischen Entdeckungsreisen, Kulturkontakt und Rassis-

---

649 Dikötter 1992: 15.
650 Wolf 1986: 70-71.
651 Mathew 1963: 108.
652 Wolf 1986: 70-71.

mus gegeben. Im folgenden sollen Beispiele für genauere Untersuchungen und Theorien dargestellt werden, denen die Annahme Kolonialismus sei die Ursache des Rassismus, zugrunde liegen.

9.3 Kolonialismus und Rassismus

Zu den Grundlagen einer Theorie gehört immer auch die Frage nach der Definition ihrer Begriffe. Wenn es zunächst um den Begriff „Rassismus" geht, fließt die Theorie häufig schon in die Definition ein: Rassismus wird gesetzt als Herrschaftsmechanismus, der aus kolonialen Beziehungen hervorgegangen ist. Eine solche verengte Definition von Rassismus ist legitim, wirft aber dann die Frage auf, mit welchen Kriterien man andere ähnliche Phänomene abgrenzt und wie man sie bezeichnet. Der zweite wichtige Punkt ist die Begriffsbestimmung von Kolonialismus. In neueren Arbeiten, die eine sehr weitgefaßte Kolonialismus-Definition verwenden, wird beispielsweise unter internem Kolonialismus jede Situation verstanden „in which a distinctive cultural group exists within a larger society or state which controls it."[653] Kolonialismus wird dann als Herrschaft oder Hegemonie im weitesten Sinne aufgefaßt und schließt auch die Herrschaft des Staates ein. So allgemein formuliert, könnte man jede Beziehung zwischen Minderheit und Mehrheit als koloniale Situation bezeichnen. Herrschaftsansprüche und/oder deren Verteidigung spielen in allen Beispielen für Rassismus und in allen Beispielen für die Nutzung körperlicher Unterschiede eine Rolle. Allerdings hat der Begriff des Kolonialismus dann kein besonderes Merkmal mehr, das eine Erklärung des Rassismus durch den Zusammenhang von Herrschaft bzw. Hegemonie und Rassismus hinaus ermöglicht.

Ein Soziologe, der explizit eine Theorie der Rassenbeziehungen im Zusammenhang mit Kolonialismus entwickelt hat, ist Graham Kinloch. In seinem Erklärungsansatz geht er, wie er es nennt, von dem „unabhängigen Faktor" des Kolonialismus aus und betont die Rolle kolonialer Eliten bei der Entstehung von Rassismus. Kinloch ist einer der wenigen Autoren, die sich neben Pierre L. Van den Berghe überhaupt v e r g l e i c h e n d mit Rassismus und Rassenbeziehungen beschäftigt haben. In diesem Vergleich bezieht er allerdings nur Beispiele weißen Rassismus' in Industriegesellschaften und postkolonialen Situationen ein.[654] Den Zusammenhang zwi-

---

653 Merry 1991: 895. Merry gibt Beispiele für solche weitgefaßten Kolonialismus-Definitionen, zur Ausdehnung des Kolonialismus-Begriffs siehe auch Banks 1996: 215.

654 Kinloch 1974, 1981.

schen Rassismus und Kolonialismus versucht er in einer Gesetzmäßigkeit zu erfassen:

„Race relations according to our analysis, then, are the function of a society's historical-structural development, resulting in a particular kind of institutional structure, relations and attitudes within it, and the manner in which it is affected by economic change. *The more colonial that structure is, the more racist and rigid intergroup relations are within it.*" (Kinloch 1974: 202, Hervorhebung i. Orig.)

Hier wird der Zusammenhang zwischen Kolonialismus und Rassismus stärker konkretisiert als bei den meisten anderen Autoren, er soll sogar quantitativ sichtbar werden. Das Problem besteht allerdings darin, zu messen, welche Gesellschaften „kolonialer" und welche „rassistischer" sind als andere. Ist ein Staat, der nur eine Kolonie hat, die in besonderer Abhängigkeit existiert und deren Bevölkerung unterdrückt und ausgebeutet wird, „kolonialer" als ein Staat mit vielen Kolonien, die relativ größere Freiheiten haben? Ist eine Gesellschaft, deren Regierung rassistische Institutionen unterstützt, in der die Bevölkerung davon jedoch kaum Notiz nimmt, rassistischer als eine, in der die Bevölkerung entgegen offiziellen Appellen an die Toleranz zu rassistisch motivierten Gewalttaten neigt? Diese Fragen dürften zeigen, daß die „je mehr, desto..."-Aussage in diesem Zusammenhang ausgesprochen problematisch ist. Nach Kinlochs Hypothese „je mehr Kolonialismus, desto rassistischer" müßte sich in Ländern, die keine koloniale Vergangenheit haben, auch weniger Rassismus finden. Das sind nur wenige der heutigen Staaten, etwa Norwegen, die Schweiz und Luxemburg. Deutschland hatte weniger Kolonien als Großbritannien und Frankreich und ist dennoch vor allem für seinen Rassismus bekannt. Geht man davon aus, daß Bevölkerungen heutzutage überall auf der Welt mit Kolonialismus in Berührung gekommen sind, entweder als Kolonialmacht oder kolonialisiertes Volk, müßte es, nach Kinloch, auch überall Rassismus geben.

In diesem Zusammenhang stellt sich eine weitere Frage, und zwar danach, w e r in einer Gesellschaft überhaupt rassistisch ist. In Kinlochs Diskussion des Problems, wie auch in den meisten anderen Untersuchungen zu euroamerikanischem Rassismus, geht es um koloniale Eliten und deren Rassismus:

„Basic to our model is the degree to which a society's superordinate elite is *colonial*, the prototype being a small, migrant, white, Anglo-Saxon, Protestant group which subordinates the indigenous population and imports others under slaverylike conditions for the principal purpose of economic exploitation." (Kinloch 1974: 203, Hervorhebung i. Orig.)

Auf der Basis seiner Annahme, daß eine Gesellschaft um so rassistischer sei, je kolonialistischer sie ist, sowie der Annahme, daß Rassismus von Eliten ausgehe, entwickelt Kinloch ein Phasen-Modell der Entstehung des Rassismus.

Dieses Modell berücksichtigt in ausgesprochen eurozentrischer Art und Weise lokale Bevölkerungen und deren Vorstellungen überhaupt nicht, sondern sieht jede Entwicklung von der weißen Elite ausgehend. Indigene Bevölkerungen sind danach passive Objekte und keine Akteure in historischen Prozessen. Um die Bedeutung körperlicher Unterschiede in Inter-Gruppen-Beziehungen sowie die Entstehung von Rassismus beschreiben oder erklären zu können, müssen jedoch Wechselwirkungen zwischen Kolonialisierten und Kolonialherren, Eliten und der eigenen Bevölkerung sowie Wissenschaft und *folk models* berücksichtigt werden. Rassistische Ideologien und Praktiken werden in vielen Publikationen als Methode beschrieben, mit der Kolonialmächte Bilder von den Kolonialisierten entwarfen und somit Unterschiede betonten. Rassismus wird als eine Form des *othering* untersucht: „There have also been attempts to analyse the ways in which ideas about race were variously the result of formulating the 'differences' between coloniser and colonised."[655] Daß Unterschiede zwischen Vertretern der Kolonialmacht und Kolonialisierten mit Hilfe von rassistischen Ideologien formuliert und durch diese unterstützt wurden, steht außer Zweifel. Formulierungen von Unterschieden bezogen sich allerdings auf alle Aspekte der Beziehungen zwischen Kolonialherren und Kolonialisierten und nicht nur auf Rassenkategorien oder rassische Stereotypen. Diese komplexen historischen Prozesse gegenseitiger Zuschreibungen verliefen in verschiedenen kolonialen Situationen sehr unterschiedlich.

---

[655] Solomos und Back 1996: 45.

Stage 1: Contact	Stage 2: Institutionalized racism	Stage 3: Social definition of race	Stage 4: Group definition of race	Stage 5: Individual definition of race	Stage 6: Economic and social change	Stage 7: Decline of colonialism
1 Migrant WASP colonial elite 2 Indigenous population with perceived negative characteristics 3 Negative contact and conflict over resources 4 negative definition of subordinate groups 5 Import variety of minority groups	1 Elite Development of racist structure 2 High social and economic inequality = caste barrier	1 High use of 'race' in societal definition of behavior and role assignment 2 High use of 'race' in societal definition of intergroup political policy and social behavior	1 High use of 'race' in organizational definitions of behavior 2 High use of 'race' in subgroup identity	1 High absorption of racism through socialisation 2 High conformity to racist norms 3 High racial definition of intergroup relation 4 High racial definition of social situations	1 Dramatic effects of economic development 2 High minority eventual rejection of elite 3 Elite conservative rejection of elite [?] 4 High minority pressure 5 High general rejection of elite 6 High generals pressure against elite	1 Eventual racial accommodation 2 High minority control 3 Eventual decline of colonial status 4 Eventual assimilation 5 Use of achieved criteria in role assignment

Tabelle 6: Phasen-Modell des Rassismus nach Kinloch (1974: 204).

Die Verbindung zwischen Rassismus und Kolonialismus wird häufig auch darin gesehen, daß rassistische Ideologien zur Rechtfertigung kolonialer Bestrebungen, Interessen und Praktiken dienten.[656] Es spricht viel dafür, daß Rassismus als Rechtfertigung verschiedener Formen von Herrschaft genutzt wurde. Aber warum sollte sich diese Rechtfertigung nur auf koloniale Zusammenhänge beziehen? Auch Ellis Cashmore bestreitet die Geltung eines direkten kausalen Zusammenhang zwischen Kolonialismus und Rassismus: „Racism, therefore, was highly complementary to colonialism (though it should be stressed that there are instances of racism existing independently of colonialism and vice versa, so there is no causal relationship between the two).“[657]

Von den Opfern des Kolonialismus wurde der Zusammenhang Rassismus und Kolonialismus dankbar aufgegriffen, auch wenn antikoloniale Bewegungen nicht unbedingt weniger rassistisch sind, wie etwa das Beispiel der Nation of Islam zeigte. Komplexe Beziehungen zwischen Kolonialismus, Wissenschaft und Macht werden in solchen Ideologien meist sehr vereinfacht dargestellt. Malcolm X schreibt beispielsweise, der physischen Anthropologie eine besondere Rolle zuschreibend:

„And actually Caucasoid, Mongoloid and Negroid — there's no such thing. These are so-called anthropological terms that were put together by anthropologists who were nothing but agents of the colonial powers, and they were purposely given that status, they were purposely given such scientific positions, in order that they could come up with definitions that would justify the European domination over the Africans and the Asians.“ (Malcolm X 1970: 18)

Hier wird generalisierend eine weitere Verbindung aufgegriffen, die immer wieder hergestellt wird: Die Wissenschaft habe im Dienste kolonialer Interessen den Rassismus „erfunden“. Daß es auch in der Wissenschaft schon früh Stimmen gab, die sich ausgesprochen kritisch gegenüber rassistischen Positionen äußerten, wird selten oder gar nicht bemerkt.[658]

Nur wenige Autoren haben das Paradigma der Verbreitung des Rassismus durch die Europäer kritisiert, Harold R. Isaacs beispielsweise schreibt:

„Valid as it may be in many instances, the charge of European white responsibility for current racial patterns in the ex-colonies is valid only up to a point. In many places, this point is quickly reached. The white imperialists did raise the value of white over dark, but they rarely created the value in the first place. They exploited antagonisms based on differences of color and kind; they did not originate them.“ (Isaacs 1967: 364)

---

[656] Cashmore 1996: 80.

[657] Ebd.

[658] Moritz Frankenheim etwa drückte dies in seiner „Völkerkunde“ (1852) schon früh deutlich aus. Er schreibt zum Beispiel: "Denn Raßen-Unterschiede gibt es nur im Körper; der Geist kennt keine Erblichkeit, keine Raße." (156). Unterschiede in Wirtschaftsweise, Naturbeherrschung, Erfindungen etc. schrieb er vor allem unterschiedlichen Umweltbedingungen zu.

Isaacs meint, es sei bequem, die weißen Imperialisten für alles verantwortlich zu machen, und er vermutet dahinter Schuldgefühle aufgrund der kolonialen Vergangenheit. So sei der weiße, mit Schuldgefühlen beladene Liberale froh darüber, alle Tugenden den Unterdrückten zuschreiben zu können. Die seien für eine solche Rollenzuweisung ebenfalls dankbar, da sie so zumindest moralisch als Gewinner aus dem Vergleich hervorgingen. Als Beispiel für eine rassistische Auseinandersetzung mit blutigem Ausgang, die nicht von der Kolonialmacht ausging, führt er die Konflikte zwischen Watusi und Bahutu an, die sich in den Jahren 1963 und 1964 (und in den neunziger Jahren erneut) bekriegten. Eine eigene Tradition haben auch Konflikte zwischen Schwarzafrikanern südlich der Sahara und nichtschwarzen Nordafrikanern. Diese Antagonismen wurzeln in der frühen Versklavung der Afrikaner südlich der Sahara durch Araber und Berber, die schon v o r dem Kommen der Europäer begann.[659]

Der Zusammenhang zwischen lokalen Traditionen und einer weltweiten Hierarchisierung der „Rassen" und Hautfarben wird in vielen Regionen deutlich, es ist jedoch schwer, vorkoloniale, „weiße" und ganz neue Elemente voneinander zu trennen. Diese Verquickung veranschaulicht Trouillot am Beispiel Haitis:

„The first difficulty in dealing with color and politics in Haiti is that the Haitian 'color question' cannot be separated from Western cultural influence and a worldwide hierarchy of races, religions, and cultures, yet cannot be reduced either to a mere avatar of Western prejudices. Indeed, few Haitian practices and beliefs can be considered derivatively Western. In the social perception and use of somatic differences, as in most domains, the cultural influence of the West is constantly being challenged, even if only partially, by local practices, beliefs, and values." (Trouillot 1994: 146)

Auf der einen Seite wird der Prozeß der Globalisierung dazu beitragen, daß etwa durch die Medien Vorstellungen von schönen und häßlichen Menschen, von der Verteilung von Macht und Ohnmacht und der Einteilung der Welt in verschiedene Menschengruppen sich noch weiter verbreiten und eventuell vereinheitlichen. Auf der anderen Seite können diese Vorstellungen im lokalen Rahmen modifiziert werden und auf sehr unterschiedliche bereits vorhandene Vorstellungen und Praktiken stoßen. Es ist demnach keineswegs so, daß es eine weltweit einheitliche Hierarchisierung und Kategorisierung der Menschheit, nur e i n e m Rassenkonzept folgend, gibt. Liest man jedoch amerikanische Autoren und Autorinnen, gewinnt man den Eindruck, eine Einheitlichkeit sei schon längst gegeben. Dabei beziehen sich die meisten der Aussagen auf die Verhältnisse in den USA, die eben nicht überall auf der Welt maßgeblich sind.

---

[659] Isaacs 1967: 365, 366. Vgl. dazu auch Wolf 1986: 64 ff.

Wahrscheinlich ist es treffender und exakter, statt vom Kolonialismus westlicher Prägung als Quelle des Rassismus, von Herrschaft und Machtkonstellationen auszugehen, von denen Kolonialismus nur eine bestimmte Spielart ist. Richard Siddle schreibt, Hokkaido werde von Japanern heute nicht mehr als ehemalige Kolonie betrachtet, sei jedoch Teil einer kolonialen Ordnung gewesen. Auch hier werden allerdings für den Zusammenhang zwischen Rassismus und Kolonialismus von Siddle westliche Einflüsse (*„the import of Western knowledge*") neben anderen Faktoren verantwortlich gemacht:

„Modernisation, mass immigration, and capitalist development in the new territory of Hokkaido drastically altered Ainu-Wajin relations, transforming pre-Restoration Confucian and folk images of barbarian Ainu in the process. As the Tokugawa (1603-1868) world-view gave way under the impact of rapid political, economic and social change and the import of Western knowledge, Ainu dispossession and subordination came to be explained and legitimised in the language of 'race'. In other words, the Ainu became a 'racialised' population." (Siddle 1996: 9)

Gerade Siddle zeigt jedoch in seiner Studie japanischer Beziehungen zu den Ainu, daß differenzierte Traditionen mit jeweils aktuellen Interessen und Konflikten zusammenkamen, die zur Herausbildung einer kolonialen Ordnung führten. Innerhalb dieser kolonialen Ordnung spielen Vorstellungen von körperlichen Unterschieden zwischen Herrschern und Beherrschten eine Rolle, die ihre Wurzeln in lokal unterschiedlichen, in den jeweiligen indigenen Bevölkerungen verbreiteten Traditionen haben. Diese Traditionen können weit zurück reichen und lange Zeiten überdauern. Richard Siddle schreibt über stereotype Bilder, die in Japan von den Ainu bestanden:

„By the time of the Meiji Restoration a well-developed image of the barbarian and inferior Ainu paralleled their political and economic subjugation. This image survived intact into the subsequent Kaitakushi period, when, despite a programme of active colonisation by the Meiji authorities, conditions in most of Hokkaido actually changed much less than is often assumed. The stereotypes first articulated under the *basho* system were to prove extremely durable and resurface in later periods and within different contexts; some can still be encountered today." (Siddle 1996: 48)

Europäische Wissenschaft ist nur ein Faktor, der bei der Beschreibung und Erklärung körperlicher Unterschiede eine Rolle spielt. Lokale Klassifikationssysteme, Schöpfungsmythen und Körperkonzepte sind nirgends durch europäische Wissenschaft einfach ersetzt worden. Fragwürdig ist die Annahme, daß Kolonialismus und Imperialismus erst Rassenvorstellungen erzeugt haben. Sehr viel plausibler ist es, davon auszugehen, daß diese auf lokale Traditionen stießen, in denen es bereits Bewertungen körperlicher Unterschiede gab, die auch in Kontakt mit nichteuropäischen Völkern bereits eine Rolle spielten.[660] Es geht also um Wissenssysteme, die durch westliche Einflüsse höchstens verändert wurden. Ein Problem ist, daß nicht-westeuropäisch/amerikanische Wissenssysteme meist gar nicht erst auf Rasseneinteilungen und physische Abgrenzungen verschiedener Klassen von Lebewesen hin untersucht worden sind. Hatten etwa die Ainu eine Vorstellung davon, wer die nicht-behaarten anderen Wesen waren, die in ihr Land kamen? In allen Quellen,[661] wird die ausgeprägte Körperbehaarung der Ainu beschrieben, aber was dachten sie über die „Nacktheit" der Fremden? Bis heute ist die Forschung ethnozentrisch: Im Mittelpunkt steht die Frage, wie E u r o p ä e r die Andersartigkeit der Fremden erklärten – im Gegensatz zur Frage nach deren Welt- und Menschenbild.

Auch Indien ist ein gutes Beispiel gegen die Kolonialismus-Rassismus-These.[662] Die E i n w a n d e r u n g arischer Stämme führte zu einem Aufbau rassischer Hierarchien, die in das Kastensystem mit seinen zahlreichen Ge- und Verboten für Angehörige der verschiedenen Kasten bei gleichzeitigen Privilegien Angehöriger höherer Kasten überführt wurden. Die vedische Literatur gibt Aufschluß über die Beziehungen zwischen ungefähr 2000 v. Chr. eingewanderten Ariern und den dunkelhäutigen indigenen Bevölkerungen, die als *Dasas* (Sklaven) bezeichnet wurden. In Texten der nach-vedischen Periode wird ein Zusammenhang zwischen der Gefahr von Verunreinigung der Mitglieder der rassisch exklusiven Gruppen und Kontakten zu Unreinen niederer Rassen hergestellt. Man vermutet, die Unberührbaren seien aus indigenen ethnischen Gruppen hervorgegangen, denen in der sozialen Hierarchie die niedrigste Position und mit ihr verbunden niedere Tätigkeiten eingeräumt worden seien. Noch heute drücken die emischen Bezeichnungen für „Kaste", *varna* (Farbe, Hautfarbe) und *jati* (Rasse), diesen Zusammenhang aus: „Both terms in their broadest meanings refer to the exclusive racial groups of people in which they acquire their membership by virtue of their birth."[663]

Im folgenden wird ein konkretes Beispiel für die Interpretation ethnographischen Materials ausführlicher dargestellt, um die Folgen der Annahme des Zusammenhanges zwischen europäischer Expansion und Rassismus zu verdeutlichen. Dieser Fall ist auch insofern im Zusammenhang der vorliegenden Untersuchung von Interesse, als es um Status und Bewertung körperlicher Unterschiede in einem Schöpfungsmythos geht. Wulf

---

[660] Dikötter (1992: 1), der auch das Argument von Isaacs (1967) aufgreift.

[661] Um neuere Quellen zu nennen: Siddle 1996, Sjöberg 1993. In älteren Studien wird die Frage der "rassischen Zugehörigkeit" ohnehin gestellt und deshalb auch der Haarwuchs der Ainu beachtet, Leroi-Gourhan und Leroi-Gourhan 1995.

[662] Gandhi 1987.

[663] Ebd.: 118.

D. Hund findet bei Urs Bitterli[664] den Hinweis auf einen „rassistischen Schöpfungsmythos" der Cherokee. In Hunds Darstellung der Akkulturationsgeschichte der Cherokee liest sich das so:

„Selbst den *diskriminierenden Mythen der Europäer* geben sie nach und erzählen sich eine rassistische Schöpfungslegende. Danach habe Gott die Menschen aus Teig gebacken, das erste Exemplar aber zu früh aus dem Ofen genommen, ein bleiches, mißratenes Werkstück, Prototyp der Weißen. Der zweite Versuch sei ihm hingegen gut gelungen, braungebrannt und ansehnlich, Vorfahre aller Indianer. An ihm habe sein Schöpfer sich dermaßen erfreut, daß er darüber ein drittes Exemplar im Ofen vergessen habe, welches dort langsam verkohlte. Von ihm sollen die Schwarzen abstammen, die sich schließlich zu Wohlstand gekommene Cherokee auch als Sklaven halten." (Hund 1999: 52, Hervorhebung B.B.)

Bitterli behauptet indes nicht, daß dies eine Mythe der Europäer sei, sondern schreibt, veränderte traditionelle oder neu erdachte Mythen und Abstammungstheorien reflektierten die geistige und kulturelle Bewältigung des Kontaktes der Einheimischen zu den Weißen.[665] Er gibt in diesem Abschnitt übrigens noch weitere Beispiele für außereuropäische Schöpfungsgeschichten, die sich wertend mit unterschiedlichen „Rassen" auseinandersetzen. Bitterli wiederum hat die Information über die Erzählung der Cherokee aus einer französischen Übersetzung von Herskovits.[666] Auch Herskkovits ist keine Primärquelle, er hat nicht bei nordamerikanischen Gruppen geforscht. Den Mythos gibt Herskovits als Beispiel für Ethnozentrismen außereuropäischer Völker wieder. Er hat ihn wiederum von dem Belgier F. M. Olbrechts erzählt bekommen, der ihn während seiner Feldforschung bei den Cherokee hörte.[667] Das heißt, es gibt eine erste Erzählung während der Feldforschung von F. M. Olbrechts, später eine Nacherzählung von Olbrechts an Herskovits, die dritte ist die Nacherzählung in der Publikation von Herskovits, die vierte findet sich bei Bitterli und die fünfte bei Hund, bei dem die Erzählung von einem Beispiel für außereuropäischen Ethnozentrismus zu einer in ihren Wurzeln europäischen Mythe mutiert. Der Prozeß der „stillen Post", in dem diese Schöpfungsgeschichte weitergegeben wurde, umfaßt einen Zeitraum von ungefähr fünfzig Jahren: von den Feldforschungen Olbrechts, vermutlich in den fünfziger Jahren, bis zur Publikation von Hund im Jahr 1999. Das Beispiel zeigt, daß bei dieser Art ‚historischer' Belege, zumal bei undeutlichen Begriffen, die theoretischen Deutungsneigungen leicht das Übergewicht über die Daten gewin-

---

[664] Bitterli 1976: 344.

[665] Ebd.: 343-344.

[666] Herskovits 1964; Paris 1967: 59 f. Diese Schöpfungsmythe wird auch in philippinischen Schulbüchern tradiert – vgl. Beer 1999 – und ist auch für China belegt, siehe Kapitel 7.

[667] Herskovits 1964: 68, 69.

nen, die ohnehin immer von vorsichtig-selbstkritischer Interpretation und kulturellem Kontextwissen abhängig sind.

9.4 Diskussion

Bei der Diskussion der Kolonialismus-These ging es um zwei Fragen. Erstens um die Frage, ob der Rassismus in den europäischen Eliten entstand, und zweitens, ob rassistische Vorstellungen von den Kolonialisierten übernommen wurden. Das sind Fragen, die vor allem im Rahmen der Quellenkritik diskutiert werden müssen.

Die Herstellung des Zusammenhangs zwischen Rassismus und Kolonialismus ist auf einer sehr allgemeinen Ebene mit Sicherheit zulässig: Kaum eine Gesellschaft ist nicht durch Kolonialismus beeinflußt worden. Untersuchungen von einzelnen Problemen, etwa von im Kolonialismus vorhandenen rassistischen Vorstellungen über „Rassenreinheit", der Schädlichkeit von „Vermischung" und Konstruktionen von Sexualität der Kolonialisierten in Gesetzgebung und Alltagspraxis waren aufschlußreich.[668] Allerdings wird es problematisch, wenn man versucht, in indigenen lokalen Bevölkerungen verbreitete rassistische Vorstellungen ausschließlich aus dem europäischen Kolonialismus abzuleiten. Auch zum Verständnis von Wahrnehmung und Bewertung körperlicher Unterschiede in nicht-kolonialen Situationen tragen diese Ansätze nichts bei. Die Verhältnisse in China und Japan etwa ähneln in vieler Hinsicht dem Umgang mit Minderheiten und indigenen Bevölkerungen durch die europäischen Kolonialmächte, sind jedoch nicht auf diese zurückzuführen.

Für die kognitive Dimension der Feststellung von körperlichen Unterschieden haben Kulturkontakte und Kolonialismus sicherlich eine Rolle gespielt. Wie in anderen Bereichen auch, beginnen Menschen dann zu kategorisieren und zu benennen, wenn das im Alltag notwendig ist. Ohne irgendeinen sich unterscheidenden Fremden, zu dem Kontakt besteht oder bestand, entfällt diese Notwendigkeit. Viele Gesellschaften hatten allerdings schon Vorstellungen, Phantasien und Bilder von fremden, sich deutlich unterscheidenden Wesen entwickelt, bevor sie überhaupt selbst mit diesen in Kontakt gekommen sind. Diese beziehen sich allerdings nicht auf Einteilungen der Menschheit, sondern auf den Gegensatz zwischen Mensch und Nicht-Mensch. Im Bereich der Erzählungen über Geister, Fabelwesen und gemischte, halb menschliche und halb tierische Monstren, wird das deutlich.

---

[668] Etwa die Arbeiten von McClintock 1995; Povinelli 1997; Stoler 1989, 1991 und Inglish 1975.

Die Bedeutung des direkten physischen Kontaktes für die Entstehung von Kategorien zur Einteilung der Menschheit und einer Entwicklung von Bezeichnungen und Begriffen zur Benennung von Unterschieden sollte also nicht unterschätzt werden. Zumal die Frage, welche Wesen menschlich sind und welche außer der Eigengruppe noch existieren, offensichtlich für die meisten Menschen bedeutsam war. Entstand die Notwendigkeit zur Benennung sich deutlich unterscheidender Fremder durch Entdeckungsreisen, Kolonialismus und Imperialismus, muß das jedoch n i c h t heißen, daß Konzepte derjenigen, zu denen Kontakte bestanden, einfach übernommen wurden. Zum einen waren diese Begegnungen zu Beginn meist nur kurzzeitig, vereinzelt, nicht sehr intensiv und eine Verständigung war nicht möglich. Zum anderen bekamen anfänglich nur wenige Individuen die Fremden tatsächlich zu Gesicht.

In seiner Kritik am „kolonialen Paradigma" weist Robert Miles darauf hin, daß sich mit der von Marxisten aufgegriffenen These vom kolonialen Ursprung des Rassismus als Gegenbeispiel die rassistische Ausgrenzung und Verfolgung von Juden innerhalb Europas nicht erklären läßt. Deren wirtschaftliche und soziale Stellung im 19. Und 20. Jahrhundert läßt sich weder als Produkt des Kolonialismus noch selbst als Kolonialismus interpretieren.[669] Auch den meisten im folgenden Kapitel umrissenen marxistischen Theorien liegt das Kolonialismus-Paradigma zugrunde. Die hier formulierte Kritik trifft insofern auch auf die dort dargestellten theoretischen Ansätze zu.

Ein weiterer kritischer Punkt ist die Frage nach den Quellen. Da im Verhältnis Europas zum Rest der Welt der Kontakt sehr einseitig schriftlich dokumentiert ist, fallen auch alle späteren Aussagen sehr einseitig aus. Über die Vorstellungen indigener Bevölkerungen ist wenig bekannt und teilweise nur indirekt rekonstruierbar, wie etwa der Historiker Henry Reynolds gezeigt hat. Aber auch bezüglich der europäischen Reaktionen auf Fremde ist die Quellenlage sehr einseitig: Untersucht werden Elitediskurse. Verfügungen der Kolonialverwaltungen, Gesetze, Artikel in Kolonialzeitschriften etc. sind erhältlich. Untersuchungen, die sich auf Aussagen über Rassismus in diesen Zusammenhängen beschränken, sind ausgesprochen wertvoll. Allerdings sollte diese Einschränkung deutlich gemacht werden. Wie sich Alltag gestaltete, welche rassistischen Vorstellungen in der einfachen Bevölkerung der Kolonialmächte, aber auch in den Kolonien vorherrschten, ist schon schwieriger zu untersuchen. Wechselwirkungen zwischen Elitediskursen und *folk concepts* sind sehr wahrscheinlich – wurden allerdings zu wenig untersucht, um auf einen Export des europäischen Rassismus in die Kolonien schließen zu können. Häufig erscheinen die Bevöl-

---

[669] Miles 1991: 199.

kerungen der Kolonien, wenn es um Rassismus oder Fremdenfeindlichkeit geht, immer noch nur als passive Opfer einer Geschichte, in der sie als Akteure keine Rolle spielten, und somit als „Völker ohne Geschichte" – wie Eric Wolf es formulierte.

Erstaunlich ist, daß in anderen Bereichen, etwa wenn es um Mission und Übernahme religiöser Vorstellungen oder um Veränderungen von Sprache geht, in der Mehrheit ethnologischer Publikationen genau umgekehrt argumentiert wird. Vermischung bzw. Verbindung von einheimischen und fremden kulturellen Konzepten stehen im Mittelpunkt. Es werden Synkretismus, Kreolisierung und Hybridität betont. Der Eigenbeitrag der indigenen Bevölkerungen wird ausgiebig gewürdigt. Und niemand würde behaupten, daß es eine simple Übernahme europäischer Vorstellungen gegeben habe. Hier drängt sich der Verdacht auf, daß der versteckte Wunsch nach dem edlen Wilden in diesen Bereichen die Theoriebildung beeinflußt: Einen Eigenbeitrag indigener Bevölkerungen postkolonialer Staaten zu Rassismus, Fremdenfeindlichkeit oder Ausgrenzung Fremder aufgrund körperlicher Merkmale möchte man nicht wahrhaben.

Eigene lokale Traditionen eines Wissens vom Körper und Vorstellungen körperlicher Normalität gibt es in jeder Gesellschaft. Körperbilder und Konzepte sind keine ausschließlich aufgezwungenen und neuen Vorstellungen, sondern die Verschmelzung verschiedener Wahrnehmungsweisen. So schreibt Jeffrey Clark über die körperlichen Reaktionen bei den Wiru in Neuguinea in Folge von Kolonialismus und Mission:

„The body was socially and historically constructed before its engagement with the agents of the colonial state – 'the experts in normality' (Foucault 1979a: 228) – namely patrol officers and missionaries who, through technologies of power I call 'development', imposed regimes for the discipline and punishment of the body. Indigenous constructions of the body influenced the interaction of Wiru with colonial structures of power. Out of this encounter emerged new subjectivities and identities, all mediated by the new bodies which the colonial order was producing." (Clark 1992: 17)

Allerdings sind lokale Unterschiede in Körperbildern und Konzepten von Normalität des Körpers groß. Insofern kann es auch zu unterschiedlichen Reaktionen kommen. Andrew Lattas beschreibt für die Kaliai in Papua-Neuguinea die Zusammenhänge von Christianisierung und Körpervorstellungen:

„Christianity with its notions of the Fall, of original sin, has always introduced divisions into the self (cf. Foucault 1982). It divides the actual self from what it could be; it alienates the real historical self from what it originally was in the Garden of Eden. The distances it introduces into the self, that is, the space of alienation it opens up inside the self, is a way of empowering its own redemptive function and its own institutional rites. This paper has explored the way the dividing practices of Christianity come to coincide with the racial divisions of a colonial order and also come to coincide with indigenous notions of a doubled self. Kaliai cargo cults are immersed in all these ways of segmenting the self, all these intersecting ways of dividing and doubling the self." (Lattas 1992: 50)

Bei den Wampar ist es, wie in Kapitel 5 ausführlicher beschrieben, nicht zu einer solchen „Segmentierung des Selbst" gekommen. Verallgemeinerungen über die Konsequenzen des Zusammentreffens von Mission, Kolonialismus und einheimischen Fremdwahrnehmungen und Körpervorstellungen sind ausgesprochen problematisch.

In Kapitel 7 wurde der Zusammenhang zwischen Expansion der Han-Chinesen, Reichsgründung und ethnischen Stereotypen sowie zwischen Sklaverei und rassistischen Ausschlußpraktiken bei den Lolo oder Yi angesprochen. Im vorliegenden Kapitel wurde auf Japans kolonialistische Bestrebungen in Hokkaido und stereotype Darstellungen der „rassisch" bedingten Eigenschaften der Ainu hingewiesen. Alle Beispiele verdeutlichen, daß Zusammenhänge von Herrschaft und Rassismus weder rein europäische, noch ausschließlich auf Kolonialismus bezogene Phänomene darstellen. Rassismus und Kolonialismus treten auffällig häufig zusammen auf. Kolonialismus ist jedoch nur e i n e Form der Herrschaft, die im Zusammenhang mit Rassismus von Bedeutung ist.

10. Marxistische und neo-marxistische Rassismustheorien

10.1 Grundlagen

Einleitend wurden in Teil III bereits zwei in den Sozialwissenschaften vor allem in Großbritannien vertretene Grundpositionen der Rassismus-Forschung dargestellt: Diejenigen, die sich mit *race relations* beschäftigten und diejenigen, die sich mit *racism* auseinandersetzen. Erstere sehen auch in Rassenbeziehungen normale Formen der Intergruppen-Konflikte, letztere betrachten Rassismus tendenziell als „krankhafte" Entwicklung moderner Industriegesellschaften und fassen Rassismus als Ideologie auf. Zu dieser Richtung gehören sowohl Robert Miles als auch Stuart Hall. Beide sind Vertreter neuerer neo-marxistischer Richtungen in Großbritannien, die seit den achtziger Jahren in der soziologischen Diskussion um die Erklärung rassistischer Phänomene im Mittelpunkt standen.

Im folgenden werden unter „Grundlagen" zunächst die Vorläufer heutiger marxistischer Erklärungsansätze und im Abschnitt 10.2 neuere Ansätze dargestellt, die versuchen, Rassismus aus einer modifizierten marxistischen Sicht zu erklären. Es gibt allerdings Überschneidungen der klassischen marxistischen Rassismustheorien mit den im vorigen Kapitel dargestellten Ansätzen zur Erklärung der Entstehung von Rassismus als ausgelöst durch Kolonialismus und Imperialismus. Percy Cohen schreibt über den „einfachen" marxistischen Erklärungstypus:

„According to this theory, the problems of race relations arise when colonists employ a conquered people, either on their own soil or elsewhere, to exploit the resources which they have acquired through conquest or so-called discovery. In these circumstances a structure emerges in which the members of different racial groups constitute separate classes, a dominant class and a labouring class. Here, the freedom of the one group to exploit the other as fully as possible is facilitated by a clear demarcation of the boundaries around each group; and the most obvious line of demarcation is that of racial difference." (Cohen 1976)

Auch wenn sehr viel von Marxisten und Neo-Marxisten zu Rassismus geschrieben wurde, lassen sich ihre Erklärungsansätze auf einige wenige Grundannahmen zurückführen. Diese sind in der folgenden Tabelle zusammengestellt und der ausführlicheren Diskussion vorangestellt, um die Auseinandersetzung leichter verständlich zu machen:

Merkmale des Kapitalismus	Funktionen von Rassismus
Kolonialismus Imperialismus Sklaverei	Rechtfertigung von Kolonialismus und Imperialismus Sklaven seien wertlose „Objekte"; dieser Logik entsprechend müßten sie auch „von Natur aus" minderwertiger sein
Ausbeutung der Arbeiterklasse	Verschleierung der Klassengegensätze, Ablenkung vom wirklichen Gegner Spaltung der Arbeiterschaft, Stabilisierung von Herrschaft
Ausbeutung der Arbeitskraft	Rechtfertigung niedriger Löhne

Tabelle 7: Merkmale des Kapitalismus und Funktionen von Rassismus.

Einer der frühesten Vertreter einer klassisch-marxistischen Interpretation von Rassismus, der dem Kolonialismus die von Cohen dargestellte Bedeutung zuschrieb, war Oliver C. Cox. Für ihn war Rassismus eine Ideologie mit dem Ziel, die Arbeiterklasse von den eigentlichen gesellschaftlichen Gegensätzen abzulenken.[670] Das kapitalistische Wirtschaftssystem und die Irreführung der Arbeiterklasse waren für Cox zentrale Ursachen der Entstehung von Rassismus: „Our hypothesis is that racial exploitation and race prejudice developed among Europeans with the rise of capitalism and nationalism, and that because of the world-wide ramifications of capitalism, all racial antagonisms can be traced to the policies and attitudes of the leading capitalist people, the white people of Europe and North America."[671] Als Rassenbeziehungen definierte Cox alle sozialen Kontakte, die durch ein Rassenbewußtsein geprägt sind. Er fügte außerdem hinzu, daß es für unterschiedlichen „Rassen" zugeordnete Personen möglich sei, Kontakte zu pflegen, ohne daß man diese als Rassenbeziehung verstehen müsse.[672] Diese Annahme sei Voraussetzung dafür, daß Menschen das „falsche Rassenbewußtsein" überwinden könnten. Mit seiner Auffassung von Rassenbeziehungen als Beziehungen zwischen Personen aus sozial definierten und nicht an sich gegebenen Kategorien, vertrat Cox für seine Zeit ein modernes Konzept der Rassenbeziehungen. Neu daran war, daß er der

---

[670] Cox 1970 (zuerst 1949), dort vor allem Kapitel 16-25.
[671] Ebd.: 322.
[672] Ebd.: 320.

Rassenzugehörigkeit keine in a l l e n sozialen Situationen wirksame Bedeutung zuschrieb.

Daß bestimmte Ausschlußmechanismen auch zwischen Angehörigen e i n e r Bevölkerung vorkommen, innerhalb derer keine „Rassen"-, sondern Klassenunterschiede konstruiert wurden, spricht dafür, Rassenbeziehungen als Teil von oder zumindest im Zusammenhang mit Klassenbeziehungen zu sehen. Mitglieder der herrschenden Klasse haben sehr stereotype Vorstellungen von den unteren Klassen. Man beschreibt sie als unmoralisch, schmutzig, faul oder als in ihrer Sexualität unkontrolliert. Männer der herrschenden Klasse nehmen sich Frauen der unteren als Sexualpartner, heiraten sie aber nicht. Umgekehrt sind Beziehungen zwischen Frauen der höheren Schichten und Männer mit einem niedrigen Status stärker sanktioniert.[673] Die Bereiche der Vorurteile zu Sexualität, Moral und Sauberkeit sind in abwertenden Darstellungen von Arbeitern ähnlich wie in Darstellungen „niederer" Rassen. In Bezug auf typische Gerüche, die Arbeiter kennzeichnen sollen und Klassenunterschiede markieren, habe ich das an anderer Stelle bereits genauer ausgeführt.[674]

Einige Autoren, die marxistische Erklärungsansätze verfolgen, beziehen sich stärker auf die Sklaverei als Ursprung von Rassismus. In der Sklaverei werde nicht nur Arbeitskraft, sondern der ganze Mensch verkauft und dadurch würden Sklaven zu Objekten. Daraus wiederum ergebe sich die Abwertung der Sklaven zu Menschen eines niedrigeren Wertes. Weil Herr und Sklave sich der Logik des Systems entsprechend in ihrer Natur unterscheiden m ü s s t e n , werde ihre Rassenzugehörigkeit (ihr Phänotypus) als Repräsentation ihrer grundsätzlichen Andersartigkeit aufgefaßt. Von der Sklaverei habe sich diese Einstellung auf andere koloniale Situationen ausgedehnt.[675]

Eine andere Variante dieser Theorien sieht Ursprünge für Rassismus ebenfalls in Kolonialismus und Sklaverei. Diese Entwicklung habe heute zu einem „internen Kolonialismus" geführt:

„... as a result of slavery and of colonialism, there is now a system of internal colonialism within certain capitalist societies in which members of racially inferior groups are treated as though they were not truly members of that society and can therefore be made to submit to practices of discrimination, exclusion and exploitation which no other members of that society could be expected, by its dominant sections, to tolerate." (Cohen 1976: 11)

In diesem Erklärungszusammenhang wird etwa die afroamerikanische Bevölkerung der USA als interne koloniale Bevölkerung gesehen. Miles

---

673 Cohen 1976: 10.
674 Siehe: Beer 2000 a.
675 Cohen 1976: 11.

betont, daß nicht nur Rassismus die Durchsetzung kolonialer Interessen legitimiert habe, sondern daß in England der interne Kolonialismus auch dazu beigetragen habe, die Einbeziehung von verschiedenen Bevölkerungsgruppen in die kapitalistische Produktionsweise zu legitimieren und die Feudal- sowie die Subsistenzwirtschaft aufzubrechen. „'Savage races' were identified not only in Africa but also in Ireland and the Highlands and Islands of Scotland where it was also argued that 'progress' required the 'barbarians' to submit to the 'inevitable' process of civilisation."[676] Rassismus habe auch die englische Dominanz innerhalb des United Kingdom gefestigt.[677]

Die These vom internen Kolonialismus besagt, daß im jeweiligen Land lebende Minderheiten den Status von Kolonisierten hätten. Bezogen auf die afroamerikanische Bevölkerung wurde argumentiert, daß Ausbeutungsverhältnisse entlang von Rassengrenzen verlaufen. Dabei dominiere die Rassenzugehörigkeit über die Klassenzugehörigkeit, auch wenn sie von dieser abhängig sei. Eckhard Dittrich schreibt, dieses Erklärungsmodell setze sich von herkömmlichen integrationistischen Assimilationstheorien ab. Es gehe nicht von einem auf Gleichheit abzielenden Wandlungsprozeß aus. Außerdem versuche die Theorie des internen Kolonialismus nicht, Rassismus ausschließlich als Kapitalstrategie zur Spaltung der Arbeiterklasse und Verbilligung der Arbeitskräfte zu sehen, sondern versuche, die Position der schwarzen Arbeitskräfte in ihrer Unterordnung unter weiße Arbeitskräfte theoretisch zu fassen.[678]

Cox' Arbeit wurde erstmals 1949 veröffentlicht und wird seitdem immer wieder bis in die achtziger und neunziger Jahre zitiert. Seine Grundlagen, Annahmen und Behauptungen werden vielfach gar nicht diskutiert, vermutlich einfach deshalb, weil die Formel, auf die er das Problem bringt, einfach und griffig scheint. So wird sie denn auch immer wieder- und weitergegeben, um weitere Behauptungen zu stützen. Friedrich Heckmann etwa schreibt, sich auf Cox beziehend,:

„Der Rassismus entsteht erst mit dem neuzeitlichen Kolonialismus. Die religiöse Definition menschlicher Gleichheit, die zu Beginn des Zeitalters der Entdeckungen und Kolonisierungen die koloniale Urbevölkerung noch als prinzipiell assimilierbar angesehen hatte — unter Bedingungen ihrer ‚Bekehrung' zum Christentum — kam in Konflikt mit den Rechtfertigungsbedürfnissen kolonialer Versklavungs- und Ausrottungspolitik." (Heckmann 1981: 55, außerdem wörtlich so: 1992: 148)

Eine Diskussion möglicher Gegenbeispiele zur These des Entstehens von Rassismus aus dem neuzeitlichen Kolonialismus findet sich bei Heckmann

---

[676] Miles 1996: 239.
[677] Ebd.: 243.
[678] Dittrich 1991.

weder in seiner Publikation von 1981 noch in der von 1992. Als positives und einziges vorkoloniales Beispiel führt er die Arbeiten von Snowden[679] über den hohen Status der Äthiopier in der Antike an.

Als zweite Quelle von Rassismus sieht Heckmann, neben der legitimatorischen Absicherung der kolonialen Sklaven- und Zwangsarbeit, nach Lúkacs die Erschütterung der Herrschaft des Adels durch Aufstieg und Etablierung des Bürgertums. Das Bürgertum habe feudale Privilegien und Standesunterschiede bekämpft. Das habe beim Adel ein Bedürfnis nach ideologischer Abwehr und Verteidigung der Privilegien hervorgerufen und aus diesen Auseinandersetzungen sei die Rassentheorie entstanden. Der Adel habe bisherige Standesunterschiede damit verteidigen wollen, daß sie nur die juristische Form natürlicher Ungleichheit verschiedener Rassen gewesen seien.[680] Der Adel sei die Nachkommenschaft der herrschenden Rasse der Franken gewesen, während die übrige Bevölkerung zur Rasse der unterworfenen Gallier gehört habe. Diese Theorie stamme von Graf Boulainvilliers, der seine Thesen 1727 veröffentlicht habe. Graf Gobineau weitete anschließend die These der Identifizierung sozialer Hierarchie und Rasse Mitte des neunzehnten Jahrhunderts auf jede Form sozialer Ungleichheit aus.[681]

Genau wie Heckmann bezieht sich auch Roger Sanjek in seinem einleitenden Artikel *The Enduring Inequalities of Race* von 1994 zu dem von ihm herausgegebenen Sammelband *Race* in derselben Reihenfolge erst auf Cox, dann auf Linton und danach auf die Arbeiten Snowdens.[682] Innerhalb der Kultur- und Sozialwissenschaften hat sich hier ein Zusammenhang herausgebildet, der in zahlreichen Arbeiten wiederholt, aber weder diskutiert noch argumentativ verfeinert und weiterentwickelt wird. Die Behauptung ist zu einem Fundament erstarrt, das nicht mehr in Frage gestellt wird, und auf dem alle weiteren ebenso allgemeinen Überlegungen aufbauen. Die Publikation von Cox war ein grundlegender Baustein, mit dem die Tradierung der genannten Grundannahmen begannen.

Das Problem, daß auch in anderen Zusammenhängen als in kapitalistischen Gesellschaften Vorstellungen von körperlicher Verschiedenheit und Minderwertigkeit Fremder eine Rolle spielen können, löst Cox dadurch, daß er diese Unterschiede zu kulturellen Unterschieden erklärt, in denen Phänotypus, Abstammung und somit die biologischen Grundlagen keine Rolle spielten. In Rassenbeziehungen dagegen stehe der Phänotypus im Mittelpunkt. Diese Auffassung steht in Widerspruch zu seiner eingangs

---

679 Snowden 1970, 1983.
680 Heckmann 1981: 57, 1992: 149.
681 Ebd.: 150.
682 Sanjek 1994 a: 2-3.

bereits erwähnten Position, daß Rassenbeziehungen soziale Kategorien seien, deren Bedeutung nicht in der Natur des Unterschieds liege, sondern in dessen Bewertung durch die Akteure. Soziale Unterschiede im indischen Kastensystem sieht Cox beispielsweise als ausschließlich kulturelle, da keine Bezugnahme auf physische Unterschiede notwendig sei.[683] Hier handelt es sich schlicht um eine Behauptung.

Cox beschreibt, daß in Hawaii alle Hierarchien und Antagonismen zwischen Menschen verschiedener Herkunft (Japaner, Chinesen, Filipinos) letztlich auf die Ideologie der weißen Elite zurückzuführen seien. „In Hawaii, then, a man's color is a matter of no little concern to him. Officially all persons, white or colored, are equal; but in practice the color of the Anglo-Saxon is economically most valuable and, to be sure, socially most satisfying."[684] Auch für Nachkommen aus „interrassischen" Ehen sei diese Hierarchie entscheidend. Hier macht Cox den bereits kritisierten Fehler, alle „nicht-weißen Bevölkerungen" als frei von Rassevorstellungen darzustellen, die dann ein fremdes Wertsystem unverändert übernommen hätten.

10.2 Neo-marxistische Ansätze

Klassische marxistische Theorien gingen davon aus, „Rassismus" sei eine Ideologie, die mit der Entwicklung des Kapitalismus entstanden sei. Aus diesem Blickwinkel gesehen dienen Rassenkategorien dazu, die Arbeiter auszubeuten, die Arbeiterschaft zu spalten und damit zu verhindern, daß sie ihren wirklichen Gegner erkennt.[685] Man ging davon aus, es handele sich in vielen Fällen nicht um Rassen-, sondern um Klassen-Auseinandersetzungen, die durch die „Ideologie" des Rassismus nur verdeckt werden sollten.[686] In neo-marxistischen Ansätzen wird Rassismus ebenfalls in erster Linie als Produkt des Kapitalismus sowie als Mittel des Machterhalts der herrschenden Klasse gesehen.[687] Allerdings haben sich jeweils der Klassenbegriff sowie Auffassungen davon verändert, was unter Rassismus zu verstehen sei. Anderson grenzt Nationalismus und Rassismus in ihrer Beziehung zu Nation und Klasse voneinander ab:

---

[683] Cox 1970: 423.

[684] Ebd.: 379-380.

[685] Siehe vor allem: Cox 1970. Werner Ruf schreibt: „... denn durch den rasse-, kultur- oder religionsspezifischen Lohn gelingt es, die Arbeiterklasse als solche zu spalten – die Medien tun das Ihre dazu. Der Kampf der Lohnabhängigen verlagert sich ins Lager der Lohnabhängigen selbst." (1985: 103).

[686] Werner Ruf (1985, 1989) versucht etwa zu begründen, daß sich Rassismus direkt aus der Funktionsweise kapitalistischer Ökonomien ableiten lasse.

[687] Marxistische Ansätz vertreten beispielsweise Cox 1970, Ruf 1985, 1989 und Sivanandan 1982.

„Der Nationalismus denkt – darauf kommt es hier an – in historisch-schicksalhaften Begriffen, während der Rassismus von immerwährenden Verunreinigungen träumt, die sich vom Ursprung der Zeiten an in einer endlosen Folge ekelerregender Kopulationen fortpflanzen" ... „Die Ideologien, in denen die Phantasien des Rassismus ihren Ursprung haben, sind in Wirklichkeit eher solche der Klasse als der Nation: vor allem die Ansprüche der herrschenden auf ihr Gottesgnadentum und der Aristokraten auf ‚blaues‘ oder ‚weißes Blut‘ und ihre ‚Herkunft‘." (Anderson 1993: 150)

Ähnlich wie bei dem Zusammenhang von Ethnie und Rasse, können auch Rassen- und Klassenkategorien zusammenfallen, müssen das aber nicht. Auch wenn Klassengegensätze unter ganz bestimmten Umständen für rassistische Tendenzen und Konflikte verantwortlich gemacht werden können, wäre es meines Erachtens doch zu reduktionistisch, alle Gegensätze auf diese Struktur zurückzuführen. Manche marxistischen Theoretiker sahen im w e i ß e n Rassismus einen historischen Zufall. Die wirtschaftliche und politische Macht lag in den Händen der Europäer, deshalb legitimierten Weiße ihre Herrschaft über Schwarze mit Hilfe von Rassismus. Sie behaupteten, an anderen Orten zu anderen Zeiten habe es keine Vorurteile gegen Schwarze gegeben. Durch Studien über deren Existenz in der muslimischen Welt vor dem 15. Jahrhundert und dem frühen Christentum wurden sie jedoch widerlegt.[688]
Eine weitere an marxistische Ansätze angelehnte Theorie der sozialen Schichtung führt Rassismus auf Eroberung und Herrschaft allgemein zurück. Sklaverei sei danach nur ein bestimmter Fall der allgemeineren Theorie. Eroberung würde immer zu rassischer Schichtung führen, wie etwa in Australien, Süd- oder Zentralamerika, unabhängig davon, ob die Arbeitskraft der indigenen Bevölkerung ausgebeutet werde oder nicht. Die Existenz von pluralen Gesellschaften, in denen nicht alle „rassischen" Gruppen deutlich geschichtet sind und einige nebeneinander existieren, erklären Schichtungs- und Klassentheoretiker damit, daß letztlich dennoch e i n e dominante Gruppe die Oberherrschaft habe. Alle anderen „Rassen" oder Ethnien könnten dann voneinander unabhängig existieren und kämen nur im Beziehung zum Markt miteinander in Kontakt. Eine solche Koexistenz sei jedoch nur möglich, wenn die Dominanz der Kolonialmacht verhindere, daß eine der dominierten ethnischen Gruppen die Macht ergreife.[689]
Einen weiteren Ansatz, der ebenfalls eher einem Schichtenmodell entspricht, aber nicht in die klassische Argumentationsweise der Marxisten und Neomarxisten gehört, vertreten John Rex und seine Mitarbeiter.[690] Sie orientieren sich stärker an Theorien Max Webers.[691] Auch Vertreter dieses

---

[688] Drake 1987: 57. Zur islamischen Welt vgl. Lewis (Hg.) 1970.
[689] Cohen 1976: 12.
[690] Rex und Moore 1967; Rex und Tomlinson 1979; Rex 1975, 1986, 1992.
[691] Siehe Rex 1992.

Ansatzes sehen die Unterscheidungen von „Rassen" vor allem in materiellen Gegensätzen begründet. Allerdings beziehen sie Ungleichheit nicht nur auf Klassengegensätze, sondern allgemeiner auf eine ungleiche Machtverteilung und unterschiedlichen Status.[692] Rex, der Hauptvertreter dieser Richtung, bringt, wie auch die Marxisten, die Benachteiligung von Migranten in Verbindung mit Klassenzugehörigkeit, wobei er einen erweiterten Klassenbegriff zugrundelegt, der auch Unterschiede im Lebensstil einschließt.[693] „In his many writings Rex has seemed to vacillate between the broader Weberian approach, as advocated by Parkin, and a position with many similarities to Marxism."[694] Bradley schreibt, der Ansatz Webers erlaube eine mehrdimensionale Theorie von sozialer Schichtung und Gruppenkonflikten, mache jedoch nicht deutlich genug, welche Rolle Ethnizität und Rasse darin spielen. Dies sei ein Grund dafür, daß auch bei Rex und Parkin immer wieder Klassenkonzepte im Mittelpunkt stehen.[695]

Sowohl die Arbeiten von Rex als auch die historisch ausgerichteten Untersuchungen von Michael Banton der siebziger Jahre des zwanzigsten Jahrhunderts und die Studien ihrer jeweiligen Mitarbeiter bzw. Schüler wurden zunehmend kritisiert. In den achtziger Jahren ging diese auf neomarxistische Ideen aufbauende Kritik am bis dahin vorherrschenden *race relations*-Ansatz in Großbritannien von Robert Miles aus. In seinen Grundzügen wurde der Gegensatz *race relations* versus *racism* bereits in der Einleitung zu Teil drei beschrieben. Miles forderte in *Racism and Migrant Labour* (1982) eine Untersuchung von Rassismus, den er als integralen Bestandteil der Kapitalakkumulation betrachtete.[696] Nach Miles muß der die wahren ökonomischen Beziehungen verschleiernde Begriff *race* endgültig verbannt werden, er sei „...an idea that should be explicitly and consistently confined to the dustbin of analytically useless terms."[697] Er warf Rex und Banton und deren Mitarbeitern die Verwendung der Bezeichnung *race relations* vor. Zentral für Miles Analysen wurde stattdessen der Begriff der „*racialisation*". Damit betont er den P r o z e ß der Bildung von Rassenkategorien. Miles schreibt: „I therefore employ the concept of racialisation to refer to those instances where social relations between people have been structured by the signification of human biological characteristics in such a

---

692 Rex und Tomlinson 1979: 1-35.
693 Siehe vor allem Rex und Moore 1967; Rex 1975, 1986, 1992; Rex und Mason (Hg.) 1992.
694 Bradley 1996: 128.
695 Ebd.: 129.
696 Schon 1980 in dem von Robert Miles und Annie Phizacklea veröffentlichten „*Labour and Racism*" kritisieren beide Autoren die Ansätze zur Untersuchung von *race relations*, und analysieren die geringe Vertretung schwarzer Arbeiter in britischen Gewerkschaften sowie die fehlende Ausprägung eines gemeinsamen Klassenbewußtseins der Arbeiterschaft, das auch in politische Aktion münden könnte.
697 Miles 1989: 75.

way as to define and construct differentiated social collectivities." (Miles 1989: 75)

Der Begriff *racialisation* wurde nach und nach in den bereits großen Kanon der mit „Rasse-" gebildeten Ausdrücke aufgenommen, hat jedoch bisherigen Konzepten keine wirklich neue Qualität und neue Möglichkeiten hinzugefügt. Auch *race relations*-Theoretiker gingen von „Rassen" als sozialem Konstrukt aus, also als von Menschen gemachten Kategorien, die entstehen, sich eventuell wandeln und denen *human biological characteristics*, auf die sich auch Miles bezieht, nur als Kennzeichen dienen.

Miles argumentierte, in der kapitalistischen Weltwirtschaft würden mobile Arbeiter gebraucht, andererseits aber zielten Staaten darauf ab, feste Grenzen zu konstruieren. Also diene Rassismus dazu, gleichzeitig Flexibilität und unüberwindliche Abgrenzungen zu erzeugen:

„Within the British setting this ideological work conducted primarily by the state acts as a means of crisis management and results in racialising fragments of the working class. Race politics are thus confined to the forces of regulation. For Miles the construction of political identities which utilise racial consciousness plays no part in the development of a progressive politics." (Solomos und Back 1996: 9)

Für Miles sind rassische Unterschiede immer nur im Kontext von Klassen-Unterschieden von Bedeutung. Mit diesem Klassenreduktionismus macht Miles das Konzept des Rassismus allerdings für jeden anderen Zusammenhang unbrauchbar. Auch Werner Ruf bezieht sich vor allem auf die unterschiedliche Bewertung von Lohnarbeit. Danach habe Rassismus die Funktion, unterschiedlich bewertete Formen der Lohnarbeit und Arbeitsbedingungen bei europäischen bzw. amerikanischen Arbeitern und denen aus der Dritten Welt zu legitimieren. So werde Rassismus eingesetzt, um je nach „rassischer", religiöser und ethnischer Zugehörigkeit einen spezifischen Lohn zu rechtfertigen.[698]

Ebenfalls in den achtziger Jahren des zwanzigsten Jahrhunderts entstand in Großbritannien die zweite kritische Richtung der „radikalen Soziologie", die sich innerhalb der Sozialwissenschaften gegen die liberale *race relations*-„Schule" wandte. Vom *Centre for Contemporary Cultural Studies* (CCCS) in Birmingham wurde 1982 der Sammelband *The Empire Strikes Back* herausgegeben, der die Diskussion bis in die neunziger Jahre beeinflußte. Für die Rassismusforschung sind auch die Arbeiten Stuart Halls – Ende der siebziger Jahre Direktor des CCCS – von Bedeutung. Den Mitarbeitern des CCCS ging es um die Frage, wie „Rasse" (in England) als soziale und politische Beziehungen bestimmende Kategorie konstruiert wurde. Wie Solomos und Back schreiben, haben die durch das CCCS aus-

---

[698] Ruf 1985: 92-103.

gelösten Diskussionen zur Politisierung der wissenschaftlichen Auseinandersetzung und Forschung beigetragen.[699] Ich möchte jedoch bezweifeln, daß die Ergebnisse dadurch qualitativ besser geworden sind. Im Gegenteil: die Diskussion hat erheblich an Sachlichkeit eingebüßt, und es wurde mehr Papier für innerwissenschaftliche Rassismusvorwürfe aufgewandt als für die Analyse sozialer Situationen.

Robert Miles zeigte schon 1984 auf, eines der Hauptprobleme an dem CCCS-Band sei, daß einerseits „Rasse" als analytische Kategorie verworfen werde und stattdessen „racist ideology and structuration in specific historical circumstances" untersucht werden solle.[700] Miles kritisiert, daß aber andererseits schon der Untertitel des Buches *Race and Racism in 70s Britain* sowie der Titel des ersten Kapitels „presents 'race' as a (if not *the*) central analytical concept of the text."[701] Dieses Problem trifft nun auch diejenigen Autoren, die andere wiederum der *reification of race* bezichtigen. Jeder nimmt für sich in Anspruch, eine echte Alternative zu bieten. In der Untersuchung von Rassenkategorien geraten jedoch alle Autoren in den Verdacht, diese zu akzeptieren, zu stabilisieren oder gar hervorzubringen. Miles schreibt: „Sivanandan and the CCCS authors retain the ideological notion of 'race' in order to endorse a particular form of political action. In so doing, they legitimate the common sense understanding of 'race'."[702] Diese Auseinandersetzung ist so überflüssig, daß es schon schwerfällt, darüber zu schreiben: Alle der hier vorgestellten Autoren lehnen die Übernahme biologischer Rassenkonzepte explizit ab und betrachten sie als s o z i o k u l t u r e l l e Kategorien. Dieser Umstand fällt jedoch bei den Auseinandersetzungen zwischen der britischen *liberal* und *radical sociology of ‚race relations'* völlig unter den Tisch. Vorwürfe, die jeweils anderen würden die Existenz von Rassen anerkennen und somit festigen, sind üblich. Auch die ewigen Anführungsstriche – ‚race' relations – helfen da nicht weiter.

Offensichtlich werden weitere Schwächen und die Schwierigkeiten einer sachlichen Auseinandersetzung, wenn man sich zunächst Stuart Halls Definitionen von „Rassismus" und weiterer zentraler Begriffe ansieht.[703] Hall schreibt von vielen historisch-spezifischen „Rassismen", hat jedoch nie einen vergleichenden Standpunkt eingenommen. Die Betonung, daß Rassismus sich in verschiedenen kulturellen und historischen Situationen unterschiedlich zeigt, ist einleuchtend. Letztlich haben, wie auch Miles in

---

699 Solomos und Back 1996: 11.
700 CCCS 1982: 281.
701 Miles 1984: 219 (Hervorhebung im Original).
702 Ebd.: 232.
703 Hall 1989: 56-91.

seiner Kritik formuliert, die Autoren des CCCS-Kollektivs es jedoch vermieden, Rassismus zu definieren. Es findet sich kein Hinweis darauf, was die historisch-spezifischen Fälle von Rassismus gemeinsam haben.[704] Mit seiner Unterscheidung in expliziten und impliziten Rassismus eröffnet Hall dann die Möglichkeit, prinzipiell jedes Verhalten als „unbewußt" rassistisch zu erklären:

„Mit implizitem Rassismus meine ich jene scheinbar naturalisierte Repräsentation von Ereignissen im Zusammenhang mit ‚Rasse' – ob in Form von ‚Tatsachen' oder ‚Fiktion' –, in die rassistische Prämissen und Behauptungen als ein Satz unhinterfragter Vorannahmen eingehen. Diese ermöglichen die Formulierung rassistischer Aussagen, ohne daß die rassistischen Behauptungen, die ihnen zugrunde liegen, je ins Bewußtsein drängen." (Hall 1989: 156)

Auch das Problem, wie diese unhinterfragten Vorannahmen und unbewußt rassistischen Aussagen eigentlich empirisch untersucht werden können, bleibt bei Hall ungelöst.

Anerkennend schreiben Ute Bösinger et al.: „Rasse wird bewußt im doppelten Sinne als soziologische Kategorie und als politischer Kampfbegriff verwendet. Hier verbindet sich wissenschaftliche Arbeit mit politischer Aktivität."[705] Halls „politischer Kampf" und seine Arbeiten beziehen sich jedoch ausschließlich auf die britische Gesellschaft und auch dort nur auf die Benachteiligung ganz bestimmter Gruppen.[706] In anderen Zusammenhängen ist damit wenig anzufangen.

Die oben skizzierten Übereinstimmungen in Herrschafts- und Ausschlußprinzipien zwischen Klassen oder Bevölkerungsschichten und in „Rassen"-Beziehungen lassen auf eine Rückführung auf ähnliche Abgrenzungsprozesse schließen. Auch eine Übertragung von sozioökonomischen Herrschaftsmechanismen auf ‚rassische' Herrschaftsbeziehungen wäre möglich. Hall entwickelte das Modell einer neuen Klassenbildung ausgehend von rassischen Unterschieden.[707] Er skizziert eine Klassenstruktur der Gesellschaft, die auf der Basis von „Rassen" existiere. Hall stützt sich dabei vor allem auf einen durch Antonio Gramscis Werk „erneuerten" Marxismus und meint, damit einen reduktionistischen Klassenbegriff vermeiden zu können. Allerdings steht auch bei ihm die Verbindung von Rasse und Klasse immer im Vordergrund.

Andere neo-marxistische Autoren wie A. Sivanandan – aber auch die vorher aufgezählten der Texte des CCCS – erklären schwarze Einwanderer zur Avantgarde einer *culture of resistance*. Sivanandan schreibt, schwarze

---

[704] Siehe dazu Miles 1991: 197.
[705] Bösinger, Dehdashti, Grell und Rüssing 1990: 10.
[706] Auf diesen Mangel weist vor allem Miles (1991: 197) hin.
[707] Hall 1989.

seien eher als weiße Arbeiter zu Vorreitern des Klassenkampfes geeignet, weil die Form ihrer Unterdrückung eine andere Qualität habe als die des weißen Arbeiters.[708] In den 70er Jahren des zwanzigsten Jahrhunderts hätten die jugendlichen Anhänger der Rasta-Bewegung in England den Widerstand gegen Kapitalismus, neo-koloniale und imperialistische Ausbeutung angeführt.[709] Auch bei diesen Vorstellungen scheinen Wunsch und Wirklichkeit durcheinander zu gehen. Da es hier jedoch nicht um eine Untersuchung der radikalen schwarzen Arbeiterklasse oder radikaler britischer Soziologen geht, soll der Hinweis auf diese Diskussionen ausreichen. Noch ausführlicher setzt sich Miles damit auseinander.[710] Am Alltag der Menschen, an Überschneidungen von Zugehörigkeiten zu „Rasse", Klasse und Geschlecht, die wirtschaftlicher, kultureller, sozialer und auch biologischer Art sind, zielen diese Ansätze meines Erachtens jedoch vorbei.

Ebenfalls an marxistische Theorien angelehnt setzen sich Etienne Balibar und Immanuell Wallerstein mit dem Problem des Rassismus auseinander. Ich möchte hier nicht auf ihre spezielle Lesart von Marx, auf das Problem des Übergangs vom Klassenkampf zum Kampf ohne Klassen oder die Beziehung zwischen Rassismus und Nationalismus eingehen. In der gegenwärtigen Diskussion um Rassismus wird vor allem die von Balibar aufgeworfene Frage aufgegriffen, ob es einen Neo-Rassismus gibt.[711] Bei dem von Balibar beschriebenen Neo- oder differentialistischen Rassismus[712] handelt es sich um „einen Rassismus ohne Rassen". Gemeint ist ein Rassismus, „dessen vorherrschendes Thema nicht mehr die biologische Vererbung, sondern die Unaufhebbarkeit der kulturellen Differenzen ist; eines Rassismus, der – jedenfalls auf den ersten Blick – nicht mehr die Überlegenheit bestimmter Gruppen oder Völker über andere postuliert, sondern sich darauf ,beschränkt', die Schädlichkeit jeder Grenzverwischung und die Unvereinbarkeit der Lebensweisen und Traditionen zu be-

---

[708] Sivanandan 1982: 94 ff.

[709] Sivanandan 1992 a: 57 ff.

[710] Miles 1984. Er geht noch ausführlicher auf die Vernachlässigung der Produktionsbedingungen zu Gunsten kultureller Faktoren bei den genannten Autoren ein und schreibt: „My argument is that in order to maintain this view of 'black people' as a necessarily homogeneous political force, determined in the realm of the political and the ideological, it is necessary to ignore the role of the social relations of production. This only constitutes a difficulty if one wishes to work within Marxist theory." (1984: 223). Ein besonderes Problem für die Theoretiker der schwarzen radikalen Arbeiterschaft stellen Einwanderer dar, „whose political ideology and practice can only be described as conservative." (ebd.: 226). Allerdings sind, wie zu erwarten, diese Migranten nicht genauer untersucht worden, wenn auch ihre Existenz am Rande erwähnt wird.

[711] Auf einen solchen „neuen Rassismus" beziehen sich etwa auch Castles (1991) und Sivanandan (1992 a, b).

[712] Der Begriff wurde von Pierre-André Taguieff geprägt und von Etienne Balibar aufgegriffen. Differentialistischer Rassismus und Neo-Rassismus werden synonym verwendet. Siehe dazu auch: Taguieff 1991.

haupten."[713] Stephen Castles schreibt, im Neo-Rassismus werde die Unüberwindbarkeit von kulturellen Unterschieden vor allem aufgrund ihrer angeblichen Verwurzelung in der menschlichen Natur sowie in der Geschichte hergestellt.[714] Bei der Analyse der Verwendung kultureller Unterschiede in „rassistischer" Weise geht es Balibar um den Umgang mit Migranten in Frankreich und England. Der Neo-Rassismus warne dort vor „Kulturvermischungen" und der Beseitigung „kultureller Distanzen", die den geistigen Tod des Menschen bedeuten und sogar das biologische Überleben der Menschen gefährden würden. Balibar bezieht sich in dieser Kritik am differentialistischen Rassismus auf einen von Claude Lévi-Strauss 1971 für die UNESCO verfaßten Vortrag.[715] Balibar faßt zusammen: „Hier kommt die Tatsache zum Ausdruck, daß ein biologischer oder genetischer ‚Naturalismus' keineswegs den einzigen möglichen Modus einer Naturalisierung menschlicher Verhaltensweisen und Gesellschaft darstellt."[716] Auf die wichtige Frage, ob der Bezug auf körperliche Unterschiede tatsächlich ein stärkeres Ausschlußkriterium darstellt als der Verweis auf kulturelle Unterschiede, soll in der Zusammenfassung dieser Untersuchung ausführlicher eingegangen werden.

Balibar sieht den Neo-Rassismus als mögliche Übergangsphase zu einem Post-Rassismus, der die Dimension psychologischer Bewertungen intellektueller Fähigkeiten zu einem normalen gesellschaftlichen Leben und optimaler Reproduktion in den Mittelpunkt stellen könnte. Im Zuge der Globalisierung und eines einzigen Weltsystems konkurrierender Nationalstaaten würde dieser Post-Rassismus wirksam. „Die technologischen Strukturveränderungen werden dazu führen, daß ungleiche Schulausbildungen und intellektuelle Hierarchien eine immer wichtigere Rolle im Klassenkampf spielen, in der Perspektive einer verallgemeinerten technopolitischen Selektion der Individuen. Vielleicht stehen wir erst vor einem wirklichen ‚Zeitalter der Massen' in einer Epoche von Unternehmer-Nationen."[717] Balibar benennt hier wichtige Veränderungen in Ausschlußmechanismen innerhalb Europas. Auf die Situation auf den Philippinen oder in Papua-Neuguinea, wo eine direkte Bezugnahme auf sich unterscheidende Körperlichkeit kulturell legitim ist, lassen sich diese jedoch (noch?) nicht ohne weiteres übertragen. Günstiger wäre es meines Erachtens auch, für die von Balibar beschriebenen Entwicklungen nicht den ohnehin schon überstrapazierten Begriff des „Rassismus" auf einen „Neo-" und „Post-Rassis-

---

[713] Balibar 1990: 28.
[714] Castles 1991: 141.
[715] Balibar 1990: 37.
[716] Ebd.: 29-30.
[717] Ebd.: 36.

mus" auszuweiten. Eine eigene, sich deutlicher unterscheidende Bezeichnung wäre praktischer.

Miles schreibt: „..., despite claiming a common origin in the tradition established by Marx, there are a number of significant differences between these writers, as has been made clearly evident in the criticisms of my work with Annie Phizacklea (esp. 1980) by Bourne and Sivanandan (1980), by the CCCS (1982) and by Duffield (1981, 1982)." An dieser Stelle auf weitere Auseinandersetzungen über Feinheiten und Details zwischen den genannten neo-marxistischen Autoren einzugehen, ist insofern überflüssig, als die Hauptkritikpunkte, die im folgenden Abschnitt aufgeführt werden, aus dem Blickwinkel einer kulturvergleichenden Untersuchung auf alle Arbeiten dieser Autoren zutreffen.

Eine Ergänzung zu den beschriebenen Ansätzen stellt der im folgenden kurz umrissene Erklärungsansatz dar, die im Unterschied zu den bereits genannten Ansätzen die Konkurrenz um Zugehörigkeit zu einer Nation, um gemeinschaftliche Güter[718] und um die Fürsorge des Nationalstaats für Rassismus verantwortlich macht. Einige Rassismustheorien gehen davon aus, daß es bei rassistischen Auseinandersetzungen in erster Linie um Konkurrenz um knappe Ressourcen geht. Im Konflikt werden dann Rassenkonzepte eingesetzt, um der Eigengruppe Vorteile zu verschaffen und die Fremdgruppe zu benachteiligen. In den hier zusammengefaßten Erklärungen wird dem Nationalstaat die wichtigste Rolle eingeräumt. Das Konzept zur Erklärung von Rassismus in spätindustriellen Gesellschaften durch den Charakter der Nationalstaaten lautet nach Wimmer:

„In the Weberian view that I shall try to develop, xenophobia and racisms are interpreted as expressions of ultra-nationalized ideology; downwardly mobile groups appeal to the institutionalized and hegemonial image of a national group of solidarity in order to reassure their place in the core of the social fabric. They thus perceive people outside this imagined community of destiny as competitors for state-organized promises of solidarity and security." (Wimmer 1997: 19)

Nun müßte ein Konzept, das Phänomene wie Rassismus und Fremdenfeindlichkeit in spätindustriellen Gesellschaften zu erklären versucht, jedoch auch auf Ethnien anwendbar sein, die erst spät Teil dieser industriellen Gesellschaften geworden sind. Die Frage in Anlehnung an Wimmers Theorie des Einflusses des Nationalstaates auf Rassismus ist, ob sein Erklärungsansatz auch zur Klärung der Verhältnisse bei spät in Nationalstaaten integrierten Ethnien nützlich ist oder ob Ergebnisse, die dort gewonnen wurden, einen Einfluß auf seine Theorie haben könnten.

---

[718] Wimmer (1997) unterscheidet in *individual goods* und *collective goods*. Erstere sind Arbeitsplätze, Einkommen und Wohnungen, während letzteres alle staatlichen Güter, Sozialhilfe, Subventionen, Ausbildungsplätze etc. bezeichnet.

Bei den von mir untersuchten Ethnien und deren Rassenkonzepten, die teilweise zu rassistischen Tendenzen führen, wirken sich diese nicht gegen Einwanderer aus, sondern gegen von ihnen verschiedene ethnische Gruppen „innerhalb der Nation". Wachsender Nationalismus oder „*state-organized promises of solidarity and security*" in den Philippinen und Neuguinea bestätigen nicht die von Wimmer ausgeführten Tendenzen. Ein Vergleich ist schon deshalb interessant, weil es in den Philippinen neben dem immer stärker werdenden Nationalismus (dem immer noch ein starker Regionalismus gegenübersteht) eine ausgeprägte Minderheitenpolitik (und Rhetorik) gibt, während in Neuguinea auf die Nation bezogen kein eindeutiges Mehrheits- und Minderheitenverhältnis vorhanden ist. Dennoch gibt es auch in Neuguinea eine deutliche Tendenz zu zunehmend rassistischen Argumentationen zwischen verschiedenen Ethnien.

Auf den Philippinen sind Vergünstigungen für Angehörige von Minderheiten ausgesprochen selten: Es werden etwa alle par Jahre Seminare zur kulturellen Mobilisierung und *empowerment* durchgeführt. Diese bringen den Ati ein wenig öffentliche Aufmerksamkeit, exotisieren sie, und sie werden direkt dazu aufgefordert, Traditionen zu erfinden, wenn sie schon keine mehr haben. Die alltäglichen Beziehungen zwischen Visaya und Ati werden dadurch kaum berührt. Die Konstruktion der Ati als anderer „Rasse" wird zum Teil bestärkt. Bei einem von dem *Office for Southern Cultural Minorities* zusammen mit der *New Tribes Mission* gesponserten „*Aetas Day*" führten die Ati in Ubay einige „Rituale" und „traditionelle" Tänze auf. Außerdem gab es ein großes Essen, bei dem auch die Visaya-Nachbarn eingeladen waren. Diese äußerten sich kritisch, warum man den Ati so viel Geld für Essen gegeben habe. Aber hier ging es nicht um Werte von Solidarität oder Sicherheit, sondern um das grundsätzliche Mißtrauen gegenüber korrupten Politikern, unklaren Umverteilungsmechanismen etc. Aus diesen Beobachtungen jedoch eine Quelle für Rassismus abzuleiten, wäre überzogen. Sonst gibt es keine staatlichen Zuwendungen, um die Ati und Visaya konkurrieren. Die Vertreter der *Pentecostals*, die einige Ati-Gruppen seit mehreren Jahren unterstützen, haben eine zusätzliche Differenz eingeführt, nämlich die der religiösen Zugehörigkeit. Für die Ati spielt dies nur eine untergeordnete Rolle, eher für die katholische Mehrheitsbevölkerung des Ortes. Zwei verarmte Visaya-Familien haben sich mittlerweile diesem Ati-Grüppchen angeschlossen, um eben auch – so meine Interpretation – von dem versprochenen Land, Verteilung von Kleidung und Nahrungsmitteln zu profitieren. Das Selbstbild der Ati, sie seien gewitzter und cleverer als andere, wird bestärkt, weil sie a l l e möglichen Quellen anzapfen. Das Bild der Visaya, Ati seien unzuverlässig, bettelten bei jedem und seien nicht wirklich religiös, wird ebenfalls bestärkt. Allerdings sind das Stereotypen, die ohnehin bestehen und höchstens insofern rassistische Anteile haben, als beide Seiten meinen, die jeweils anderen k ö n n t e n gar nicht anders.

Bei den Wampar wird die Beziehung zum Staat so verstanden, daß jede Verwandtschaftsgruppe, jedes Dorf und jede Ethnie nur dann profitiert, wenn sie in der Lage ist, einen der ihren in der nächst höheren politischen Ebene unterzubringen. Über das *wantok*-System[719] werde dann Geld zurückfließen. Man investiert – zunächst auf Verwandtschaftsebene – in einen Kandidaten und wenn man Glück hat, zahlt sich das später aus. Bei den Wampar war das hin und wieder auch schon erfolgreich. Über das *wantok*-System schimpft man, wenn es die anderen machen. Daß aber a l l e Familien, Dörfer und Ethnien letztlich nach diesem Prinzip funktionieren, davon ist man überzeugt. Ethnische Auseinandersetzungen, die rassistische Untertöne bekommen können, beziehen sich weniger auf die Vorstellung eines ungerecht verteilenden Staates als auf lokale oder regionale Kontexte: auf eine Stadt oder eine Region, in der ethnische Kategorien verstärkt und neue soziale Kategorien gebildet werden können. Paul Sillitoe beschreibt das Zusammenwirken von traditionellen kriegerischen Werten, der Rache-Ethik und daraus entstehende ethnische Antagonismen im modernen Kontext:

„In Papua New Guinea, for instance, it can result in some situations in pitting highlanders against coastal dwellers or islanders – these categories and groups expanding or contracting to include different people depending on the context. This antagonism between tribally defined groups, amalgamating into large new cultural categories, and the resulting violence and destruction constitute a major problem hindering economic development in Melanesia, and there is no easy solution." (Sillitoe 2000: 177)

Gerade zwischen diesen „neuen" Gruppen, die sich als deutlich physisch unterschiedlich beschreiben, entstehen zunehmend rassistische Einstellungen.

Der von Wimmer vorgeschlagene „*Weberian view*" läßt sich in seinen Grundannahmen in den empirisch untersuchten Beispielen nicht bestätigen. Er bezieht sich wieder ausschließlich auf moderne Sozialstaaten und die Erwartungen der Bevölkerung an diese. In diesem Zusammenhang spricht einiges für Wimmers Erklärung. Doch das Entstehen von Xenophobie und

---

[719] Ein *wantok* ist wörtlich genommen jemand, der dieselbe Sprache spricht wie man selbst. Die Kategorie wird sehr flexibel verwendet (siehe Kapitel 5). Wenn von *wantok system* die Rede ist, wird damit die Bevorzugung von Angehörigen der eigenen Ethnie gemeint. Mit der Bevorzugung von *wantoks* gehen jedoch auch Verpflichtungen einher: „The wantok system also makes it difficult for individuals to amass any considerable personal capital, which serves as the principal motivating factors for many in moving to towns to work. The obligations of wantok relationships serve to redistribute the earnings of those who work, supporting the unemployed and those on low wages. This acts as a drain on the resources of the working and better-paid but they see it as an unavoidable social obligation." (Sillitoe 2000: 171). Das *wantok*-System wirkt der Klassenbildung auch in den Städten entgegen.

Rassismus in anderen als westlichen Industriegesellschaften läßt sich so nicht erklären. Wenn der Staat tatsächlich Ressourcen zur Verfügung stellt und auf lokaler Ebene der (gerechtfertigte oder auch ungerechtfertigte) Eindruck entsteht, man müsse direkt mit Fremden um diese Ressourcen konkurrieren, dann mag das in genau diesem Kontext e i n e Bedingung unter anderen sein, die zu Fremdenfeindlichkeit beiträgt. Ob Rassismus dazu allerdings im oben definierten Sinne notwendig ist, scheint zweifelhaft.

10.3 Diskussion

Mehrere der im vorigen Kapitel angeführten Kritikpunkte der These, Rassismus sei aus Kolonialismus entstanden, können hier wiederholt werden: etwa die fehlende Berücksichtigung lokaler kultureller Konzepte zur Konstruktion von Rassenkategorien, die mangelnde Beachtung der Vermischung von vor-kapitalistisch/kolonialistischen und postkolonialen Vor- und Einstellungen sowie die Konzentration auf Elitediskurse und die Makroebene. Auch die mit rassistischen Argumenten operierende Judenverfolgung an verschiedenen Orten und zu verschiedenen Zeiten kann als Gegenbeispiel für einen ausschließlich aus Kolonialismus und/oder der Ausbeutung der Arbeiterklasse entstandenen Rassismus angeführt werden.

Bei klassischen marxistischen Auffassungen, wie sie etwa von Cox vertreten werden, stellt sich die Frage, warum bei der Grundannahme, daß in der Entwicklung des Kapitalismus das Proletariat zwangsläufig ausgebeutet werde, überhaupt Rassismus zur Legitimation oder Festigung von Herrschaft und Ausbeutung der Arbeiterschaft notwendig ist. Wenn „Rassen" immer eine ausgebeutete Unterschicht/Klasse darstellen und die Entwicklung zwangsläufig zu einem bestimmten Machtverhältnis führt, muß die Entstehung von Rassismus sich auf andere zusätzliche Aspekte beziehen. Die bei der Ausbeutung als anders-rassisch eingestufter Arbeiter zusätzlichen Bedingungen können nicht einfach aus dem Klassenverhältnis heraus erklärt werden. Problematisch ist auch die Frage, warum etwa die Juden als „Rasse" konstruiert wurden, die ja vielerorts gerade als die Kapitalisten schlechthin aufgebaut wurden. Juden seien Ausbeuter, reiche Geschäftsleute, Pfandleiher, Wucherer etc. gewesen – so zumindest Propaganda und verbreitetes Bild.[720] Antisemitismus und rassistische Argumentationen

---

[720] Werner Ruf (1985: 91) erklärt Antisemitismus, den gegen Juden gerichteten Rassismus, zu einem historischen Sonderfall, der aus einem religiösen Gegensatz sowie „bestimmten ökonomischen Funktionszuweisungen" entstanden sei. Daß dies zu unterschiedlichen Zeiten und in unterschiedlichen Gegenden geschah, es sich also um mehrere „Sonderfälle" mit jeweils verschiedenen Bedingungen handelt, erwähnt er allerdings nicht.

überschneiden sich, passen aber nicht in das Bild der in einer kolonialen Hierarchie ausgebeuteten fremdartigen Arbeiterschaft.

Geht man davon aus, Rassismus sei eine Ideologie und legt eine Definition zugrunde, die Ideologie als relativ geschlossenes Gedankengebäude ausweist, das unterschiedliche Ideen miteinander verbindet, dann wird man alltäglichem Rassismus nicht gerecht. Dieser ist häufig eingebettet in nicht geschlossene, situative und sich widersprechende Einstellungen. Ein Ansatz, der Rassismus und sein Entstehen erklären soll, müßte auch Anfänge beschreiben können, die noch keine verfestigten Ideologien sind. Im nächsten Kapitel werden postmoderne und diskurstheoretische Arbeiten vorgestellt. Dann wird auch diskutiert, inwieweit der Begriff des Diskurses eine brauchbare Alternative zum Ideologie-Begriff darstellt.

Ein weiteres Problem der marxistischen und neo-marxistischen Theorien, aber auch derjenigen, die durch Weber oder neuere Theorien zur Entstehung von Nationalstaaten und Nationalismus beeinflußt sind, bezieht sich auf die Frage, ob es sich beim Untersuchungsgegenstand überhaupt um Rassismus handelt. Die in diesem Kapitel angeführten Arbeiten beziehen sich auf Großbritannien, Deutschland, einige im folgenden dargestellte Untersuchungen auf die Niederlande,[721] die Schweiz oder Österreich. In allen Fällen wird Verhalten und werden Einstellungen zu Minderheiten und Einwanderern untersucht. Es geht um Vorurteile und Stereotypen, die sich auf unterschiedliche Eigenschaften dieser Gruppen beziehen: sie seien faul, nähmen Arbeitsplätze weg, seien laut, unsauber, Drogenhändler, Vergewaltiger etc. Inwieweit hier jedoch überhaupt von unüberwindlichen körperlichen oder „natürlichen" Unterschieden ausgegangen wird, wird nicht diskutiert. Hinter den genannten Vorurteilen und Stereotypen könnten sich genauso Forderungen nach „Umerziehung" und nicht nur nach Ausschluß verbergen. Eine genauere Analyse der Argumentationsstrukturen und ihrer Bezugnahme auf Körperlichkeit, Natürlichkeit und unveränderliche Eigenschaften wäre notwendig und würde mehr über die Konstruktion von Gruppengrenzen aussagen als die synonyme Verwendung von Fremdenfeindlichkeit (oder: Xenophobie), Ethnozentrismus, Rassismus, Vorurteil und Stereotyp.

Insgesamt sind in marxistischer und neo-marxistischer Tradition keine mir bekannten brauchbaren empirischen Arbeiten entstanden. Es werden allgemeine Überlegungen zur Funktion von Rassismus angestellt sowie eklektische historische Beschreibungen der Entstehung von Rassismus ausgehend von den Eliten der Kolonialstaaten gegeben. Diese allgemeinen Überlegungen beziehen sich ausschließlich auf die Makroebene. Es wird nicht auf einzelne rassistische Argumentationen eingegangen, auch nicht

---

[721] Van Dijk 1985 b, 1987.

auf regionale Unterschiede, sondern eher auf den Beitrag von Rassismus zur Ordnung innerhalb des Weltsystems, das überall nach den selben Regeln funktioniere. Das Verhalten einzelner Akteure, also auch die Abwertung bestimmter körperlicher Merkmale auf der Mikroebene, lassen sich so nicht erklären. Es gelingt nicht, eine Verbindung von kapitalistischen Interessen, Imperialismus, Kolonialismus und Rassismus zu ihrer Bedeutung im alltäglichen Handeln der Menschen zu unterschiedlichen Zeiten und in anderen Kulturen herzustellen.

Nicht erklären können marxistische Theorien regionale Unterschiede in rassistischen Einstellungen. Nicht überall steht die Hautfarbe im Mittelpunkt, „Mischlinge" können unterschiedliche Positionen haben und ihre „rassische" Zugehörigkeit situational einsetzen. Unklar bleibt auch, warum Sexualität überall für rassistische Ideen eine so große Rolle spielt und warum rassistische Ideen auch dort Fuß fassen, wo die als minderwertig Klassifizierten n i c h t als Arbeiter eingesetzt und ausgebeutet werden (etwa schwarze Studierende im China des zwanzigsten Jahrhunderts). All das läßt sich nicht aus der marxistischen Makroperspektive erklären. Diese Fragen werden aber auch nur bei einer vergleichenden Vorgehensweise, wie in der vorliegenden Untersuchung, aufgeworfen. Und gerade darum geht es den Marxisten nicht: Cox wollte die rassistische Diskriminierung der Afroamerikaner in den USA erklären und kritisieren, Neo-Marxisten ging es um die gesellschaftliche Situation im England des 20. Jahrhunderts, Balibars Zielscheibe war Frankreich in demselben Zeitraum. Bereits Zielsetzung und (z.T. nicht vorhandene) Begriffs-Definitionen dieser Untersuchungen geben die jeweiligen Ergebnisse vor. Die vorgestellten Ansätze boten kein „theoretisches Rüstzeug" oder methodische Anhaltspunkte, um in einem anderen Kontext damit zu arbeiten. Hier geht es um Selbstbestätigung und nicht um die Beschäftigung mit einem Phänomen, das zunächst raum- und zeitübergreifend gesehen werden könnte. Genau diese Kritik trifft auch auf die im nächsten Kapitel dargestellten postmodernen Theorien zu, und sie soll deshalb dort in der Diskussion nur noch einmal erwähnt, aber nicht weiter ausgeführt werden.

Das Beispiel der Wampar in Papua-Neuguinea zeigt eindeutig, daß die Entwicklung rassistischer Kategorien auch ohne die Herrschaft einer Klasse über eine ausgebeutete Arbeiterklasse möglich ist. Trotz der Einführung neuer Technologien und Geldwirtschaft sind die Gesellschaften Neuguineas nach wie vor nicht zu einer kapitalistischen Wirtschaftsweise übergegangen. Paul Sillitoe schreibt:

„A problem with dependency theory, which it shares with modernisation theory, is that it assumes that when capitalism intrudes into other societies it eliminates traditional socioeconomic arrangements. This is not so. While the traditional system may undergo considerable modification, it may come to coexist with the new capitalist arrangements." (Sillitoe 2000: 116)

Dieses Problem trifft auch auf marxistische Theorien zu. In Neuguinea stehen mehrere Faktoren der Entwicklung einer Klassengesellschaft entgegen: Das traditionelle System der Landnutzung und des Landbesitzes ist ein wichtiger Faktor, wie auch der nach wie vor sozial und politisch ausgesprochen bedeutsame Austausch und die dadurch entstehende Umverteilung sowie ständige Zirkulation von Wertgegenständen und Geld. Im Hochland von Neuguinea haben es etwa immer wieder einzelne Persönlichkeiten geschafft, aus der Verwandtschaft Kapital zu mobilisieren und dieses in gut gehende Geschäfte zu investieren. Die Erträge müssen jedoch zu einem großen Teil in die jeweilige Verwandtschaft zurückfließen. Stirbt eine solche bedeutende Unternehmerpersönlichkeit, wird der Besitz soweit aufgeteilt, daß sein Unternehmen als ganzes nicht weiterbestehen kann.[722] Von einer Klassengesellschaft ist Neuguinea (noch?) sehr weit entfernt, Auseinandersetzungen, die – fänden sie in England oder Deutschland statt – jeder Neo-Marxist als rassistisch motivierte Gewalttaten einstufen würde, sind dagegen bereits verbreitet.

Untersucht man die Be- oder Abwertung bestimmter körperlicher Merkmale in Intergruppen-Beziehungen, dann ist auffällig, daß die jeweils dominanten Gruppen bei der Formulierung von Geschlechterunterschieden, Rassen- und Klassenunterschieden ähnlich vorgehen. Für die Konstruktion bestimmter gruppenspezifischer Gerüche habe ich diese Parallelen bereits dargestellt.[723] Körperliche Unterschiede werden also bei der Formulierung von Gruppengegensätzen auch außerhalb ethnischer Argumentationen etwa bei der Beschreibung von Klassenunterschieden herangezogen. Das hieße, Rasse und Klasse sind, nach der Definition von Rassismus als sozialer Kategorie, gleichbedeutend. Im Zentrum dieser Gruppenbildungen steht die Idee einer fixierten unüberwindlichen Zugehörigkeit von Individuen. Diese Idee findet sich in unterschiedlichen Bereichen und kann sich auf Geschlechterbeziehungen, aber auch auf ethnische Gruppen beziehen. Es wäre also falsch anzunehmen, daß erst Klassengegensätze rassistische Argumentationsweisen hervorgebracht hätten. Bezugnahme auf Körperlichkeit wird in Auseinandersetzungen verschiedener Schichten, Klassen und Ethnien genutzt. Dabei können sich Kategorien auch überschneiden, aber sie werden nicht erst durch Auseinandersetzungen in nur einem der genannten Bereiche erzeugt. Körperlichkeit als Kennzeichen von Gruppengrenzen funktioniert sowohl positiv als auch negativ: das richtige und gute

---

[722] Vgl. dazu Sillitoe 2000: Kapitel 6.
[723] Beer 2000 a.

Aussehen (von Frauen/Männern, Arbeitern, „Weißen", etc.) wird beschrieben und gleichzeitig das negative Bild der Nichtzugehörigkeit entworfen.

Marxistische und neo-marxistische Ansätze können auch nicht erklären, warum sich gegenüber Menschen, die verschiedenen „Rassen" zugeordnet werden, unterschiedlich starke rassistische Ideologien zeigen bzw. diese unterschiedliche Auswirkungen haben. Ausgrenzung und Unterdrückung von „Fremden" sind demnach nicht gleichmäßig verteilt. Das wäre aber zur Spaltung der Arbeiterschaft und Ausbeutung schlecht bezahlter Angehöriger „niederer Rassen" im kapitalistischen Wirtschaftssystem vollkommen ausreichend. Kulturelle Hierarchien ethnischer und „rassischer" Zugehörigkeit sind jedoch meist sehr viel differenzierter als der Arbeitsmarkt.

In Kapitel 7 konnte am Beispiel Chinas gezeigt werden, daß auch ein erklärt antikapitalistischer Staat nicht in der Lage ist, ethnische Konflikte und rassistische Gewalt in den Griff zu bekommen, die auf alten Vorstellungen, vermengt mit modernem wissenschaftlichen Rassismus beruhen. Positionen, die das Denken in ethnischen oder rassischen Kategorien als zu überwindendes „falsches Bewußtsein" darstellen, scheinen durch die Wirklichkeit überholt worden zu sein.

Alle referierten und kritisierten Ansätze geben Hinweise auf die wirtschaftlichen Situationen und historische Zusammenhänge, aus denen heraus in England bestimmte Minderheiten vor allem auf dem Arbeitsmarkt und bei der Wahl des Wohnortes benachteiligt wurden. Sie sind jedoch wenig hilfreich in anderen kulturellen Kontexten oder gesellschaftlichen Zusammenhängen und zur Erklärung von alltäglichem Verhalten. Selbstverständlich bedeutet das nicht, daß die dargestellten Analysen grundsätzlich falsch sind, sondern nur, daß die Reichweite ihre Erklärungsversuche sehr eingeschränkt ist. In Kombination mit Erklärungsansätzen, die auch nicht-ökonomische Bedingungen sowie die Mikroebene einschließen, könnten auch diese Theorien durchaus fruchtbar sein.

11. Postmoderne Erklärungsansätze und Diskurstheorie

11.1 Grundlagen

Im folgenden werde ich auf Publikationen derjenigen Autoren eingehen, die ihre Schriften selbst unter der Bezeichnung „postmodern" einordnen – ungeachtet der Widersprüche, die innerhalb dieser Richtung vorhanden sind. Es gibt zwei Bereiche, die darzustellen sind: Erstens Grundannahmen postmoderner Theorien, auf die sich Diskursanalytiker und -theoretiker beziehen (erster Abschnitt), und zweitens ihre Analysen „rassistischer Diskurse". Im dritten Abschnitt werden die in den letzten zwanzig Jahren vor allem in Deutschland, den Niederlanden und Österreich durchgeführten empirischen Untersuchungen rassistischer Diskurse vorgestellt.

Der wesentliche Unterschied zu den in beiden vorigen Kapiteln dargestellten Ansätzen besteht darin, daß in postmodernen Theorien nicht die wirtschaftlichen Bedingungen im Vordergrund stehen, sondern vor allem kulturelle Bedeutungen hervorgehoben werden, die durch „Diskurse" vermittelt sind.[724] Überschneidungen gibt es allerdings mit dem Kolonialismus-Paradigma, das in Kapitel 10 dargestellt und auch von den meisten marxistischen Sozialwissenschaftlern (Kapitel 11) der Erklärung von Rassismus zugrunde gelegt wird. Vor allem in den sogenannten *postcolonial studies*, die sich mit dem Thema Rassismus befassen, steht das Kolonialismus-Paradigma zumindest implizit im Hintergrund.[725] Weil es in den vorigen Kapiteln ausreichend kritisiert worden ist, soll es im Zusammenhang postkolonialer postmoderner Theorien nicht erneut aufgegriffen werden.

In der Ethnologie korrespondiert mit postmodernen Auffassungen die Vorstellung von „Kultur als polyphonem Text" in der Fortsetzung früherer interpretativer Ansätze.[726] Mir sind bislang jedoch keine diskurstheoretischen Arbeiten, oder solche, die sich ausdrücklich auf die Schriften Foucaults beziehen und diese auf das Thema Rassismus anwenden, innerhalb

---

[724] Zusammenfassend zu Diskursanalyse und Rassismus siehe auch Bradley 1996: 132 ff.

[725] Siehe: Ashcroft, Griffiths und Tiffin (Hg.) 1995, 1998; Frankenberg und Mani 1996; Low 1996; McClintock 1996; McClintock, Mufti und Shohat (Hg.) 1997; Pelley 1998; Stoler 1989, 1991.

[726] Kritische Auseinandersetzungen mit dieser Richtung finden sich in Mischung 1999 und Schweizer 1996.

der Ethnologie bekannt. Eine Ausnahme sind ethnologische Untersuchungen zu millenaristischen Bewegungen in Papua-Neuguinea, die sich auf postmoderne Theorien beziehend eine Verbindung von Kolonialismus, Körper, Politik und Macht herstellen und dabei das Thema Rassismus streifen.[727] In anderen Sozialwissenschaften scheinen vor allem, wenn es um das Thema Rassismus geht, postmoderne Theorien zur Zeit das herrschende Paradigma zu sein.

Offensichtlich ist, daß postmoderne Ansätze, bezogen auf die Untersuchung von Rassismus, in zwei Gruppen zerfallen: rein theoretische Überlegungen, die nur am Rande auf empirische Befunde eingehen, und empirische Untersuchungen, die postmoderne theoretische Schriften jeweils nur in der Literaturliste anführen. Diese verschiedenen Ansätze resultieren unter anderem aus den unterschiedlichen Ansichten, was ein Diskurs ist: In der Linguistik und Soziolinguistik wird Diskurs als Sprache in Gebrauch (*language in use*) aufgefaßt, während andere Auffassungen von Diskurs eher auf soziale Praxis insgesamt abzielen. Im Zentrum stehen dabei Bereiche wie Macht und Ideologie und die dort wirksamen symbolischen Prozesse. Diese unterschiedlichen Ansichten haben Konsequenzen. Es ist eine Polarisierung zwischen Ansätzen entstanden, die konkret und an empirischen Beispielen Sprache untersuchen, und solchen, die abstrakt theoretisch soziokulturelle Gesamtzusammenhänge diskutieren.

Dieser Teilung postmoderner Diskurstheorien bzw. -analysen entspricht die Aufteilung der Abschnitte 2 und 3. Auf die Frage, warum eine Verbindung von Empirie und Theorie in postmoderner Tradition offenbar schwierig ist, werde ich in der Diskussion (Abschnitt 4) noch einmal zurückkommen.

Das Adjektiv „postmodern" läßt sich auf alle Bereiche der Gegenwart beziehen: Kunst, Kultur, Medien, Politik und eben auch Wissenschaft in den verschiedene Disziplinen. Hier soll es um *Postmodernism* oder „postmoderne Theorien" innerhalb der Sozialwissenschaften gehen. Auf Grundlagen einzugehen, gestaltet sich schon deshalb schwierig, weil es gerade charakteristisch für Schreibende der postmodernen Richtung ist, diese vage zu halten, so daß eine kritische Diskussion leicht ebenso unklar gerät wie die Ausgangstexte. Ryan Bishop schreibt, der Grund dafür liege darin, daß eine Definition von Postmodernismus gegen dessen „essentielle Natur" gehe. Postmodernisten seien ausgesprochen mißtrauisch gegenüber autoritativen Definitionen und *singular narratives*.[728] Definitionen und Transparenz der Argumentation sowie das Zerlegen und Abgrenzen von Problemfeldern in Teilprobleme und deren systematische Bearbeitung wi-

---

[727] Clark 1989, 1992, 1993, 1997; Lattas 1991, 1992 a, b, 1993 a, b, 1998.
[728] Bishop 1996: 993.

dersprechen postmoderner Vorgehensweise. Grundsätzlich gehe deren alternative Herangehensweise von einer Kritik der Aufklärung und jedem darauf aufbauenden Wissenschaftsverständnis aus.[729] Wenn es in „*modernist projects*" um Problemlösung geht, steht in postmoderner Theorie häufig das Gedankenspiel im Vordergrund. „Postmodern theories put oppositions into play in an attempt to reach what the Romantic poet John Keats termed ‚negative capability' the capacity to live comfortably with self-contradictory information."[730] Ob bzw. daß diese Haltung für der Romantik verpflichtete Dichter passend ist, steht nicht zur Diskussion. Die Frage ist, inwieweit eine der Gesellschaft verpflichtete Wissenschaft sich damit zufrieden geben kann.

Abgeleitet aus der Kritik an Vernunft, Logik und Aufklärung ist das Verhältnis zur Wahrheit zentral für die postmoderne Kritik. Meist wird den nicht-postmodernen Wissenschaftlern unterstellt, daß sie naive Vorannahmen über e i n e einfach und mit üblichen Methoden aufzufindende Wahrheit hätten, die unabhängig vom Wissenschaftler bestünde. Im Postmodernismus, so Ryan Bishop, entstehe Wahrheit kooperativ und aus „dialogischer Interaktion". Abhängig von Situationen, Blickwinkeln und kulturellen, historischen Kontexten sei Wahrheit interpretationsabhängig. Die „eine" Wahrheit der Moderne werde durch postmoderne multiple Wahrheiten abgelöst.[731] Hier entsteht jedoch ein Paradox: Einerseits sind postmoderne Ansätze kritisch gegenüber jeder *metanarrative* (Marxismus, Evolutionismus, Psychonalyse etc.), andererseits entwerfen sie durch ihre Wahrheitskritik einen neuen Metadiskurs. Auch dieser erhebt einen Anspruch auf Wahrheit. Gerade in ihrer Kritik des Wahrheitsanspruches anderer Wissenschaftler und in ihrer angeblichen Fähigkeit, davon unabhängig Erkenntnisse quasi „natürlich", nicht zielgerichtet aus „dialogischer Interaktion" hervorzubringen, legitimieren sie – wendet man ihre eigene Kritik am *desire of knowledge* konsequent auf sie selbst an – einen noch autoritativeren Wahrheitsanspruch der Repräsentation der Wirklichkeit des postmodernen „Projekts".

Gerade durch ihren Anspruch, Zugriff auf viele (die eine „moderne" Wahrheit übertreffende) Wahrheiten zu haben, wird postmoderne Kritik häufig unglaubwürdig. Ihre positiven Seiten, Skepsis und Zweifel innerhalb der Wissenschaft Geltung zu verschaffen, bedeutet jedoch häufig weder Skepsis noch Zweifel an eigenen Positionen zuzulassen. Einhergehend mit der Kritik an Rationalität wird eine Auseinandersetzung leicht zur Frage des Glaubens. Religiöse Auseinandersetzungen dieser Art haben meist je-

---

[729] Ebd.: 993; Torfing 1999: 11.
[730] Bishop 1996: 994.
[731] Ebd.: 994.

doch weder eine gemeinsame Ausgangsbasis, noch ein gemeinsames Ziel. Eine Diskussion zwischen postmoderner Theorie und „traditioneller" Wissenschaft verpflichteten Autoren erscheint durch die aufgezählten, sich gegenseitig ausschließenden, Prämissen häufig als Auseinandersetzung zwischen Menschen, die verschiedene gegenseitig nicht mehr übersetzbare Sprachen sprechen. Dennoch soll im folgenden auf dem Postmodernismus verpflichtete Aussagen zum Thema Rassismus eingegangen werden. Der Grund: Ein – wenn auch versteckt und deshalb um so wirksamer – mit autoritativem Wahrheitsanspruch versehener Ansatz sollte am konkreten Beispiel genauer untersucht werden.

In der Ethnologie werden unter *„discourse centered approaches"*, „Diskurstheorien" oder „postmoderne" Ansätze zusammengefaßt, deren Gemeinsamkeit sich vor allem darin ausdrückt, daß sie den Anspruch erheben, „neu" zu sein und sich im Bereich der Wissenschaft sowie der interethnischen Kommunikation gegen „Theorien kultureller Unterschiede" zu wenden. Sie besagen, daß gerade die Feststellung und Benennung von Differenzen (kultureller oder biologischer Art) zu Abgrenzung und Ausgrenzung führen. Diese Tendenz wird *„othering"* genannt.[732] Für das *„othering"* (in Bezug auf Rassismus häufig: *„racializing"*)[733] sind all diejenigen verantwortlich, die wichtige Sprechpositionen in Politik, Medien oder Wissenschaft besetzen. In ihrem Extrem führt diese Position zu dem Schluß, jede Benennung von Unterschieden schaffe Differenz und sei somit – dem postmodernen Verständnis davon entsprechend – rassistisch. Ähnlich wie bei den in Kapitel 10 und 11 dargestellten Ansätzen wird die Ursache dieses *othering* in euroamerikanischen Traditionen gesucht: in Kolonialismus, Imperialismus, westlicher Hegemonie und der Wissenschaft. Der Begriff des *othering* wurde von Gayatri Spivak geprägt. Dieser Begriff bezeichne den Vorgang, in dem imperiale Diskurse das „Andere" hervorbrächten:

„Whereas the Other corresponds to the focus of desire or power (the M-Other or Father – or Empire) in relation to which the subject is produced, the other is the excluded or 'mastered' subject created by the discourse of power. Othering describes the various ways in which colonial discourse produces its subjects." (Ashcroft, Griffiths und Tiffin 1998: 171)

---

732 Hier gibt es einen grundsätzlichen Widerspruch innerhalb postmoderner Argumentationen. Neben der Kritik am *othering* werden in der postmodernen ethnologischen Diskussion kulturelle Unterschiede überbetont und teilweise übertrieben. Schweizer schreibt zu diesem Standpunkt: „Über der Darstellung kultureller Mißverständnisse und Unterschiede wird nämlich übersehen, daß es Zonen der Verständigung zwischen fremden Kulturen gibt. Das kulturell Besondere wird gegenüber dem für viele Kulturen gültigen Allgemeinen überbetont." (Schweizer 1996: 66) In dieser Tendenz sehe ich einen deutlichen Widerspruch zur postmodernen Kritik am *othering*.

733 Etwa Dominguez 1994; Najera-Ramirez 1996.

Spivak sehe darin allerdings einen dialektischen Prozeß: Kolonialisie-
rende Subjekte würden in demselben Moment wie das kolonialisierte Andere als Subjekte hervorgebracht (?).[734]
In vielen empirischen Untersuchungen, in denen vor allem in der Linguistik, aber auch in der Ethnologie die Diskursanalyse angewandt wird, ist
häufig kaum ein Unterschied zu „modernen Projekten" zu finden. Auch
wenn einzelne Autoren versuchen, durch das *label* „Diskurs" ihren Arbeiten einen postmodernen Anstrich zu geben, wird deutlich, daß Problem-
formulierung, Methodik (abgesehen von der Umbenennung) und Ergebnisse mit bisherigen Studien vereinbar sind und im günstigsten Fall
tatsächlich methodisch fundierte Erkenntnisse mit einem „herkömmlichen
Wahrheitsanspruch" vorlegen. Theoretische und empirische Arbeiten fallen
im Postmodernismus auseinander. Auch das ist einer der Gründe dafür, sie
in den nächsten beiden Abschnitten zur Anwendung auf Rassismus getrennt voneinander zu behandeln.

11.2 Postmoderne Theorien und Rassismus

Zum Problem der Definition von „Rassismus" wurde in Kapitel 2 bereits
Ali Rattansi zitiert. Er beschreibt ein postmodernes Vorgehen, bei dem es
der erste Schritt sein müsse, Begriffe zu „dezentrieren" und zu „deessentia-
lisieren". Dabei ginge es darum anzuerkennen, daß es keine „wasserdich-
ten" Definitionen von Ethnizität und Rassismus gebe.[735] Und er kommt zu
dem Schluß:

„One programmatic conclusion would be for 'postmodern' frame analyses to eschew
tight definitions, and instead to engage in Foucauldian genealogical and archaeological
projects, exploring the accretion of meanings, political affiliations, subject positions,
forms of address, regimes of truth and disciplinary practices involved in the construction of particular myths of origin, narratives of evolution and forms of boundary-marking and policing engaged in by different 'communities' in particular historical contexts." (Rattansi 1994: 53)

Daß es keine allgemeingültigen von Ziel und Zweck unabhängigen Definitionen gibt, würde wohl niemand abstreiten. Für die Verständigung über

---

[734] Ashcroft, Griffiths und Tiffin 1998: 171.

[735] Rattansi 1994: 53. In einem früheren Aufsatz vertritt Rattansi jedoch eine andere Position (1995: 36
ff. [zuerst 1992]). Er schreibt, man solle unter *racism* diejenigen Diskurse fassen, die Menschen in
Gruppen auf der Basis gemeinsamer „*biological signifier*" kategorisieren und ihnen bestimmte essentielle Charakteristika zuweisen (Fleiß, Faulheit, Aggressivität). Rattansi stellt dar, daß es so ein
Kontinuum von Ethnozentrismus bis hin zu Rassismus gebe. Rassismus sei nicht auf „Weiße" beschränkt, sondern finde sich in vielen Gesellschaften, wenn auch in unterschiedlich starker Ausprägung (Ebd.: 36).

ein bestimmtes Problem in bestimmten Kontexten mit einem gemeinsamen Ziel sind Definitionen allerdings als Basis unbedingt notwendig, da sonst keine Auseinandersetzung möglich ist. Die von Rattansi geforderten Beschreibungen einzelner Gemeinschaften in Hinsicht auf Grenzziehungen, Entstehungsmythen etc. wurden auch in der vorliegenden Arbeit geleistet. Aber schon im nächsten Schritt, wenn man nur zwei Fälle miteinander vergleichen will, muß man Begriffe entwickeln, die mit dem Ziel dieses Vergleichs vereinbar definiert werden.

Noch schwieriger wird es bei Auffassungen (von Definitionen kann hier nicht die Rede sein) von „Rassismus", die darunter auch die Betonung kultureller Unterschiede verstehen. Jacob Torfing, an Balibar anknüpfend, schreibt, der rassistische Diskurs im britischen Nationalstaat betone „the insurmountability of cultural differences rather than the biological superiority of certain groups or peoples"...[736] Die Behauptung angeblich unüberwindlicher kultureller Differenzen wird in diesem Ansatz ebenfalls zu Rassismus erklärt. Ein solches Rassismus-Verständnis steht hinter vielen neueren Arbeiten. Sie versuchen damit der Tatsache gerecht zu werden, daß durch die moralische Kritik an rassistischen Äußerungen in Europa, extrem rechte Parteien ihre rassistischen Äußerungen zu Gunsten eines Diskurses der kulturellen Unvereinbarkeit aufgegeben haben. Politisch mag der Wunsch, auch diese Diskurse unter „Rassismus" zu fassen, verständlich sein. Für eine vergleichend zu verwendende Terminologie ist das Konzept jedoch unbrauchbar. Denn so kann beinahe jeder Diskurs, der sich überhaupt auf kulturelle Unterschiede bezieht, als rassistisch bezeichnet werden. Die in der vorliegenden Untersuchung angeführten Beispiele, einschließlich der interethnischen Probleme auf den Philippinen und in Papua-Neuguinea, wären damit alle gleichermaßen rassistisch. Die Bedeutung körperlicher Unterschiede in rassistischen Diskursen ist durch die Erweiterung des Rassismus-Begriffs nicht mehr relevant, dementsprechend wenig erbringen auch die theoretischen Erörterungen für die in der vorliegenden Untersuchung zentrale Fragestellung.

Bei dem Versuch, Rassismus zu erklären, knüpfen auch postmoderne Theoretiker wie Ernesto Laclau und Chantal Mouffe an marxistische Positionen an, die gegenwärtig unter der Bezeichnung Post-Marxismus diskutiert werden.[737] Sie gehen wie Althusser, Balibar und Poulantzas von einem durch Gramsci inspirierten strukturellen Marxismus aus, der jedoch – und hier setzt ihre Kritik an – einem Klassenreduktionismus verhaftet bleibt. In ihrer Argumentation verwenden Laclau und Mouffe die Konzepte „Diskurs", „Hegemonie" und „sozialer Antagonismus". Wie auch „Struktur"

---

[736] Torfing 1999: 204.
[737] Torfing 1999.

302

habe „Diskurs" eine erklärende Funktion „The concept of discourse also has an explanatory role since it is assumed that social interaction can only be explained in relation to its discursive context".[738] Nach Torfing ist ein Diskurs „a differential ensemble of signifying sequences in which meaning is constantly renegotiated."[739] An dieser Stelle verschiedene Diskursbegriffe postmoderner Ansätze zu diskutieren, würde allerdings vom Thema wegführen. Man kann jedoch festhalten, daß die genannten Autoren in ihren theoretischen Überlegungen in derselben Art und Weise vorgehen wie schon die marxistischen: eine Superstruktur, hier meist als hegemonialer Diskurs bezeichnet, erzeugt Handlungen und Vorstellungen sowie Alltagsdiskurse. Was aber genau unter Diskurs zu verstehen ist, bleibt ausgesprochen unklar. Von konkreter sprachlicher Äußerung (in der Diskursanalyse), über abstraktere Bedeutungssequenzen (s.o.) bis hin zu der am weitesten akzeptierten Annahme, ein Diskurs sei ein „sociocultural as well as linguistic process",[740] kann man fast a l l e s darunter fassen: eine Rede, eine politische Bewegung, klassische Ideologien, aber auch Handlungen. Ein Fortschritt der Erklärung sozialer Beziehungen durch die Entwicklung des Diskurs-Konzeptes ist so nicht erkennbar.

Siegfried Jäger beispielsweise schreibt von Diskurssträngen, Interdiskursen und diskursiven Ereignissen, die zu analysieren seien, und symbolisiert sie in einem sehr körperlich-organisch anmutenden Schema. Dieses Schema soll den Diskurs als „Fluß von Text und Rede bzw. Wissen durch Zeit" darstellen. In Jägers Formulierung wird die Bedeutung von Diskurs, vom sprachlich-kommunikativen auf den kognitiven Bereich des „Wissens" ausgedehnt.[741]

---

[738] Ebd.: 81.
[739] Ebd.: 85.
[740] Matsuki 1996: 351.
[741] Jäger 1993: 153.

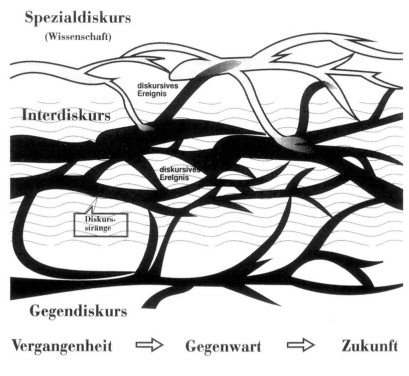

Abbildung 21: Was ist der Diskurs? (Jäger 1993: 156).

An dieser Stelle soll die Feststellung reichen, daß „Diskurs" ein sehr weites Spektrum von Rede, Text, Handlung bis hin zu Wissen umfaßt. Statt auf ausufernde Diskussionen unter Diskurstheoretikern über den Begriff einzugehen, soll die Anwendung auf das Thema „Rassismus" sowie auf die Bedeutung körperlicher Unterschiede im Mittelpunkt stehen. Jacob Torfing, einer der Exegeten der Avantgarde des postmodernen Post-Marxismus widmet diesem Problem in New Theories of Discourse ein Kapitel. Er kommt darin zu dem Schluß, daß Rassismus aus Nationalismus hervorgehe:

„Nationalism is the determining condition for the production of racism, and although racism is not always equally manifest in all nationalisms, it is nonetheless a necessary element in their constitution (Balibar 1991a: 48). Racism thus contributes to the constitution of nationalist discourse as it produces the fictive *ethnos*, which interpellates concrete individuals as members of a nation. This reveals the relation between nationalism and racism as one of mutual conditioning." (Torfing 1999: 202, Hervorh. i. Orig.)

und weiter:

„Racism produces the fictive *ethnos* around which nationalist discourse is organized. The fictive ethnos is produced by nationalist movements by means of excluding a constitutive outside that is constructed through the rearticulation of differential moments as parts of a chain of equivalence. This chain of equivalence may construct different ethnic groups as belonging to an undifferentiated mass of people who are conceived as inferior due to their biological race. (Ebd.: 203)

Faßt man Rassismus, wie oben dargestellt, als jede Form der Betonung kultureller Unterschiede auf, dann spielt er im Nationalismus eine Rolle und kann auch von diesem, wie Torfing schreibt, hervorgebracht werden. Torfing bezieht sich hier ausschließlich auf die bereits kritisierten Ideen des strukturalistischen Neo-Marxisten Balibar, obwohl er eine durch die Lektüre post-marxistischer Schriften Laclaus, Mouffes, und Zizeks inspirierte diskurstheoretische Analyse versprach. So ist das Kapitel *The Politics of Nationalism and Racism* in den Teil *Discourse Theory at Work* eingeordnet. Eine Diskurs*theorie*, die tatsächlich etwas erklärt und nicht nur mit vielen Worten eine Beziehung zwischen Nationalismus und Rassismus herstellt, ist hier allerdings nicht zu finden.

Ein weiteres Standbein und Schlüsselkonzept der sich theoretisch mit Rassismus auseinandersetzenden postmodernen Autoren (sowie postkolonialer Theorien) ist die Kritik am Essentialismus.[742] Traditionelle sozialwissenschaftliche Ansätze der Untersuchung von Ethnizität und Rassismus – selbst radikale und kritische – werden für ihre essentialistischen Auffassungen gerügt. Diese Kritik ist wiederum eng mit den eingangs beschriebenen Grundannahmen über Wahrheit und Wirklichkeit verbunden. Unter Essentialismus versteht man:

„...the assumption that groups, categories or classes of objects have one or several defining features exclusive to all members of that category. Some studies of race or gender, for instance, assume the presence of essential characteristics distinguishing one race from another or the feminine from the masculine. In analysis of culture it is a (generally implicit) assumption that individuals share an essential cultural identity, and it has been a topic of vigorous debate within post-colonial theory." (Ashcroft, Griffiths und Tiffin 1998: 77)

Körperliche Merkmale sind beispielsweise solche Charakteristika, die einer Klasse von Objekten (in diesem Fall eine Menge von Menschen) bei der Bildung von Rassekategorien zugewiesen werden. Die postmoderne

---

[742] Dyson 1994 a; Rattansi 1994, 1998; Rattansi und Westwood (Hg.) 1994; Werbner 1996, 1997 b; Werbner und Modood (Hg.) 1997.

Kritik bezieht sich, vermutlich weil sie nicht auf eigenen empirischen Studien beruht, immer wieder auf den Essentialismus der Wissenschaftler. Haben jedoch die Untersuchten selbst solche essentialistischen Vorstellungen, dann wäre es völlig verfehlt, diese emischen Konzepte schlicht für „falsch" zu erklären. Gerade sie sind Untersuchungsgegenstand der Ethnologie. Dieses Argument hat Francisco Gil-White in seinem Artikel *How thick is blood? The plot thickens...: if ethnic actors are primordialists, what remains of the circumstantialist / primordialist controversy?* (1999) bereits sehr prägnant dargestellt.

In der Formulierung einer postmodernen Rassismustheorie, angelehnt an den französischen Philosophen Michel Foucault, versucht sich Angelika Magiros. Sie untersucht, was Foucaults Blickwinkel auf die europäische Wissenschafts- und Medizingeschichte zu einer Rassismustheorie beitragen könnte und kommt zu dem Schluß: 1. Foucaults diskurshistorischen Ansatz könne man nutzen, um den Gebrauch des Begriffes „Rasse" in der Wissenschaft zu problematisieren.[743] 2. Seine „Grundlagenforschung", in der es um Strukturen „unserer Kultur" gehe, könne man für Rassismustheorien fruchtbar machen.[744] Und 3. Foucaults Machtanalysen, vor allem die Beschreibung der „Bio-Macht" gehe von einer Verbindung von Rassen- und Sexualitätsdiskursen aus:

„Auch Rassismus gehöre in die Ordnung der biomächtigen politischen Technologien (ja er sei sogar, wie Foucault es auch schärfer formuliert, für einen Staat, der ‚biomächtig' und ‚souverän' agieren will, unverzichtbar), so daß sich Verbindungen zwischen ‚Sexualitäts'- und ‚Rasse'-Diskursen ergeben." (Magiros 1995: 143)

Ansätze, die sich auf Foucault berufen, machen meist den modernen Staat und seine Bio-Politik für Rassismus verantwortlich. Karin Priester kritisiert: „Das heißt aber nichts anderes als den Topf verantwortlich machen für die angebrannte Milch. Für Foucault trägt der moderne Staat schlechthin, unabhängig von Zeit und Raum, die Physiognomie des nationalsozialistischen Staates."[745]

Angelika Magiros dagegen betont, daß sich die Machtanalyse Foucaults auf die Geschichte ganz bestimmter historisch gewachsener politischer Macht-Technologien bezieht. Der Versuch, diese auf andere historische und kulturelle Zusammenhänge zu übertragen, wurde meines Wissens bislang selten unternommen. Auch Magiros bleibt in ihrer Ideensammlung, was Foucaults Schriften zum Verständnis von Rassismus beitragen könnten, sehr allgemein. Beispiele für den Bezug auf konkrete Situationen und

---

[743] Magiros 1995: 140.
[744] Ebd.: 141, 142.
[745] Priester 1997: 13. Priester bezieht sich auf: Foucault (1991): Faire vivre et laisser mourir: La naissance du racisme, in: Les temps Modernes 535: 53.

Anwendungen von Foucaults Begriffen und theoretischen Zusammenhängen fehlen. Das nächste Problem ist, ob diese überhaupt auf nicht-europäische Gesellschaften übertragbar sind und wenn ja, wie.

Auch Mark Terkessidis bezieht sich in seiner „Psychologie des Rassismus" explizit auf die Schriften Foucaults. Sein zentrales Anliegen ist es, die psychologische Vorurteils- und Stereotypenforschung zu kritisieren. Sie habe seiner Meinung nach „Rassismus", Fremdenfeindlichkeit und Diskriminierung als abweichendes Verhalten und zu sehr als individuelles Phänomen verstanden und die Normalität dieser Einstellungen auf Gruppenebene nicht ausreichend berücksichtigt. In Soziologie, Ethnologie und Vorurteilsforschung gibt es durchaus andere Ansätze, etwa die Auffassung von Rassismus als sozialem Konstrukt, das in alltäglichen Beziehungen und Handlungen verortet ist, oder als kulturellem Konstrukt, dessen kognitive Repräsentationen Untersuchungsgegenstand sein können. Diese haben sich, nicht erst gestern, auch auf die Psychologie ausgewirkt.[746] Terkessidis geht es jedoch um eine „psychologische Theorie". Warum, wird nicht ganz deutlich. Anderen Wissenschaftlern wirft er vor, daß sie alles besser wüßten als die Untersuchten, was er gern in der ironischen Bezeichnung „hellsichtige Wissenschaftler"[747] ausdrückt. Er weiß dann selbst alles noch besser als die anderen. Es muß jedoch ein Ziel von Wissenschaft bleiben, mehr an Zusammenhängen zu öffnen, als die Menschen in ihren jeweiligen Konfliktsituationen und Lebenswelten selbst überblicken – auch wenn diese Erkenntnisse interaktiv erarbeitet und validiert werden.

Die Arbeit weist schwerwiegende konzeptuelle Mängel auf. In seiner Kritik an der sozialpsychologischen Definition der Gruppe entwirft Terkessidis ein bezeichnendes Beispiel:

„Die ‚sozialpsychologische' Definition läßt ... die Unterschiede zwischen Gruppen bezüglich ihrer Konstitution außer acht. Denn beispielsweise unterscheiden sich die Gruppe der Deutschen und jene der Rothaarigen radikal. Die Gruppe der Deutschen hat die Kriterien ihrer Zugehörigkeit nicht nur durch sozialen Konsens untermauert, sondern auch durch institutionelle Gewalt. Würde sich ein Mitglied der Gruppe der Türken morgen als Deutscher kategorisieren und eine große Zahl der Deutschen würde das ebenfalls tun, so könnte er dennoch ausgewiesen werden. Auf die Gruppe der Rothaarigen trifft das sicher nicht zu. Eine psychologische Untersuchung von Gruppenbeziehungen muß das aber einkalkulieren." (Terkessidis 1998: 41)

Das Beispiel arbeitet mit dem alltagssprachlichen Trick, Rothaarige und Deutsche gleichermaßen als Gruppe zu bezeichnen, um dann die qualitative Differenz beider Kategorien herauszustellen. Rothaarige sind, auch sozialpsychologisch, nicht *per se* eine Gruppe, sondern eine Menge von Men-

---

746 Vgl. auch Abrams und Hogg 1999; Teo und Mecheril 1997; Zick 1997.
747 Terkessidis 1998: 36, 37.

schen mit einem gemeinsamen Merkmal – einem, das wie alle anderen durch zugewiesene Identität kulturell aufgeladen werden kann (man denke an die Hexenverfolgung). Somit verfehlt auch die unbestreitbare Schlußfolgerung das Problem. Gemeint ist wohl einfach, daß institutionelle Kategorien und ihre Konsequenzen für Verhalten bisher vernachlässigt worden seien (vgl. dagegen Bielefeld 1991, wo Rassismus als Legitimationssystem gesellschaftlicher und politischer Diskriminierung diskutiert wird).

Terkessidis möchte mit seiner „psychologischen Theorie des Rassismus" an die Kartographie der Sprache des Rassismus von Wetherell und Potter, an van Dijks diskursanalytischen Ansatz sowie an die Arbeiten Michel Foucaults anknüpfen. Er führt den Begriff „rassistisches Wissen" ein, „um die Begriffe Vorurteil und Stereotyp zu vermeiden".[748] Das rassistische Wissen stamme aus dem Wertekanon einer Gruppe. Ein wissenssoziologischer Ansatz, wie er dem Autor hier offenbar vorschwebt, wurde übrigens schon ausgearbeitet;[749] auch in der Psychologie ist die Erhebung verzerrter Wissensbestände als Vorurteilsindiz geläufig. Im zweiten Kapitel erläutert der Autor: „Das Verständnis von Rassismus als Ideologie greift zu kurz; es handelt sich wohl eher um etwas, das Michel Foucault als ‚Dispositiv' bezeichnet, als einen aus nichtdiskursiven und diskursiven Praktiken bestehenden ‚Apparat', einen Macht-Wissen-Komplex."[750] Warum bleibt Terkessidis nicht beim Begriff „Dispositiv"? Warum geht er nicht auf Magiros[751] ein, die versuchte, Foucaults Begriff des Dispositivs für die Rassismusforschung fruchtbar zu machen? In seiner Literaturliste ist ihre Arbeit vorhanden. Unklar bleibt auch, warum der Begriff der Ideologie nicht nützlich sei.

Rassismus als „Apparat" sei gekennzeichnet durch (1) Rassifizierung, (2) Ausgrenzungspraxis und (3) differenzierende Macht (79).[752] Auf Seite 77 heißt es zu „Rassifizierung": „Um die Differenz zu Miles' Verständnis zu verdeutlichen, möchte ich den Begriff Rassenkonstruktion durch jenen der Rassifizierung ersetzen. Im Prozeß der *Rassifizierung* wird einerseits mittels bestimmter Merkmale eine *Gruppe von Menschen als natürliche* Gruppe festgelegt, und gleichzeitig wird *die Natur dieser Gruppe im Verhältnis zur eigenen Gruppe formuliert.*" (Hervorh. i. Orig.) Da sich diese Charakterisierung mit dem Prozeß der Naturalisierung sozialer Kategorien überlagert, wie sie z.B. die Theorie Sozialer Repräsentationen beschreibt, könnte man sich dann das Verhältnis zwischen Rauchern und Nicht-Rau-

---

[748] Ebd.: 60.
[749] Siehe Estel 1994: 27 ff.
[750] Terkessidis 1998: 76.
[751] Magiros 1995.
[752] Terkessidis 1998: 79.

chern, sportlichen und nicht-sportlichen Menschen, Arbeitslosen und Arbeithabenden, Kranken und Gesunden, Straftätern und „braven Bürgern" etc. als Rassismus/„Apparat" denken. Das hat teils historische Vorläufer, teils bereiten z.B. medizinische und ökonomische Diskurse eine solche Polarisierung dieser Gruppen vor. Doch ist dafür der Begriff des Rassismus präzise oder auch nur angemessen?

Nach den einleitenden Kapiteln stellt Terkessidis die europäische Geschichte des „rassistischen Wissens", des Rassismus bzw. „Apparats" im Zusammenhang mit der Moderne anhand von gängigen Zusammenfassungen erneut dar, ohne ihnen viel Neues abzugewinnen. Nein: neu ist, daß der Autor das „Geburtsjahr des Rassismus" festlegt, es war 1492, und seine Wiege war Spanien. Auf diese bei Immanuel Geiss entlehnte historische Argumentation wurde in Kapitel 10 bereits ausführlich eingegangen. Gerade mit seinem so flexiblen und dehnbaren Rassismus-Begriff verträgt sich jedoch eine solche Jahreszahl nicht. Nimmt man Foucault und den Begriff des Dispositivs ernst, laufen in Macht-Wissen-Komplexen viele Bilder, Praktiken und Diskurse zusammen und bedingen sich in komplexen Verschiebungen gegenseitig.

Foucault hat für die europäische Geschichte überaus genau dargestellt, wie Macht in der Wissenschaft und über ihre Körper auf Menschen wirkt, sei es durch Geschlechtsfestlegung,[753] Sexualitätsdiskurse,[754] in Krankenhäusern[755] und Irrenanstalten[756] oder Gefängnissen.[757] Dabei hat er minutiös entscheidende Ausschnitte der europäischen Geschichte in Bezug auf die europäische Wissenschaft und Geistesgeschichte seit der Aufklärung untersucht.[758] Daraus a l l g e m e i n g ü l t i g e Theorien abzuleiten, hieße meines Erachtens Foucault mißzuverstehen. Er selbst hat sich als Historiker und Analytiker eines bestimmten Zusammenhangs und Ausschnitts europäischer Geschichte dargestellt. Angelehnt an Foucault gilt es eher, gesellschaftliches Wissen (etwa über Fremde und Körper) auch in anderen Kontexten ebenso genau zu untersuchen. Für die Ethnologie ist weniger eine bloße Übernahme der Begrifflichkeit brauchbar, als seine Vorgehensweise und die Themen, an denen er ansetzt.

---

[753] Schäffner und Vogel (Hg.) 1998.
[754] Foucault 1989 a, b, c.
[755] Foucault 1976.
[756] Foucault 1973.
[757] Foucault 1989 d.
[758] Foucault 1990 a, b.

11.3 Diskursanalysen

In den Sozialwissenschaften wurden im Rahmen von Diskurstheorien bereits rassistische Tendenzen in Schulbüchern, den Medien und der Politik analysiert.[759] Es erscheint vielversprechend zu untersuchen, wie sich bestimmte Sprech- und Denkweisen im Alltag durchsetzen und etablieren. Auf der anderen Seite läßt diese Frage offen, inwieweit etwa von den Medien oder in der Politik Tendenzen nicht geschaffen, sondern nur aufgenommen werden, die in Alltagsdiskursen ohnehin vorhanden sind und sich deshalb gut vermarkten lassen.[760]

Bislang wurden Diskursanalysen zu den Themen Vorurteil und Rassismus vor allem innerhalb Europas und jeweils innerhalb der eigenen Nation durchgeführt.[761] Die österreichischen Linguisten R. Wodak und M. Reisigl geben einen Überblick über bisherige Diskursanalysen. Sie fassen die folgenden fünf Gruppen zusammen: (1) Analyse von Vorurteilen und Stereotypen, (2) sozio-kognitive Ansätze, (3) diskurshistorische Arbeiten, (4) Analysen von Diskurssträngen und Kollektivsymbolen und (5) die Arbeiten der Loughborough-Gruppe. Im folgenden werde ich diese verschiedenen Ansätze unter dem Gesichtspunkt darstellen, was sie über körperliche Unterschiede in rassistischen Diskursen aussagen.

Quasthoff (1973) hat mit ihrer linguistischen Untersuchung von Stereotypen einen Grundstein für folgende Diskursanalysen gelegt. Allerdings untersucht sie Äußerungen auf der Ebene des Satzes, eine Einbettung in Gesprächskontexte und Situationen ist sekundär. Ihr geht es darum, w i e Vorurteile und Stereotypen ausgedrückt werden und weniger um deren Inhalt.

Teun van Dijks sozio-kognitiver Ansatz dagegen bettet Äußerungen in Sprechakte ein und untersucht *prejudiced talk* in alltäglichen Gesprächen.[762] Van Dijks Forschungen basieren auf sozialpsychologischen Annahmen. Er unterscheidet nicht zwischen *ethnicism* und *racism, racist attitude* und *ethnic prejudice*.[763] Insofern wird auch in der Darstellung der Ergebnisse nicht zwischen kulturellen Unterschieden und der Bezugnahme

---

759 Van Dijk 1991, 1992, 1993; Link 1992; Solomos 1992.

760 Siehe auch Wimmer 1997: 26. Ein Beispiel für mögliche ethnologische Ansätze findet sich in dem kurzen Artikel der italienischen Ethnologin Clara Gallini (1992).

761 Eine Ausnahme ist die Arbeit von Wetherell und Potter (1993), die Diskurse in Neuseeland untersuchten.

762 Van Dijk 1987: 35. Wodak und Reisigl sehen es als Van Dijks größten Verdienst an, größere diskursive Einheiten untersucht zu haben: „For the elaboration of a discourse-analytical theory about racist discourse, one of the most valuable contributions of van Dijk's model is the heuristic assistance it provides in linking the generation of prejudice to discursive units larger than the sentence." (1999: 184).

763 Van Dijk 1987: 27, 28.

auf körperliche Merkmale oder erbliche Eigenschaften differenziert. Van Dijks Ergebnisse basieren auf der Analyse von 180 „freien" Interviews, die er und seine Mitarbeiter in Amsterdam und Kalifornien durchführten. Die Befragten sollten Erfahrungen mit und Meinungen über in der jeweiligen Gesellschaft relevante Migrantengruppen äußern.[764] Daß eine Gefahr besteht, so Äußerungen erst zu produzieren, die sonst eventuell gar nicht vorkämen, ist offensichtlich. Ergänzend wurden Medienanalysen sowie quantitative Daten zur Einwanderung verschiedener Migrantengruppen als Hintergrundinformationen herangezogen. Van Dijk schreibt, jeder dieser Diskurstypen müsse gesondert untersucht werden und: „Yet at the same time, each discourse type has also been considered as an expression and reproduction of the same underlying attitudinal, ideological, and social reality, namely, that of the ethnic situation and of racism in our Northwestern countries in the 1980s."[765] Über das Ergebnis scheint er sich somit bereits zu Beginn der Untersuchung sicher gewesen zu sein. Ihm geht es nun eher um die Frage, wie sich dieser Rassismus ausdrückt.

Unklar bleibt, warum van Dijk bei der Präsentation seiner Ergebnisse schreibt, es sei besonders relevant, alltägliche Gespräche zu untersuchen, da sie wichtigster Anteil der kommunikativen und diskursiven „Umwelt" der Untersuchten seien.[766] Er und seine Mitarbeiter untersuchten jedoch Interviews, die meines Erachtens immer eine n i c h t a l l t ä g l i c h e Gesprächssituation darstellen. Selbst in der Feldforschungssituation, in der Informanten den Ethnologen lange und relativ gut kennen, sind verabredete und aufgenommene Interviews nichtalltägliche Gesprächssituationen. Bei eigenen empirischen Untersuchungen wurde deutlich, daß sich zumindest auf den Philippinen die Inhalte alltäglicher Gespräche, Beschimpfungen, Witze und Geschichten von Äußerungen in Interviews unterschieden. In Neuguinea „entdeckte" ich manche Themen, in denen Fremde eine besondere Rolle spielten, erst durch Alltagsunterhaltungen und Äußerungen bei Versammlungen oder Gerichtsverhandlungen.

Van Dijks Hauptthese ist, daß Eliten und damit auch der Elite-Diskurs die entscheidende Rolle bei der Reproduktion von Rassismus spielen.[767] Rassismus wird von „oben" nach „unten" transportiert: „Während Rassismus auf der Makroebene in der Sprache weißer Gruppenmacht definiert wird, die über Minderheiten, Einwanderer oder (andere) Menschen aus der Dritten Welt ausgeübt wird, übt der Diskurs diese Dominanz auf der Mi-

---

[764] Ebd.: 16.
[765] Ebd.: 17.
[766] Ebd.: 31.
[767] Van Dijk 1991: 41.

kroebene der Kommunikation aus."[768] In dem von mir untersuchten Beispiel der philippinischen Ati spielen Medien, Schulbücher wie auch Predigten in der Kirche oder Aktionen staatlicher Minderheitenbetreuung eine Rolle bei der Verbreitung von ethnischen bzw. Rassekategorien und Stereotypen.[769] Diese Elite-Einflüsse sind jedoch nicht einzige Quelle von Rassenvorstellungen. Alltägliches Handeln und Alltagsdiskurse (hier nicht in dem von van Dijk verwendeten Sinne des Interviews) bringen sie ebenso hervor und wirken sich auf „Elitediskurse" aus. Van Dijk kritisiert, der „akademische Elite-Rassismus" bestünde unter anderem darin, daß selbst dann, wenn theoretische Gleichheit der „Rassen" zugegeben werde, sich wissenschaftliche Untersuchungen „auf die besondere Stellung westlicher Sprachen, Literaturen, Künste, westlicher Gedankenlogik, Geschichte sozialer Organisation, Technik oder Kultur ganz allgemein" konzentrierten statt auf außereuropäische Errungenschaften.[770] Genau das geschieht jedoch auch in den Diskursanalysen des Rassismus (ohne daß ich diese Tendenz hier als akademischen Elite-Rassismus bezeichnen möchte).

In van Dijks Auswertung der Ergebnisse wird deutlich, daß es in erster Linie um kulturelle Unterschiede geht, wobei unklar bleibt, was etwa Aussagen wie *„They have a different mentality"*[771] genau bedeuten. Was meinen Amsterdamer oder Kalifornier mit „Mentalität"? Auch Aussagen, bestimmte Gruppen seien dreckig, faul, aggressiv oder kriminell könnten sowohl kulturell als auch als biologisch bedingt gedeutet werden. Aus der häufigen Forderung, Fremde sollten sich anpassen, oder der Kritik, sie würden dies nicht tun,[772] geht hervor, daß man diese Eigenschaften vermutlich für veränderbar hält.

Der diskurs-historische Ansatz von Wodak ist eine Erweiterung der van Dijkschen Untersuchungen: „It attempts to incorporate historical-political and affective levels."[773] Gegenstand der Untersuchung war antisemitisches Sprechverhalten in Österreich während der Präsidentschaftskandidatur von Kurt Waldheim (1986). Auch hier wurden, vermutlich wegen ihrer leichten Zugänglichkeit, „Elitediskurse" untersucht und nicht Äußerungen auf der Ebene alltäglicher Kommunikation. Auch auf die Frage der körperlichen Eigenschaften wurde nicht genauer eingegangen. Interessant wäre das gerade in Bezug auf die „jüdische Intelligenz", die in Stereotypen eine Rolle

---

[768] Ebd.

[769] Der Rassismus-Definition van Dijks und anderer Diskursanalytiker zufolge sind die Befunde sowohl bei den Ati als auch bei den Wampar eindeutig Rassismus. Diese Definition entspricht allerdings nicht der von mir verwendeten.

[770] Van Dijk 1991: 32.

[771] Van Dijk 1987: 56.

[772] Ebd.: 58, 59.

[773] Wodak und Reisigl 1999: 186.

spielt.[774] „Intelligenz" kann auch als Hinterlist und Tücke negativ gedeutet werden, oder in einem von Stern (1992) in Deutschland festgestellten *philo-Semitism* als Maske des Antisemitismus auftreten. Gerade Diskussionen um angeborene Intelligenz oder den Mangel von Intelligenz wecken besonders heftige Emotionen, wobei der Status von „Intelligenz" in der alltäglichen Rede in Deutschland noch nicht untersucht ist: Meint man damit vorwiegend erbliche Fähigkeiten? Oder denken Menschen an die heute von vielen Wissenschaftlern vorgeschlagene Intelligenz als Bündel von erlernten Fähigkeiten?

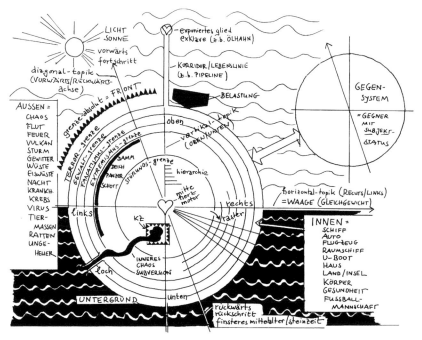

Abbildung 22: Links Grundschema der politischen Kollektivsymbolik der Bundesrepublik (Link nach Jäger 1993: 159).

In Deutschland sind Jäger und die Duisburger Gruppe die bekanntesten Diskursanalytiker, die sich mit dem Thema Rassismus beschäftigten. Im Mittelpunkt stehen in diesem Ansatz zur Erklärung rassistischer Äußerungen Diskurs-Stränge, Kollektivsymbole und diskursive Ereignisse (sie ent-

---

[774] Ebd.: 188.

sprechen am ehesten Sprechakten). Das Diskursmodell Jägers wurde bereits vorgestellt (siehe Abbildung 21). Im wesentlichen bezieht sich die Duisburger Gruppe auch auf van Dijks Ansatz, erweitert aber seine Analysen indem sie den historischen Kontext stärker einbezieht.[775] Sollte die Einbeziehung historischer Situationen in den Kollektivsymbolen Jürgen Links bestehen, ist jedoch fraglich, inwieweit dieses Konzept – abgesehen von der phantasievollen Darstellung – wirklich erhellend ist.

Unter Rassismus wird von der Duisburger Gruppe jede negative Wertung verstanden, die in Übereinstimmung mit dem hegemonialen Diskurs Menschen anderer Sprache, Kultur oder Aussehens abwertet.[776] Auf Körperlichkeit oder die Beziehung zwischen kulturellen und (angenommenen) biologischen Unterschieden wird jedoch in diesen Diskursanalysen nicht genauer eingegangen. In Links' Schema der Kollektivsymbole geht Körperlichkeit in unterschiedlicher Form ein: In der Mitte befindet sich das Herz und – wenn ich die Zeichnung richtig interpretiere – dringt eine spermaartige Form in die runde Form des inneren Körpers (Eizelle?) ein. Seine Spitze landet jedoch im KZ. Für ein „Grundschema der politischen Kollektivsymbole der Bundesrepublik" halte ich das jedoch für sehr vage.

Ein weiterer, sich von den vorigen unterscheidender, Ansatz wird von den Mitarbeitern der Loughborough Gruppe verfolgt. Wetherell und Potter sehen Rassismus als Reihe von ideologischen Effekten, die widersprüchlich, flexibel und unterschiedlichen Inhalts sind. Selbst innerhalb eines diskursiven Ereignisses und in den Äußerungen einer Person können widersprüchliche ideologische Fragmente nebeneinander stehen.[777] Gegenstand der empirischen Untersuchung von Wetherell und Potter sind Interviews mit Neuseeländern. „.... mapping the language of racism in New Zealand and draw up a racist topography by charting themes and ideologies through exploration of the heterogeneous and layered texture of racist practices and representations that make up a part of the hegemonic taken-for-granted in this particular society."[778] Welche Rolle spielen körperliche Unterschiede in dieser neuseeländischen Topographie des Rassismus? Wetherell und Potter zeigen, daß zwei Drittel der Interviewten in ihren Rassevorstellungen davon ausgingen, daß Völker biologische Einheiten seien. Basis der Gruppenzugehörigkeit sei die physische Herkunft. Für einige der Befragten seien die jeweiligen Gene, für andere im wesentlichen „das Blut" Substanzen, die für die Übertragung der Unterschiede im Zusammenhang mit der physischen Herkunft verantwortlich seien. Die physische Herkunft und je-

---

[775] Ebd.: 192.
[776] Ebd.: 193.
[777] Wetherell und Potter 1992.
[778] Wodak und Reisigl 1999: 194-195.

weilige Gene bzw. Blut determinierten psychische und kulturelle Merkmale der Maori. Diese Annahme ist zentral für den rassistischen Diskurs.[779] Aus dieser Vorstellung erwächst auch die Zukunftsvision, daß infolge von interethnischen Ehen und der Zunahme von „Mixed Bloods" eine langsame Evolution und das Verschwinden der Unterschiede wahrscheinlich sei.[780] Sehr viel elaborierter allerdings sind Ansichten über soziale und kulturelle Unterschiede zwischen Pakeha („weißen" Neuseeländern) und Maori.[781] Rassismus drückt sich hier nicht direkt aus, sondern besteht in der Grundannahme der ursächlichen biologischen Unterschiede. Auch hier stellt sich, wie in so vielen Untersuchungen, die Frage, ob „Rassen"-Vorstellungen der Maori von denen der „Weißen" abweichen? Wenn man davon ausgeht, daß Gruppenprozesse und -interaktionen immer von beiden Seiten beeinflußt werden, müßten sich auch Ideen über kulturelle und biologische Unterschiede zumindest teilweise aufeinander beziehen.

11.4 Diskussion

Es stellt sich zunächst die Frage, ob es sich bei postmodernen Diskursanalysen eigentlich um eine Methode oder Theorie handelt. In allen in diesem Abschnitt vorgestellten empirischen Arbeiten wird auf n e u e Ansätze und auf Diskurs t h e o r i e Bezug genommen. Allerdings wird nirgends plausibel, wie diese Theorien die Interpretation beeinflußt oder gängigen sozialwissenschaftlichen interpretativen Methoden etwas tatsächlich Neues hinzugefügt haben. Was unterscheidet, außer der Erneuerung einiger Benennungen und dem Anspruch neu zu sein, eine Diskursanalyse von herkömmlichen Interpretationen eines Textes, Interviews oder Gesprächs? Diese Frage bleibt nach wie vor unbeantwortet. Schon lange versuchen Ethnologen vor allem auch mit Hilfe der Analyse sprachlicher Äußerungen, kulturelle Konstruktionen nachzuvollziehen, zu interpretieren und sie zu übersetzen. Unter der Voraussetzung, daß Sprache eine Wirklichkeit und Sprechen eine Verhaltensweise neben anderen darstellt, ist es sinnvoll, gegenseitige Beeinflussungen zu untersuchen. Rassismus kann sich in Sprache ausdrücken. Sprechen kann andere Handlungen beeinflussen, Folgen haben und diese können auf rassistische Vorstellungen zurückwirken.

Der Schwerpunkt der Diskursanalysen liegt auf der Untersuchung von Elite-Diskursen. Die Grundannahmen (bei van Dijk auch die Ergebnisse) sind ähnlich wie beim Kolonialismus-Paradigma und neo-marxistischen

---

[779] Wetherell und Potter 1992: 122.

[780] Ebd.: 123.

[781] Ebd.: Kapitel 5 und 6.

Ansätzen: Rassismus sei eine Ideologie, die von oben nach unten wirkt. Sie gehe von der herrschenden Klasse oder Eliten aus und diene dem Erhalt von Herrschaft bzw. dem Machterhalt. Rückkoppelungen und Wechselwirkungen mit alltäglichen (Sprech-)Situationen werden nicht untersucht, was zum einen an der methodischen Beschränkung, zum anderen aber auch an den Ausgangserwartungen liegen mag. Der Beitrag individueller Akteure, Prozesse der Aggregation individueller Handlungen zu Gruppenverhalten sowie die Addition und Weitergabe von Wahrnehmungen zu kulturellem Wissen werden ausgeblendet.

Im vorliegenden Kapitel wurden die Ergebnisse der Diskursanalysen vor allem in Hinblick darauf durchgesehen, wie körperliche Unterschiede in Diskursen eingesetzt werden. Wichtig wäre zu wissen, in welchen Kontexten sie Erwähnung finden, wie die Verknüpfung zu anderen Unterschieden hergestellt wird, und die Frage, welche Merkmale betont werden. Diese Fragen müßten bei der Analyse rassistischer Äußerungen relevant sein. Deutlich wurde jedoch, daß sie in keinem der Beispiele eine wesentliche Rolle spielen. Es handelt sich also jeweils nicht um im eingangs definierten Sinne rassistische Diskurse. Die Nichterwähnung von Körperlichkeit kann verschiedene Gründe haben: Sie spielt tatsächlich keine Rolle, sie spielte für die Untersucher keine Rolle oder sie drückt sich weniger in Elite-Diskursen, Texten und sprachlichen Äußerungen in Interviews aus als im Alltag.

Die Formulierung des „neuen", „Neo"-, „Post"- oder „kulturellen" Rassismus hat den Schwerpunkt sozialwissenschaftlicher Forschungen verschoben und kulturelle Unterschiede in den Mittelpunkt gestellt. Dabei wird allerdings leicht übersehen, daß Vorstellungen kultureller Inkompatibilität auch Bestandteil „klassischer" rassistischer Auffassungen sind. Karin Priester führt aus: „Dem rassistischen Diskurs waren von Anfang an immer auch kulturalistische Aspekte beigemischt in einem variablen Mischungsverhältnis, das historisch jeweils genau untersucht werden muß. Immer wurde die Trennlinie zu den ‚anderen' bei der kulturellen Assimilationsfähigkeit bzw. -bereitschaft gezogen."[782] Auch David Mason beschreibt, daß biologischer Determinismus weiterhin eine Rolle spielt und in Untersuchungen nicht vernachlässigt werden sollte.[783]

In diskursanalytischen Untersuchungen war die Frage nach der Bedeutung körperlicher Unterschiede unwichtig, da die meisten von einem sogenannten „Kulturrassismus" ausgingen. Diese Frage spielte vermutlich aber auch in den Interviews und Texten tatsächlich eine weniger wichtige Rolle, weil Rassismus und rassistische Äußerungen in ihrem früheren biologi-

---

782 Priester 1997: 20, dazu auch ebd.: 24 ff.
783 Mason 1992: 8 ff.

schen Determinismus tabuisiert worden sind. Das Verhältnis von kulturellen und körperlichen Unterschieden soll in der Zusammenfassung noch ausführlicher diskutiert werden.

Es mag auch an der Methode, der Analyse sehr bewußt produzierter Texte (Äußerungen in Medien, Schulbüchern, Fragebögen, Interview-Situationen) liegen, daß zugrunde liegende, aber tabuisierte Vorstellungen nicht zum Ausdruck bzw. zur Sprache kommen. Meines Erachtens sind im europäischen Kontext Körperbilder und die Verbindung von biologischen und Verhaltensmerkmalen zu wenig auf der Mikroebene, und bislang nicht mit den geeigneten Methoden untersucht worden. Ein sehr deutlicher Hinweis auf die Notwendigkeit anderer methodischer Zugänge ist für mich das folgende Beispiel. Im Zusammenhang mit der Untersuchung von Gerüchen sprach ich mit vielen Leuten über Körpergerüche und körperliche Unterschiede. Dabei hörte ich Äußerungen von Gesprächspartnern, die explizit nicht an biologische Rassenunterschiede glauben oder erklärte Antirassisten sind, über biologisch bedingte Gerüche von „Schwarzen" und von dunkelhaarigen Menschen, die mich erstaunten. Ich halte es für sehr wahrscheinlich, daß in einem Fragebogen oder themenzentrierten Interview dieselben Informanten zu Vorstellungen von „Rassegerüchen" keine Angaben gemacht oder deren Existenz verneint hätten.

Ein wichtiges Anliegen postmoderner Theoretiker ist die Kritik an der Wissenschaft. Erwiderungen, deren Argumente nicht wiederholt werden sollen,[784] auf die grundsätzliche postmoderne Kritik an der Ethnologie als „wissenschaftlichem Projekt" gibt es bereits. Die Vorwürfe des Essentialismus, wenn es um die Untersuchung bzw. Erklärung von Ethnizität und Rassismus geht, sollen hier nur kurz aufgegriffen werden. Ein wesentliches Problem der Essentialismus-Kritik besteht darin, daß nicht nur Wissenschaftler den Essentialismus „erfunden" haben. Essentialismus ist auch Grundlage untersuchter Vorstellungen von den jeweils Anderen. Das berührt ein Grundsatzproblem in der Ethnologie: Wenn es Ziel ist, den Standpunkt der Untersuchten – egal, ob er rassistisch, essentialistisch, sexistisch oder ethnozentristisch ist, – nachzuvollziehen und darzustellen, kann Ethnologen daraus kein Vorwurf gemacht werden. Ziel sollte es sein, soziale Situationen darzustellen wie sie sind und nicht wie sie sein sollten. Beides zu vertauschen, wäre keine Wissenschaft mehr. Ein weiteres Problem ist, daß nicht nur aus emischer oder etischer Sicht, sondern auch in der von Akteuren gelebten R e a l i t ä t Einschränkungen der Entscheidungsfreiheit tatsächlich vorhanden sind.[785] Situative Entscheidungen und flexible Zuordnungen von Menschen zu verschiedenen Kategorien sind trotz Rassen-

---

[784] Mischung 1999, Schweizer 1996: 59 ff.
[785] Siehe auch Priester 1997: 37 ff.

kategorien möglich, wie etwa das Beispiel philippinischer Ati zeigt. Aber sie haben ihre Grenzen: Eine eindeutig schwarze Ati-Frau hat für alle anderen wahrnehmbare Charakteristika und wird aufgrund dieser nicht wesentlich wandelbaren Eigenschaften[786] als weiblich und als Ati klassifiziert, was für sie Konsequenzen hat – wenn auch nicht in allen Situationen.

Ein positiver Aspekt postmoderner Analysen ist der Hinweis auf Ambivalenzen, Widersprüche und Brüche in rassistischen Diskursen. Man versucht nicht, sie in Darstellungen zu glätten, sondern faßt Widersprüche als Bestandteil rassistischer Diskurse auf.[787] Marxistische Ansätze haben diesen Aspekt bislang zugunsten von Darstellungen des Rassismus als einheitlicher Ideologie vernachlässigt.

---

[786] Versuche von Filipinas und Filipinos, ihr Aussehen etwa durch Bleichcremes zu verändern, lassen durch Hautausschläge und Rötungen häufig nur noch deutlicher die Eigenschaft hervortreten, die man zu beseitigen suchte.

[787] Siehe dazu Rattansi 1995: 37.

12. Soziobiologische Rassismustheorien

12.1 Grundlagen

Neben Theorien, die von Schichtung und daraus resultierendem Rassismus ausgehen (vgl. Kapitel 9, 10 und 11), gibt es solche, die Percy Cohen als segmentäre Theorien zusammengefaßt hat. Diese gehen im Gegensatz zu Schichtungstheorien von Gruppenbeziehungen aus. Im Mittelpunkt stehen Segmente innerhalb von Gesellschaften oder der ganzen Menschheit, die sich in Bezug zueinander definieren und abgrenzen. Danach sei es – stark vereinfacht ausgedrückt – Konkurrenz zwischen sich als „rassisch" verschieden begreifenden Gruppen, die Rassismus hervorbringe. Horizontale Schichtung von Gesellschaften oder Herrschaft seien keine notwendigen Voraussetzungen, um diesen Antagonismus zu bewirken. Man gehe davon aus, daß alle sozialen Gruppen eine Tendenz hätten, andere Gruppen als „Fremde" zu betrachten. Diese Konstante sei sowohl Ursache als auch Konsequenz der Gruppensolidarität, die stärker ist als interne Unterschiede.[788] Dieses und das folgende Kapitel stellen solche segmentären Theorien dar.

In diesem Kapitel geht es um Konkurrenz zwischen Gruppen, während im nächsten Kapitel über die *Rational Choice Theory* sowohl Individuen als auch kollektive Akteure im Mittelpunkt stehen. Beide Ansätze haben gemeinsam, daß sie Rassismus nicht als eine von „oben" nach „unten" durchgesetzte Ideologie betrachten, sondern als „normalen", wenn auch nicht wünschenswerten, Aspekt von Inter-Gruppen-Beziehungen. Pierre van den Berghe schreibt, soziobiologische Ansätze seien der *Rational Choice Theory* übergeordnete Erklärungsansätze von Rassismus und Ethnizität: „My model easily accommodates everything that Banton or Hechter try to incorporate into their 'rational choice' model, and more. Theirs is a special case of mine."[789] Inwieweit die verschiedenen Rassismustheorien in einen, in der Ethnologie brauchbaren, Erklärungsansatz integrierbar sind, wird in der Zusammenfassung der vorliegenden Untersuchung diskutiert.

---

[788] Cohen 1976: 13.
[789] Van den Berghe 1992: 261.

Früher als „soziobiologisch" bezeichnete Ansätze sind heutzutage häufig unter der Bezeichnung Evolutionspsychologie oder auch Verhaltensökologie zu finden. Vertreter der Evolutionspsychologie versuchen, menschliches Verhalten, Gruppenbildung, Konflikte etc., stärker als die in den vorigen Kapiteln dargestellten Theorien, angelehnt an eine naturwissenschaftliche Grundlage darzustellen. Zwischen menschlichem und tierischem Verhalten wird bezüglich biologischer Bedingungen, die Verhalten beeinflussen, kein prinzipieller Unterschied gemacht.[790] Die genannten Richtungen sind sehr umstritten und die Diskussion wird von Gegnern wie Befürwortern teilweise polemisch geführt. Im folgenden werden jeweils die Grundlagen vorgestellt, die zum Verständnis der Erklärungsansätze von Rassismus und für die Bedeutung körperlicher Unterschiede in Inter-Gruppen-Beziehungen wichtig sind.

Soziobiologische, evolutionspsychologische und verhaltensökologische Ansätze im weitesten Sinne gehen von fortschreitenden genetischen Veränderungen von Lebewesen in Interaktion mit der sie umgebenden Umwelt aus. Evolution wird möglich durch Mutation, Neukombination, *genetic drift* und die Auslese von Genen. Gene sind die „Einheiten" der Auslese. Auf welchen sozialen Ebenen dann eine Auslese stattfindet, ist in der Diskussion allerdings umstritten.[791] Im folgenden werden eher „klassische Ansätze" dargestellt, die vom Individuum ausgehen. Neuere Ansätze halten eine Gruppenebene der Auslese für möglich, auf der bestimmt wird, welche Gene in die nächste Generation weitergegeben werden. Die Gruppe kann eine Verwandtschaftsgruppe, ein Segment einer Ethnie oder auch eine größere Einheit sein. Reziproker Altruismus etwa wird als wichtiger Teilprozeß der Gruppenauslese verstanden: Innerhalb der für die Auslese wichtigen Gruppenebene kommt altruistisches Verhalten vor, mit der Erwartung, daß eine Gegenleistung erfolgt. Reziproker Altruismus ist für Nepotismus und Ethnozentrismus von Bedeutung.[792] Biologen allerdings gehen davon aus, daß die Bedeutung der Auslese auf der individuellen Ebene sehr viel entscheidender ist als auf der Ebene der Gruppe.[793] Bislang sind nach meiner Kenntnis noch keine Rassismustheorien entwickelt worden, die die Gruppenebene der Auslese berücksichtigen. Hier wären in der Soziobiologie wurzelnde neuere Theorien der Gruppenauslese durchaus weiter ausbaubar.

---

[790] Siehe beispielsweise: Sommer 2000; Sommer und Ammann 1998. Polemisch wurde vor allem die Diskussion um die Ursachen von Vergewaltigungen (Thornhill und Palmer 2000) geführt.

[791] Siehe Caporeal 2001; Fetzer 1998.

[792] Flohr 1994.

[793] Kelly 1995: 48.

Ähnlich wie auch bei den als postmodern bezeichneten Richtungen gibt es bei Soziobiologen Uneinigkeit darüber, was alles unter Soziobiologie zu fassen sei. Auf Feinheiten der Unterschiede innerhalb dieser Richtung und Probleme der Definition von Soziobiologie soll hier nicht weiter eingegangen werden. Ich werde mich auf die Kernbereiche soziobiologischer Argumentationen konzentrieren, die Gray wie folgt charakterisiert:

„Human sociobiology can, however, be identified as any research characterized by three features: analysis of the adaptive history of social behaviors; explanations integrating phylogenetic history, evolutionary ecology, and existing environments; and use of inclusive fitness logic." (Gray 1996: 1212)

Der wesentliche Unterschied zu den in den Sozialwissenschaften entwickelten Theorien von Rassismus und Ethnizität ist der Ausgangspunkt der Soziobiologen. Demnach sind Biologie und Evolution zur Erklärung menschlichen Verhaltens von grundlegender Bedeutung. Das heißt jedoch nicht, daß erlerntem, also kulturellem, Verhalten von Soziobiologen keinerlei Bedeutung beigemessen wird. Schon dieses Mißverständnis führte häufig zu ausufernden Diskussionen.

Pierre Louis van den Berghe ist der in der Ethnologie bekannteste und am stärksten rezipierte Vertreter eines soziobiologischen Ansatzes in den Sozialwissenschaften. Van den Berghe hat diesen mit historischen Analysen von Einzelfällen verbunden. Im Gegensatz zu anderen Rassismustheoretikern steht bei ihm der Vergleich verschiedener Gesellschaften im Mittelpunkt.[794] Ziel der Soziobiologen ist es, biologische Faktoren herauszufinden, die sowohl für inter- als auch für intraethnische Verhaltensunterschiede bedeutsam sind.[795]

Ein zentrales Konzept der Soziobiologie ist die Frage der Anpassung (*adaptation*). Unter Anpassung werden alle Verhaltensweisen oder physiologischen Abläufe verstanden, die einem Organismus das Überleben sowie eine im Vergleich zu anderen Organismen erfolgreichere Fortpflanzung ermöglichen. Der Begriff der „Anpassung" erstreckt sich auch auf die Mechanismen, durch die solche Verhaltensweisen oder physischen Merkmale entstehen. Überleben (des Einzelnen) und Reproduktion (Überleben der Gruppe) sind folglich zentrale Ziele auf individueller sowie auf Gruppenebene.

Ein weiteres Schlüsselkonzept soziobiologischer Argumentationen ist der von Hamilton (1964) geprägte Begriff der *inclusive fitness*. Das Konzept der *fitness* besagt zunächst nur, daß jedes Individuum versuche, möglichst viele der eigenen Erbanlagen in die nächste Generation weiter-

---

[794] Van den Berghe 1970, 1978 a, 1978 b, 1983; van den Berghe (Hg.) 1972, 1975.
[795] Gray 1996: 1212.

zugeben. Wollten Individuen ausschließlich ihr eigenes Überleben sowie den eigenen reproduktiven Vorteil in Konkurrenz mit anderen Individuen erreichen, dann ist es schwierig, Kooperation und altruistisches Verhalten zu erklären. Mit dem Konzept der *inclusive fitness* ist auch uneigennütziges Verhalten erfaßt, bei dem ein Individuum indirekt die Weitergabe von Genen in der nächsten Generation fördert. Dabei werden vor allem direkte Verwandte bevorzugt.[796] Van den Berghe schreibt: „In fact, a simple formula leads one to predict that 'altruism' can be expected if the cost/benefit ratio of the transaction is smaller than the coefficient of relatedness between alter and ego."[797] Nepotismus – die Bevorzugung von Verwandten – wäre demnach eine allgemeine Bedingung menschlicher Existenz. Van den Berghe schreibt aber auch, daß *inclusive fitness* nicht ausreiche, um menschliches Sozialverhalten zu beschreiben: Reziprozität und Zwang (*coercion*) müßten hinzukommen.[798] Erst aus diesen drei Elementen lasse sich menschliches Sozialverhalten erklären.

12.2 Anwendung auf Rassismus

In einem Sammelband versuchten mehrere Autoren, mit Hilfe soziobiologischer Ansätze Ethnozentrismus und Gruppenprozesse zu erklären.[799] Deutlich ist, daß Ethnozentrismus ein sehr verbreitetes Phänomen ist, nichtethnozentrische Gesellschaften seien die Ausnahme.[800] Es gibt viele verschiedene theoretische Positionen, aus denen das Phänomen Ethnozentrismus erklärt werden kann.[801] Die Vertreter des soziobiologischen Ansatzes sehen in der Soziobiologie eine übergreifende und andere Ansätze integrierende Theorie. Reynolds sieht in Rassenkonflikten eine Erweiterung des Ethnozentrismus. Eine der Ursachen sei eine grundlegende menschliche Fremdenfurcht, und er betont „Streß" als Auslöser von gewalttätigen Konflikten zwischen Ethnien oder „Rassen".[802] Unter Streß auslösenden Umweltbedingungen würden alle menschlichen Gesellschaften fremdenfeindlich mit genetisch veranlagten Streßantworten reagieren. Allerdings führt Reynolds seine Theorie der fremdenfeindlichen Streßreaktionen in seinem knappen Artikel nicht weiter aus. Reynolds parallelisiert tierisches und menschliches Verhalten: Die Wahrnehmung sozialer

---

[796] Hamilton 1964, Gray 1996: 1212.
[797] Van den Berghe 1978 b: 403.
[798] Ebd.
[799] Reynolds, Falger und Vine (Hg.) 1987.
[800] LeVine und Campbell 1972.
[801] Siehe Antweiler 1998, van der Dennen 1987.
[802] Reynolds 1987: 213.

Unterschiede zwischen Menschen entspräche der Wahrnehmung körperlicher Unterschiede im Tierreich.[803] In demselben Sammelband weist jedoch van der Dennen darauf hin, daß auch im Tierreich nicht bei allen Arten (wenn auch von vielen) und in allen Situationen xenophobe oder aggressive Reaktionen gegenüber fremden Individuen auftreten.[804] Reynolds bezieht sich auf Hamilton, der formuliert, jedes Individuum habe das Bild eines ideal-typischen nahen Verwandten im Kopf, mit dem er alle anderen Individuen vergleiche.[805] Welche Rolle dabei jedoch bei Menschen das Verhältnis von körperlichen und sozialen Unterschieden, bzw. die soziale Bedingtheit der Wahrnehmung körperlicher Unterschiede spielt, darauf geht Reynolds nicht genauer ein.

Im folgenden werde ich mich in erster Linie auf die Arbeiten von van den Berghe beziehen, der in zahlreichen Schriften versucht, einen soziobiologischen Ansatz auf menschliches Sozialverhalten, vor allem auf die Phänomene Ethnizität und Rassismus anzuwenden und sich auch explizit zum Verhältnis von körperlichen und kulturellen Unterschieden äußert.[806] Anders als man zunächst aufgrund der Prämissen der Soziobiologie erwarten würde, benutzt auch van den Berghe einen kulturellen und k e i n e n biologisch fundierten Rassismus-Begriff. Van den Berghe definiert Rassismus als: „...any set of beliefs that organic, genetically transmitted differences (whether real or imagined) between human groups are intrinsically associated with the presence or absence of certain social abilities or characteristics..."[807] Fast zwanzig Jahre später stellt van den Berghe fest, der Begriff „Rassismus" sei in der Wissenschaft immer weiter ausgeweitet worden und habe deshalb beinahe jeden analytischen Wert für die Verwendung innerhalb der Wissenschaft verloren.[808]

In seinen frühen Arbeiten stützt van den Berghe sich in seinen Erklärungsversuchen von Ethnizität und Rassismus auf den oben bereits erwähnten Begriff der *inclusive fitness*. Danach liegt das Bestreben, gemeinsame Erbanlagen an die nächste Generation weiterzugeben und deshalb Verwandte, also genetisch nahestehende Personen zu unterstützen, auch den Phänomenen Ethnozentrismus, Rassismus und Nationalismus zugrunde „... – all these narrow, nasty isms that lead us to prefer insiders to outsiders – are biologically selected because they contribute to the actor's

---

[803] Ebd.: 211.

[804] Van der Dennen 1987: 21.

[805] Reynolds 1987: 211.

[806] Van den Berghe 1960, 1970, 1975, 1978 a, 1978 b, 1981, 1983, 1984, 1992, 1996 a, b; van den Berghe (Hg.) 1972, 1975.

[807] Van den Berghe 1978 a: 11.

[808] Van den Berghe 1996: 1054-1056.

inclusive fitness."[809] Die Annahme, daß verwandtschaftliche Nähe, relative Ähnlichkeit und Vertrautheit zur Bevorzugung von Mitgliedern der Wir-Gruppe gegenüber anderen Personen führe, ist nachvollziehbar. Auch daß Nepotismus, Ethnozentrismus, Ethnizität und Rassismus darin gemeinsame Wurzeln hätten, ist einleuchtend. Allerdings besteht eine Schwierigkeit darin, die Verbreitung der Gene als „letztes Ziel" anzunehmen. Darauf soll in der Diskussion in Abschnitt 12.3 noch einmal eingegangen werden. In der Ausweitung der Verwandtschaftsideologie bezüglich der genannten Gruppenbildungsphänomene sieht van den Berghe auch den Hauptunterschied zur „Klassenbildung". Im Falle von Klassen sei Reziprozität zur Verteidigung gemeinsamer Interessen die wesentliche Basis des Entstehens einer Gemeinschaft.

Die Arbeiten von van den Berghe sind im Zusammenhang der vorliegenden Untersuchung vor allem deshalb von Bedeutung, weil er explizit auf die Bedeutung körperlicher Unterschiede in interethnischen Beziehungen eingeht. Er arbeitet mehrere verschiedene Punkte heraus, die miteinander zusammenhängen:

- Generell seien kulturelle Kriterien der Gruppenzugehörigkeit wichtiger als physische. Es gebe mehr Gesellschaften, die kulturelle Unterschiede besonders betonten als Gesellschaften, die physische Unterschiede betonten. Das begründet van den Berghe damit, daß „until the last few millennia" bis zur Staatenbildung Migrationen über weite Distanzen selten waren und Bevölkerungen, die in einer Umwelt lebten, meist genetisch und physisch homogen gewesen seien.[810]
- Der Phänotypus werde vor allem dann zur Aufrechterhaltung von Gruppengrenzen herangezogen, wenn verläßliche kulturelle Unterschiede nicht vorhanden seien oder wenn das Aussehen Fremder von dem *somatic norm image* der Eigengruppe besonders verschieden sei.[811]
- Durch die Vermischung aller Bevölkerungen und dadurch entstehende größere intraethnische als interethnische phänotypische Unterschiede seien kulturelle Merkmale zur Erkennung genetisch verwandter Menschen zuverlässiger geworden als phänotypische Merkmale.
- Physische Kriterien werden dann herangezogen, wenn sie besonders leicht die Erkennung Nicht-Verwandter ermöglichen.[812] Das sei vor al-

---

809 Van den Berghe 1978 a: IX. Siehe auch die folgende Aussage: „My basic argument is quite simple: ethnic and racial sentiments are extension [sic] of kinship sentiments. Ethnocentrism and racism are thus extended forms of nepotism – the propensity to favor kin over nonkin. There exists a general behavioral predisposition, in our species as in many others, to react favorably toward other organisms in the extent that these organisms are biologically related to the actor. The closer the relationship is, the stronger the preferential behavior." (Van den Berghe 1981: 18-19)

810 Van den Berghe 1978 b: 406, ders. 1983: 227.

811 Van den Berghe 1978 b: 407.

812 Ebd.: 407.

lem in der Folge von Sklaverei, Kolonialismus und großen Migrations-
bewegungen möglich. Diese Hypothese entspricht in abgeschwächter
Form der in Kapitel 9 behandelten von Kulturkontakt und Kolonialismus
als Bedingung von Rassismus: „Physical criteria became salient only
after large, strikingly different-looking populations found themselves in
sudden and sustained contact"[813]

Später schreibt van den Berghe, es gebe zwei pragmatische Gründe dafür, eine klare analytische Unterscheidung zwischen Rasse und Ethnizität
zu treffen. Der erste Grund sei der, daß phänotypische Merkmale weniger
leicht veränderlich seien als kulturelle (etwa: sprachliche). Der zweite
pragmatische Grund für die Unterscheidung zwischen Rasse- und ethnischer Zugehörigkeit sei, daß

„... racial distinctions seem to be invidious and derogatory in a way that ethnic distinctions may, but need not, be. Racial distinctions are invariably defined in terms of superiority and inferiority, whereas this is not always the case with ethnic distinctions." (van
den Berghe 1996: 1055)

Hier gibt es einen Widerspruch zwischen der Annahme, daß kulturelle
Merkmale zuverlässiger geworden seien (s.o., als Beispiel führt van den
Berghe die Sprache an) und der Annahme, daß phänotypische Merkmale
weniger leicht veränderlich seien. Eigentlich müßten sie dann auch zuverlässiger sein als kulturelle Merkmale. Das weist darauf hin, daß kulturelle
und physische Merkmale in interethnischen Situationen jeweils sehr unterschiedliche Bedeutungen und Effekte haben können. Entscheidend sind der
Grad der tatsächlichen phänotypischen und kulturellen Unterschiede zwischen zwei Gruppen, der kulturelle Stellenwert der phänotypischen bzw.
kulturellen Merkmalen eingeräumt wird, sowie das Ausmaß an Konkurrenz, bzw. die Interessen, die überhaupt zu einer Nutzung des einen oder
anderen Merkmalskomplexes führen.
    Van den Berghe hat mit seinen Ausführungen zur Bedeutung körperli-
cher Unterschiede wichtige Anstöße zur vergleichenden Untersuchung
interethnischer Beziehungen gegeben. Ein Vorteil soziobiologischer Erklärungsansätze ist auch, daß sie in den Vergleich prinzipiell alle menschlichen Gesellschaften einbeziehen. Rassismus könnte unter bestimmten
Bedingungen in jeder Gesellschaft vorkommen, so Reynolds.[814] So wird
das Auftreten von Rassismus (sowie mögliche Erklärungen) nicht
unbegründet *a priori* auf bestimmte Bevölkerungen oder Gesellschaftstypen eingeschränkt wie das in den oben diskutierten Ansätzen der Fall ist.

---

[813] Ebd.: 408, ders. 1983: 228.
[814] Reynolds 1987: 212.

Zu van den Berghes Verdiensten gehört auch, daß er k e i n e n einfachen Zusammenhang zwischen Phänotypus, Genetik und Rassismus hergestellt hat. Seine Überlegungen zur Bedeutung körperlicher Merkmale sind jedoch noch wenig systematisch (sie standen allerdings auch nicht im Mittelpunkt seines Interesses) und sollen in der Zusammenfassung noch einmal aufgegriffen werden, wo ich eine eigene Systematik entwickele.

Rassenkategorien sieht van den Berghe als einen speziellen Fall von Ethnizität.[815] Die gemeinsame Abstammung (tatsächliche wie auch angenommene) ist nach van den Berghe ein zentrales Element des Selbstverständnisses ethnischer Gruppen.[816] Ethnien und ethnische Grenzen sind im Verlauf der Evolution unter ganz bestimmten Bedingungen entstanden. Ethnizität habe, wie auch andere Charakteristika sozialer Organisation, mit der Entwicklung des Gartenbaus einen „Quantensprung" gemacht. Staatenbildung ist eine weitere einschneidende Veränderung für die Bedeutung ethnischer Grenzen.[817] Phänotypische Merkmale als Kennzeichen der Gruppenzugehörigkeit und damit auch Rasseneinteilungen kommen dann hinzu, wenn sie besonders zuverlässige Unterscheidungsmerkmale darstellen. Auch über die Veränderung des Verhältnisses physischer und kultureller Merkmale im Verlauf der Evolution und bei der Integration von Ethnien in übergreifende Nationalstaaten äußert sich van den Berghe nicht über die oben bereits zitierten Feststellungen hinaus. Ich werde in der abschließenden Zusammenfassung noch einmal darauf zurückkommen.

Zählt man zu soziobiologischen Ansätzen all jene, die die biologische Basis menschlichen Verhaltens berücksichtigen, muß hier auch kurz auf die Thesen des Verhaltensforschers Irenäus Eibl-Eibesfeldt eingegangen werden.[818] Bei ihm geht es um den Beweis einer allgemein menschlichen Fremdenfurcht, die er als bereits beim Kleinkind vorhanden und veranlagt beschreibt.[819] In der erweiterten Neuauflage von „Krieg und Frieden aus der Sicht der Verhaltensforschung" behauptet Eibl-Eibesfeldt, Kinder hätten vor fremden Menschen sogar mehr Angst als vor fremden Tieren. Belege gibt er in seiner Darstellung für diese Behauptungen nicht. Die ungeheure Neugier von mir fremden Kindern, die ich auf den Philippinen erlebte, die ganz unbefangen Haut oder Haare berühren wollten, fallen mir genauso ein, wie ängstliche Reaktionen von Kleinkindern in Neuguinea. Das Problem ist jedoch, daß dies nur Eindrücke sind und keine systematischen Untersuchungen, die das Alter der Kinder, frühere Kontakte mit

---

815 Van den Berghe 1983: 222.
816 Ebd.: 223.
817 Ebd.: 225.
818 Eibl-Eibesfeldt 1970, 1988, 1990, 1997. Siehe dazu auch van der Dennen 1987: 20.
819 Eibl-Eibesfeldt 1997: 128-129.

Fremden, Einflüsse durch Medien, Einstellung der Eltern etc. berücksichtigen. Christoph Antweiler hat in einer differenzierten und kritischen Auseinandersetzung mit Eibl-Eibesfeldts Thesen zur multiethnischen Gesellschaft darauf hingewiesen, daß das genetisch veranlagte Fremdeln von Kleinkindern zwischen dem 6. Und 36. Lebensmonat nichts mit dem Verhalten von E r w a c h s e n e n und ganzen G r u p p e n zu tun haben muß.[820] Dieses Fremdeln gegenüber sich phänotypisch unterscheidenden Menschen wäre – könnte man einen Zusammenhang herstellen – ein Hinweis auf die besondere Bedeutung phänotypischer Merkmale. In dieser Lebensphase wird jedoch gegenüber a l l e n Fremden – unabhängig von ihrer Ähnlichkeit zur nächsten Kontaktperson – Angst gezeigt.[821] Außerdem ist dies Phase relativ kurz und wird von anderen durch soziale Kontaktaufnahme und Neugier geprägten Entwicklungsphasen abgelöst.[822] Ähnlich wie man dem Menschen keinen Territorialtrieb oder -instinkt nachweisen kann,[823] ist es ausgesprochen problematisch, instinkthafte oder triebgesteuerte „natürliche" Reaktionen auf sich körperlich unterscheidende Fremde nachzuweisen, und es ist bislang auch noch nicht überzeugend gelungen.

Eibl-Eibesfeldt behauptet, die schon beim Kinde vorhandene Fremdenfurcht sei Ursache der Tendenz, Gruppen zu bilden und auf Fremde aggressiv zu reagieren. Er schreibt weiter (ohne Belege oder Hinweise auf empirische Untersuchungen): „Adoption in die Gruppe setzt Angleichung des Zuwanderers an deren Normen voraus. Das wird schwierig, wenn der Fremde in seinem körperlichen Erscheinungsbild von der Bevölkerung des Gastlandes abweicht."[824] Gerade mit dem Wort „Adoption" gibt es Probleme. Denn Adoptionen sind meist Ausnahmen, Individuen werden integriert und durch Gewöhnung scheint das andere Aussehen keine Rolle zu spielen. Es sind andere Bedingungen, die dafür entscheidend sind, ob körperliche Unterschiede zum Thema gemacht werden oder nicht, und an diesen Bedingungen zielen Eibl-Eibesfeldts Ausführungen vorbei.

12.3 Diskussion

Verwandtschaft ist tatsächlich zentraler Baustein der Gruppenbildung – muß es aber nicht in allen Fällen sein. Auch räumliche Nähe oder Gewöhnung an Menschen durch alltäglichen Umgang mit ihnen kann etwa Solida-

---

[820] Antweiler 1989: 22.
[821] Das gibt auch Eibl-Eibesfeldt in einem Abschnitt über das Fremdeln von Buschmannkindern zu (1997: 184).
[822] Zu diesem Argument auch van der Dennen 1987: 20.
[823] Casimir 1990 a.
[824] Eibl-Eibesfeldt 1997: 129.

rität und altruistisches Verhalten bewirken, ohne daß dadurch genetisch nahestehende Personen gefördert würden. Als empirisch gesichert kann höchstens gelten, daß Individuen tendenziell versuchen, ihren reproduktiven Erfolg (auch mit Partnern, die nicht der Eigengruppe angehören) zu sichern. Gelingt ihnen das nicht, dann unterstützen sie nahe verwandte Personen. Unklar bleibt häufig bei Aussagen der Soziobiologen, welche Gruppengrenzen sie annehmen: Geht es um den Verwandtschaftsverband, eine Ethnie, Nation oder „Rasse", oder gelten Aussagen auf allen Ebenen der Bildung von überindividuellen Einheiten?

Wie auch die im folgenden Kapitel dargestellte *rational choice theory* geht van den Berghes soziobiologischer Ansatz von Nutzenmaximierung als Ursache von Verhalten aus. Nach dem Konzept der *inclusive fitness* ist allerdings nicht zu erklären, warum Wampar schon seit langem Kinder und Jugendliche aus anderen Stämmen bei sich aufgenommen und aufgezogen haben. Genetisch sind diese Haushaltsmitglieder von ihnen weiter entfernt als Kinder direkter Verwandter. Diese jungen Leute – es waren im allgemeinen Männer – hatten jedoch einen anderen Vorteil: Sie vergrößerten und stärkten die der Ideologie nach wichtige Patrilineage und verhalfen dieser zumindest tendenziell zu mehr Macht und Ansehen. Dieses Beispiel spricht sehr dafür, eben nicht die Weitergabe von Genen als höchstes Ziel anzunehmen, sondern allgemein von der jeweiligen Gruppe definierte Vorteile oder Ziele zugrunde zu legen. In diesem Sinne scheinen zur Erklärung menschlichen Verhaltens eher die im nächsten Kapitel vorgestellten *rational choice*-Theorien brauchbar, die kein einheitliches Ziel aller menschlichen Gesellschaften vorgeben, sondern den jeweiligen k u l t u - r e l l v o r g e g e b e n e n Z i e l e n entsprechend rationales, an Gewinn orientiertes Handeln voraussetzen. Auch Altruismus und Egoismus müssen in Theorien rationalen Handelns nicht mehr als einander unvereinbar gegenüberstehende Gegensätze aufgefaßt werden, sie können in einem Kontinuum verschiedener Optimierungsstrategien angesiedelt sein.[825]

In allen in dieser Arbeit angeführten Beispielen von körperlichen Unterschieden in interethnischen Beziehungen wurde deutlich, daß die Bereiche Sexualität und Fortpflanzung in Bildern von anderen „Rassen" oder Ethnien häufig eine Rolle spielen. Fremden werden häufig angeborene besonders starke Triebe oder „mißgestaltete" Geschlechtsorgane nachgesagt. Mischlingskinder erhalten meistens einen Sonderstatus. Deutlich wird, daß es hier um sexuelle Konkurrenz geht. Auch die Furcht vor Auflösung oder Verwischung von Gruppengrenzen durch vermehrte interethnische Heiraten ist durchaus einsehbar. Daraus allerdings das Ziel abzuleiten, daß ganze Gruppen in der jeweils nächsten Generation in erster Linie eigene oder

---

[825] Siehe dazu auch Antweiler 2000: 42-43.

möglichst nah verwandte Gene unterstützen wollten, wäre voreilig. Erstens ist in den meisten soziobiologischen Ansätzen nicht klar, um welche „Gruppen" es geht und wie groß sie sind. Soziobiologen argumentieren auf der Ebene der nächsten Verwandtschaft, von Ethnien und Rassen oder Nationen. Darüber hinaus gibt es zu viele verschiedene Eigeninteressen einer Wir-Gruppe, die dafür sprechen könnten, Grenzen gegen Fremde aufrechtzuerhalten. Diese Interessen – etwa territoriale Ansprüche oder Zugang zu bestimmten Ressourcen und deren Verteidigung – sind meistens auch reproduktive Vorteile und kommen somit der Verbreitung der Gene in der nächsten Generation zugute. Das heißt jedoch noch nicht, daß der reproduktive Vorteil auch die ultimative Ursache für die Verteidigung von Eigeninteressen der Gruppe sind.

Auch die Vorhersage, daß höheres Einkommen, besserer Zugang zu Ressourcen, also gute Anpassung, zu einem größeren reproduktiven Erfolg führt, ist empirisch insofern widerlegt, als ärmere Elternpaare in den allermeisten Fällen mehr Kinder haben als reiche. Dagegen kann argumentiert werden, daß langfristig eventuell wohlhabende Familien doch den größeren reproduktiven Erfolg haben. Ärmere Familien hätten irgendwann nicht mehr genügend Ressourcen, um die hohe Zahl an Nachkommen zu erhalten und ihren reproduktiven Erfolg zu sichern. Hier stellt sich die Frage, in welchen Zeiträumen sich der größere Erfolg einstellen soll.[826]

Die Formulierung eines Zieles, das die Verbreitung der Gene einer bestimmten Population als übergeordnetes Ziel allen Verhaltens annimmt, ist auch insofern problematisch, als es nicht empirisch zu bewahrheiten oder zu widerlegen ist. Reproduktiver Erfolg könnte auch heißen, wenige gesunde Nachkommen zu zeugen, statt vieler Kranker. Die bloße Anzahl kann nicht entscheidend sein. Findet man Verhalten, das der These widerspricht, wird im Sinne der *inclusive fitness* häufig darauf hingewiesen, daß hier i n d i r e k t oder sehr l a n g f r i s t i g eine Verbreitung bzw. Förderung verwandter Gene vorliegt. Man begibt sich auf dieser Ebene der Erklärung menschlichen Verhaltens, bei zunehmendem Abstraktionsniveau, leicht in den Bereich von Glaubensfragen. Würde man erklären, der liebe Gott wolle letztlich, daß alle einander ähnlichen Menschen zusammenhalten, könnte man das ebensowenig verifizieren oder falsifizieren. Es gibt Beispiele für die Korrelation von Zusammenhalt und Ähnlichkeit, aber auch Gegenbeispiele, die dann mit einem indirekten Nutzen für den Zusammenhalt anderer Gruppen erklärt werden könnten oder damit, daß der richtige Zeitpunkt noch nicht gekommen sei. Das etwas ist wie es ist, heißt meines Erachtens noch nicht, daß es einen höheren Sinn oder ein alles verbindendes Ziel hat.

---

826 Siehe zu diesem Argument auch Harris 2000: 101.

13. Theorien rationalen Handelns

13.1 Grundlagen

In den vorigen Kapiteln wurden Theorien dargestellt, die Kolonialismus, Sklaverei und Rassenkonflikte im Zusammenhang mit Klassen- oder Schichtenkonflikten oder eine abstrakte Vorstellung von Machtmechanismen in den Mittelpunkt stellen. Im Gegensatz dazu werden in diesem Kapitel Ansätze erläutert, die von Handlungen einzelner Akteure ausgehen und deren soziale Interaktionen betonen. Percy Cohen schreibt: „The ideas which undoubtedly do play a major part in encounters between men of different races are less the full-blown doctrines of the church or of the scientific community than those simple ideas which ordinary men develop as an inherent part of the processes of social interaction."[827] Vorstellungen von Fremden werden in alltäglichen Beziehungen entwickelt und verändert. Sie bilden aber auch eine Rahmenbedingung für jedes weitere Verhalten und drücken sich in alltäglichen Handlungen und Entscheidungen aus. Jede Handlung bzw. Entscheidung wirkt sich wiederum auf die nächste aus. Aber gerade auf dieser Ebene des alltäglichen Handelns und sozialer Interaktionen sind die Bedeutung körperlicher Unterschiede in interethnischen Beziehungen und Rassismus bislang am wenigsten untersucht. Ideengeschichtliche Abrisse und historische Beschreibungen der Verhältnisse in Kolonien oder kapitalistischen Gesellschaften auf der Makroebene gibt es ausreichend. Beschreibungen der Mikroebene,[828] – ganz zu schweigen von einer Verbindung beider Ebenen – sind dagegen die Ausnahme. Die *rational choice theory* (Theorie der rationalen Wahl von Handlungsalternativen, meist mit „Theorie rationalen Handelns" übersetzt) bietet einen Ansatz, in

---

[827] Cohen 1976: 17.

[828] Untersuchungen der Mikroebene analysieren das Verhalten einzelner Akteure, ihre Handlungen und Entscheidungen. Makroanalysen befassen sich mit Normen und aggregiertem Verhalten vieler Akteure und kollektiven Handlungen bzw. Entscheidungen beispielsweise von Institutionen, Klassen, Schichten. Methodisch setzen Ansätze des rationalen Handelns auf der Mikroebene bei Handlungen einzelner Akteure und deren Veränderungen an. „Diese Betrachtungsweise gelangt folglich von der Mikroebene individueller Akteure zur institutionellen Makroebene und ihren Veränderungen. Die Theorie des rationalen Handelns enthält jedoch außerdem eine *Makrosicht*. So bilden die zu einem bestimmten Zeitpunkt in einer Kultur vorhandenen Institutionen und Normen die Spielregeln (‚the rules of the game'), unter denen die mit Interessen und Ressourcen ausgestatteten Akteure in Interaktion treten." (Schweizer 1996: 40, Hervorh. i. Orig.).

dem eine Verbindung von Mikro- und Makroebene hergestellt wird, und Kulturwandel erklärt werden kann.

In der deutschen Literatur wird meist von „Theorie rationalen Handelns" geschrieben, während in englischsprachigen Arbeiten *rational choice theory* benutzt wird. Die deutsche Formulierung ist uneindeutig, weil sie Handlungen und nicht Entscheidungen in den Vordergrund stellt. *Rational choice*-Theorien beziehen sich jedoch auf Situationen, in denen Akteure tatsächlich Alternativen zu der jeweiligen Handlung sehen. Die eingeschränkte Informiertheit des Akteurs sowie von ihm nicht geplante oder beabsichtigte Handlungsfolgen sind spezielle Probleme der Theorie des rationalen Handelns, auf die ich in der Diskussion zurückkommen werde.

In diesem Kapitel werden Ansätze zur Erklärung von Rassismus vorgestellt, die an *rational choice*-Theorien orientiert entwickelt wurden. Diese Orientierung gilt auch dann, wenn die Ansätze im engeren Sinne keine Entscheidungs-, sondern eher allgemeinere Handlungstheorien darstellen und nicht von allen anderen Vertretern eines *rational choice*-Ansatzes im engeren Sinne akzeptiert werden.

Die im folgenden dargestellten Theorien des rationalen Handelns werden in der allgemeineren Literatur mit anderen, meist sozialpsychologischen Ansätzen, unter Bezeichnungen wie gruppensoziologische oder segmentäre Theorien zusammengefaßt.[829] Auch diese beziehen sich auf Machtverhältnisse und Konkurrenzsituationen, jedoch nicht beschränkt auf wenige Gesellschaftstypen (Kapitalismus, Klassengesellschaft) und deren Schichtung oder auf bestimmte Kontaktsituationen zwischen Gesellschaften (Kolonialismus, Sklaverei). Sie untersuchen grundlegendere Prozesse menschlichen Handelns, Entscheidungen, Gruppenbildung und Abgrenzung auf der Mikroebene, die nicht auf Situationen horizontaler Schichtung und eindeutiger Unter- oder Überlegenheit beschränkt sind.

Den Grundannahmen der *rational choice*-Ansätze zufolge handeln Menschen in allen Kulturen zielgerichtet und ihren eigenen Nutzen maximierend, in diesem Sinne auch „vernünftig". Die grundsätzlich nachvollziehbare Rationalität menschlicher Handlungen bzw. Entscheidungen ist Voraussetzung dieser Theorien. Rationalität bedeutet, daß Akteure versuchen, ihre Ziele im Rahmen der vorhandenen (sozialen, kulturellen, biologischen) Beschränkungen mit einem optimalen Kosten-Nutzenverhältnis des Aufwands (der Mittel) im Verhältnis zum Ertrag (Sicherheit der Erreichung des Ziels) zu verfolgen. Die zweite Grundannahme ist, daß eine Handlung oder Entscheidung spätere Handlungen beeinflußt oder ein-

---

[829] Cohen 1976.

schränkt. Michael Banton betont, daß die zweite Annahme ebenso wichtig ist wie die erste.[830]

Diese Annahmen liegen prinzipiell auch ethnologischen Untersuchungen zugrunde, „da wir unserem fremdkulturellen Gegenüber in Befragungen und Beobachtungen grundsätzlich Vernunft unterstellen und überhaupt erst auf diesem Verstehensfundament Differenzen im Detail erkennen können".[831] Zielgerichtetes Handeln auf der Basis eines Bezugs auf prinzipiell von allen Menschen wahrnehmbaren Tatsachen in einer äußeren Wirklichkeit und daraus resultierende Lerneffekte sind als Grundlagen ethnologischer Forschungen keine „westliche Selbsttäuschung", sondern Voraussetzungen für jede Art von vergleichend arbeitender Wissenschaft. Theorien Rationalen Handelns werden zunehmend in der Ethnologie rezipiert,[832] da sie zwei Vorteile haben: Sie können sozialen Wandel erklären, und sie verbinden Mikro- und Makroebene miteinander.[833]

Anders auch als die im vorigen Kapitel dargestellten soziobiologischen Theorien, die den r e p r o d u k t i v e n Erfolg in den Mittelpunkt stellen, bleibt bei neueren *rational choice*-Theorien offen, welche Art von „Erfolg" gemeint ist. Erfolg ist demnach nicht natürlich vorgegeben, und man folgt auch nicht zwangsläufig der Dichotomisierung von Egoismus und Altruismus, um die es in soziobiologischen Theorien meist geht. In *rational choice*-Theorien ist die Kosten-Nutzen-Maximierung in konkreten Situationen zentral. Gemeint sein können individuelle, verwandtschaftliche, ethnische, nationale oder die ganze Menschheit umfassende Kosten-Nutzen-Rechnungen:

„Nicht gesagt ist, was der Maßstab des Handlungserfolges ist, sei es Eigennutzen oder Nächstenliebe; also wird bewußt auch inhaltlich offengelassen; was die Akteure maximieren, etwa reproduktives, wirtschaftliches, soziales oder symbolisches Kapital." (Antweiler 2000: 43)

Ziele und Erfolge sowie Strategien und Mittel sind kulturell unterschiedlich. Das wird in neueren Theorien rationalen Handelns berücksichtigt, weil Handeln in soziale Interaktionen eingebettet ist.[834] Zentral ist, daß Menschen sowohl als Individuen und, aggregiert zu Gruppenverhalten, auch als Wir-Gruppen tendenziell eigennützig und zielorientiert handeln. Handlungsalternativen werden, konkurrierenden Zielen (sowie Mittel, um

---

[830] Banton 1983: 104.
[831] Schweizer 1996: 39.
[832] Antweiler 2000; Görlich 1992; Schweizer 1992, 1996.
[833] Schweizer 1992: 24-27, 1996: 38 ff.
[834] Schweizer 1992: 24.

diese zu erlangen) entsprechend, von Akteuren in jeweiligen Entscheidungssituationen bewertet und nach bestimmten Präferenzen geordnet.[835]

Michael Hechter betont die Bedeutung von Präferenzen für Theorien rationalen Handelns. Sie seien bislang einer der Schwachpunkte, weil nicht ausreichend deutlich gemacht würde, wie sie entstehen und unter welchen Bedingungen sie sich verändern:

> „Together with environmental constraints that impose costs, preferences help determine individual action. Yet since they cannot be measured, their independent role is accorded too little importance."...„There can be no doubt that the problem of preference-formation is a most difficult one. *De gustibus non es disputandum* can be read as a warning to all those who believe this question is tractable." (Hechter 1986: 273)

Hechter geht dann auf die Bedeutung der Sozialisation ein und das Problem, inwieweit Präferenzen von einer Generation zur nächsten weitergegeben werden können. Halten Gemeinschaften Informationen über Handlungsalternativen zurück, wird es wahrscheinlicher, daß Entscheidungen nachfolgender Generationen nicht wesentlich abweichen. Präferenzen werden in Solidargemeinschaften geformt, diese wiederum werden durch Abhängigkeiten und Kontrolle aufrechterhalten. Mechanismen, die so Hechter, im Rahmen von *rational choice* problemlos zu erklären sind.[836] Die Übernahme etwa von Stereotypen und routinemäßigen Reaktionen auf bestimmte Situationen im Verlauf der Sozialisation sind Vorgänge, die durch Theorien rationalen Handelns nicht ohne weiteres zu erklären sind und eher zum Bereich verfestigter Normen, als zu dem rationaler Entscheidungen gehören. Hier wird etwa von Thomas Plümper (1996) eine Metatheorie der Rationalität angenommen, die besagt: Es sei im Sinne der Verhaltens- und Entscheidungsökonomie rational, nicht zu entscheiden, sondern einem festen Muster zu folgen.

Eine weitere wichtige Grundannahme aus der Ökonomie, die in die meisten Varianten von Theorien rationalen Handelns eingeht, ist die Annahme von der „Knappheit der Güter": daß also Ressourcen beschränkt sind. Das heißt, Individuen und Gruppen befinden sich in einem Wettbewerb um Ressourcen. Alle Optimierungsstrategien gehen prinzipiell zu Lasten des jeweiligen Interaktionspartners, bzw. Konkurrenten um die

---

[835] Hier setzt einer der Kritikpunkte der Theorie rationalen Handelns an: Präferenzen von Menschen seien nicht konsistent und die Akteure seien auch nicht über Optionen und Mittel ausreichend informiert. Dem Handeln ginge demnach eine normative Orientierung voraus. Erst auf der Basis dieser normativen Orientierung entstünden Präferenzen für bestimmte Ziele. Das Prinzip der Optimierung selbst kann demnach als kulturelle Orientierung verstanden werden, die nur auf einen bestimmten Gesellschaftstypus zutrifft. Zu dieser Kritik und als Reaktion darauf siehe Esser 1998.

[836] Hechter 1986: 276-277.

knappen Ressourcen.[837] Eine Möglichkeit ist, daß Kooperation stattfindet. Dann ist die Wahrscheinlichkeit groß, daß sie zu Lasten eines Dritten geht. Dieses einfachste Modell sozialer Handlungen ist der dyadische Tausch:

„In ihm stehen sich zwei Akteure gegenüber und überlegen, ob sie miteinander kooperieren sollen oder nicht Die Akteure besitzen Ziele und daraus erwachsende Interessen und sie kontrollieren Ressourcen oder Ereignisse, die sie gemäß ihren Interessen zu beeinflussen trachten. Ihre Handlungen sind dergestalt aufeinander bezogen, daß sie sich wechselseitig auf die Ressourcenlage und Ereigniskontrolle der Tauschpartner auswirken. Im Fall der Kooperation tauschen sie Kontrollrechte an jeweils begehrten Ressourcen aus." (Schweizer 1996: 39)

Durch zeitliche Verzögerung von Gabe und Gegengabe sowie Spekulationen der Akteure über die nächsten Schritte des Kooperationspartners kann es zu interessanten Dilemmasituationen kommen, auf die hier jedoch nicht ausführlicher eingegangen werden soll, da sie für die vorliegende Fragestellung nicht von zentraler Bedeutung sind.[838]

13.2 Rassismus und Theorien rationalen Handelns

Die wichtigsten Vertreter eines an der Theorie rationalen Handelns orientierten Ansatzes von Rassismus sind Michael Banton und Michael Hechter. Vor allem bei Bantons Ansätzen handelt es sich um Anwendungsversuche, die sich nicht in all ihren Aspekten auf die zentrale Literatur zur *rational choice* beziehen und auch andere Argumente einführen. Auf die grobe Einordnung der Positionen Bantons bin ich bereits in der Einleitung zu Teil III dieser Arbeit eingegangen. Hier soll es um einzelne Aspekte seines Ansatzes gehen und die Frage, inwieweit sie auf das Problem körperlicher Unterschiede in interethnischen Beziehungen anwendbar sind.

Bezogen auf interethnische Beziehungen formulierte Banton die drei wichtigsten Bausteine seines Ansatzes: 1. Individuen nutzen physische oder kulturelle Unterschiede, um durch Prozesse der Inklusion und Exklusion Kategorien und Gruppen zu bilden. 2. Ethnische Gruppen entstehen durch inklusive Prozesse und „Rassen" durch exklusive Prozesse. 3. Interagieren Gruppen miteinander, dann verändern sich die Grenzen, was vom Ausmaß des Wettbewerbs zwischen den Gruppenmitgliedern abhängt: Ist individu-

---

[837] Zu den hier verkürzt dargestellten Grundlagen der *rational choice*-Ansätze in ihrer Bedeutung für die Politikwissenschaft siehe etwa Braun 1999: 38 ff.

[838] Bezogen auf Tauschprozesse hat Joachim Görlich die möglichen Situationen sowie die entscheidende Literatur dazu dargestellt. Er macht vor allem deutlich, welche Möglichkeiten die Theorie rationalen Handelns für die Wirtschaftsethnologie eröffnet (Görlich 1992).

eller Wettbewerb stark, dann lösen sich Gruppengrenzen eher auf, konkurrieren ganze Gruppen, festigt das die Gruppengrenzen.[839]

Der erste Punkt sagt nur etwas über die Nutzung von Unterschieden aus, nämlich daß unterscheidende Merkmale nicht an sich von Bedeutung sind, sondern erst durch die Nutzung für die Gruppenzuordnung Bedeutung erhalten. Beispiele zeigen, daß dieselben körperlichen Merkmale in verschiedenen Kulturen unterschiedlich genutzt werden und ganz verschiedene Bedeutungen haben können. Allerdings würde ich hier einwenden, daß etwa Hautfarbe oder Körpergröße sehr viel häufiger als andere in Intergruppenbeziehung von Bedeutung sind. Völlig beliebig sind sie demnach nicht, was ein *rational choice*-Theoretiker mit einschränkenden Gegebenheiten erklären würde. Hautfarbe ist besonders auffällig und die Körpergröße mag in kriegerischen Auseinandersetzungen oder durch bessere Ernährung mit höherem sozialen Status und Überlegenheit identifiziert worden sein, so daß sie in interethnischen Beziehungen eine prominente Rolle spielt. Banton sagt allerdings wenig über die Frage, wann eher kulturelle Unterschiede und wann körperliche in interethnischen Beziehungen betont würden. Er weist nur darauf hin, ein besonderes Merkmal von „Rassen"-Beziehungen sei, daß sie besonders gut geeignet seien, „harte Grenzen" zu ziehen, die dem Individuum wenig Spielraum ließen, die Gruppenzugehörigkeit zu wechseln.[840]

Wenig nützlich erscheint mir die zweite Aussage in Bantons Modell, daß es bei ethnischen Grenzen stärker um Inklusion und bei Rassengrenzen um Exklusion ginge. Sie widerspricht auch dem gerade angeführten von ihm selbst vorgebrachten Argument, daß es sich bei tatsächlich und deutlich vorhanden phänotypischen Unterschieden um natürliche Einschränkungen (*constraints*) handeln kann. Auch ethnische Zugehörigkeiten können die Exklusion Fremder stark betonen. In- und Exklusion hängen so eng miteinander zusammen, daß die von Banton vorgeschlagene Trennung problematisch ist. Werden etwa Schönheits- und Körperideale sehr wichtig genommen, erlauben sie ein starkes Gefühl der Zugehörigkeit, geben aber negativ ausgedrückt auch einen Maßstab für den Ausschluß oder Verhinderung der Assimilation Fremder.

Ein zentraler, für diesen Zusammenhang wichtiger, Bestandteil von Bantons Theorie ist der dritte Punkt. Die Betonung des Wettbewerbs sowohl zwischen kollektiven Akteuren (etwa: Ethnien) als auch zwischen Individuen ist ein grundlegender Baustein des Modells. Hier geht es um die

---

[839] Banton 1983: 104.
[840] Ebd.: 125.

Frage, ob es sich um Individuen oder kollektive Akteure handelt.[841] Ist der individuelle Wettbewerb größer als der zwischen ethnischen Gruppen, dann lösen sich Gruppengrenzen auf, weil keine Solidarität für gemeinsame Interessen und Ziele mehr herstellbar ist. Nur solange die Gruppenzugehörigkeit, etwa durch ein Monopol des Zugangs zu Ressourcen, größere Vorteile im Wettbewerb verspricht als individuelle Strategien, ist der Zusammenhalt gewährleistet.

„The privileged group in a racial monopoly situation continually reinforces its position, ensuring that one criterion, such as ancestry, over-rides all other modes of categorization, and anomalies are relegated to the lower category. It seeks to prevent the operation of those forces which would reduce the differences between the groups and promote their assimilation." (Banton 1983: 120)

Innerhalb einer Generation kann sich durch Formierung von Interessen- oder Teilgruppen in der privilegierten Ethnie oder durch individuelle Entscheidungen und daraus resultierenden Wandel von Präferenzen diese Situation verändern.

Alan Carling schreibt, Bantons Anwendungsversuche der Theorie des rationalen Handelns haben im wesentlichen zwei Aspekte. Sie erkläre: erstens die individuelle Zuordnung zu bereits bestehenden Gruppen und zweitens die Entstehung und Kohäsion von Gruppen. Der Bezug zum Thema Rassismus ist in Hinblick auf den ersten Aspekt offensichtlich. Hier geht es um individuelle Mobilität bzw. das Gegenteil, deren absichtliche Einschränkung. Der zweite Aspekt, die Entstehung von Gruppen, spielt für das Thema Rassismus insofern eine Rolle, als es auch beim Rassismus um die Formierung überethnischer Gruppen, deren Abgrenzung und Aufrechterhaltung gehen kann. Beispiele sind die Entstehung, Ausdehnung und Verteidigung einer chinesischen Identität durch Abgrenzung von mongolischen Völkern an der nördlichen Grenze. Auch das Beispiel der Nation of Islam zeigte, welche Bedeutung eine „Rasse"-Identität in interethnischen Prozessen haben kann.

Der Annahme eines rationalen Akteurs entsprechend, ist die Bereitschaft bzw. der Wunsch von Menschen, ihre Zugehörigkeit zu wechseln, um so größer, je niedriger der Status ihrer Herkunftsgruppe ist. Die jeweils aufnehmende Gruppe kann zur Verteidigung von Ressourcen ihre Grenzen unüberwindlich machen (Exklusion) oder Migranten aufnehmen (Assimilation). Die Herkunftsgruppe kann Auswanderer zurückhalten (Abkapselung) oder zwei Gruppen bestehen nebeneinander ohne erhebliche Statusunterschiede oder in dem Bewußtsein, den jeweils anderen überlegen

---

841 Siehe zur Frage der aggregierten Akteurseinheiten auch Braun (1999: 44) und Nida-Rümelin zur Rationalität von Gruppen-Entscheidungen kollektiver Akteure (1993: 19-22).

zu sein (Koexistenz). Carling diskutiert, inwieweit die Wahl einer neuen ethnischen Identität tatsächlich eine Entscheidung oder eine mögliche Option ist. Zunächst ist sie es durch die Zugehörigkeit der Eltern nicht. Später kann der Versuch dazu unternommen werden. Auch wenn der scheitert, solle man ihn nach Carling als Wahlmöglichkeit nicht vernachlässigen. Denn das Ziel (auch wenn es unerreicht bleibt) sei „gewählt" worden.[842] Weder Banton noch Carling stellen in ihren Anwendungsversuchen allerdings Kosten-Nutzen-Maximierungen explizit an Beispielen dar.

Im Rahmen der *rational choice*-Theorie ließe sich die situationsspezifische ethnische Zugehörigkeit erklären. Am Beispiel der philippinischen Ati wurde gezeigt, daß man die körperlichen Merkmale der ethnischen Gruppe mit niedrigem Status betont, wenn es um den Verkauf von Heilmitteln oder Einwerbung von Hilfsgütern, Almosen und Zuwendungen geht. Nach Abwägung von Kosten (niedriger Status) und Nutzen (Verdienst) zeigt sich diese Strategie in wirtschaftlicher Hinsicht als gewinnmaximierend. Sucht man jedoch einen Job, bei dem Mehrheitsangehörige bevorzugt eingestellt werden, dann wird die ethnische Zugehörigkeit anders angegeben. So kann eine Person zwischen verschiedenen ethnischen Zugehörigkeiten jeweils nutzenmaximierend hin und her wechseln. Das funktioniert jedoch nur, solange die phänotypischen Merkmale nicht völlig eindeutig sind – was in vielen Rassenbeziehungen der Fall ist. Außerdem beeinflussen zusätzliche Kriterien die Zuordnung. Anstellungen, die Visaya-Arbeitgeber eigentlich keinem Ati geben würden, kann demnach nur jemand bekommen, der nicht zu dunkelhäutig ist und, trifft dies zu, dessen Eltern nicht bekannt sind, da die Abstammung für die Rassenzuordnung ebenso wichtig wie der Phänotypus ist. Solche Arbeitsverhältnisse werden deshalb von vielen Ati in anderen Städten oder Orten gesucht.

Individuen entscheiden situationsabhängig, ob körperliche oder kulturelle Kriterien als einfachere Unterscheidungsmerkmale Fremder herangezogen werden. Darauf wies auch, wie im vorigen Kapitel dargestellt, Pierre van den Berghe hin. Ist das Ziel die grundsätzliche Exklusion von Fremden, kann es je nach interethnischen Situationen ein effektiveres Mittel sein, körperliche oder kulturelle Unterschiede zu betonen. Diese Unterscheidung in körperliche und kulturelle Unterschiede könnte in einem kulturellen Kontext, in dem die Unterscheidung „Kultur"/„Natur" keine Konsequenzen hat, bedeutungslos sein. Dann würden situativ jeweils kulturelle oder körperliche Merkmale ausgewählt, um über Kooperation oder Nicht-Kooperation zu entscheiden. So können etwa für Handel oder Arbeitsverhältnisse andere Kriterien gelten als für Heiraten. In den untersuchten Beispielen spielte die Unterscheidung in erlernte und angeborene

---

[842] Carling 1996: 48.

Eigenschaften eine Rolle, jedoch in verschiedenen Arten interethnischer Beziehungen unterschiedlich stark. Auf die verschiedenen Konsequenzen, die aus der Kombination von Einschränkungen und Handlungsoptionen entstehen, gehe ich in der Zusammenfassung ausführlicher ein.

Der von Carling beschriebene zweite Strang von Bantons Ausführungen über ethnische Zugehörigkeit bezieht sich auf den Erhalt von Gruppen. Wie eingangs erwähnt, ist Wettbewerb zwischen Individuen und ganzen Gruppen dafür zentral. In diesem Wettbewerb versuchen Gruppen, ein Monopol für bestimmte Ressourcen (Land, Heiratspartner, Wirtschaftszweige, Ausbildung, Arbeitsplätze, Sozialfürsorge etc.) zu verteidigen. Dabei müsse der Gewinn aus dem Monopol größer sein als die Kosten, um das Monopol aufrechtzuerhalten: „It is only if the benefits exceed these costs that monopoly is a desirable goal overall. If the antimonopolists can increase the costs of maintaining ethnic exclusion then the point may be reached where it is no longer worthwhile for the privileged to hang on to their privileges."[843] Banton hatte jedoch, anders als Carling hier betont, vor allem darauf hingewiesen, daß es für das Individuum darum geht, durch die Gruppenzugehörigkeit im allgemeinen Wettbewerb einen Vorteil zu haben, da sich die Gruppenzugehörigkeit sonst nicht lohne.

Ein Einwand gegen Bantons Modell des Zusammenhalts ethnischer Gruppen bzw. „Rassen" besteht darin, daß hier kollektive und nicht individuelle Handlungen ausschlaggebend seien. Diesen Einwand entkräftet Carling mit dem Argument, daß auch die kollektiven Aktionen auf individuellen Entscheidungen beruhen und daraus „kollektive Akteure" (etwa soziale Bewegungen) entstehen. Eine weitere Möglichkeit besteht darin, Bantons Modell eher als eines der Reproduktion sozialer Formationen zu betrachten als eines intentionaler Handlungen, das dann allerdings mit *rational choice*-Theorien im engeren Sinne nicht mehr viel zu tun hat. „In particular, what would be regarded as an equilibrium solution from the viewpoint of strategic action becomes a criterion of stability for a social form. A social form is stable if, and only if, it draws more from its environment than it must return to the environment in order to survive."[844]

13.3 Diskussion

Carling übt vor allem Kritik an der Unbestimmtheit von Bantons Theorie. Er schreibt, entweder läge deren Ursache an der tatsächlichen Unbestimmtheit sozialer Phänomene oder sie liege daran, daß sich die eigentlich deter-

---

[843] Ebd.: 55.
[844] Ebd.: 56.

miniierenden Faktoren außerhalb der Reichweite von Bantons Theorie befänden. Für Geschlechterzuordnungen und Altersgruppen gebe es biologische Begrenzungen, für Klassenzuordnungen eine begrenzte Summe an Möglichkeiten, wie Arbeitskraft und Produktionsmittel zueinander in Beziehung stünden, und wie damit die wirtschaftliche Organisation beschaffen sein könne. Carlings Lösung und Aufhebung der Unbestimmtheit ethnischer Zuordnungen besteht darin, daß er Bantons Theorie ergänzt. Es sei nicht völlig historischen Zufällen überlassen geblieben, wo ethnische Grenzen gezogen wurden. Zentral sei dafür die Geschichte der europäischen Expansion der letzten tausend Jahre.[845] Nun stellt sich natürlich die Frage, wie es dazu gekommen ist. Carling verweist unter anderem auf die Überlegenheit der kapitalistischen Produktionsweise.[846] Eine Antwort auf die Frage, wie es dazu gekommen ist, versucht auch Jared Diamond in seiner Darstellung der limitierenden Faktoren, die zur unterschiedlichen Verteilung verschiedener Produktionsweisen sowie Armut und Reichtum führten.[847] Carlings Kritik und Erweiterung von Bantons Modell verdeutlicht zwei Schritte, die b e i d e zu einer sinnvollen theoretischen Analyse auf der Basis empirischer Untersuchungen von interethnischen und „Rassen"-Beziehungen notwendig sind: 1. Die Beschreibung von Entscheidungen einzelner Akteure und 2. die Beschreibung der limitierenden biologischen und Umweltbedingungen, die als nicht beeinflußbare Beschränkungen wirksam werden.

An älteren Theorien rationalen Handelns wurde vor allem kritisiert, sie würden ein rein utilitaristisches Menschenbild vertreten, das naiv annehme, Akteure verfolgten ihre Ziele konsequent, bruchlos und ohne Verluste. Vertreter neuerer *rational choice*-Ansätze berücksichtigen jedoch diese Probleme:

„Bewußt offen bleibt, ob die Ziele der Akteure rational gesetzt sind und ob ihre Verwirklichung ‚realistisch' gesehen erreichbar ist. Nicht gesagt ist, was der Maßstab des Handlungserfolges ist, sei es Eigennutzen oder Nächstenliebe; also wird bewußt auch inhaltlich offengelassen, was die Akteure maximieren, etwa reproduktives, wirtschaftliches, soziales oder symbolisches Kapital." (Antweiler 2000: 43)

In dieser ausgeweiteten Form von *rational choice*-Annahmen, stellt sich allerdings das oben bereits erwähnt Problem der Unbestimmtheit. Dieser deutliche Unterschied zu neoklasisschen Theorien des *homo oeconomicus* macht es jedoch sehr viel leichter, Theorien rationalen Handelns auf andere

---

[845] Ebd.: 60.

[846] Ebd.: 62.

[847] Diamond 1999. Er beschreibt die Verbreitung bestimmter Tier- und Pflanzenarten, deren Domestikation und die weltweit ungleichzeitige und uneinheitliche Entstehung der Landwirtschaft, die wiederum demographische Folgen hatte oder selbst schon Folge demographischer Entwicklungen war.

als euroamerikanische historische und kulturelle Kontexte anzuwenden. Ältere Theorien liefen Gefahr, ethnozentrisch eine aktualistische Perspektive zu verallgemeinern.

Eine häufige Kritik derjenigen, die sich nicht eingehender mit Theorien rationalen Handelns beschäftigt haben, basiert auf einem Mißverständnis: Es wird die Rationalität von Mitteln und Zielen miteinander verwechselt. Viele Ziele sind nicht-rational begründet, etwa solche die auf biologische Grundbedürfnisse, wie Hunger und Durst zurückzuführen sind. Die Mittel zur Befriedigung dieser Bedürfnisse werden jedoch von Akteuren im Rahmen der ihnen zur Verfügung stehenden Informationen und anderen Beschränkungen rational gewählt. Das nächste Problem ist, ob tatsächlich Entscheidungen möglich sind, wenn es um ethnische oder „rassische" Zugehörigkeit geht. Das Vorhandensein von Handlungsalternativen und damit Entscheidungen ist jedoch von grundsätzlicher Bedeutung für die Anwendung von Theorien rationalen Handelns. Sie ist bei der Anwendung auf interethnische Beziehungen und Rassismus also nur in Kombination mit kognitiven Ansätzen sinnvoll, die versuchen, Kategorisierungen, Schemata und feststehende Verhaltensroutinen zu erklären. Erst im zweiten Schritt setzen Entscheidungsprozesse ein, ob und wie man sich einem wie auch immer klassifizierten Gegenüber verhält.

Ein anderer wichtiger Punkt, der zur Kritik des *rational choice*-Ansatzes und zur Kombination mit kognitiven Theorien geführt hat, ist, daß in sehr vielen alltäglichen Situationen keine Zeit für Informationsbeschaffung und eine im eigentlichen Sinne rationale Entscheidung bleibt. Langes Entscheiden wäre unökonomisch, es wäre Zeit- und damit auch „Kosten"-aufwendig. Das heißt, die Entscheidungsfindung bei der Wahl angemessener Mittel ist einer Metarationalität unterworfen, die sich auf Gewohnheiten und Routinen stützt.[848] Auf früheren Erfahrungen basierende kognitive Vereinfachungen, entwickelte Schemata oder Skripte für Handlungen stehen dem Akteur zur Verfügung. Sind sie nicht mehr nutzenmaximierend einsetzbar, werden sie modifiziert.[849] Wenn es um Ethnizität und Rassismus geht, könnten Modelle aus der Kognitionswissenschaft, etwa bei der Untersuchung von Stereotypen und Anwendung von Kategorien, genutzt werden.

Um die Plausibilität von Bantons Hauptargumenten zu diskutieren, sollen sie hier an einem konkreten Fall, nämlich der untersuchten Situation bei den Wampar diskutiert werden. Die erste Annahme Bantons, daß Individuen entweder körperliche oder kulturelle Unterschiede zur Kategorisierung anderer Menschen nutzen und darauf aufbauend durch Prozesse der

---

[848] Zu diesem Problem siehe Esser 1998: 153; Plümper 1996: 190 ff.
[849] Ebd.: 45.

In- und Exklusion Gruppen bilden, zeigte sich bei den Wampar ganz offensichtlich. Die Wampar als sich unterscheidende ethnische Einheit bestanden schon vor der Kontaktierung durch die ersten Weißen und der Missionierung. Ob sie jedoch stärker physische oder kulturelle Unterschiede zur Abgrenzung von Nachbarethnien betonten, ist heute nicht mehr feststellbar. Zu vermuten ist, daß aufgrund ihrer Expansion und kriegerischer Auseinandersetzungen Größe und Stärke gegenüber Fremden schon damals betont wurden. In der Außensicht war das auf jeden Fall so, wie die Beschreibungen der Missionare zeigten. Bantons zweite Annahme, ethnische Gruppen entstünden durch inklusive Prozesse (Betonung kultureller Gemeinsamkeiten) und „Rassen" (Betonung körperlicher Unterschiede) durch exklusive Prozesse ist so nicht nachvollziehbar. Inklusion und Exklusion sind in diesem Beispiel so eng miteinander verbunden, daß man sie im Nachhinein kaum mehr unterscheiden kann. In der Gegenwart wird jedoch deutlich, daß durch die zunehmende Betonung angeborener, körperlicher und unveränderlicher Eigenschaften bei einigen Gruppen (Hochländer) im Gegensatz zu anderen Gruppen (direkte Nachbarn, Küstenbewohner) die Assimilation von und Beziehungen (etwa: interethnische Heiraten und Handel) zu bestimmten Ethnien ausgeschlossen und Beziehungen zu anderen begünstigt werden.

Die dritte Annahme von Banton, die den Gegensatz zwischen individuellem und Gruppenwettbewerb betrifft, ist in der gegenwärtigen Situation der Wampar von Bedeutung. Bezüglich wirtschaftlicher und politischer Aktivitäten (Betel-Handel, Landnutzung, Politik innerhalb der Provinz) ist der Wettbewerb zwischen Ethnien stark und Entscheidungen werden von Wampar deutlich nur im Rahmen eigener Interessen getroffen. Entgegen diesem Wettbewerb zwischen verschiedenen Ethnien verläuft jedoch die Zunahme interethnischer Ehen, die jetzt zur Auflösung einer sich unterscheidenden Wampar-Identität beitragen (Aufgabe der Sprache zugunsten von Pidgin, Aufgabe von Regeln im Zusammenhang mit Heirat, Landverteilung und Arbeitsteilung). Diese Zunahme geht auf mehrere Bedingungen zurück:

1. Verbot der Heirat von nahen Verwandten: Wurde zwischen zwei Lineages geheiratet, dann sollten in den nächsten beiden Generationen keine Ehen mehr geschlossen werden. Diese Regel hat den unintendierten Effekt, daß heutzutage in den nächsten Weilern und im jeweiligen Hauptdorf nur noch wenige Heiratspartner zur Verfügung stehen. Auch die traditionelle Freiheit der Frau bei der Partnerwahl, damit begründet, daß Männer keine Absagen bekommen wollen, spielt eine Rolle. Die Wampar sind außerdem attraktive Heiratspartner, haben viel Land und siedeln in Stadtnähe.

2. Die Wandlung der Geschlechterbeziehungen und das zunehmende Selbstbewußtsein der Frauen, wird unterstützt durch eine nationale Politik

der Stärkung von Frauenrechten, Frauengruppen und Frauen in allen gesellschaftlichen Bereichen. Wampar-Männer wollen in Ehen an der klassischen Rollenverteilung festhalten, die von ihren Frauen als ausgesprochen nachteilig betrachtet wird. Für Frauen bringen Ehen mit fremden Männern also Vorteile. Bisher wurden diese fremden Männer in die Gemeinschaft integriert, was jedoch zunehmenden Unwillen hervorruft.

Nach Banton wären für die Zukunft zwei Prognosen möglich. Entweder die Gruppeninteressen setzen sich im Wettbewerb mit anderen Ethnien durch oder Einzelinteressen überwiegen aufgrund von Individualisierung, Veränderung der Geschlechterbeziehungen und wirtschaftlicher Aktivitäten. Die erste Möglichkeit hieße, fremden Männern kein Land mehr zu überlassen und/oder von den Frauen zu verlangen, daß sie im Herkunftsgebiet des Mannes leben. Auch eine Zunahme rassistischer Vorstellungen und negativer Diskurse über Fremde könnten schon die zukünftigen Heiratsentscheidungen von Frauen beeinflussen und ethnisch endogame Tendenzen stärken. In der anderen Variante führt der Geschlechterwettbewerb dazu, daß Frauen bei der Partnerwahl und später mit ihrem fremden Partner ihre Interessen gegenüber Wampar-Männern stärker durchsetzen. Dann würden sich die „Wampar" als sich deutlich unterschiedene Einheit vermutlich schneller auflösen.

Interethnische Beziehungen sind nicht statisch, es handelt sich immer um Prozesse. Hier liegt ein gewichtiger Vorteil der Theorie rationalen Handelns gegenüber Ansätzen, die relativ statische Strukturen, Macht- und Klassenverhältnisse beschreiben. Die Erfassung sozialer Prozesse und des Wandels von Beziehungen geht bei *rational choice*-Modellen schon in die Vorannahmen mit ein und ist nicht wie in anderen Modellen zweitrangig. Auch die komplexe Bezogenheit von Handlungen und Akteuren aufeinander wird ganz explizit berücksichtigt. Gerade die Verknüpfung zwischen Handlungen und späteren Handlungen, (erwünschten und unerwünschten) Folgen und Spekulationen von Akteuren über die Handlungen anderer, die wiederum in den Entscheidungsprozeß einfließen, macht die Untersuchung kultureller Bedingungen sozialen Verhaltens so schwierig. Unter den Vorannahmen von *rational choice* wird es jedoch möglich, ganze Interaktionssysteme und deren Veränderung zu analysieren. Das ist für die Untersuchung interethnischer Beziehungen insofern wichtig, als es sich nur selten um Beziehungen zwischen nur zwei Ethnien handelt: Meistens geht es um interethnische Beziehungssysteme von Gesellschaften, die in historischen Ketten von Aktionen und Reaktionen miteinander verbunden sind. Ausgehend vom Akteur und einzelnen dyadischen Beziehungen können mit dem *rational choice*-Ansatz sowohl Gruppenbildungs-, Identitäts- und Abgrenzungsprozesse als auch die individuelle Affiliation zu Gruppen analysiert werden.

Ein Problem besteht in der zu starken analytischen Ausdehnung des Nutzenbegriffs. Ist dieser sehr weit gefaßt, kann jedes Verhalten als nützlich verstanden werden, und Aussagen sind nicht mehr empirisch zu überprüfen.[850] Dann ergibt sich dasselbe Probleme wie für die soziobiologischen Ansätze: wenn alles erklärt werden kann, ist nichts mehr überprüfbar, und es handelt sich letztlich um eine Glaubensfrage. Wird der Anwendungsbereich von *rational choice* nicht auf alles und jedes ausgeweitet – was die Theorie überflüssig machen würde – sollte sie in der Ethnologie weiterhin mit einer Betrachtung tradierter Sozialstrukturen sowie kultureller Normen und Regeln kombiniert werden.[851] Marvin Harris plädiert beispielsweise für eine Verbindung von methodischem Individualismus und Holismus in ethnologischen Forschungen. Damit wird der Fortbestand überindividueller soziokultureller Einheiten (Institutionen, Ideologien, Kasten etc.) auch unabhängig vom jeweiligen Personal berücksichtigt.

„Neither the methodological holists nor the methodological individualist positions can stand alone. Contrary to the holist model, culture can be seen as the creative product of individuals whose thoughts and behaviour are in constant flux. This eliminates the charge that the concept of culture commits anthropology to an essentialist ontology of rigid unchanging entities that obscure the diversity and fullness of human social life." (Harris 2000: 55)

Auf der anderen Seite berücksichtigen dem methodischen Holismus verpflichtete Modelle die überindividuelle Natur von Abstraktionen auf höherer Ebene. Diese können Generationen überdauern und bestimmen, – in der Sprache der *rational choice*-Theoretiker ausgedrückt – welche Informationen Akteuren zur Verfügung stehen und innerhalb welcher Begrenzungen ihnen Entscheidungen für bestimmte Mittel möglich erscheinen.

---

[850] Siehe dazu Linder 1998: 158.

[851] Lane (1996) plädiert auch für eine Beschränkung der Anwendung des *rational choice*-Ansatzes in der Politikwissenschaft und selbst in den Wirtschaftswissenschaften auf bestimmte Fragestellungen. Nützlich ist der Ansatz nach Kelley (1996: 101), wenn es sich um relativ unkomplizierte Ziele, den Akteuren leicht zugängliches Wissen darüber, mit welchen Mitteln diese Ziele zu erreichen sind, sich wiederholenden Entscheidungssituationen, und Entscheidungen, die belohnt bzw. bestraft werden handelt. Für Präferenzordnungen der Akteure sollten die Konsistenzbedingungen der Konnektivität, Transitivität und Kontinuität gelten (Braun 1999: 33, 34).

14. Zusammenfassung und Fazit

„Werturteile können sich übrigens wie Denkverbote in der Wissenschaft auswirken. Deutlich kommt das z.B. bei Themen zum Vorschein, in denen es um das Rassenproblem in der physischen Anthropologie geht, um das Problem der Aggression in der Ethologie und Psychologie und das Problem der Erblichkeit von Intelligenz und anderen Fähigkeiten oder gar Kombinationen davon. Die Probleme lösen so starke Reaktionen aus, daß die meisten Wissenschaftler lieber darum einen großen Bogen machen. Das Resultat ist: Statt die Probleme nüchtern zu betrachten, ignoriert man sie." (Lang 1994: 177)

Ethnozentrische Bewertungen körperlicher Unterschiede als möglicherweise universale Vorläufer von Rassismus unterlagen in der Ethnologie bislang den hier beschriebenen Denkverboten. Erst mit ausreichender Distanz zum Untersuchungsgegenstand ist eine Annäherung an diese Probleme möglich. Sowohl Distanz als auch Nüchternheit werden jedoch häufig als Verharmlosung von Rassismus interpretiert, obwohl sie meines Erachtens als erstrebenswerte Ziele zu den wichtigsten Qualitäten wissenschaftlicher Arbeiten gehören. Mit ihnen können sowohl Alltagsdiskursen und den jeweils politisch opportun erscheinenden Positionen als auch der Berichterstattung in den Medien, in denen es jeweils zunächst darum geht, eine Meinung zu vertreten (und zu verkaufen), einen kritischen Standpunkt entgegensetzen.

Häufig bleibt es jedoch nicht beim Vorwurf der Verharmlosung: Im zweiten Schritt wird Komplizenschaft unterstellt. Wo vorhandene Unterschiede beschrieben werden, wird der Vorgang umgedreht – erst Beschreibungen brächten Differenzen hervor. Abgesehen davon, daß es sich dabei vermutlich um eine Überschätzung des Einflusses wissenschaftlicher Diskurse auf gesellschaftliche Prozesse der Meinungsbildung handelt, sind Wechselwirkungen zwischen wissenschaftlichen und populären Diskursen schwer zu untersuchen und bislang in der beschriebenen Weise nur in wenigen Fällen nachgewiesen.

Innerhalb der wissenschaftlichen Diskussion wird immer wieder versucht, Mitschuld an rassistischen Tendenzen zu konstruieren. Stellvertretend für die angewandten diskursiven Praktiken der Schuldzuweisung und den Stil diesbezüglicher wissenschaftlicher Auseinandersetzung soll hier Friedrich Heckmann zitiert werden:

„Der Gebrauch des Rassebegriffs als soziologischer Begriff impliziert also – in letzter Instanz, *zumeist auch unbewußt – eine Übernahme rassistischer Grundpositionen, mag man sich in Vorworten, Mottos und moralisierenden Einzelpassagen noch so entschieden davon distanziert haben.* Es ist darum auch irreführend und gefährlich, von ‚rassischen Minderheiten' zu sprechen: gemeint sind doch offenbar rassistisch diskriminierte Minderheiten. Folglich ist es auch unwissenschaftlich, von ‚Rassenbeziehungen' zu sprechen, wenn rassistische Diskriminierung oder Rassismus als ideologisch und politisch-institutionelles System gemeint sind." (Heckmann 1981: 59, Hervorhebung B.B.)

Ist Rassismus in den Schriften eines Autors nicht nachweisbar – dann ist er „unbewußt"! Mit solchen Positionen ist eine Diskussion innerhalb der Wissenschaft unmöglich gemacht, da sie es erlauben, jeden des Rassismus zu bezichtigen.

Soviel zu Problemen der innerwissenschaftlichen Auseinandersetzung, die bislang von einer detaillierten empirischen Untersuchung der Problematik abgelenkt haben.[852] Die vorliegende Untersuchung ignoriert derartige, sophistischer Rhetorik entstammenden, „Denkverbote". Felderfahrungen haben die Bedeutung der Thematik erkennen lassen.

14.1 Probleme von Vergleich und Verallgemeinerung

Aus der weitgehend unfruchtbaren gegenwärtigen Auseinandersetzung um Rassismus sind Forderungen nach einer anderen Herangehensweise entstanden:

„Racism seems to lurk behind every corner in the post-modern labyrinth of thought, and thus its locus and focus are nowhere. Going beyond this literature of denouncement implies a change of strategy and of reasoning, away from the deconstruction of texts, allusions to hidden meanings, and the revelations of opaque structures, and towards an empirically dense and argumentatively solid research on a comparative basis." (Wimmer 2000: 65)

Das sind berechtigte Forderungen, die einen Anspruch formulieren, der auch am Anfang der vorliegenden empirischen und vergleichenden Untersuchung stand.

Ziel war die vergleichende Untersuchung der Bedeutung körperlicher Unterschiede in interethnischen Beziehungen.[853] Darauf aufbauend wurden gängige Rassismustheorien überprüft. Ich habe den Versuch unternommen, in der Feldforschung durch die Verwendung standardisierter Verfahren nicht nur Vergleichbarkeit zu erleichtern, sondern auch Wiederholbarkeit zu ermöglichen. Dieser Versuch war allerdings aufgrund kultureller und

---

[852] Andreas Wimmer schreibt zu Recht, gegenwärtige Publikationen zu den Themen Rassismus und Xenophobie seien zu einer Art Hexenverfolgung ausgeartet (2000: 45).

[853] „Körper" wird im eingangs definierten Sinne (siehe Kapitel 2) als Gesamtheit der in einer Kultur als von einer Generation zur nächsten weitergegeben angesehenen, sinnlich wahrnehmbaren Anteile von Lebewesen verstanden.

sozialer Unterschiede der untersuchten Gruppen schwierig. Damit eine Feldforschung im engen Zusammenleben mit den Untersuchten erfolgreich ist, kann man den Informanten keine einheitlichen Methoden aufzwingen, sondern muß auf die jeweilige Situation eingehen. Daraus ergab sich, daß die Verfahren der jeweiligen Untersuchungssituation angepaßt werden mußten und jeweils unterschiedliche Verfahren stärker betont wurden. Die unterschiedliche Anwendbarkeit verschiedener Feldforschungsverfahren selbst gab Aufschlüsse und Informationen über Selbstverständnis und Verhältnis zu Fremden bei den philippinischen Ati und den Wampar in Papua-Neuguinea. Methodisch habe ich versucht, einen sinnvollen Kompromiß zu finden, also einerseits Vergleichbarkeit zu ermöglichen und andererseits den lokalen Besonderheiten gerecht zu werden. Wenn auch mit verschiedenen Untersuchungsverfahren, ist durch diese jeweils ein Gesamtbild der Bedeutung körperlicher Unterschiede in interethnischen Beziehungen entstanden.

Zusätzlich zu den empirisch untersuchten wurden weitere Fallbeispiele aus möglichst unterschiedlichen und gut belegten Darstellungen ausgewählt. Aus dem gesamten Material sollen in der folgenden Zusammenfassung allgemeinere Hypothesen, Vermutungen und Ergebnisse über Stellenwert, Bedeutung und Nutzung körperlicher Unterschiede in interethnischen Beziehungen als Fazit abgeleitet werden. Weitere in der Literatur beschriebene Beispiele für die Bedeutung einzelner körperlicher Merkmale werden berücksichtigt.

Wenn es um interkulturelle Vergleiche geht, befindet man sich in der Ethnologie immer in einem Dilemma. Führt man selbst empirische Untersuchungen durch und/oder stützt sich auf intensiv untersuchte Beispiele aus der Literatur, kann man nur wenige Beispiele heranziehen und Verallgemeinerungen sind daraus kaum ableitbar. Arbeitet man mit einer größeren Zahl von Beispielen, geht das (bei vielen, jedoch nicht allen Fragestellungen) auf Kosten der Datenqualität und der Darstellung des jeweiligen Kontextes der untersuchten Beispiele. Zu körperlichen Unterschieden in interethnischen Beziehungen fanden sich für viele Ethnien nur verstreute Hinweise, von denen aufgrund quellenkritischer Bedenken nicht alle verwendet werden konnten, so daß ein großangelegter Vergleich schwierig gewesen wäre.

Da in der vorliegenden Untersuchung mit wenigen sich deutlich unterscheidenden Beispielen gearbeitet wird, sind die Ergebnisse als Anstöße für weitere Untersuchungen zu sehen. Sie geben Hinweise auf Übereinstimmungen der Bedeutung körperlicher Unterschiede in sehr unterschiedlichen Gesellschaften und auf mögliche allgemeinere Prinzipien, nach denen diese in interethnischen Beziehungen genutzt werden. Wozu sich Vergleich und intensivere Untersuchung weniger Beispiele vor allem eignen, ist die Widerlegung von Hypothesen, von Annahmen und Aussagen mit Allgemeinheitsanspruch. Darauf werde ich im Abschnitt über Rassismustheorien zurückkommen.

Sozialwissenschaftler haben Rassenkategorien und Rassismus vergleichend bislang vor allem in modernen Industriegesellschaften untersucht, in Europa, den USA, Brasilien und Südafrika.[854] Die wenigsten Untersuchungen zu Rassismus basieren auf Feldforschungen oder eigenen intensiveren Untersuchungen eines oder mehrerer der ausgewählten Beispiele. Im Vordergrund stehen Analysen der Makroebene. Kritisiert wurden bisher nicht Untersuchungsmethoden, mangelnde Quellenkritik oder die überwiegenden Darstellungen von Elite-Diskursen, sondern vor allem Auswahl und Abgrenzung der Einheiten. Weil es sich bei den ausgewählten Untersuchungseinheiten um *imagined communities* handele, bestünde die Gefahr, durch deren Untersuchung etwa „Rassen" den Status von tatsächlichen Einheiten zu verleihen:[855] „Moreover, some argue that research which privileges nation or culture as a unit of analysis reproduces essentialist assumptions which the study of racism should, on the contrary, try to challenge (e.g. Lloyd, 1995), for example, by focusing on hybridity (e.g., Caglar, 1997)."[856] Es gab Vorschläge, man solle nicht Nationen, Kulturen oder Ethnien miteinander vergleichen, sondern Einheiten innerhalb dieser *imagined communities*: nach Geschlecht, Klasse, Wohngebiet und Alter.[857] Meines Erachtens wäre es falsch, Ethnie, Nation oder „Rasse" als Untersuchungseinheiten aufzugeben, solange sie für die Untersuchten von Bedeutung sind, unabhängig davon, welchen ontologischen Status diese Einheiten aus etischer Sicht haben.

Einige Autoren gehen so weit, Rassismus als nicht vergleichbar zu betrachten und fordern die intensive Untersuchung von Einzelfällen.[858] Dabei übersehen sie, daß jede Untersuchung, ob von einer oder hundert Gesellschaften, implizit einen Vergleich beinhaltet – nämlich den mit der eigenen Kultur des Forschers. Es sei denn, genau die ist Gegenstand der Untersuchung, und selbst dann finden Übersetzungsprozesse zwischen der Innensicht der Untersuchten und dem Blickwinkel des Wissenschaftlers statt. Begriffe, die über den Einzelfall hinausgehen und Ausschnitte der Wirklichkeit abgrenzen, sie mitteilbar und übersetzbar machen, werden in allen

---

[854] Baker 1978, 1983; Hargreaves und Leaman (Hg.) 1995; Harris 1964; Kinloch 1974, 1981; Schermerhorn 1970; siehe auch Beiträge in Ter Wal und Verkuyten (Hg.) 2000. Für eine systematische vergleichende Untersuchung von Rassismus hat sich vor allem van den Berghe (1970, 1978 a, 1983) eingesetzt.

[855] Zu dieser Kritik wurde die Auseinandersetzung zwischen Miles und Banton in der Einführung des dritten Teils dieser Untersuchung dargestellt. Siehe auch: Verkuyten und Ter Wal 2000: 4.

[856] Ebd.

[857] Ebd.

[858] Ebd.: 5.

Fällen gebraucht. Untersuchungen, die a u s s c h l i e ß l i c h auf der emischen Ebene bleiben, halte ich zur Gewinnung wissenschaftlicher Erkenntnisse für wenig förderlich. Deshalb ist meines Erachtens auch die von
einigen Autoren vertretene Lösung des Problems, von „Rassismen" statt
von „Rassismus" zu schreiben, eine Scheinlösung. Entweder es gibt bei
aller Variabilität und kultureller Besonderheiten einen gemeinsamen Kern
des Phänomens, dann ist der Begriff „Rassismus" berechtigt. Oder es gibt
keinen solchen gemeinsamen Nenner, dann ist es auch unsinnig, von „Rassismen" zu sprechen. Ethnologen schreiben nicht von Schamanismen, Zau-
bereien, Arbeitsteilungen oder Sozialisationen, obwohl die genannten
kulturellen Teilbereiche in verschiedenen Gesellschaften sehr unterschiedlich sind. Sie weisen dennoch ausreichend Gemeinsamkeiten auf, um sie
von anderen Phänomenen unterscheiden zu können.

Aus den untersuchten Fällen von Zusammenhängen zwischen körperlichen Unterschieden und der Klassifizierung von Menschen sind keine
deterministischen Gesetze ableitbar, sondern höchstens erste Annahmen.
Diese sollen im folgenden möglichst genau dargestellt werden. Die Vielzahl der möglichen Bewertungen körperlicher Merkmale, ihre Extreme
sowie ihre Gemeinsamkeiten und die nach der Quellenlage häufig vorkommenden Bewertungen werden im nächsten Abschnitt zusammengefaßt.
Jeweils unterschiedliche Rahmenbedingungen der Bewertung körperlicher
Unterschiede werden erläutert.

14.2 Körperliche Unterschiede in interethnischen Beziehungen

Zunächst soll es um die Kategorisierung von Menschen in den jeweils untersuchten Kulturen gehen. Anschließend gehe ich der Frage nach, was als
kulturell, was als biologisch aufgefaßt wird. Nur so kann geklärt werden,
welche Merkmale in einer bestimmten Kultur überhaupt als „körperliche"
Unterschiede betrachtet werden. Danach wird untersucht, ob es eine Hierarchie der Bedeutung körperlicher Unterschiede gibt: Welche werden stärker betont als andere und warum? Und abschließend steht die Frage im
Mittelpunkt, welche Konsequenzen Menschen aus der Wahrnehmung von
körperlichen Unterschieden ziehen und in welchen Situationen sie diese
nutzen.

Alle Menschen kategorisieren ihre Umwelt – und zu der gehören auch
andere Menschen. In allen Kulturen unterscheidet man zwischen verschiedenen „Sorten" von Menschen: Verwandten und Nichtverwandten, Fremden und Vertrauten, Freunden und Feinden etc. Die Anwendung von Kategorien ist ökonomisch: Zeitaufwendige kognitive Entscheidungsprozesse

werden erheblich verkürzt. In der Ethnologie ist es mittlerweile einer der kleinsten gemeinsamen Nenner, auf den sich alle einigen können, daß Menschen als denkende Wesen ständig Kategorien anwenden. Roland Mischung schreibt dazu:

„In der philosophischen Tradition der Phänomenologie ist überzeugend dargelegt worden, daß Menschen andere Menschen, ebenso wie sonstige Phänomene ihrer Lebenswelt, in Klassen sortieren *müssen*. Die Logik des Arguments ist im wesentlichen ökonomisch und ähnelt in ihrer Struktur der Postulierung von Schemata in der Kognitiven Ethnologie: Bei der Vielzahl von persönlich unbekannten Menschen, mit denen wir in unserer komplexen Realität konfrontiert sind, können wir uns nicht in jedem Einzelfall auf eine differenzierte innere Erörterung der Frage einlassen, inwieweit der konkrete Andere, mit dem wir es gerade zu tun haben, kooperationsbereit ist und unsere Sicht der Dinge teilt (ganz abgesehen davon, daß uns im Regelfall die hierfür notwendigen Informationen und Beurteilungskriterien fehlen)." (Mischung 1999: 169, Hervorh. i. Orig.)

Universal ist zum Beispiel auch, daß alle Gesellschaften einen Unterschied zwischen Pflanzen und Tieren machen – wenn auch die Grenzen bei Zweifelsfällen unterschiedlich ausfallen.[859] Es ist zu vermuten, daß man in den meisten Gesellschaften auch dem Menschen ein eigenes „Reich" zuschreibt. Die Merkmale der Grenze, mögliche Mischwesen sowie die Frage, wer zur Kategorie Mensch gehört und wer nicht, unterscheiden sich allerdings. Untersucht man den außereuropäischen Kontext und versucht, nicht die eigenen Klassifikationsschemata für die belebte Welt, von Mensch – Tier – Pflanze – Geist zugrunde zu legen, dann muß die Kategorie „Mensch" jeweils genauer bestimmt werden. Sowohl das Beispiel China als auch das der Ati zeigten, daß die Grenzen zwischen Menschen und Tieren nicht so eindeutig sind, wie es in heutigen westeuropäischen Kulturen angenommen wird.

Ähnliches ist auch für andere Regionen beschrieben. Bei großen phänotypischen Unterschieden, wie etwa zwischen zentralafrikanischen Pygmäen und benachbarten Ethnien, setzten deren Nachbarn die Pygmäenvölker häufig mit Tieren gleich.[860] Die afrikanischen Pygmäen wurden auch in der

---

[859] In der kognitiven Anthropologie wurde das Problem ausführlich diskutiert, ob in allen menschlichen Gesellschaften zwischen dem Tier- und Pflanzenreich unterschieden wird, obwohl nicht alle Gesellschaften Wörter dafür haben. Brent Berlin kann plausibel machen, daß auch die sogenannten „*covert kingdoms*" systematisch unterschiedene kognitive Kategorien darstellen (Berlin 1992: 190-195).

[860] Aus der Literatur stellt Stefan Seitz die folgenden Beispiele zusammen: „Die Meidung der Pygmoiden der südlichen Gruppen wird auch im täglichen Umgang mit ihnen wirksam. So ist in den Augen der Nkundu der Batwa kein Mensch, vielmehr ordnet man ihn zwischen Mensch und Schimpansen ein.".... „Man schimpft die Batwa ‚Hunde', ‚Hundskalb' und sagt von ihnen, ‚sie suchen wie die Hunde'. Die Mpunyu werden als Affen, als Abkömmlinge von Gorillas und Schimpansen, bezeichnet. Man will ihnen sogar die menschliche Würde absprechen und behauptet, nur Batutsi und Bahutu seien ‚Menschen'; man hält sie für Kinder, nicht für Erwachsene. Mit all diesen Äußerungen wird den Batwa das Recht abgesprochen, sich auf eine Stufe mit den beiden anderen Gruppen zu stellen." (Seitz 1977: 178, 180).

mittelalterlichen Scholastik nicht zu den Menschen gezählt. Sie erhielten eine Position zwischen Menschen und Affen: Vom Affen habe die Pygmäen ihre Sprache unterschieden, aber von den Menschen das Fehlen der Vernunft.[861] Klaus E. Müller gibt eine Fülle an Beispielen der Zuordnung Fremder zum Tierreich, zu jagdbarem Wild oder zu Tieren, die nur im Busch leben.[862] Am Beispiel China wurde gezeigt, daß man bestimmten Ethnien einzelne Körperteile nachsagte, etwa Tierschwänze oder Schwimmhäute, die sie zu Mischwesen auf der Grenze zwischen Mensch und Tier machten. Auch im römischen Altertum und europäischen Mittelalter war die Grenze zwischen den Welten von „Mensch" und „Tier" durch zahlreiche Monstren und Mischwesen bevölkert. [863]

Im ersten Kapitel wurde bereits auf die Kategorie der „Nicht-Menschen" (*hinin*) in Japan hingewiesen, zu denen man „unreine" soziale Gruppen wie die Ainu zählte. In chinesischen Texten wurden fremde unverständliche Sprachen mit tierischen Lauten gleichgesetzt. Auch Sprache und Kommunikation sind demnach keine eindeutigen und selbstverständlichen Kennzeichen der Grenze zwischen Menschheit und Tierreich. Sowohl Tiere als auch fremde Menschen können über Kommunikationssysteme verfügen, die zunächst nicht oder nur teilweise zu verstehen sind. Außerdem ist zwischen Tier und Mensch Kommunikation – wenn auch eingeschränkt – möglich, wie etwa die zitierten Erzählungen der Ati über Tiere zeigten. So ist Kommunikation (im Gegensatz zu Sprache) also tatsächlich noch kein eindeutiges Unterscheidungskriterium zwischen Tier und Mensch und wird in manchen Gesellschaften nicht als Merkmal der Zugehörigkeit zur Menschheit anerkannt.

In Erzählungen der philippinischen Ati von Affen, die Frauen entführten, vergewaltigten und sogar mit ihnen Kinder zeugten, wird die Grenze zwischen Tier und Mensch durch Sexualität und Fortpflanzung durchbrochen. Hier wird der Affe als dem Menschen sehr nahe stehend beschrieben. Die Grenze zwischen Tierreich und Menschheit kann aber nicht nur durch Einschluß bestimmter Tierarten in die Kategorie „Mensch", sondern auch

---

[861] Vgl. Mühlmann 1968: 29-30. Sowie den Aufsatz: Sind die Pygmäen Menschen? Ein Kapitel aus der philosophischen Anthropologie der mittelalterlichen Scholastik (Koch 1931). Koch bezieht sich auf Schriften von Albertus Magnus (*liber de animalibus*) und Petrus Alvernia aus dem 13. Jahrhundert. Beide ordnen die Pygmäen einer eigenen Gattung zu, die weder zu den Menschen noch zu den Affen gehört, sondern ins Tierreich und nicht zur Menschheit gerechnet wird (ebd.: 202). Zu mittelalterlichen Beschreibungen Fremder und darin enthaltenen Körperdarstellungen siehe auch Mitsch (1992).

[862] Müller 1996: 153.

[863] Pomponius Mena etwa schrieb, in Afrika lebten Menschen, die keine Köpfe hätten, sondern das Gesicht auf der Brust trügen (Pomponius Mena o.J.: 18). Über den Skythen-Stamm der Arimaspen berichtete er, sie hätten nur ein Auge gehabt (ebd.: 34). Die im Landesinneren Afrikas lebenden Ägipanen, Blemyer, Gamphasanten und Satyrn stellt Pomponios Mena als Wesen dar, „die kaum noch Mensch sind, sondern halb Tier" (ebd.: 13).

durch Ausschluß anderer Menschen verändert werden, wie in den oben genannten Beispielen.

Die Grenze zwischen Geistern und Menschen ist ebenfalls nicht eindeutig. Auf den Philippinen stellt man sich Geister vor, die in Menschengestalt erscheinen. Sie können beispielsweise Menschen zu sich holen und diese verführen. Die Wampar in Neuguinea meinen, daß Menschen, wenn sie sterben, in die Welt der Totengeister übersiedeln, aus der sie allerdings auch zurückkehren können. Die Wampar machen keinen Unterschied zwischen Seelen und Geistern. Das Aussehen der Geister steht in beiden Beispielen in Beziehung zu dem Aussehen unterschiedlicher Menschengruppen. Im Fall der Philippinen dient das Aussehen Fremder als Vorlage für Geistervorstellungen: Es gibt die weißen *ingkanto* sowie schwarze gefährliche Geister, deren Äußeres an Afrikaner erinnert. Man stellt sich nichts völlig Neues vor, sondern nutzt vorhandene sichtbare Unterschiede zur Ausgestaltung der Welt der Geister und mythischen Wesen. Vorlagen sind dabei nicht nur Menschen, sondern auch Tiere oder Mischwesen aus beiden. In Neuguinea wurde das vorgestellte Aussehen von Totengeistern als Vorlage für die Zuordnung sich körperlich unterscheidender Fremder genutzt.

Die Außen- und Geisterwelt im Himmel – oder für Küstenbewohner jenseits des Meeres – war auch für australische Aborigines voller Totengeister. Das Geisterreich war riesig und „voller Leben". Somit ist verständlich, daß es sehr viel wahrscheinlicher war, das Kommen der Weißen aus diesem Reich anzunehmen, als sich weit entfernte Länder jenseits des Horizonts auszudenken. Die Bedeutung der Farbe Weiß für Totenrituale sowie die in manchen Gebieten verbreitete Praxis, Leichen die Haut abzuziehen, unterstützten diese Vorstellungen. Das unter der Haut zum Vorschein kommende rosa Fleisch ähnelte der weißen bzw. rötlichen Hautfarbe der Europäer.[864] Klaus E. Müller beschreibt in seinen Kapiteln zur Kosmographie und „Daimonographie" an Hand vieler unterschiedlicher Beispiele, daß Geister und Fremde dieselbe Welt bewohnen – die Wildnis. Das von der Eigengruppe bewohnte Gebiet sei „die Mitte", „der Nabel" oder „das Zentrum", hier herrsche Zivilisation. Die Gebiete außerhalb würden von „den Wilden" bevölkert.[865] In dieser Außenwelt kommen Mischwesen aller Art vor: Mischungen zwischen Geistern und Menschen, Menschen und Tieren sowie Geistern und Tieren.

Innerhalb der Kategorie „Mensch" werden durch viele verschiedene Merkmale Unterkategorien gebildet. Innerhalb dieser Unterkategorien gibt es weitere Merkmale, mit deren Hilfe man Bevölkerungen bestimmter Ge-

---

864 Reynolds 1995: 32.
865 Müller 1996: 136-148.

genden und/oder verschiedener Lebensweisen in Kategorien zusammen-faßt. In der kognitiven Ethnologie wurden Bezeichnungen für die verschiedenen Ebenen entwickelt, die bei der Kategorisierung von Pflanzen und Tieren verwendet werden. Übertragen auf die Einteilung von Menschen sähe das wie folgt aus:

1. *Kingdom*: Menschen-, Pflanzen- und Tierreich sowie Geisterwelt werden voneinander unterschieden.

2. *Life form taxa*: Innerhalb der Reiche werden Lebensformen unterschieden, im Tierreich etwa Vögel von Fischen. In Bezug auf die Klassifizierung von Menschen könnten auf dieser Ebene die Annahme von „Rassen", Barbaren oder Weltrandvölkern angesiedelt sein. Die bei den Ati verwendete Bezeichnung *Negro* für „Schwarze" etwa, die weder auf einen bestimmten Lebensraum noch auf eine geographische Region festgelegt ist, kann man zu den *life form taxa* rechnen.

3. *Intermediate taxa*: Diese Kategorien stehen zwischen den Lebensformen und den kleinsten Einheiten. Im Tierreich könnten das etwa Vögel sein, die nur am Wasser vorkommen. Sie gehören zur Lebensform „Vogel" im „Tierreich", sind aber noch nicht die kleinste Einheit wie etwa „Graureiher", die man als generische Taxa bezeichnen würde. Bezüglich menschlicher Kategorisierungen könnte das philippinische Beispiel der Klassifikation von *Negro*, „Schwarzen", diese Kategorien illustrieren. Schwarze werden noch einmal unterteilt in *taga amerika*, *taga aprika* und *Aeta* (aus Amerika, Afrika und Aeta oder „Negrito").

4. *Generic taxa*: Sie sind die kleinsten in einer Gesellschaft bekannten und benannten Einheiten. Bezogen auf die Menschheit wären dies Ethnien, Klans oder Verwandtschaftsgruppen. Um im philippinischen Beispiel zu bleiben, würde man auf dieser Ebene die Eigenbezeichnung der Ati ansiedeln, die ihre Eigengruppe den Aeta zuordnen, die zu den „Schwarzen" gehören.

Taxa der Ebenen zwei und drei werden im Tier- und Pflanzenreich häufig mit Verwandtschaftsbezeichnungen benannt.[866] Das trifft auch auf Menschengruppen zu: So stellen etwa die Ati alle in der Wissenschaft als „Negrito" klassifizierten und auf den Philippinen heute Aeta genannten philippinischen Ethnien als „Geschwister" dar. Sie seien ähnlich und hätten einen gemeinsamen Ursprung. Für „Negrito" gibt es keine eigene Bezeichnung in der Sprache der Ati, aber die kognitive Kategorie ist vorhanden, wie durch Beschreibungen deutlich wird. Die „Negrito" (Ati und ihre „Geschwister-Gruppen") wiederum zählen die Ati zur höheren Einheit der schwarzen Menschen (*Negro*) und auf der nächsten Ebene zur Menschheit. Kann man zeigen, daß die Einteilung von Menschen in Kategorien auf ver-

---

866 Berlin 1992: 145.

schiedenen Ebenen ähnlichen Mechanismen folgt wie die Klassifikation anderer Lebewesen, dann könnte man allgemeine Regeln für solche taxonomischen Systeme übertragen. Sowohl das Tier- und Pflanzenreich als auch die Menschheit wird nach vielen Kriterien klassifiziert: nach Lebensräumen (Land, Wasser, Luft), nach Nützlichkeit (eßbar, nicht-eßbar), nach Verhalten und Körperformen etc.[867]

Da es in der vorliegenden Untersuchung bei der Einteilung der Menschheit in Kategorien und Unterkategorien um die Bedeutung körperlicher Merkmale geht, muß zunächst geklärt werden, ob in allen Kulturen in angeborene und erlernte, biologische und kulturelle Merkmale unterschieden wird. Nur so wird jeweils deutlich, ob Merkmale, nach der in Kapitel 2 festgelegten Definition, überhaupt in den Bereich des Körperlichen gerechnet werden. An den untersuchten Beispielen zeigte sich, daß um so eher unüberwindliche körperliche Unterschiede angenommen werden, je weiter fremde Menschen von der Eigengruppe entfernt sind. „Weit entfernt" kann jedoch mehr als nur tatsächlich räumliche Entfernung bedeuten. Interessenunterschiede, Machtkämpfe, eine andere Wirtschaftsweise und Umwelt oder ein besonders unterschiedliches Aussehen können „Entfernung" bedeuten. Im Extremfall sind nur geringfügige tatsächliche Unterschiede vorhanden, und die Grenzen stellen jeweils Konstruktionen von Differenz dar. Wahrgenommene „Entfernung" kann demnach sowohl Ursache als auch Ergebnis von Differenz sein.

Die Unterscheidung in „Kultur" und „Rasse" muß nicht universal sein. Beide Konzepte können ineinander übergehen. In den untersuchten Beispielen wird jedoch die Unterscheidung in veränderliche und unveränderliche Merkmale getroffen: Lernen und Erziehbarkeit sind als Vorstellung schon durch die Entwicklung von Kindern innerhalb der Eigengesellschaft vorhanden. Häufig werden Fremde, sowohl Kleinwüchsige als auch solche mit einer „nicht-entwickelten Kultur" oder „Unzivilisierte", mit Kindern gleichgesetzt.

Am Fallbeispiel China wurde gezeigt, daß es unterschiedliche Konzepte von der „Erziehbarkeit" der Barbaren gab. Die Möglichkeit von Veränderung und Lernfähigkeit bzw. deren Fehlen lieferten entscheidende Argumente für Ein- bzw. Ausschluß von Menschen. Sie müssen deshalb im

---

[867] Die Identifizierung von *basic-level categories* ist für das Tier- und Pflanzenreich nicht allzu schwer, dort sind es im allgemeinen die *intermediate taxa*, während *generic taxa* eher von Spezialisten herangezogen werden. *Basic-level categories* sind diejenigen, die Kinder zuerst erlernen. Die Frage, ob auch für soziale Konzepte vergleichbare *basic-level categories* existieren, wird von vielen Autoren bejaht. Allerdings ist die Zuordnung schwieriger, da schon die Frage der Zuordnung zu einem Kategoriensystem offener ist. Bei Fremden ist das noch relativ leicht, je mehr über eine Person bekannt ist, desto schwieriger wird die Zuordnung: Sie kann etwa nach Persönlichkeitsmerkmalen, rassischer/ethnischer Zugehörigkeit, Berufs- oder Religionszugehörigkeit erfolgen. Je mehr bekannt ist, um so situationsabhängiger die Verwendung eines Kategoriensystems und die Frage, ob *generic* oder *intermediate taxa* als *basic-level categories* dienen (siehe ausführlich dazu: Kunda 1999: 42 ff).

Einzelfall genau untersucht werden. So zeigt das Beispiel der Philippinen, daß heutzutage in europäischen Vorstellungen als veränderliche kulturelle Praktiken oder persönliche Merkmale angesehene Verhaltensweisen (Lügen, Stehlen, bestimmte Ernährungsweisen, Fleiß oder Faulheit), in anderen Kulturen als festgelegt und unabänderlich gelten können. Auch die Frage etwa von „Reinheit" und „Unreinheit" ist nicht klar im kulturellen *oder* biologischen Bereich anzusiedeln, sie kann sich auf beides beziehen. „Unreinheit" kann durch ihre Unabänderlichkeit zu einem Ausschlußkriterium werden, das genauso funktioniert wie angenommene „Rassenmerkmale". Unterschiede zwischen Gruppen im rituellen Bereich oder Tätigkeiten von sozialen Gruppen, die als unrein klassifiziert werden (Schmiede, Leichenbestatter, Friseure etc.) sind an sich k u l t u r e l l e Unterschiede. Zugrunde liegende Körperkonzepte können jedoch den Rahmen dafür darstellen, daß Unreinheit als dem Körper anhaftend gedeutet wird und damit erblich bzw. angeboren ist.

Das Konzept „Körper" wird häufig mit dem der Gesellschaft parallelisiert. Mary Douglas schreibt: „Here I am suggesting that when rituals express anxiety about the body's orifices the sociological counterpart of this anxiety is a care to protect the political and cultural unity of a minority group."[868] Aus Konzepten von Reinheit und Unreinheit und der Parallele von körperlichen und sozialen Grenzen erklärt sie auch die unterschiedliche Bewertung verschiedener Körperflüssigkeiten. Tränen werden in den meisten Gesellschaften nicht in den Bereich des Unreinen gerechnet, Rotz und Eiter dagegen eher. Noch wichtiger sind alle Körperausscheidungen, die mit Verdauung und Fortpflanzung zusammenhängen: also Samen, Menstruationsblut, Nachgeburt und Fäkalien. Am deutlichsten wird dies am Beispiel des indischen Kastensystems: „Since place in the hierarchy of purity is biologically transmitted, sexual behaviour is important for preserving the purity of caste. For this reason, in higher castes, boundary pollution focuses particularly on sexuality."[869]

Kulturelle Unterschiede etwa im rituellen und religiösen Bereich können also sehr eng mit Körperlichkeit und Gruppengrenzen zusammenhängen und als unveränderlich gedeutet werden. Das kommt Grundannahmen rassistischer Vorstellungen sehr nahe. Genauso können körperliche Unterschiede aber auch als veränderlich betrachtet werden. Sie können beispielsweise durch Gewöhnung an Bedeutung und Sichtbarkeit verlieren, da sich Wertschätzung, Wahrnehmung und Beurteilung dadurch verändern. Somit muß die Feststellung eines körperlichen Unterschieds nicht bedeuten, daß er unveränderlich ist und zwangsläufig Exklusion begründet. Im

---

[868] Douglas 1969: 124.
[869] Ebd.: 125.

Zentrum steht also die Frage nach emischen Konzepten von biologisch Weitergegebenem oder kulturell Erlerntem, vor allem im Zusammenhang mit zukünftigen Möglichkeiten: Besteht eine Chance zu Veränderung und Anpassung oder nicht? Bei der Beantwortung dieser Frage können momentane Interessen ebenso entscheidend sein wie lange tradierte, kulturell verwurzelte Überzeugungen. Ganz pragmatisch können Merkmale, die vormals als veränderliche Sitten oder Bräuche gewertet wurden, in einer Konkurrenzsituation zu ererbten, unveränderlichen Merkmalen umgedeutet werden.

Eine sehr verbreitete Annahme, die den Umgang mit phänotypischen Unterschieden (egal wo man ihre Ursache annimmt) bestimmt, ist die Vorstellung, daß Menschen, die anders aussehen, auch kulturell anders seien. Für Neuguinea beschreibt das bereits Ann Chowning,[870] bei den Wampar bestätigt sich diese Hypothese. Auch auf den Philippinen meint man, das Verhalten von Menschen sei umso unterschiedlicher, je mehr körperliche Merkmale von den eigenen abweichen. Die Gleichsetzung von Aussehen und Verhalten, Angeborenem und Erlerntem fand auf den Philippinen nicht nur bei der Zuordnung ethnischer Gruppen statt, sondern auch auf individueller Ebene. Sieht ein Kind einem Elternteil ähnlicher als dem anderen, nimmt man an, auch sein Verhalten gleiche diesem Elternteil stärker als dem des anderen. Sieht eine Person eher aus wie der oder die ideale Ati, dann erwartet man, daß auch sein Verhalten stärker dem der Ati als dem der Visaya entspricht. In dieser Hinsicht hängt die Wahrnehmung körperlicher Unterschiede also allgemein sehr eng mit Annahmen über Verhaltensunterschiede zusammen.

Unterhalb der Einteilung in Geister, Menschen, Tiere und Pflanzen, die in den untersuchten Beispielen getroffen wurde, gibt es eine nächste Ebene. In den vier Beispielen wurde auf dieser Ebene der „life form taxa" in „Weiße" und „Schwarze" unterschieden, wenn auch die Betonung der entscheidenden körperlichen Merkmale leicht unterschiedlich war. Auch eine dritte große Kategorie der „Kurznasen" (Wampar), „Braunen" (Nation of Islam), „Gelben" (China) und „Mangayeo" (Ati) wurde gebildet. Diese Kategorie basierte jedoch auf uneinheitlicheren Merkmalen als „Schwarz" und „Weiß". Teilweise entstand sie eher als „Rest" der ersten beiden (Nation of Islam, Wampar). Bei den Ati war sie insofern differenzierter, als sie die nächsten interethnischen Kontakte betrifft. Mit zunehmender Nähe wird offensichtlich weniger grob klassifiziert. Dennoch war die Grobeinteilung in Schwarz, Weiß und Gelb/Braun/Kurznasig in allen vier Beispielen vorhanden.

---

[870] Chowning 1986.

Vermutlich stellt man sich in vielen Kulturen die Frage: Warum gibt es körperliche Unterschiede zwischen verschiedenen Menschengruppen? Häufig geben Schöpfungsmythen einen Zusammenhang, in dem kulturelle und körperliche Unterschiede erklärt werden. Der Mythos geht jedoch über die bloße Erklärung hinaus. Schon Malinowski stellt in seiner klassischen Beschreibung der Funktion des Mythos fest, daß er auch eine *„pragmatic charter of primitive faith and moral wisdom"* sei.[871] Der Mythos erklärt gegenwärtige Zustände, aber er lehrt auch richtiges Verhalten in Gegenwart und Zukunft. Ideen wie die in chinesischen Schöpfungsmythen der *Song*-Enzyklopädie (1000 n.Chr.) ausgedrückte Vorstellung, daß Menschen aus verschiedenen Materialien hergestellt seien, haben also Konsequenzen.[872] In China hat sich trotz der Einflüsse von Missionaren und westlichen monogenistischen Theorien das Konzept eines „Bigenismus" lange Zeit erhalten. Weiße und Schwarze, meinte man, seien gemeinsamen Ursprungs, die gelbe Rasse dagegen sei davon getrennt entstanden.[873] Auf den Philippinen kommt in einem Mythos der Mehrheitsbevölkerung eine „monogenistische" Theorie zum Ausdruck, wonach erst bei der Herstellung, beim Brennen des Lehms Unterschiede entstanden sind. Auch am Beispiel der Nation of Islam wurde deutlich, daß die Schöpfungsmythe eine ganz zentrale Rolle spielt. Sie begründet nicht nur körperliche, sondern auch moralische und charakterliche Unterschiede. Explizit wird deutlich gemacht, daß das Böse und die Farbe Weiß von Anfang an miteinander verbunden waren.

Von den Ati dagegen konnte ich keine Mythen aufnehmen, welche die Existenz von „Schwarz" und „Weiß" erklärten. Es gibt keine festen tradierten Erzählungen (mehr), die die Entstehung der Ati beschreiben. Allerdings existiert eine Mythe, die das Verhältnis der Ati zur Mehrheitsbevölkerung beschreibt, begründet und bewertet.[874] Unterschiede zwischen der Mehrheitsbevölkerung und den Ati sowie anderen Minderheiten wurden im Bild der Verwandtschaft erklärt. Man stellt sich jeweils die Abstammung von verschiedenen Eltern-Völkern vor, wobei diejenigen ethnischen Gruppen, die sich ähnlich sind, Geschwister sind, während sehr unterschiedliche von verschiedenen Eltern abstammen. In Schöpfungsmythen der Wampar spielen körperliche Unterschiede zwischen Menschen keine Rolle. Geschichten, die man mir während der Feldforschung über die frühere Größe, Gesundheit und Stärke der Wampar erzählte, sind erst eine Erscheinung der

---

[871] Malinowski 1971 (1926): 19.
[872] Dikötter 1992: 55 und 1997 b: 12, 13.
[873] Ausführlicher siehe: Dikötter 1992: 74 ff.
[874] Diese Mythe und ihre Varianten habe ich an anderer Stelle ausführlicher interpretiert, siehe Beer 1999 b.

neunziger Jahre. Fischer hat in früheren Jahren keinerlei derartige Erzählungen gehört. Es ist zu vermuten, daß somit auch Mythen, sofern sie überhaupt noch bekannt sind, heute abgewandelt, verändert und der aktuellen Situation angepaßt werden. Ich konnte allerdings keine Mythen mehr aufnehmen, da die meisten Befragten sich kaum noch an welche erinnerten und auch nicht bereit waren, sie eventuell unvollständig zu erzählen. Sie verwiesen mich jeweils auf die Publikationen von Fischer, wo alles „richtig" festgehalten sei.

In der Literatur finden sich viele Hinweise auf die Verarbeitung von Erfahrungen des Kontaktes zwischen „Schwarz" und „Weiß" in Afrika. Urs Bitterli faßt zusammen, daß einigen Überlieferungen zufolge anfänglich die ganze Menschheit aus Schwarzen bestanden habe, die im Erdinnern aufwuchsen. Andere Mythen erzählen von einem weißen Urelternpaar, von deren Nachkommen einige für ein Vergehen mit der schwarzen Hautfarbe bestraft worden seien.[875]

Wenn auch in der europäischen Auseinandersetzung um Rassismus häufig überbetont, spielt neben anderen Merkmalen tatsächlich in a l l e n untersuchten Beispielen die Hautfarbe eine Rolle. Man sollte bei der Diskussion dieses Merkmals allerdings nicht vergessen, daß es selten allein genannt wird. Die Hautfarbe ist immer Teil eines ganzen „Bündels" von Merkmalen. Clair Drake etwa beschreibt in der umfangreichen Studie über die Erfahrungen „Schwarzer" mit „weißem Rassismus", über Erfahrungen ästhetischer, moralischer und geistiger Abwertung, daß es im euroamerikanischen Kontext weniger um „*blackness*", als um „*negroidness*" ginge:

„It is important to note that it is 'Negroidness,' not dark skin-color alone, that has inspired aesthetic derogation; very dark-skinned individuals with so-called 'fine' or 'delicate' features are sometimes defined as 'very beautiful'. In defining a 'True Negro' type, some anthropologists added refinements that Caucasians find unattractive, such as thin 'shanks' of lower limbs and very narrow pelvis, or the opposite – steatopygy – in women. Insofar as their writings are popularized, they focus attention on anatomical differences that most laymen did not know existed, and they often raise disquieting questions about the significance." (Drake 1987: 17)

Wie die beschriebenen Beispiele zeigen, muß auch die weiße Haut von Europäern nicht automatisch positiv bewertet werden, selbst wenn innerhalb einer Kultur Hellhäutigkeit höher bewertet wird als Dunkelhäutigkeit: Das „europäische Weiß" wird häufig eher als rot (sonnenverbrannt) beschrieben, als durchscheinend, unebenmäßig etc. Dennoch können sich intraethnische Schönheitsvorstellungen mit interethnischen zu einer Hierarchisierung der Hautfarben verbinden, bei der sehr dunkle Haut auf der untersten Stufe eingeordnet wird.

---

[875] Bitterli 1976: 344.

In China etwa wurden Hellhäutigkeit und die Farbe Weiß zunächst positiv bewertet. Abzuwertende Weiße beschrieb man jedoch als „weiße Teufel" und als asch-weiß. Auch in Kombination mit ihrer Körperbehaarung, konnte das positive Merkmal der Hautfarbe umgedeutet werden. Das sind jedoch Ausnahmen. Tatsächlich gehört die Abwertung der Hautfarbe in den meisten Fällen zu der Abwertung eines ganzen „Phänotypus". Hautfarbe ist nie alleiniges Unterscheidungs- oder Abgrenzungskriterium. Die Bündelung bestimmter körperlicher Merkmale zu einem „Typ", der durch Verallgemeinerung auf eine Gruppe bezogen wird, wurde in den Einzelbeispielen deutlich. Zu diesen Merkmalskomplexen gehören auch Merkmale, die in unserer Vorstellung nicht biologischer Herkunft sind, aber in den jeweiligen Vorstellungswelten zusammen mit phänotypischen Merkmalen genannt, teilweise dadurch entweder erst „biologisiert" oder ohnehin als biologisch aufgefaßt werden. Im vorliegenden Abschnitt werden – der zentralen Fragestellung dieser Untersuchung entsprechend – nur die in den jeweiligen Gesellschaften als körperlich aufgefaßten Merkmale analysiert werden. Obwohl sie meist in Merkmalskomplexen auftreten, werden sie im folgenden einzeln dargestellt, dabei werden jedoch der Kontext und Wechselwirkungen mit anderen Merkmalen berücksichtigt.

Aus der Psychoanalyse und häufig auch in Verbindung mit strukturalistischen Ansätzen sind Theorien entstanden, die besagen, der Schwarz-Weiß-Gegensatz mit Höherbewertung von hell, weiß und rein sei aufgrund von Reinlichkeitserziehung und Ängsten vor der Nacht und dem Dunkel in allen Kulturen vorhanden. Auch Rassismus sei deshalb in allen menschlichen Gesellschaften verbreitet, quasi natürlich und in kognitiven Strukturen vorgegeben.[876] Gegen die angeblich in allen Kulturen vorhandene Höherbewertung der (Haut-)Farbe Weiß gibt es Gegenbeispiele. Auch Gegensätze können in unterschiedlichen Kulturen jeweils unterschiedlich aufgefaßt werden: Auf Wampar ist beispielsweise Rot – und nicht Weiß – der Gegensatz zu Schwarz.

Ein Hauptproblem bei Gergens[877] Aussagen über Farbbewertungen und deren Universalitätsanspruch ist jedoch, daß sie sich – Victor Turner[878] zitierend – auf Farben a n   s i c h und nicht auf Farben von etwas Bestimmtem beziehen, also in diesem Fall der H a u t . Seiner Überlegung liegt die Annahme zugrunde, daß den Farben selbst bestimmte Bewertungen zugeordnet werden, die man in der Sozialisation erlernt, und später auch auf Menschen überträgt.

---

[876] Siehe dazu: Drake 1987: 35 und 71; Cohen 1976: 21-22.
[877] Gergen 1967.
[878] Turner 1967. Darin: Color Classification in Ndembu Ritual: A Problem in Primitive Classification, 59-92.

Die Entwicklung von Farbbezeichnungen konnte in der kognitiven Anthropologie recht plausibel geklärt werden. Sie verlief von wenigen Basis-
Termini, die zunächst noch Schwarz, Blau, Grün sowie Rot, Gelb, Weiß
zusammenfassen, hin zu einer immer größer werdenden Anzahl der Benennung. Diese Entwicklung verläuft in bestimmten Schritten: Alle Gesellschaften haben Bezeichnungen für Schwarz und Weiß, kommt eine dritte
hinzu, ist es Rot. Die vierte Bezeichnung ist entweder Grün oder Gelb, als
nächstes kommt Blau hinzu.[879] Bedeutung und Benennung hängen miteinander zusammen: je wichtiger bestimmte Farben in der jeweiligen Lebensweise wurden, desto eher benannte man sie. Dementsprechend nimmt die
Anzahl der Farbtermini mit Zunahme der Komplexität einer Gesellschaft
zu. Dieser Exkurs soll verdeutlichen, daß der Umgang mit Farbbezeichnungen in erster Linie pragmatisch war, daß Farben nicht an sich schon mit
darüber hinausgehenden Bedeutungen aufgeladen sind. Sie werden bezeichnet, wenn man einen Namen in praktischen Zusammenhängen
braucht, später können sie dann in jeweilig unterschiedlichen Kontexten
weitere, zusätzliche Bedeutungen bekommen.

Beziehen sich die Farben Schwarz und Weiß nicht auf die Haut, sondern
auf andere Körperteile, beispielsweise Knochen, können Bewertungen genau entgegengesetzt sein. Edmund Leach führt als Beispiel die in Kapitel 7
bereits ausführlicher dargestellten Lolo (auch *Yi* oder *Norsu*) an, allerdings
ohne Beleg für seine Quelle. Klaus E. Müller gibt aus der Literatur das Beispiel der turk- und mongolischsprachigen Völker Innerasiens, bei denen die
Zuordnung der Knochen- und Fleischfarben umgekehrt gewesen sei. Müller führt außerdem das Beispiel der islamischen Araber an: Für sie „als
‚Braune‘, die Mitte haltend zwischen ‚Weißen‘ (insbesondere ‚Slawen‘)
und ‚Schwarzen‘ (den Afrikanern), stand ebenfalls fest, daß die Barbarei
ihr Höchstmaß weit außerhalb ihres Kultur- und Glaubensbereichs, das
heißt bei den ‚Extremgetönten‘ am Rand der Ökumene erreiche.“[880] Man
vermutete, sowohl „Schwarze“ als auch „Weiße“ hätten nur rudimentäre
Geistesgaben.

Die H a u t farbe spielt eventuell deshalb eine große Rolle, weil es sich
um ein Merkmal handelt, das schon auf größere Entfernungen wahrnehmbar ist. Idealtypen von Schwarz und Weiß sind leicht zu identifizieren.
Allerdings sind Unterschiede in der Hautfarbe bei den zahlreichen Misch-
und Grenzfällen häufig nur für das „geschulte Auge“ wahrnehmbar. Dann
kann die Überzeugung, jemand sei dunkelhäutig bzw. hellhäutig, entscheidender sein als die tatsächliche Hautpigmentierung.

---

[879] Berlin und Kay 1969: 2-4.
[880] Müller 1996: 164.

Obwohl es Gegenbeispiele gibt, wird dennoch deutlich, daß in der M e h r h e i t aller Gesellschaften eine hellere (wenn auch nicht unbedingt weiße) Hautfarbe höher bewertet wird als eine dunkle. In Kombination mit anderen Merkmalen führt sie dann zur Abwertung sich körperlich unterscheidender Menschen. Diese Tendenz zur Höherbewertung heller Haut könnte mehrere Ursachen haben:

– Menschen, die viel im Freien arbeiten (Bauern, Straßenarbeiter, Jäger und Sammler, Hirten) haben eine dunklere Hautfarbe. Diejenigen, die gar keine oder andere Arbeiten verrichten (Adlige, Beamte, Lehrer, Büroangestellte etc.) haben einen höheren sozialen Status. Die helle Haut kann also schon innerhalb einer Gesellschaft mit einem hohen Status belegt sein. Diese Auf- bzw. Abwertung der Hauttönung kann problemlos auf Fremde übertragen werden. Einwandernde Fremde verrichten häufig „niedere Arbeiten", so daß dunkle Hautfarbe, deren Verstärkung durch Tätigkeiten, sowie ein niedriger sozialer Status zusammenfallen.[881]

– Durch historische Zufälle sowie klimatische und geographische Besonderheiten[882] waren es Menschen mit heller Haut, die Wirtschaftsformen weiter und höher entwickelten und andere Menschen verdrängen oder dominieren konnten. Arm und reich, hell- und dunkelhäutig fallen so in Beziehungen zwischen diesen Gesellschaften zusammen. Ausgehend von „den Reichen" wurden dann in ethnozentrischer Weise, etwa durch bestimmte Religionen,[883] diese Gegensätze gefestigt und in andere Gebiete transportiert.

Eindeutiger noch als bei der Hautfarbe ist die Verteilung von positiver und negativer Bewertung bei der Körpergröße: Große Menschen werden positiver bewertet als kleine. Das gilt sowohl innerhalb von Gesellschaften als auch in interethnischen Beziehungen. Größe wird mit Stärke und Überlegenheit gleichgesetzt, Kleinwüchsigkeit häufig mit einer unvollständigen Entwicklung. (Oben wurde bereits die Einstellung von Bahutu und Batutsi gegenüber Batwa zitiert, die diese Pygmäen unter anderem als „Kinder" bezeichnen.) Körpergröße wird auch mit sozialem Status und schon deshalb mit Unter- bzw. Überlegenheit in Verbindung gebracht. Das mag daran liegen, daß Menschen in günstigen Umwelten besser genährt sind,

---

881 Sind Freizeit und Sonne ein knappes Luxusgut, wie noch bis Anfang der achtziger Jahre in Nordeuropa, kann Urlaubsbräune positiv bewertet werden. Durch die verbreitete Aufstellung von Solarien und die Aufhebung der Verknüpfung von Urlaub und Sonnenbräune, sowie durch die Verbilligung des Massentourismus ist „Solarienbräune" bereits erheblich entwertet worden und somit nicht mehr besonders prestigeträchtig. Eine Höherbewertung von Sonnenbräune muß allerdings nicht einhergehen mit der positiven Bewertung einer angeborenen dunklen Hautfarbe.

882 Der Biologe Jared Diamond (1999) schreibt in seiner die ganze Menschheitsentwicklung umfassenden Geschichtsdarstellung, daß klimatische und geographische Besonderheiten der Kontinente Ursache der Verteilung von Armut und Reichtum sind und nicht konstitutionelle Unterschiede der dort lebenden Menschen.

883 Zum Christentum siehe Bastide 1967.

dadurch größer und aufgrund wirtschaftlicher Vorteile anderen tatsächlich überlegen sind.

Körpergröße und Hautfarbe sind diejenigen Merkmale, die in sehr vielen interethnischen Situationen eine Rolle spielen. Alle anderen Merkmale können in ganz unterschiedlichen Kombinationen und müssen nicht zwangsläufig auftreten. Auf die in den untersuchten Fallbeispielen wichtigsten Merkmale werde ich im folgenden ausführlicher eingehen.

Ein entscheidender Bereich, der in den meisten Schilderungen Fremder eine Rolle spielt, und in dem sehr häufig eine Gleichsetzung von körperlichen Merkmalen, Veranlagungen und Verhalten erfolgt, ist die Beschreibung von Geschlechtsorganen, „Trieben", Zeugungskraft und Sexualmoral. Isaacs schreibt:

„Almost as common in the patterns of prejudice is the notion, full of fearful envy and envious fear, that *they* have sexual organs of unusual size and indefatigable sexual energy to go with them. Such ideas have turned up in Western culture about blacks and Jews, among others, and in China and Japan about Europeans as well as blacks." (Isaacs 1989: 49, Hervorh. i. Orig.)

Häufiger scheinen in dieser Hinsicht Spekulationen über fremde Männer als über Frauen zu sein. Man vermutete, wie für China beschrieben, daß Weiße vier statt zwei Hoden haben, man spekulierte über Größe und Form des Penis sowie über Potenz und Zeugungskraft von Fremden. Entscheidend ist, daß es hier um die Warnung vor sexuellen Beziehungen mit und sexuellen Übergriffen von Fremden geht. Verbreitete Diskurse über Vergewaltigungen und deren Bedeutungen in interethnischen Beziehungen habe ich an anderer Stelle ausführlich beschrieben.[884] Auch über die Verbindung von Geruchsempfindlichkeit und unterstellten unkontrollierbaren sexuellen Trieben wurden etwa in China Menschen aus dem Westen in eine Hierarchie menschlicher Gruppen eingeordnet.[885] Am Beispiel der Nation of Islam wurde deutlich, daß Sexualität und Moral ein wichtiges Feld der Auseinandersetzung ist. Genau wie in Ethnien, in denen demographisches Fortbestehen und Gruppengrenzen durch Vermischungen gefährdet wären, befürchteten die Ideologen der Nation of Islam eine Schwächung der eigenen Position und ein Verblassen des aufgebauten Feindbildes, wenn zu viele interethnische Ehen geschlossen würden. Ehen und sexuelle Beziehungen sind leicht als „Gefahrenbereich" aufzubauen, weil sie sich auf die engste Erfahrungswelt und das soziale Umfeld des Einzelnen, auf seine direkte Verwandtschaft beziehen. Sexualität ist ein beliebtes Feld der Stig-

---

884 Beer 2000 b. Zu Vergewaltigung in Beziehungen zwischen „Schwarz" und „Weiß" in den USA siehe auch: di Leonardo 1997 und Hine 1997.
885 Siehe dazu ebenfalls ausführlicher Beer 2000 a.

matisierung Fremder, das sich auch auf die Nachkommen aus solchen Beziehungen erstreckt.

„Mischlinge" als Produkte interethnischer Beziehungen werden – meist aus pragmatischen Gründen – sehr unterschiedlich beurteilt. Werden Arbeitskräfte gebraucht oder entstammen sie Verbindungen mit höher bewerteten Gruppen, können sie ausgesprochen positiv bewertet werden. Im allgemeinen beurteilt man sie jedoch als Gefahr für die Eigengruppe.

„Because the body is the most primordial of all features of basic group identity, extraordinarily powerful taboos and sanctions have been attached in many groups to exogamous unions or marriages that threaten their physical sameness; 'purity' is the usual word, carrying with it that strong sense that there is contamination in the mixing of one physical stock with another. This is a familiar characteristic in one degree or another common to all cultures." (Isaacs 1989: 63)

Die „Reinhaltung" der Ethnie kann durch Fremde gefährdet werden, in manchen Fällen wurden Nachkommen aus interethnischen Beziehungen getötet. Im Fall von patrilinearen Gruppen bezieht sich dies jedoch nur auf die männlichen Nachkommen.[886] In vielen Gesellschaften vermutet man, daß Verbindungen mit Fremden die Ursache von Behinderungen sind. Müller schreibt über „Bastarde", Unheil habe sie wie eine böse Aura umgeben. Bei den Rendille im nördlichen Kenia habe man gemeint, sie seien eine Gefahr für das Vieh, die wichtigste Lebensgrundlage dieses Volkes.[887] In seltenen Fällen können Nachkommen aus Mischehen eine neue Ethnie bilden. Eine solche Ethnogenese setzt die Ausgrenzung aus den Herkunftsgesellschaften beider Elternteile voraus. Ein Beispiel dafür sind die Rehobother Baster in Namibia.

Wer als „Mischling" gilt, hängt wiederum mit den jeweiligen „Rassen-" und Prokreationsvorstellungen zusammen. Das US-amerikanische *folk concept* des „einen Tropfen Blutes", aufgrund dessen ein Nachkomme von nur einem gemischten Elternteil in die Kategorie der „Schwarzen" gerechnet wird, ist nur ein Beispiel. In Brasilien dagegen können Geschwister aus Mischehen mit unterschiedlichen Hautfarben jeweils in verschiedene Rassenkategorien gerechnet werden, unabhängig davon, daß sie Nachkommen desselben Elternpaares sind.

Viele menschliche Gruppen kennen bestimmte unsichtbare essentielle Substanzen, welche Träger der für wesentlich gehaltenen Merkmale sind. „Blut", „Gen" und „Virus" ist hier eine eher westeuropäischen Vorstellungen entsprechende Darstellung oder Übersetzung. Um welche Substanzen es sich bei verschiedenen Ethnien tatsächlich handelt, und wie man sich

---

[886] Müller 1987: 88.
[887] Müller 1996: 43.

vorstellt, daß Merkmale weitergegeben werden, ist häufig nicht beschrieben.

Alle menschlichen Gesellschaften haben eine Vorstellung von Verwandtschaft, die auf der Verbindung von Kindern mit einem oder beiden Elternteilen beruht. Verwandtschaft ist somit in allen Kulturen als Idee vorhanden und ein Faktor, der die Zugehörigkeit des Menschen bestimmt. Vorstellungen von Prokreation und „Erblichkeit", also der Übertragung von Eigenschaften, in Verbindung mit Verwandtschaftsvorstellungen bestimmen, wie flexibel oder deterministisch solche Zuordnungen sind. Dies gilt auf der Ebene des Ideals, der Theorie bzw. Ideologie. Daß überall auch Ausnahmen möglich sind, die allen Regeln widersprechen, muß berücksichtigt werden. Meist sind es nicht-phänotypische bzw. unsichtbare körperliche Substanzen (Blut, Energien, Gene, Knochen) die als Basis für Erblichkeit und damit Eigenschaften und Zuordnung des Nachwuchses verantwortlich gemacht werden. Für etwaige rassistische Ideologien spielen sie also eine besonders wichtige Rolle und müssen jeweils genauer untersucht werden. Prokreationsvorstellungen müssen jedoch – wie auch Rassenkonzepte – nicht, wie zum Beispiel bei den Wampar, sehr elaboriert oder logisch sein. Bei der Formierung rassistischer Ideologien können sie so umgeformt, angepaßt und interpretiert werden, daß sie zum Ausschluß bestimmter Menschen aus der Gemeinschaft genutzt werden können. Das Ziel steht also im Vordergrund: Gibt es keinen Grund, andere Menschen auszuschließen, ist es auch nicht notwendig, Prokreationstheorien zu entwickeln, welche die Weitergabe guter wie schlechter Eigenschaften begründen. Allerdings existiert parallel in den meisten Gruppen das Ziel, die Wir-Gruppe zu festigen und ihre Grenzen zu beschreiben. Schon deshalb spielen gemeinsame Abstammung und Merkmale begründende Prokreationstheorien eine Rolle. Darauf aufbauend kann dann bei Bedarf zur Festigung der Wir-Gruppen die deutlichere Abwertung und der Ausschluß von Fremden hinzukommen.

Im Beispiel des chinesischen Theoretikers Wang Fuzhi war von einer geographischen (unsichtbaren) „kosmischen Substanz" die Rede, welche allen Abstammungsgemeinschaften eigen sei. Menschen seien grundsätzlich gleichwertig. Kämen sie jedoch in andere Gebiete, sei das negativ, und sie wären dort aufgrund ihrer kosmischen Substanz minderwertig und Einheimischen unterlegen. Dies ist eine Theorie, die in besonderer Weise unveränderliche Eigenschaften (die kosmische Substanz) mit Verhalten (Migration) in Beziehung setzt.

In den von mir untersuchten Fällen der philippinischen Ati sowie der Wampar in Papua-Neuguinea war das Blut als unsichtbarer Unterschied zentral für Vorstellungen von Zugehörigkeit zu einer Abstammungsgruppe. Auch die Übertragung von Eigenschaften geschieht durch das Blut. Bei den philippinischen Ati sieht man das Blut als Ursprung des Phänotypus – ähnlich wie man in westlichen wissenschaftlichen Theorien Gene dafür verantwortlich macht.[888] Vorstellungen von der Entstehung und Abstammung des Einzelnen (Verwandtschaftskonzepte und Prokreationstheorien) müssen ebenso wie Überlieferungen von der Entstehung und Abstammung der ganzen Gruppe (Schöpfungsmythen oder angenommene gemeinsame Ahnen) berücksichtigt werden.

Bei den Wampar stellt Blut die Beziehung zur männlichen Patrilineage her und kann mittlerweile auch zum Ausschluß bzw. zur Kategorisierung von Fremden führen. Hier sind die Wampar anscheinend im Übergang von einer *gender*-Unterschiede betonenden Gesellschaft zu einer Gesellschaft, deren Körpervorstellungen auch zum Ausschluß von Fremden dienen. Brigitta Hauser-Schäublin schreibt, das „Blutidiom" komplexer Gesellschaften baue in einem nahezu evolutionistischen Sinne auf dem der Stammesgesellschaften auf.[889] Geschlecht als wichtigstes Prinzip der verwandtschaftlichen Zurechnung und interethnisches Unterscheidungskriterium könnte als Vorläufer ethnischer Abgrenzungen gesehen werden. Inwieweit darauf aufbauende Entwicklungen hin zum Aufbau von Rassenkategorien einem evolutionistischen Schema folgen, müßte genauer untersucht werden. Fraglich ist auch, ob und wann Blut dabei tatsächlich eine so prominente Rolle einnimmt. Am Beispiel Chinas wurde gezeigt, daß auch Behaarung und Geruch sowohl intraethnische Geschlechts- als auch interethnische Unterschiede betonen.

Nicht-phänotypische körperliche Merkmale, beispielsweise Fleisch und (wie schon erwähnt) Knochen, können in Vorstellungssystemen zu eben solcher Bedeutung gelangen wie Blut oder „Reinheit" und „Unreinheit". Hauser-Schäublin schreibt, weibliches Blut werde in Neuguinea meist dem männlichen Blut oder Sperma gegenübergestellt.[890] Aus Blut entstehen die weichen Teile des Körpers, während sich aus Sperma die festen Teile, wie etwa Knochen, herausbilden.[891] Andrew Strathern zeigt, daß bei den Melpa im Hochland Neuguineas Fleisch als „weiblich" und Knochen als „männlich" gelten.[892] Beim Tod eines Menschen blieben Knochen bestehen, während das Fleisch verrotte. Das Fleisch gehe in die Erde über und diene als

---

888 Wie wissenschaftliche Theorien, Erkenntnisse der Genetik, Anthropologie und Biologie in populäre Theorien einfließen und in der Bevölkerung verbreitete Annahmen über die Existenz von „Rassen" bestimmen, ist leider noch nicht ausreichend untersucht. Meist wird von der Existenz einer rassistischen Ideologie ausgegangen, wenn Fremdenfeindlichkeit zu beobachten ist. Aus welchen Bestandteilen sich diese Ideologie zusammensetzt, welche Annahmen ihr zugrunde liegen, wird dagegen nicht untersucht.

889 Hauser-Schäublin 1995: 46.

890 Ebd.: 38-39.

891 Hauser-Schäublin 1993: 86.

892 Strathern 1982: 117.

Nahrung für neues pflanzliches Leben. Knochen repräsentierten individuelle Ansprüche auf Land oder Macht, während Fleisch mit Fruchtbarkeit, Reproduktion, Konsumtion und Vergänglichkeit assoziiert würden.[893] Eine ganz ähnliche Dichotomie zwischen Fleisch und Weiblichkeit sowie Knochen und Männlichkeit beschreibt Watson in seinem Aufsatz *„Of Flesh and Bones: the Management of Death Pollution in Cantonese Society"*.[894] Als unterscheidendes Merkmal gegenüber anderen ethnischen Gruppen oder „Rassen" habe ich diese Dichotomie allerdings nicht gefunden. Bei den Lolo (Yi) Chinas wurden, wie schon erwähnt, helle und dunkle Knochen zur Unterscheidung zwischen Adel und einfachen Menschen herangezogen, also als „Klassenmerkmal" verwendet.[895] Ebenfalls zu den unsichtbaren, teilweise in menschlicher Körperlichkeit verorteten Unterschieden gehören Körpergerüche. Sowohl anhand von Gerüchen als auch aufgrund ihrer Fähigkeit, Gerüche wahrzunehmen, werden und wurden Menschen in verschiedenen Kulturen nach Rasse, Klasse und Geschlecht in Hierarchien eingeordnet.[896]

In asiatisch-europäischen Beziehungen hatte die Körperbehaarung eine besondere Bedeutung. Zum einen spielt Körperbehaarung deshalb eine Rolle, weil man sie als Indiz der Verwandtschaft zum Tier oder zu behaarten Dämonen deuten kann. Behaarung wird damit zum Ausdruck ganz besonderer Primitivität und fehlender Zivilisation. Zum anderen ist Köperbehaarung deshalb Gegenstand des Interesses, weil sie am Schnittpunkt von ethnischer Zuordnung und Geschlecht eine Rolle spielt. Asiaten wurden beispielsweise in europäischen Darstellungen abwertend als besonders feingliedrig, unbehaart und weiblich beschrieben. In einer Gesellschaft, in der Männlichkeit ein Ideal darstellt, ist eine solche verweiblichende Darstellung der männlichen Angehörigen einer Fremdgruppe eine Form der rassistischen Herabsetzung. Ebenso ist bei den Wampar eine sich mit Geschlechterkategorien verbindende Herabsetzung von Hochländern festzustellen: Der Bartwuchs bei Hochland-Frauen wird von Wampar als physisches Indiz für negative Eigenschaften und Verhaltensweisen dieser Frauen betrachtet. Das Aussehen von Fremden widerspricht in diesen Fällen geschlechtsspezifischen Schönheitsidealen der eigenen Gesellschaft. Auch hier wird darüber hinaus Aussehen mit Verhalten gleichgesetzt. Für abweichende „Häßlichkeit" fremder Gruppen sind Entstehungsgeschichten beschrieben.[897] Alle menschlichen Gesellschaften haben Schönheitsideale

---

[893] Ebd.: 118.
[894] Watson 1982: 179.
[895] Winnington 1961: 33 ff.
[896] Beer 2000 a.
[897] Etwa in Parkinson (1907: 687): „Nach dem Dafürhalten der Nakanaileute sind die Bewohner von Alavun häßlich und mißgestaltet. Sie erzählen sich darüber Folgendes: Die Einwohner von Alavun

oder noch allgemeiner einen körperlichen „Idealtypus". Abweichungen von diesen Schönheitsidealen haben Konsequenzen. Wie Anthony Synnott sehr plausibel beschreibt, wird Schönheit meist auch mit Güte und Wahrheit gleichgesetzt. Physiognomische und moralische Abwertung sind somit eins. Mit dieser unwillkürlichen Verbindung begründet er, warum der Slogan *„Black is Beautiful"* so wichtig geworden sei. Aber so erklärt sich auch, warum Kriminelle immer als häßlich beschrieben werden, während etwa Heilige automatisch schön sind.[898] Haben Menschen also ein ethnozentrisches Schönheitsideal, bedeutet das, daß man bei Fremden auch andere negative Eigenschaften vermutet. Die Angehörigen von Fremdgruppen sehen nicht nur schlechter aus, sondern man traut ihnen auch eher Verbrechen zu, geht davon aus, daß sie wahrscheinlicher lügen und andere moralische Mängel aufweisen als die Mitglieder der Eigengruppe. An Schönheitsideale knüpfen sich demnach schon eine ganze Reihe von Konsequenzen, die über die ästhetische Bewertung körperlicher Unterschiede hinausgehen. Sie sind Grundlage für die Verfestigung von Fremdbildern. Dabei bleibt es jedoch nicht: Menschen setzen solche Vorstellungen strategisch ein. Sie nutzen sie pragmatisch zur Durchsetzung ihrer eigenen Ziele.

Neben den bereits dargestellten gibt es eine Vielzahl weiterer körperlicher Merkmale, die seltener zur Unterscheidung von Menschengruppen herangezogen werden, da sie nur in wenigen Gesellschaften das grundsätzliche Selbst- und Fremdverständnis betreffen. Sie können in Einzelfällen in ihrem jeweiligen kulturellen Kontext jedoch eine sehr große Bedeutung bekommen (etwa die Erfindung der „jüdischen Nase"), aber können hier nicht alle ausführlicher behandelt werden. Stereotypen funktionieren, indem sie Einzelheiten herausgreifen und zum „Leitmotiv" der Darstellung machen. Das erklärt, warum jede körperliche Einzelheit zu einer in ihrer Bedeutung die anderen überlagernden Eigenschaft werden kann. In Gruppen-Bezeichnungen (beispielsweise das von der Nation of Islam verwendete „blauäugige Teufel" für „Weiße") spiegeln sich solche Stereotypen besonders häufig wider, gleichgültig ob sie aus dem Bereich des Kulturellen oder Körperlichen kommen. Textur und Farbe der Haare, Nasen- und Augenformen, Form und Farbe der Lippen, Form von Kinn, Stirn, Wangen wie auch der Gesichtsschnitt überhaupt sind Merkmale, die eine besondere Bedeutung bekommen können. Auch Größe und Form einzelner Gliedmaßen, Form und Umfang des Rumpfes etc. werden unterschiedlich bewertet.

---

und Imbane fingen eines Tages einen Wengi (mythisches Seeungeheuer) und brieten das Fleisch. Eine Frau aß zuerst davon, und alsbald verzerrte sich ihr Mund, die Lippen schwollen an, und der Mund blieb offen. Die Nase wurde größer, breit und platt. Alle Kinder, welche die Frau gebar, ähnelten der Mutter, und da alle Frauen von dem Wengi gegessen hatten, so waren ihre Nachkommen alle mißgestaltet. Seitdem schämen sie sich und kommen nicht mehr ans Ufer."

[898] Synnott 1993, Kapitel 3, „Beauty and the Face. Truth and Goodness, mirrors and masks."

Die vorliegende Zusammenstellung von Merkmalen gibt einen Überblick über die Wahrscheinlichkeit und Häufigkeit von körperlichen Unterschieden, denen in interethnischen Beziehungen Bedeutung verliehen wird. Das widerspricht nicht dem Ergebnis, daß im Prinzip j e d e s Merkmal genutzt werden kann, und daß Merkmale auch frei e r f u n d e n sein können. Erfundene körperliche Merkmale wie angedichtete Tierschwänze, Krallen, Schwimmhäute, Hautschuppen etc. können ebenso große Bedeutung erhalten wie tatsächlich nachweisbare phänotypische Unterschiede. Dazu gehören auch alle Merkmale, die auf Zauberei oder Hexen hindeuten. Körperliche Eigenschaften, wie etwa auf den Philippinen schwarze Lippen, und der nicht nur im Mittelmeerraum verbreitete, für gefährlich gehaltene „Böse Blick", sind Beispiele für solche Annahmen körperlicher Hinweise auf gefährliche Eigenschaften. Thomas Hauschild schreibt, den bösen Blick hätten manche Menschen nicht nur im Zustand des Neides, sondern als angeborene oder erworbene Eigenschaft: „Die Neapolitaner fürchten schon mindestens seit dem 18. Jahrhundert und auch heute noch den Blick des ‚jettatore', der ihn quasi als Rassenmerkmal besitzt."[899] Zeichen an Körpern von Fremden, die man in vielen Gesellschaften für Zauberer hält, an Körpern von Hexen und Zauberern der eigenen Ethnie, Zeichen an Körpern von Krüppeln, Armen, Witwen, Unfruchtbaren, Angehörigen bestimmter Berufsgruppen, von Kranken und Wahnsinnigen wurden in allen Gesellschaften interpretiert. Häufig gibt es Überlappungen der Merkmalzuschreibungen zu solchen Randgruppen von Klasse, Rasse und Geschlecht. In allen Fällen können diese Zeichen als Indizien der unauflöslichen Verbindung zum Bösen interpretiert werden und den Ausschluß, die Tötung oder Benachteiligung von „Randexistenzen" rechtfertigen.

In Kapitel 1 dieser Arbeit wurde in der Darstellung der Geschichte des ethnologischen Interesses an Rassismus und Rassenkategorien bereits erwähnt, daß in den siebziger und achtziger Jahren Ethnizität in den Mittelpunkt gestellt wurde, sowohl in der Ethnologie als auch in anderen Sozialwissenschaften.[900] Rassenkategorien als Teilbereich ethnischer Abgrenzung und körperliche Merkmale als *boundary marker* wurden wenig diskutiert[901] und Rassismus blieb als Teilfrage weitgehend unbeachtet. Dieser Prozeß ist in der Ethnologie beinahe unbemerkt und zunächst noch unkommentiert vor sich gegangen. Erst in den neunziger Jahren hat innerhalb der Ethnologie wieder eine Diskussion über Rassenkategorien und Rassismus eingesetzt, die auch die Frage nach der Beziehung zwischen

---

[899] Hauschild 1979: 5.
[900] Zu dieser Tendenz allgemein in den Sozialwissenschaften siehe Bradley 1996: 119. Zur Ethnologie siehe auch Harrison 1995; Sanjek 1994a: 8; Williams 1989.
[901] Ausnahmen sind etwa Banton 1983 und Kilson 1975.

Rassismus und Ethnizität aufgeworfen hat. Faye Harrison stellt in ihrem 1995 veröffentlichten Artikel die Verschiebung des Interesses von Rassismus auf Ethnizität dar: „Critiques of race as a biological concept led many anthropologists to adopt a 'no-race' position that was not adequately followed up by research designed to answer the simple question: Why does racism continue to exist if there are no races in the natural world? With race's decline as a conceptual and analytic category, ethnicity, ... became the master principle of classification."[902]

Auch Verena Stolcke wies auf die Ablehnung des Begriffs der „Rasse" und die Substituierung durch ethnische Gruppe oder Ethnizität als Folge der Ablehnung der Rassenideologien der Nationalsozialisten nach dem zweiten Weltkrieg hin.[903] Dies hat sich erst Ende der achtziger und in den neunziger Jahren wieder geändert, was zu Diskussionen darüber führte, wie das Verhältnis von Rassismus zu Ethnizität zu bewerten sei. In ihrem Aufsatz *„Is sex to gender as race is to ethnicity?"* kritisierte Stolcke die Annahme, *sex* und *race* seien die „natürliche" Basis, auf der kulturelle Konzepte von *gender* und *ethnicity* aufbauten. Auch *sex* und *race* sowie die damit verbundenen Annahmen seien Konstrukte und würden erst den Ideologien des Rassismus und Sexismus folgend als Ungleichheiten „naturalisiert". In diesem Sinne seien die Verhältnisse der Konzepte *race* und *ethnicity* sowie *sex* und *gender* tatsächlich ähnlich.[904] Allerdings folgert sie aus diesem Zusammenhang: „If 'race' is not a primary biological fact but itself a social construct, 'racism' cannot, then, be derived from it; an explanation must be sought elsewhere." Außerdem habe „Rasse" ohne eine rassistische Doktrin keinerlei Bedeutung. Beides wurde in den Fallbeispielen widerlegt. Rassismus wurzelt sehr wohl in der historisch und kulturell geformten Annahme von Rassen u n d tatsächlichen körperlichen Unterschieden. Diese können auch ohne eine dazugehörige Ideologie der Hierarchie bei der Feststellung oder Herstellung von Differenz von Bedeutung sein, ohne daß Ungleichheit hergestellt oder legitimiert werden muß. Die untersuchten Fallbeispiele unterstützten dagegen die von einigen Wissenschaftlern vertretene Auffassung,[905] daß Rassismus eine Form bzw. ein Aspekt von Ethnizität ist. Körperliche Unterschiede spielen bei der Kategorisierung der sozialen Umwelt auf der Ebene von Ethnien eine erhebliche Rolle.

---

[902] Harrison 1995: 48.
[903] Stolcke 1993: 24.
[904] Ebd.: 36, 37.
[905] Schermerhorn 1970; Van den Berghe 1983; Wallman 1979, 1986.

14.3 Konsequenzen für Rassismustheorien

Theorie und Empirie stehen in einem engen Zusammenhang, und bei eigenen Untersuchungen zu körperlichen Unterschieden in interethnischen Beziehungen hat die Abfolge ständig gewechselt. Die Reihenfolge der Kapitel in der vorliegenden Darstellung ist vor allem aus pragmatischen Gründen so gewählt, daß der theoretische Teil an den empirischen anschließt. In der folgenden zusammenfassenden kritischen Diskussion theoretischer Ansätze werde ich den Verlauf entsprechend den tatsächlichen Veränderungen theoretischer Ausrichtung im Prozeß mehrerer Feldforschungen und Phasen der Auswertungen des Materials nachzeichnen.

Während erster Kontakte mit den Ati (1993) hatte ich noch ein etwas diffuses und unreflektiertes Kolonialismus-Paradigma verinnerlicht: rassistische Vorstellungen seien ein Problem Europas und der USA. Die Koloniale Vergangenheit sowie ein durch die Wissenschaft gefördertes Zementieren historisch gewachsener Machtverhältnisse hätten zu heutigen Rassenkategorien geführt, die mehr oder weniger überall übernommen worden seien. Diese These wurde, wie ich gezeigt habe (Kapitel 1 und 9), in der Ethnologie über einen langen Zeitraum so beharrlich wiederholt, daß auch in meiner Ausbildung daran keine wirklichen Zweifel aufgekommen sind. Zweifel hatte ich allerdings daran, daß „Opfer" *per se* unschuldig seien und weniger rassistische Vorstellungen hätten als „Täter". Das hatte allerdings weniger mit der ethnologischen Literatur als mit persönlichen Erfahrungen zu tun.

Die erste längere Feldforschung (1996) bei den Ati sollte, wie in Kapitel 4 dargestellt, interethnische Beziehungen zum Gegenstand haben. Kulturelle Unterschiede und ethnische Identitäten waren entscheidende Konzepte. Körperlichkeit, gegebene natürliche und demographische Rahmenbedingungen erschienen weitgehend irrelevant. Ethnische Zugehörigkeit sei in erster Linie situationsabhängig, Identitäten schillernd, hybride und kaum festgelegt, waren Vorannahmen. Bei den Ati wurde ich eines besseren belehrt. Als erstes fiel das Kolonialismus-Paradigma durch die Feldforschung und darauf folgende Auseinandersetzungen mit der entsprechenden Literatur der Realität zum Opfer.[906] Auch der Spielraum ethnischer Zuordnung sowie ihr nicht-essentieller Charakter wurde in Frage gestellt.

In der Auseinandersetzung mit interethnischen Beziehungen und Körperlichkeit, die daraufhin begann, schienen mir postmoderne Theorien zunächst durchaus Erklärungswerkzeuge bereitzuhalten. Als Möglichkeit

---

[906] Sagrera (1998: 43 ff) weist etwa darauf hin, daß auch im präkolumbischen Mittel- und Südamerika durchaus rassistische Vorstellungen bestanden und diese nicht erst durch die Spanier ausschließlich von außen aufgezwungen wurden. Auf die Beispiele China und Japan bin ich an anderer Stelle bereits ausführlicher eingegangen.

schien vielversprechend, daß gerade Autoren dieser Richtung sich mit „Körper", Wissenschaft und Macht auseinandersetzten. „Irgendwie" schien das alles zuzutreffen. Aus meiner Lektüre ließen sich zwar keine Hypothesen oder eindeutige Aussagen ableiten, die ich hätte verwenden können. Aber zunächst hatte ich den Eindruck, ich verstünde nur noch nicht richtig, was „dahinter stecke". Hinter einem Jargon, der bisweilen schon auf sprachlicher Ebene verhindert, daß rein logisch „Verstehen" im klassischen Sinne überhaupt möglich ist. Später stellte ich die folgenden Inkonsistenzen fest, die deutlich machen, daß sowohl aufgrund einer logischen wie auch empirischen Überprüfung der Modelle und Vorannahmen[907] postmoderne Ansätze, angewandt auf das Thema Rassismus, nicht weiterführen:

1. Dem „Körper" wird in postmodernen Theorien kaum noch eine materielle Realität oder ein Bezug auf biologische Fakten zugestanden (siehe Kapitel 2, Abschnitt 2), bzw. wird nicht deutlich, inwiefern dieser materielle Anteil eine Rolle spielt. Insofern ist auch der Versuch postmoderner Autoren überflüssig, nachzuweisen, daß der Verweis auf kulturelle Unterschiede ebenso rassistisch sei wie der auf körperliche Unterschiede. Haben körperliche Eigenschaften und Unterschiede *per se* keine Realität und keine Konsequenzen, sondern erlangen nur in diskursiven Verweisen Bedeutung, dann gibt es nichts außerhalb dieser diskursiven Ebene, das „Kultur" oder „Natur" in einer Argumentation mehr Gewicht verleiht. Aus den von mir untersuchten Beispielen sollte deutlich geworden sein, daß ich diese Auffassung nicht teile.

2. In der Auseinandersetzung um den Wahrheitsanspruch von Wissenschaft schien mir die von postmodernen Kritikern vorgebrachte Forderung nach mehr Skepsis an der „modernen", an der Aufklärung orientierten Wissenschaft zunächst begrüßenswert. Da, wie ich in Kapitel 11 gezeigt habe, dahinter jedoch meist ein „maskierter" und sich jeder Kritik entziehender „Meta-Wahrheitsanspruch" steht, ist auch diese Forderung problematisch. Grundsätzlich macht sie sich selbst unangreifbar und stellt keine anderen überprüfbaren und der Kritik zugänglichen Alternativen zur Verfügung. Durch die Erhebung der Inkonsistenz von Argumentationen („Diskursbrüche" und Widersprüche gehören zum Programm) und fehlende Begriffsdefinitionen (Eröffnen „diskursiver Felder") zum Prinzip der Argumentation werden nicht nur Kritik, sondern auch Anwendung und Überprüfung unmöglich. Die von Postmodernen geforderte Skepsis gegenüber Wahrheitsansprüchen auch in ethnographischen Darstellungen ist berechtigt, muß konsequent auf sie selbst angewandt jedoch zu einer Ablehnung des postmodernen Paradigmas führen. Dasselbe gilt auch für die Auseinandersetzung mit dem *othering*, das den jeweils anderen vorgeworfen, aber

---

[907] Seipel 1999.

häufig durch einen extremen Kulturrelativismus postmoderner Standpunkte übertroffen wird.

3. Methodische Anregungen zur Analyse von Diskursen waren durchaus hilfreich. Allerdings waren die dazu bislang publizierten Arbeiten den „klassischen" ethnologischen Umgangsweisen mit Mythen, Erzählungen, Dokumenten, Interviews, Gruppendiskussionen, Reden bei Verhandlungen oder Festen nicht überlegen. Die Aufnahme und Analyse von Diskursen und Texten ist üblicher Bestand ethnologischer Methodik. Ein Nachteil der zu Rassismus durchgeführten Diskursanalysen ist jedoch, daß sie im Gegensatz zu ethnologischen Untersuchungen zu stark auf Mediendiskurse und formalisierte Interviews eingeengt werden.

Eine Hinwendung zu einer stärker an Naturwissenschaften orientierten Ethnologie war bei den folgenden Feldforschungen auf den Philippinen und in Neuguinea (1997, 1999/2000) naheliegend. In dieser kritischen Phase der theoretischen Neu- und Umorientierung spielte ein weiterer wichtiger Aspekt eine Rolle: der Wechsel des Untersuchungsgebiets. Nach Forschungen bei einer verarmten Minderheit war der Aufenthalt bei einer ausgesprochen wohlhabenden, selbstbewußten Mehrheitsbevölkerung ein unbedingt notwendiges Korrektiv. Deutlich wurde die Bedeutung bestimmter Rahmenbedingungen, materieller Grundlagen, der Wirtschaftsweise, Ausstattung mit Ressourcen und der demographischen Situation.

Theorien rationalen Handelns gaben deutlich mehr und explizitere Hinweise, welche Bereiche zu untersuchen sind: Rahmenbedingungen (Ressourcen und Einschränkungen von Entscheidungen), soziale Interaktion, Handlungsoptionen, tatsächliche Entscheidungen sowie deren Konsequenzen für weitere Handlungen. Diese theoretische Umorientierung floß vor allem in die Planung und Durchführung der letzten beiden Feldforschungsaufenthalte ein, was sich teilweise auf die Methoden auswirkte. Auch bei der Darstellung und Analyse des Materials spielt sie eine Rolle.

Anders als van den Berghe, der behauptet, *rational choice*-Modelle seien Teil seiner soziobiologischen Theorie interethnischer bzw. interrassischer Beziehungen (siehe Kapitel 12), sehe ich das Verhältnis anders. Soziobiologische Modelle folgen einer *rational choice*-Annahme. Sie geben jedoch das Ziel vor, nach dem nutzenmaximierend gehandelt wird, ohne daß es empirisch zu bewahrheiten oder zu widerlegen ist. Theorien rationalen Handelns sind deshalb fruchtbarer, weil deren Zielvorgaben weniger eng sind. Ausgeweitet auf die Erklärung aller sozialen Phänomene wird allerdings auch die *rational choice*-Theorie zu abstrakt und empirisch nicht mehr überprüfbar.

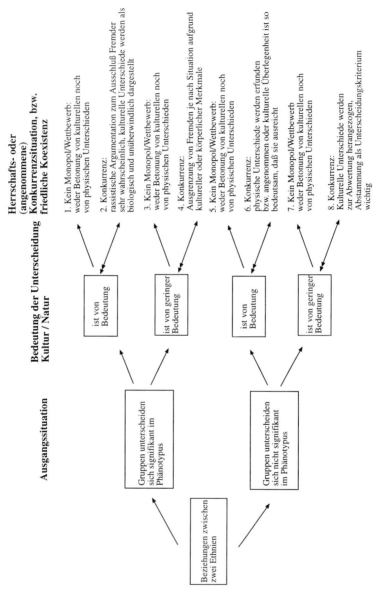

Abbildung 23: Körperliche Unterschiede in interethnischen Beziehungen: Rahmenbedingungen und Handlungsoptionen.

Steht die Frage im Mittelpunkt, ob körperliche oder kulturelle Unterschiede bei der Abgrenzung von Fremden genutzt werden, spielen zusammengefaßt die in Abbildung 23 dargestellten Optionen und Einschränkungen eine Rolle. In dem Modell sind die wesentlichen Bedingungen und Einschränkungen von Handlungsoptionen in interethnischen Beziehungen dargestellt. Weil es sich bei dem Modell um eine extreme Vereinfachung handelt, sind allerdings weitere Erläuterungen notwendig.

Schon die Ausgangssituation ist komplizierter als dargestellt, weil es sich in den meisten Fällen nicht nur um zwei Ethnien, sondern um ethnische Beziehungssysteme handelt. Auch die nächste Unterscheidung, die Frage, wie stark Gruppen sich tatsächlich phänotypisch unterscheiden, ist weniger eindeutig als es zunächst scheint. An den untersuchten Beispielen konnte gezeigt werden, daß Hautfarbe (Kategorien: „Schwarze" und „Weiße") in allen untersuchten Beispielen von Bedeutung ist. Aber schon Körpergröße spielte etwa in China keine gewichtige Rolle. Darüber hinaus gibt es Merkmale, die für emische Kategorien von großer Bedeutung, aber für Außenstehende nicht sofort offensichtlich sind. So ist es erstaunlich, mit welcher Sicherheit Wampar trotz aller heute vorkommenden Vermischungen und Übergänge Fremde bestimmten Ethnien zuordnen können. Bei Überprüfung stellten diese Zuordnungen sich als richtig heraus. Trotz meiner Bemühungen, alle wichtigen körperlichen Merkmale zu erlernen, habe ich auch nach mehreren Monaten nicht die Sicherheit erreicht, mit der Wampar Kategorien anwenden können. In Abschnitt 2.5 bin ich bereits auf Mühlmanns Hinweis eingegangen, daß auch die Kenntnis oder die Vermutung der Abstammung für die Rassenzuordnung eine wichtige Rolle spielen kann, ohne daß diese sichtbar ist. Dahinter stehen Konzepte von Abstammung (etwa der Blutsverwandtschaft), die neben phänotypischen Merkmalen von Bedeutung sind.

Der nächste Schritt ist die Frage, welche Rolle Körperlichkeit in der jeweiligen Gesellschaft spielt. Im wiedergegebenen Modell gehe ich aus Gründen der Vereinfachung auf die jeweils „überlegene" Kultur ein, die ihre Abgrenzungen durchsetzt. In der Wirklichkeit beziehen sich solche Vorstellungen von Gruppen, die miteinander in Kontakt stehen, aufeinander. Wird etwa von einer Ethnie eine bestimmte Nasenform abgewertet, kann das auf Vorstellungen der anderen Ethnie Einfluß haben, auch wenn hier körperliche Merkmale sonst von geringer Bedeutung sind. Grundsätzlich besteht hier ein Problem darin, daß „Bedeutung haben" sehr relativ ist. Zu erwarten ist, daß körperliche Unterschiede in den meisten Fällen insofern von Bedeutung sind, als es Schönheitsideale und *somatic norm images* in den meisten Gesellschaften gibt. In Kombination mit Prokreations- und Abstammungstheorien spielen Körperlichkeit und Schönheitsideale auch für Identität und Gruppenzugehörigkeit eine Rolle. Innerhalb dieses Rahmens kann es jedoch unterschiedlich sein, wieviel Bedeutung Körperlichkeit beigemessen wird, und welchen Stellenwert angeblich „natürliche" Unterschiede haben. Das kann von den jeweiligen Zielen abhängen: Bei Konkurrenz und dem Ziel, Fremde auszugrenzen, kann eine Veränderung stattfinden. Ob man Fremde beispielsweise als „erziehbar" oder „nicht-erziehbar" darstellt, kann sich verändern. Dadurch wandeln sich auch Auffassungen von Veranlagung, biologischen und kulturellen Unterschieden. Durch die Abgrenzung von Fremden können sich auch die *somatic norm images* der Eigengruppe ändern. Am Beispiel der Nation of Islam wurde deutlich, daß sehr rigide geschlechtsspezifische Normen durchgesetzt wurden, die sich auf Körpergewicht, Gesundheit, aber auch Kleidung und Make-up bezogen. Verherrlichende Körperideale der Eigengruppe spielten auch in der Ideologie der Nationalsozialisten eine Rolle.

Die letzte Spalte des Diagramms zeigt mögliche bzw. wahrscheinliche Situationen, die durch interethnische Konkurrenzsituationen auf der Ebene individueller sowie kollektiver Akteure (Ethnien, „Rassen") entstehen. Ausgangssituation ist der Versuch, sich eigene Vorteile im Wettbewerb um knappe Ressourcen zu verschaffen – Vorteile, die in vielen Situationen auf Kosten anderer gehen. Imperialismus und Kolonialismus und das damit einhergehende Ziel, Rohstoffe und Arbeitskräfte (bei deutlichen körperlichen Unterschieden) möglichst günstig auszubeuten, ist die im Kolonialismus-Paradigma häufig beschriebene Situation (siehe 2.). Situation 1 bedeutet friedliche Koexistenz und eventuell sogar Kooperation, bei der beide Seiten sich für physisch und kulturell unabänderlich überlegen halten können. Daneben gibt es jedoch auch zahlreiche weniger eindeutige Situationen, die ich anhand der untersuchten Fallbeispiele zu illustrieren versucht habe.

Bei den aufgeführten acht Möglichkeiten ist zu beachten, daß sie jeweils in bestimmten Bereichen interethnischer Beziehungen unterschiedlich sein können. So können interethnische Ehen geschlossen werden, aber gleichzeitig können in Hinblick auf interethnischen Handel ethnische Unterschiede stark betont werden. Landansprüche können über rigide Abstammungsvorstellungen und damit zusammenhängende Verwandtschaftskonzepte geltend gemacht werden, während gleichzeitig Handel unproblematisch verläuft. Gerade in Situationen des Kulturkontaktes und Wandels ist zu erwarten, daß verschiedene Bereiche interethnischer Beziehungen (Ehen, Handel, Landverteilung, Tausch,[908] Krieg, Bündnisse, Freundschaften etc.) sich nicht mit derselben Geschwindigkeit verändern. Eine Darstellung für alle genannten Bereiche interethnischer Beziehungen ist als Modell kaum sinnvoll. Sie müssen am Einzelfall genauer untersucht

[908] Görlich 1992, 1993.

werden, da jeweils Vorstellungssysteme b e i d e r Seiten zum Tragen kommen.

Die begrenzenden Ressourcen, um die es in den behandelten Fallbeispielen geht, sind: Land (Grenzkonflikte, Einwanderung), Heiratspartner, staatliche oder kirchliche Zuwendungen, Handelsmonopole, Arbeitsplätze, Bildungsförderung und Bildungseinrichtungen, politischer Einfluß auf nationaler Ebene. Eine wesentliche Ursache für zunehmenden Wettbewerb sind demographische Veränderungen, denen mehr Aufmerksamkeit geschenkt werden sollte. Bei starkem Anwachsen der Bevölkerung wird Wettbewerb um Ressourcen, wenn diese nicht ebenfalls zunehmen, zwangsläufig größer.

Ein häufig vorgebrachtes Argument (bzw. die Hoffnung), daß im Zuge der Zunahme interethnischer Ehen sowie unklarer ethnischer und „rassischer" Zuordnungen körperliche Unterschiede keine Rolle mehr spielen würden, mag als sehr langfristige Tendenz zutreffend sein. Um einen „Ist-Zustand" handelt es sich jedoch nicht. In Dörfern der ländlichen Gebiete auf den Philippinen und in Papua-Neuguinea überrascht trotz biologischer Mischung mit anderen ethnischen Gruppen die Eindeutigkeit und Bedeutung körperlicher Merkmale als Zuordnungskriterien. Es wird vermutlich noch einige Generationen dauern, bis solche verschwunden sind. Sind keine mehr vorhanden, gibt es Anhaltspunkte dafür, daß Merkmale erfunden werden oder auf nicht-sichtbare Merkmale verwiesen wird.

Eine Reihe von Anthropologen ist der Ansicht, daß aufgrund der hohen Zahl sowohl genotypischer als auch phänotypischer Merkmale eine Einteilung in „Rassen" nicht möglich bzw. in der Wissenschaft nicht sinnvoll ist.[909] An den Fallbeispielen wird deutlich, daß es den Befragten dagegen keineswegs schwerfällt, solche Einteilungen vorzunehmen und Personen zuzuordnen. Bei Individuen, die nicht in eine der Kategorien passen, handelt es sich um Ausnahmen, die für die Befragten keineswegs die Regel in Frage stellen. Optimistische Erwartungen des Verschwindens körperlicher Unterschiede durch „Mischehen" oder des Verschwindens von deren Bedeutung aufgrund neuerer wissenschaftlicher Argumente scheinen verfrüht. Zu befürchten ist eher, daß Bevölkerungswachstum sowie die Zunahme ökologischer und ökonomischer Probleme schneller sind als die Entstehung eines weltweiten physischen und kulturellen „melting pots".

Die Inhalte und Muster der Abgrenzungsprozesse, durch die Ethnien, aber auch „Rassen" entstehen, sind nicht v ö l l i g willkürlich, wie beispielsweise die Rede von den „erfundenen" Traditionen[910] zu implizieren scheint. Ethnische und Rassengrenzen sind in vieler Hinsicht konstruiert

---

[909] Keita und Kittles 1997; Cartmill 1998; Templeton 1998.
[910] Hobsbawm und Ranger (Hg.) 1983.

und genannte Unterscheidungsmerkmale müssen nicht mit der Wirklichkeit übereinstimmen. Die beschriebenen Merkmale und der Bestand der geteilten Überzeugungen entstammen jedoch immer wieder einem bestimmten lokalen Kanon von Vorstellungen sowie biologischen Gegebenheiten. Diese sind keineswegs beliebig und können nicht jederzeit verändert oder neu „erfunden" werden. Ein moderater Konstruktivismus, wie Günter Schlee ihn etwa vertritt, berücksichtigt diese Einschränkungen:

„Daß soziale Kategorien und ‚Wir'-Gruppen Konstrukte sind, bedeutet also nicht, daß sie jederzeit und durch jeden verändert werden können. Sie erwerben eine oft unerschütterliche Wirklichkeit und sind gerade so real und gegeben, als wären sie so altehrwürdig oder natürlich wie ihre Protagonisten es für sie reklamieren."[911]

Die „Natürlichkeit", Primordialität oder Essenz liegt also nicht nur „im Auge des Betrachters" (des Ethnologen), sondern ist auch in der Auffassung der Akteure sowie in universalen Beständen sozialer Beziehungen begründet. Zu diesen Beständen oder „Konstruktionsmaterialien" gehören die Bedeutung von Endogamie, von Abstammung, Phänotypus, Territorium, Sprache, wirtschaftliche Interessen und Konkurrenz um Ressourcen. Dieser Bestand ist teilweise biologisch bedingt (etwa Fortpflanzung, Ernährung) und zum Fortbestand menschlicher Gruppen notwendig.

Ein Ergebnis der Untersuchung ist, daß Rassismus immer Mittel zum Zweck ist. Ziele und Gründe für Ausgrenzung und Abwertung Fremder können jedoch unterschiedlich sein. Deutlich wurde auch, daß Rassismus kein ausschließlich europäisches Phänomen und Kolonialismus nur ein Kontext ist, in dem Rassismus genutzt wird. Ethnozentrismus, die universale Anwendung sozialer Kategorien, Körperkonzepte, Prokreations- und Schöpfungstheorien sowie die Bedeutung von Abstammung und Verwandtschaft können zur Begründung körperlicher und darüber hinausgehend moralischer oder geistiger „Höher-" oder „Minderwertigkeit" genutzt werden. Sie sind jedoch nicht ausschließlich situationsbedingt, sondern stützen sich auch auf natürliche, beobachtbare Phänomene. Sowohl die Ebene der Bedeutung als auch biologische Bedingungen müssen berücksichtigt werden. Je nach kulturellem Kontext und tatsächlichen Unterschieden zwischen Gruppen werden kulturelle oder körperliche Unterschiede, Abstammung und Vererbung oder der Phänotypus zur Abgrenzung verwendet. In Situationen (angenommener) Konkurrenz im Wettbewerb um (angenommen) knappe Ressourcen wird die Benachteiligung als Fremder zur „rationalen" Option. Dafür scheinen alle Menschen anfällig.

Wissenschaftlicher Fortschritt wird durch zwei Verfahren erzielt: Erstens werden vorhandene Theorien oder Annahmen überprüft und eventuell wi-

---

[911] Schlee 2000: 79.

derlegt, zweitens werden nichtwiderlegte Theorien angewandt, erprobt, verfeinert und erweitert. Beide Vorgehensweisen haben in dieser Untersuchung eine Rolle gespielt und zu den folgenden Ergebnissen geführt:

Bisher in der Ethnologie vernachlässigte Körperkonzepte wurden empirisch und vergleichend an vier sehr unterschiedlichen Beispielen interethnischer Beziehungen untersucht. Dabei zeigte sich eine Reihe von Gemeinsamkeiten: Kategorisierung nach körperlichen Unterschieden und Schönheitsidealen, Vorstellungen von biologischer Abstammung und innergesellschaftliche Abgrenzungen, die ebenfalls auf Körperlichkeit beruhen (Hexen, Behinderte, Gender-Konzepte). Solche Kategorisierungen sind wichtig für Selbstverständnis, Identität, Selbstzuordnung und Abgrenzung von Fremden – stärker als dies bisher in der Ethnologie berücksichtigt wurde.

Körper und biologische Abstammung sind demnach kein ausschließliches Thema der Anthropologie. Tatsächliche körperliche Unterschiede sind Grundlage weitergehender kultureller Vorstellungen. Sind keine biologischen Unterschiede vorhanden, können sie erfunden werden.

Auch die Idee der Koppelung von körperlichen Unterschieden mit Verhalten, Fähigkeiten, Charakter oder Emotionen ist in allen Beispielen gegeben. Eine analytische Unterscheidung von Körper und Kultur in der Ethnologie ist im Zusammenhang vieler Fragestellungen berechtigt, hat jedoch bisher zur Vernachlässigung emischer Konzepte der Einheit von beidem geführt.

Ethnozentrismus und ethnozentrische Körperideale sowie die Berufung auf gemeinsame biologische Abstammung und biologische Einheit der Wir-Gruppe sind in allen untersuchten Beispielen gegeben und können für rassistische Vorstellungen aktiviert werden.

Zu ausschließlich wurden in der Rassismusforschung bislang Elite-Diskurse und schriftliche Quellen untersucht. Aussagen und Handlungen, die rassistische Einstellungen der „Kolonialisierten" verdeutlichen, wurden auch deshalb vernachlässigt.

Das gängige Kolonialismus-Paradigma konnte widerlegt werden. Rassistische Auffassungen sind nicht erst und ausschließlich durch die Rechtfertigung kolonialer Interessen entstanden. So sind auch konkrete Jahreszahlen, die als Entstehungszeitpunkte genannt werden, Fiktionen.

„Gegenrassismus", als Reaktion auf Rassismus der Kolonialmächte, ist keine bloße Übernahme. Er beruht auch auf indigenen Bedeutungen körperlicher Unterschiede. Im übrigen zeigt sich, daß die Frage nach dem Beginn a) meist nicht zu beantworten ist und b) für die Frage danach, wie Rassismus funktioniert, unwichtig ist. Interethnische Beziehungen sind Prozesse, und rassistische Vorstellungen entstehen im Wechselspiel von

Aktion und Reaktion. Auch dann, wenn eine Seite dominant ist und die andere deren Vorstellungen teilweise übernimmt.

Rassismus ist kein ausschließlich euroamerikanisches Phänomen. Unter vielen verschiedenen Bedingungen kann Rassismus prinzipiell in jedem Gesellschaftstyp entstehen.

Zu den Bedingungen gehören: a) das Ziel, Fremde von der Eigengruppe auszuschließen, b) wobei die Betonung körperlicher Unterschiede als günstiges Mittel erscheint, dieses Ziel zu erreichen. c) Das Ziel der Ab- oder Ausgrenzung wiederum hängt von tatsächlicher oder vorgestellter Konkurrenz mit Fremden um eine Vielzahl von knappen Ressourcen ab. Das Ziel der Ausgrenzung Fremder hängt auch mit befürchtetem Identitätsverlust, der Zunahme interethnischer Ehen, aber auch mit übernommenen Hierarchien aus kolonialen Situationen zusammen.

Die Vielzahl und Komplexität der Bedingungen zeigt, daß eine Theorie der Bedeutung körperlicher Unterschiede in interethnischen Beziehungen differenzierter ausfallen muß als bisherige Theorieansätze. Das Diagramm (siehe oben Abbildung 23) veranschaulicht, in welche Richtungen eine solche zu entwickeln wäre. In der vorliegenden Untersuchung wurden zunächst gängige Vorannahmen widerlegt. Weitere empirische Forschungen könnten darauf aufbauend eine Theorie der Bedeutung von Körperkonzepten in interethnischen Beziehungen erweitern und verfeinern.

Bibliographie

Abkürzungsverzeichnis

A	=	Anthropos
AA	=	American Anthropologist
AE	=	American Ethnologist
ARA	=	Annual Review of Anthropology
CA	=	Current Anthropology
Cult. Anth.	=	Cultural Anthropology
E	=	Ethnology
ERS	=	Ethnic and Racial Studies
JAF	=	Journal of American Folklore
JPS	=	Journal of the Polynesian Society
PS	=	Philippine Studies
PSR	=	Philippine Sociological Review
SJ	=	Silliman Journal
SJA	=	Southwestern Journal of Anthropology
ZfE	=	Zeitschrift für Ethnologie

AAA (American Anthropological Association)
1998   AAA Statement on Race. In: AA 100: 712-713.

AAPA (American Association of Physical Anthropology)
1998   AAPA Statement on Biological Aspects of Race. In: AA 100: 714-715. (Zuerst 1996 in: American Journal of Physical Anthropology 101: 569-570).

Abraham, C. E. R.
1987   Malaysia. In: J. Sigler (Hg.), International Handbook on Race and Race Relations, 155-166.

Abrams, Dominic und Michael A. Hogg (Hg.)
1999   Social Identity and Social Cognition. Oxford, Malden.

Abrico, Camilo
1902   The Mountain People near Valderrama. Valderrama. (Paper No. 80). In: Otley H. Beyer Collection of Original Sources in Philippine Ethnography, The Negrito Aeta Peoples 20/3.2 (Mikrofiche). Manila: National Museum.

Adler, Patricia A. und Peter Adler
1994   Observational Techniques. In: N. K. Lincoln und Y. S. Denzin (Hg.), Handbook of Qualitative Research, 377-392. Thousand Oaks, London, New Delhi.

AG gegen Rassenkunde (Hg.)
1998   Deine Knochen – Deine Wirklichkeit. Texte gegen rassistische und sexistische Kontinuität in der Humanbiologie. Hamburg, Münster.

Ahrens, Theodor
1992   Der fremd gebliebene Freund. Ein homo novus des 19. Jahrhunderts in Ozea-
        nien. In: T. Sundermeier (Hg.), Den Fremden Wahrnehmen. Bausteine für eine
        Xenologie, 30-44.

Akashe-Böhme, Farideh (Hg.)
1995   Von der Auffälligkeit des Leibes. Frankfurt.

Albert, Bruce
1988   La fumée du metal: Histoire et répresentations du contact chez les Yanomami
        (Brésil). In: L'homme 28: 87-119.

Alexander, Jack
1977   The Culture of Race in Middle-Class Kingston, Jamaica. In: AE 4: 413-435.

Allen, Michael
1998   Male Cults Revisited: The Politics of Blood versus Semen. In: Oceania 68:
        189-199.

Allen, Theodore W.
1994   The Invention of the White Race. London, New York.

Allport, Gordon W.
1958   The Nature of Prejudice. New York.

Ames, Roger W.; Wimal Dissanagake und Thomas P. Kasulis (Hg.)
1994   Self as Person in Asian Theory and Practice. New York.

Altura, Vicente
1917   Marriage and other Social Customs of Mountain People of Occidental Negros.
        (Paper No. 73). In: Otley H. Beyer Collection of Original Sources in Philippine
        Ethnography, The Negrito Aeta Peoples 20/3.2 (Mikrofiche). Manila: National
        Museum.

Alvarez, Robert R.
1994   *Un Chilero en la Academia*: Sifting, Shifting, and the Recruitment of Minori-
        ties in Anthropology. In: S. Gregory und R. Sanjek (Hg.), Race, 257-269.

Anderson, Benedict
1993   Die Erfindung der Nation. Zur Karriere eines folgenreichen Konzepts. Frank-
        furt a. M., New York.

Anderson, Kay
1996   Engendering Race Research. Unsettling the Self-Other Dichotomy. In: N.
        Duncan (Hg.), Bodyspace, 127-145.

Anderson, Robert
1996   Magic, Science, and Health. The Aims and Achievements of Medical Anthro-
        pology. Fort Worth, Philadelphia, San Diego u. a.

Andree, Richard
1889   Ethnographische Parallelen und Vergleiche. Neue Folge. Leipzig.

Anthias, Floya
1992 a   Parameter kollektiver Identität: Ethnizität, Nationalismus und Rassismus. In:
        Institut für Migrations- und Rassismusforschung (Hg.), Rassismus und Migra-
        tion in Europa, 88-103.

1992 b   Connecting 'Race' and Ethnic Phenomena. In: Sociology 26: 421-438.
1998   Connecting Ethnicity, 'Race', Gender and Class in Ethnic Relations Research. In: D. Joly (Hg.), Scapegoats and Social Actors, 173-191.

Anthias, Floya und Nira Yuval-Cain
1992   Racialized Boundaries. Race, Nation, Gender, Colour and Class and the Antiracist Struggle. London, New York.

Anti-Slavery Society
1983   The Philippines. Authoritarian Government, Multinationals and Ancestral Lands. London.

Antweiler, Christoph
1989   Eibl-Eibesfeldts Thesen zu einer multiethnischen Gesellschaft: Ein Kommentar. In: ZfE 114: 21-26.
1993   Universelle Erhebungsmethoden und lokale Kognition am Beispiel urbaner Umweltkognition in Süd-Sulawesi/Indonesien. In: ZfE 118: 251-287.
1998   Ethnozentrismus im interkulturellen Umgang – Theorien und Befunde im Überblick. In: R. Eckert (Hg.), Wiederkehr des „Volksgeistes"?, 19-81. Opladen.
2000   Urbane Rationalität. Eine stadtethnologische Studie zu Ujung Pandang (Makassar), Indonesien. Berlin.

Araneta, Romualdo M.
1917   The Mountain People of Negros Occidental: Their Customs and Beliefs. (General for Occidental Negros). (Paper No. 72). In: Otley H. Beyer Collection of Original Sources in Philippine Ethnography, The Negrito Aeta Peoples 20/3.2 (Mikrofiche). Manila: National Museum.

Arens, Richard
1971   Folk Practices and Beliefs of Leyte and Samar. The Collected Articles of Richard Arens. (Leyte-Samar Studies 5/1-2, 1971). Tacloban.

Asad, Talal (Hg.)
1975   Anthropology & the Colonial Encounter. London, Atlantic Highlands, N. J.

Ashcroft, Bill; Gareth Griffiths und Helen Tiffin (Hg.)
1995   The Post-Colonial Studies Reader. London.
1998   Key Concepts in Post-Colonial Studies. London, New York.

Ashley Montagu, Francis M.
1951   Statement on Race. New York.
1962   The Concept of Race. In: AA 64: 919-928.
1963   Race, Science and Humanity. New York u. a.
1974   Man's Most Dangerous Myth. The Fallacy of Race. London, Oxford, New York.

Ashley Montagu, Francis M. (Hg.)
1964   The Concept of Race. New York.

Attinasi, John J.
1994   Racism, Language Variety, and Urban U.S. Minorities: Issues in Bilingualism and Bidialectalism. In: S. Gregory und R. Sanjek (Hg.), Race, 319-347.

Autrata, O.; G. Kaschuba, R. Leiprecht, C. Wulf
1989   Theorien über Rassismus. (Argument Sonderband AS 164). Hamburg.

Azoulay, Katya Gibel
1997   Black, Jewish, and Interracial. It's Not the Color of Your Skin, but the Race of Your Kin, and Other Myths of Identity. Durham, London.

Azurin, Arnold Molina
1995   Reinventing the Filipino Sense of Being & Becoming. Critical Analyses of the Orthodox Views in Anthropology, History, Folklore & Letters. Quezon City.

Babbitt, Susan E. und Sue Campbell (Hg.)
1999   Racism and Philosophy. Ithaca, London.

Baker, Donald G.
1978   Race and Power: Comparative Approaches to the Analysis of Race Relations. In: ERS 1: 316-335.
1983   Race, Ethnicity and Power. A Comparative Study. London.

Baker, John R.
1974   Race. London.

Balée, William
1997   Classification. In: T. Barfield (Hg.), The Dictionary of Anthropology, 64-66.

Balibar, Étienne
1989   Gibt es einen „neuen Rassismus"? In: Das Argument 175: 369-380.
1991   Der Rassismus: auch noch ein Universalismus. In: U. Bielefeld (Hg.), Das Eigene und das Fremde, 175-188.
1997   'Class Racism'. In: M. Guibernau und J. Rex (Hg.), The Ethnicity Reader, 318-329.

Balibar, Étienne und Immanuel Wallerstein
1992   Rasse, Klasse, Nation. Ambivalente Identitäten. Hamburg, Berlin.

Ballis, Barbara
1992   The „Chicago School" of American Sociology, Symbolic Interactionism, and Race Relations Theory. In: J. Rex und D. Mason (Hg.), Theories of Race and Ethnic Relations, 280-298.

Bamford, Sandra
1998   To eat for another: Taboo and the Elicitation of Bodily Form among the Kamea of Papua New Guinea. In: M. Lambek und A. Strathern (Hg.), Bodies and Persons, 158-171.

Banks, David J.
1996   Colonialism. In: D. Levinson und M. Ember (Hg.), Encyclopedia of Cultural Anthropology, Bd. 1: 215-218. New York.

Banton, Michael
1955   The Coloured Quarter. Negro Immigrants in an English City. London.
1967   Race Relations. London.
1977   The Idea of Race. London.
1979 a   Analytical and Folk Concepts of Race and Ethnicity. In: ERS 2: 127-138.
1979 b   Two Theories of Racial Discrimination in Housing. In: ERS 2: 416-427.
1983   Racial and Ethnic Competition. Cambridge.
1992 a   Epistemological Assumptions in the Study of Racial Differentiation. In: J. Rex und D. Mason (Hg.), Theories of Race and Ethnic Relations, 42-63.
1992 b   Racial Theories. Cambridge.

1996 a   Race Relations. In: D. Levinson und M. Ember (Hg.), Encyclopedia of Cultural Anthropology, Bd. 3: 1051-1054. New York.
1996 b   The Racism Problematic. In: R. Barot (Hg.), The Racism Problematic, 20-43.
1997   Ethnic and Racial Consciousness. (2. Auflage). London, New York.

Banton, Michael (Hg.)
1966   The Social Anthropology of Complex Societies. London.

Barfield, Thomas (Hg.)
1997   The Dictionary of Anthropology. Oxford, Malden.

Bargatzky, Thomas
1978   Die Rolle des Fremden beim Kulturwandel. Hohenschäftlarn.
1992   Die Ethnologie und das Problem der kulturellen Fremdheit. In: T. Sundermeier (Hg.), Den Fremden Wahrnehmen. Bausteine für eine Xenologie, 13-29.
1999   Der Haß auf die eigene Kultur: das peccatum essentiale der Ethnologie? In: W. Kokot (Hg.), Wozu Ethnologie?, 127-154.

Bargatzky, Thomas und Rolf Kuschel (Hg.)
1994   The Invention of Nature. Frankfurt a. M., Berlin, Bern, u. a.

Barnes, J. A.
1947   The Collection of Genealogies. In: Rhodes-Livingstone Journal 5: 48-55.
1967   Genealogies. In: A. L. Epstein (Hg.), The Craft of Social Anthropology, 101-127.

Barnett, Milton L.
1966   Hiya, Shame and Guilt: Preliminary Consideration of the Concepts as Analytical Tools for Philippine Social Science. In: PSR 14: 276-282.

Barot, Rohit
1996   Introduction. In: ders. (Hg.), The Racism Problematic, 1-19.

Barot, Rohit (Hg.)
1996   The Racism Problematic: Contemporary Sociological Debates on Race and Ethnicity. Lewiston, Queenston, Lampeter.

Barth, Fredrik
1970 a   Introduction. In: ders. (Hg.), Ethnic Groups and Boundaries, 9-38.
1970 b   Pathan Identity and its Maintenance. In: ders. (Hg.), Ethnic Groups and Boundaries, 118- 134.
1993   Tribes and Intertribal Relations in the Fly Headwaters. In: Oceania 41: 171-191.
2000   Boundaries and Connections. In: A. P. Cohen (Hg.), Signifying Identities, 17-36.

Barth, Fredrik (Hg.)
1970   Ethnic Groups and Boundaries. London.

Barthes, Roland
1964   Mythen des Alltags. Frankfurt a. M.

Barzun, Jacques
1965   Race. New York. A Study in Superstition. New York, Evanston and London.

Bashi, Vilna
1998   Racial Categories Matter because Racial Hierarchies Matter: a Commentary. In: ERS 21: 960-968.

Bashkow, Ira
Ms.   The Meanings of 'Whitemen' for Orokaiva People in Papua New Guinea.

Bastide, Roger
1967   Color, Racism, and Christianity. In: Daedalus 96: 312-327.

Bauer, Wolfgang
1974   China und die Hoffnung auf Glück. Paradiese, Utopien, Idealvorstellungen in der Geistesgeschichte Chinas. München.
1980   Einleitung. In: ders. (Hg.), China und die Fremden, 7-42.

Bauer, Wolfgang (Hg.)
1980   China und die Fremden. 3000 Jahre Auseinandersetzung in Krieg und Frieden. München.

Bauman, Zygmunt
1992   Moderne und Ambivalenz: Das Ende der Eindeutigkeit. Hamburg.

Baumann, Hans D.
1990   Unsere fernen Nachbarn. Wie sich die Erdbewohner die Außerirdischen vorstellen. Hamburg.

Bean, R. Bennett
1910   Types of Negritos in the Philippine Islands. In: AA 12: 220-236.

Beer, Bettina
1996 a   Deutsch-philippinische Ehen. Migration von Frauen und interethnische Heiraten. Berlin.
1996 b   „... deshalb schreibe ich Dir." Briefe in der ethnologischen Feldforschung. In: Baessler-Archiv 44: 165-184.
1998   Post von den Philippinen. Ethnologische Forschung durch Briefe. (Interethnische Beziehungen und Kulturwandel, Bd. 30). Hamburg.
1999 a   Joes Geschichten. Analysen philippinischer Erzählungen in ihrem kulturellen Kontext. (Kulturanalysen, Bd. 2). Berlin.
1999 b   Der Verkauf Panays. Varianten einer philippinischen Mythe als Ausdruck interethnischer Beziehungen. In: Sociologus 49 (1): 1-26.
1999 c   *Mga dili ingon nato*" („Die nicht wie wir sind"): Weiße Geister und fremde Menschen auf den Philippinen. In: Baessler-Archiv LXXII: 299-322.
2000 a   Geruch und Differenz – Körpergeruch als Kennzeichen konstruierter rassischer Grenzen. In: Paideuma 46: 207-230.
2000 b   Interethnische Beziehungen und Vergewaltigungsvorwürfe – lokale Ausprägungen eines globalen Diskurses. In: J. Schlehe (Hg.), Zwischen den Kulturen – zwischen den Geschlechtern. Kulturkontakte und Genderkonstrukte, 143-162. (Münchner Beiträge zur Interkulturellen Kommunikation, Bd. 8). München.

Beidelmann, T. O.
1961   Beer Drinking and Cattle Theft in Ukaguru: Intertribal Relations in a Tanganyika Chiefdom. In: AA 63: 534-549.

Benedict, Ruth
1983   Race and Racism. London, Melbourne, Henley.

Bennagen, Ponciano L.
1969   The Agta of Palanan, Isabela: Surviving Food-gatherers, Hunters, and Fishermen. In: Esso Silangan XIV: 5-7.

Bennagen, Ponciano L. und Maria Luisa Lucas-Fernan (Hg.)
1996   Consulting the Spirits, Working with Nature, Sharing with Others. Indigenous Resource Management in the Philippines. Quezon City.

Benson, Susan
1981   Changing Cultures. Ambiguous Ethnicity. Interracial Families in London. Cambridge.
1996   Asians have Culture, West Indians have Problems: Discourses of Race and Ethnicity in and out of Anthropology. In: T. Ranger, Y. Samad, O. Stuart (Hg.), Culture, Identity and Politics, 47-56.

Berger, Arthur Asa
1997   Narratives in Popular Culture, Media, and Everyday Life. Thousand Oaks, London, New Delhi.

Berlin, Brent
1992   Ethnobiological Classification. Principles of Categorization of Plants and Animals in Traditional Societies. Princeton, New Jersey.

Berlin, Brent und Paul Kay
1969   Basic Color Terms: Their Universality and Evolution. Berkeley, Los Angeles.

Bernard, H. Russel
1994   Research Methods in Anthropology. Qualitative and Quantitative Approaches. Thousand Oaks, London, New Delhi.

Berreman, Gerald D.
1988   Race, Caste, and Other Invidious Distinctions in Social Stratification. In: J. B. Cole (Hg.), Anthropology for the Nineties, Introductory Readings, 485-521. Revised Edition of Anthropology for the Eighties. New York, London.

Berry, Brewton (Hg.)
1965   Race and Ethnic Relations. (3. Auflage). Boston.

Béteille, André
1967   Race and Descent as Social Categories in India. In: Daedalus 96: 444-463.
1975   Race, Caste and Ethnic Identitity. In: L. Kuper (Hg.), Race, Science and Society, 211-233.

Beyer, H. Otley
1918   A Collection of Original Sources in Philippine Ethnography. Gruppe II: „The Visayan Islands" 28/3 und „The Negrito Aeta Peoples" Bey 20/1-20/5 (Mikrofiche). Manila: National Museum.

Beyer, H. Otley und F. D. Holleman
1931   Collection of Original Sources in Philippine Customary Law (Mikrofiche). Manila: National Museum.

Bickford-Smith, Vivian
1995   Ethnic Pride and Racial Prejudice in Victorian Cape Town. Group Identity and Social Practice, 1875-1902. Cambridge.

Bielefeld, Uli (Hg.)
1991   Das Eigene und das Fremde. Neuer Rassismus in der Alten Welt? Hamburg.

Billig, Michael
1981   Die rassistische Internationale. Zur Renaissance der Rassenlehre in der moder-
         nen Psychologie. Frankfurt a. M.

Biocca, Ettore
1972   Yanoama. Ein weißes Mädchen in der Urwaldhölle. Frankfurt a.M., Berlin,
         Wien.

Bishop, Ryan
1996   Postmodernism. In: D. Levinson und M. Ember (Hg.), Encyclopedia of Cultu-
         ral Anthropology, Bd. 3: 993-998. New York.

Bitterli, Urs
1976   Die „Wilden“ und die „Zivilisierten“. Die europäisch-überseeische Begegnung.
         München.

Björgo, Tore und Rob Witte (Hg.)
1994   Racist Violence in Europe. Chippenham.

Blackburn, Julia
1980   The White Man. The First Response of Aboriginal Peoples to the White Man.
         London.

Blacking, John (Hg.)
1977   The Anthropology of the Body. (A. S. A. Monograph, Bd. 15). London, New
         York, San Francisco.

Blackstone, Tessa; Bhikhu Parek und Peter Sanders (Hg.)
1998   Race Relations in Britain. A Developing Agenda. London, New York.

Bloch, Maurice
1971   Placing the Dead. Tombs, Ancestral Villages, and Kinship Organization in
         Madagascar. London, New York.

Blommaert, Jan und Jef Verschueren
1998   Debating Diversity. Analyzing the discourse of tolerance. London, New York.

Blu, Karen I.
1979   Race and Ethnicity – Changing Symbols of Dominance and Hierarchy in the
         United States. In: Anthropological Quarterly 52: 77-85.

Blumentritt, Ferdinand
1890   Alphabetisches Verzeichnis der eingeborenen Stämme der Philippinen und der
         von ihnen gesprochenen Sprachen. In: Zeitschrift der Gesellschaft für Erd-
         kunde zu Berlin 25: 127-146.
1896   Des Padre Fr. José Castaño Nachrichten über die Sprache der Agta (Philippi-
         nen). In: Bijdragen tot de Taal-, Land- en Volkenkunde van Nederlandsch-In-
         die 2: 434-436.
1899   List of the Native Tribes of the Philippines and of the Languages Spoken by
         them. Translated from Zeitschrift der Gesellschaft für Erdkunde zu Berlin.
         Berlin, 1890, Bd. XXV: 127-146. Mit Abbildungen der Hilder Collection, Bu-
         reau of American Ethnology. In: Smithsonian Institution, Annual Report 527-
         545.

Boas, Franz
1912   Changes in Bodily Form of Descendants of Immigrants. New York. In: AA 14: 530-562.
1913 a The Head-Forms of the Italians as Influenced by Heredity and Environment. In: AA 15: 163-188.
1913 b Veränderungen der Körperform der Nachkommen von Einwanderern in Amerika. In: ZfE 45: 1-22.
1961   The Mind of Primitive Man. (Zuerst 1911, als überarbeitete Auflage zuerst 1938). New York, Chicago, Dallas u. a.
1966   Race, Language and Culture. New York.
1969   Race and Democratic Society. New York.
1982   Changes in Immigrant Body Form. In: G. W. Stocking (Hg.), The Shaping of American Anthropology, 202-214. Chicago.
1982   Human Faculty as Determined by Race. (Zuerst 1894). In: G. W. Stocking (Hg.), A Franz Boas Reader, 221-242. Chicago.

Böckelmann, Frank
1998   Die Gelben, die Schwarzen, die Weißen. Frankfurt a. M.

Bogardus, E. S.
1933   A Social Distance Scale. In: Sociology and Social Research 17: 265-271.
1959   Social Distance. Los Angeles.

Bohannan, Paul
1963   Social Anthropology. New York.

Bonnett, Alastair
1997   Constructions of Whiteness in European and American Anti-Racism. In: P. Werbner und T. Modood (Hg.), Debating Cultural Hybridity, 173-192.

Borgerhoff-Mulder, M. B. und T. M. Caro
1985   The use of quantitative observational techniques in Anthropology. In: CA 26: 323-336.

Bösinger, Ute; Rexane Dehdashti; Britta Grell und Ulrich Maria Rüssing
1990   Diskurse zur Rassismustheorie. (Arbeitsheft des Berliner Instituts für Vergleichende Sozialforschung). Berlin.

Boucher, Jerry; Dan Landis und Karen Arnold Clark (Hg.)
1987   Ethnic Conflict, International Perspectives. Newbury Park.

Bourne, Jenny; A. Sivanandan, Liz Fekete
1992   From Resistance to Rebellion. Texte zur Rassismus-Diskussion. Berlin.

Bovenschen, Silvia
1979   Die imaginierte Weiblichkeit. Frankfurt a. M.

Bowker, Gordon und John Carrier (Hg.)
1976   Race and Ethnic Relations. Sociological Readings. New York.

Bowser, Benjamin P.
1995   Racism in the Modern World Community. In: ders. (Hg.), Racism and Anti-Racism in World Perspective, 285-310.

Bowser, Benjamin P. (Hg.)
1995   Racism and Anti-Racism in World Perspective. Thousand Oaks.

Brace, C. Loring
1964   On the Race Concept. In: CA 5: 313-320.

Bradley, Harriet
1996   Fractured Identities. Changing Patterns of Inequality. Cambridge.

Braun, Christina von
1989   Die „Blutschande". Wandlungen eines Begriffs: Vom Inzesttabu zu den Rassengesetzen. In: dies.: Die Schamlose Schönheit des Vergangenen, 81-111. Frankfurt a. M.

Braun, Dietmar
1999   Theorien rationalen Handelns in der Politikwissenschaft. Eine kritische Einführung. Opladen.

Breger, Rosemary und Rosanna Hill (Hg.)
1998   Cross-Cultural Marriage. Oxford.

Brocker, Manfred und Heino Nau
1997   Vorwort der Herausgeber. In: dies. (Hg.), Ethnozentrismus, vii-x.

Brocker, Manfred und Heino Nau (Hg.)
1997   Ethnozentrismus. Möglichkeiten und Grenzen des interkulturellen Dialogs. Darmstadt.

Bromlej, Julian V.
1977   Ethnos und Ethnographie. Berlin.

Broom, Leonard
1956   Intermarriage and Mobility in Hawaii. In: Transactions of the Third World Congress of Sociology 3: 277-282.

Brosius, J. Peter
1983   The Zambales Negritos: Swidden Agriculture and Environmental Change. In: Philippine Quarterly of Culture and Society 11: 123-148.

Brown, Andy R.
1999   'The Other Day I Met a Constituent of Mine: a Theory of Anecdotal Racism. In: ERS 22: 23-55.

Brown, Carl Leon
1967   Color in Northern Africa. In: Daedalus 96: 464-482.

Brown, Elaine C.
1996   Tribal Displacement, Deculturation and Impoverishment. In: J. F. Eder und J. O. Fernandez (Hg.), Palawan at the Crossroads. Development and the Environment on a Philippine Frontier, 97-110. Manila.

Brownmiller, Susan
1980   Gegen unseren Willen. Vergewaltigung und Männerherrschaft. Frankfurt a. M.

Bubandt, Nils
1998   The Odour of Things: Smell and the Cultural Elaboration of Disgust in Eastern Indonesia. In: Ethnos 63: 48-80.

Bulatao, Jaime C.
1964   "Hiya". In: PS 12: 424-438.

Bulmer, Martin und John Solomos
1998   Introduction: Re-thinking Ethnic and Racial Studies. In: ERS 21: 819-837.

Burroughs, Catherine B. und Jeffrey David Ehrenreich (Hg.)
1993   Reading the Social Body. Iowa City.

Burton, Richard D. E.
1991   Cricket, Carnival and Street Culture in the Caribbean. In: G. Jarvie (Hg.), Sport, Racism and Ethnicity, 7-29.

Butler, Judith
1991   Das Unbehagen der Geschlechter. Frankfurt a.M.
1997   Körper von Gewicht. Die diskursiven Grenzen des Geschlechts. Frankfurt a. M.

Butterwege, Christoph und Siegfried Jäger (Hg.)
1992   Rassismus in Europa. Köln.

Cadeliña, Fred V.
1983   Medical Systems: A Vehicle for Negrito-Cebuano Social Interrelation. In: SJ 30: 157-162.

Cadeliña, Rowe V.
1973   Comparative Remarks on the Negritos of Southern and Northern Negros. In: Philippine Quarterly of Culture and Society 1: 220-223.
1974   Notes on the Beliefs and Practices of Contemporary Negritos and the Extent of their Integration with the Lowland Christians in Southern Negros. In: Philippine Quarterly of Culture and Society 2: 47-60.
1980   Adaptive Strategies to Deforestation: The Case of the Ata of Negros Island, Philippines. In: SJ 27: 93-112.
1988   A Comparison of Batak and Ata Subsistence Styles in Two Different Social and Physical Environments. In: A. T. Rambo, K. Gillogly und K. L. Hutterer (Hg.), Ethnic Diversity and the Control of Natural Resources in Southeast Asia, 59-81.
1996   Food-Sharing Among Batak Households. In: J. F. Eder und J. O. Fernandez (Hg.), Palawan at the Crossroads. Development and the Environment on a Philippine Frontier, 62-70. Manila.

Campbell, I. C.
1985   Race Relations in the Pre-Colonial Pacific Islands: A Case of Prejudice and Pragmatism. In: Pacific Studies 8: 61-80.

Cannel, Fenella
1990   Concepts of Parenthood: The Warnock Report, the Gillick Debate, and Modern Myth. In: AE 17: 667-686.
1995   The Power of Appearances: Beauty, Mimicry and Transformation in Bicol. In: V. L. Rafael (Hg.), Discrepant Histories, 223-258. Manila.
1999   Power and Intimacy in the Christian Philippines. (Cambridge Studies in Social and Cultural Anthropology 109). Cambridge.

Caporeal, Linda
2001   Evolutionary Psychology: Toward a Unifying Theory and a Hybrid Science. In: Annual Review of Psychology 52: 607-628.

Carew, Jan
1997   „Geister in unserem Blut" mit Malcolm X auf den Spuren schwarzer Identität. Bremen.

Carling, Alan
1996   Michael Banton's Twins: Affiliation and Formation in the Rational Choice Theory of Racial and Ethnic Relations. In: R. Barot (Hg.), The Racism Problematic, 44-68.

Cartmill, Matt
1998   The Status of the Race Concept in Physical Anthropology. In: AA 100: 651-660.

Cashmore, Ellis
1983   The Champions of Failure: Black Sportsmen. In: ERS 6: 90-102.
1984   Dictionary of Race and Ethnic Relations. London, Boston, Melbourne.
1990   Making Sense of Sport. London.
1996 a Reverse racism („Black racism"). In: ders. (Hg.), Dictionary of Race and Ethnic Relations, 322-323.
1996 b Nation of Islam. In: ders. (Hg.), Dictionary of Race and Ethnic Relations, 250-252.

Cashmore, Ellis (Hg.)
1996   Dictionary of Race and Ethnic Relations. (4. Auflage). London, New York.

Casimir, Michael J.
1990 a Der Mensch und seine Territorien: Ein kritischer Überblick über die Literatur der 80er Jahre. In: ZfE 115: 159-167.
1990 b On Milk-drinking San and the „Myth of the Primitive Isolate". In: CA 31: 551-554.

Casiño, Eric S.
1987   Interethnic Conflict in the Philippine Archipelago. In: J. Boucher, D. Landis u. K. A. Clark (Hg.), Ethnic Conflict, 231-254.

Castile, George Pierre und Gilbert Kushner (Hg.)
1981   Persistent Peoples. Cultural Enclaves in Perspective. Tucson, Arizona.

Castles, Stephen
1991   Weltweite Arbeitsmigration, Neorassimus und der Niedergang des Nationalstaats. In: U. Bielefeld (Hg.), Das Eigene und das Fremde, 129-156.

Cavalli-Sforza, Luca und Francesco Cavalli-Sforza
1994   Verschieden und doch gleich. Ein Genetiker entzieht dem Rassismus die Grundlage. München.

Cavan, Ruth S. und Jordan T. Cavan
1971   Cultural Patterns, Functions, and Dysfunctions of Endogamy and Intermarriage. In: International Journal of Sociology of the Family 1: 10-24.

CCA-URM (Hg.)
1983   Minoritized and Dehumanized. Reports and Reflections on the Condition of tribal and Moro Peoples in the Philippines. o.0.

CCCS (Centre for Contemporary Cultural Studies) (Hg.)
1982   The Empire Strikes Back. Race and Racism in 70s Britain. London, Melbourne, Sydney.

Celeste, José L.
1917   The „Solod" tribe of Iloilo Province. (Paper No. 76). In: Otley H. Beyer Collection of Original Sources in Philippine Ethnography, The Negrito Aeta Peoples 20/3.2 (Mikrofiche). Manila: National Museum.

Chamberlain, Alex F.
1900   Etymology of the Name Aëta (Eta, Ita). In: AA 2: 773-774.

Chavez, Linda
1996   Black Racism Goes Largely Unchallenged. Electronic Document. <http://www.taxation.org/towhnhall/coumnists/chavez/chav010496.html> [4.12.1998]

Charles, Carolle
1992   Transnationalism in the Construct of Haitian Migrants' Racial Categories of Identity in New York City. In: N. Glick Schiller; L. Basch und C. Blanc-Szanton (Hg.), Toward a Transnational Perspective on Migration, 101-123.

Cheng, C. K. und D. S. Yamamura
1957   Interracial Marriage and Divorce in Hawaii. In: Social Forces 36: 77-84.

Chin, Elizabeth
1999   Ethnically Correct Dolls: Toying with the Race Industry. In: AA 101: 305-321.

Chow, Kai-Wing
1994   The Rise of Confucian Ritualism in Late Imperial China: Ethics, Classics and Lineage Discourse. Stanford.
1997   Imagining Boundaries of Blood: Zhang Binglin and the Invention of the Han 'Race' in Modern China. In: F. Dikötter (Hg.), The Construction of Racial Identities in China and Japan, 34-52.

Chowning, Ann
1969   Recent Acculturation between Tribes in Papua New Guinea. In: The Journal of Pacific History 4: 3-26.
1986   The Development of Ethnic Identity and Ethnic Stereotypes on Papua New Guinea Plantations. In: Journal de la Societé Océanists 42: 153-162.

Clammer, John
1987   Singapore. In: J. Sigler (Hg.), International Handbook on Race and Race Relations, 213-232.
1998   Race and State in Independent Singapore 1965-1990. The Cultural Politics of Pluralism in a Multiethnic Society. Aldershot, Brookfield, Singapore, Sydney.

Clark, Jeffrey
1989   The Incredible Shrinking Men: Male Ideology and Development in a Southern Highlands Society. In: Canberra Anthropology 12: 120-123.
1992   Madness and Colonization: The Embodiment of Power in Pangia. In: Oceania 63: 15-26.
1993   Gold, Sex, and Pollution: Male Illness and Myth at Mt. Kare, Papua New Guinea. In: AE 20: 742-757.
1997   Imagining the State, or Tribalism and the Arts of Memory in the Highlands of Papua New Guinea. In: T. Otto und N. Thomas (Hg.), Narratives of Nation in the South Pacific, 65-90.

Claussen, Detlev
1994   Was heißt Rassismus? Darmstadt.

Clegg, Claude Andrew
1997   An Original Man. The Life and Times of Elijah Muhammad. New York.

Cohen, Anthony P. (Hg.)
1984   Signifying Identites. Anthropological Perspectives on Boundaries and Contested Values. London.

Cohen, Erik
1988   The Broken Cycle: Smell in a Bangkok Soi (Lane). In: Ethnos 53: 37-49.

Cohen, Percy
1976   Race Relations as a Sociological Issue. In: G. Bowker und J. Carrier (Hg.), Race and Ethnic Relations, 9-26.

Cole, James H.
1982   Social Discrimination in Traditional China: The To-min of Shaohsing. In: Journal of the Economic and Social History of the Orient 25: 100-111.

Cole, Jeffrey
1997   The New Racism in Europe. A Sicilian Ethnography. Cambridge.

Cole, Johnetta B. (Hg.)
1988   Anthropology for the Nineties. Introductory Readings. New York.

Cole, Mike
2000   Race and Racism. In: M. Payne (Hg.), A Dictionary of Cultural and Critical Theory, 449-453. Oxford, Malden.

Coleman, James S.
1990   Foundations of Social Theory. Cambridge, Massachusetts; London.

Collier, John
1967   Visual Anthropology: Photography as a Research Method. New York.

Comas, Juan
1962   „Scientific" Racism Again? In: CA 2: 303-340.
1966   Latin America. In: UNESCO (Hg.), Research on Racial Relations, 134-156. (Zuerst in: International Social Science Journal 13, 1961).

Commager, Henry Steele (Hg.)
1967   The Struggle for Racial Equality. New York.

Connolly, Bob und Robin Anderson
1987   First Contact: New Guinea's Highlanders Encounter the Outside World. New York.

Cooper, John M.
1940   Andamanese-Semang-Eta Cultural Relations. In: Primitive Man 13: 29-47.

Cowlishaw, Gillian
1987   Colour, Culture and the Aboriginalists. In: Man 22: 221-237.
1988   Black, White, or Brindle: Race in Rural Australia. Cambridge.
1992   Introduction: Representing Racial Issues. In Oceania 63: 183-194.
1997   Where is Racism? In: G. Cowlishaw und B. Morris (Hg.), Race Matters, 177-190.
1998   Erasing Culture and Race: Practising 'self-determination'. In: Oceania 68: 145-169.

Cowlishaw, Gillian und Barry Morris (Hg.)
1997   Race Matters. Indigenous Australians and 'Our' Society. Canberra.

Cox, Oliver C.
1970   Caste, Class and Race. (Zuerst 1949). New York.
1976   Race Relations. Elements and Social Dynamics. Detroit.

Crane, Julia G.
1971   Educated to Emigrate. The Social Organization of Saba. Assen.

Crapanzano, Vincent
1985   Waiting: The Whites of South Africa. New York.

Cropley, A. J.; H. Ruddat; D. Dehn; S. Lucassen (Hg.)
1995   Probleme der Zuwanderung, Bd. 2. Göttingen.

Cross, Malcolm und Michael Keith (Hg.)
1993   Racism, the City and the State. London.

Csordas, Thomas J.
1999   The Body's Career in Anthropology. In: Henrietta L. Moore (Hg.), Anthropo-
        logical Theory Today, 172-205. Cambridge.

Dabringhaus, Sabine und Roderich Ptak (Hg.)
1997   China and Her Neighbours. Borders, Visions of the Other, Foreign Policy.
        Wiesbaden.

Damian, Amazona
1951   Some Customs of the Aetas of the Baler Area, Philippines. In: Primitive Man
        24: 21-35.

Dammann, Rüdiger
1991   Die dialogische Praxis der Feldforschung. Der ethnographische Blick als Para-
        digma der Erkenntnisgewinnung. Frankfurt a. M., New York.

Daus, Ronald
1983   Die Erfindung des Kolonialismus. Wuppertal.

Dechmann, M. D.
1978   Teilnahme und Beobachtung als soziologisches Basisverhalten. Bern und
        Stuttgart.

Degler, Carl N.
1991   In Search of Human Nature. The Decline and Revival of Darwinism in Ameri-
        can Social Thought. New York, Oxford.

de la Torre, Carlos
1999   Everyday Forms of Racism in Contemporary Ecuador: The Experiences of
        Middle-Class Indians. In: ERS 22: 92-112.

Demetrio, Francisco
1968   Toward a Classification of Bisayan Folk Beliefs and Customs. In: PS 16: 663-
        689.
1969 a Toward a Classification of Bisayan Folk Beliefs and Customs. In: PS 17: 3-39.
1969 b The Engkanto Belief: An Essay in Interpretation. In: PS 17: 586-596.
1975   Philippine Shamanism and Southeast Asian Parallels. In: ders. (Hg.), Dialogue
        for Development, 679-716. (Zuerst in: Asian Studies 11, 1973: 128-154).

1978   Myths and Symbols, Philippines. Manila.

Demetrio, Francisco R. (Hg.)
1970   Dictionary of Philippine Folk Beliefs and Customs. (4 Bände). Cagayan de Oro.
1975   Dialogue for Development. Cagayan de Oro.
1991   Encyclopedia of Philippine Folk Beliefs and Customs. (2 Bände). Cagayan de Oro.

Department of Education, Papua New Guinea
1988   The Things We Need. Community Life Pupil Book. Boroko.
1993   Early Times. Community Life Pupil Book. o.0.
1994   Land and Life in Papua New Guinea. Community Life Pupil Book. o.O.

Dettmar, Erika
1989   Rassismus, Vorurteile, Kommunikation. Afrikanisch-europäische Begegnung in Hamburg. (Lebensformen, Veröffentlichungen des Instituts für Volkskunde der Universität Hamburg, Bd. 4). Berlin, Hamburg.
1991   Interkulturelle Begegnung: Voraussetzung und Weg für Ethnologen. In: ZfE 115: 139-157.

DeVos, George und Hiroshi Wagatsuma
1967   Japan's Invisible Race: Caste in Culture and Personality. Berkeley.

DeVos, George A. und William O. Wetherall
1974   Japan's Minorities: Burakumin, Korean and Ainu. (Report No. 3). London.

Diamond, Jared
1999   Arm und Reich. Die Schicksale menschlicher Gesellschaften. Frankfurt a. M.

Diamond, Norma
1988   The Miao and Poison: Interactions on China's Southwest Frontier. In: E 27: 1-25.

Di Leonardo, Micaela
1997   White Lies, Black Myths. Rape, Race, and the Black „Underclass". In: R. N. Lancaster und M. D. Leonardo (Hg.), The Gender / Sexuality Reader, 53-68.

Di Leonardo, Micaela (Hg.)
1991   Gender at the Crossroads of Knowledge. Feminist Anthropology in the Postmodern Era. Berkeley, Los Angeles.

Dikötter, Frank
1990   Group Definition and the Idea of Race in Modern China (1793-1949). In: ERS 13: 420-432.
1992   The Discourse of Race in Modern China. London.
1994   Racial Identities in China: Context and Meaning. In: The China Quarterly 138: 404-412.
1995   Sex, Culture and Modernity in China. Medical Science and the Construction of Racial Identities in the Early Republican Period. London.
1997 a   Introduction. In: ders. (Hg.), The Construction of Racial Identities in China and Japan, 1-11.
1997 b   Racial Discourse in China: Continuities and Permutations. In: ders. (Hg.), The Construction of Racial Identities in China and Japan, 12-33.
1997 c   A History of Sexually Transmitted Diseases in China. In: M. Lewis; S. Bamber u. M. Waugh (Hg.), Sex, Diseases, and Society, 67-84. Westport, CT.

1998   Hairy Barbarians, Furry Primates, and Wild Men: Medical Science and Cultu-
        ral Representations of Hair in China. In: A. Hiltebeitel und B. D. Miller (Hg.),
        Hair, its Power and Meaning in Asian Cultures, 51-74.
1999   Culture, Race and Nation: The Formation of National Identity in Twentieth
        Century China. In: Journal of International Affairs. Electronic Document.
        <http://kwaziwai.cc.columbia.edu/cu/sipa/PUBS/JOURNAL/Dikotter.html>
        [20.1.1999]

Dikötter, Frank (Hg.)
1997   The Construction of Racial Identities in China and Japan. London.

Dittrich,
1991   Das Weltbild des Rassismus. Frankfurt a. M.

Doblhofer, Georg
1994   Vergewaltigung in der Antike. Stuttgart, Leipzig.

Domínguez, Virginia R.
1977   Social Classification in Creole Louisiana. In: AE 4: 589-602.
1986   White by Definition: Social Classification in Creole Louisiana. New Brun-
        swick.
1994   A Taste for „The Other": Intellectual Complicity in Racializing Practices. In:
        CA 35: 333-348.

Donald, James und Ali Rattansi (Hg.)
1995   „Race", Culture and Difference. Milton Keynes.

Doughty, Steve
1997   You Don't Have to be White to be a Racist. In: C. Donnellan (ed.), Challen-
        ging Racism, 34-35. (Issues for the Nineties, Vol. 6). Cambridge.

Douglas, Mary
1969   Purity and Danger. An Analysis of Concepts of Pollution and Taboo. London.
1986   Ritual, Tabu und Körpersymbolik. Sozialanthropologische Studien in In-
        dustriegesellschaft und Stammeskultur. Frankfurt a. M.

Douglass, Lisa
1992   The Power of Sentiment: Love, Hierarchy, and the Jamaican Family Elite.
        Boulder, CO.

Dowding, Keith und Desmond King (Hg.)
1995   Preferences, Institutions, and Rational Choice. Oxford.

Dower, John
1986   War Without Mercy. Race and Power in the Pacific War. London, Boston.

Dragastra, Rolf
1984   Der witternde Prophet. Über die Feinsinnigkeit der Nase. In: D. Kamper und C.
        Wulf (Hg.), Das Schwinden der Sinne, 159-178. Frankfurt a. M.

Drake, St. Clair
1987/90 Black Folk Here and There: An Essay in History and Anthropology. (2 Bände).
        New York.

Driessen, Henk und Ton Otto (Hg.)
2000   Perplexities of Identification. Anthropological Studies in Cultural Differentia-
        tion and the Use of Resources. Aarhus.

Dubinin, N. P.
1975   Race and Contemporary Genetics. In: L. Kuper (Hg.), Race, Science and Society, 68-94.

Duden, Barbara
1987   Geschichte unter der Haut. Ein Eisenacher Arzt und seine Patientinnen. Stuttgart.

Dunn, L. C.
1975   Race and Biology. In: L. Kuper (Hg.), Race, Science and Society, 31-67.

Dumont, Jean Paul
1981   Lost Relatives: Social amnesia in a Visayan Setting. In: Philippine Quarterly of Culture and Society 9: 9-16.
1984   A Matter of Touristic „Indifference". In: AE 11: 139-151.
1992   Visayan Vignettes. Ethnographic Traces of a Philippine Island. Chicago.
1995   Far from Manila: Political Identities on a Philippine Island. In: Anthropological Quarterly 68: 14-20.

Duncan, Nancy (Hg.)
1996   Bodyspace. Destabilizing Geographies of Gender and Sexuality. London, New York.

Dyen, Isidore
1975   Linguistic Subgrouping and Lexicostatistics. The Hague, Paris.

Dyer, Richard
1997   White. London, New York.

Dyson, Michael Eric
1994 a Essentialism and the Complexities of Racial Identity. In: D. T. Goldberg (Hg.), Multiculturalism, 218-229.
1995   Making Malcolm: The Myth and Meaning of Malcolm X. New York, Oxford.
1996 a Between God and Gangsta Rap. Bearing witness to black culture. New York, Oxford.
1996 b Race Rules. Navigating the Color Line. Reading, Mass., Menlo Park, Cal., New York u. a.

Dzidzienyo, Anani
1987   Brazil. In: J. Sigler (Hg.), International Handbook on Race and Race Relations, 23-42.

Eade, John
1996   Ethnicity and the Politics of Cultural Difference: An Agenda for the 1990s? In: T. Ranger, Y. Samad, O. Stuart (Hg.), Culture, Identity and Politics, 57-66.

Early, John D. und Thomas N. Headland
1998   Population Dynamics of a Philippine Rain Forest People. The San Ildefonso Agta. Gainesville, Tallahassee, Tampa, u. a.

Eberhard, Wolfram
1942 a Kultur und Siedlung der Randvölker Chinas. Leiden.
1942 b Lokalkulturen im alten China. Erster Teil: Die Lokalkulturen des Nordens und Westens. Leiden.
1942 c Lokalkulturen im alten China. Zweiter Teil: Die Lokalkulturen des Südens und Ostens. Peking.

Eder, James F.
1982   Who shall Succeed? Agricultural development and Social inequality on a Phi-
        lippine Frontier. Cambridge u. a.
1984   The impact of Subsistence Change on Mobility and Settlement Pattern in a
        Tropical Foraging Economy. In: AA 86: 837-853.
1988   Hunter-Gatherer/Farmer Exchange in the Philippines: Some Implications for
        Ethnic Identity and Adaptive Well-Being. In: A. T. Rambo, K. Gillogly und K.
        L. Hutterer (Hg.), Ethnic Diversity and the Control of Natural Resources in
        Southeast Asia, 37-57.
1993   On the Road To Tribal Extinction. Depopulation, Deculturation, and Adaptive
        Well-Being among the Batak of the Philippines. Quezon City.

Eder, James F. und Ben Pagayona
1971   Applications of a Social-Anthropological Census among the Batak of Palawan.
        In: PSR 19: 57-66.

Edmunds, Mary
1989   They Get Heaps. A Study of Attitudes in Roebourne, Western Australia. Can-
        berra.

Flohr, Anne Katrin
1994   Fremdenfeindlichkeit. Biosoziale Grundlagen von Ethnozentrismus. (Beiträge
        zur sozialwissenschaftlichen Forschung, Bd. 124). Opladen.

Eibl-Eibesfeldt, Irenäus
1970   Liebe und Haß. Zur Naturgeschichte elementarer Verhaltensweisen. München.
1990   Zur Problematik einer multiethnischen Immigrationsgesellschaft. Anmerkun-
        gen zu Christoph Antweilers Kommentar. In: ZfE 115: 261-267.
1993   Der Mensch – das riskierte Wesen. Zur Naturgeschichte menschlicher Unver-
        nunft. München.
1997   Krieg und Frieden aus der Sicht der Verhaltensforschung. (4. erw. Auflage).
        München, Zürich.
1999   Grundriß der vergleichenden Verhaltensforschung, Ethologie. (8. Auflage).
        München, Zürich.

Eidheim, Harald
1970   When Ethnic Identity is a Social Stigma. In: F. Barth (Hg.), Ethnic Groups and
        Boundaries, 40-57.

Eifler, Günter und Otto Saame (Hg.)
1991   Das Fremde. Aneignung und Ausgrenzung: eine interdisziplinäre Erörterung.
        Wien.

English, Leo James
1986   Tagalog – English Dictionary. Manila.

Epstein, Arnold Leonard
1978   Ethos and Identity: Three Studies in Ethnicity. London.
1999   Gunantuna. Aspects of the Person, the Self and the Individual among the Tolai.
        Bathurst.

Epstein, A. L. (Hg.)
1967   The Craft of Social Anthropology. London, New York u. a.

Erbe, Barbara
1998   Ein Land wird rückfällig. ai-Journal 5: 11.

Erdheim, Mario
1980   Fremdkörper. In: Kursbuch: Vielvölkerstaat Bundesrepublik, 62: 49-58. Berlin.
1992   Das Eigene und das Fremde. Über ethnische Identität. In: Psyche 46: 730-744.

Errington, Shelly
1990   Recasting Sex, Gender, and Power: A Theoretical and Regional Overview. In:
        J. M. Atkinson und S. Errington (Hg.), Power and Difference, 1-58. Stanford,
        California.

Essed, Philomena
1991   Understanding Everyday Racism: An Interdisciplinary Theory. Newbury Park.

Esser, Hartmut
1998   Die Optimierung der Orientierung. In: B. Sitter-Liver und P. Caroni (Hg.), Der
        Mensch – ein Egoist? Für und wider die Ausbreitung des methodischen Utilita-
        rismus in den Kulturwissenschaften, 135-155.

Essien-Udom, E. U.
1962   Black Nationalism: A Search for Identity in America. Chicago. Tribalism and
        Racism. In: L. Kuper (Hg.), Race, Science and Society, 234-261.

Estel, Bernd
1994   Grundaspekte der Nation. In: ders. und T. Mayer (Hg.), Das Prinzip Nation in
        modernen Gesellschaften, 13-81. Opladen.

Estioko-Griffin, Agnes und P. Bion Griffin
1981   The Beginning of Cultivation among Agta Hunter-Gatherers in Northeast Lu-
        zon. In: H. Olofson (Hg.), Adaptive Strategies and Change in Philippine Swid-
        den-based Societies, 55-72. Laguna, Philippines.

Eves, Richard
1998   The Magical Body. Power, Fame and Meaning in a Melanesian Society.
        Australia, Canada, China, u.a.

Faithorn, Elizabeth
1975   The Concept of Pollution among the Kafe of the Papua New Guinea High-
        lands. In: R. Reiter (Hg.), Toward an Anthropology of Women, 127-140. New
        York.

Falger, Vincent S. E.; Peter Meyer und Johan M. G. van der Dennen (Hg.)
1998   Sociobiology and Politics. (Research in Biopolitics, Bd. 6). Stamford, London.

Farnell, B.
1999   Moving Bodies, Acting Selves. In: ARA 28: 341-373.

Farrakhan, Louis
1997   1985, From P. O. W. E. R. at Last and Forever. (Zuerst 1989, in: J. D. Eure
        und R. M. Jerome [Hg.], Back Where We Belong: Selected Speeches by Mi-
        nister Louis Farrakhan. Philadelphia). In: W. L. Van Deburg (Hg.), Modern
        Black Nationalism – from Marcus Garvey to Louis Farrakhan, 316-327.

Feagin, Joe R. und Clairence Booher Feagin
1994   Theoretical Perspectives in Race and Ethnic Relations. In: F. L. Pincus und H.
        J. Ehrlich (Hg.), Race and Ethnic Conflict, 29-47.

Featherstone, Mike; Mike Hepworth und Bryan S. Turner (Hg.)
1991   The Body: Social Process and Cultural Theory. London.

Fenton, Steve
1996   The Subject is Ethnicity. In: R. Barot (Hg.), The Racism Problematic, 139-165.
1999   Ethnicity. Racism, Class and Culture. Lanham, Boulder, New York.

Ferber, Abby L.
1998 a Constructing Whiteness: The Intersection of Race and Gender in US White Supremacist Discourse. In: ERS 21: 48-63.
1998 b White Man Falling. Race, Gender, and White Supremacy. Oxford.

Ferguson, Robert
1998   Representing 'Race'. Ideology, Identity and the Media. London.

Fetzer, James H.
1998   Group Selection and the Evolution of Culture. In: Research in Biopolitics 6: 3-15.

Filipinas Foundation
1975   Philippine Majority-Minority Relations and Ethnic Attitudes. An In-Depth Study by Filipinas Foundation. Makati, Rizal.

FitzGerald, C. P.
1969   The Chinese View of Their Place in the World. London, Oxford, New York.

Fischer, Dora
1956   Unter Südsee-Insulanern. Das Leben des Forschers Mikloucho-Maclay. Leipzig.

Fischer, Eugen
1927   Rasse und Rasenentstehung beim Menschen. Berlin.

Fischer, Hans
1965   Studien über Seelen-Vorstellungen in Ozeanien. München.
1975   Gabsongkeg '71. Verwandtschaft, Siedlung und Landbesitz in einem Dorf in Neuguinea. (Hamburger Reihe zur Kultur- und Sprachwissenschaft, Bd. 10). München.
1987   Heilserwartung. Geister, Medien und Träumer in Neuguinea. Frankfurt a.M., New York.
1992   Weisse und Wilde. Erste Kontakte und Anfänge der Mission (Materialien zur Kultur der Wampar, Papua New Guinea, Bd. 1). Berlin.
1994   Geister und Menschen. Mythen, Märchen und neue Geschichten. (Materialien zur Kultur der Wampar, Papua New Guinea, Bd. 2). Berlin.
1996   Der Haushalt des Darius. Über die Ethnographie von Haushalten. (Materialien zur Kultur der Wampar, Papua New Guinea, Bd. 3). Berlin.
1997   Zensusaufnahmen – das Beispiel Gabsongkeg. In: Walter Schulze, Hans Fischer, Hartmut Lang: Geburt und Tod. Ethnodemographische Probleme, Methoden und Ergebnisse, 37-91. (Materialien zur Kultur der Wampar, Bd. 4). Berlin.
1998   Protokolle, Plakate und Comics. Feldforschung und Schriftdokumente. (Materialien zur Kultur der Wampar, Papua New Guinea, Bd. 5). Berlin.
2000   Wörter und Wandel. Ethnographische Zugänge über die Sprache. (Materialien zur Kultur der Wampar, Papua New Guinea, Bd. 7). Berlin.
2001   Gräber, Kreuze, Inschriften. Ein Friedhof in Neuguinea. Berlin.
Ms.   Ethnographic Dictionary Wampar-English. Unveröffentlichtes Manuskript.

Fischer, Hans (Hg.)
1978   Wampar. Berichte über die alte Kultur eines Stammes in Papua New Guinea. (Veröffentlichungen aus dem Übersee-Museum Bremen. Reihe G: Bremer Südpazifik-Archiv, Bd. 2). Bremen.

Flatz, Christian und Reinhold Gärtner
1998   Kultur statt 'Rasse'. Analyse einer Bedeutungsverschiebung. In: C. Flatz; S. Riedman u. M. Kröll (Hg.), Rassismus im virtuellen Raum, 209-229.

Flatz, Christian; Sylvia Riedman und Michael Kröll (Hg.)
1998   Rassismus im virtuellen Raum. Hamburg.

Fleischhacker, Hans
1988 a Rasse. In: W. Hirscherg (Hg.), Neues Wörterbuch der Völkerkunde, 390-391. Berlin.
1988 b Rassenideologie. In: W. Hirscherg (Hg.), Neues Wörterbuch der Völkerkunde, 391. Berlin.
1988 c Rassenkunde. In: W. Hirscherg (Hg.), Neues Wörterbuch der Völkerkunde, 391-392. Berlin.

Flohr, Anne Katrin
1994   Fremdenfeindlichkeit. Biosoziale Grundlagen von Ethnozentrismus. (Beiträge zur sozialwissenschaftlichen Forschung, Bd. 124). Opladen.

Forteleza, Juan
1903   The Negritos in the Vicinity of Manapla. Manapla. (Paper No. 71). In: Otley H. Beyer Collection of Original Sources in Philippine Ethnography, The Negrito Aeta Peoples 20/3.2 (Mikrofiche). Manila: National Museum.

Foucault, Michel
1973   Wahnsinn und Gesellschaft. Frankfurt a. M.
1976   Die Geburt der Klinik. Eine Archäologie des ärztlichen Blicks. Frankfurt a. M., Berlin, Wien.
1989 a Der Wille zum Wissen. Sexualität und Wahrheit, Bd. 1. Frankfurt a. M.
1989 b Der Gebrauch der Lüste. Sexualität und Wahrheit, Bd. 2. Frankfurt a. M.
1989 c Die Sorge um sich. Sexualität und Wahrheit, Bd. 3. Frankfurt a. M.
1989 d Überwachen und Strafen. (8. Auflage). Frankfurt a. M.
1990 a Archäologie des Wissens. (4. Auflage). Frankfurt a. M.
1990 b Die Ordnung der Dinge. (9. Auflage). Frankfurt a. M.

Fox, Geoffrey
1973   Race, Sex, and Revolution in Cuba. In: I. R. Stuart und L. E. Abt (Hg.), Inter-racial Marriage: Expectations and Realities, 293-308.

Frank, Arthur W.
1991   For a Sociology of the Body: An Analytical Review. In: M. Featherstone, M. Hepworth und B.S. Turner (Hg.), The Body, 36-102.

Frank, Gelya
1997   Jews, Multiculturalism, and Boasian Anthropology. In: AA 99: 731-745.

Franke, Herbert und Rolf Trauzettel
1968   Das Chinesische Kaiserreich. (Fischer Weltgeschichte, Bd. 19). Frankfurt a. M.

Franke, Wolfgang
1962   China und das Abendland. Göttingen.

Frankenberg, Ruth
1993   White Women, Race Matters. The Social Construction of Whiteness. Minnea-
         polis.
1994   Whiteness and Americanness: Examining Constructions of Race, Culture, and
         Nation in White Women's Life Narratives. In: S. Gregory und R. Sanjek (Hg.),
         Race, 62-77.

Frankenberg, Ruth und Lata Mani
1996   Crosscurrents, Crosstalk: Race, „Postcoloniality", and the Politics of Location.
         In: S. Lavie und T. Swedenburg (Hg.), Displacement, Diaspora and Geogra-
         phies of Identity, 273-293.

Frankenheim, Moritz L.
1852   Völkerkunde. Charakteristik und Physiologie der Völker. Breslau.

Frazier, Franklin
1957   Race and Culture Contacts in the Modern World. Boston.

Freedman, Maurice und William E. Willmott
1966   South-East Asia, with Special Reference to the Chinese. In: UNESCO (Hg.),
         Research on Racial Relations, 1159-177. (Zuerst in: International Social
         Science Journal 13, 1961).

Friedman, Jeffrey (Hg.)
1996   The Rational Choice Controversy. Economic Models of Politics Reconsidered.
         New Haven, London.

Frühauf, Heiner
1995   Deutschland in der chinesischen Reiseliteratur der zwanziger und dreißiger
         Jahre. In: W. Kubin (Hg.): Mein Bild in deinem Auge, 283-300.

Funtecha, Henry F.
o.J.   (n. 1980). The Negritos of Bago in Northern Negros. Iloilo City: University of
         the Bisayas, Bisayan Studies Program, 01185.

Fyffe, Ron und David A. Austin
1986   P. N. G. Government and Other Community Life Studies. Madang.

Gaabucayan, Samuel Paez
1969   A Preliminary Study: Toward the Development of Folk Medicine in Barrio
         Agusan. Cagayan de Oro City: Xavier University, unveröffentlichte Magister-
         arbeit.
1978   A Socioeconomic Study of the Pinatubo Negritos of the Pampanga-Tarlac area.
         Quezon City: University of the Philippines, unveröffentlichte Dissertation.

Gabriel, John
1994   Racism, Culture, Markets. London, New York.

Gallen, David (Hg.)
1994   A Malcolm X Reader. New York.

Gallini, Clara
1992   Gefährliche Spiele – Symbolisch praktizierter Rassismus in der Alltagskultur.
         In: Institut für Migrations- und Rassismusforschung (Hg.), Rassismus und
         Migration in Europa, 359-372.

401

Gandhi, Raj, S.
1987   India. In: J. Sigler (Hg.), International Handbook on Race and Race Relations, 117-128.

Gandy Jr., Oscar H.
1998   Communicaton and Race. A Structural Perspective. London.

Gardell, Mattias
1996   In the Name of Elijah Muhammad. Louis Farrakhan and the Nation of Islam. Durham.

Gardiner, Robert K. A.
1967   Race and Color in International Relations. In: Daedalus 96: 296-311.

Gardner, Fletcher
1906   Philippine (Tagalog) Superstitions. In: JAF 19: 191-204.
1907 a   Tagalog Folk-Tales. I. In: JAF 20: 104-116.
1907 b   A Filipino (Tagalog) Version of Aladin. In: JAF 20: 117-118.
1907 c   Some Games of Filipino Children. In: JAF 20: 119-120.
1907 d   Tagalog Folk-Tales. II. In: JAF 20: 300-310.

Garg, Samidha ud Jan Hardy
1996   Racism. (Global Issues Series). Hove.

Geiss, Imanuel
1988   Geschichte des Rassismus. Frankfurt a. M.

Gergen, Kenneth J.
1967   The Significance of Skin Color in Human Relations. In: Daedalus 96: 390-406.

Gilliam, Angela
1988   Telltale Language: Race, Class, and Inequality in Two Latin American Towns. In: J. B. Cole (Hg.), Anthropology for the Nineties, 522-531.

Gilroy, Paul
1998   Race Ends Here. In: ERS 21: 838-847.

Gil-White, Francisco J.
1999   How thick is blood? The plot thickens...: if ethnic actors are primordialists, what remains of the circumstantialist / primordialist controversy? In: ERS 22: 789-820.

Glazer, Nathan und Daniel P. Moynihan (Hg.)
1975   Ethnicity: Theory and Experience. Cambridge, Massachusetts.

Glazier, Stephen D.
1987   Trinidad. In: J. Sigler (Hg.), International Handbook on Race and Race Relations, 321-338.

Glick, Clarence E.
1972   Interracial Marriage and Admixture in Hawaii. In: Social Biology 17: 278-291.

Glick Schiller, Nina; Linda Basch und Cristina Blanc-Szanton (Hg.)
1992   Toward a Transnational Perspective on Migration: Race, Class, Ethnicity, and Nationalism Reconsidered. (Annals of the New York Academy of Sciences, Vol. 645). New York.

Gloria, Manuel
1939   A Visit to the Negritos of Central Panay, Philippine Islands. In: Primitive Man 12: 94-102.

Gmelch, Sharon Bohn
1986   Groups that don't Want in: Gypsies and other Artisan, Trader, and Entertainer Minorities. In: ARA 15: 307-330.

Goldberg, David Theo (Hg.)
1994   Multiculturalism. A Critical Reader. Oxford.

Goldstein, Donna
1999   „Interracial" Sex and Racial Democracy in Brazil: Twin Concepts? In: AA 101: 563-578.

Goodman, David
1997   Anti-Semitism in Japan: Its History and Current Implications. In: F. Dikötter (Hg.), The Construction of Racial Identities in China and Japan, 177-198.

Gordon, Milton
1964   Assimilation in American Life. Oxford.
1981   Toward a General Theory of Racial and Ethnic Group Relations. In: N. Glazer und D. P. Moynihan (Hg.), Ethnicity, 84-110.

Görlich, Joachim
1992   Tausch als rationales Handeln. Zeremonialer Gabentausch und Tauschhandel im Hochland von Papua-Neuguinea. (Kölner Ethnologische Studien, Bd. 19). Berlin.
1993   Die Theorie rationalen Handelns in der Wirtschaftsethnologie. In: T. Schweizer, M. Schweizer u. W. Kokot (Hg.), Handbuch der Ethnologie, 241-262.

Gothsch, Manfred
1983   Die deutsche Völkerkunde und ihr Verhältnis zum Kolonialismus. Ein Beitrag zur kolonialideologischen und kolonialpraktischen Bedeutung der deutschen Völkerkunde in der Zeit von 1870 bis 1975. (Veröffentlichungen aus dem Institut für Internationale Angelegenheiten der Universität Hamburg, Bd. 13). Baden-Baden.

Gould, Stephen Jay
1983   Der falsch vermessene Mensch. Basel, Boston, Stuttgart.

Grafstein, Robert
1999   Choice-Free Rationality. A Positive Theory of Political Behavior. Ann Arbor.

Graham, Richard (Hg.)
1990   The Idea of Race in Latin Amerika, 1870-1940. Austin.

Granet, Marcel
1997   Das chinesische Denken. Inhalt, Form, Charakter. (Zuerst 1934). Frankfurt a. M.

Gray, Patrick
1996   Sociobiology. In: D. Levinson und M. Ember (Hg.), Encyclopedia of Cultural Anthropology, Bd.: 1212-1219. New York.

Gregory, Steven
1992   The Changing Significance of Race and Class in an African American Community. In: AE 19: 255-274.
1994 a „We've Been Down This Road Already". In: ders. und R. Sanjek (Hg.), Race, 18-38.
1994 b Race, Rubbish, and Resistance: Empowering Difference in Community Politics. In: ders. und R. Sanjek (Hg.), Race, 366-392. (Zuerst In: Cult. Anth. 8, 1993: 24-48).

Gregory, Steven und Roger Sanjek (Hg.)
1994   Race. New Brunswick, New Jersey.

Griffin, Marcus B.
1996   The Cultural Identity of Foragers and the Agta of Palanan, Isabela, the Philippines. In: A 91: 111-125.

Griffin, Marcus B. und P. Bion Griffin
1997   Agta Foragers: Alternative Histories, and Cultural Autonomy in Luzon. In: The Australian Journal of Anthropology 8: 259-269.

Griffin, P. Bion und Agnes Estioko
1975   The Ebuked Agta of Northeastern Luzon. In: Philippine Quarterly of Culture and Society 3: 237-244.

Griffin, P. Bion und Agnes Estioko-Griffin (Hg.)
1985   The Agta of Northeastern Luzon: Recent Studies. Cebu City.

Guibernau, Montserrat und John Rex (Hg.)
1997   The Ethnicity Reader. Nationalism, Multiculturalism and Migration. Cambridge.

Guillaumin, Colette
1992   Zur Bedeutung des Begriffs „Rasse". In: Institut für Migrations- und Rassismusforschung (Hg.), Rassismus und Migration in Europa, 77-87.
1993   The Constructed Body. In: C.B. Burroughs und J. D. Ehrenreich (Hg.), Reading the Social Body, 40-60. Iowa City.

Guimarães, Antonio Sérgio Alfredo
1995   Racism and Anti-Racism in Brazil: A Postmodern Perspective. In: B. P. Bowser (Hg.), Racism and Anti-Racism in World Perspective, 208-226.

Gupta, Akhil
1995   Blurred Boundaries: The Discourse of Courruption, the Culture of Politics, and the Imagined State. In: AE 22: 375-402.

Guzman-Ladion, Herminia de
1985   Healing Wonders of Herbs. Manila.

Haaland, Gunnar
1970   Economic Determinants in Ethnic Processes. In: F. Barth (Hg.), Ethnic Groups and Boundaries, 58-116.

Haber, Cresenciano
1970   The Problem of Educating the Negrito Children in the Public Schools of Buhi, Camarines Sur. City of Iriga: School of Graduate Studes Mabini Memorial Colle, unveröffentlichte Magisterarbeit.

Hacker, Paul
1957   Religiöse Toleranz und Intoleranz im Hinduismus. In: Saeculum 8: 167-179.

Halasa, Malu
1990   Elijah Muhammad. New York and Philadelphia.

Hall, Edward T.
1969   The Hidden Dimension. Garden City, N. Y.

Hall, Stuart
1989   Ausgewählte Schriften. Ideologie, Kultur, Medien, Neue Rechte, Rassismus.
        Herausgegeben von Nora Räthzel. Hamburg, Berlin.

Haller, John S.
1970   The Species Problem: Nineteeth-Century Concepts of Racial Inferiority in the
        Origin of Man Controversy. In: AA 72 (6): 1319-1329.
1971   Race and the Concept of Progress in Nineteenth Century American Ethnology.
        In: AA 73 (3): 710-724.

Hamilton, Annete
1982   Descended from Father, Belonging to Country: Rights to Land in the Austra-
        lian Western Desert. In: E. B. Leacock and R. Lee (Hg.), Politics and History
        in Band Societies, 85-109.

Hamilton, W. D.
1964   The Genetical Evolution of Social Behaviour. In: Journal of Theoretical Bio-
        logy 7: 1-52.

Hammer, Karl
1981   Weltmission und Kolonialismus. München.

Hang, Wolfgang Fritz
1992   Zur Dialektik des Anti-Rassismus. In: Das Argument 191: 27-52.

Hansson, Anders
1996   Chinese Outcasts. Leiden, New York, Köln.

Haraway, Donna
1992   Primate Visions: Gender, Race and Nature in the World of Modern Science.
        New York, London.

Harbsmeier, Michael
1985   On Travel Accounts and Cosmological Strategies: Some Models in Compara-
        tive Xenology. In: Ethnos 50: 273-312.
1994   Wilde Völkerkunde: andere Welten in deutschen Reiseberichten der Frühen
        Neuzeit. Frankfurt a. M., New York.

Hardach-Pinke, Irene
1988   Interkulturelle Lebenswelten. Deutsch-japanische Ehen in Japan. Frankfurt a.
        M.

Harden, Jacalyn D.
1997   The Enterprise of Empire. Race, Class, Gender, and Japanese National Iden-
        tity. In: R. N. Lancaster und M. D. Leonardo (Hg.), The Gender / Sexuality
        Reader, 487-501.

Hargreaves, A. G. und Leaman, J. (Hg.)
1995   Racism, Ethnicity and Politics in Contemporary Europe. Aldershot.

Harms, Volker (Hg.)
1984   Andenken an den Kolonialismus. Eine Ausstellung des Völkerkundlichen Instituts der Universität Tübingen. Tübingen.

Harré, John
1966   Maori and Pakeha. A Study of Mixed Marriages in New Zealand. London.

Harrel, Stevan
1995   The History of the History of the Yi. In: ders. (Hg.), Cultural Encounters on
China's Ethnic Frontiers, 63-91.

Harrell, Stevan (Hg.)
1995   Cultural Encounters on China's Ethnic Frontiers. Seattle, London.

Harris, Marvin
1964   Patterns of Race in the Americas. New York: Walker.
1970   Referential Ambiguity in the Calculus of Brazilian Racial Identity. In: SJA 26:
1-14.
1999   Theories of Culture in Postmodern Times. Walnut Creek, London, New Delhi.

Harris, Marvin und Conrad Kottak
1963   The Structural Significance of Brazilian Racial Categories. In: Sociologia 25:
203-208.

Harris, Marvin; Josildeth G. Consork; J. Lang; Bryan Byrne
1993   „Who are the Whites?" Imposed Census Categories and the Racial Demogra-
phy of Brazil. In: Social Forces 72: 451-462.

Harris, Nigel
1970   Die Ideologien in der Gesellschaft. Eine Untersuchung über Entstehung, Wesen und Wirkung. München.

Harrison, Faye V.
1992   The Du Boisian Legacy in Anthropology. In: Critique of Anthropology 12:
239-260.
1995   The Persistent Power of „Race" in the Cultural and Political Economy of Racism. In: ARA 24: 47-74.
1997 a   Race. In: T. Barfield (Hg.), The Dictionary of Anthropology, 392-394.
1997 b   Racism. In: T. Barfield (Hg.), The Dictionary of Anthropology, 394-396.
1998 a   Introduction: Expanding the Discourse on „Race". In: AA 100: 609-631.
1998 b   Affirmative Action Is Still Needed. In: Anthropological Newsletter 39: 16-17.

Hart, Donn V.
1954   Preliminary Notes on the Rural Philippines Fiesta Complex (Negros Oriental
Province). In: SJ 1: 25-40.
1955   The Philippine Plaza Complex: A Focal Point in Culture Change. (Yale University Southeast Asia Studies, Cultural Report Series no.3). New Haven.
1967   Buhawi of the Bisayas: The Revitalization Process and Legend making in the
Philippines. In: M. D. Zamora (Hg.), Studies in Philippine Anthropology (in
Honor of H. Otley Beyer), 366-396. Quezon City.
1968   Homosexuality and Transvestism in the Philippines: The Cebuano Filipino
Bayot and Lakinon. In: Behavior Science Notes 3: 211-248.
1969   Bisayan Filipino and Malayan Humoral Pathologies: Folk Medicine and
Ethnohistory in Southeast Asia. Ithaca, New York.

1971   Philippine Rural-Urban Migration: A View from Caticugan, a Bisayan Village. In: Behavior Science Notes 6: 103-137.
1977   Compadrinazgo. Ritual Kinship in the Philippines. DeKalb, Ill.

Hart, Donn V. and Harriett C. Hart
1966 a „Maka-andog": A Reconstructed Myth from Eastern Samar, Philippines. In: JAF 79: 84-108.
1966 b Cinderella in the Eastern Bisayas. In: JAF 79: 307-337.

Harte, Thomas J.
1959   Trends in Mate Selection in a Tri-Racial Isolate. In: Social Forces 37: 215-221.

Hartigan, John
1997   Establishing the Fact of Whiteness. In: AA 99: 495-504.

Hauschild, Thomas
1979   Der Böse Blick. Ideengeschichtliche und sozialpsychologische Untersuchungen. (Beiträge zur Ethnomedizin, Ethnobotanik und Ethnozoologie, VII). Hamburg.

Hauser-Schäublin, Brigitta
1993   Blood: Cultural Effectiveness of Biological Conditions. In: B. D. Miller (Hg.), Sex and Gender Hierarchies, 83-107. Cambridge.
1995   Politik des Blutes. Zur Verkörperung von sozialer Ungleichheit als naturgegebene Verschiedenheit am Schnittpunkt zwischen Geschlecht, Klasse und Rasse. In: ZfE 120: 31-49.

Headland, Thomas N.
1975   The Casiguran Dumagats Today and in 1936. In: Philippine Quarterly of Culture and Society 3 (4): 245-257.
1980   Cultural Ecology, Ethnicity, and the Negritos of Northeastern Luzon: A Review Article. In: Asian Perspectives 21: 127-139.

Headland, Thomas N. und L. A. Reid
1989   Hunter-gatherers and their Neighbors from Prehistory to the Present. In: CA 30: 43-66.

Hechter, Michael
1992   Rational Choice Theory and the Study of Race and Ethnic Relations. In: J. Rex und D. Mason (Hg.), Theories of Race and Ethnic Relations, 264-279.

Heckmann, Friedrich
1981   Die Bundesrepublik, ein Einwanderungsland? Stuttgart.
1992   Ethnische Minderheiten, Volk und Nation: Soziologie interethnischer Beziehungen. Stuttgart.

Heller, Hartmut
1997   Die Aeta auf den Philippinen: Ein Volk wird vernichtet. In: Globus 1: 35-37.

Henderson, John B.
1984   The Development and Decline of Chinese Cosmology. New York.

Heng, Geraldine und Janadas Devan
1995   State Fatherhood: The Politics of Nationalism, Sexuality, and Race in Singapore. In: A. Ong und M. G. Peletz (Hg.), Bewitching Women, Pious Men, 195-215. Berkeley, Los Angeles, London.

1997 State Fatherhood. The Politics of nationalism, Sexuality, and Race in Singapore. In: R. N. Lancaster und M. D. Leonardo (Hg.), The Gender / Sexuality Reader, 107-121.

Henss, Ronald
1992 „Spieglein, Spieglein an der Wand...". Geschlecht, Alter und physische Attraktivität. Weinheim.

Heringer, Rosana
1995 Introduction to the Analysis of Racism and Anti-Racism in Brazil. In: B. P. Bowser (Hg.), Racism and Anti-Racism in World Perspective, 203-208.

Hermosisima, Tomas V.
1966 Bisayan-English-Tagalog Dictionary. Manila.

Herrnstein, Richard und Charles Murray
1996 The Bell Curve: Intelligence and Class Structure in American Life. New York.

Herskovits, Melville J.
1928 The American Negro: A Study in Racial Crossing. Bloomington.
1964 Man and His Works. The Science of Cultural Anthropology. (Zuerst 1948) New York.

Hesse, Barnor
1993 Black to Front and Black Again: Racialization through Contested Times and Spaces. In: M. Keith und S. Pile (Hg.), Place and the Politics of Identity, 162-182.

Hewitt, Roger
1996 Routes of Racism: The Social Basis of Racist Action. London.

Hildebrand, Joachim
1987 Das Ausländerbild in der Kunst Chinas als Spiegel kultureller Beziehungen (Han-Tang). Stuttgart.

Hildebrandt, Hans-Jürgen
1996 Selbstwahrnehmung und Fremdwahrnehmung. Darin: Rassismus als wissenschaftliches Problem und als Problem der Wissenschaften, 155-175. Mammendorf.

Hill, Jane H.
1998 Language, Race, and White Public Space. In: AA 100: 680-689.

Hiltebeitel, Alf und Barbara Miller (Hg.)
1998 Hair, its Power and Meaning in Asian Cultures. Albany, NY.

Hine, Darlene Clark
1997 Rape and the Inner Lives of Black Women in the Middle West. Preliminary Thoughts on the Culture of Dissemblance. In: R. N. Lancaster und M. D. Leonardo (Hg.), The Gender / Sexuality Reader, 434-439.

Hirschauer, Stefan und Klaus Amann
1997 Die Befremdung der eigenen Kultur. Ein Programm. In: dies. (Hg.), Die Befremdung der eigenen Kultur, 7-52. Frankfurt a. M.

Hirschauer, Stefan und Klaus Amann (Hg.)
1997   Die Befremdung der eigenen Kultur. Zur ethnographischen Herausforderung soziologischer Empirie. Frankfurt a. M.

Hirschberg, Walter (Hg.)
1965   Wörterbuch der Völkerkunde. Stuttgart.
1988   Neues Wörterbuch der Völkerkunde. Berlin.

Hirschfeld, Lawrence A.
2000   Making Racial Culture: Children and the Mental Life of a Social Concept. In: J. Ter Wal und M. Verkuyten (Hg.), Comparative Perspectives on Racism, 23-45.

Hirth, Friedrich
1890   Chinesische Studien. München, Leipzig.
1966   China and the Roman Orient: Researches into their Ancient and Mediaeval Relations as Represented in Old Chinese Records. (Reprint, zuerst Shanghai und Hongkong 1885). New York.

Ho, David Y. F.
1985   Prejudice, Colonialism, and Interethnic Relations: an East-West Dialogue. In: Journal of Asian and African Studies 20: 224-225.

Ho, Man Keung
1984   Building a Successful Intermarriage between Religions, Social Classes, Ethnic Groups or Races. St. Meinrad.

Hobsbawm, Eric and Terence Ranger (Hg.)
1983   The Invention of Tradition. Cambridge.

Hofbauer, Andreas
1997   Von Rasse zu Identität. Vom Ringen um Paradigmen in der „Wissenschaft vom anderen". In: A 92: 569-577.

Hofstätter, Peter R.
1960   Das Denken in Stereotypen. Göttingen.
1963   Einführung in die Sozialpsychologie. Stuttgart.

Holland, Dorothy und Naomi Quinn (Hg.)
1987   Cultural Models in Language and Thought. Cambridge.

Höllmann, Thomas
1980   Das Reich ohne Horizont: Berührungen mit dem Fremden jenseits und diesseits der Meere (14.-19. Jahrhundert). In: W. Bauer (Hg.), China und die Fremden, 161-196.

Holzknecht, Hartmut Albert
1974   Anthropological Research and Associated Findings in the Markham Valley of Papua New Guinea. (Research Bulletin No. 15). Port Moresby.

Holzknecht, Susanne
1989   The Markham Languages of Papua New Guinea. (Pacific Linguistics Series C, No. 115). Canberra.

Horowitz, Donald L. (Hg.)
1985   Ethnic Groups in Conflict. Berkeley, Los Angeles, London.

Hsu, Francis
1981   Americans and Chinese – Passage to Differences. (3. Auflage). Honolulu.

Hügel, Ika, Chris Lange, May Ayim u. a. (Hg.)
1993   Entfernte Verbindungen. Rassismus, Antisemitismus, Klassenunterdrückung. Berlin.

Hund, Wulf D.
1999   Rassismus. Die soziale Konstruktion natürlicher Ungleichheit. Münster.

Hund, Wulf D. (Hg.)
1996   Zigeuner. Geschichte und Struktur einer rassistischen Konstruktion. Duisburg.

Hutchinson, John und Anthony D. Smith (Hg.)
1996   Ethnicity. Oxford, New York.

Hutterer, Karl. L.
1990   Foreword. In: N. K. Rai, Living in a Lean-to, ix-xi.

Hutterer, Karl L. und William K. Macdonald (Hg.)
1982   Houses Built on Scattered Poles. Prehistory and Ecology in Negros Oriental, Philippines. Cebu City.

Ilio, Dominador I.
1994   Madia-as. Tales and Legends. Quezon City.

Inglis, Amirah
1975   The White Women's Protection Ordinance: Sexual anxiety and politics in Papua. London.

Institut für Migrations- und Rassismusforschung (Hg.)
1992   Rassismus und Migration in Europa. (Argument-Sonderband 201). Hamburg, Berlin.

Instructional Materials Corporation (IMC) Kagawaran ng Edukasyon, Kultura at Isports
1985   Pag-unlad sa Pagbasa. Batayang aklat sa Filipino para sa Ikatlong Baitang. Manila.
1986 a Diwang Makabansa. Batayang Aklat sa Pagbasa para sa Ikaapat na Baitang. Manila.
1986 b Everyday English. Language Textbook for Grade Four. Manila.
1989   Sibika at Kultura I. Batayang Aklat para sa Unang Baitang. Manila.
1990   Building English Skills. English Textbook for Grade Three, Book 2. (Zuerst 1980, Revised Edition). Quezon City.

Instructional Materials Development Center (IMDC) Kagawaran ng Edukasyon, Kultura at Isports
1986 a Diwang Makabansa. Batayang Aklat sa Wika para sa Ikaapat na Baitang. Manila.
1986 b Pilipinas: Heograpiya at Kasaysayan. Batayang Aklat sa Kasaysayan, Heograpiya at Sibika para sa Ikaapat na Baitang. Manila.
1988   Wikang Filipino. Batayang Aklat sa Pagbasa para sa Ikaanim na Baitang. Manila.
1996   Sibika at Kultura I. Batayang Aklat para sa Unang Baitang. Manila.

Isaacs, Harold R.
1958   Scratches on Our Minds: American Images of China and India. New York.
1965   India's Ex-Untouchables. New York.

1967   Group Identity and Political Change: The Role of Color and Physical Characteristics. In: Daedalus 96: 353-375.
1989   Idols of the Tribe. Group Identity and Political Change. (Zuerst 1975). Cambridge, London.

Israel-Sobritchea, Carolyn
1996   A Study of Gender and Power Constructs in Folk Healing and Sorcery. In: I. Ushijima und C. N. Zayas (Hg.), *Binisaya nga Kinabuhi*, Visayan Life. Visayas Maritime Anthropological Studies II: 1993-1995, 241-256. Diliman, Quezon City.

Jahoda, Gustav
1961   White Man. A Study of the Attitudes of Africans to Europeans in Ghana before Independence. London, New York, Accra.

Jäger, Margret
1996 a   Fatale Effekte. Die Kritik am Patriarchat im Einwanderungsdiskurs. Duisburg.
1996 b   Materialband Fatale Effekte. Die Kritik am Patriarchat im Einwanderungsdiskurs. Duisburg.

Jäger, Margret und Frank Wichert (Hg.)
1996   Rassismus und Biopolitik. Werkstattberichte. Duisburg.

Jäger, Siegfried
1993   Kritische Diskursanalyse. Eine Einführung. Duisburg.
1995   BrandSätze. Rassismus im Alltag. (4. Auflage). Duisburg.
1996   Wie die Rechten reden. Sprachwissenschaftliche und diskursanalytische Veröffentlichungen zu den Themen Faschismus, Rechtsextremismus und Rassismus. Eine kommentierte Bibliographie.
1997   Zur Konstitutierung rassistisch verstrickter Subjekte. In: P. Mecheril u. T. Teo (Hg.), Psychologie und Rassismus, 132-152.

Jäger, Siegfried (Hg.)
1991   Alltäglicher Rassismus. 22 Interviews mit Bürgerinnen und Bürgern aus Deutschland. Matrialband zum Buch BrandSätze. (DISS-Skript, Nr. 3). Duisburg.
1994   Aus der Werkstatt: Anti-rassistische Praxen. Konzepte – Erfahrungen – Forschung. Duisburg.

Jäger, Siegfried und Jürgen Link (Hg.)
1993   Die vierte Gewalt – Rassismus und die Medien. Duisburg.

Jäggi, Christian J.
1992   Rassismus ein globales Problem. Zürich, Köln.

Jahoda, Gustav
1999   Images of Savages. Ancient Roots of Modern Prejudice in Western Culture. London, New York.

Jaimes, Annette M.
1994   American Racism: The Impact on American-Indian Identity and Survival. In: S. Gregory und R. Sanjek (Hg.), Race, 41-61.

Jara, Manolo B.
1991   Aeta Tribes Help Gov't Save RP Forest Cover. In: The Freemann, 30.10.1991.

Jarvie, Grant (Hg.)
1991   Sport, Racism and Ethnicity. London, New York, Philadelphia.

Jeggle, Utz
1986   Der Kopf des Körpers. Eine volkskundliche Anatomie. Weinheim, Berlin.

Jenista, Frank L.
1987   The White Apos. American Governors on the Cordillera Central. Quezon City.

Jenkins, Richard
1986   Racism and Recruitment. Managers, Organisations and Equal Opportunity in
        the Labor Market. (Comparative Ethnic and Race Relations). Cambridge.
1992   Social Anthropological Models of Inter-Ethnic Relations. In: J. Rex und D.
        Mason (Hg.), Theories of Race and Ethnic Relations, 170-186.
1996   „Us“ and „Them“: Ethnicity, Racism and Ideology. In: R. Barot (Hg.), The
        Racism Problematic, 69-88.

Jiobu, Robert M.
1988   Ethnicity and Assimilation. Albany.

Jo, Yung-Hwan
1987   Japan. In: J. A. Sigler (Hg.), International Handbook on Race and Race Relati-
        ons, 129-154.

Jocano, F. Landa; Lilia Marquez und Mamerta Caguimbal
1994   Problems & Methods in the Study of Philippine Indigenous Ethnic Cultures. (A
        Preliminary Overview). Quezon City.

Johnson, Mark
1987   The Body in the Mind: The Bodily Basis of Meaning, Imagination, and Rea-
        son. Chicago, London.

Joly, Daniéle (Hg.)
1998   Scapegoats and Social Actors. The Exclusion and Integration of Minorities in
        Western and Eastern Europe. London, New York.

Jones, James M.
1997   Prejudice and Racism. (Second Edition). New York, St. Louis, San Francisco
        u. a.

Johnson, Mark
1997   Beauty and Power. Transgendering and Cultural Transformation in the Sou-
        thern Philippines. Oxford, New York.

Jokisch, Karl
1990   Zum Umgang mit dem Fremden. In: Aus Politik und Zeitgeschichte 23/24: 26-
        31.

Jordan, Glenn und Chris Weldon
1995   Cultural Politics. Class, Gender, Race and the Postmodern World. Oxford,
        Cambridge.

Jorgensen, Dan
1985   Fempsep's Last Garden: A Telefol Response to Mortality. In: D. E. A. Counts
        und D. Counts (Hg.), Aging and Its Transformations. Moving Toward Death in
        Pacific Societies. Wahsington, D.C.

Kalpaka, Annita und Räthzel, Nora
1989   Die Schwierigkeit, nicht rassistisch zu sein. In: Theorien über Rassismus, 85-100.

Kalpaka, Annita und Räthzel, Nora (Hg.)
1990   Von der Schwierigkeit, nicht rassistisch zu sein. Leer.

Kant, Imanuel
1785   Bestimmung des Begrifs einer Menschenrace. In: Berlinische Monatsschrift 6: 390-417.

Kawada, Makito
1996   *Bayad Sa Dili Naton Kaipon*: A Visayan Ritual of Offering to the Spirits. In: I. Ushijima und C. N. Zayas (Hg.), *Binisaya nga Kinabuhi*, Visayan Life. Visayas Maritime Anthropological Studies II: 1993-1995, 213-240. Diliman, Quezon City.

Kaupen-Haas, Heidrun und Christian Saller (Hg.)
1999   Wissenschaftlicher Rassismus. Analysen einer Kontinuität in den Human- und Naturwissenschaften. Frankfurt a. M., New York.

Keen, Ian (Hg.)
1988   Being Black. Aboriginal Cultures in 'Settled' Australia. Canberra.

Keita, S. O. Y. und Rick A. Kittles
1997   The Persistence of Racial Thinking and the Myth of Racial Divergence. In: AA 99: 534-544.

Keith, Michael und Steve Pile (Hg.)
1993   Place and the Politics of Identity. London.

Keller, Christoph
1994   Gen-Jäger und Sammler. Wie Hoffmann-La Roche bei den Aeta versucht hat, an menschliche Gene heranzukommen. In: Philippinen Forum 38: 39-41.

Kelley, Stanley
1996   The Promise and Limitations of Rational Choice Theory. In: J. Friedman (Hg.), The Rational Choice Controversy, 95-106.

Kelly, Robert L.
1995   The Foraging Spectrum. Diversity in Hunter-Gatherer Lifeways. Washington, London.

Kempf, Wolfgang
1992   'The Second Coming of the Lord': Early Christianization, Episodic Time, and the Cultural Construction of Continuity in Sibog. In: Oceania 63: 72-86.

Kern, Hendrick
1882   Over de taal der Philippijnsche Negrito's. In: Bijdragen tot de Taal-, Land-, en Volkenkunde van Nederlandsch-Indie 4: 243-262.
1896   Opmerkingen omtrent de Taal der Agta's Van't Schiereiland Camarines (Filippijnen). In: Bijdragen tot de Taal-, Land en Volkenkunde van Nederlandsch-Indie 2: 434-436.

Kilson, Martin
1975   Blacks and Neo-Ethnicity in American Political Life. In: N. Glazer und D. P. Moynihan (Hg.), Ethnicity, 236-266.

Kimay, Juanito C.
1973   The Effect of Education in Socio-economic Life of the Negritoes of Lower Kalinga-Apayo. Baguio (Graduate School of Education, Lyceum of Baguio): unveröffentlichte Magisterarbeit.

Kinloch, Graham C.
1974   The Dynamics of Race Relations. New York.
1981   Comparative Race and Ethnic Relations. In: International Journal of Comparative Sociology 22: 257-271.

Kläver, Karl-Heinz
1985   Erste Untersuchungen zur Serumparaoxonase-Aktivität bei Südphilippinischen Negrito vom Stamm der Ati. Erlangen.

Kleihauer, Maike
1992   Kulturelle Regression bei Jäger- und Sammlerkulturen. Münster, Hamburg, London.

Kleinman, Artuhr und Lin Tsung-yi (Hg.)
1981   Normal and Abnormal Behavior in Chinese Culture. Dordrecht.

Klineberg, Otto
1975   Race and Psychology. In: L. Kuper (Hg.), Race, Science and Society, 173-210.

Kluge, Friedrich
1995   Etymologisches Wörterbuch der deutschen Sprache. Bearb. von Elmar Seebold. (23., erw. Auflage). Berlin, New York.

Knödel, Susanne
1995   Die matrilinearen Mosuo von Yongning. Eine quellenkritische Auswertung moderner chinesischer Ethnographien. Münster.

Knußmann, Rainer
1996   Vergleichende Biologie des Menschen. Lehrbuch der Anthropologie und Humangenetik. (2. überarb. u. erw. Auflage). Stuttgart, Lübeck, Jena, Ulm.

Koch, Joseph
1931   Sind die Pygmäen Menschen? Ein Kapitel aus der philosophischen Anthropologie der mittelalterlichen Scholastik. In: Archiv für Geschichte der Philosophie 40: 194-213.

Koch, Ralf
1996   Medien mögen's weiß. Rassismus im Nachrichtengeschäft. München.

Kohut, Karl (Hg.)
1989   Rasse, Klasse und Kultur in der Karibik. Fachtagung „Rassenbeziehungen und Rassenbegegnungen in der Karibik". Frankfurt a. M.

Kokot, Waltraud; Hartmut Lang und Eike Hinz
1982   Current Trends in Cognitive Anthropology. In: Anthropos 77: 329-350.

Kokot, Waltraud und Doris Dracklé (Hg.)
1999   Wozu Ethnologie? Festschrift für Hans Fischer. (Kulturanalysen, Bd. 1). Berlin.

Koptiuch, Kristin
1996   „Cultural Defense" and Criminological Displacements: Gender, Race and (Trans)Nation in the Legal Surveillance of U.S. Diaspora Asians. In: S. Lavie und T. Swedenburg (Hg.), Displacement, Diaspora and Geographies of Identity, 215-234.

Koshiro, Yukiko
1999   Trans-Pacific Racisms and the U.S. Occupation of Japan. New York.

Kramp, Rita
1993   Der demographische Gehalt ethnographischer Zensus. Köln: unveröffentlichte Magisterarbeit.
1999   Familienplanung in Gabensis. Fertilitätswandel aus ethnographischer Sicht. (Materialien zur Kultur der Wampar, Papua New Guinea, Bd. 6). Berlin.

Krause, Burkhardt (Hg.)
1992   Fremdkörper – fremde Körper – Körperfremde. Kultur- und literaturgeschichtliche Studien zum Körperthema. Stuttgart.

Krause, Burkhardt
1992   Einleitende Bemerkungen. In: ders. (Hg.), Fremdkörper – fremde Körper – Körperfremde, 8-25.

Kroeber, Alfred und Clyde Kluckhon
o.J.   Culture. A Critical Review of Concepts and Definitions. New York. (Zuerst 1952, Papers of the Peabody Museum of American Archaeology and Ethnology, Harvard University, Bd. 47, Nr. 1. Cambridge, Massachusetts).

Kubin, Wolfgang (Hg.)
1995   Mein Bild in deinem Auge. Exotismus und Moderne: Deutschland – China im 20. Jahrhundert. Darmstadt.

Kuehling, Susanne
1998   The Name of the Gift. Ethics of Exchange on Dobu Island. Canberra: unpublished Ph. D. thesis.

Kulick, Don und Margaret Willson (Hg.)
1995   Taboo. Sex, Identity, and Erotic Subjectivity in Anthropological Fieldwork. London, New York.

Kunda, Ziva
1999   Social Cognition. Making Sense of People. Cambridge, London.

Kuntz, Andreas und Beatrix Pfleiderer (Hg.)
1987   Fremdheit und Migration. Berlin.

Kunz, Volker und Ulrich Druwe (Hg.)
1994   Rational Choice in der Politikwissenschaft. Grundlagen und Anwendungen. Opladen.
1996   Handlungs- und Entscheidungstheorie in der Politikwissenschaft. Eine Einführung in Konzepte und Forschungsstand. Opladen.

Kuper, Leo (Hg.)
1975   Race, Science and Society. Paris, London.

Kurokawa Maykovich, Minako
1972   Reciprocity in Racial Stereotypes: White, Black and Yellow. In: Journal of American Sociology 77: 876-897.

Kushnick, Louis
1995   Racism and Anti-Racism in Western Europe. In: B. P. Bowser (Hg.), Racism and Anti-Racism in World Perspective, 181-202.

Kuznar, Lawrence A.
1997   Reclaiming a Scientific Anthropology. Walnut Creek, London, New Delhi.

Lakoff, G.
1987   Women, Fire, and Dangerous Things. What Categories Reveal about the Mind. Chicago, London.

Lambek, Michael und Andrew Strathern (Hg.)
1998   Bodies and Persons. Comparative Perspectives from Africa and Melanesia. Cambridge.

Lancaster, Roger N.
1991   Skin Color, Race, and Racism in Nicaragua. In: E 30: 339-353.

Lancaster, Roger N. und Micaela die Leonardo (Hg.)
1997   The Gender/Sexuality Reader. Culture, History, Political Economy. New York, London.

Lane, Robert E.
1996   What Rational Choice Explains. In: J. Friedman (Hg.), The Rational Choice Controversy, 107-126.

Lang, Hartmut
1989   Was ist Gegenstand der Verwandtschaftsethnologie? In: ZfE 114: 39-54.
1992   Begriffe und Begründungen: Eine Replik auf Pfeffers „Zur Verwandtschafts- ethnologie". In: ZfE 117: 55-58.
1994   Wissenschaftstheorie für die ethnologische Praxis. (Zweite, vollständig überar- beitete und erweiterte Neuauflage). Berlin.
1997   Ethnodemographie und die Bedeutung von ethnographischen Zensuserhebun- gen. In: W. Schulze, H. Fischer und H. Lang, Geburt und Tod. Ethnode- mographische Probleme, Methoden und Ergebnisse, 4-36.
1999   Theorie und Ethnographie. In: W. Kokot (Hg.), Wozu Ethnologie?, 75-90.

Lang, Peter C.
1996   Vorurteil. In: P. Prechtl und F.-P. Burkard (Hg.), Metzler Philosophie Lexikon, 560-561. Stuttgart, Weimar.

La Ruffa, Anthony
1973   „Interracial Marriage" among Puerto Ricans. In: I. R. Stuart und L. E. Abt (Hg.), Interracial Marriages: Expectations and Realities, 213-228.

Lattas, Andrew
1991   Sexuality and Cargo Cults: The Politics of Gender and Procreation in West New Britain. In: Cult. Anth. 6: 230-256.
1992 a Introduction. Hysteria, Anthropological Discourse and the Concept of the Un- conscious: Cargo Cults and the Scientisation of Race and Colonial Power. In: Oceania 63: 1-14.
1992 b Skin, Personhood, and Redemption: The Double Self in West New Britain Cargo Cults. In: Oceania 63: 27-54.

1993 a   Essentialism, Memory and Resistance: Aboriginalitiy and the Politics of Authenticity. In: Oceania 63: 240-267.
1993 b   Sorcery and Colonialism: Illness, Dreams, and Death as Political Languages in West New Britain. In: Man 28: 51-77.
1998   Cultures of Secrecy. Reinventing Race in Bush Kaliai Cargo Cults. Madison, Wisconsin.

Lattimore, Owen
1951   Inner Asian Frontiers of China. (Zuerst 1940). New York.

Lavie, Smadar und Ted Swedenburg (Hg.)
1996   Displacement, Diaspora and Geographies of Identity. Durham, London.

Layton, Robert; Robert Foley und Elizabeth Williams
1991   The Transition between Hunting and Gathering and the Specialized Husbandry of Resources. A Socio-ecological Approach. In: CA 32: 255-274.

Laxamana, José C.
1978   Negrito Culture, its Implications for Social Studies Materials. Quezon City (University of the Philippines): unveröffentlichte Magisterarbeit.

Law, Ian
1996   Racism, Ethnicity and Social Policy. London, New York.

Lawless, Robert
1966   A Comparative Analysis of Two Studies on *utang na loob*. In: PSR 14: 168-172.
1969   An Evaluation of Philippine Culture-Personality Research. Quezon City.

Leach, Edmund
1954   Political Systems of Highland Burma. A Study of Kachin Social Structure. London.
1961 a   Pul Eliya: A Village in Ceylon. Cambridge.
1961 b   Rethinking Anthropology. London.
1989   Culture and Communication. The Logic by which Symbols are Connected. (Zuerst 1976). Cambridge.

Leavitt, Stephen C.
2000   The Apotheosis of White Men?: A Reexaminaton of Beliefs about Europeans as Ancestral Spirits. In: Oceania 70: 304-323.

LeBlanc, Charles und Susan Blader (Hg.)
1987   Chinese Ideas about Nature and Society. Studies in Honour of Derk Bodde. Hongkong.

Lee, Martha F.
1988   The Nation of Islam, an American Millenarian Movement. (Studies in Religion and Society, Vol. 21). Lewiston, N. Y.

Lee, Richard B. und Mathias Guenther
1991   Oxen or Onions: The Search for Trade (and Truth) in the Kalahari. In: CA 32: 592-601.

Leenhardt, Maurice
1984   Do Kamo. Die Person und der Mythos in der melanesischen Welt. Frankfurt a. M., Berlin, Wien.

Le Guérer, Annik
1992   Die Macht der Gerüche. Eine Philosophie der Nase. Stuttgart.

Lehner, Stephan
1907   Erster Bericht von Arcona. In: Kirchliche Mitteilungen aus und über Nordame-
        rika, Australien und Neu-Guinea 39: 81-89.
1928   The Blood Theory of the Melanesians, New Guinea. In: JPS 37: 426-450.

Leiprecht, Rudolf
1992   „....da baut sich ja in uns ein Haß auf...“ Zur subjektiven Funktionalität von
        Rassismus und Ethnozentrismus bei abhängig beschäftigten Jugendlichen.
        (Edition Philosophie und Sozialwissenschaften 19). Hamburg, Berlin.
1996   Rassismus und die Macht der Zuschreibung: Die ‚Frage nach der Jugend‘ und
        die ‚Frage nach der Kultur‘. Anmerkungen aus der Rassismusforschung. In: D.
        Dracklé (Hg.), Jung und wild: zur kulturellen Konstruktion von Kindheit und
        Jugend, 240-272. Berlin, Hamburg.

Leiris, Michel
1975   Race and Culture. In: L. Kuper (Hg.), Race, Science and Society, 135-172.

Lenk, Kurt (Hg.)
1970   Ideologie. Ideologiekritik und Wissenssoziologie. (4. Auflage). Neuwied, Ber-
        lin.

Lepore, Lorella und Rupert Brown
1999   Exploring Automatic Stereotype Activation: A Challenge to the Inevitability of
        Prejudice. In: D. Abrams und M. A. Hogg (Hg.), Social Identity and Social
        Cognition, 141-163. Oxford.

Leroi-Gourhan, Arlette und André Leroi-Gourhan
1995   Eine Reise zu den Ainu. Zürich.

Leser, Hartmut (Hg.)
1997   Wörterbuch Allgemeine Geographie (1. überarbeitete Neuauflage, 1. Auflage
        1984). München, Braunschweig.

Leslie, Donald Daniel
1987   Living with the Chinese: the Muslim Experience in China, T'ang to Ming. In:
        C. LeBlanc und S. Blader (Hg.), Chinese Ideas about Nature and Society, 175-
        194.

Leveau, Rémy und Werner Ruf (Hg.)
1991   Migration und Staat. Inner- und intergesellschaftliche Prozesse am Beispiel
        Algerien, Türkei, Deutschland und Frankreich. Münster, Hamburg.

Lévi-Strauss, Claude
1975   Race and History. In: L. Kuper (Hg.), Race, Science and Society, 95-134.

Levine, Hal B.
1997   Constructing Collective Identity. A Comparative Analysis of New Zealand
        Jews, Maori, and Urban Papua New Guineans. Frankfurt a. M.

Levine, Hal B. und Marlene Wolfzahn Levine
1979   Urbanization in Papua New Guinea: A Study of Ambivalent Townsmen. Cam-
        bridge, London, New York, Melbourne.

LeVine, Robert A. und Donald T. Campbell
1972   Ethnocentrism: Theories of Conflict, Ethnic Attitudes, and Group Behavior. New York.

Lewis, Archibald (Hg.)
1970   The Islamic World and the West. A.D. 622-1492. New York, London, Sydney, Toronto.

Lewis, Herbert S.
1998   The Misrepresentation of Anthropology and Its Consequences. In: AA 100: 716-731.

Li Yü
1963   Die vollkommene Frau. Das chinesische Schönheitsideal. Aus dem Chinesischen übertragen und eingeleitet von Wolfram Eberhard. Zürich.

Lieban, Richard
1960   Sorcery, Illness and Social Control in a Philippine Municipality. In: SJA 16: 127-143.
1962   The Dangerous Ingkantos: Illness and Social Control in a Philippine Community. In: AA 64: 306-312.
1967   Cebuano Sorcery: Malign Magic in the Philippines. Berkeley, Los Angeles.

Lieberman, Leonard
1997   Gender and the Deconstruction of the Race Concept. In: AA 99: 545-558.

Lieberman, Leonard und Fatimah Linda C. Jackson
1995   Race and Three Models of Human Origin. In: AA 97: 231-242.

Lieberman, Leonard; Blaine W. Stevenson und Larry T. Reynolds
1989   Race and Anthropology: A Core Concept without Consensus. In: Anthropology and Education Quarterly 20: 67-73.

Lienert, Heide
1980   Heirat und Verwandtschaft in Ngasawapum: Auswertung von Feldforschungsergebnissen. Hamburg: unveröffentlichte Magisterarbeit.

Linck, Gudula
1995   Die Menschen in den Vier Himmelsrichtungen. Chinesische Fremdbilder. In: Helwig Schmidt-Glinzter (Hg.), Das andere China, 257-289. Wiesbaden.

Linck-Kesting, Gudula
1979   Ein Kapitel chinesischer Grenzgeschichte. Han und Nicht-Han im Taiwan der Qing-Zeit 1683-1895. (Münchener Ostasiatische Studien, Bd. 22). Wiesbaden.

Lincoln, Eric C.
1961   The Black Muslims in America. Boston.

Lind, Andrew W.
1966   The Islands of the Pacific. In: UNESCO (Hg.), Research on Racial Relations, 229-248.
1969   Inter-ethnic Marriage in New Guinea. (New Guinea Research Bulletin, No. 31). Canberra, Port Moresby.

Lindlof, Thomas R.
1995   Qualitative Communication Research Methods. Thousand Oaks, London, New Delhi.

Link, Jürgen
1992   Über den Anteil diskursiver Faktoren an neorassistischen Proliferationen. In: Institut für Migrations- und Rassismusforschung (Hg.), Rassismus und Migration in Europa, 333-345.

Linke, Uli
1997   Gendered Difference, Violent Imagination: Blood, Race, Nation. In: AA 99: 559-573.

Linton, Ralph
1964   The Study of Man. An Introduction. (Zuerst 1936). New York.

Lips, Eva
1951/52 Wanderungen und Wirtschaftsformen der Ojibwa-Indianer. In: Wissenschaftliche Zeitschrift der Universität Leipzig 52: 1-38.
1956   Die Reisernte der Ojibwa-Indianer. Wirtschaft und Recht eines Erntevolkes. Berlin.

Lipuma, Edward
1998   Modernity and Forms of Personhood in Melanesia. In: M. Lambek und A. Strathern (Hg.), Bodies and Persons, 53-79.

Liss, Julia E.
1998   Diasporic Identities: The Science and Politics of Race in the Work of Franz Boas and W. E. B. DuBois, 1894-1919. In: Cult. Anth. 13: 127-166.

Littlefield, Alice, Leonard Lieberman, und Larry T. Reynolds
1982   Redifining Race: The Potential Demise of a Concept. In: CA 23: 641-647.

Livingstone, Frank B.
1962   On the Non-Existence of Human Races. In: CA 3: 279-281.

Lock, Margaret
1993   Cultivating the Body: Anthropology and Espistemologies of Bodily Practice and Knowledge. In: ARA 22: 133-155.

Locke, Vance und Iain Walker
1999   Stereotyping, Processing Goals, and Social Identity: Inveterate and Fugacious Characteristics of Stereotypes. In: D. Abrams und M. A. Hogg (Hg.), Social Identity and Social Cognition, 164-182. Oxford.

Loewe, Michael
1966   Imperial China. The Historical Background to the Modern Age. London.

Lohmann, Karl Reinhard
1998   Konkurrenz und Solidarität. Rationale Entscheidungen in den Grenzen sozialer Strukturen. Frankfurt a.M., New York.

Lomax, Louis
1964   A Report on Elijah Muhammad, Malcolm X, and the Black Muslim World. When the Word is Given... New York.

Long, Norman
1996   Globalization and Localization. New Challenges to Rural Research. In: H. L. Moore (Hg.), The Future of Anthropological Knowledge, 37-59.

Lopéz Austin, Alfredo
1988   The Human Body and Ideology Concepts of the Ancient Nahuas. (2 Bände)
        Salt Lake City.

Low, Gail Ching-Liang
1996   White Skins / Black Masks: Representation and Colonialism. London, New
        York.

Lowie, Robert
1966   Culture and Ethnology. (Zuerst 1917). New York, London.

Luig, Ute
1995   Körpermetaphorik, Sexualität und Macht der Frauen. Das Beispiel der Baule in
        der Elfenbeinküste. In: dies. und Ilse Lenz (Hg.), Frauenmacht ohne Herr-
        schaft, 276-301.

Lütkes, Christiana
1999   GOM. Arbeit und ihre Bedeutung bei den Wampar im Dorf Tararan, Papua-
        Neuguinea. Münster, New York, München, Berlin.

Lutz, Catherine A. und Jane Collins
1997   The Color of Sex. Postwar Photographic Histories of Race and Gender in Nati-
        onal Geographic Magazine. In: R. N. Lancaster und M. D. Leonardo (Hg.),
        The Gender / Sexuality Reader, 291-306.

Lynch, Francis X.
1948   Some Notes on a Brief Field Survey of the Hill People of Mt. Iriga, Camarines
        Sur, Philippines. In: Primitive Man 21: 65-74.

Maas, Wolfgang
1994   Die „Kastom"-Ideologie in Melanesien. Frankfurt a. M., Berlin u. a.

Mac an Ghaill, Máirtín
1999   Contemporary Racisms and Ethnicities. Social and Cultural Transformations.
        Buckingham, Philadelphia.

Mackerras, Colin
1994   China's Minorities: Integration and Modernization in the Twentieth Century.
        Oxford, New York, Toronto.

Maceda, Marcelino N.
1975 a The Culture of the Mamanua (Northeast Mindanao) as Compared with that of
        the Other Negritos of Southeast Asia. (San Carlos Publications, Humanities Se-
        ries No.1). Cebu City.
1975 b Culture Change Among a Mamanua Group of Northeastern Mindanao. In:
        Philippine Quarterly of Culture and Society 3: 258-276.

Maghari, Melicio
1902   Non-Christians in the Vicinity of Barbaza. (Paper No. 81). In: Otley H. Beyer
        Collection of Original Sources in Philippine Ethnography, The Negrito Aeta
        Peoples 20/3.2 (Mikrofiche). Manila: National Museum.

Magiros, Angelika
1995   Foucaults Beitrag zur Rassismustheorie. Hamburg.

Magos, Alicia P.
1992   The Enduring Ma-aram Tradition. An Ethnography of a Kinaray-a Village in Antique. Quezon City.
1994   The Concept of *Mari-it* in Panaynon Maritime Worldview. In: I. Ushijima und C. Neri Zayas (Hg.), Fishers of the Visayas, 305-356.
1996 a *Barko Nga Bulawan*: Tales of the Mythical Gold Boat of Panay. In: I. Ushijima und C. N. Zayas (Hg.), *Binisaya nga Kinabuhi*, Visayan Life, 257-279.
1996 b *Mari-it* and Its Impact on Ecosystem Protection and Conservation (Panay Island). In: P. L. Bennagen und M. L. Lucas-Fernan (Hg.), Consulting the Spirits, Working with Nature, Sharing with Others, 103-116.

Magubane, B. M.
1979   The Political Economy of Race and Class in South Africa. New York.

Maguire, Joe
1991   Sport, Racism and British Society: A Sociological Study of England's Élite Male Afro/Caribbean Soccer and Rugby Union Players. In: G. Jarvie (Hg.), Sport, Racism and Ethnicity, 94-123.

Mahmood, Cynthia K. und Sharon L. Armstrong
1992   Do Ethnic Groups Exist?: A Cognitive Perspective on the Concept of Cultures. In: E 13: 1-14.

Malcolm X
1965   Malcolm X Speaks. New York.
1966   Der schwarze Tribun. Malcolm X. Eine Autobiographie. Herausgegeben von Alex Haley, mit einem Vorwort von Klaus Harpprecht. (Original 1965, „The Autobiography of Malcolm X", New York). Frankfurt a. M.
1970   Malcolm X on Afro-American History. (Expanded and illustrated edition, zuerst 1967). New York.
1989   Malcolm X: The Last Speeches. Herausgegeben von Bruce Perry. New York.

Malinowski, Bronislaw
1929   The Sexual Life of Savages in North-Western Melanesia. An Ethnographic Account of Courtship, Marriage and Family Life among the Natives of the Trobriand Islands, British New Guinea. New York.
1971   Myth in Primitive Psychology. (Zuerst 1926). Westport, Conn.
1985   Ein Tagebuch im strikten Sinn des Wortes. Neuguinea 1914-1918. Frankfurt a. M.

Manganyi, N. C.
1973   Being-Black-in-the-World. Johannesburg.

Maquet, Jacques J.
1975   Inequality in Ruanda. In: P. van den Berghe (Hg.), Race and Ethnicity in Africa, 79-89.

Marcson, S.
1950   A Theory of Intermarriage and Assimilation. In: Social Forces 29: 75-78.

Marcus, George E.
1980   Rhetoric and the Ethnographic Genre in Anthropological Research. In: CA 21: 507-510.

Marcus, George E. und Dick Cushman
1982   Ethnographies as Texts. In: ARA 11: 25-69.

1985   The Making of Ethnographic Texts: A Preliminary Report. In: CA 26: 267-271.

Marcus, Julie
1992   Racism, Terror and the Production of Australian Auto/Biographies. In: J. Okely and H. Callaway (Hg.), Anthropology and Autobiography, 100-115. London, New York.

Martin, Peter
1993   Schwarze Teufel, edle Mohren. Hamburg.

Martinez-Alier, Verena
1989   Marriage, Class, and Colour in Nineteenth-Century Cuba: A Study of Racial Attitudes and Sexual Values in a Slave Society. Ann Arbor.

Masa, M.
1902   The Non-Christians of Antique Province. (General for Antique Province). San Remigio, Antique. (Paper No. 79). In: Otley H. Beyer Collection of Original Sources in Philippine Ethnography, The Negrito Aeta Peoples 20/3.2 (Mikrofiche). Manila: National Museum.

Mason, David
1992 a   Introduction. Controversies and Continuities in Race and Ethnic Relations Theory. In: J. Rex und D. Mason (Hg.), Theories of Race and Ethnic Relations, 1-19.
1992 b   Some Problems with the Concepts of Race and Racism. (Leicester University Discussion Papers in Sociology, No. S 92/5). University of Leicester.
1996   Some Reflections on the Sociology of Race and Racism. In: R. Barot (Hg.), The Racism Problematic, 193-211.
2000   Race and Ethnicity in Modern Britain. (2. Auflage). Oxford, New York.

Mason, Philip
1967   The Revolt against Western Values. In: Daedalus 96: 328-352.

Mathew, Gervase
1963   The East African Coast Until the Coming of the Portuguese. In: R. Oliver und G. Mathew (Hg.), The History of East Africa (Bd. I), 94-127. Oxford.

Matsuki, Keiko
1996   Discourse Analysis. In: D. Levinson und M. Ember (Hg.), Encyclopedia of Cultural Anthropology, Bd. 1: 351-355. New York.

Maturan, Elalio G.
1980   Folk Medicine and Health Care in Bohol: The Mananambal and the Mananabang. In: SJ 27: 43-72.

Matouschek, Bernd; Ruth Wodak und Franz Januschek
1995   Notwendige Maßnahmen gegen Fremde? Genese und Formen von rassistischen Diskursen und Differenz. Wien.

Maurer, Friedemann (Hg.)
1981   Lebensgeschichte und Identität. Beiträge zu einer biographischen Anthropologie. Frankfurt a. M.

Mauss, Marcel
1978   Die Techniken des Körpers. In: Soziologie und Anthropologie, Band II, 199-220. (Zuerst 1935 „Les techniques du corps"). Frankfurt a. M., Berlin, Wien.

Maxfield, Berton L. und W. H. Millington
1906 a   Visayan Folk-Tales I. In: JAF 19: 97-112.
1906 b   Philippine (Visayan) Superstitions. In: JAF 19: 205-211.
1907 a   Visayan Folk-Tales. II. In: JAF 20: 89-103.
1907 b   Visayan Folk-Tales. III. In: JAF 20: 311-318.

Mayer, Jessica R.
1981/82 Body, Psyche, and Society: Conceptions of Illness in Ommura, Eastern High-
          lands, Papua New Guinea. In: Oceania 52: 240-260.

Mayer, Karl Ulrich und Nancy Brandon Tuma (Hg.)
1990   Event History Analysis in Life Course Research. Wisconsin.

McClintock, Anne
1995   Imperial Leather, Race Gender and Sexuality in the Colonial Contest. New
          York, London.

McClintock, Anne; Aamir Mufti und Ella Shohat (Hg.)
1997   Dangerous Liaisons. Gender, Nation and Postcolonial Perspectives. London.

McLean, Polly E.
1995   Mass Communication, Popular Culture, and Racism. In: B. P. Bowser (Hg.),
          Racism and Anti-Racism in World Perspective, 83-114.

McLellan, David
1995   Concepts in the Social Sciences. Ideology. Buckingham.

McNeilly, Russel A.
1973   Aspects of Interracial Marriage in a Multiracial Society – Trinidad, W. I. In: I.
          R. Stuart und L. E. Abt (Hg.), Interracial Marriage: Expectations and Realities,
          265-277.

Mecheril, Paul und Thomas Teo (Hg.)
1997   Psychologie und Rassismus. Reinbek bei Hamburg.

Mehringer, Jakob und Jürgen Dieckert
1991   Die Körper- und Wesensauffassung bei den brasilianischen Canela-Indianern.
          In: ZfE 115: 241-259.

Melber, Henning
1989   Rassismus und eurozentrisches Zivilisationsmodell: Zur Entwicklungsge-
          schichte des kolonialen Blicks. In: O. Autrata, G. Kaschuba, R. Leiprecht, C.
          Wulf (Hg.), Theorien über Rassismus, 29-62.
1992 a   Der Weißheit letzter Schluß: Rassismus und kolonialer Blick. Frankfurt a. M.
1992 b   Am deutschen Wesen... Zur Kontinuität kolonialen Denkens. In: Institut für
          Migrations- und Rassismusforschung (Hg.), Rassismus und Migration in Eu-
          ropa, 247-258.

Memmi, Albert
1980   Der Kolonisator und der Kolonisierte: Zwei Porträts. Frankfurt a. M.
1987   Rassismus. Frankfurt a. M.
1991   Die Fremde. Frankfurt a. M.

Mendoza, Antonio M.
1982   Community organization and development among the Negritoes in Pampanga
          using a down-to-earth Experiental Pedagogy (DEEP). Pampanga: unveröffent-
          lichte Dissertation.

Menninghaus, Winfried
1997   Ekel-Tabu und Omnipräsenz des „Ekel" in der ästhetischen Theorie (1740-
        1790). In: Poetica. Zeitschrift für Sprach- und Literaturwissenschaft 29: 405-
        431.
1999   Ekel. Theorie und Geschichte einer starken Empfindung. Frankfurt a. M.

Menzel, Peter A.
1993   Fremdverstehen und Angst. Fremdenangst als kulturelle und psychische
        Dispositon und die daraus entstehenden interkulturellen Kommunikations-
        probleme. (Mundus Reihe Ethnologie, Bd. 65). Bonn.

Merleau-Ponty, Maurice
1976   Phänomenologie der Wahrnehmung. (Phänomenologisch-Psychologische For-
        schungen, Bd. 7). Berlin.
1984   Die Struktur des Verhaltens. (Phänomenologisch-Psychologische Forschungen,
        Bd. 13). Berlin, New York.

Merry, Sally Engle
1991   Law and Colonialism. In: Law and Society Review 25: 889-992.

Merson, John
1989   Strassen nach Xanadu. China und Europa und die Entstehung der modernen
        Welt. Hamburg.

Meyer, Adolf Bernhard
1875   Über die Beziehungen zwischen Negritos und Papuas. In: Verhandlungen der
        Berliner Gesellschaft für Anthropologie, Ethnologie und Urgeschichte 7: 47-
        48.
1899   The Distribution of the Negritos in the Philippine Islands and Elsewhere. Dres-
        den.

Mihalic, F.
1971   The Jacaranda Dictionary and Grammar of Melanesian Pidgin. Milton, u. a.

Miles, Robert
1982   Racism and Migrant Labour: A Critical Text. London.
1984   Marxism versus the Sociology of Race Relations. In: ERS 7: 233-237.
1989 a   Bedeutungskonstitution und der Begriff des Rassismus. In: Das Argument 175:
        353-367.
1989 b   Racism. London, New York.
1991   Die Idee der „Rasse" und Theorien über Rassismus: Überlegungen zur briti-
        schen Diskussion. In: U. Bielefeld (Hg.), Das Eigene und das Fremde, 189-
        218.
1993   Racism After 'Race Relations'. London.
1996   Racism and Nationalism in the United Kingdom: A View from the Periphery.
        In: R. Barot (Hg.), The Racism Problematic, 231-255.
1998   Rassismus und Nationalismus in Großbritannien und Nordirland. Ein Blick aus
        der Peripherie. In: C. Flatz; S. Riedman und M. Kröll (Hg.), Rassismus im
        virtuellen Raum, 145-168.

Miller, Edward Y.
1905   The Bataks of Palawan. (Department of the interior, Ethnological Survey
        Publications, Bd. II). Manila.

Mirzoeff, Nicholas
1999   An Introduction to Visual Culture. London, New York.

Mischung Roland
1984   Religion und Wirklichkeitsvorstellungen in einem Karen-Dorf Nordwest-Thailands. (Studien zur Kulturkunde, Bd. 69). Wiesbaden.
1999   Über Diskursmoden in der Ethnologie. In: W. Kokot und D. Dracklé (Hg.), Wozu Ethnologie?, 155-175.

Mitchell, Clyde (Hg.)
1969   Social Networks in Urban Situations. Analyses of Personal Relationships in Central African Towns. Manchester.

Mitsch, Ralf
1992   Körper als Zeichenträger kultureller Alterität. Zur Wahrnehmung und Darstellung fremder Kulturen in mittelalterlichen Quellen. In: B. Krause (Hg.), Fremdkörper – fremde Körper – Körperfremde, 73-109.

Modood, Tariq
1996   If Races Don't Exist, Then What Does? Racial Categorisation and Ethnic Realities. In: R. Barot (Hg.), The Racism Problematic, 89-105.
1997   'Difference', Cultural Racism and Anti-Racism. In: P. Werbner und T. Modood (Hg.), Debating Cultural Hybridity, 173-192.

Moerman, Michael
1965   Ethnic Identification in a Complex Civilization: Who Are the Lue? In: AA 67: 1215-1230.

Mohanty, Chandra Talpade
1988   Aus westlicher Sicht: feministische Theorie und koloniale Diskurse. In: Beiträge zur feministischen Theorie und Praxis 11: 149-162.

Monteclaro, Pedro
1931   The „Maragtas" of Panay. Selected from Bisaya Vol. II Beyer Collection of Manuscript Sources in Philippine Ethnography by F. D. Holleman, 28 (Mikrofiche). Manila: National Museum.

Moore, Henrietta
1988   Feminism and Anthropology. Cambridge, Oxford.

Morgen, Sandra
1988   The Dream of Diversity, the Dilemma of Difference: Race and Class Contradictions in a Feminist Health Clinic. In: J. B. Cole (Hg.), Anthropology for the Nineties, 370-380.

Morris, Barry
1997   Racism, Egalitarianism and Aborigines. In: G. Cowlishaw und B. Morris (Hg.), Race Matters, 161-176.

Morris, Barry und Gillian Cowlishaw
1997   Cultural Racism. In: G. Cowlishaw und B. Morris (Hg.), Race Matters, 1-10.

Morsy, Soheir A.
1994   Beyond the Honorary „White" Classification of Egyptians: Societal Identity in Historical Context. In: S. Gregory und R. Sanjek (Hg.), Race, 175-198.

Moser, Leo J.
1989 a Racial, Ethnic, and Subethnic Conflict among the Chinese: Part I. In: International Journal of Group Tensions 19: 8-27.

1989 b   Racial, Ethnic, and Subethnic Conflict among the Chinese: Part II. In: International Journal of Group Tensions 19: 97-116.

Mosse, Georg L.
1990   Die Geschichte des Rassismus in Europa. Frankfurt a. M.

Mühlmann, Wilhelm E.
1964   Rassen, Ethnien, Kulturen. Moderne Ethnologie. Neuwied, Berlin.
1968   Geschichte der Anthropologie. (2., verb. Auflage). Frankfurt a. M.

Muhammad, Elijah
1964   „Atlanta Speach". (1961). In: L. Lomax, When the Word is Given..., 79-111.
1997 a   1965, Know Theyself. (Zuerst 1965, in: Message to the Blackman in America, Chicago: Muhammad's Temple No. 2). In: W. L. Van Deburg (Hg.), Modern Black Nationalism – from Marcus Garvey to Louis Farrakhan, 99-100.
1997 b   1965, From the Making of Devil. (Zuerst 1965, in: Message to the Blackman in America, Chicago: Muhammad's Temple No. 2). In: W. L. Van Deburg (Hg.), Modern Black Nationalism – from Marcus Garvey to Louis Farrakhan, 101-102.
1997 c   1965, From a Program for Self-Development. (Zuerst 1965, in: Message to the Blackman in America, Chicago: Muhammad's Temple No. 2). In: W. L. Van Deburg (Hg.), Modern Black Nationalism – from Marcus Garvey to Louis Farrakhan, 103-105.

Mukhopadhyay, Carol C. und Yolanda T. Moses
1997   Reestablishing „Race" in Anthropological Discourse. In: AA 99: 517-533.

Murphy, Thomas W.
1999   From Racist Steretoype to Ethnic Identity: Instrumental Uses of Mormon Racial Doctrine. In: Ethnistory 46: 451-480.

Müller, Claudius C.
1980   Die Herausbildung der Gegensätze: Chinesen und Barbaren in der frühen Zeit (1. Jahrtausend v. Chr. bis 220 n. Chr.). In: W. Bauer (Hg.), China und die Fremden, 43-76.

Müller, Klaus E.
1987   Das magische Universum der Identität: Elementarformen menschlichen Verhaltens; ein ethnologischer Grundriß. Frankfurt a. M., New York.
1996   Der Krüppel. Ethnologia passionis humanae. München.

Mulder, Niels
1989 a   Philippine Poverty – Inquiry into the Poverty of Culture. (Working Papers, No.117). Bielefeld.
1989 b   Philippine Textbooks and the National Self-Image. (Working Papers, No.118). Bielefeld.
1990   Appreciating Lowland Christian Filipino Culture. (Working Paper, No.141). Bielefeld.

Murphy, John J.
1994   The Book of Pidgin English. Coorparoo DC, Qlsd.

Murphy, Robert
1987   The Body Silent. London, Melbourne.

Murray, David A. B.
1999   Laws of Desire? Race, Sexuality, and Power in Male Martinican Sexual Narratives. In: AE 26: 160-172.

Murstein, Bernard J.
1973   A Theory of Marital Choice Applied to Interracial Marriage. In: I. R. Stuart und L. E. Abt (Hg.), Interracial Marriage: Expectations and Realities, 17-35.
1977   Die Stimulus-Werthaltungs-Rollentheorie der Ehepartnerwahl. In: Mikula und Strobe (Hg.), Sympathie, Freundschaft und Ehe, 166-192.

Nadig, Maya
1993   Die Ritualisierung von Haß und Gewalt im Rassismus. In: F. Balke (Hg.), Schwierige Fremdheit, 264-284. Frankfurt.

Nagler, Mark
1973   North American Indians and Intermarriage. In: I. R. Stuart und L. E. Abt (Hg.), Interracial Marriages: Expectations and Realities, 279-291. New York.

Najera-Ramirez, Olga
1996   The Racialization of a debate. In: AA 98: 505-511.

Nash, Jill und Eugene Ogan
1990   The Red and The Black: Bougainvillean Perceptions of Other Papua New Guineans. In: Pacific Studies 13: 1-18.

Nash, Manning
1962   Race and the Ideology of Race. In: CA 3: 285-288.

Navarrete, Tomás
1902   The „mundos" of Capiz Province. Libacao, Capiz. (Paper No. 83). In: Otley H. Beyer Collection of Original Sources in Philippine Ethnography, The Negrito Aeta Peoples 20/3.2 (Mikrofiche). Manila: National Museum.

Neal, Mark Anthony
1999   What the Music Said. Black Popular Music and Black Public Culture. New York, London.

Needham, Joseph
1988   Wissenschaft und Zivilisation in China. Band 1 der von Colin A. Ronan bearbeiteten Ausgabe. Frankfurt a. M.

Nelson, Hank
1974   Papua New Guinea. Black Unity or Black Chaos? (2. überarbeitete Auflage). Harmondsworth, Victoria.
1976   Black, White and Gold. Gold Mining in Papua New Guinea. Canberra.
1978   From Kanaka to Fuzzy Wuzzy Angel. In: A. Curthoys und A. Markus (Hg.): Who Are Our Enemies? Racism and the Australian Working Class, 172-188. Canberra.

Netolitzky, Almut
1977   Das Ling-wai tai-ta von Chou Ch'ü-fei. Eine Landeskunde Südchinas aus dem 12. Jahrhundert. Wiesbaden.

Neuhauss, Richard
1911   Deutsch Neu-Guinea. (3 Bände). Berlin.

Nida-Rümelin, Julian
1994   Das *rational choice*-Paradigma: Extensionen und Revisionen. In: ders. (Hg.), Praktische Rationalität, 3-29.

Nida-Rümelin, Julian (Hg.)
1994   Praktische Rationalität. Grundlagenprobleme und ethische Anwendungen des *rational choice*-Paradigmas. (Perspektiven der Analytischen Philosophie, Bd. 2). Berlin, New York.

Nibbrig, Christiaan L. Hart
1985   Die Auferstehung des Körpers im Text. Frankfurt a.M.

Nippold, Walter
1936   Rassen- und Kulturgeschichte der Negrito-Voelker Südost-Asiens. Leipzig.
1960   Individuum und Gemeinschaft bei den Pygmäen, Buschmännern und Negrito-Völkern Südost-Asiens. Braunschweig.

Nkomo, Mokubung; Z. Mkwanazi-Twala und N. Carrim
1995   The Long Shadow of Apartheid Ideology: The Case of Open Schools in South Africa. In: B. P. Bowser (Hg.), Racism and Anti-Racism in World Perspective, 261-284.

Norton, Philip
1983   Black Nationalism in America. The Significance of the Black Muslim Movement. (Hull Papers in Politics, No. 31). Hull.

Noval-Morales, Daisy und James Monan
1979   A Primer on the Negritos of the Philippines. Manila.

Nutini, Hugo G.
1997   Class and Ethnicity in Mexico: Somatic and Racial Considerations. In: E 36: 227-238.

Oakes, Penelope J.; S. Alexander Haslam und Katherine J. Reynolds
1999   Social Categorization and Social Context: Is Stereotype Change a Matter of Information or of Meaning? In: D. Abrams und M. A. Hogg (Hg.), Social Identity and Social Cognition, 55-79. Oxford.

Oberländer, Richard
1878   Menschliche Rassen. Geschichte und Verbreitung. (Reprint der Originalausgabe nach dem Exemplar der Universitätsbibliothek Leipzig). Leipzig.

Office for Southern Cultural Minorities (OSCC)
1990   Office of the President. Office for Southern Cultural Communities. (Handout). Quezon City.
1996   The Indigenous Gazette. Official Publication of the Office for Southern Cultural Communities. Volume 1, Number 3. Quezon City.

Okamura, Jonathan Y.
1981   Situational Ethnicity. In: ERS 4: 452-465.

Oliner, Samuel P.
1987   Union of Soviet Socialist Republics. In: J. Sigler (Hg.), International Handbook on Race and Race Relations, 339-368.

Olzak, Susan
1993   The Dynamics of Ethnic Competition and Conflict. Stanford.

Olzak, Susan und Joane Nagel (Hg.)
1986   Competitive Ethnic Relations. Orlando, San Diego, New York u. a.

Omi, Michael und Howard Winant
1986   Racial Formation in the United States: From the 1960s to the 1980s. New York.

Omoto, Keiichi
1981   The Genetic Origins of the Philippine Negritos. In: CA 22: 421-422.

Operario, Don und Susan T. Fiske
1999   Integrating Social Identity and Social Cognition: A Framework for Bridging Diverse Perspectives. In: D. Abrams und M. A. Hogg (Hg.), Social Identity and Social Cognition, 26-54. Oxford.

Oración, Enrique Galon
1984   Ecology and Interethnic Resource Exchange: a Spatio-Temporal Analysis of Negrito Socioeconomic Adaptation in Southern Negros, Philippines. Dumaguete (Silliman University): unveröffentlichte Magisterarbeit.
1996   The Ecology of Ethnic Relations: The Case of the Negritos and the Upland Cebuanos in Southern Negros, Philippines. In: Convergence 2: 69-77.

Oración, Timoteo S.
1965   The Bais Forest Preserve Negritos: Some Notes On Their Rituals and Ceremonials. In: Science Review 6: 23-30.

Orchardson, Ian Q.
1931   Some Traits of the Kipsigis in Relation to their Contact with Europeans. In: Africa 4: 466-474.

Orser, Charles E. Jr.
1998   The Challenge of Race to American Historical Archaeology. In: AA 100: 661-668.

Orywal, Erwin und Katharina Hackstein
1993   Ethnizität: Die Konstruktion ethnischer Wirklichkeiten. In: T. Schweizer, M. Schweizer und W. Kokot (Hg.), Handbuch der Ethnologie, 593-609.

Ottomeyer, Klaus
1997   Psychoanalytische Erklärungsansätze zum Rassismus. Möglichkeiten und Grenzen. In: P. Mecheril u. T. Teo (Hg.), Psychologie und Rassismus, 111-131.

Osofsky, Gilbert
1967   The Burden of Race. A Documentary History of Negro-White Relations in America. New York.

Pablo, Renato Y. und Richard C. Gardner
1987   Ethnic Stereotypes of Filipino Children and Their Parents. In: PS 31: 332-347.

Panoff, Michel
1969 a An Experiment in Inter-Tribal Contacts: the Maenge Labourers on European Plantations 1915-42. In: Journal of Pacific History 4: 111-125.
1969 b Inter-tribal Relations of the Maenge People of New Britain. New Guinea Research Bulletin 30, Australian National University, Canberra.
1969 c The Notion of Time among the Maenge People of New Britain. In: E 8: 153-166.

430

Panoff, Michel und Michel Perrin
1982   Taschenwörterbuch der Ethnologie. Begriffe und Definitionen zur Einführung. (2. Neuauflage). Berlin.

Panzer, Karl
1925   Aus der Laewambawelt. In: Neuendettelsauer Missionsblatt 15: 15, 17-18, 23.

Park, Kyeyoung
1996   Use and Abuse of Race and Culture: Black-Korean Tension in America. In: AA 98: 492-498.

Park, Robert E.
1976   Race and Culture. In: G. Bowker und J. Carrier (Hg.), Race and Ethnic Relations, 35-36.

Parkinson, Richard
1907   Dreißig Jahre in der Südsee. Land und Leute, Sitten und Gebräuche im Bismarckarchipel und auf den deutschen Salomoinseln. Stuttgart.

Parry, Jose und Noel Parry
1991   Sport and the Black Experience. In: G. Jarvie (Hg.), Sport, Racism and Ethnicity, 150-174.

Parry, W. J.
1982   Observations on the Arrow Technology of the Negritos of Northern Negros. In: K. L. Hutterer und W. K. Macdonald (Hg.), Houses Built on Scattered Poles: Prehistory and Ecology in Negros Oriental, Philippines, 107-116. Cebu City.

Patterson, Orlando
1975   Context and Choice in Ethnic Allegiance: A Theoretical Framework and Caribbean Case Study. In: N. Glazer und D. P. Moynihan (Hg.), Ethnicity, 305-349.
1977   Ethnic Chauvinism. The Reactionary Impulse. New York.

Patton, Sandra
1996   Race/Identity/Culture/Kin: Constructions of African American Identity in Transracial Adoption. In: S. Smith und J. Watson (Hg.), Getting a Life, 271-296. Minneapolis, London.

Pelley, Patricia
1998   „Barbarians" and „Younger Brothers": The Remaking of Race in Postcolonial Vietnam. In: Journal of Southeast Asian Studies 29: 374-391.

Peterson, Jean Treloggon
1978   Hunter-Gatherer/Farmer Exchange. In: AA 80: 335-351.
1985   Hunter Mobility, Family Organization and Change. In: R. M. Prothero und M. Chapman (Hg.), Circulation in Third World Countries, 124-144. London.

Pertierra, Raul
1988   Religion, Politics, and Rationality in a Philippine Community. Manila.
1995   Philippine Localities and Global Perspectives. Manila.

Peterson, Nicolas
1982   Aboriginal Land Rights in the Northern Territory of Australia. In: E. B. Leacock and R. Lee (Hg.), Politics and History in Band Societies, 441-462.

Pfeffer, Georg
1992   Zur Verwandtschaftsethnologie. In: ZfE 117: 41-54.

Phizacklea, Annie und Robert Miles
1980   Labour and Racism. London.

Picardal, Amado L.
1995   Basic Ecclesial Communities in the Philippines. An Ecclesiological Perspective. Roma.

Pigafetta, Antonio
1983   Die erste Reise um die Erde: ein Augenzeugenbericht von der Weltumsegelung Magellans 1519-1522. Hrsg. u. übers. von Robert Grün. Stuttgart.

Pincus, Fred L. und Howard J. Ehrlich (Hg.)
1994   Race and Ethnic Conflict. Contending Views on Prejudice, Discrimination, and Ethnoviolence. Boulder.

Pinkney, Alphonso
1976   Red, Black and Green – Black Nationalism in the United States. Cambridge.

Pittock, A. Barrie
1977   Towards a Multi-Racial Society. In: F. S. Stevens und E. P. Wolfers (Hg.), Racism: The Australian Experience, 240-263.

Pitt-Rivers, Julian
1967   Race, Color and Class in Central America and the Andes. In: Daedalus 96: 542-559.

Plümper, Thomas
1996   Entscheidung unter Unsicherheit und die Rationalität von Routinen. In: V. Kunz und U. Druwe (Hg.), Handlungs- und Entscheidungstheorie in der Politikwissenschaft, 177-206.

Poliakov, Léon
1993   Der arische Mythos. Zu den Quellen von Rassismus und Nationalismus. Hamburg.

Poliakov, Léon; Christian Delacampagne und Patrick Girard
1984   Über den Rassismus. Sechzehn Kapitel zur Anatomie, Geschichte und Deutung des Rassenwahns. Stuttgart.

Pomfret, John
1988   Rassenhaß in China: „Bringt die schwarzen Gespenster um!". In: Hamburger Abendblatt, vom 28.12.1988.

Pomponius Mela
1911   Wie sich die alten Römer den Erdkreis vorstellten. Aus dem Werk des Pomponius Mela übersetzt und erläutert von Dr. phil. Hans Philipp. (Voigtländers Quellenbücher Band 11 und 31). Leipzig.

Poole, Deborah
1997   Vision, Race and Modernity. A Visual Economy of the Andean Image World. Princeton, New Jersey.

Porkert, Manfred
1991   Die theoretischen Grundlagen der chinesischen Medizin. (3. verb. Auflage). Basel.

Povinelli, Elizabeth A.
1997   Sex Acts and Sovereignty. Race and Sexuality in the Construction of the Australian Nation. In: R. N. Lancaster und M. D. Leonardo (Hg.), The Gender / Sexuality Reader, 513-528.

Powdermaker, Hortense
1993   After Freedom: A Cultural Study in the Deep South. (Mit einer Einleitung von Brackette F. Williams und Drexel G. Woodson, zuerst New York 1939). Madison.
1966   Stranger and Friend. The Way of an Anthropologist. New York.

Premdas, Ralph R.
1987   Fiji. In: J. Sigler (Hg.), International Handbook on Race and Race Relations, 67-100.
1995   Racism and Anti-Racism in the Caribbean. In: B. P. Bowser (Hg.), Racism and Anti-Racism in World Perspective, 241-260.

Price, John
1967   A History of the Outcaste: Untouchability in Japan. In: G. DeVos und H. Wagatsuma, Japan's Invisible Race, 6-30.

Price, Tanya Y.
1998   White Public Spaces in Black Places: The Social Reconstruction of Whiteness in Washington, DC. In: Urban Anthropology 27: 301-344.

Priester, Karin
1997   Rassismus und kulturelle Differenz. (Politische Soziologie, Bd. 9). Münster.

Proschau, Frank
1997   „We are all Kmhmu, Just the Same.": Ethnonyms, Ethnic Identities, and Ethnic Groups. In: AE 24: 91-113.

Pschyrembel Medizinisches Wörterbuch
1993   Sonderausgabe Pschyrembel Klinisches Wörterbuch, 257. Auflage. Hamburg.

Punyaratabandhu-Bhakdi, Suchitra und Juree Vichit-Vadakdan
1987   Thailand. In: J. Sigler (Hg.), International Handbook on Race and Race Relations, 301-320.

Purcell, Trevor W.
1993   Banana Fallout: Class, Color, and Culture among West Indians in Costa Rica. Los Angeles.

Purcell, Victor
1965   The Chinese in Southeast Asia. London, Kuala Lumpur, Hongkong.

Quasthoff, Uta
1973   Soziales Vorurteil und Kommunikation. Eine Sprachwissenschaftliche Analyse des Stereotyps. Frankfurt a.M.

Rabinowitz, Howard N.
1994   Race, Ethnicity and Urbanization: Selected Essays. Columbia, London.

Rahier, Jean Muteba
1998   Blackness, the Racial/Spatial Order, Migration, and Miss Ecuador 1995-96. In: AA 100: 421-430.

Rafael, Vicente L.
1988   Contracting Colonialism. Translation and Christian Conversion in Tagalog Society under Early Spanish Rule. Manila.

Rahmann, Rudolf
1963   The Negritos of the Philippines and the Early Spanish Missionaries. In: Anthropos 58: 137-157.
1975   The Philippine Negritos in the Context of Research on Food-Gatherers During this Century. In: Philippine Quarterly of Culture and Society 3: 204-236.

Rahmann, Rudolf und Marcelino N. Maceda
1955 a   Notes on the Negritos of Northern Negros. In: A 50: 810-836.
1955 b   Bow and Arrow of the Visayan Negritos. In: The Philippine Journal of Science 84: 323-333.
1958   Some Notes on the Negritos of Iloilo, Island of Panay, Philippines. In: Anthropos 53: 864-876.
1962   Notes on the Negritos of Antique, Island of Panay, Philippines. In: Anthropos 57: 627-643.

Rahmann, Rudolf; Marcelino N. Maceda und Rogelio M. Lopez
1973   Field Work among the Negritos of Northern Negros: An Additional Report. In: Philippine Quarterly of Culture and Society 1: 149-166.

Rai, Navin Kumar
1990   Living in a Lean-to. Philippine Negrito Foragers in Transition. (Anthropological Papers of the Museum of Anthropology, No. 80). Ann Arbor.

Ranger, Terence
1996   Introduction. In: Culture, Identity and Politics, 1-25.

Ranger, Terence; Yunas Samad und Ossie Stuart (Hg.)
1996   Culture, Identity and Politics. Ethnic Minorities in Britain. Aldershot.

Rath, Jan
1993   The Ideological Representation of Migrant Workers in Europe: A Matter of Racialisation. In: J. Wrench und J. Solomos (Hg.), Racism and Migration in Western Europe, 215-232. Oxford.

Räthzel, Nora
1997   Gegenbilder. Nationale Identität durch Konstruktion des Anderen. Opladen.

Rattansi, Ali
1994   'Western' Racisms, Ethnicities and Identities in a 'Postmodern' Frame. In: ders. und S. Westwood (Hg.), Racism, Modernity and Identity on the Western Front, 15-86.
1995   Changing the subject? Racism, culture and education. (Zuerst 1992). In: J. Donald und A. Rattansi (Hg.), 'Race', Culture and Difference, 11-48.
1998   Ethnizität und Rassismus aus 'postmoderner' Sicht. In: C. Flatz; S. Riedman und M. Kröll (Hg.), Rassismus im virtuellen Raum, 82-120.

Rattansi, Ali und Sallie Westwood (Hg.)
1994   Racism, Modernity and Identity on the Western Front. Cambridge.

Raveau, François
1967   An Outline of the Role of Color in Adaptation Phenomena. In: Daedalus 96: 376-389.

Ray, John
1977   In Defence of Australia's Policy Towards Non-White Immigration. In: F. S. Stevens und E. P. Wolfers (Hg.), Racism: The Australian Experience, 233-239.

Reed, William Allan
1903   Documents and Correspondence Relating to the Hill Peoples of Occidental Negros. (Paper No. 70). In: Otley H. Beyer Collection of Original Sources in Philippine Ethnography, The Negrito Aeta Peoples 20/3.2 (Mikrofiche). Manila: National Museum.

Reich, Wilhelm
1974   Die Massenpsychologie des Faschismus. Frankfurt a. M.

Reichel-Dolmatoff, Gerardo
1976   Desana Curing Spells: An Analysis of Some Shamanistic Metaphors. In: Journal of Latin American Lore 2: 157-219.
1978   Desana Animal Categories, Food Restrictions, and the Concept of Color Energies. In: Journal of Latin American Lore 4: 243-291.
1981   Brain and Mind in Desana Shamanism. In: Journal of Latin American Lore 7: 73-98.
1985 a Tapir Avoidance in the Colombian Northwest Amazon. In: G. Urton (Hg.), Animal Myths and Metaphors in South America, 107-143. Salt Lake City.
1985 b Basketry as Metaphor: Arts and Crafts of the Desana Indians of the Northwest Amazon. Los Angeles.
1989   Desana Texts and Contexts. (Acta Ethnologica et Linguistica, Nr. 62). Wien-Föhrenau.

Remotti, Francesco (Hg.)
1997   Le Antropologi Degli Altri. Saggi di Etno-Antropologia. Torino.

Rensel, Jan und Alan Howard
1997   The Place of Persons with Disabilities in Rotuman Society. In: Pacific Studies 20: 19-50.

Rew, Alan
1974   Social Images and Process in Urban New Guinea: a Study of Port Moresby. New York.

Rex, John
1975   Racialism and the Urban Crisis. In: L. Kuper (Hg.), Race, Science and Society, 262-300.
1986   Race and Ethnicity. Milton Keynes.
1992   The Role of Class Analysis in the Study of Race Relations – a Weberian Perspective. In: J. Rex und D. Mason (Hg.), Theories of Race and Ethnic Relations, 64-83.

Rex, John und David Mason (Hg.)
1992   Theories of Race and Ethnic Relations. Cambridge.

Rex, John und R. Moore
1993   Race, Community and Conflict. London.

Rex, John und Sally Tomlinson
1979   Colonial Immigrants in a British City. A Class Analysis. London.

Reynolds, Henry
1995   The Other Side of the Frontier. Aboriginal Resistance to the European Invasion of Australia. Ringwood, Harmondsworth, New York, Toronto.

Reynolds, Hubert
1974   The Mountain Negritos of Northern Negros. In: Philippine Quarterly of Culture and Society 2: 227-230.
1976   The Development Project of the Mountain Negritos of Northern Negros, Philippines. In: SJ 23: 182-202.
1983   Research and Participant Intervention in the Mountain Negrito Development Project of Northern Negros. In: SJ 30: 163-75.

Reynolds, Vernon
1987   Sociobiology of Race Relations. In: ders., V. Falger und I. Vine (Hg.), The Sociobiology of Ethnocentrism, 208-215.

Reynolds, Vernon; Vincent Falger und Ian Vine (Hg.)
1987   The Sociobiology of Ethnocentrism. Evolutionary Dimensions of Xenophobia, Discrimination, Racism and Nationalism. London, Sydney.

Riedmann, Sylvia und Christian Flatz
1998 a Rassismus – Diskussion eines Begriffs. In: C. Flatz; S. Riedman u. M. Kröll (Hg.), Rassismus im virtuellen Raum, 169-184.
1998 b Vernetzte Ideologie. Zur soziopolitischen Bedeutung von Rassismus im Internet. In: C. Flatz; S. Riedman u. M. Kröll (Hg.), Rassismus im virtuellen Raum, 230-238.

Rigby, Peter
1996   African Images. Racism and the End of Anthropology. Oxford, Washington.

Ringer, Benjamin B. und Elinor R. Lawless
1989   Race-Ethnicity and Society. New York, London.

Robertson Reynolds, Harriet
1977   With The Negritos in Northern Negros. In: SJ 24: 102-117.

Rodríguez, Clara E.
1994   Challenging Racial Hegemony: Puerto Ricans in the United States. In: S. Gregory und R. Sanjek (Hg.), Race, 131-145.

Roediger, David R.
1994   Towards the Abolition of Whiteness. Essays on Race, Politics and Working Class History. London, New York.

Rohne, Christine
1994   Brauchen die Ata Hilfe? Die Beziehung von Ethnologie, Ökologie und Entwicklungspolitik am Beispiel eines Projektes im Ata-Gebiet auf Negros (Philippinen). Heidelberg: unveröffentlichte Magisterarbeit.

Rommelspacher, Birgit
1997   Psychologische Erklärungsmuster zum Rassismus. In: P. Mecheril und T. Teo (Hg.), Psychologie und Rassismus, 153-172.

Roth, Byron M.
1994   Social Psychology's „Racism". In: F. L. Pincus und H. J. Ehrlich (Hg.), Race and Ethnic Conflict, 60-68.

Ruf, Werner
1985   Ökonomie und Rassismus. In: K. F. Geiger (Hg.), Rassismus und Ausländerfeindlichkeit in Deutschland, 81-111. Kassel.
1989   Ökonomie und Rassismus. In: O. Autrata, G. Kaschuba, R. Leiprecht und C. Wulf (Hg.), Theorien über Rassismus, 63-84.

Rushton, Philippe J.
1998   Race Differences: A Global Perspective. In: Research in Biopolitics 6: 119-136.

Russel, John
1991   Race and Reflexivity: The Black Other in Contemporary Japanese Mass Culture. In: Cult. Anth. 6: 3-25.

Sack, Peter G.
1976   The Bloodthirsty Laewomba? Myth and History in Papua New Guinea. Lae.

Sacks, Karen Brodkin
1989   Toward a Unified Theory of Class, Race, and Gender. In: AE 16 (3): 534-550.

Sagrera, Martìn
1998   Los Racismos en las Américas. Una Interpretación Historica. Madrid.

Salazar, Angel
1902   The Negritos and Non Christians of Antique Province. San José de Buenavista. (Paper No. 78). In: Otley H. Beyer Collection of Original Sources in Philippine Ethnography, The Negrito Aeta Peoples 20/3.2 (Mikrofiche). Manila: National Museum.

Sales, William W.
1994   From Civil Rights to Black Liberation: Malcolm X and the Organization of Afro-American Unity. Boston.

Sanjek, Roger
1971   Brazilian Racial Terms: Some Aspects of Meaning and Learning. In: AA 73: 1126-1143.
1990   Urban Anthropology in the 1980s: A World View. In: ARA 19: 151-186.
1994 a   The Enduring Inequalities of Race. In: S. Gregory und ders. (Hg.), Race, 1-17.
1994 b   Intermarriage and the Future of Races in the United States. In: S. Gregory und ders. (Hg.), Race, 103-130.
1996   Race. In: A. Barnard und J. Spencer (Hg.), Encyclopedia of Social and Cultural Anthropology, 462-465. London, New York.

Sato, Kazuki
1997   'Same Language, Same Race': The Dilemma of *Kanbun* in Modern Japan. In: F. Dikötter (Hg.), The Construction of Racial Identities in China and Japan, 118-135.

Sautman, Barry
1994   Anti-Black Racism in post-Mao China. In: The China Quarterly 138: 404-412.
1997   Myths of Descent, Racial Nationalism and Ethnic Minorities in the People's Republic of China. In: F. Dikötter (Hg.), The Construction of Racial Identities in China and Japan, 75-95.

Scharenberg, Albert
1993   Rassismus in der US-Arbeiterbewegung. Entwicklungslinien von 1865 bis
        1915. (Edition Philosophie und Sozialwissenschaften, Bd. 27). Hamburg, Ber-
        lin.

Schebesta, Paul
1952-1957 Die Negrito Asiens. (Bände: 1952, 1954, 1957). Wien-Mödling.

Schein, Louisa
1997   The Consumption of Color and the Politics of White Skin in Post-Mao China.
        In: R. N. Lancaster und M. D. Leonardo (Hg.), The Gender / Sexuality Reader,
        473-486.

Schermerhorn, Richard Alonzo
1970   Comparative Ethnic Relations. A Framework for Theory and Research. New
        York
1978   Ethnic Plurality in India. Tucson, Arizona.

Schetsche, Michael
1997   „Entführungen durch Außerirdische". Ein ganz irdisches Deutungsmuster. In:
        Jenaer Blätter für Sozialpsychologie und angrenzende Wissenschaften 1: 259-
        277.

Schiefenhövel, Wulf
1999   Rasse. In: Wörterbuch der Völkerkunde, 305.

Schieffelin, Edward L.
1991   The Great Papuan Plateau. In: ders. und R. Crittenden, Like People You See in
        a Dream, 58-87.

Schieffelin, Edward L. und Robert Crittenden
1991   Like People You See in a Dream. First Contact in Six Papuan Societies. Stan-
        ford.

Schiffauer, Werner
1997   Kulturalismus vs. Universalismus. Ethnologische Anmerkungen zu einer De-
        batte. In: ders., Fremde in der Stadt. Zehn Essays über Kultur und Differenz,
        144-156. Frankfurt a.M.

Schlee, Günther
2000   Identitätskonstruktionen und Parteinahme: Überlegungen zur Konflikttheorie.
        In: Sociologus 50: 64-89.

Schlehe, Judith
1996   Die Leibhaftigkeit in der ethnologischen Feldforschung. In: Historische An-
        thropologie 4: 451-460.

Schmidt-Glintzer, Helwig
1980   Ausdehnung der Welt und innerer Zerfall (3. bis 8. Jahrhundert). In: W. Bauer
        (Hg.), China und die Fremden, 77-113.
1983   Viele Pfade oder ein Weg? Betrachtungen zur Durchsetzung der konfuziani-
        schen Orthopraxie. In: W. Schluchter (Hg.), Max Webers Studien über Konfu-
        zianismus und Taoismus. Frankfurt a. M.
1997   China: Vielvölkerreich und Einheitsstaat. München.

Schmidt-Glintzer, Helwig Hg.)
1990   Lebenswelt und Weltanschauung im frühneuzeitlichen China. Stuttgart.

438

Schmidtz, David
1995   Rational Choice and Moral Agency. Princeton, New Jersey.

Schütz, Alfred
1944   The Stranger: An Essay in Social Psychology. In: American Journal of Sociology 49: 499-507.
1974   Der sinnhafte Aufbau der sozialen Welt. Eine Einleitung in die verstehende
Soziologie. Frankfurt a. M.

Schütz, Marco
1994   Rassenideologien in der Sozialwissenschaft. Bern u. a.

Schulze, Walter
1997   Die ethnodemographische Analyse der Zensusdaten von Gabsongkeg. In: ders.,
H. Fischer und H. Lang, Geburt und Tod: Ethnodemographische Probleme,
Methoden und Ergebnisse, 92-189.

Schulze, Walter; Hans Fischer und Hartmut Lang
1997   Geburt und Tod: Ethnodemographische Probleme, Methoden und Ergebnisse.
Berlin.

Schuster, John
1992   Der Staat und die Einwanderung aus Asien. In: Institut für Migrations- und
Rassismusforschung (Hg.), Rassismus und Migration in Europa, 189-203.

Schweizer, Thomas
1992   Die Sozialstruktur als Problem der ethnologischen Forschung. In: ZfE 117: 17-
40.
1996   Muster sozialer Ordnung. Netzwerkanalyse als Fundament der Sozialethnolo-
gie. Berlin.
1998   Epistemology. The Nature and Validation of Anthropological Knowledge. In:
H. R. Bernard (Hg.), Handbook of Methods in Cultural Anthropology, 39-89.
Walnut Creek.
1999   Wozu interkultureller Vergleich? In: W. Kokot u. D. Dracklé (Hg.), Wozu
Ethnologie?, 91-123.

Schweizer, Thomas (Hg.)
1989   Netzwerkanalyse. Ethnologische Perspektiven. Berlin.

Scott, William Henry
1994   Barangay. Sixteenth-Century Philippine Culture and Society. Manila.

Seymour-Smith, Charlotte
1986   Macmillan Dictionary of Anthropology. London, Basingstoke.

Shambaugh, David
1991   Beautiful Imperialist. China Perceives America, 1972-1990. Princeton.

Shan Hai Ching, Legendary Geography and Wonders of Ancient China.
1985   Übersetzt von Hsiao-Chieh Cheng, Hui-Chen Pai Cheng, Kenneth Lawrence
Thern. National Institute for Compilation and Translation Republic of China.

Sheriff, Robin E.
1999   The Theft of *Carnaval*: National Spectacle and Racial Politics in Rio de Ja-
neiro. In: Cult. Anth. 14: 3-28.

Seipel, Christian
1999   Strategien und Probleme des empirischen Theorienvergleichs in den Sozialwissenschaften. Rational Choice Theorie oder Persönlichkeitstheorie? Opladen.

Seitz, Stefan
1977   Die zentralafrikanischen Wildbeuterkulturen. (Studien zur Kulturkunde, 45). Wiesbaden.
1981   Die Penan in Sarawak und Brunei: Ihre kulturhistorische Einordnung und gegenwärtige Situation. In: Paideuma 27: 275-311.
1984   Von der wildbeuterischen zur agrarischen Lebensweise. Die Negrito im Westen von Luzon. In: Paideuma 30: 257-274.
1985   Zentralafrikanische Wildbeuter im Wandel. Aufnahme von Daten zum Wirtschafts- und Sozialverhalten. In: H. Fischer (Hg.), Feldforschungen: Berichte zur Einführung in Probleme und Methoden, 161-178. Berlin.
1998 a Coping Strategies in an Ethnic Minority Group: The Aeta of Mount Pinatubo. In: Disasters 22: 7-90.
1998 b Die Aeta am Vulkan Pinatubo. Katastrophenbewältigung in einer marginalen Gesellschaft auf den Philippinen. Pfaffenweiler.

Seki, Kazutoshi
1996   Social Distribution and Reproduction of Folk Knowledge in the Visayas: Preliminary Notes for a Study of Healers in Siquijor Island. In: I. Ushijima und C. N. Zayas (Hg.), *Binisaya nga Kinabuhi*, Visayan Life. Visayas Maritime Anthropological Studies II: 1993-1995, 203-212. Diliman, Quezon City.

Senft, Gunter
1987   Kilivila Color Terms. In: Studies in Language 11: 313-346.
1998   Body and Mind in the Trobriand Islands. In: Ethos 26: 73-104.

Serrano, Ciriaco
1941   Gambling Among the Negritos of Panay. In: Primitive Man 14: 31-32.

Shanklin, Eugenia
1994   Anthropology and Race. Belmont.
1984   The Profession of the Color Blind: Sociocultural Anthropology and Racism in the 21st Century. In: AA 100: 669-679.
2000   Representations of Race and Racism in American Anthropology. In: Cult. Anth. 41: 99-103.

Shaw, Bruce
1981   My Country of the Pelican Dreaming. The Life of an Australian Aborigine of the Gadjeron, Grant Ngabidj, 1904-1977. Canberra.
1983   Banggaiyerri. The Story of Jack Sullivan as Told to Bruce Shaw. Canberra.
1986   Countrymen: The Life Histories of Four Aboriginal Men as Told to Bruce Shaw. Canberra.
1991   Bush Time, Station Time. Underdale.
1992   When the Dust Comes in Between: Aboriginal Viewpoints in the East Kimberley Prior to 1982. Canberra.
1995   Our Heart is the Land. Aboriginal Reminiscences from the Western Lake Eyre Basin. Canberra.

Shifu, Zhang und David Y. H. Wu
1987   Ethnic Conflict Management in Yunnan, China. In: J. Boucher, D. Landis und K. A. Clark (Hg.), Ethnic Conflict, 80-91.

Shimazu, Naoko
1998   Japan, Race and Equality. The Racial Equality Proposal of 1919. London.

440

Shils, Edward
1967   Color, the Universal Intellectual Community, and the Afro–Asian Intellectual. In: Daedalus 96: 279-295.

Shimizu, Hiromu
1989   Pinatubo Aytas: Continuity and Change. Manila.

Shipman, Pat
1996   The Evolution of Racism. Human Differences and the Use and Abuse of Science. New York, London, Toronto, u. a.

Shi-xu
1997   Cultural Representations. Analyzing the Discourse about the Other. Frankfurt a. M.

Siddle, Richard
1996   Race, Resistance and the Ainu of Japan. London.
1997   The Ainu and the Discourse of 'Race'. In: F. Dikötter (Hg.), The Construction of Racial Identities in China and Japan, 136-157.

Siebert, Ulla
1994   Feministische Ethnologie und Rassismus. In: Kea 7: 51-68.

Sigler, Jay A.
1987   Einleitung. In: ders. (Hg.), International Handbook on Race and Race Relations, xiii-xviii.

Sigler, Jay A. (Hg.)
1987   International Handbook on Race and Race Relations. Westport.

Signer, David
1997   Fernsteuerung: Kulturrassismus und unbewußte Abhängigkeit. Wien.

Sillitoe, Paul
1998   An Introduction to the Anthropology of Melanesia. Culture and Tradition. Cambridge.
2000   Social Change in Melanesia. Development and History. Cambridge.

Silverman, David
1994   Interpreting Qualitative Data. Methods for Analysis of Talk, Text and Interaction. London, Thousand Oaks, New Delhi.

Simmel, Georg
1992   Soziologie. Untersuchungen über die Formen der Vergesellschaftung. (Zuerst 1908; O. Rammstedt [Hg.], Georg Simmel Gesamtausgabe, Bd. 11). Frankfurt a. M.

Sinor, Denis
1997   Studies in Medieval Inner Asia. (Variorum Collected Studies Series). Ashgate.

Sitter-Liver, Beat und Pio Caroni (Hg.)
1998   Der Mensch – ein Egoist? Für und wider die Ausbreitung des methodischen Utilitarismus in den Kulturwissenschaften. Freiburg.

Sivanandan, A.
1982   A Different Hunger. Writings on Black Resistance. London.

1990 Communities of Resistance. Writings on Black Struggles for Socialism. London, New York .

1992 a From Resistance to Rebellion. In: J. Bourne, A. Sivanandan und L. Fekete, From Resistance to Rebellion. Texte zur Rassismus Diskussion, 11-76.

1992 b Rassismus 1992. In: J. Bourne, A. Sivanandan und L. Fekete, From Resistance to Rebellion. Texte zur Rassismus Diskussion, 147-154.

Smedley, Audrey
1993 Race in North America: Origin and Evolution of a World View. Boulder.
1998 „Race" and the Construction of Human Identity. In: AA 100: 690-702.

Smith, Anna Marie
1994 New Right Discourse on Race and Sexuality. Cambridge.

Smith, Eliot R.
1999 Affective and Cognitive Implications of a Group Becoming Part of the Self: New Model of Prejudice and of the Self-concept. In: D. Abrams und M. A. Hogg (Hg.), Social Identity and Social Cognition, 183-196. Oxford, Malden.

Smith, J. und D. W. Kwok (Hg.)
1993 Cosmology, Ontology, and Human Efficacy. Essays in Chinese Thought. Honolulu.

Smith, M. G.
1992 Pluralism, Race and Ethnicity in Selected African Countries. In: J. Rex und D. Mason (Hg.), Theories of Race and Ethnic Relations, 187-225.

Snow, Philip
1988 The Star Raft. China's Encounter with Africa. London.

Snowden, Frank M.
1970 Blacks in Antiquity. Ethiopians in the Greco-Roman Experience. Cambridge, London.
1983 Before Color Prejudice. Cambridge.

Solomos, John
1992 a Varieties of Marxist Conceptions of 'Race', Class and the State: a Critical Analysis. In: J. Rex und D. Mason (Hg.), Theories of Race and Ethnic Relations, 84-109.

1992 b Politische Sprache und Rassendiskurs. In: Institut für Migrations- und Rassismusforschung (Hg.), Rassismus und Migration in Europa, 346-358.

1995 Racism and Anti-Racism in Great Britain: Historical Trends and Contemporary Issues. In: B. P. Bowser (Hg.), Racism and Anti-Racism in World Perspective, 157-180.

1996 Race and Racism in Social Theory. In: R. Barot (Hg.), The Racism Problematic, 212-230.

Solomos, John und Les Back
1996 Racism and Society. London.

Somerville, Siobhan
1997 Scientific Racism and the Invention of the Homosexual Body. In: R. N. Lancaster und M. D. Leonardo (Hg.), The Gender / Sexuality Reader, 37-52.

Sommer, Volker
2000 Von Menschen und anderen Tieren: Essays zur Evolutionsbiologie. Stuttgart.

Sommer, Volker und Karl Ammann
1998   Die Grossen Menschenaffen: Orang-Utan, Gorilla, Schimpanse, Bonobo. Die
        neue Sicht der Verhaltensforschung. München.

Spencer, Rainier
1999   Spurious Issues. Race and Multiracial Identity Politics in the United States.
        Boulder.

Spiegel-Gespräch
1985   „Jetzt überträgt Gott uns die Herrschaft" Der radikale amerikanische Schwar-
        zenführer Louis Farrakhan über Schwarz und Weiß in Amerika. Gespräch mit
        Hans Hielscher und Helmut Sorge, Nr. 24, 138-151.
1995   „Keine Macho-Sache" Schwarzenführer Louis Farrakhan über den Marsch auf
        Washington. Gespräch mit Hans Hielscher und Carlos Widmann, Nr. 42, 183-
        185.

Spretnak, Charlene
1997   The Resurgence of the Real. Body, Nature, and Place in a Hypermodern
        World. Reading, Menlo, New York, u.a.

Stafford, Charles
1993   Rezension von: Franz Dikötter: „The Discourse of Race in Modern China." In:
        Man 28: 609.

Stagl, Justin
1985   Die Beschreibung des Fremden in der Wissenschaft. In: H. P. Duerr (Hg.), Der
        Wissenschaftler und das Irrationale, 96-118. (Bd. 1). Frankfurt a. M.
1999   Ethnozentrismus. In: Wörterbuch der Völkerkunde: 112.

Stavsky, Lois; I. E. Mozeson und Dani Reyes Mozeson
1995   A 2 Z. The Book of Rap & Hip-Hop Slang. New York.

Steinberg, Stephen
1997   The Liberal Retreat from Race since the Civil Rights Act. In: M. Guibernau
        und J. Rex (Hg.), The Ethnicity Reader, 302-317.

Stellrecht, Irmtraud
1978   Hunza und China (1761-1891). 130 Jahre einer Beziehung und ihre Bedeutung
        für die wirtschaftliche und politische Entwicklung Hunzas im 18. und 19. Jahr-
        hundert. Wiesbaden.

Stellrecht, Irmtraud und Matthias Winninger (Hg.)
1997   Perspectives on History and Change in the Karakorum, Hindukus, Himalaya.
        (Culture Area Karakorum Scientific Studies, Bd. 3). Köln.

Stevens, F. S. und Edward P. Wolfers (Hg.)
1977   Racism: The Australian Experience. A Study of Race Prejudice in Australia.
        Bd. 3. Colonialism and after. (2. Auflage). Sydney.

Stocking, George W.
1982   Race, Culture and Evolution: Essays in the History of Anthropology. Chicago
        and London.
1995   After Tylor. British Social Anthropology, 1888-1951. London.

Stoddart, Michael D.
1990   The Scented Ape: The Biology and Culture of Human Odour. Cambridge.

Stolcke, Verena
1993   Is Sex to Gender as Race is to Ethnicity? In: T. del Valle (Hg.), Gendered Anthropology, 17-37. London, New York.

Stoler, Ann Laura
1989   Making Empire Respectable: The Politics of Race and Sexual Morality in 20th Century Colonial Cultures. In: AE 16: 634-660.
1991   Carnal Knowledge and Imperial Power: Gender, Race, and Morality in Colonial Asia. In: M. Di Leonardo (Hg.), Gender at the Crossroads of Knowledge: Feminist Anthropology in the Postmodern Era, 51-101.

Stoller, Paul
1989   The Taste of Ethnographic Things: The Senses in Anthropology. Philadelphia.

Stone, John
1998   New Paradigms for Old? Ethnic and Racial Studies on the Eve of the Millenium. ERS 21: 1-20.

Strathern, Andrew
1982   Witchcraft, Greed, Cannibalism and Death: Some Related Themes from the New Guinea Highlands. In: M. Bloch und J. Parry (Hg.), Death and the Regeneration of Life, 111-133. Cambridge.
1998   Seeking Personhood: Anthropological Accounts and Local Concepts in Mount Hagen, Papua New Guinea. In: Oceania 68: 170-188.

Strathern, Andrew and Pamela J. Stewart
2000   Creating Difference: A Contemporary Affiliation Drama in the Highlands of New Guinea. In: The Journal of the Royal Anthropological Institute 6: 1-15.

Strathern, Marilyn
1975   No Money on Our Skin: Hagen Migrants in Port Moresby, New Guinea. Research Unit Bulletin 61, Australian National University, Canberra.

Stratz, Carl
1902   Die Rasseschönheit des Weibes. (3. Auflage). Stuttgart.

Stübel, H. und P. Meriggi
1937   Die Li-Stämme der Insel Hainan: Ein Beitrag zur Volkskunde Südchinas. Berlin.

Stürzenhofecker, Georg
1929   Leben und Treiben der Laewomba in vorchristlicher Zeit. In: Jahrbuch für Mission 31 (2. Teil): 9-14. Rothenburg o. d. Tauber.
1938   Jahresbericht Gabmazung 1937. In: Neuendettelsauer Missionsblatt 95: 67-68.

Süskind, Patrick
1985   Das Parfum. Die Geschichte eines Mörders. Zürich.

Sullivan, Michael J.
1994   The 1988-1989 Nanjing Anti-African Protests: Racial Nationalism or National Racism. In: The China Quarterly 138: 404-412.

Sumner, William G.
1960   Folkways. (Zuerst 1906). Repr. o.0.

Sunderland, Patricia L.
1997   'You May Not Know It, But I'm Black': White Women's Self-Identification as Black. In: Ethnos 62: 32-58.

Sundermeier, Theo (Hg.)
1992   Den Fremden wahrnehmen. Bausteine für eine Xenologie. Gütersloh.

Sutton, Peter
1988   Myth as History, History as Myth. In: I. Keen (Hg.), Being Black, 251-268.

Synnott, Anthony
1991   A Sociology of Smell. In: The Canadian Review of Sociology and Anthropology 28: 437-459.
1993   The Body Social. Symbolism, Self and Society. London, New York.

Synnott, Anthony und David Howes
1992   From Measurement to Meaning. Anthropologies of the Body. In: A 87: 147-166.

Szwed, John F.
1975   Race and the Embodiment of Culture. In: Ethnicity 2: 19-33.

Taft, Ronald
1970   Attitudes of Western Australians towards Aborigines. In: R. Taft, Ronald, J. Dawson und P. Beasley, Attitudes and Social Conditions, 1-72.

Taft, Ronald; John Dawson und Pamela Beasley
1970   Attitudes and Social Conditions. Canberra.

Taguieff, Pierre-André
1991   Die Metamorphosen des Rassismus und die Krise des Antirassismus. In: U. Bielefeld (Hg.), Das Eigene und das Fremde, 221-268.

Tan, Michael L.
1987   Usug, Kulam, Pasma. Traditional Concepts of Health and Illness in the Philippines (Traditional Medicine in the Philippines, Research Report No. 3). Quezon City.

Tamisari, Franca
1998   Body, Vision and Movement: in the Footprints of the Ancestors. In: Oceania 68: 249-270.

Tarrosa, Emilio B.
1916   The Life of the People of Occidental Negros in the Last Half of the Nineteenth Century as Told by the Traditions. In: Otley H. Beyer Collection of Original Sources in Philippine Ethnography, 28/3: 22-23 (Mikrofiche). National Museum, Manila.

Taussig, Michael
1980   The Devil and Commodity Fetishism in South America. Chapel Hill.

Templeton, Alan R.
1998   Human Races: A Genetic and Evolutionary Perspective. In: AA 100: 632-650.

Terkessidis, Mark
1998   Psychologie des Rassismus. Wiesbaden.

Terry, Jennifer und Jacqueline Urla (Hg.)
1995   Deviant Bodies. Critical Perspectives on Difference in Science and Popular Culture. Bloomington, Indianapolis.

Ter Wal, Jessika und Maykel Verkuyten (Hg.)
2000   Comparative Perspectives on Racism. Aldershot, Burlington, Singapore, Sydney.

Thieme, Frank
1988   Rassentheorien zwischen Mythos und Tabu. Der Beitrag der Sozialwissenschaft zur Entstehung und Wirkung der Rassenideologie in Deutschland. Frankfurt a. M.

Thode-Arora, Hilke
1999   Interethnische Ehen. Theoretische und methodische Grundlagen ihrer Erforschung. (Lebensformen, Bd. 12). Berlin.

Thornhill, Randy und Craig Palmer
2000   A Natural History of Rape. Cambridge.

Tietze, Klaus
1980   Vom ostasiatischen Großreich zur mongolischen Provinz. In: W. Bauer (Hg.), China und die Fremden, 114-160.

Tiffany, Sharon und Kathleen Adams
1985   The Wild Woman: An Inquiry into the Anthropology of an Idea. Cambridge, Mass.

Tizard, Barbara und Ann Phoenix
1993   Black, White or Mixed Race? Race and racism in the lives of young people of mixed parentage. London, New York.

Tjwan, Go Gien
1975   The Changing Trade Position of the Chinese in South-East Asia. In: L. Kuper (Hg.), Race, Science and Society, 301-318.

Tobias, Philip V.
1985   Race. In: A. Kuper und J. Kuper (Hg.), The Social Science Encyclopedia, 677-682. London, Boston, Henley.

Todorov, Tzvetan
1993   On Human Diversity. Nationalism, Racism, and Exoticism in French Thought. Cambridge, London.

Toplin, Robert Brent (Hg.)
1986   Slavery and Race Relations in Latin America. Westport, London, Greenwood.

Torfing, Jacob
1999   New Theories of Discourse. Laclau, Mouffe and Zizek. Oxford.

Trend, David (Hg.)
1995   Arranging Identities. Constructions of Race, Ethnicity, and Nation. Socialist Review 94. Duke University.

Trouillot, Michel-Rolph
1994   Culture, Color, and Politics in Haiti. In: S. Gregory und R. Sanjek (Hg.), Race, 146-174.

TT/DPA
1999   Småkakor Retar Filippinerna. In: Sydsvenska Dagbladet, 28.8.1999.

Tulio, Artemio L.
1916   Negritos in the Province of Capiz. (Paper No. 77). In: Otley H. Beyer Collec-
        tion of Original Sources in Philippine Ethnography, The Negrito Aeta Peoples
        20/3.2 (Mikrofiche). Manila: National Museum.

Turner, Bryan S.
1991   Recent Developments in the Theory of the Body. In: M. Featherstone, M.
        Hepworth und B.S. Turner (Hg.), The Body, 1-35.

Turner, Victor
1967   The Forest of Symbols. Aspects of Ndembu Ritual. Ithaca, London.

UNESCO (Hg.)
1966   Research on Racial Relations. Articles Reprinted from the International
        Science Journal. Amsterdam.

Ushijima, Iwao und Cynthia Neri Zayas (Hg.)
1994   Fishers of the Visayas. Visayas Maritime Anthropological Studies I: 1991-
        1993. Diliman, Quezon City.
1996   *Binisaya nga Kinabuhi*, Visayan Life. Visayas Maritime Anthropological Stu-
        dies II: 1993-1995. Diliman, Quezon City.

Vachon, Daniel A.
1982   Political Consciousness and Land Rights Among the Australian Western De-
        sert People. In: E. B. Leacock and R. Lee (Hg.), Politics and History in Band
        Societies, 463-490.

Van Amersfoort, Hans
1982   Immigration and the Formation of Minority Groups: The Dutch Experience
        1945-1975. Cambridge.

Van Deburg, William L. (Hg.)
1997   Modern Black Nationalism – from Marcus Garvey to Louis Farrakhan. New
        York, London.

Van Den Berghe, Pierre L.
1960   Hypergamie, Hypergenation and Miscegenation. In: Human Relations 13: 83-
        91.
1970   Race and Ethnicity. Essays in Comparative Sociology. New York, London.
1975   Introduction. In: ders. (Hg.), Race and Ethnicity in Africa, viii-xxiv.
1978 a Race and Racism: A Comparative Perspective. (2. Auflage, zuerst 1967). New
        York.
1978 b Race and Ethnicity: a Sociobiological Perspective. In: ERS 1: 401-411.
1981   The Ethnic Phenomenon. New York.
1983   Class, Race and Ethnicity in Africa. In: ERS 6: 221-236.
1984   Minorities. In: Cashmore (Hg.), Dictionary of Race and Ethnic Relations, 167-
        168.
1992   Ethnicity and the Sociobiology Debate. In: J. Rex und D. Mason (Hg.), Theo-
        ries of Race and Ethnic Relations, 246-279.
1996 a Racism. In: D. Levinson und M. Ember (Hg.), Encyclopedia of Cultural
        Anthropology, 1054-1057. (Bd. 3). New York.
1996 b Race – as Synonym. In: E. Cashmore (Hg.), Dictionary of Race and Ethnic
        Relations, 296-298.

Van den Berghe, Pierre L. (Hg.)
1972   Intergroup Relations: Sociological Perspectives. New York, London.
1975   Race and Ethnicity in Africa. Nairobi.

Van der Dennen, Johan M.G.
1987   Ethnocentrism and In-group/Out-group Differentiation: A Review and Inter-
        pretation of the Literature. In: V. Reynolds, V. Falger und I. Vine (Hg.), The
        Sociobiology of Ethnocentrism, 1-47.

Van Dijk, Teun A.
1981   Studies in the Pragmatics of Discourse. The Hague, Paris, New York.
1985 a Handbook of Discourse Analysis. Bd. 1-4.
1985 b Discourse and Communication. New Approaches to the Analysis of Mass Me-
        dia Discourse and Communication. Berlin, New York.
1987   Communicating Racism, Ethnic Prejudice in Thought and Talk. Newbury Park.
1991   Racism and the Press. London.
1992   Rassismus heute: Der Diskurs der Elite und seine Funktion für die Reproduk-
        tion des Rassismus. In: Institut für Migrations- und Rassismusforschung (Hg.),
        Rassismus und Migration in Europa, 289-313. Hamburg. (Zuerst 1991 als
        DISS-Text, Nr. 14)
1993   Elite Discourse and Racism. Newbury Park.

Van Velsen, J.
1967   The Extended-case Method and Situational Analysis. In: A. L. Epstein (Hg.),
        The Craft of Social Anthropology, 129-149.

Vergara, Benito M.
1995   Displaying Filipinos. Photography and Colonialism in Early 20th Century Phi-
        lippines. Quezon City.

Verkuyten, Maykel und Jessika ter Wal
2000   Introduction: Racism in a Comparative Perspective. In: J. ter Wal und M. Ver-
        kuyten (Hg.), Comparative Perspectives on Racism, 1-21.

Vieira, Rasângela Maria
1995   Black Resistance in Brazil: A Matter of Necessity. In: B. P. Bowser (Hg.), Ra-
        cism and Anti-Racism in World Perspective, 227-240.

Vierheller, Ernst-Joachim
1968   Nation und Elite im Denken von Wang Fu-chih. Hamburg.

Vigarello, Georges
1988   Wasser und Seife, Puder und Parfüm. Frankfurt a. M.

Villanueva, A.
1916   Social Development of the Negritos of Southern Panay. (Paper No. 74). In:
        Otley H. Beyer Collection of Original Sources in Philippine Ethnography, The
        Negrito Aeta Peoples 20/3.2 (Mikrofiche). National Museum, Manila.

Visweswaran, Kamala
1998   Race and the Culture of Anthropology. In: AA 100: 70-83.

Vowinckel, Gerhard
1995   Verwandtschaft, Freundschaft und die Gesellschaft der Fremden. Grundlagen
        menschlichen Zusammenlebens. Darmstadt.

Wade, Peter
1993   'Race', Nature and Culture. In: Man 28: 17-34.

Wälty, Samuel
1997   Kintamani. Dorf, Land und Rituale. Entwicklung und institutioneller Wandel in einer Bergregion auf Bali. (Kultur, Gesellschaft, Umwelt – Schriften zur Südasien und Südostasienforschung, Band 1). Münster.

Wagatsuma, Hiroshi
1967   The Social Perception of Skin Color in Japan. In: Daedalus 96: 407-443.
1973   Some Problems of Interracial Marriage for the Japanese. In: I. R. Stuart und L. E. Abt (Hg.), Interracial Marriage: Expectations and Realities, 248-264.

Wagner, Wilhelm
1917   Über das Recht der Fremden, in China sich aufzuhalten und niederzulassen. Giessen.

Waldmann, Peter und Georg Elwert (Hg.)
1989   Ethnizität im Wandel. Saarbrücken, Fort Lauderdale.

Wallerstein, Immanuel
1960   Ethnicity and National Integration in West Africa. In: Cahiers D'Études Africaines 3: 129-139.

Wallman, Sandra
1978   The Boundaries of Race: Processes of Ethnicity in England. In: Man 13: 200-217.
1979   Foreword. In: dies. (Hg.), Ethnicity at Work, ix-xii.
1992   Ethnicity and the Boundary Process in Context. In: J. Rex und D. Mason (Hg.), Theories of Race and Ethnic Relations, 226-245.

Wallman, Sandra (Hg.)
1979   Ethnicity at Work. Cambridge.

Walravens, Hartmut
1972   Die Deutschlandkenntnisse der Chinesen (bis 1870). Nebst einem Exkurs über die Darstellung fremder Tiere im K'un-yü t'u-shuo des P. Verbiest. Diss. phil. Köln.

Ward, Barbara E.
1965   Varieties of the Conscious Model. The Fishermen of South China. In: M. Banton (Hg.), The Relevance of Models for Social Anthropology, 113-137. London.

Ware, Vron
1992   Beyond the Pale. White Women, Racism and History. London, New York.

Warren, Charles P.
1959   Negrito Groups in the Philippines: Preliminary Bibliography. Chicago.
1982   Minority Student Response to the Anthropology of Asian Black Populations. In: Philippine Quarterly of Culture and Society 10: 211-224.
1985   Black Asians in the Philipines: the 'Negrito Problem' Revisited. In: Pilipinas Fall: 53-67.

Washburn, Sherwood L.
1963   The Study of Race. (Presidential Address, Annual Meeting of the American Anthropological Association, Nov. 1962, Chicago) In: AA 65: 521-531.

449

Wassmann, Jürg
1993   Das Ideal des leicht gebeugten Menschen. Eine ethno-kognitive Analyse der Yupno in Papua New Guinea. Berlin.

Wastl, Josef
1957   Beitrag zur Anthropologie der Negrito von Ost-Luzon. In: A 52: 769-812.

Waters, Mary C.
1990   Ethnic Options. Choosing Identities in America. Berkeley, Los Angeles, Oxford.

Watkins-Owens, Irma
1996   Blood Relations. Caribbean Immigrants and the Harlem Community, 1900-1930. Bloomington, Indianapolis.

Watson, Graham
1970   Passing for White. A Study of Racial Assimilation in a South African School. London, New York, Sydney.

Watson, James L.
1982   Of Flesh and Bones: the Management of Death Pollution in Cantonese Society. In: M. Bloch und J. Parry (Hg.), Death and the Regeneration of Life, 155-186. Cambridge.

Watson, Rubie S. und Patricia Buckley Ebrey (Hg.)
1991   Marriage and Inequality in Chinese Society. Berkeley, Los Angeles, Oxford.

Watson, William
1971   Cultural Frontiers in Ancient East Asia. Edinburgh.

Webb, Michael
1993   Lokal Musik. Lingua Franca Song and Identity in Papua New Guinea. Boroko.

Webb, Michael und Don Niles
1986   Riwain. Papua New Guinea Pop Songs. Goroka.

Weinberg, Meyer
1992   World Racism and Related Inhumanities. A Country-by-Country Bibliography. New York, Westport, London.

Weiner, Michael
1994   Race and Migration in Imperial Japan. London: Routledge.
1997   The Invention of Identity: Race and Nation in Pre-war Japan. In: F. Dikötter (Hg.), The Construction of Racial Identities in China and Japan, 96-117.

Weinreich, Peter
1992   The Operationalisation of Identity Theory in Racial and Ethnic Relations. In: J. Rex und D. Mason (Hg.), Theories of Race and Ethnic Relations, 299-320.

Welsing, Frances Cress
1997   1988, The Neurochemical Basis for Evil. (Zuerst 1988, Abdruck von: The Isis (Yssis) Papers: The Keys to the Colors, 1991. Chicago). In: W. L. Van Deburg (Hg.), Modern Black Nationalism – from Marcus Garvey to Louis Farrakhan, 296-302.

Werbner, Pnina
1996   Essentialising the Other: A Critical Response. In: T. Ranger, Y. Samad, O. Stuart (Hg.), Culture, Identity and Politics, 67-76.
1997 a Introduction: The Dialectics of Cultural Hybridity. In: dies. und T. Modood (Hg.), Debating Cultural Hybridity, 1-26.
1997 b Essentialising Essentialism, Essentialising Silence: Ambivalence and Multiplicity in the Constructions of Racism and Ethnicity. In: dies. und T. Modood (Hg.), Debating Cultural Hybridity, 226-257.

Werbner, Pnina und Tariq Modood (Hg.)
1997   Debating Cultural Hybridity. Multi-Cultural Identities and the Politics of Anti-Racism. London, New Jersey.

Wetherell, Margaret und Jonathan Potter
1992   Mapping the Language of Racism: Discourse and the Legitimation of Exploitation. New York.

Whitehead, Tony Larry and Mary Ellen Conaway (Hg.)
1986   Self, Sex and Gender in Cross-Cultural Fieldwork. Urbana, Chicago.

Wiener, Michael
1990   Ikonographie des Wilden. Menschen-Bilder in Ethnographie und Photographie zwischen 1850 und 1918. München.

Wiercinski, Andrzej
1962   The Racial Analysis of Human Populations in Relation to Their Ethnogenesis. In: CA 3: 9-20.

Wieviorka, Michel
1997 a Racism in Europe: Unity and Diversity. In: M. Guibernau und J. Rex (Hg.), The Ethnicity Reader, 291-301.
1997 b Is It So Difficult to be an Anti-Racist? In: P. Werbner und T. Modood (Hg.), Debating Cultural Hybridity, 139-153.

Wilhelm, Richard
1981   Li Gi. Das Buch der Riten, Sitten und Gebräuche. München.

Willaschek, Markus
1996   Leib-Seele-Problem. In: P. Prechtl und F.-P. Burkard (Hg.), Metzler Philosophie Lexikon, 291-292. Stuttgart, Weimar.

Williams, Bracket F.
1989   A Class Act: Anthropology and the Race to Nation Across Ethnic Terrain. In: ARA 18: 401-444.

Williams, Brett
1988   Upscaling Downtown: Stalled Gentrification in Washington, D. C. Ithaca, N. Y.
1994   Babies and Banks: The „Reproductive Underclass" and the Raced, Gendered Masking of Debt. In: S. Gregory und R. Sanjek (Hg.), Race, 348-365.

Willis, Ian
1974   Lae. Village and City. Carlton, Vic.

Willson, Margaret
1997   Playing the Dance, Dancing the Game. Race, Sex and Stereotype in Anthropological Fieldwork. In: Ethnos 3: 24-48.

Wilmsen, Edwin N.
1983   The Ecology of Illusion: Anthropological Foraging in the Kalahari. In: Reviews in Anthropology 10: 9-20.
1989   We are Here: Politics of Aboriginal Land Tenure. Berkeley.

Wilmsen, Edwin N. und James R. Denbow
1990   Paradigmatic History of San-speaking Peoples and Current Attempts at Revision. In: CA 31: 489-524.

Wimmer, Andreas
1997 a Explaining Xenophobia and Racism: a Critical Review of Current Research Approaches. In: ERS 20: 17-41.
1997 b Die Pragmatik der kulturellen Produktion. Anmerkungen zur Ethnozentrismusproblematik aus ethnologischer Sicht. In: M. Brocker und H. Nau (Hg.), Ethnozentrismus, 120-140.
2000   Racism in Nationalised States: A Framework for Comparative Research. In: J. Ter Wal und M. Verkuyten (Hg.), Comparative Perspectives on Racism, 23-45.

Winnant, Howard
1994   Racial Formation and Hegemony: Global and Local Developments. In: A. Rattansi u. S. Westwood (Hg.), Racism, Modernity and Identity on the Western Front, 266-289.

Winnington, Alan
1961   Die Sklaven der Kühlen Berge. (Zuerst 1959, London). Berlin.

Winthrop, Robert H.
1991   Race. In: ders., Dictionary of Concepts in Cultural Anthropology, 227-232. New York, Westport, London.

Wodak, R und M. Reisigl
1999   Discourse and Racism: European Perspectives. In: ARA 28: 175-199.

Wolf, Eric R.
1986   Die Völker ohne Geschichte. Europa und die andere Welt seit 1400. Frankfurt a. M., New York.
1994   Perilous Ideas: Race, Culture, People. In: CA 35: 1-12.

Wolfers, Edward P.
1975   Race Relations and Colonial Rule in Papua New Guinea. Sydney.

Wolpe, Harold
1992   Class Concepts, Class Struggle and Racism. In: J. Rex und D. Mason (Hg.), Theories of Race and Ethnic Relations, 110-130.

Woodward, Kathryn (Hg.)
1997   Identity and Difference. London, Thousand Oaks, New Delhi.

Wörterbuch der Völkerkunde
1999   Grundlegend überarb. und erw. Neuausgabe. Berlin.

Wurm, S. A. und Shirô Hattori (Hg.)
1981   Language Atlas of the Pacific Area. (Pacific Linguistic Series C, No. 66). Canberra.

Xun, Zhou
1997   *Youtai*: The Myth of the 'Jew' in Modern China. In: F. Dikötter (Hg.), The Construction of Racial Identities in China and Japan, 53-74.

Yinger, Milton
1992   Intersecting Strands in the Theorisation of Race and Ethnic Relations. In: J. Rex und D. Mason (Hg.), Theories of Race and Ethnic Relations, 20-41.

Yi-t'ung, Wang
1953   Slaves and Other Comparable Social Groups During the Northern Dynasties, (386-618). In: Harvard Journal of Asiatic Studies 16: 293-364.

Young, Louise
1997   Rethinking Race for Manchukuo: Self and Other in the Colonial Context. In: F. Dikötter (Hg.), The Construction of Racial Identities in China and Japan, 158-176.

Yoshino, Kosaku
1997   The Discourse on Blood and Racial Identity in Contemporary Japan. In: F. Dikötter (Hg.), The Construction of Racial Identities in China and Japan, 199-212.

Zable, Arnold
1973   Neo-Colonialism and Race Relations: New Guinea and the Pacific Rim. In: Race 14: 393-441.

Zavella, Patricia
1991   *Mujeres* in Factories: Race and Class Perspectives on Women, Work, and Family. In: M. Di Leonardo (Hg.), Gender at the Crossroads of Knowledge: Feminist Anthropology in the Postmodern Era, 312-336.
1994   Reflections on Diversity among Chicanas. In: S. Gregory und R. Sanjek (Hg.), Race, 199-212.

Zhiying, Yuan
1995   Das Deutschlandbild in der chinesischen Literatur des zwanzigsten Jahrhunderts. In: W. Kubin (Hg.): Mein Bild in deinem Auge, 245-282.

Zick, Andreas
1997   Vorurteile und Rassismus. Eine sozialpsychologische Analyse. (Texte zur Sozialpsychologie, Band 1). Münster.

Zips, Werner
1993   We are at war. Schwarzer Nationalismus in den USA im 20. Jahrhundert. In: Thomas Fillitz (Hg.), Kultur, Identität und Macht: ethnologische Beiträge zu einem Dialog der Kulturen der Welt, 135-160. Frankfurt a. M.

Zito, Angela und Tani E. Barlow (Hg.)
1994   Body, Subject & Power in China. Chicago, London.

Filme

Lee, Spike
1992   By Any Means Necessary: The Trials and Tribulations of the Making of Malcolm X... (while ten million mutherfuckers are fucking with you!). New York: Hyperion.

REIMER

Materialien zur Kultur der Wampar, Papua New Guinea (Auswahl)
Herausgegeben von Hans Fischer

Band 4: Walter Schulze / Hans Fischer /
Hartmut Lang
Geburt und Tod
Ethnodemographische Probleme,
Methoden und Ergebnisse
V und 189 Seiten. Broschiert / ISBN 3-496-02615-4

Band 5: Hans Fischer (Hg.)
Protokolle, Plakate und Comics
Feldforschung und Schriftdokumente
216 Seiten mit 18 Abbildungen.
Broschiert / ISBN 3-496-02637-5

Band 6: Rita Kramp
Familienplanung in Gabensis
Fertilitätswandel aus ethnographischer Sicht
450 Seiten. Broschiert / ISBN 3-496-02684-7

Band 7: Hans Fischer
Wörter und Wandel
Ethnographische Zugänge über die Sprache
313 Seiten. Broschiert / ISBN 3-496-02693-6

Band 8: Hans Fischer
Gräber, Kreuze und Inschriften
Ein Friedhof in Neuguinea
252 Seiten mit 15 s/w-Abbildungen und
14 Seiten mit 37 s/w-Fotos.
Broschiert / ISBN 3-496-02679-0

REIMER

Bettina Beer
Joes Geschichten
Analysen philippinischer Erzählungen
in ihrem kulturellen Kontext
Kulturanalysen, Band 2
476 Seiten mit 8 Abbildungen.
Broschiert / ISBN 3-496-02673-1

Waltraud Kokot / Thomas Hengartner
Kathrin Wildner (Hg.)
Kulturwissenschaftliche
Stadtforschung
Eine Bestandsaufnahme
Kulturanalysen, Band 3
333 Seiten mit 22 s/w-Abbildungen und
11 Tabellen. Broschiert / ISBN 3-496-02495-X

Bettina Beer / Hans Fischer
Wissenschaftliche Arbeitstechniken
in der Ethnologie
Eine Einführung
Ethnologische Paperbacks
162 Seiten, Index, Abbildungen.
Broschiert / ISBN 3-496-02690-1

Bettina Beer
Deutsch-philippinische Ehen
Interethnische Heiraten und Migration
von Frauen
X und 301 Seiten.
Broschiert / ISBN 3-496-02601-4

REIMER

REIMER